高等学校土木工程专业"十三五"系列规划教材·应用型

房屋建筑学(第2版)

主　编　尚晓峰　陈艳玮
副主编　李　然　刘亚飞　陈英杰
主　审　周洪彬

图书在版编目(CIP)数据

房屋建筑学/尚晓峰,陈艳玮主编.—2版.—武汉:武汉大学出版社,2016.8(2017.1重印)
高等学校土木工程专业"十三五"系列规划教材·应用型
ISBN 978-7-307-18364-3

Ⅰ.房…　Ⅱ.①尚…　②陈…　Ⅲ.房屋建筑学—高等学校—教材　Ⅳ.TU22

中国版本图书馆CIP数据核字(2016)第181764号

责任编辑:余　梦　　责任校对:希　文　　装帧设计:吴　极

出版发行:**武汉大学出版社**　(430072　武昌　珞珈山)
(电子邮件:whu_publish@163.com 网址:www.stmpress.cn)
印刷:荆州市鸿盛印务有限公司
开本:850×1168　1/16　印张:25　字数:696千字　插页:1
版次:2013年8月第1版　2016年8月第2版
2017年1月第2版第3次印刷
ISBN 978-7-307-18364-3　定价:45.00元

高等学校土木工程专业“十三五”系列规划教材·应用型

编审委员会

特别提示

教学实践表明，有效地利用数字化教学资源，对于学生学习能力以及问题意识的培养乃至怀疑精神的塑造具有重要意义。

通过对数字化教学资源的选取与利用，学生的学习从以教师主讲的单向指导模式转变为建设性、发现性的学习，从被动学习转变为主动学习，由教师传播知识到学生自己重新创造知识。这无疑是锻炼和提高学生的信息素养的大好机会，也是检验其学习能力、学习收获的最佳方式和途径之一。

本系列教材在相关编写人员的配合下，逐步配备基本数字教学资源，主要内容包括：

文本：课程重难点、思考题与习题参考答案、知识拓展等。

图片：课程教学外观图、原理图、设计图等。

视频：课程讲述对象展示视频、模拟动画，课程实验视频，工程实例视频等。

音频：课程讲述对象解说音频、录音材料等。

数字资源获取方法：

① 打开微信，点击“扫一扫”。

② 将扫描框对准书中所附的二维码。

③ 扫描完毕，即可查看文件。

更多数字教学资源共享、图书购买及读者互动敬请关注“开动土木传媒”微信公众号！

前 言

本书为“高等学校土木工程专业‘十三五’系列规划教材·应用型”之一。

“房屋建筑学”是高等学校土木工程类、建筑类等专业的一门重要的专业必修课。它是一门研究建筑空间组合与建筑构造理论和方法的专业课，该课程具有内容丰富、信息量大、综合性强、与实际工程联系紧密等特点。

本书按照高等学校土木工程学科专业指导委员会颁布的《高等学校土木工程本科指导性专业规范》教学基本要求，根据新形势下教育改革趋势和土木工程类等院校的教学特点，结合编写组教师的长期教学经验编写而成。本书继承了以往《房屋建筑学》教材的理论精华，紧密结合最新的国家标准图集、新规范、新标准，引用的节点构造均为我国现行节能建筑构造。本书结构合理，层次清晰，每一章均有内容提要和能力要求、本章小结、与本章内容相关的背景知识拓展、习题与思考题，在理论上力求简明，方便学生学习，使学生能够运用所学专业理论知识分析和解决实际工程问题。全书共分为三篇：上篇为民用建筑设计理论，中篇为民用建筑构造，下篇为工业建筑设计。

本书由成都理工大学工程技术学院尚晓峰、四川大学锦城学院陈艳玮担任主编；成都理工大学工程技术学院李然、刘亚飞，新疆农业大学陈英杰担任副主编；成都理工大学工程技术学院马煜、杨亚静担任参编。

具体编写分工为：

成都理工大学工程技术学院，尚晓峰（前言、第 1 章、第 2 章、第 15 章）；

成都理工大学工程技术学院，李然（第 3 章、第 4 章、第 5 章）；

成都理工大学工程技术学院，马煜（第 6 章、第 8 章、第 11 章）；

四川大学锦城学院，陈艳玮（第 7 章、第 9 章、第 13 章）；

成都理工大学工程技术学院，刘亚飞（第 10 章、第 12 章、第 14 章）；

成都理工大学工程技术学院，杨亚静（第 16 章、第 17 章、第 18 章）。

本书数字资源由尚晓峰和陈英杰提供。

燕山大学建筑工程与力学学院周洪彬教授担任本书主审，并对本书的编写提出了许多宝贵的建议，特致谢意。

在本书的编写过程中参考了有关书籍，并从中引用了部分例题和习题，在此表示感谢。

书中如有不妥之处，敬请读者提出指正。

编 者

2016 年 6 月

目　录

上篇　民用建筑设计理论

中篇 民用建筑构造

下篇 工业建筑设计

数字资源目录

上篇
民用建筑设计理论

1 绪　　论

【内容提要】

本章主要内容包括建筑的基本概念及其构成要素，建筑设计的内容和程序，建筑的分类和分级方法，建筑设计的要求和依据。本章的教学重点为建筑的构成要素、建筑物的耐火等级、建筑模数协调统一的标准、建筑设计的内容和设计阶段的划分。

【能力要求】

通过本章的学习，学生应了解不同类型建筑的设计要求，能在实际应用中统筹安排好建筑工程项目的设计内容和阶段划分。

重难点

房屋建筑学是研究建筑设计和建筑构造的基本原理与构造方法的学科。它是一门综合性、实践性很强的土木工程及其相关专业的专业基础课，涉及建筑功能、建筑艺术、建筑结构、建筑材料、建筑物理、建筑施工等相关知识。通过本课程的学习，可培养学生一般建筑设计与建筑构造设计的能力，为进一步学习专业课程和完成毕业设计打下基础，同时在结构设计、建筑施工、工程预算等人才的培养中发挥重要作用。

1.1　建筑的概念及其构成要素

1.1.1　建筑的概念

在我们的日常生活中，建筑是一个常用名词，它有着丰富的内涵。概括地说，建筑是人们为了满足社会生产、生活的需要，运用所掌握的知识和物质技术条件，按照一定的技术要求和美学法则，创造出供人们进行生产、生活和社会性活动的空间环境，通常认为是建筑物和构筑物的总称。建筑物是直接供人们在其中生产、生活或者进行其他活动的房屋，如住宅、学校、办公楼、影剧院、体育馆、工厂的车间等；而人们不在其中生产、生活，但却为保证建筑物正常运转而提供功能支撑的工程实体称为构筑物，如水塔、蓄水池、烟囱、储油罐等。

1.1.2　建筑的构成要素

建筑的基本构成要素是建筑功能、建筑技术和建筑艺术。

(1)建筑功能

人们建造房屋有着明显的目的性，体现了建筑的使用要求。任何建筑都有其使用功能,但由于各类建筑的具体目的和使用要求不尽相同,因此就产生了不同类型的建筑,例如建造住宅是为了满足居住的需要,建造学校是为了满足教育活动的需要,建造工厂是为了满足生产的需要等。由此可见,建筑功能是人们建造建筑的具体目的和使用要求的综合体现。但是,建筑功能也不是一成不变的,随着人类社会的不断发展和物质文化生活水平的不断提高,建筑功能在不同时期也有着不同的内容和要求。建筑功能在建筑中起决定性的作用,直接影响建筑的结构形式、平面布局和组合以及建筑体型等。所以,合理的设计是满足建筑功能的重要途径。

(2)建筑技术

建筑技术是建造房屋的手段,包括建筑构造、建筑材料与制品技术、建筑结构技术、建筑施工技术和建筑设备(水、电、通风、空调、通信、消防、输送等设备)技术。建筑构造是建造房屋的具体方法,建筑结构和建筑材料构成了建筑的骨架,建筑设备是保证建筑物达到某种使用要求的技术条件,建筑施工是保证建筑物实施的重要过程。建筑功能的实现离不开建筑技术作为保证条件。随着建筑技术和新材料、新结构、新设备的发展,施工工艺水平的提高,新的建筑形式不断出现,也更好地满足了人们对各种不同功能的需求。

(3)建筑艺术

建筑艺术是建筑物内外视觉形象的体现,必须符合美学的一般规律,以优美的艺术形象给人以精神上的享受,它包括内外空间的组织,建筑体型与立面的处理,材料、装饰、色彩的应用等内容。良好的建筑艺术效果可以产生强烈的精神感染力,给人以庄严雄伟、朴素大方、简洁明快,生动活泼等不同的心理感受。不同时代的建筑有不同的建筑形象,例如古代建筑与现代建筑的形象就不一样。不同民族、不同地域的建筑也会产生不同的建筑形象,例如汉族和少数民族、南方和北方,都会形成具有本民族、本地区各自特点的建筑形象。

建筑功能、建筑技术和建筑艺术的关系是辩证统一的,是不可分割并相互制约的,但又有主次之分。第一是建筑功能,它是房屋建造的目的,也是起主导作用的因素;第二是建筑技术,它是达到目的的手段,技术对功能又有约束和促进作用;第三是建筑艺术,它是功能和技术的反映。总之,一件优秀的建筑作品应该是建筑功能、建筑技术与建筑艺术的综合表现,这三者是和谐统一的。

1.2　建筑设计的内容和程序

1.2.1　建筑设计的内容

建造房屋,从拟订计划到建成使用,通常有编制计划任务书、选择和勘测基地、设计、施工,以及交付使用后的回访总结等几个阶段。设计工作又是其中比较关键的环节,它必须严格执行国家基本建设计划,并且具体贯彻建设方针和政策。通过设计这个环节,把计划中有关设计任务的文字资料,编制成表达整幢或成组房屋立体形象的全套图纸。

建筑工程设计是指设计一个建筑物或建筑群所要做的全部工作,一般包括建筑设计、结构设计、设备设计、装饰设计四个方面的内容。

1.2.1.1　建筑设计

建筑设计是在总体规划的前提下,根据设计任务书的要求,综合考虑基地环境、使用功能、结构施工、材料设备、建筑经济及建筑艺术等问题,着重解决建筑物内部各种使用功能和使用空间的合理安排,建筑物与周围环境、与各种外部条件的协调配合,内部和外表的艺术效果,各个细部的构造方式等,创造出既具有科学性又具有艺术性的生产和生活环境。

建筑设计包括总体设计和个体设计两个方面,在整个工程设计中起着主导和先行的作用,一般是由建筑师来完成。

建筑师进行建筑设计时,还应考虑建筑与结构、建筑与各种设备等相关技术的综合协调,以及如何以更少的投资、时间、材料和劳动力来实现各种要求,使建筑物坚固、经济、适用、美观。

1.2.1.2 结构设计

结构设计主要是根据建筑设计选择切实可行的结构方案,进行结构计算及构件设计、结构布置及构造设计等,一般是由结构工程师来完成。

1.2.1.3 设备设计

设备设计主要包括给水排水、采暖、空调通风、电气照明、动力、通信等方面的设计,由相关专业的设备工程师来完成。

1.2.1.4 装饰设计

装饰设计主要包括家装设计、工装设计、环境景观设计、建筑装饰构造设计等。

以上所述建筑、结构、设备、装饰几个方面的设计工作既有分工,又相互配合,共同构成了建筑工程设计的整体。各专业设计的图纸、说明书、计算书等汇总在一起,就构成一套建筑工程设计的完整文件,作为建筑工程施工的依据。

1.2.2 建筑设计的程序

1.2.2.1 设计前的准备工作

建筑设计是一项复杂且综合性强的专业技术工作,涉及的学科较多,并受到各种客观条件的制约。因此,设计前必须做好相应的设计准备工作。

(1)落实设计任务

这主要是指获取必要的批文,建设单位必须具有以下批文才可向设计单位办理委托设计手续:

① 主管部门的批文。上级主管部门对建设项目的批准文件,包括建设项目的使用要求、建筑面积、单方造价和总投资等。

② 城乡规划管理部门同意设计的批文。为了科学合理以及合法地使用土地资源,一切设计都必须事先得到城乡规划管理部门的批准。批文必须明确指出用地范围(常用红线画定),以及有关总平面设计及单体建筑的要求(如建筑高度等内容)。

(2)熟悉设计任务书

具体着手设计前,首先需要熟悉设计任务书,以明确建设项目的设计要求。设计任务书是上级主管部门批准提供给设计单位进行设计的依据性文件,一般包括以下内容:

① 建设项目总的要求、用途、规模及一般说明。

② 建设基地大小、形状、地形,原有建筑及道路现状,并附有地形测量图。

③ 供电、供水、采暖及空调等设备方面的要求,并附有水源、电源的使用许可文件。

④ 建设项目的组成,单项工程的面积,房间组成,面积分配及使用要求。

⑤ 建设项目的投资及单方造价，土建设备及室外工程的投资分配。

⑥ 设计期限及项目建设进度计划安排要求。

设计人员必须认真熟悉设计任务书，认真对照有关定额指标，校核任务书的使用面积和单方造价等内容，在设计过程中必须严格掌握建筑标准、用地范围、面积指标等有关限额。同时，设计人员在深入调查和分析设计任务书以后，要进一步与具体实际条件相结合，从全面解决使用功能、满足技术要求、节约投资等方面考虑，必要时也可对任务书中的一些问题提出补充或修改意见，但必须征得建设单位的同意，涉及用地、造价、使用面积的问题，还须经过城乡规划管理部门或主管部门的批准。

(3)调查研究、搜集资料

通常建设单位提出的设计任务书，主要是从使用要求、建设规模、造价和建设进度方面考虑的，要完成建筑的设计和建造仅有这些是不够的。因此，除设计任务书提供的资料外，还应当搜集有关的原始数据和必要的设计资料，并做好调查研究工作，具体内容如下。

① 建设地区的气象、场地地形、水文地质资料。

② 基地环境(如水电设备管线等)及城市规划要求。

③ 当地施工技术条件及建筑材料供应情况。

④ 现场勘察基地和周围环境的现状与历史沿革。

⑤ 与设计项目有关的定额指标及已建成的同类型建筑的资料。

⑥ 当地文化传统、建筑风格、生活习惯及风土人情等。

1.2.2.2 设计阶段的划分

建筑设计过程按工程复杂程度、规模大小及审批要求，划分为不同的设计阶段。它一般分为初步设计和施工图设计两个阶段。大型和重要民用建筑工程或技术复杂的项目，多采用初步设计、技术设计和施工图设计三个阶段。

(1)初步设计阶段

初步设计是建筑设计的第一阶段，主要任务是提出设计方案。它一般包括设计说明书、设计图纸、主要设备材料表和工程概算四部分，具体的图纸和文件包括以下内容。

① 设计总说明。其主要包括设计指导思想及主要依据，设计意图及方案特点，建筑结构方案及构造特点，建筑材料及装修标准，主要技术经济指标以及结构、设备等系统的说明。

② 建筑总平面图。一般情况下其比例为 1∶500、1∶1000，应表示用地范围，建筑物位置、大小、层数及设计标高、道路及绿化布置、技术经济指标。地形复杂时，应表示粗略的竖向设计意图。

③ 各层平面图、剖面图、立面图。一般情况下其比例为 1∶100、1∶200，应表示建筑物各主要控制尺寸，如总尺寸、开间、进深、层高等，同时应表示标高，门窗位置，室内固定设备及有特殊要求的厅、室的具体布置，立面处理，结构方案及材料选用等。

④ 工程概算书。其主要包括建筑物投资估算、主要材料用量及单位消耗量。

⑤ 大型民用建筑及其他重要工程，必要时可绘制透视图、鸟瞰图或制作模型。

(2)技术设计阶段

这是初步设计具体化的阶段，主要任务是在初步设计的基础上进一步解决各种技术问题。技术设计的图纸和文件与初步设计大致相同，但要更加详细一些。其具体内容包括整个建筑物和各个局部的具体做法，各部分确切的尺寸关系，内外装修的设计，结构方案的计算和具体内容，各种构造和用料的确定，各种设备系统的设计和计算，各技术工种之间各种矛盾的合理解决，设计预算的编制等。

(3)施工图设计阶段

这是建筑设计的最后阶段,主要任务是向施工单位提交进行施工的设计文件,以满足施工要求,解决施工中的技术措施、用料及具体做法问题。它一般包括建筑、结构、水电、采暖通风等工种的设计图纸、工程说明书,结构及设备计算书和概算书。此阶段具体的图纸和文件包括以下内容。

① 建筑总平面图。一般情况下其比例为 1∶500、1∶1000、1∶2000,应表明建筑用地范围,建筑物及室外工程(道路、围墙、大门、挡土墙等)位置,尺寸、标高、建筑小品,绿化美化设施的布置,并附必要的说明及详图、技术经济指标、地形及工程复杂时应绘制竖向设计图。

② 建筑物各层平面图、立面图、剖面图。一般情况下其比例为 1∶50、1∶100、1∶200。除表达初步设计或技术设计内容以外,还应详细标出门窗洞口、墙段尺寸及必要的细部尺寸、详图索引。

③ 建筑构造详图。建筑构造详图包括平面节点、檐口、墙身、阳台、楼梯、门窗、室内装修、立面装修等详图。应详细表示各部分构件关系、材料尺寸及做法、必要的文字说明。根据节点需要,比例可分别选用1∶20、1∶10、1∶5、1∶2、1∶1 等。

④ 各工种相应配套的施工图纸,如基础平面图、结构布置图、钢筋混凝土构件详图,水电平面图及系统图,建筑防雷接地平面图等。

⑤ 设计说明书。它包括施工图设计依据、设计规模、面积、标高定位、用料说明等。

⑥ 结构和设备计算书。

⑦ 工程预算书。

1.3 建筑的分类和分级

1.3.1 建筑的分类

建筑物可以从很多方面进行分类,常见的分类方法有以下几种。

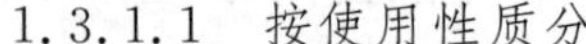

1.3.1.1 按使用性质分

建筑的分类图

① 民用建筑。它是指供人们工作、学习、生活、居住等类型的建筑。

a. 居住建筑。它是指供人们居住、生活的建筑,如住宅、宿舍、宾馆等。

b. 公共建筑。它是指供人们进行各种公共活动的建筑,如办公楼、商场、医院、学校、图书馆、影剧院、音乐厅、展览馆、博物馆、火车站、汽车站、公园、大型游乐场等。

② 工业建筑。它是指各类生产用房和为生产服务的附属用房,如生产车间、辅助车间、动力用房、仓储建筑等。

③ 农业建筑。它是指各类供农业生产使用的房屋，如动物养殖场、农机站、温室、粮仓等。

1.3.1.2 按建筑规模和数量分

① 大量性建筑。它是指建筑规模不大，但修建数量多，与人们生活密切相关的分布面广的建筑，如住宅、中小学教学楼、医院、商店、办公楼等。

② 大型性建筑。它是指规模大、耗资多、影响较大的建筑，如大型火车站、航空港、大型体育馆、博物馆、大型剧院、大会堂等。

1.3.1.3 按建筑层数或高度分

目前，按建筑物的层数或高度分类主要是针对民用建筑而言，在《民用建筑设计通则》(GB 50352—2005)中，先按房屋使用功能将建筑分为居住建筑和公共建筑两大类，再按地上层数或高度分类，具体划分规定如下。

① 住宅按建筑层数分类。1～3 层为低层建筑，4～6 层为多层建筑，7～9 层为中高层建筑，10 层及以上为高层建筑。

② 公共建筑及综合性建筑按总高度分类。总高度不大于 24 m 为多层建筑，总高度超过 24 m 为高层，建筑高度超过 24 m 的单层主体建筑不能成为高层建筑。

③ 建筑总高度超过 100 m 时，不论其是住宅或公共建筑均为超高层建筑。

其中，建筑高度和建筑层数的确定是按国家标准《建筑设计防火规范》(GB 50016－2006)的如下规定来确定的。

① 建筑高度的计算。当为坡屋面时，应为建筑物室外设计地面到其檐口的高度；当为平屋面(包括有女儿墙的平屋面)时，应为建筑物室外设计地面到其屋面面层的高度；当同一座建筑物有多种屋面形式时，建筑高度应按上述方法分别计算后取其中最大值。局部突出屋顶的瞭望塔、冷却塔、水箱间、微波天线间或设施、电梯机房、排风和排烟机房以及楼梯出口小间等，可不计入建筑高度内。

② 建筑层数的计算。建筑的地下室、半地下室的顶板面高出室外设计地面的高度小于或等于 1.5 m 者，建筑底部设置的高度不超过 2.2 m 的自行车库、储藏室、敞开空间，以及建筑屋顶上突出的局部设备用房、出屋面的楼梯间等，可不计入建筑层数内。若住宅顶部为两层一套的跃层，可按一层计，其他部位的跃层以及顶部多于两层一套的跃层，应计入层数。

1.3.1.4 按主要承重结构材料分

建筑的主要承重结构一般为墙、柱、梁、板四个主要构件，根据构件所使用的材料可分为以下几类。

① 木结构建筑。它是指以木材作为房屋承重骨架的建筑。我国古代建筑大多采用木结构。木结构具有自重轻、构造简单、施工方便等优点，但木材易腐、易燃，又因我国森林资源少，故现在很少采用。

② 砌体结构建筑。它是指以砌体作为承重结构的建筑。建筑物的竖向承重构件是砖、砌块等砌筑的墙体，水平承重构件为钢筋混凝土楼板及屋面板，墙体既是承重构件，又起着围护和分隔室内外空间的作用。砌体结构易于就地取材，构造简单，造价较低。

③ 钢筋混凝土结构建筑。它是指以钢筋混凝土作为承重结构的建筑。其具有坚固耐久、防火和可塑性强等优点，故应用很广泛，发展前途大，是目前房屋建筑中应用最广泛的一种结构形式。

④ 钢结构建筑。它是指以型钢作为房屋承重骨架的建筑。钢结构力学性能好,强度高、塑性和韧性好、便于制作和安装,结构自重轻,适用于高层、大跨度的建筑。随着我国高层、大跨度建筑的发展,采用钢结构的建筑将越来越多。

⑤ 其他结构建筑。如生土建筑、充气建筑、塑料建筑等。

1.3.1.5 按建筑结构类型分

① 混合结构。它是指由两种或两种以上的材料作为主要承重构件的建筑,如有砖(砌块)墙加钢筋混凝土楼板的砖混结构建筑;钢屋架和钢筋混凝土墙(或柱)的钢混结构建筑。其中砖混结构在居住建筑中应用广泛,钢混结构多用于大跨度建筑,如工业厂房、车站等。

② 框架结构。建筑物的承重部分由钢筋混凝土或钢材制作的梁、板、柱形成骨架,墙体是填充墙,只起围护和分割作用。框架结构的特点是能为建筑提供灵活的使用空间,适应于大房间的教学楼、商场等,但由于其抗侧移能力较差,故抗震性能不高。

③ 剪力墙结构。建筑物的竖向承重构件和水平承重构件均采用钢筋混凝土制作。墙体可承担各类荷载引起的内力,并能有效控制结构的水平力,这种用钢筋混凝土墙板来承受竖向和水平力的结构成为剪力墙结构。这种结构在高层建筑中被大量运用。

④ 框架-剪力墙结构。在框架结构中适当布置一定数量的剪力墙,建筑的竖向荷载由框架柱和剪力墙共同承担,而水平荷载主要由刚度较大的剪力墙来承担。框架-剪力墙结构既有框架结构布置灵活的特点,又能承受水平推力,是目前高层建筑常采用的结构形式。

⑤ 筒体结构。由一个或几个筒体作为竖向结构,并以各层楼板将井壁四周相互连接起来而形成的空间结构体系,称为筒体结构,其受力情况如图 1-1 所示。常见的筒体结构形式包括框架-筒体结构、筒中筒结构、成束筒结构等,如图 1-2 所示。筒体结构适用于平面或竖向布置繁杂、水平荷载大的高层、超高层建筑。

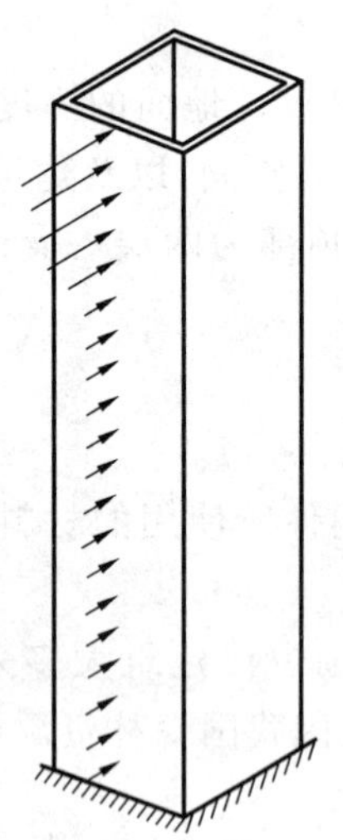

图 1-1 筒体结构在水平力作用下的受力示意图

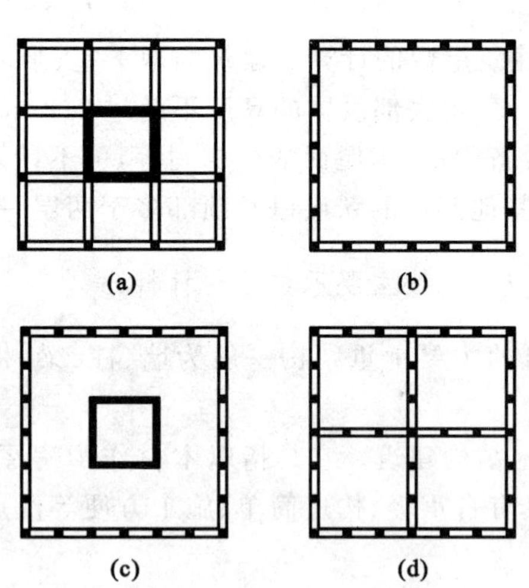

图 1-2 筒体结构的形式

(a)内筒结构;(b)框架-筒体结构;(c)筒中筒结构;(d)成束筒结构

⑥ 空间结构。当建筑物跨度较大(超过 30 m)时,中间不放柱子,用特殊结构解决的称为空间结构。其包括悬索、网架、拱、壳体等结构形式,空间结构能更好地发挥材料的力学性能,经济

效果好，建筑形象具有一定的表现力，多用于大跨度的体育馆、剧院等公共建筑中，如图 1-3 所示。

图 1-3 北京体育馆

1.3.2 民用建筑的分级

由于建筑自身对质量的标准要求不同，通常民用建筑一般按耐久性和耐火极限进行分级。

1.3.2.1 按建筑耐久年限分级

建筑物耐久年限主要根据建筑物的重要性和规模大小来划分，是基本建设投资、建筑设计和材料选择的重要依据。按照我国现行的《民用建筑设计通则》(GB 50352—2005)，设计使用年限分为四个等级，详见表 1-1。

表 1-1 民用建筑设计使用年限表

等 级	设计使用年限	示 例
1	5 年	临时性建筑
2	25 年	易于替换结构构件的建筑
3	50 年	普通建筑和构筑物
4	100 年	纪念性建筑和特别重要的建筑

防火材料分类图

1.3.2.2 按建筑耐火等级分级

建筑物的耐火等级是由其组成构件的燃烧性能和耐火极限来确定的，共分为四级。按《建筑设计防火规范》(GB 50016—2006)的规定，其构件的燃烧性能和耐火极限不应低于表 1-2 的规定。

表 1-2　**建筑物构件的燃烧性能和耐火极限表**

构件名称		耐火等级			
		一级	二级	三级	四级
墙	防火墙	不燃烧体 3.00	不燃烧体 3.00	不燃烧体 3.00	不燃烧体 3.00
	承重墙	不燃烧体 3.00	不燃烧体 2.50	不燃烧体 2.00	难燃烧体 0.50
	非承重外墙	不燃烧体 1.00	不燃烧体 1.00	不燃烧体 0.50	燃烧体
	楼梯间的墙 电梯井的墙 住宅单元之间的墙 住宅分户墙	不燃烧体 2.00	不燃烧体 2.00	不燃烧体 1.50	难燃烧体 0.50
	疏散走道两侧的隔墙	不燃烧体 1.00	不燃烧体 1.00	不燃烧体 0.50	难燃烧体 0.25
	房间隔墙	不燃烧体 0.75	不燃烧体 0.50	难燃烧体 0.50	难燃烧体 0.25
柱		不燃烧体 3.00	不燃烧体 2.50	不燃烧体 2.00	难燃烧体 0.50
梁		不燃烧体 2.00	不燃烧体 1.50	不燃烧体 1.00	难燃烧体 0.50
楼板		不燃烧体 1.50	不燃烧体 1.00	不燃烧体 0.50	燃烧体
屋顶承重构件		不燃烧体 1.50	不燃烧体 1.00	燃烧体	燃烧体
疏散楼梯		不燃烧体 1.50	不燃烧体 1.00	不燃烧体 0.50	燃烧体
吊顶(包括吊顶搁栅)		不燃烧体 0.25	难燃烧体 0.25	难燃烧体 0.15	燃烧体

表 1-2 中相关名词的定义如下。

(1)构件的耐火极限

对任一建筑构件按时间-温度标准曲线进行耐火试验,耐火实验指从受到火的作用时起,到失去支持能力或完整性被破坏或失去隔火作用时止的这段时间,用小时表示。

① 失去支持能力。如墙发生垮塌;梁板变形大于 $L/20$;柱发生垮塌或轴向变形大于 $h/100$(mm),或轴向压缩变形速度超过 $3h/1000$(mm/min)。

② 完整性被破坏。适用于分隔构件,如楼板、隔墙等。其标志为出现穿透性裂缝或穿火的孔隙。

③ 丧失隔火作用。其标志为试件背火面测温点平均温升达 140 ℃,或试件背火面测温点任一点温升达 180 ℃。

(2)构件的燃烧性能

根据建筑构件在空气中遇火时的不同反应将燃烧性能分为三类:

① 不燃烧体。即用非燃烧材料做成的建筑构件。此类材料在空气中受到火烧或高温作用时,不起火、不碳化、不微燃,如砖、混凝土、金属、天然石材等。

② 难燃烧体。即用难燃烧的材料做成的建筑构件,或用燃烧材料做成而用不燃烧材料做保护层的建筑构件。此类材料在空气中受到火烧或高温作用时难燃烧、难碳化,离开火源后燃烧或微燃立即停止,如石膏板、水泥石棉板、沥青混凝土构件。

③ 燃烧体。即用可燃或易燃烧的材料做成的建筑构件。此类材料在空气中受到火烧或高温作用时立即起火或燃烧,离开火源继续燃烧或微燃,如木材、纤维板、胶合板等。

1.3.3　建筑工程抗震设防分类标准

该标准是根据建筑遭遇地震破坏后,可能造成人员伤亡、直接和间接经济损失、社会影响的程度及其在抗震救灾中的作用等因素，对各类建筑所做的设防类别划分。

(1)建筑抗震设防类别划分

建筑抗震设防类别应根据下列因素的综合分析确定：

① 建筑破坏造成的人员伤亡、直接和间接经济损失及社会影响的大小。

② 城镇的大小、行业的特点、工矿企业的规模。

③ 建筑使用功能失效后，对全局影响范围的大小、抗震救灾影响及恢复的难易程度。

④ 建筑各区段的重要性有显著不同时，可按区段划分抗震设防类别。下部区段的类别不应低于上部区段。

⑤ 不同行业的相同建筑，当所处地位及地震破坏所产生的后果和影响不同时，其抗震设防类别可不相同。

注：区段指由防震缝分开的结构单元、平面内使用功能不同的部分、或上下使用功能不同的部分。

(2)建筑工程抗震设防类别

① 特殊设防类。它是指使用上有特殊设施，涉及国家公共安全的重大建筑工程和地震时可能发生严重次生灾害等特别重大灾害后果，需要进行特殊设防的建筑，称为甲类。

② 重点设防类。它是指地震时使用功能不能中断或需尽快恢复的生命线相关建筑，以及地震时可能导致大量人员伤亡等重大灾害后果，需要提高设防标准的建筑，称为乙类。

③ 标准设防类。它是指大量的除① 、② 、④ 项以外按标准要求进行设防的建筑，称为丙类。

④ 适度设防类。它是指使用上人员稀少且震损不致产生次生灾害，允许在一定条件下适度降低要求的建筑，称为丁类。

(3)各抗震设防类别建筑的抗震设防标准

各抗震设防类别建筑的抗震设防应符合下列要求：

① 标准设防类。此类应按本地区抗震设防烈度确定其抗震措施和地震作用，达到在遭遇高于当地抗震设防烈度的预估罕遇地震影响时不致倒塌或发生危及生命安全的严重破坏的抗震设防目标。

② 重点设防类。此类应按高于本地区抗震设防烈度一度的要求加强其抗震措施，但抗震设防烈度为 9 度时应按比 9 度更高的要求采取抗震措施；地基基础的抗震措施，应符合有关规定。同时，应按本地区抗震设防烈度确定其地震作用。

③ 特殊设防类。此类应按高于本地区抗震设防烈度提高一度的要求加强其抗震措施，但抗震设防烈度为 9 度时应按比 9 度更高的要求采取抗震措施。同时，应按批准的地震安全性评价的结果且高于本地区抗震设防烈度的要求确定其地震作用。

④ 适度设防类。此类允许适当降低本地区抗震设防烈度要求的抗震措施，但抗震设防烈度为 6 度时不应降低。一般情况下，仍应按本地区抗震设防烈度确定其地震作用。

注：对于划为重点设防类而规模很小的工业建筑，当改用抗震性能较好的材料且符合抗震设计规范对结构体系的要求时，允许按标准设防类设防。

1.4 建筑设计的要求和依据

1.4.1 建筑设计的要求

(1)建筑功能要求

建筑设计的首要任务是满足建筑物的功能要求，为人们的生产和生活活动创造良好的环境。

因此,设计者一定要明确设计的主要目的。例如设计医院住院部,首先要满足医疗活动的需要,各个病房设置应分布合理,采光、通风良好,同时还要合理安排医生办公室、护士站和行政管理用房,以及贮藏室和厕所等辅助空间,并配置良好的室外活动场地等。

(2)建筑经济要求

众所周知,建造房屋是一个复杂的物质生产过程,常常需要投入大量的人力、物力和资金。建筑经济需要将房屋设计的使用要求、技术措施和相应的造价、建筑标准统一起来,使其具有良好的经济效果。因此,设计和建造房屋时必须有周密的计划和核算,重视经济领域的客观规律,讲究经济效果。

(3)建筑技术要求

根据建筑空间组合的特点,需正确选用建筑材料,合理选择结构体系和施工方案,才能使房屋坚固耐久、建造方便。近年来,建筑技术的迅猛发展为建筑设计提供了充分发挥想象的创作空间,新型结构形式和新的建筑类型层出不穷,也增加了建筑设计的复杂程度。因此,设计者一定要了解和熟悉建筑技术的发展情况,在设计过程中与时俱进地采用先进的建筑技术手段和方法。

(4)建筑美观要求

建筑物在满足使用要求的同时,还需要考虑人们对建筑物在美观方面的要求,考虑建筑物所赋予人们精神上的感受。

(5)城市规划要求

单体建筑是总体规划中的组成部分,单体建筑应符合总体规划提出的要求。建筑物的设计,还要充分考虑和周围环境的关系,例如原有建筑的状况、道路的走向、基地面积大小以及绿化等方面和拟建建筑物的关系。新设计的建筑物要为改善原有城市环境作出贡献。

1.4.2 建筑设计的依据

1.4.2.1 国家或行业的强制性标准

在我国境内从事新建、扩建、改建等工程建设活动,必须执行工程建设强制性标准。我国颁布的工程建设强制性标准有中华人民共和国国家标准和中华人民共和国行业标准,都以设计技术规范的文件形式表达。其中,工程建设标准的《民用建筑设计通则》(GB 50352—2005)、《房屋建筑制图统一标准》(GB/T 50001—2010)、《建筑制图标准》(GB/T 50104—2010)、《建筑设计防火规范》(GB 50016—2006)、《高层民用建筑设计防火规范(2005版)》(GB 50045—1995)等尤为重要,是从事建筑设计工作必须掌握的规范文件。

1.4.2.2 使用功能

(1)人体和人体活动所需的空间尺度

在建筑设计中,首先必须满足人体及人体活动所需的空间尺度要求。比如门洞、窗台、栏杆的高度,走廊、楼梯、通道的高度,各类房间的高度、面积大小等,都和人体尺度及人体活动所需的空间尺度直接或间接有关,因此人体尺度和人体活动所需的空间尺度,是确定建筑空间的基本依据之一。

我国成年男子和成年女子的平均高度分别为1670 mm和1560 mm,人体尺度和人体活动所需的空间尺度如图1-4所示。

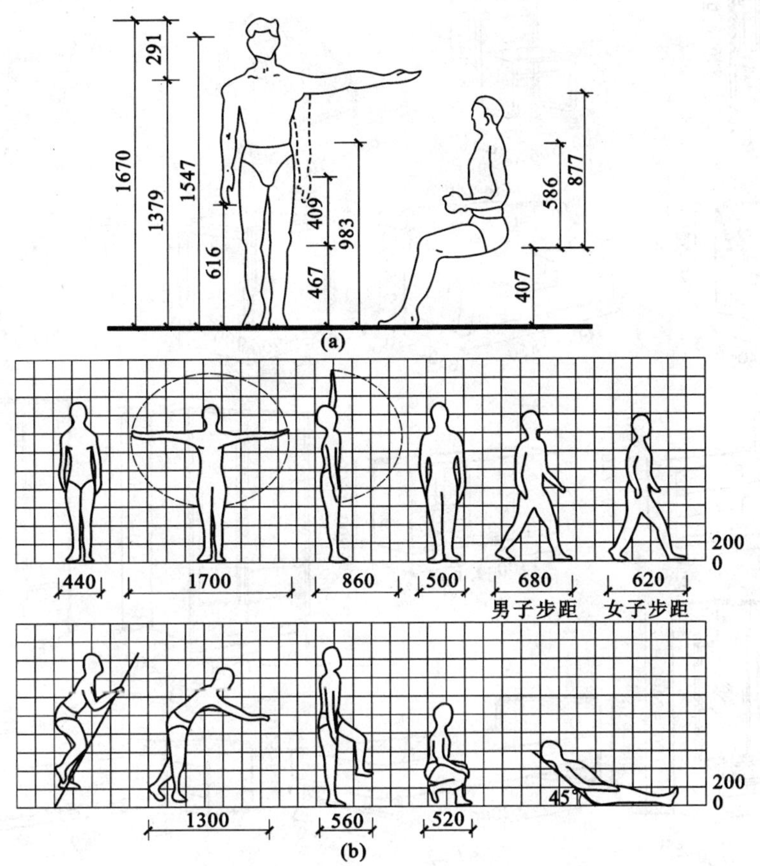

图 1-4　人体尺度和人体活动所需的空间尺度

(2)家具、设备的空间尺度及使用它们的必要空间

家具、设备尺寸,以及人们在使用家具和设备时必要的活动空间,是确定房间内部使用面积的重要依据。民用建筑中常用家具尺寸如图 1-5 所示。

1.4.2.3　环境因素

(1)气候条件

建设地区的温度、湿度、日照、雨雪、风向、风速等是建筑设计的重要依据,对建筑设计有较大的影响。例如湿热地区,建筑设计要很好地考虑通风、隔热和遮阳等问题,建筑的体型设计较为开敞;寒冷地区,建筑设计应考虑防寒保温,通常把建筑的体型设计得紧凑一些,比较封闭,以减少外围护面的散热。

在确定建筑物间距及朝向时,应考虑当地日照情况及主导风向等因素。风速还是高层建筑、电视塔等设计中考虑结构布置和建筑体型的重要因素。

风向频率玫瑰图,即风玫瑰图,是根据某一地区多年平均统计的各个方向吹风次数的百分数,按一定比例绘制而成的,一般多用 8 个或 16 个罗盘方位来表示,如图 1-6 所示。风玫瑰图上的风向是指由外吹向地区中心,比如由北吹向某地区中心的风称为北风。风玫瑰图上的实线表示该地区常年主导风向频率,虚线表示该地区夏季主导风向频率。

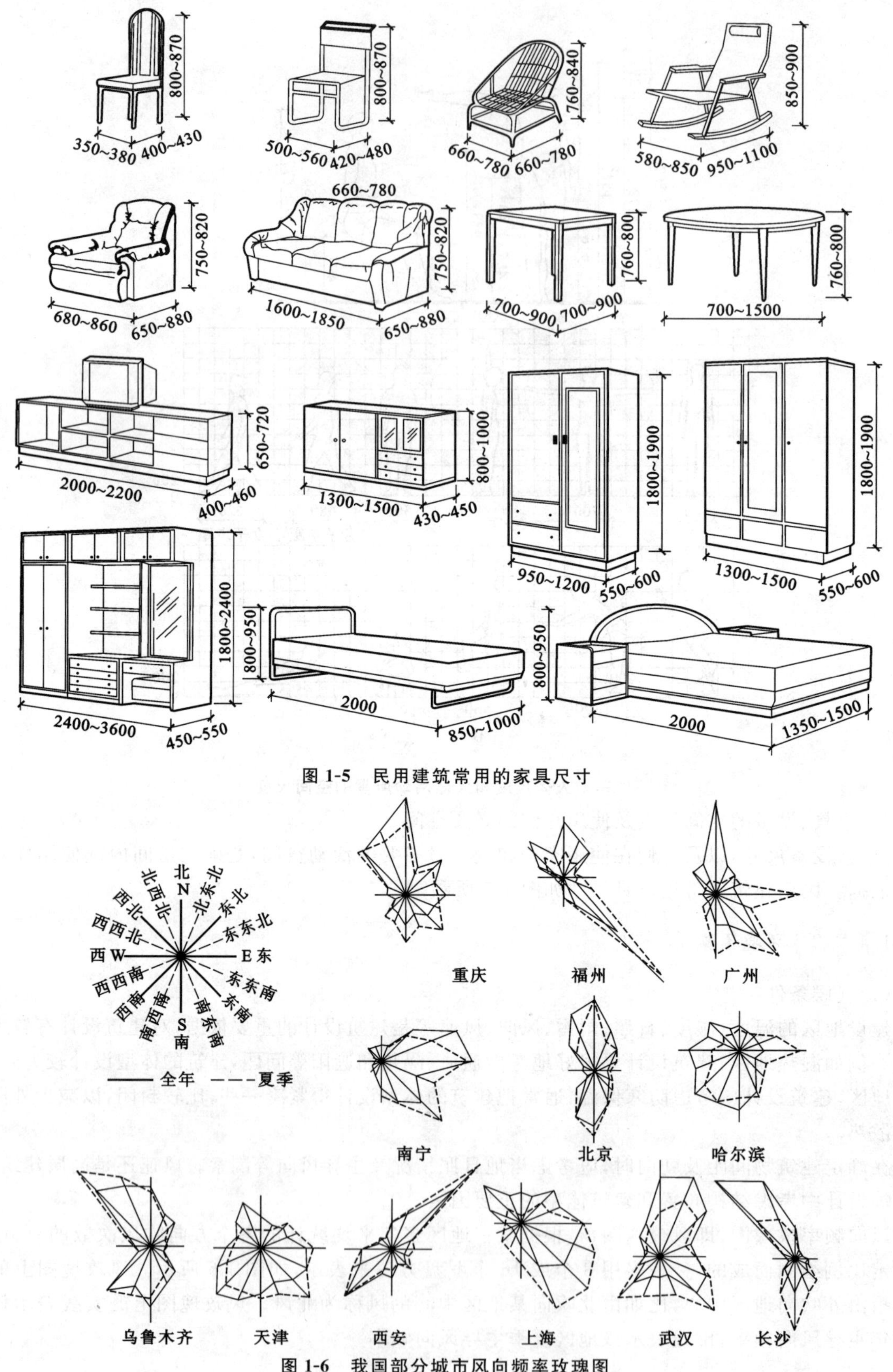

图 1-5　民用建筑常用的家具尺寸

图 1-6　我国部分城市风向频率玫瑰图

(2)地形、地质条件和地震烈度

基地的地形平缓或起伏、地质构成、土壤特性和地耐力的大小,对建筑物的平面组合、结构布置、建筑构造处理和建筑体型都有明显的影响。例如坡度较陡的地形,常使房屋结合地形采用错层、掉层或依山就势等较为自由的组合方式。复杂的地质条件要求房屋的构成和基础的设置采取相应的结构和构造措施。

地震烈度表示当发生地震时,地面及建筑物遭受破坏的程度。对同一次地震中不同的地区,烈度大小是不一样的。距离震源近,破坏就大,烈度就高;距离震源远,破坏就小,烈度就低。地震烈度一般分为Ⅰ至Ⅻ度,烈度在Ⅵ度及Ⅵ度以下时,地震对建筑影响较小;Ⅸ度以上地区,地震破坏力很大,除特殊情况外,一般应避免在此类地区建造房屋。

地震等级与地震烈度之间的对应关系见表1-3,不同烈度的破坏程度详见表1-4。

表1-3 **震级与烈度统计对应关系表**

震中烈度	Ⅰ	Ⅱ	Ⅲ	Ⅳ	Ⅴ	Ⅵ	Ⅶ	Ⅷ	Ⅸ	Ⅹ	Ⅺ	Ⅻ
震　级	1.9	2.5	3.1	3.7	4.3	4.9	5.5	6.1	6.7	7.3	7.9	8.5

表1-4 **中国地震烈度表**

地震烈度	人的感觉、地面及房屋受到破坏的程度
Ⅰ度	无感,仅仪器能记录到
Ⅱ度	个别敏感的人在完全静止中有感
Ⅲ度	室内少数人在静止中有感,悬挂物轻微摆动
Ⅳ度	室内大多数人或室外少数人有感,悬挂物摆动,不稳器皿作响
Ⅴ度	室外大多数人有感,家畜不宁,门窗作响,墙壁表面出现裂纹
Ⅵ度	人站立不稳,家畜外逃,器皿翻落,简陋棚舍损坏,陡坎滑坡
Ⅶ度	房屋轻微损坏,牌坊烟囱损坏,地表出现裂缝及喷沙冒水
Ⅷ度	房屋多有损坏,路基塌方,地下管道破裂
Ⅸ度	房屋大多数破坏,少数倾倒,牌坊烟囱等崩塌,铁轨弯曲
Ⅹ度	房屋倾倒,道路毁坏,山石大量崩塌,水面大浪扑岸
Ⅺ度	房屋大量倒塌,路基堤岸大段崩毁,地表产生很大变化
Ⅻ度	一切建筑普遍毁坏,地形剧烈变化,动植物遭毁灭

按《建筑抗震设计规范》(GB 50011—2010)中的有关规定及《中国地震烈度区规划图》的规定,抗震设防烈度为Ⅵ～Ⅸ度地区均需进行抗震设计,重点对Ⅶ～Ⅸ度地区进行抗震设计。

(3)水文条件

水文条件是指地下水位的高低及地下水的性质,会直接影响到建筑物基础及地下室。一般应根据地下水位的高低及地下水性质确定是否在该地区建造房屋或采用相应的防水和防腐蚀措施。

1.4.2.4 建筑模数

为了建筑设计、构件生产以及施工等方面的尺寸协调,需提高建筑工业化的水平,降低造价并提高房屋设计和建造的质量和速度,建筑设计应遵守国家规定的建筑统一模数制。

建筑模数是选定的标准尺度单位,作为建筑物、建筑构配件、建筑制品以及有关设备尺寸相互间协调的基础。

(1)基本模数

基本模数的数值规定为 100 mm,表示符号为 M,即 1M 等于 100 mm,整个建筑物或其中一部分以及建筑组合件的模数化尺寸均应是基本模数的倍数。

(2)扩大模数

扩大模数是基本模数的整数倍。扩大模数的基数应符合下列规定:

① 水平扩大模数的基数为 3M、6M、12M、15M、30M、60M 六个,其相应的尺寸分别为 300 mm、600 mm、1200 mm、1500 mm、3000 mm、6000 mm。

② 竖向扩大模数的基数为 3M、6M 两个,其相应的尺寸分别为 300 mm、600 mm。

(3)分模数

分模数是整数除基本模数的数值。分模数的基数为 M/10、M/5、M/2 三个,其相应的尺寸分别为 10 mm、20 mm、50 mm。

(4)模数数列

模数数列是由基本模数、扩大模数、分模数为基础扩展成的一系列尺寸,详见表 1-5。模数数列的幅度及适用范围如下。

表 1-5 模数数列 (单位:mm)

基本模数	扩大模数						分模数		
1M	3M	6M	12M	15M	30M	60M	M/10	M/5	M/2
100	300	600	1200	1500	3000	6000	10	20	50
100	300	—	—	—	—	—	10	—	—
200	600	600	—	—	—	—	20	20	—
300	900	—	—	—	—	—	30	—	—
400	1200	1200	1200	—	—	—	40	40	—
500	1500	—	—	1500	—	—	50	—	50
600	1800	1800	—	—	—	—	60	60	—
700	2100	—	—	—	—	—	70	—	—
800	2400	2400	2400	—	—	—	80	80	—
900	2700	—	—	—	—	—	90	—	—
1000	3000	3000	—	3000	3000	—	100	100	100
1100	3300	—	—	—	—	—	110	—	—
1200	3600	3600	3600	—	—	—	120	120	—

续表

基本模数	扩大模数						分　模　数		
1300	3900	—	—	—	—	—	130	—	—
1400	4200	4200	—	—	—	—	140	140	—
1500	4500	—	—	4500	—	—	150	—	150
1600	4800	4800	4800	—	—	—	160	160	—
1700	5100	—	—	—	—	—	170	—	—
1800	5400	5400	—	—	—	—	180	180	—
1900	5700	—	—	—	—	—	190	—	—
2000	6000	6000	6000	6000	6000	6000	200	200	200
2100	6300	—	—	—	—	—	—	220	—
2200	6600	6600	—	—	—	—	—	240	—
2300	6900	—	—	—	—	—	—	—	250
2400	7200	7200	7200	—	—	—	—	260	—
2500	7500	—	—	7500	—	—	—	280	—
2600	—	7800	—	—	—	—	—	300	300
2700	—	8400	8400	—	—	—	—	320	—
2800	—	9000	—	9000	9000	—	—	340	—
2900	—	9600	9600	—	—	—	—	—	350
3000	—	—	—	10500	—	—	—	360	—
1M	3M	6M	12M	15M	30M	60M	M/10	M/5	M/2
3100	—	—	10800	—	—	—	—	380	—
3200	—	—	12000	12000	12000	12000	—	400	400
3300	—	—	—	—	15000	—	—	—	450
3400	—	—	—	—	18000	18000	—	—	500
3500	—	—	—	—	21000	—	—	—	550
3600	—	—	—	—	24000	24000	—	—	600
—	—	—	—	—	27000	—	—	—	650
	—	—	—	—	30000	30000	—	—	700
—	—	—	—	—	33000	—	—	—	750

续表

基本模数	扩大模数						分 模 数		
—	—	—	—	—	36000	36000	—	—	800
—	—	—	—	—	—	—	—	—	850
—	—	—	—	—	—	—	—	—	900
—	—	—	—	—	—	—	—	—	950
—	—	—	—	—	—	—	—	—	1000

① 水平基本模数的数列幅度为(1～20)M。其主要适用于门窗洞口和构配件断面尺寸。

② 竖向基本模数的数列幅度为(1～36)M。其主要适用于建筑物的层高、门窗洞口、构配件等尺寸。

③ 水平扩大模数数列的幅度:3M 为(3～75)M;6M 为(6～96)M;12M 为(12～120)M;15M 为(15～120)M;30M 为(30～360)M;60M 为(60～360)M,必要时幅度不限。其主要适用于建筑物的开间或柱距、进深或跨度、构配件尺寸和门窗洞口尺寸。

④ 竖向扩大模数数列的幅度不受限制。主要适用于建筑物的高度、层高、门窗洞口尺寸。

⑤ 分模数数列的幅度:M/10 为(1/10～2)M,M/5 为(1/5～4)M;M/2 为(1/2～10)M。其主要适用于缝隙、构造节点、构配件断面尺寸。

1.4.3 民用建筑定位轴线

定位轴线是用来确定建筑物主要结构构件位置及其标志尺寸的基准线,同时也是施工放线的基线。其用于平面时称平面定位轴线;用于竖向时称为竖向定位轴线。确定建筑平面定位轴线的原则是:在满足建筑使用功能要求的前提下统一与简化结构、构件的尺寸和节点构造,减少构件类型和规格,扩大预制构件的通用互换性,提高施工装配化程度。定位轴线的具体位置因房屋结构体系的不同而有差别,定位轴线之间的距离应符合模数制。

1.4.3.1 定位轴线的编号

一幢建筑物一般有若干条定位轴线,为了区别它们,定位轴线一般应编号,编号写在轴线端部的圆圈内。圆圈应用细实线绘制,直径为 8 mm,详图上可增为 10 mm。定位轴线的圆心应位于定位轴线的延长线上。

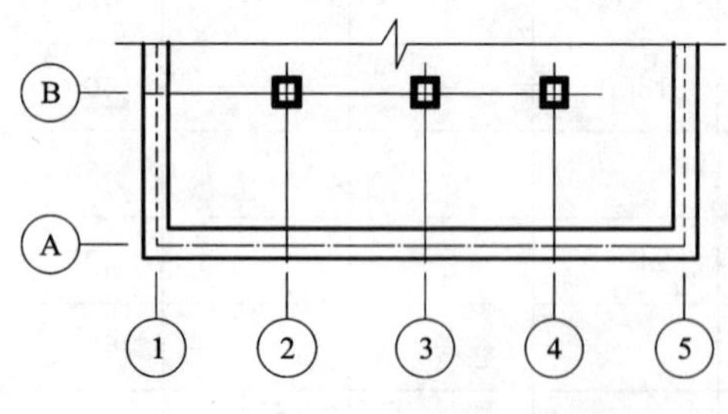

图 1-7 定位轴线的编号顺序

定位轴线分为横向定位轴线和纵向定位轴线。横向定位轴线的编号用阿拉伯数字从左至右顺序编写;纵向定位轴线的编号用大写的拉丁字母从下至上顺序编写(如图 1-7所示)。拉丁字母中的 I、O、Z 不得用于轴线编号,如字母数量不够使用,可增用双字母或单字母加数字注脚,如 AA,BB,…,YY 或 A1,B1,…,Y1。

定位轴线也可采取分区编号,编号的注写形式应为分区号-该区轴线号(如图 1-8 所示)。

当平面为圆形或折线形时,轴线的编写分别按图示方法进行(如图 1-9、图 1-10 所示)。

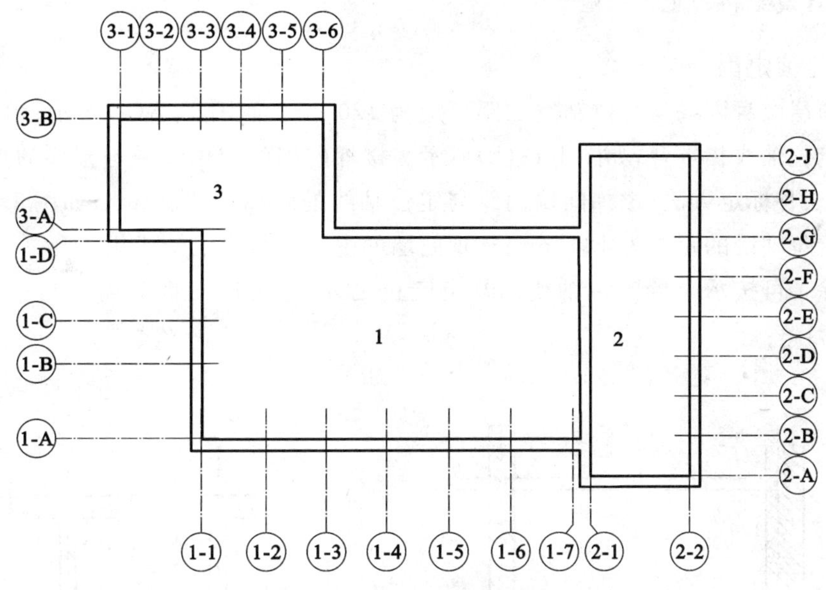

图 1-8 定位轴线的分区编号

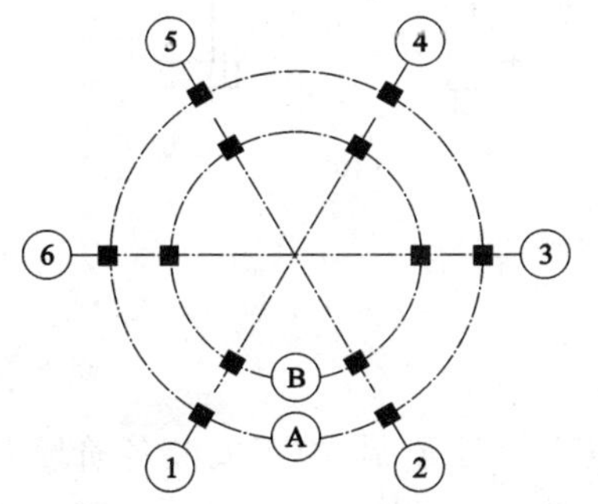

图 1-9 圆形平面定位轴线的编号

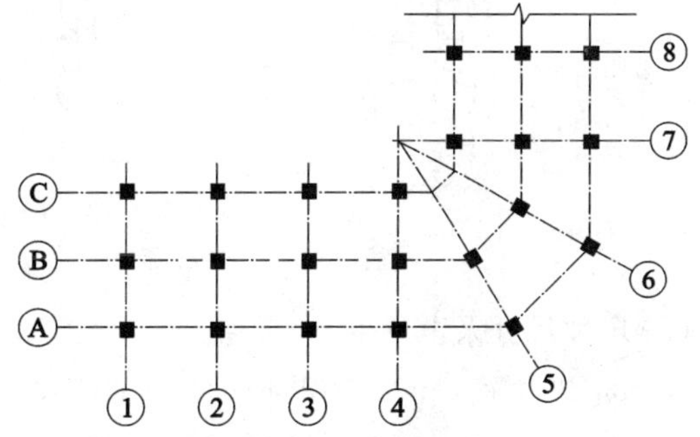

图 1-10 折线形平面定位轴线的编号

当有附加轴线时，附加轴线的编号应用分数表示。分母用前一轴线的编号或后一轴线编号前加零表示；分子表示附加轴线的编号，编号宜用阿拉伯数字按顺序编，如图 1-11 所示。

当一个详图适用于几条定位轴线时，应同时注明各有关轴线的编号，注法如图 1-12 所示。通用详图的定位轴线，应只画圆圈，不注写轴线编号。

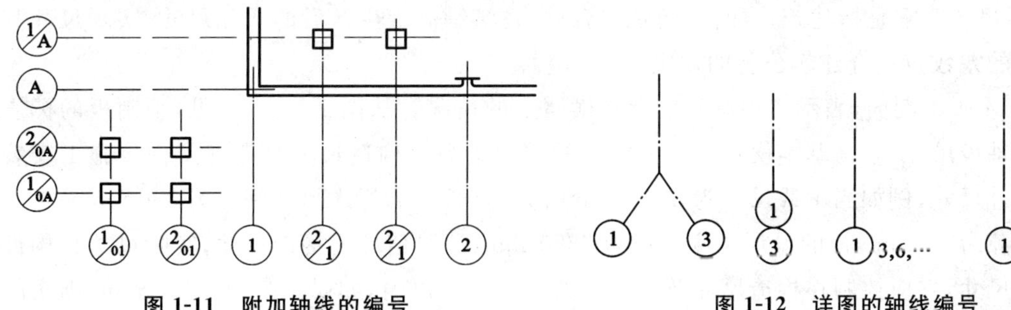

图 1-11 附加轴线的编号　　　　图 1-12 详图的轴线编号

1.4.3.2　砖混结构的定位轴线

(1)砖墙的平面定位

承重外墙顶层墙身内缘与定位轴线的距离应为 120 mm,如图 1-13(a)所示;承重内墙顶层墙身中心线应与定位轴线相重合,如图 1-13(b)所示。楼梯间墙的定位轴线与楼梯的梯段净宽、平台净宽有关,可有三种标定方法:楼梯间墙内缘与定位轴线的距离为 120 mm,如图 1-13(c)所示;楼梯间墙外缘与定位轴线的距离为 120 mm;楼梯间墙的中心线与定位轴线相重合。

非承重墙除了可按承重墙定位轴线的规定定位之外,还可以使墙身内缘与平面定位轴线相重合。

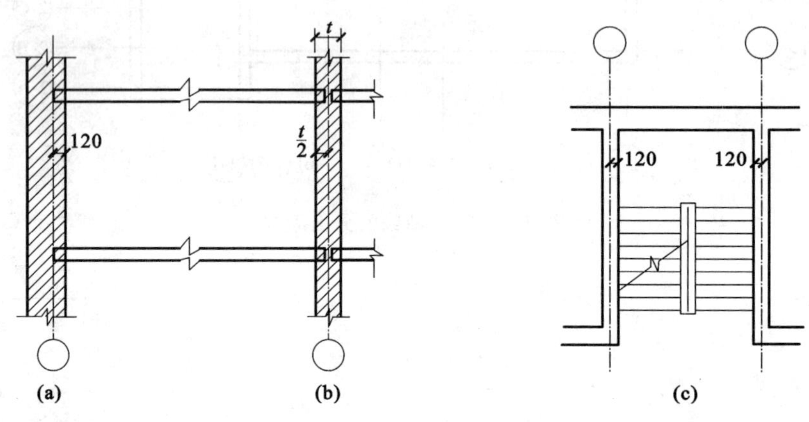

图 1-13　砖混结构的定位轴线

(2)几种尺寸及其关系

在确定定位轴线时,为保证构件与轴线尺寸协同,使设计、构件预制、施工安装各阶段既能协调配合,又能独立工作,还应正确处理标志尺寸、构造尺寸和实际尺寸之间的关系。

① 标志尺寸。它是指符合模数数列的规定,用以标注建筑物定位轴面、定位面或定位轴线、定位线之间的垂直距离(如开间、柱距、进深、跨度、层高等)以及建筑构配件、建筑组合件、建筑制品、有关设备界限之间的尺寸。

② 构造尺寸。它是指建筑构配件、建筑组合件、建筑制品等的设计尺寸,一般情况下,标志尺寸减去缝隙或加上支承长度为构造尺寸。

③ 实际尺寸。它是指建筑构配件、建筑组合件、建筑制品等生产后的实际尺寸,实际尺寸与构造尺寸之间的差数应符合建筑公差的规定。

如图 1-14 所示剖面,表示了预制板支承在横墙上的情况。从图 1-14 中可见,预制板的标志尺寸即房间的轴线尺寸,它是基本模数或扩大模数的整数倍数。构造尺寸是考虑了构件施工安装的缝隙后的设计尺寸,例如当轴线尺寸为 3300 mm 时,楼板长度的标志尺寸则定为 3300 mm;考虑到楼板安装缝隙为 20 mm,板的设计长度初定为 3280 mm,该数值即为构造尺寸;实际尺寸是构件加工后的实有尺寸,它应控制在构造尺寸及其允许的误差范围以内,如误差范围为±5 mm,则实际尺寸应为 3275～3285 mm。

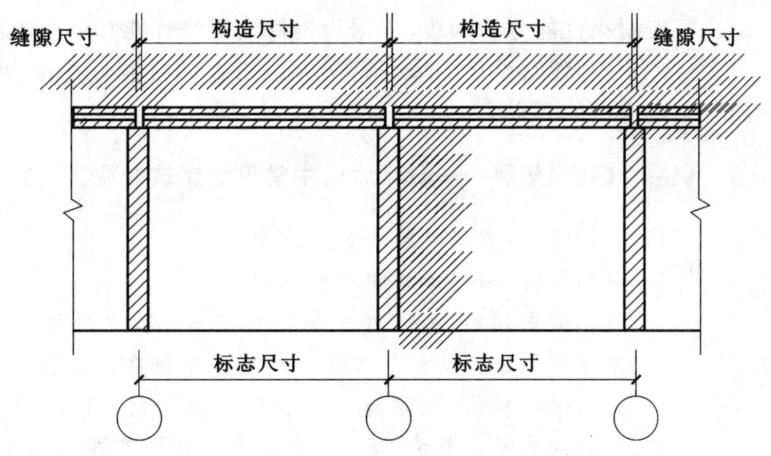

图 1-14 砖混结构几种尺寸间的关系

1.4.3.3 框架结构的定位轴线

框架结构中间柱的定位轴线一般与顶层柱截面中心线相重合。边柱定位轴线一般与顶层柱截面中心线相重合或沿边柱外表面即外墙内缘处，如图 1-15 所示。

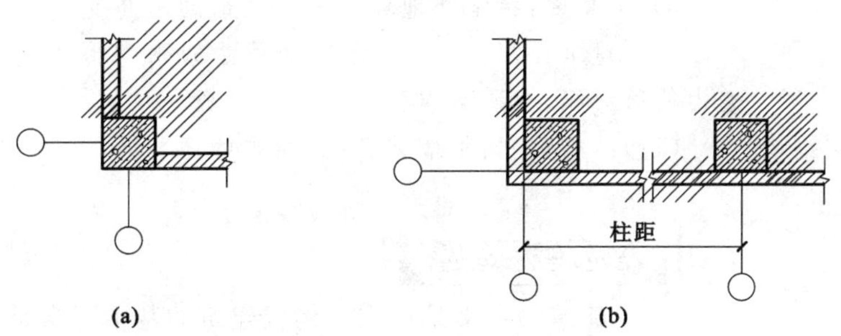

图 1-15 框架结构边柱轴线的定位轴线

(a)轴线通过柱中心；(b)轴线通过柱外缘

本章小结

(1)建筑是建筑物和构筑物的总称。直接供人们在其中生产、生活或者进行其他活动的工程实体称为建筑物；为保证建筑物正常运转而提供功能支撑的工程实体称为构筑物。

(2)建筑功能、建筑技术和建筑艺术构成建筑的三个基本要素，三者之间是辩证统一的关系。

(3)建筑工程设计一般包括建筑设计、结构设计、设备设计、装饰设计四个方面的内容。

(4)建筑设计过程按工程复杂程度、规模大小及审批要求，划分为不同的设计阶段。一般分为初步设计和施工图设计两个阶段。大型和重要民用建筑工程或技术复杂的项目，多采用初步设计、技术设计和施工图设计三个阶段。

(5)建筑物按使用性质分为民用建筑、工业建筑和农业建筑。按建筑规模和数量分为大量性建筑和大型性建筑。按建筑层数或高度分为低层、多层、中高层、高层建筑、超高层建筑。

(6)民用建筑按耐久性分为四级,依据为主体结构确定的使用年限;按耐火性能分为四级,依据为构件的燃烧性能和耐火极限。

(7)建筑设计的依据有国家或行业的强制性标准、使用功能、环境因素方面的要求。

【知识拓展——日常生活中常见的建筑专业名词】

(1)横向:指建筑物的宽度方向。

(2)纵向:指建筑物的长度方向。

(3)横向轴线:指沿建筑物宽度方向设置的轴线,用以确定墙体、柱、梁、基础的位置。其编号方法采用阿拉伯数字注写在轴线圆内。

(4)纵向轴线:指沿建筑物长度方向设置的轴线,用以确定墙体、柱、梁、基础的位置。其编号方法采用大写拉丁字母注写在轴线圆内,但I、O、Z不用作轴线编号。

(5)开间:指两条横向定位轴线之间距。

(6)进深:指两条纵向定位轴线之间距。

(7)层高:指层间高度,即地面到楼面或楼面到楼面的高度。

(8)净高:指房间的净空高度,即地面至吊顶下皮的高度。它等于层高减去楼地面厚度、楼板厚度和吊顶棚高度。

(9)总高度:指室外地坪至檐口顶部的总高度。

(10)建筑面积:指建筑物外包尺寸的乘积再乘以层数,单位为 m^2。它由使用面积、交通面积和结构面积组成。

(11)结构面积:指墙体、柱子所占的面积。

习题与思考题

习题与思考题答案

1-1　建筑的定义是什么?构成建筑的基本要素是什么?

1-2　建筑设计包含哪些内容?

1-3　民用建筑按层数和高度如何划分?

1-4　建筑按耐久性分为哪四个等级?

1-5　建筑设计分为哪几个阶段?

1-6　建筑设计有哪些主要依据?

参考文献

[1]　高远,张艳芳.建筑构造与识图.2版.北京:中国建筑工业出版社,2008.

[2]　董黎.房屋建筑学.北京:高等教育出版社,2006.

[3]　钱坤,王若竹.房屋建筑学(上:民用建筑).北京:北京大学出版社,2009.

[4]　李必瑜,王雪松.房屋建筑学.3版.武汉:武汉理工大学出版社,2008.

2 场地设计

【内容提要】

本章主要内容包括场地的基本概念及其构成要素，场地设计的内容和原则，场地设计的自然条件和建设条件，场地总体布局中的分区方式和建筑布局的影响因素、布局要求和布局方式。本章的教学重点为场地设计的内容和原则、场地设计条件分析、建筑布局的影响因素、布局要求和布局方式。

【能力要求】

通过本章的学习，学生应了解场地设计的概念及内容，掌握场地设计的内容和原则，能初步应用场地布局的知识解决实际工程中的相关问题。

我国自改革开放以来，经济的发展促进了社会的进步，也带动了建筑市场的快速发展，我国社会的建设总量大大增加。人们对建筑的功能、建筑与建筑之间、建筑与环境之间的协调要求越来越高，这就要求建筑、土地、规划等从业人员必须掌握场地设计的基本知识。在我国的注册建筑师考试中，场地设计也被单独划分出来，与建筑设计、建筑结构、建筑设备、经济管理等方面的内容相并列，这从另一侧面也说明了场地设计问题的确是一个应该认真研究的课题。

重难点

2.1 场地设计的概念及原则

2.1.1 场地设计的概念

简单来看，所谓“场地设计”，必然是有关于“场地”的设计活动，所以要明确何谓“场地设计”，而首先必须要明确何谓“场地”。

2.1.1.1 场地

(1)场地的定义

从所指称的对象来看，“场地”一词有狭义和广义两种不同的含义。在狭义上，场地指的是建筑物之外的广场、停车场、室外活动场、室外展览场之类的内容。这时“场地”是相对于“建筑物”而存在的，所以当指称这一意义时，经常被明确为“室外场地”以示其对象是建筑物之外的部分。在广义上，场地可指基地中所包含的全部内容所组成的整体。对于建筑设计而言，场地所指的就是这层意义。在这一意义上,建筑物、广场、停车场等都只是场地的构成元素。明确场地的概念必须明确元素与整体的这一层关系,因为建筑物与室外的广场等内容实际上是相互依存的,无法完全割裂开的,所以用“场地”这一概念来描述它们所组成的整体对于将问题明晰化、确切化是十分有意义的。

(2)场地的构成要素

① 建筑物、构筑物。这是构成场地的核心要素,对场地起着控制作用,它的性质、规模的变化会改变场地的使用性质和技术指标。

② 交通设施。它由道路、停车场、广场组成,分为人流(包括机动车流、非机动车流、步行人流)和物流,主要解决场地内建筑物之间或场地与城市之间的联系,是场地的重要组成部分。

③ 室外活动设施。它是为了适应人们室外活动而设计的设施,包括健身设施和休憩场地,是室内活动的延续。

④ 绿化与景观设施。它包括绿地、景观小品等,对场地的生态环境、文化环境起着重要作用。

⑤ 工程系统。它包括工程管线、场地挡土墙、边坡等。

2.1.1.2 场地设计

一般来说,场地设计是为满足一个建设项目的要求,依据基地现状条件和相关的法规、规范,组织场地中各构成要素之间关系的设计活动。其根本目的是通过设计使场地中的各要素,尤其是建筑物与其他要素能形成一个有机的整体,以发挥效用,并使基地的利用能够达到最佳状态,以确保用地效益,节约土地,减少浪费。

场地设计的内容主要有:

① 场地设计条件分析。分析建筑所处场地的自然条件、建设条件和城市规划的要求等,明确影响场地设计的各种因素。

② 场地总体布局。结合场地现状条件,明确功能分区,合理确定场地内建筑物、构筑物及其他工程设施的相互空间关系,进行总平面布置。

③ 交通组织。合理组织场地内各种交通流线,避免不同性质的人流、车流之间相互干扰;根据初步确定的建、构筑物的位置,进行道路、广场、停车场、交通出入口布置;调整总平面图中建筑布置。

④ 竖向布置。结合地形,拟订场地竖向设计方案,确定场地及建、构筑物的设计标高,有效组织场地排水,计算土石方量。

⑤ 管线综合。协调各种室外管线的敷设,合理进行场地管线综合布置,具体确定各种管线的走向、平面(竖向)敷设顺序、管线间距、支架高度或管线埋深等,尽量避免相互干扰,影响景观。

⑥ 绿化与环境景观设计。结合使用者的室外活动需求,综合布置各种室外活动空间、环境设施、景观小品及绿化植物等,有效控制噪声等环境污染,创造优美的室外环境。

⑦ 技术经济分析。计算场地设计方案的各种技术经济指标,主要是土石方工程量、道路面积,可以将多方案进行比较,并选择最优方案。

2.1.2 场地设计原则

虽然各类工程项目的场地设计因性质、规模以及自然条件、建设条件的不同而异,但在结合场地具体实际情况的同时,一般应遵守如下基本原则:

(1)认真贯彻执行国家有关方针、政策

场地设计应体现国家的有关方针、政策,切实注意节约用地,在选址中不占或少占良田,尽量采用先进技术和有效措施,使用地得到充分合理的利用。贯彻执行“适用、经济、在可能条件下注意美观”的原则,正确处理各种关系,力求发挥投资的最大经济效益。

(2)符合当地城市规划的要求

场地的总体布局,如出入口位置、交通线路的走向、建筑物的体形、层数、朝向、布局、空间组合、绿化布置等,以及有关建筑间距、用地和环境控制指标,均应满足城市规划的要求,并与周围环境协调统一。

(3)满足生产、生活的使用功能要求

场地布局应按各建筑物、构筑物及设施相互之间的功能关系、性质特点进行布置,做到功能分区合理、建筑布置紧凑、交通流线清晰,并避免各部分之间相互干扰,满足使用功能要求、符合使用者的行为规律。工业项目的常规设计必须保证生产过程和工艺流程的连续,畅通、安全,力求使生产作业流行短期、方便、避免交叉干扰。

(4)技术经济合理

场地设计必须结合当地自然条件和建设条件因地制宜地进行。特别是确定建设项目工程规模、选定建设标准、拟定重大工程技术措施时,一定要从实际出发,深入调查研究和进行充分的技术经济论证,在满足功能的前提下,努力降低造价,缩短施工周期、减少工程投资和运营成本,力求技术上经济合理。

(5)满足交通运输要求

场地交通运输线路的布置要短捷、通畅、避免重复交叉,合理组织人流、车流,减少其相互干扰与交通折返。其内部交通组织应与周围道路交通状况相适应,尽量减少场地人员、货物出入对城市主干道交通的影响,并避免与场地无关的交通流在场地内穿行。

(6)满足卫生、安全等技术规范和规定的要求

建、构筑物之间的间距,应按日照、通风、防火、防震、防噪等要求及节约用地的原则综合考虑。应合理选择建筑物的朝向,如寒冷地区应避免西北风和风沙的侵袭,炎热地区应避免西晒并利用自然通风。散发烟尘、有害气体的建、构筑物,应位于场地下风向,并采取措施,避免污染环境。

(7)竖向布置合理

充分结合场地地形、地质、水文等条件,进行建、构筑物、道路等的竖向布置,合理确定其空间位置和设计标高,做好场地的整平工作,尽量减少土石方工程量,并做到填、挖土石方量的就地平衡,有效组织场地地面排水,满足场地防洪的要求。

(8)管线综合布置合理

合理配置场地内各种地上、地下管线线路,管线之间的距离应满足有关技术要求,便于施工和日常维护。还应解决好管线交叉的矛盾,力求布置紧凑、占地面积最小。

(9)合理进行绿化布置与环境保护

场地的绿化布置和环境保护要与建筑物、构筑物、道路、管线的布置一起全面考虑、统筹安排,充分发挥植物绿化在改善小气候、净化空气、防灾、降尘、美化环境方面的作用,并注意绿化结合生产。场地设计应本着环境的建设与保护相结合的原则,按照有关环境保护的规定,采取有效措施防止环境污染,通过适当的设计手法和工程措施,把建设开发和环境保护有机地结合起来,力求取得经济效益、社会效益和环境效益的统一,创造舒适、优美、洁净并具有可持续发展特点的生活环境。

(10)合理考虑发展和改扩建问题

考虑场地未来的建设与发展,应本着远近期结合、近期为主,近期集中、远期外围,自内向外、由近及远的原则,合理安排近远期建设,做到近期紧凑、远期合理。在适当预留发展用地,为远期发展留有余地的同时,避免过多、过早占用土地,并注意减少远期废弃工程。对已建成项目的改进、扩建,首先要在原有基础上合理挖潜,适当填空补缺,正确处理好新建工程与原有工程之间的新旧关系,本着"充分利用,逐步改造"的原则,通盘考虑,做出经济合理的远期规划布局和分期改造、扩建计划。

2.2 场地设计条件

2.2.1 场地的自然条件

场地及其周围的自然状况,包括地形、地貌、地质、水文、气候、小气候等条件,都可以称为场地的自然条件,它们对设计的影响是具体而直接的,因此,对这些条件的分析是认识基地自然条件的核心。

2.2.1.1 地形地貌

地形是场地的形态基础,场地总体的坡度情况,地势走向变化的情况,各处地势起伏的大小是场地有形的、可见的主要因素,是场地形态的基本特征。对地形的认识就是要详细分析上述几方面的情况。由于要在根本上改变场地的原始地形将大幅度增加土石方工程量,使建设的造价大为提高,而且对地形的较大改变必将破坏场地及其周围环境的自然生态,所以从经济合理性和生态环境保护的角度出发,场地设计对自然地形应以适应和利用为主,这样的做法对环境景观的保护也是有利的。尽管这种做法给场地设计带来了一定的难度,但也应当是必须坚持的一个基本原则。

不同的地形、地貌对场地内的用地布局、建筑物的平面及空间组合、道路的走向和各项工程建设、绿化布置等都有一定的影响。取得对场地地形地貌的了解,无外乎两种渠道:一是现场踏勘,如图 2-1 所示;二是地形图,如图 2-2 所示。

图 2-1 自然地形地貌

图 2-2 测绘图的表达

地貌是指场地的表面情况，它是由场地的表面构成元素及各元素的形态和所占比例决定的，一般包括土壤、岩石、植被、水面等方面的情况。土壤裸露程度，植被稀疏或茂密，岩石、水面的有无等方面的自然情况决定了场地的面貌特征，也是场地的地方风土特色的体现。场地设计对场地条件的处理应该根据它们的具体情况来确定基本的原则和具体办法。

2.2.1.2 地质水文

建设场地的地质、水文条件关系着场地中建筑物位置的选择，也关系到地下工程设施、工程管线的布置方式以及地面排水的组织方式。场地设计需要掌握的建设场地地质情况包括：地面以下一定深度的土壤特性；土壤和岩石的种类及组合方式；土层冻结深度；建设场地所处地区的地震情况以及地上、地下的一些不良地质现象等。建设场地的水文情况包括河、湖、海、水库等各种地表水体的情况和地下水位情况。

2.2.1.3 气候条件

对气候条件的认识一方面是要了解基地所处地区的气象背景，包括寒冷或炎热程度、干湿状况、日照条件、当地的日照标准等；另一方面是要了解一些比较具体的气象资料，包括常年主导风向，冬、夏季主导风向，风力情况，降水量的大小、季节分布，夏季、冬季的雨雪情况等。

气候条件对场地设计的影响很大，在不同气候类型的地区会有不同的场地设计模式，气候条件是促成场地设计地方特色形成的重要因素之一。如成都属于夏热冬冷地区，应考虑建筑夏季防热遮阳，通风降温的要求，冬季应兼顾防寒；夏季降雨较多，应考虑建筑的防雨、防潮、防洪、防雷电。

2.2.2 场地的建设条件

场地的建设条件是相对于自然条件而言的，简言之就是指场地内部以及它周围所有非自然形成的条件都属于建设条件。在所有这些条件中，场地内部及周围现存的建筑物对设计的影响是最大的，而且所有这些条件都是经人工修建而形成的，所以我们将它们统称为场地建设方面的条件，主要包括场地内部及周围已存在的建筑物、道路、广场等构筑设施以及给水、排水、电力管线等公用设施。

一般不同的建筑对场地的需求因建筑性质和特点而各不相同，如居住建筑对周围公共服务设施的分布以及基地内现存绿化、道路、环境状况等最为重要；商业建筑更侧重于基地周边的交通状况、空间环境特征等。因此，在进行场地建设条件分析时，必须考虑拟建建筑的性质而有所侧重。

2.3 场地总体布局

场地总体布局需要解决两个问题：一是组成元素各自形态的确定，二是元素之间组织关系的确定。这两点是场地设计的核心工作之一。场地总体布局设计的结果所反映的是场地的整体形态，也就是场地基本的表现形式。总之，场地总体布局所控制的主要内容是场地的基本形态。

2.3.1 场地分区

场地分区是场地设计工作的重要组成部分，它是场地布局的起点。如果说场地布局是为整个设计确立一个大的基本框架，那么，可以说场地分区则是为布局而确立的一个大的基本框架。

简而言之，场地分区就是要将基地划分成若干区域，将场地中所包含的内容按照一定关系分成若干部分组合到这些区域之中去。因此，场地分区的方式就决定了场地的基本形态和其中各组成要素之间的基本关系。从侧重点上来看，分区重视场地中不同特性的区域的划定，重视团块的分离，与此同时，组织这些区域之间的关系也是十分重要的，此区域与彼区域之间之所以能够相对划分开来，也就是它们的内容与内容之间，位置与位置之间的关系的体现。因此，场地分区所遵循的思路可以归结为两条：一是从基地利用的角度出发；二是从内容组织的角度出发。这两条思路是交织在一起的，因此在确定分区方式时，既要考虑基地利用的问题，又要考虑内容组织的要求。

2.3.1.1 从基地利用的角度来分区

(1)集中式分区

采用适当集中的划分方式，将用地划分成几大块，将性质相同的用地尽量集中在一起，可以保证基地的边角地段及每一部分都有可能被充分利用起来，减少闲置的地块，同时也增大了可使用的用地面积。反之，如果用地划分过于细碎，不同性质的用地交错在一起，必然会增加出现边角空地的机率，从而造成浪费。另外，如果地块划分过于细碎，其中的内容组织必然会受到限制，因为在较小的地块里，其调整的余地必然很小，容易形成比较勉强的形式，也会增加闲置用地的可能。如果地块比较集中，具有一定的规模，则内容组织就有充分的余地去选择对内容自身要求和基地使用都有利的形式，提高用地使用效益。

采取相对集中的分区与用地划分方式，并不意味着简单地将用地划分成几个粗略的大块即可，也并不是分得越大越粗略越好，而是应在可能的情况下尽量简化分区，减少层次。集中的方式也是相对的，它必须有其依据，这些依据一是性质上的，二是基地形状上的。性质上的集中可以将相同和类似性质的用地集中在一起，连成一片；形状上的集中是根据基地的轮廓形式特征来划分地块，使每一区域都尽量完整，便于利用。如图 2-3 所示，集中式分区虽然有效地利用了土地，但是由于各个分区之间的联系过于简单，不能满足建筑使用功能的要求，因此适宜用于小型、内容简单的项目。

(2)均衡式分区

在用地规模相对于建设规模较大，也就是用地比较宽松的情况下，场地布局与各项内容的组织显然要相对容易，场地分区与用地划分可采取多种变化的方式。这时分区与基地利用常出现各部分用地不够均衡的现象，某一部分的用地过于宽松以致用地没有被充分利用起来。造成这种情况的原因同样是在进行场地分区时只注重了内容组织这一个侧面，而没有重视基地利用的问题。在这种情况下，尽量采取均衡的做法是较为有利的。均衡式分区就是将场地内容均衡地分布，使每部分用地都有相应的内容，使每部分用地都能发挥作用，如图 2-4 所示。

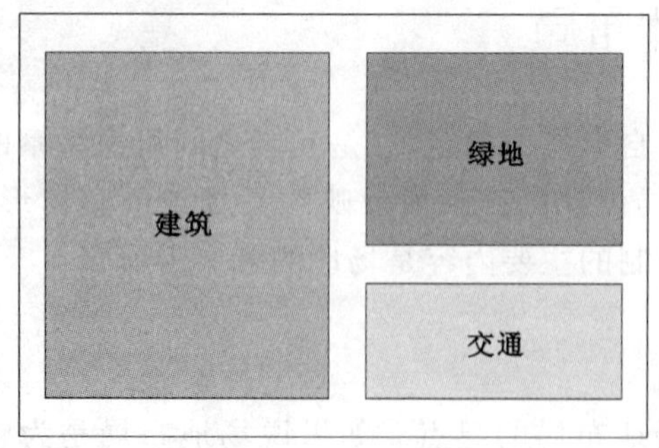

图 2-3 集中式分区

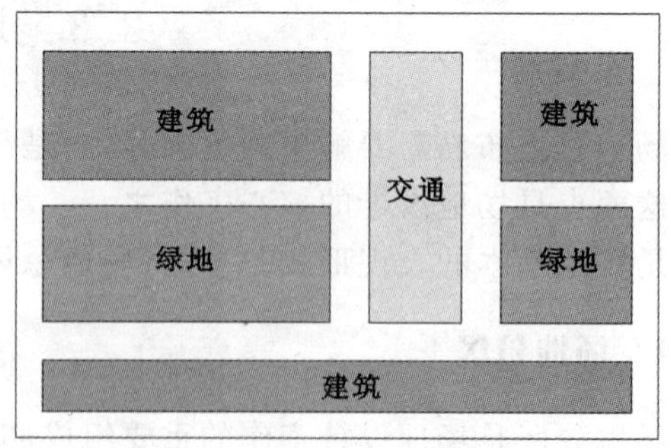

图 2-4 均衡式分区

2.3.1.2 从内容组织的角度来分区

场地分区除了将用地划分成若干区域之外，还需将场地的各项内容组合到这些区域之中，最终场地的各个区域是特定部分的基地与其特定内容的统一体。从内容组织的角度来看，分区是要将场地中所应包含的各项内容按照某种特定方式加以归类和组合，将相同的或具有类似性的内容归纳到一起，同时也将差异较大的内容划分开来。对内容进行分区组合的目的是使场地能够呈现比较清晰和明确的结构关系，使功能、空间、景观等方面都呈现出一种有序的状态。常用的分区方式如下。

① 按空间特性分区，可分为动静分区（如图 2-5 所示）和公共性分区（如图 2-6 所示），常用于住宅等建筑。

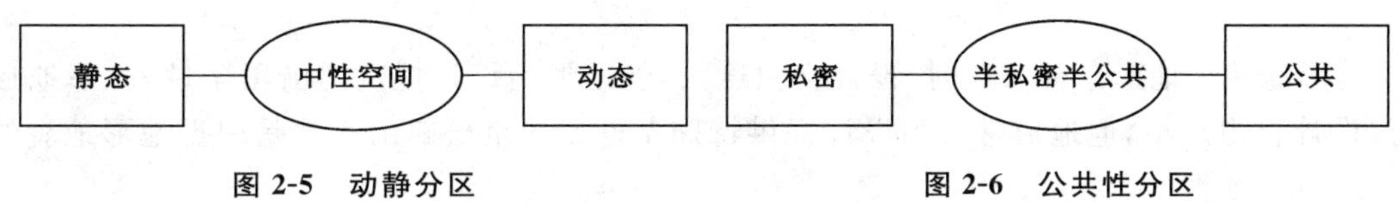

图 2-5 动静分区　　图 2-6 公共性分区

② 按空间主次分区（如图 2-7 所示），常常用于商业建筑、文化建筑、宗教建筑等。

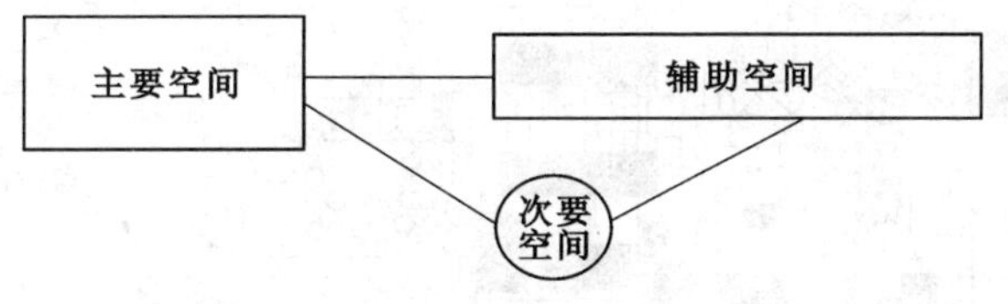

图 2-7 主次空间分区

2.3.2 建筑布局

在大多数场地中，建筑物是场地中的核心要素，从一定意义上讲，场地是为建筑物而存在的，处理好建筑物与其他内容之间的关系是场地设计的工作重点之一。在与其他内容的相互制约关系之中，建筑物常处于支配地位，建筑物对其他内容的影响一般要强于它本身所受到的影响。因而建筑物在场地中的组织和安排常常是场地布局的关键环节，必须引起我们的重视。

建筑布局案例图

2.3.2.1 影响建筑布局的主要因素

影响建筑布局的主要因素包括用地条件和功能要求两个方面。

(1)用地条件

它是指用地大小和形状、地形地貌、植被景观、地区气候及场地小气候、建设现状、周围环境等自然因素。

① 用地大小和形状。用地面积宽裕时，建筑布局有可能采取分散式；

用地面积紧张时,建筑布局应尽量集中紧凑;用地形状规则时,建筑布局井然有序;用地形状不规则时,建筑布局要因地制宜,合理灵活的安排,如图2-8所示。

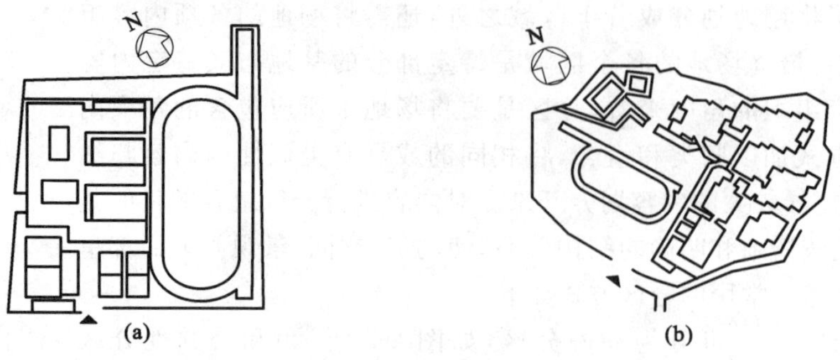

图2-8 不同形状用地的学校布局

(a)上海市建青中学;(b)日本人吉市人吉小学

② 地形地貌。地形条件一般时,设计自由度大,但地形为设计提供的借用条件较少;地形条件复杂时,设计自由度小,但地形常可为设计提供特殊条件。北京松鹤山庄就是根据地形地貌的特点而进行设计的,如图2-9所示。

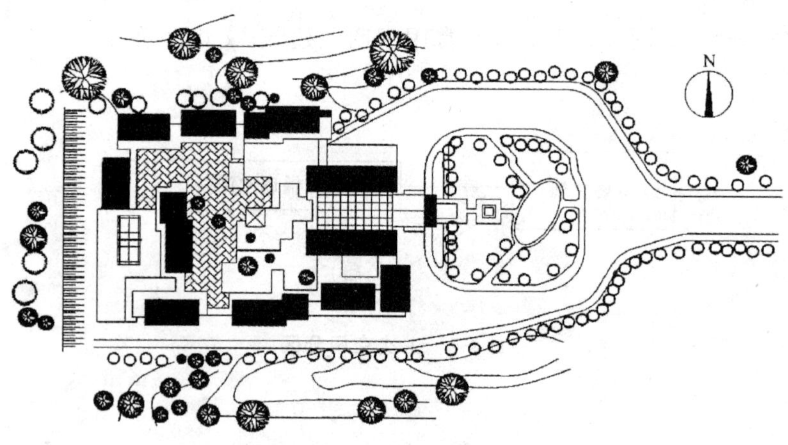

图2-9 北京松鹤山庄总平面图

③ 植被景观。进行场地建筑布局时,考虑场地原有植被景观的分布情况,既可以保护环境,又可以有效地节约建造成本。如图2-10所示为四川某医学院教学楼总平面图,设计时保留了场地中原有的银杏树来作为新建筑物场地的绿化景观。

④ 地区气候及场地小气候。它主要是指日照因素和风向因素,在温带和亚热带,避免东西向,争取南北向;注意南北向道路两侧的沿街,要保证日照间距,利用光影营造空间。夏季考虑"穿堂风"的组织,冬季注意防寒保温。

⑤ 建设现状。场地内原有的建筑物、构筑物、道路等也是场地条件的重要组成部分,应酌情采取保留、保护、利用、改造与新建相结合的方式,以求减少浪费及避免对环境的破坏。如图2-11和图2-12所示为清华大学图书馆的建设情况。

⑥ 周围环境。进行建筑布局时,必须考虑与周围已有建筑及周围环境相协调。如图2-13所示为上海博物馆新馆的总体布局设计。

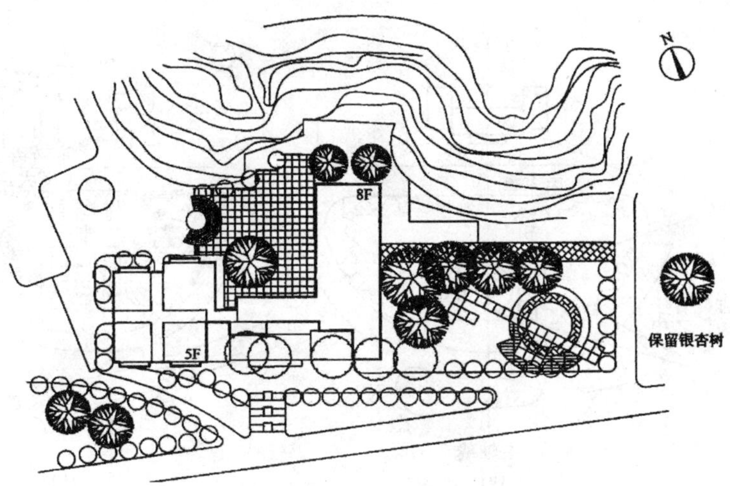

图 2-10 四川某医学院教学楼总平面图

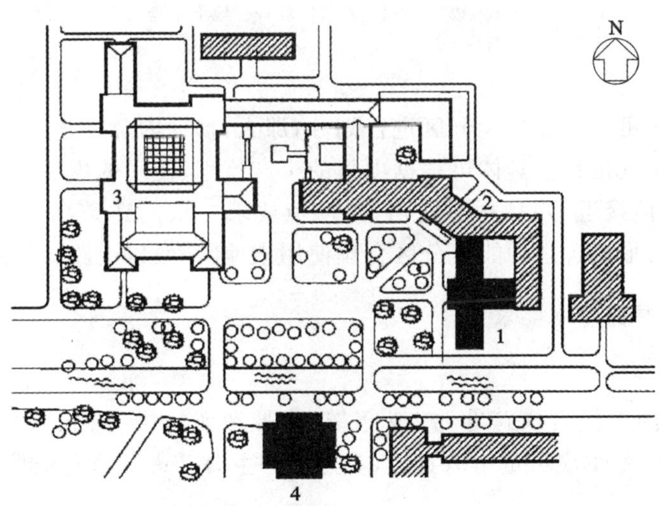

图 2-11 清华大学图书馆总平面图

1—建于 20 世纪 20 年代;2—建于 20 世纪 30 年代;3—建于 20 世纪 80 年代;4—大礼堂

图 2-12 清华大学图书馆实物图

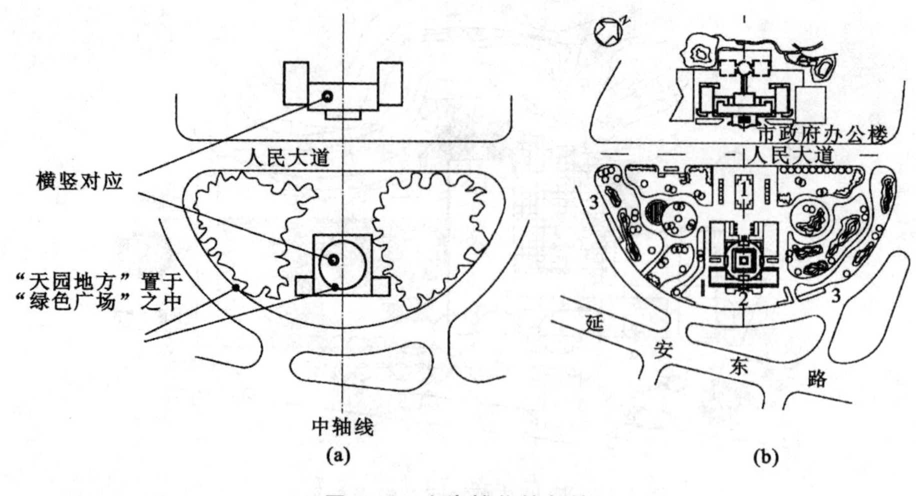

图 2-13　上海博物馆新馆

(a) 总体构思分析;(b) 总平面图

1—人民广场;2—入口广场;3—地下车道

(2)功能要求

前面讲过场地分区可以按照功能分区进行划分,那么,场地内各个建筑的布局也需要根据它们之间的相互关系来确定其位置。具体可根据项目的生产流程、使用的先后顺序、相互之间的联系紧密程度将性质相同、功能接近,并且联系密切,对环境要求一致的建筑物、构筑物及设施分成若干组,结合场地内外条件,形成合理功能并分区合理使用土地,一般以道路、河流、绿化带作为边界。

2.3.2.2　建筑布局的基本要求

(1)建筑朝向的选择

① 日照因素。我国气候带横跨寒带、亚寒带、温带和亚热带,南北方日照特点差异显著,如图 2-14 所示。寒冷地区冬季应尽量争取日照,炎热地区主要考虑夏季避免接触过多的太阳辐射。

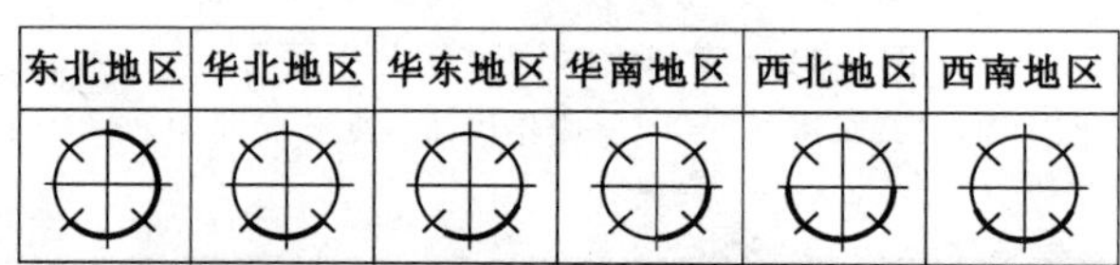

图 2-14　我国各地区主要房间适宜朝向

② 风向因素。寒冷地区注意防寒、保温和防风沙,避免西北季风,尽量南北向;炎热地区要重视组织自然通风。

除上述因素外,建筑物朝向还要结合场地具体条件,如道路走向、周围景观、地形变化和用地形状等,要根据实际条件,从全局角度出发,不能单纯追求朝向,要顾全整体。

(2)建筑间距的确定

建筑间距是指两栋建筑物或构筑物外墙外皮最凸处(不含居住建筑阳台)之间的水平距离。城市规划特别是在详细规划中对建筑间距有很严格的要求,建筑应根据建设所在地区的日照、通风、采光、防止噪声和视线干扰、防火、防震、绿化、卫生、管线埋设、建筑布局形式,以及节约用地等要求,确定合理的建筑间距。一般大量性建筑物只要确保日照间距,其他要求也可以基本满足。因此,我国大部分地区的住宅布置,通常以满足日照要求作为确定建筑间距的主要依据。

日照间距一般以冬至这一天正午正南向房屋底层房间的窗台,能被太阳照到的高度为依据来确定。日照间距的计算式为:

$$L=\frac{H}{\tan h} \tag{2-1}$$

式中 L——建筑物间距;

H——南向前排房屋檐口和后排房屋底层窗台之间的高度;

h——冬至日正午的太阳高度角(当房屋正南时),如图 2-15 所示。

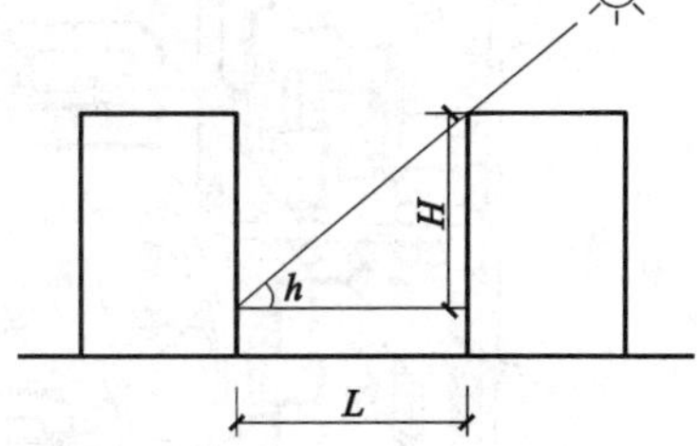

图 2-15 日照间距计算简图

在实际工作中,一般房屋间距通常是用房屋间距 L 和前排房屋高低 H 的比值来控制。如 $L=1.2H$、$1.5H$、$1.7H$等。

我国大部分城市日照间距为$(1\sim1.7)H$。越偏南日照间距越小,越偏北日照间距越大。某些类型的建筑物,因使用功能、卫生要求的不同,对房屋间距也有不同的要求。例如学校建筑,为了保证良好的采光要求,间距应不小于 $2.5H$,而最小间距不小于 12 m。又如医院建筑,需考虑卫生要求,因此房屋间距应大于 $2H$,对于一、二层病房,间距应小于 25 m;三、四层病房,间距应小于 30 m,对于传染病房与非传染病房的间距应不小于 40 m。

建筑间距的确定除了要考虑以上所述的日照间距之外,还应考虑以下几个方面。

① 建筑的消防间距应按照《建筑设计防火规范》(GB 50016—2006)和《高层民用建筑设计防火规范 2005 版》(GB 50045—1995)中建筑防火间距的有关规定执行。

② 通风间距。为了获得较好的自然通风,两幢建筑间为避免受风压而形成的负风压影响所需保持的最小距离。

③ 生活私密性间距。在设计中应注意避免出现对居室的视线干扰情况。该距离一般不小于 18 m。

④ 城市防灾疏散间距。城市主要防灾疏散通道两侧建筑间距应大于 40 m,且应大于建筑高度的 1.5 倍。

2.3.2.3 建筑布局的方式

(1)建筑集中式布局

将场地中拟建建筑物集中布置,这种布局方式可以节约用地,增加层数,烘托建筑的高大体量。如位于德国科隆的科隆大教堂,如图 2-16 所示。

图 2-16 科隆大教堂

(2)以空间为核心,建筑围合空间

将场地中拟建建筑物分布在场地周围,形成中庭或内院。在中间组织交通,形成向心形式,增加整体感和围合感。如图 2-17 所示。

(3)建筑与空间相互穿插

将场地中拟建建筑与其他内容分散布局,使建筑与空间相互穿插，彼此交错。这种布局方式灵活多变，场地空间更丰富、更有层次，建筑形象亲切近人。如图2-18所示。

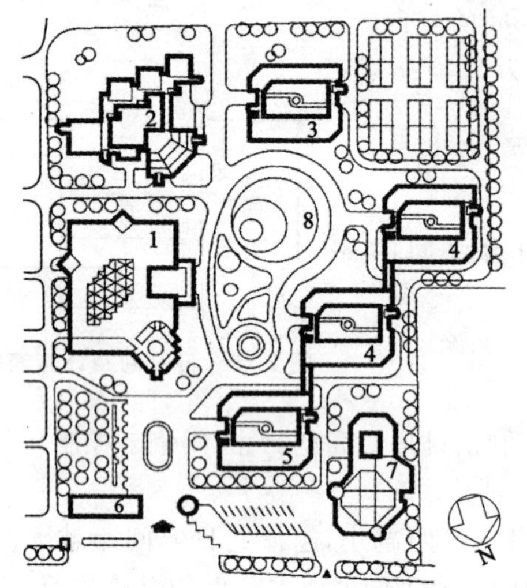

图2-17　兰州大学文科教学中心区规划总平面图

1—图书馆；2—讲堂群；3—教学楼；4—系馆；
5—科研楼；6—行政办公楼；7—会堂、俱乐部；8—交往空间

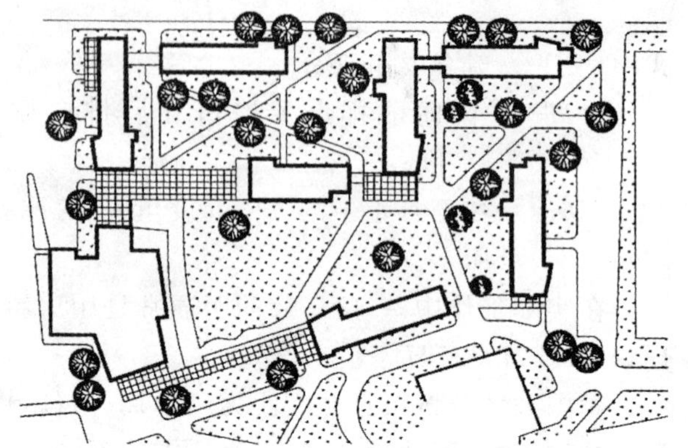

图2-18　哈佛大学研究生中心总平面图

本章小结

(1)场地设计是为满足一个建设项目的要求，依据基地现状条件和相关的法规、规范，组织场地中各构成要素之间关系的设计活动。

(2)场地设计原则包括：认真贯彻执行国家有关方针、政策，符合当地城市规划的要求，满足生产、生活的使用功能要求，技术经济合理，满足交通运输要求，满足卫生、安全等技术规范和规定的要求，竖向布置合理，管线综合布置合理，合理进行绿化布置与环境保护，合理考虑发展和改扩建问题十项内容。

(3)场地设计的自然条件是指场地及其周围的自然状况，包括地形、地貌、地质、水文、气候、小气候等条件，它们对设计的影响是具体而直接的，因此对这些条件的分析是认识基地自然条件的核心。

(4)场地分区简单来讲就是将基地划分成若干区域，将场地中所包含的内容按照一定关系分成若干部分组合到这些区域之中。场地分区可以遵循以下两条思路：一是从基地利用的角度出发；二是从内容组织的角度出发。

(5)影响建筑布局的主要因素包括用地条件和功能要求两个方面。其中用地条件是指用地大小和形状、地形地貌、植被景观、地区气候及场地小气候、建设现状、周围环境等自然因素。

(6)建筑布局的基本要求包括建筑朝向的选择和建筑间距的确定。建筑朝向的选择需要考虑日照因素和风向因素两个方面；建筑间距应根据建设所在地区的日照、通风、采光、防止噪声和视线干扰、防火、防震、绿化、卫生、管线埋设、建筑布局形式，以及节约用地等要求来确定。

(7)建筑布局的方式有以下三种：建筑集中式布局；以空间为核心，建筑围合空间的方式；建筑与空间相互穿插的方式。

【知识拓展——场地总体布局实例分析】

中国广州天河体育中心

天河体育中心占地54.54万平方米，基地规整，近似长方形。如何在大尺度的用地上确定有限的建筑物位置并有效地控制整个场地是该项目场地设计中要解决的关键问题。设计者采用了垂直交叉的轴线控制整个基地，非对称布置建筑体量，两者相结合使建筑布局既有序又有变化。中心体育场布置在轴线的交点上，长轴南北向。体育馆、游泳馆及其附属设施分别位于基地的西南角与东南角，既与内部各区紧密相连，又保证单独使用时交通的独立性。轴线中心的交通环与两个场馆自身的交通环共同组成该区有特色的交通系统。大面积的绿地、宽阔通道及大尺度的体育场馆构成了开放、热烈的整体环境。如图2-19、图2-20所示。

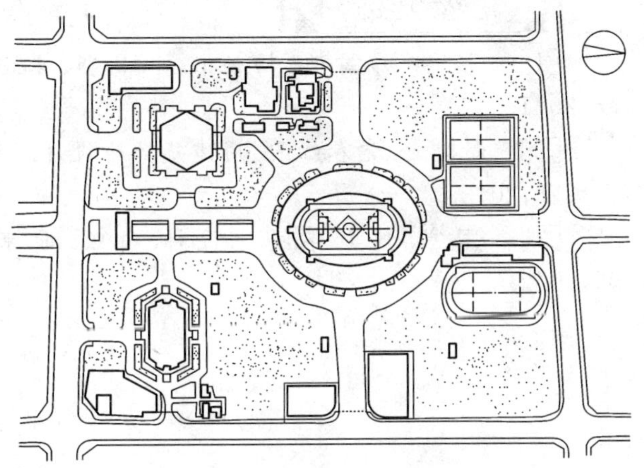

图2-19 天河体育中心总平面图

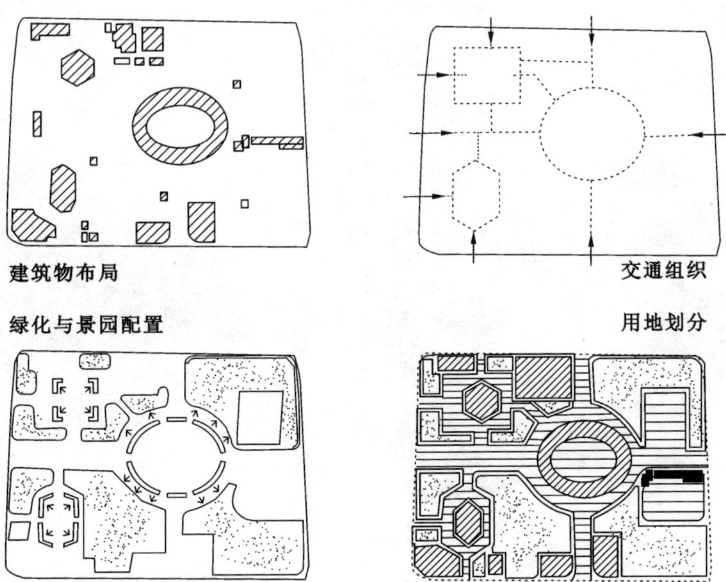

图2-20 天河体育中心场地设计示意图

习题与思考题

习题与思考题答案

2-1　场地的定义是什么？构成场地的基本要素是什么？

2-2　场地设计包含哪些内容？

2-3　什么是场地分区？应该如何划分？

2-4　影响建筑布局的因素有哪些？

2-5　建筑的朝向应该如何选择？你所处的地区建筑的一般朝向是什么？

2-6　建筑间距的确定有哪些依据？

参考文献

[1]　张伶伶，孟浩. 场地设计. 2版. 北京：中国建筑工业出版社，2011.

[2]　赵晓光，党春红. 民用建筑场地设计. 2版. 北京：中国建筑工业出版社，2012.

[3]　闫寒. 建筑学场地设计. 3版. 北京：中国建筑工业出版社，2012.

3 建筑平面设计

【内容提要】

本章主要内容包括建筑平面设计的内容，即主要使用房间设计、辅助使用房间设计、交通联系部分的设计、建筑平面的组合设计；主要论述大量性民用建筑平面设计的一般原理和方法，运用一般性原理阐述民用建筑平面设计中普遍性和规律性的问题。

【能力要求】

通过本章的学习，学生应了解民用建筑平面设计的内容，并能运用平面设计的基本原理进行一般民用建筑的平面设计。

一幢建筑物通常是由若干个单体空间有机地组合起来的整体空间。在进行建筑设计时，人们常从平面、剖面和立面三个角度去表现建筑整体和各个空间的组合关系。

重难点

建筑的平面、剖面和立面设计三者是密切联系而又相互制约的。建筑平面表达的是建筑物在水平投影方向的房屋各部分的组合关系，并集中反映建筑物的使用功能关系，这是建筑设计中的重要环节。因此，建筑设计往往最先从平面设计着手。建筑平面图也同时反映了围合建筑空间垂直构件之间的位置关系，所以在平面设计过程中，还是需要从建筑三维空间的整体来考虑，紧密联系建筑剖面和立面，调整修改平面设计，最终达到平面、立面、剖面的协调统一。

3.1 平面设计的内容

3.1.1 平面设计的内容

房屋平面动画

建筑平面设计包括单个房间平面设计和平面组合设计两个方面。

单个房间平面设计是在整体建筑合理而适用的基础上，确定房间的面积、形状、尺寸以及门窗大小和位置，平面组合设计是根据各类建筑的功能要求，确定建筑平面各组成部分特征及其相互关系、使用要求，综合基地环境和其他条件，采取不同的组合方式将各单个房间合理地组织起来。

3.1.2 平面的功能组成

各种类型的建筑按使用功能一般可以归纳为两个组成部分，即使用部分和交通联系部分。使用部分是指建筑物中的主要使用房间和辅助使用房间,并通过交通联系部分将主要使用房间和辅助使用房间联结成一个有机的整体。

主要使用房间是建筑物的核心,由于人们生活方式和习惯对所使用的房间有生理、行为和精神上的不同需求,必然形成了不同的空间样式。如住宅中的起居室、卧室;学校建筑中的教室、实验室;商业建筑中的营业厅等都是构成各类建筑的主要空间。

辅助使用房间是为保证主要使用房间正常及方便使用的要求而设置的。与主要使用房间相比,其设计的条件及要求相对要低一些,如厨房、厕所、储藏室、各种设备用房等。

交通联系部分是建筑物中各个房间之间、楼层之间和房间内外之间联系通行的空间,如各类建筑物中的走廊、门厅、过厅、楼梯间、电梯间等。

图 3-1 所示是某中学教学楼平面图。该教学楼平面通过门厅、走道、楼梯将各部分连接成有机整体。很显然,教室、实验室、办公室是主要使用房间,而卫生间是辅助使用房间;门厅、楼梯间、走道则起着交通联系的作用。

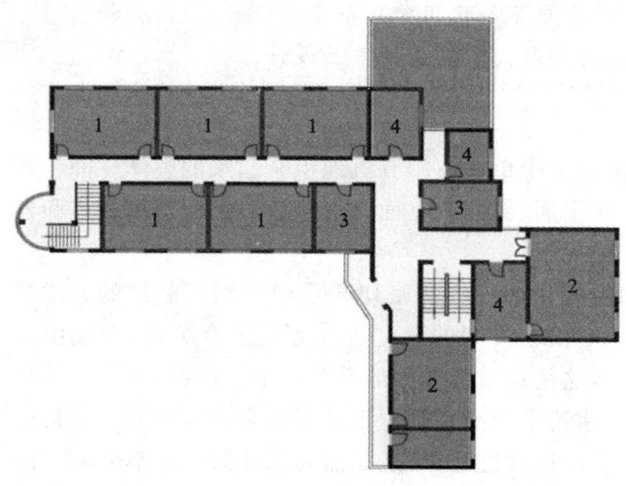

图 3-1　某中学教学楼底层平面图

1—教室;2—实验室;3—办公室;4—卫生间

3.2　主要使用房间的平面设计

3.2.1　房间的分类和设计要求

根据功能要求,主要使用房间可以分为以下几类空间。

① 生活、起居空间。如住宅的起居室、卧室,旅馆中的会客室和寝室等。

② 工作、学习空间。如学校中的教室、实验室,各类建筑中的办公室等。

③ 公共活动空间。如商场中的营业厅、影剧院中的放映厅等。

生活、起居、工作和学习使用空间要求安静,且有较好的采光效果,因此应有较好的朝向;公共活动空间人流较为集中,因此交通流线组织更为重要,尤其应注意人流的安全疏散。

对使用房间平面设计的主要要求包括:

① 房间的形状、面积和尺寸应满足室内使用活动和家具、设备合理布置的要求;

② 门窗的大小和位置,应满足空间的交通联系、安全疏散和采光通风的要求;

③ 房间的平面构成应满足合理布置结构、施工方便的要求，同时有利于房间之间的组合，所用材料应符合相应的建筑标准；

④ 室内空间及各构件细部，应考虑人们的使用和审美要求。

3.2.2 房间的面积

各种不同的使用房间都是为了满足一定数量的人在内进行活动，同时要容纳相关的设备，其面积大小是由房间使用功能、使用人数、家具设备数量及布置方式等多种因素决定的。为了更方便确定房间内部的面积，根据房间的使用要求和特点，可以将房间面积分为以下几个部分：

① 家具和设备所占面积；

② 人们在室内的使用活动面积；

③ 房间内部交通面积。

图 3-2 所示为教室和住宅卧室中使用面积分析示意图。

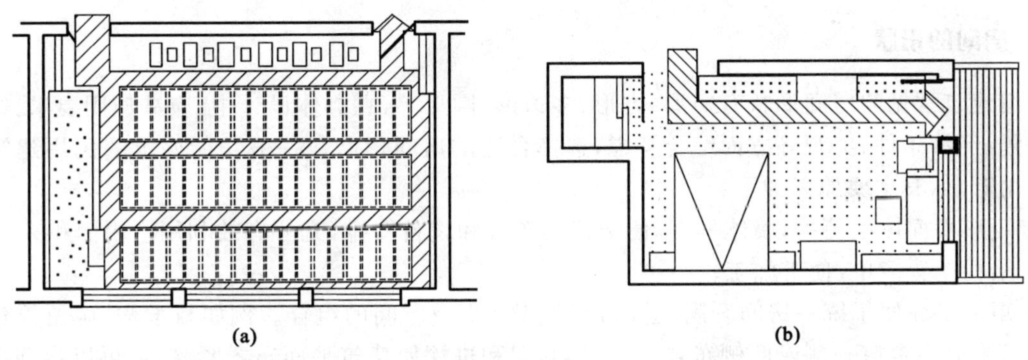

图 3-2 教室及卧室中使用面积分析示意图

(a)教室；(b)卧室

影响房间面积大小的因素可以概括为以下几个方面：

① 使用人数。无论人们使用活动面积还是家具设备所占面积以及交通面积，都与房间使用人数有关。例如，设计一间教室，首先应确定教室容纳上课学生的数量；设计一套住宅，应弄清使用家庭人口数；餐厅面积大小取决于就餐人数和就餐方式；图书馆的书库面积大小则决定着藏书的册数。一般情况下，规模大、使用人数多的房间，面积也需要大些。

② 家具设备及人们使用活动面积。为满足使用要求，任何房间都需要一定数量的家具、设备，并进行合理的布置。例如教室中的课桌椅、讲台、投影设备等；起居室中的沙发、柜子等；办公室中的办公桌椅、电脑等。这些家具、设备的数量及布置方式，以及人们使用它们所需的活动空间，均直接影响到房间面积的大小。

通过大量调查研究和设计资料的积累，结合当前社会经济发展情况以及各地实际情况，国家及各地区的相关部门编制出一系列的面积定额指标，在实际工作中，房间面积的确定主要是依据这些面积定额指标。表 3-1 是部分民用建筑房间使用面积定额参考指标。

表 3-1 **部分民用建筑房间使用面积定额参考指标**

项目 建筑类型	房间名称	面积定额/(m^2/人)	备　注
中小学	普通教室	1.0～1.2	小学取下限

续表

项目 建筑类型	房间名称	面积定额/(m^2/人)	备注
办公楼	一般办公室	3.5	不含走道
	一般会议室	0.5	无会议桌
火车站	普通候车室	1.1～1.3	—
图书馆	普通阅览室	1.8～2.5	4～6人双面阅读桌

有些建筑的房间面积指标未作规定，其房间使用面积大小的确定并不像教室等房间的面积确定那样简单，如展览室、营业厅等，使用人数不固定，家具、设备的数量和布置方式也不尽相同，这就要求设计人员根据设计任务书的要求，对同类型、规模相近的建筑进行调查研究，结合使用要求和经济条件，通过分析合理确定房间面积。

3.2.3 房间的形状

民用建筑常见的房间形状有矩形、方形、多边形、圆形等，在具体设计中，应从使用要求、结构形式与布置、经济条件、美观等方面综合考虑，选择合适的房间形状。一般功能要求的民用建筑房间常常采用矩形，其主要原因如下：

① 矩形平面体型简单，墙体平直，便于家具布置和设备安排，充分有效利用室内面积；

② 结构布置简单，便于施工；

③ 矩形平面便于统一房间开间、进深，有利于平面及空间的组合。例如教学楼、旅馆等建筑常采用矩形平面沿走道一侧或两侧布置，统一的开间和进深使建筑平面布置紧凑，还可以达到良好的采光、通风效果。

对于一些有特殊功能和视听要求的房间，如音乐教室、演艺厅、体育馆等，它的形状则应首先满足这类建筑使用房间的功能要求，同时考虑同类多个房间的空间组合，可采用多种形状。演艺厅对视听条件要求较高，可采用矩形、钟形、六角形等；体育馆使用人数多，可采用疏散条件及视线较好的圆形，如图3-3所示。

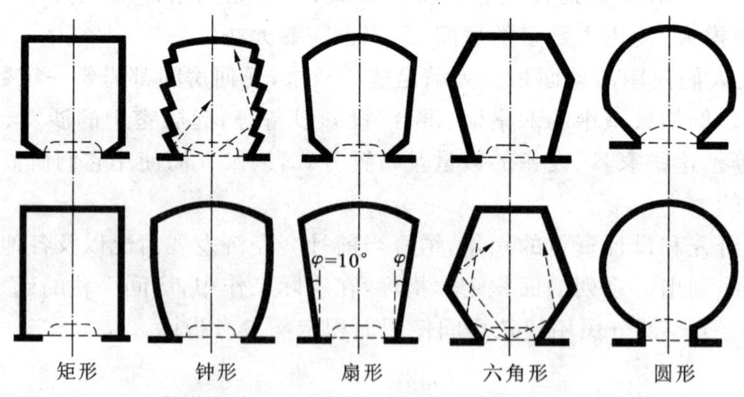

图3-3 观众厅、体育馆的平面形状

房间平面形状的确定，不仅取决于功能、结构和施工条件，也要考虑房间的空间艺术效果，使其形状有一定的变化，产生独特的风格。在空间组合中，往往将圆形、多边形及不规则形状的房间与矩形房间组合在一起，形成强烈对比，丰富建筑造型。

3.2.4　房间的尺寸

在确定房间的面积和形状后，接下来需要确定合适的房间尺寸。房间尺寸是指房间的开间和进深。开间是指房间在建筑外立面上所占的宽度，进深是垂直于开间的深度尺寸。开间和进深是表示两个方向的轴线尺寸。房间尺寸一般应从以下几个方面综合进行考虑。

(1)满足家具设备布置及人们活动要求

住宅中卧室的平面尺寸应考虑床的尺寸、与其他家具的相互关系，以提高房间布置的灵活性(如图 3-4 所示)。医院病房主要是满足病床的布置及医护活动的要求(如图 3-5 所示)。

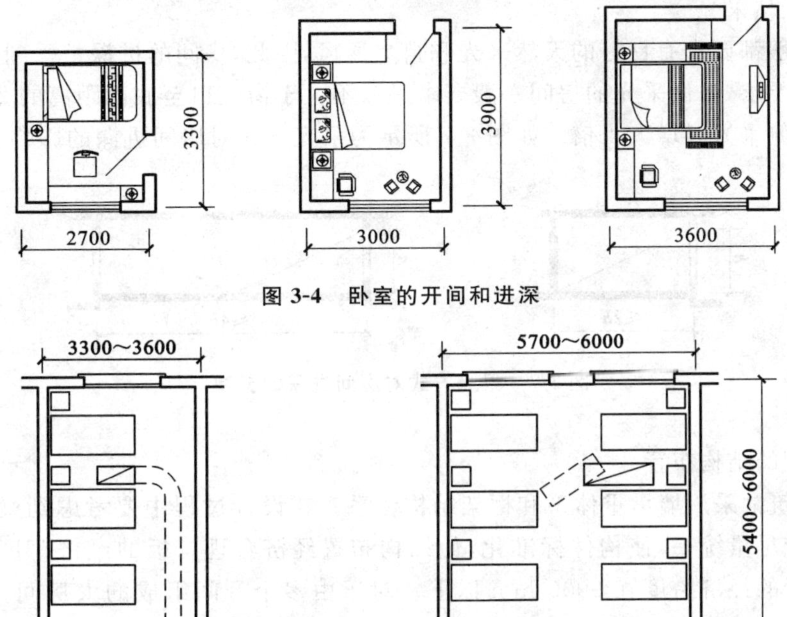

图 3-4　卧室的开间和进深

图 3-5　病房的开间和进深

(2)满足视听要求

有的空间如教室、观众厅、会议室等的平面尺寸除应满足家具设备布置及人们活动要求外，还应保证有良好的视听条件。例如，从视听的功能考虑，教室的平面尺寸应满足以下要求(如图 3-6 所示)。

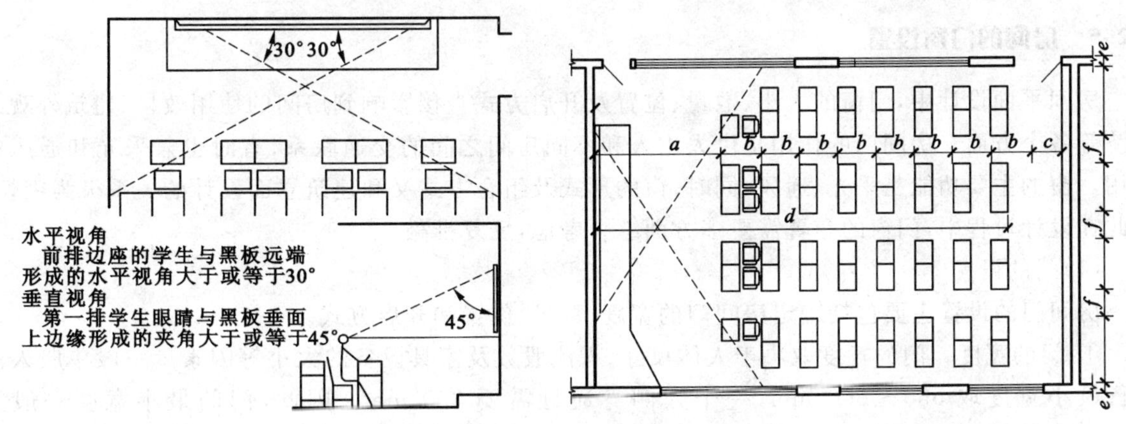

图 3-6　教师布置及有关尺寸

$a \geqslant 2000$ mm；b(小学)>850 mm，b(中学)>900 mm；$c>600$ mm；d(小学)$\leqslant 8000$ mm，d(中学)$\leqslant 8500$ mm；$e>120$ mm；$f>550$ mm

① 为防止第一排座位距黑板太近,垂直视角太小而造成学生近视,因此,第一排座位到黑板的距离必须不小于 2000 mm,以保证垂直视角大于 45°;

② 为防止最后一排座位距离黑板太远,影响学生的视觉和听觉,后排距黑板的距离不大于 8500 mm;

③ 为避免学生过于斜视而影响视力,水平视角(即前排边座与黑板远端的视线夹角)应不小于 30°。

综合以上要求,结合家具设备布置、学生活动要求、建筑模数协调统一标准的规定,中学教师平面尺寸常取 6600 mm×9000 mm、6900 mm×9000 mm 等。

(3)良好的天然采光

民用建筑一般都要求有良好的天然采光和自然通风,因此,房间的进深常受到采光的限制。为保证室内采光的要求,单侧采光的房间一般要求进深不大于窗上口至底面距离的 2 倍,双侧采光的房间进深可较单侧采光时增大 1 倍。如图 3-7 所示为采光方式对房间进深的影响。

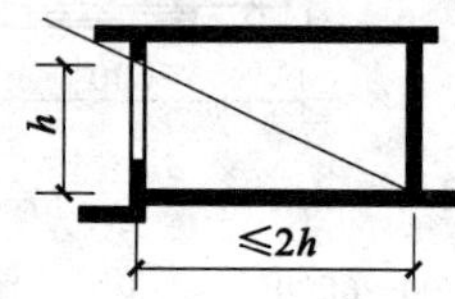

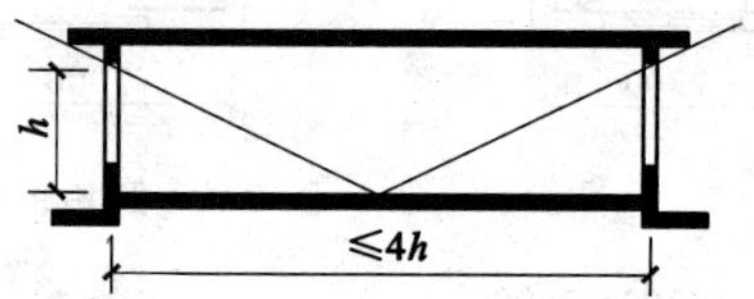

图 3-7 采光方式对房间进深的影响

(4)经济合理的结构布置

一般民用建筑常采用墙承重体系和框架结构体系。在设计过程中要考虑到梁板布置,房间的开间、进深尺寸应尽量统一,使构件标准化,使结构布置经济合理。板的经济跨度在 4000 mm 左右,钢筋混凝土梁的经济跨度在 9000 mm 以下。对于由多个开间组成的大房间,如教室、会议室等,应尽量统一开间尺寸,减少构件类型。

(5)符合建筑模数协调统一标准的要求

为提高建筑工业化水平,必须统一构件类型、减少规格,这就需要在房间开间进深上采用统一的模数,作为协调建筑尺寸的基本标准。按照建筑模数协调统一标准的规定,房间的开间和进深常取 3M 即 300 mm 为模数,如办公楼、宿舍等以小房间为主的建筑,其开间尺寸常取 3300～3900 mm。

3.2.5 房间的门窗设置

房间平面设计中,门窗的大小、数量、位置及开启方式直接影响到房间的使用效果、建筑外观及经济等各个方面。房间门的作用是供人出入和不同房间之间的交通联系,有时也兼采光和通风的作用。窗的主要功能是采光、通风,同时,窗的形式及组合方式又和建筑立面设计的关系极为密切。因此在设计过程中,门窗的布置需要多方面综合考虑,反复推敲。

(1)门的设置

房间门的设置主要包括确定房间门的宽度、数量、位置和开启方式。

① 门的宽度。门的宽度取决于人体尺寸、人流股数及家具设备的大小等因素。一般单股人流通行最小宽度取 550～600 mm,一个人侧身通行需要 300 mm。因此,门的最小宽度一般为 700 mm,常用于住宅中的厕所、浴室。住宅中卧室、厨房、阳台的门应考虑一人携带物品通行,卧室常取900 mm,厨房可取 800 mm。住宅的分户门,考虑家具尺寸增加,常取 1000 mm。普通教室、

办公室等的门应考虑一人正面通行，另一人侧身通行，常采用 1000 mm。图 3-8 所示为住宅中卧室门的宽度。

当房间面积较大、使用人数较多时，单扇门宽度小，不能满足通行要求，为了开启方便和少占使用面积，当门宽大于 1000 mm 时，通常采用双扇门或多扇门。双扇门的宽度可为 1200～1800 mm，四扇门的宽度可为 2400～3600 mm。

② 门的数量。门的数量取决于房间面积的大小、使用人数的多少、人流活动特点以及消防疏散要求等。按照《建筑设计防火规范》(GB 50016—2006)的要求，在公共建筑和通廊式居住建筑中，当房间使用人数超过 50 人，面积超过 60 m^2 时，至少需设两个门。对于影剧院、礼堂的观众厅、体育馆的比赛大厅等人员密集的公共场所，门的数量和总宽度应按每 100 人 600 mm 宽计算，并结合人流通行方便分别设双扇外开门于通道外。疏散门不应设置门槛，其净宽度不应小于1400 mm，且紧靠门口内外各 1400 mm 范围内不应设置踏步。

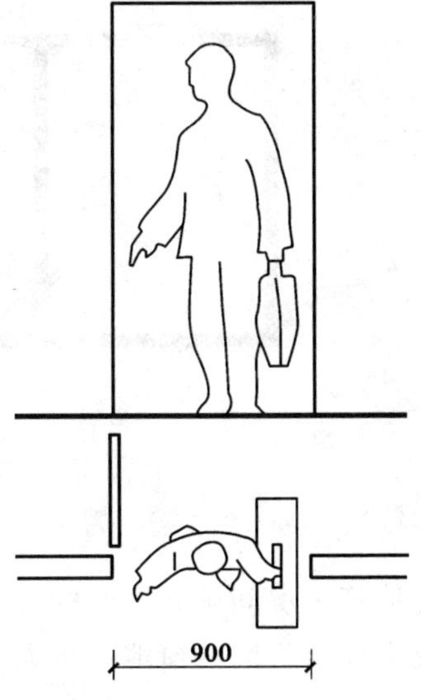

图 3-8 卧室门的宽度

③ 门的位置和开启方向。门的位置恰当与否直接影响到房间的使用，所以确定门的位置时除要考虑到室内人流活动的特点和家具布置的要求，还应考虑到缩短交通路线，争取室内有较完整的空间和墙面，以及有利于组织采光和穿堂风等方面的要求。一般情况下，门多设在房间一角，门垛取 120 mm 或 240 mm，墙面尽量保持完整，使房间面积得以充分利用。集体宿舍为便于多床布置，常将门设在内墙中部。对于面积大，容纳人数多的房间，门的位置设置主要考虑交通便捷和疏散迅速、安全等因素。如图 3-9 所示分别为观众厅、宿舍和卧室门的位置。

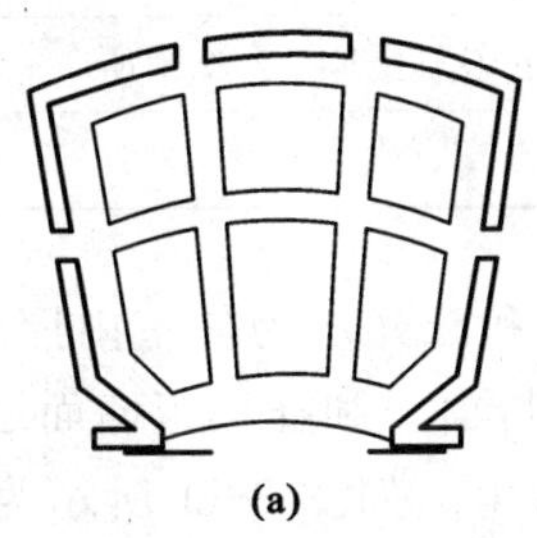

(a)

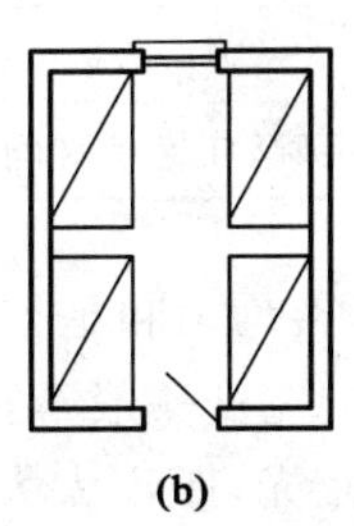

(b)

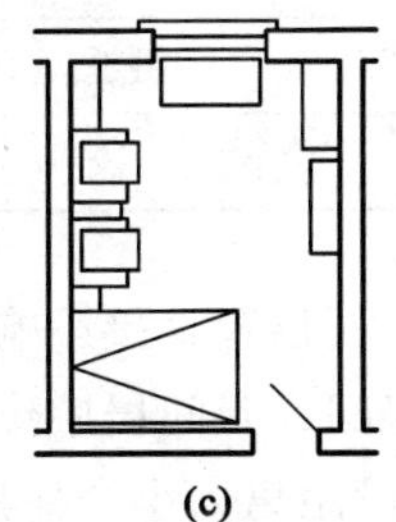

(c)

图 3-9 房间门的位置

(a)观众厅；(b)宿舍；(c)卧室

门的开启方式一般分为内开和外开，外开的门便于疏散。大多数房间的门均采用内开方式，可防止门开启的时候影响房间外的人行交通，如住宅、宿舍、办公室等。在使用人数较多的公共建筑中，为便于人流畅通及在紧急情况下人们迅速、安全地疏散，门必须向外即向疏散方向开启。对有防风沙、保温要求或人员频繁出入的房间，可以采用转门或弹簧门。幼儿园建筑不宜设弹簧门。门的位置应与室内走道紧密配合，使通行线路简捷。在设计时要注意避免几个门扇相互碰撞而妨碍人流通行的情况，如图 3-10 所示。

(2)窗的设置

窗的大小主要取决于室内采光与通风的要求。民用建筑中各种用途不同的房间的照度是由室内使用需要的光亮明暗程度来确定的。对于大量民用建筑，如住宅、学校、办公楼等通常采用窗地

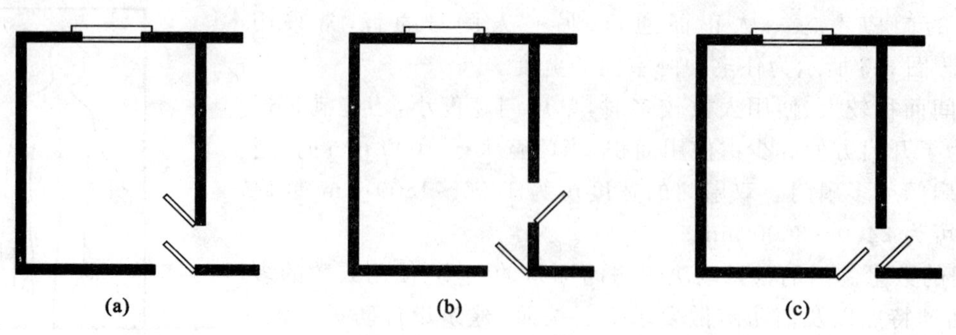

图 3-10 门的相互位置关系

(a)不好;(b)好;(c)较好

比估算出房间采光需要的大概面积。窗地比是窗洞口面积与地面面积之比也称窗地面积比。不同使用性质房间的窗地比按表 3-2 确定。

表 3-2 **民用建筑采光等级表**

采光等级	视觉工作特征		房间名称	窗地面积比
	工作或活动要求精细程度	要求识别的最小尺寸 d/ mm		
Ⅰ	特别精细	$d \leqslant 0.15$	阅览室、绘图室、制图室、画廊、手术室	1/4
Ⅱ	很精细	$0.15 < d \leqslant 0.3$	诊断室、教室、实验室	1/6
Ⅲ	精细	$0.3 < d \leqslant 1.0$	卧室、起居室、候诊室	1/7
Ⅳ	一般	$1.0 < d \leqslant 5.0$	观众厅、盥洗室	1/8
Ⅴ	粗糙	$d > 5.0$	住宅卫生间、学校厕所	1/10
住宅走廊、住宅楼梯间				1/14

窗的平面位置直接影响房间照度是否均匀和是否会产生暗角和眩光。为使室内照度均匀,窗宜布置在房间或开间居中位置,窗间墙的宽度一般不宜过大。同时,窗户和挂黑板墙面之间的距离要适当,这段距离太小会使黑板上产生眩光,距离太大又会形成暗角。如图 3-11 所示为教室侧窗的布置示意图。

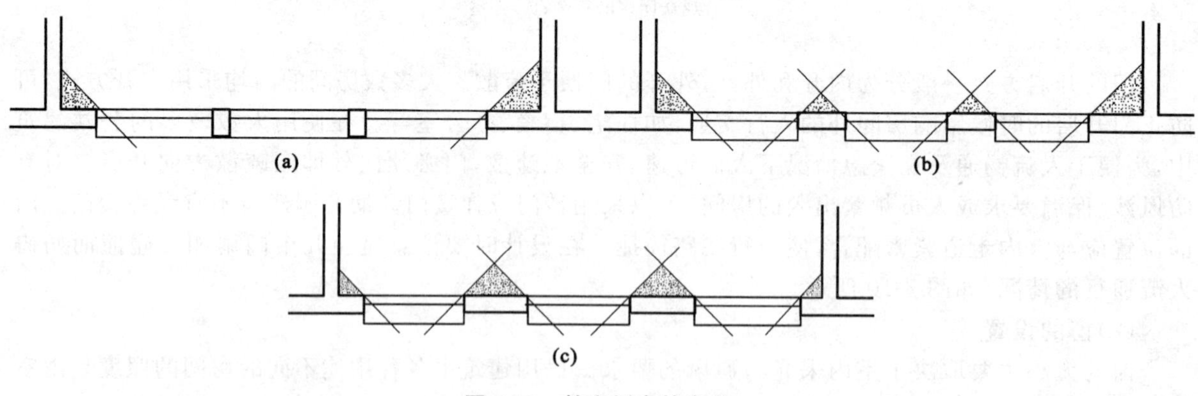

图 3-11 教室侧窗的布置

在考虑通风时，应尽量组织穿堂风，一般应将窗与窗或窗与门直通布置。如图 3-12 所示为门窗位置对房间内气流组织的影响。

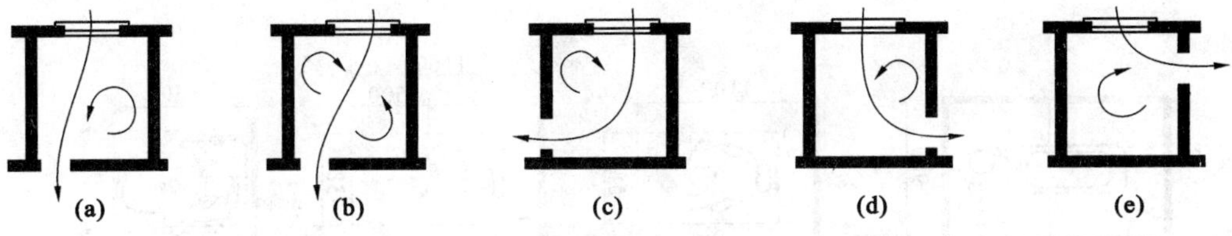

图 3-12 一般房间门窗相互位置

(a) 通风良好；(b) 通风良好；(c) 通风较差；(d) 通风较差；(e) 通风差

3.3 辅助使用房间的平面设计

民用建筑除了主要使用房间外，还有很多辅助使用房间，它们在建筑物中所占的面积较小，但却是建筑物不可缺少的一部分。辅助使用房间指的是厕所、盥洗室、浴室、厨房、配电室、洗衣房、锅炉房、储藏室、通风机房等服务用房。辅助用房的功能、大小、形式均有所不同，而其中厕所、盥洗室、厨房是最为常见的。在建筑设计中，应根据各种建筑物的使用特点和使用人数的多少，先确定所需设备的个数。根据计算所得的设备数量，考虑在整幢建筑物中厕所、盥洗室的分布情况，最后在建筑平面组合中，根据整幢房屋的使用要求适当调整并确定这些辅助房间的面积、平面形式和尺寸。

3.3.1 厕所设计

厕所卫生设备有大便器、小便器、洗手盆、污水池等。大便器有蹲式和坐式两种，小便器有小便斗和小便槽两种。图 3-13 所示为厕所设备及组合所需的尺寸。

卫生设备的数量及小便槽长度主要取决于使用人数、使用对象、使用特点。经过实际调查和经验总结，一般民用建筑每一个卫生器具可供使用的人数参考指标见表 3-3。

表 3-3 **部分建筑厕所设备参考指标**

建筑类型	男小便器/（人/个）	男大便器/（人/个）	女大便器/（人/个）	洗手盆/（人/个）	男女比例
体育馆	80	250	100	150	2∶1
电影院	50	150	50	200	1∶1
中小学	40	40	20	90	1∶1
火车站	80	80	40	150	7∶3
宿舍	20	20	15	12	按实际情况
旅馆	15	15	12	10	按设计要求

厕所的平面形式可分为两种：一种是公用厕所，应设置前室，可以改善通往厕所的走道和过厅的卫生条件，并有利于厕所的隐蔽。前室内一般设有洗手盆和污水池，为保证必要的使用空间，前

室进深应不小于1.5 m。图3-14为公共卫生间布置实例。另一种是专用厕所,这类厕所由于使用人数少,因此往往是盥洗、浴室、厕所三个部分组成的一个卫生间,如住宅、旅馆等。图3-15为住宅卫生间布置实例。

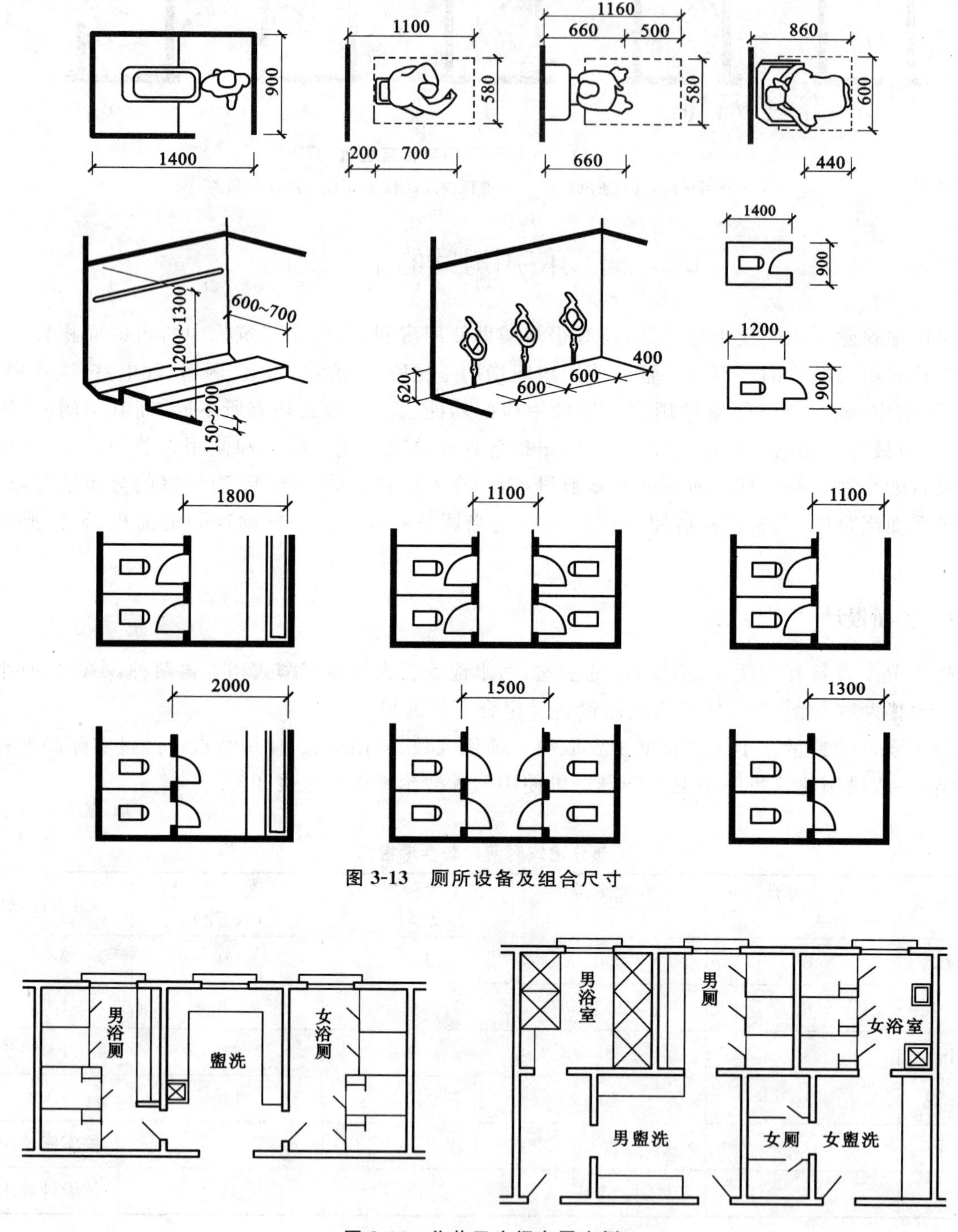

图3-13　厕所设备及组合尺寸

图3-14　公共卫生间布置实例

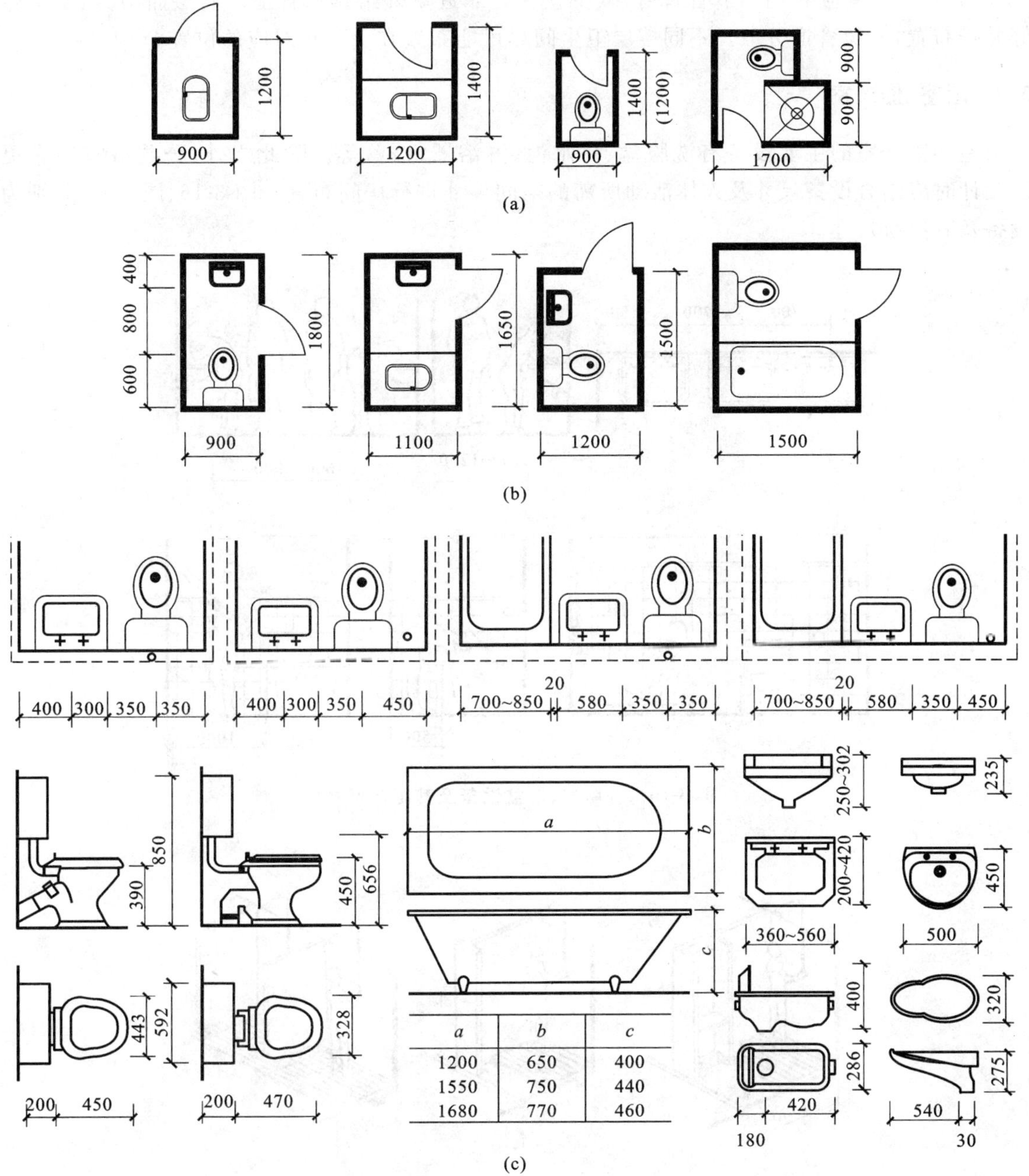

a	b	c
1200	650	400
1550	750	440
1680	770	460

图 3-15　住宅卫生设备及布置方式

(a)单件平面布置;(b)两件平面布置;(c)基本卫生设备尺寸

专用卫生间使用人数较少,面积较小,主要用于住宅、旅馆等建筑,在确定卫生间位置时一般与主题空间结合考虑。确定公共卫生间位置时一般应考虑以下要求:

① 卫生间在建筑中常处于人流交通线上,与走道及楼梯间联系,如走道两端、楼梯间入口处、建筑转角处等。

② 大量人群使用的卫生间,应有较好的天然采光与通风。少数人使用的卫生间允许间接采光,但应安装抽风设施。为保证主体功能空间的良好朝向,卫生间可以布置在朝向较差的一侧。

③ 卫生间位置应有利于节省管道,减少立管并靠近室外给排水管道。同层面中男、女卫生间最好并排布置,避免管道分散。不同楼层卫生间尽可能布置在上下相对应的位置。

3.3.2 浴室、盥洗室

浴室和盥洗室的主要设备有洗脸盆、污水池、淋浴器、浴盆等。除此之外,公共浴室还有更衣室。设计时应结合设备尺寸及人体活动所需的空间尺寸进行房间布置。图 3-16、图 3-17 分别为浴室设备及其组合尺寸。

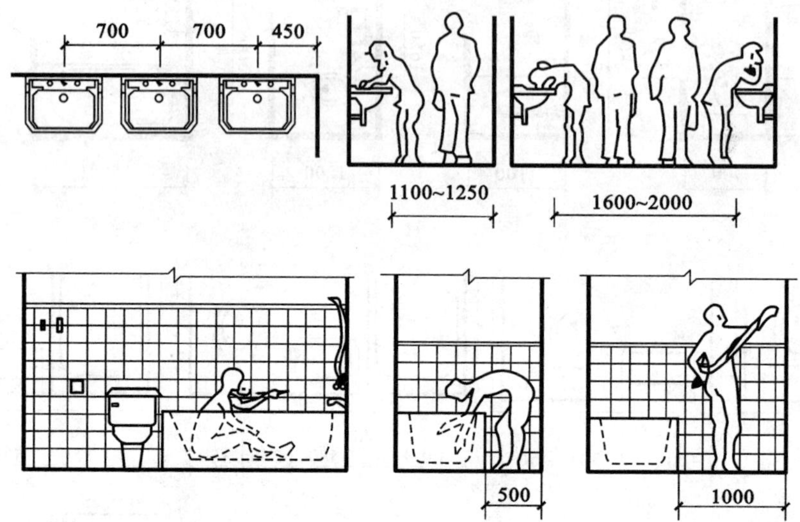

图 3-16 洗脸盆、浴盆设备及其组合尺寸

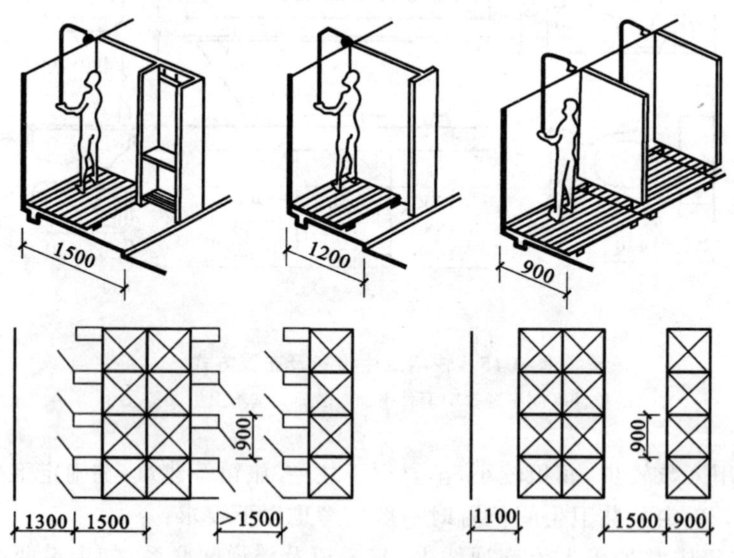

图 3-17 淋浴设备及其组合尺寸

3.3.3 厨房

按照使用功能的不同，厨房可分为专用厨房和公共厨房。住宅、公寓内每户使用的厨房称为专用厨房，餐厅、食堂、饭店的厨房成为公共厨房。公共厨房较复杂，但其基本原理和设计方法与专用厨房基本相同。专用厨房的主要设备有灶台、案台、水池、排烟设备及贮藏设施等。

厨房设计应满足以下要求：厨房应有良好的采光通风条件；在建筑面积一定的情况下，尽量利用厨房的有效空间布置足够的贮藏设施，如壁柜、吊柜等；厨房的墙面、地面应考虑防水、便于清洁；室内布置应符合操作流程，保证有必要的操作空间。

厨房常见的布置形式有单排、双排、L 形、U 形布置等几种，图 3-18 所示为厨房的几种布置形式。

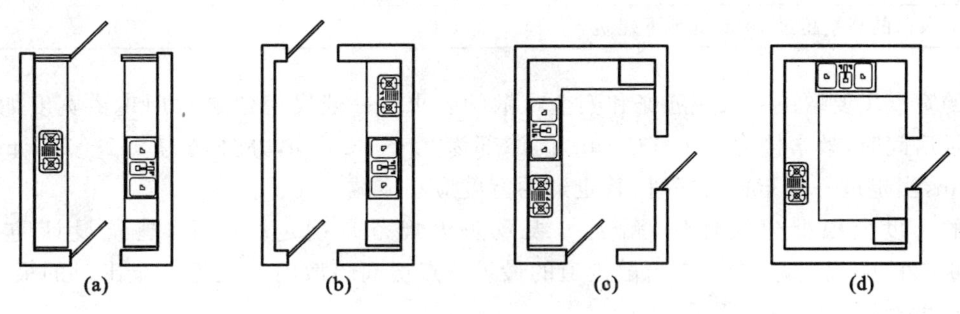

图 3-18 厨房的布置形式

(a)双排布置；(b)L 形布置；(c)U 形布置；(d)单排布置

3.4 交通联系部分的平面设计

建筑物内部的交通联系部分包括水平交通空间(走道)，垂直交通空间(楼梯、坡道、电梯、自动扶梯)，交通枢纽空间(门厅、过厅)等。一幢建筑物是否适用，除房间本身及其位置是否恰当外，很大程度上取决于房间与交通联系部分相互空间位置的处理是否恰当，以及交通联系部分本身是否满足交通和疏散需要。交通联系部分设计要求有足够的通行宽度，联系方便，互不干扰，通风采光良好等。同时，在满足使用要求的前提下，应尽量减少交通面积以提高平面的利用率。

3.4.1 走道

走道又称为走廊或过道，是用来联系同层内各个房间的，有时为了提高建筑面积的利用率，走道还兼有其他使用功能。

按走道的使用性质可以分为以下三种情况：

① 完全为交通疏散要求而设置的走道，如办公楼、旅馆等建筑的走道，都是供人流通行用的，这类走道一般不允许作其他用途。

② 在满足正常交通的前提下，还兼有其他功能的走道，如教学楼中的走道，除了交通的功能外，还兼作学生课间休息活动的场所，并可布置陈列橱窗；医院门诊部走道还可兼作候诊之用。这类走道的宽度和面积应相应增加。

③ 多种功能综合使用的走道。这种走道的交通空间和使用空间相互融合，如展览馆的走道应满足边走边观赏的要求。

走道的宽度和长度的设计主要是根据人流通行、安全疏散、防火要求、使用性质、空间感受等因素来确定的。为了满足人流的疏散要求,我国《建筑设计防火规范》(GB 50016—2006)规定,学校、商店、办公楼等建筑的疏散走道、楼梯、外门各自的总宽度不应低于表 3-4 所列的指标。

表 3-4　**疏散走道、安全出口、疏散楼梯和房间疏散门的每 100 人净宽度**　(单位:m)

楼层位置 \ 耐火等级	一、二级	三级	四级
地上一、二层	0.65	0.75	1.00
地上三层	0.75	1.00	—
地上四层及以上各层	1.00	1.25	—
与地面出入口的高差不超过 10 m 的地下建筑	0.75	—	—
与地面出入口的高差超过 10 m 的地下建筑	1.00	—	—

走道的宽度主要取决于人流通畅和安全疏散的要求。一般民用建筑常用走道宽度如下:当走道两侧布置房间时,教学楼为 2.1～3.0 m,门诊部为 2.4～3.0 m,办公楼为 2.1～2.4 m,旅馆为 1.5～2.1 m,当走道一侧布置房间时,其走道的宽度应相应减小。

走道的长度应根据建筑性质、耐火等级及防火规范来确定。按照《建筑设计防火规范》(GB 50016—2006)规定,直接通向疏散走道的最远一点房间疏散门至最近安全出口的最大距离见表 3-5,其长度控制如图 3-19所示。

表 3-5　**直接通向疏散走道的房间疏散门至最近安全出口的最大距离**　(单位:m)

名　　称	位于两个安全出口之间的疏散门 l_1			位于袋形走道两侧或近端的疏散门 l_2		
	耐火等级			耐火等级		
	一、二级	三级	四级	一、二级	三级	四级
托儿所、幼儿园	25	20	—	20	15	—
医院、疗养院	35	30	—	20	15	—
学校	35	30	—	22	20	—
其他民用建筑	40	35	25	22	20	15

注:建筑内的观众厅、展览厅、多功能厅、餐厅、营业厅和阅览室等,其室内任何一点至最近安全出口的直线距离不宜大于 30.0 m。

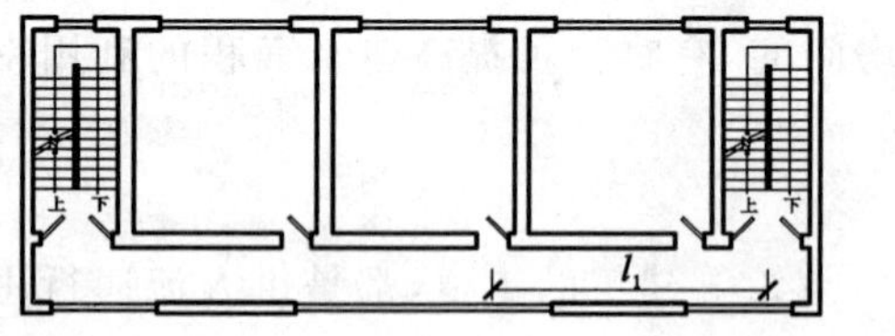

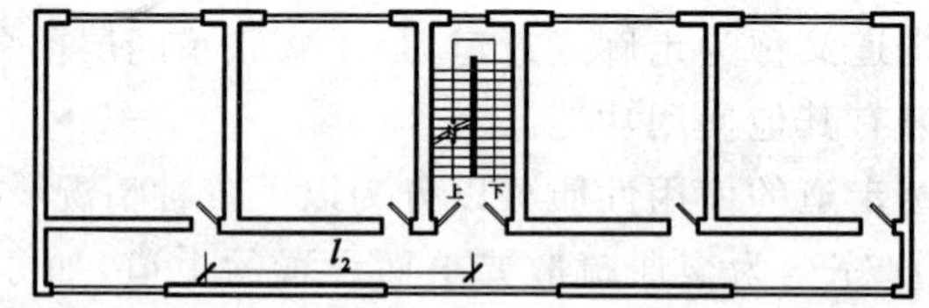

图 3-19　走道长度的控制

走道应有良好的采光和通风。在南方地区,因为气候炎热、空气潮湿,常采用外走道的布置方式,由于只有一侧布置房间,可以获得较好的采光通风效果;在北方地区,因为气候寒冷,常采用内走道的布置方式,由于内走道两侧都布置房间,如果设计不当,就会造成光线不足、通风不好,一般可以通过走道尽端开窗,利用楼梯间、门厅或走道两侧房间设高窗来解决。

3.4.2 楼梯

楼梯是多层建筑中的垂直交通联系，是楼层人流疏散的必经通路。楼梯设计主要是根据使用要求和人流通行情况选择适当的楼梯形式，考虑整个建筑的楼梯数量，布置恰当的位置，确定梯段和楼梯平台的具体尺寸等。

楼梯的形式有直跑楼梯、平行楼梯、折形楼梯等常用楼梯，还有剪刀式、弧形、螺旋形等样式，如图 3-20 所示。

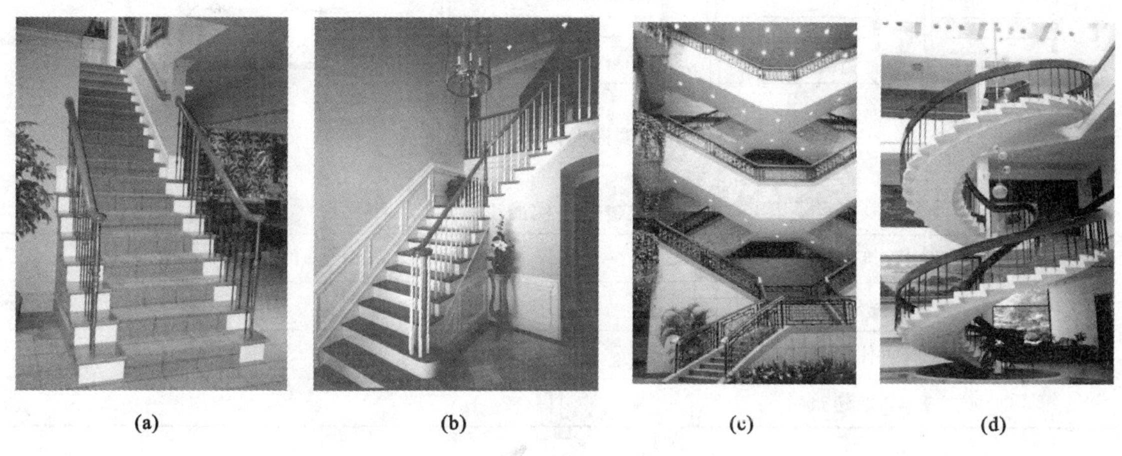

图 3-20 楼梯形式实例

(a)直形单跑楼梯；(b)折形双跑楼梯；(c)剪刀式楼梯；(d)螺旋楼梯

楼梯按位置和使用性质可分为主要楼梯、次要楼梯、消防楼梯(室外楼梯均可作为消防楼梯)等，如图 3-21 所示。

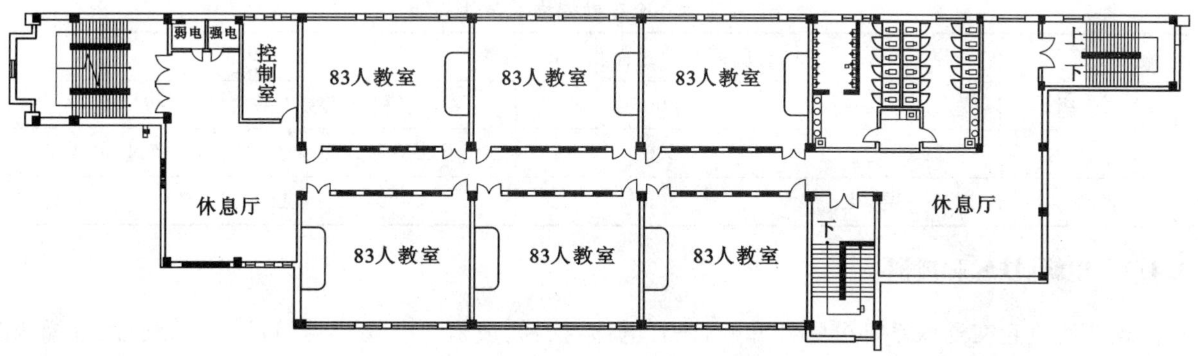

图 3-21 某教学楼平面图中楼梯间的布置

楼梯的宽度主要根据使用性质、使用人数和防火规范来确定。一般来说，供单股人流行走的楼梯梯段宽度应不小于 850 mm，双股人流为 1000～1100 mm，三股人流为 1500～1650 mm。一般民用建筑楼梯的最小净宽应满足两股人流疏散要求，但住宅内部楼梯可减小到 850～900 mm。考虑到搬运家具的方便，楼梯平台的宽度应不小于梯段的宽度，如图 3-22 所示。所有楼梯梯段宽度应按照《建筑设计防火规范(2005 版)》(GB 50016—2006)的最小宽度进行校核(见表 3-4)，高层建筑还应按照《高层民用建筑设计防火规范(2005 版)》(GB 50045—1995)的最小宽度进行校核(见表 3-6)。

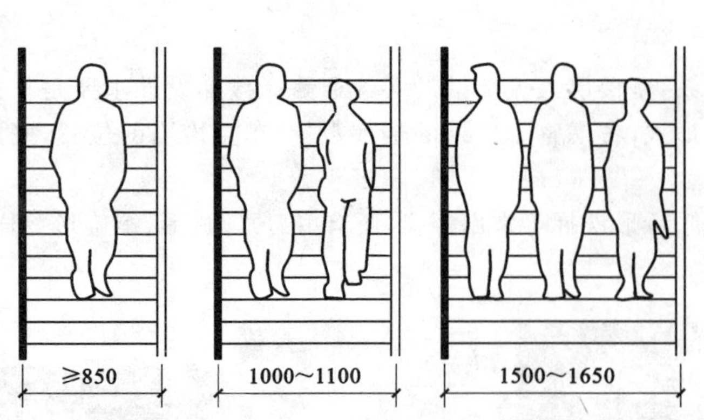

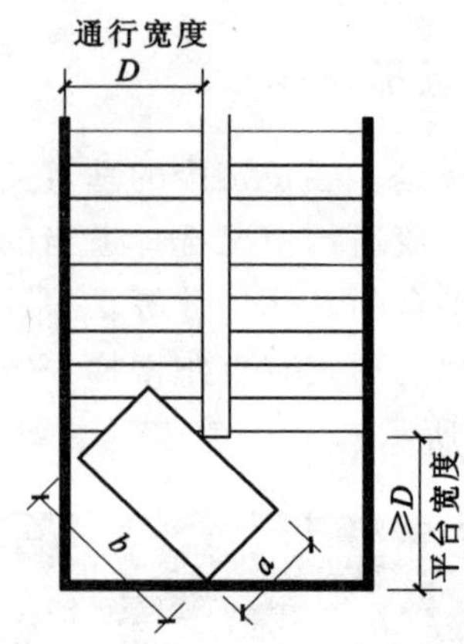

图 3-22　楼梯梯段及平台的宽度

表 3-6　高层建筑疏散楼梯最小净宽度

建筑类型	疏散楼梯的最小净宽度/m
医院病房楼	1.30
居住建筑	1.10
其他建筑	1.20

楼梯的数量应根据使用人数及防火规范要求来确定，必须满足关于走道内房间门至楼梯间的最大距离的限制(见表 3-5)。在通常情况下，一般建筑均应设两个或两个以上的楼梯以便于疏散。对于使用人数少或除幼儿园、托儿所、医院、疗养院、老年人建筑以外的二、三层建筑，当其符合表 3-7 的要求时，也可以只设一个疏散楼梯。

表 3-7　只设置一个疏散楼梯的条件

耐火等级	层数	每层最大建筑面积/m^2	人数
一、二级	二、三层	500	第二层和第三层人数之和不超过 100 人
三级	二、三层	200	第二层和第三层人数之和不超过 50 人
四级	三层	200	第二层人数不超过 30 人

3.4.3　电梯、扶梯和坡道

建筑物垂直交通联系部分除楼梯外，还有电梯、扶梯、坡道等。高层建筑的垂直交通以电梯为主，如旅馆、办公楼、高层住宅楼等；一些有特殊使用要求的建筑物，如医院、商场等也常采用电梯。电梯的布置方式可采用单面式和对面式，如图 3-23 所示。

电梯按使用性质分为乘客电梯、载货电梯、客货两用电梯、消防电梯、杂物梯等。设置电梯时应注意以下几点：

① 电梯附近应设置楼梯，供电梯发生故障时使用。

② 电梯井道无天然采光要求，布置较为灵活，候梯厅应有良好的采光和通风。

③ 电梯间应布置在人流集中、位置明显的地方，电梯前面应有足够的等候空间，以免造成人流拥挤和堵塞的现象。

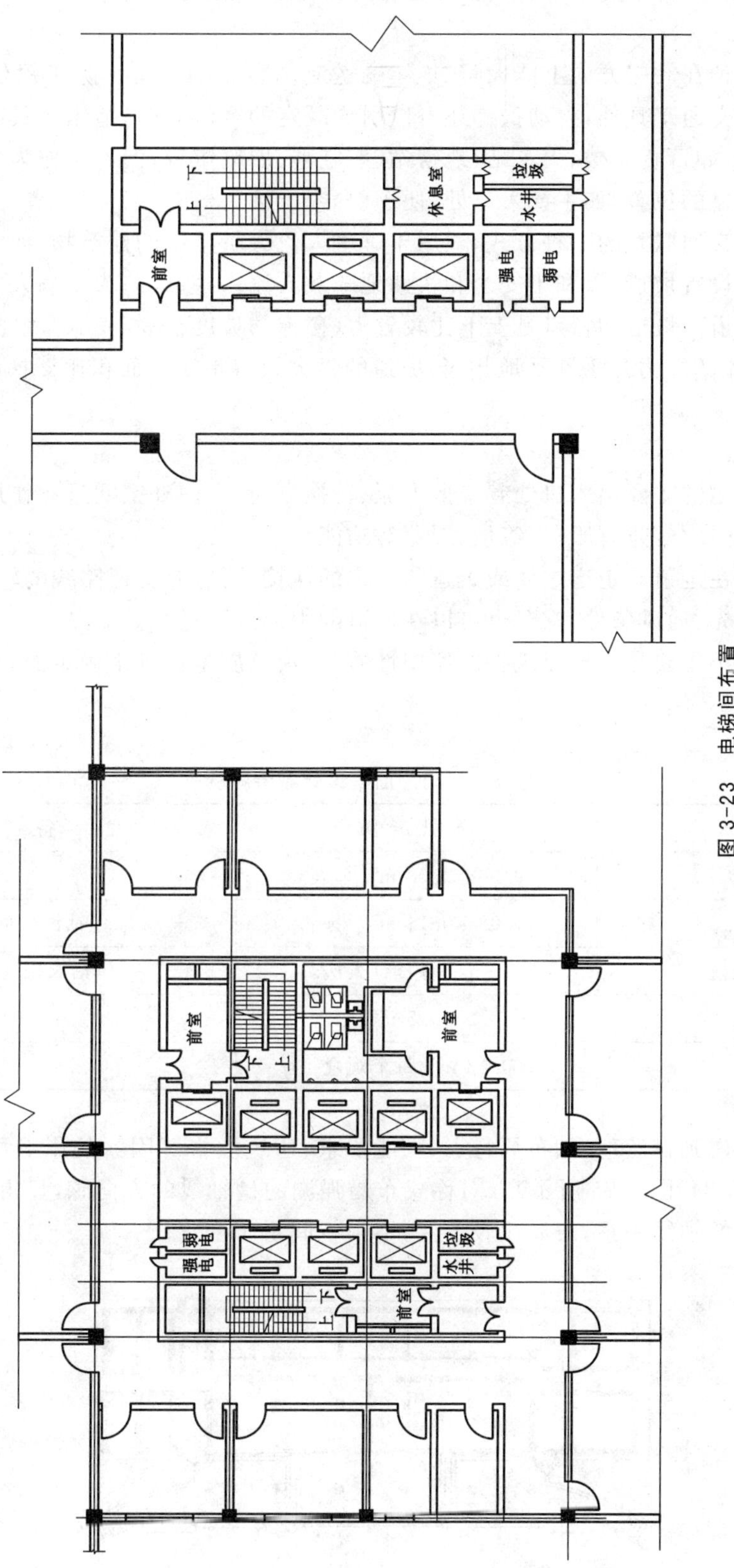

图 3-23 电梯间布置

④ 高度超过 24 m 的重要建筑、12 层以上的高层住宅以及高度超过 32 m 的公共建筑还应设置消防电梯。

自动扶梯是一种在一定方向上能大量、连续输送流动客流的设备。除了提供乘客一种既方便又舒适的楼层间的交通工具外，自动扶梯还可以引导既定的客流方向，适用于具有频繁而连续人流的大型公共建筑中，如百货大楼、火车站、地铁站、航空港、展览馆等，但不可作为紧急疏散之用。自动扶梯应布置在明显的位置，如主要入口处，便于引导人流。

坡道也是垂直交通联系的一种方式，适用于一些人流大量集中的建筑物，如大型体育馆常在人流疏散集中的地方设置坡道，以利于安全和快速地疏散人流；一些医院为了病人上下和手推车通行的方便也可采用坡道。坡道的特点是上下比较省力(楼梯的坡度在 30°～40°，室内坡道的坡度通常小于 10°)，通行人流的能力几乎和平地相当；坡道的最大缺点是所占面积比楼梯面积大得多。

3.4.4 门厅、过厅

门厅是在建筑物的主要出入口处起集散人流、转换方向、室内外空间过渡作用的交通枢纽。此外，一些建筑物中，门厅常兼有服务、等候、展览等功能。

过厅通常设置在走道与走道之间或走道与楼梯的连接处，它起交通路线的转折和过渡的作用。为了改善过道的采光、通风条件，有时也可以在走道的中部设置过厅。

门厅面积的大小主要是根据建筑物的使用性质、规模及质量标准来确定的，设计时可参考有关面积定额指标，见表 3-8。

表 3-8 **部分建筑门厅面积设计参考指标**

建筑名称	面积定额	备　注
中小学校	0.06～0.08 m²/每人	—
食堂	0.08～0.18 m²/每座	包括洗手间、小卖部
城市综合医院	11 m²/每日百人次	包括衣帽间和咨询室
旅馆	0.2～0.5 m²/床	—
电影院	0.13 m²/每个观众	—

门厅的布局考虑到自然地形、布局特点、功能要求、建筑性格等因素的影响可分为对称式与非对称式两种(如图 3-24、图 3-25 所示)。对称式布局强调的是轴线的方向感，显得严肃而庄严，非对称式布局没有明显的轴线关系，布局比较灵活，室内空间富于变化。

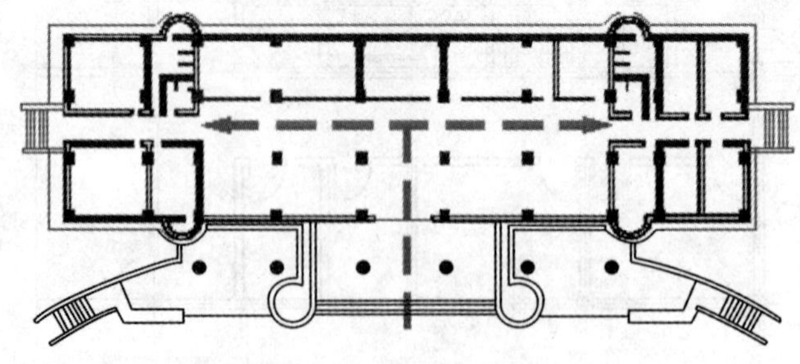

图 3-24　对称式门厅

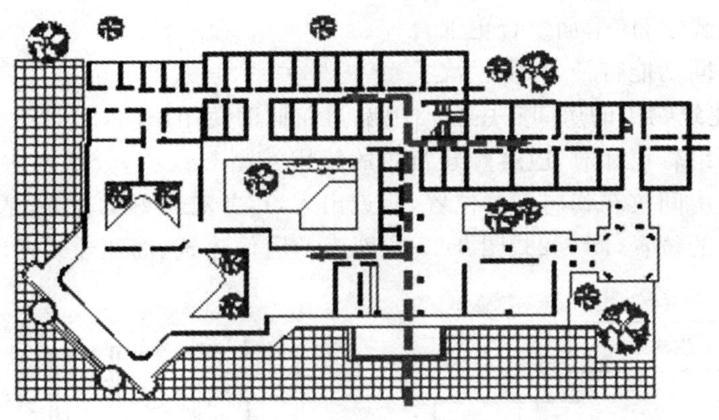

图 3-25　非对称式门厅

门厅设计时应注意以下几点：

① 门厅应处于总平面中明显而突出的位置；

② 门厅内部设计要有明确的导向性，避免交通路线过多的交叉和干扰；

③ 门厅内要有良好的空间气氛，要重视门厅内的空间组合和建筑造型要求；

④ 门厅对外出口的宽度按防火规范的要求不得小于通向该门厅的走道、楼梯宽度的总和。

3.5　建筑平面的组合设计

每一幢建筑物都是由若干独立空间和交通联系空间组合而成的。建筑平面的组合，实际上是建筑空间在水平方向的组合，即确定水平方向的建筑物内外空间和建筑形体。虽然是在平面上做设计，但结果必然会影响到室内外空间和建筑体量关系，所以应着眼于立体空间组合来考虑平面组合设计。建筑平面组合设计的主要任务就是将单个房间与交通联系部分组合起来，使之成为一个使用方便、结构合理、体型简洁、构图完整、造价经济以及与环境协调的建筑物。

3.5.1　影响平面组合的因素

(1)使用功能

不同的建筑物有不同的功能要求。设计的合理性不只限于单体空间，更多的是考虑多个独立空间的组合，只有按照功能联系把所有的房间有机地组合在一起而形成一幢完整的建筑物时，才能够说整个建筑的功能是合理的。如医院设计中，应满足各诊疗室、医生办公室等主要使用房间的使用要求，同时，它们之间的相互关系及走道、门厅、楼梯的布置要合理，否则会造成人流交叉，使用不便。因此，可以说使用功能是平面组合的核心因素。

平面组合的优劣主要体现在合理的功能分区及明确的流线组织两个方面。此外，采光、通风、朝向等要求也应予以足够的重视。

合理的功能分区是将建筑物若干部分按不同的功能要求进行分类，并根据它们之间的密切程度加以划分，使之分区明确，联系方便。在分析功能关系时，常借助于功能分析图来形象地表示各类建筑的功能关系及联系顺序。功能分析图是用来表示建筑物的各个使用部分以及相互之间联系的简单分析图。按照功能分析图，将性质相同、联系紧密的房间邻近布置或组合在一起，并适当分隔使用中有干扰的部分。建筑平面组合就是在功能分区的基础上，深入分析各个房间或各个部分之间的联系以及分隔要求,使平面组合更加合理。

按照建筑物的不同功能特征,可从主次关系、内外关系、联系与分隔等几方面进行分析。

① 主次关系。建筑物中的房间有主要使用房间和辅助使用房间,因此各个房间之间必然存在着主次之分。在平面组合设计时,应遵照建筑物的使用类型和性质,分清主次,进行合理的平面组合。通常将主要使用房间放在朝向好的位置,靠近出入口,并有良好的采光、通风条件,辅助使用房间可布置在条件较差的位置,图 3-26、图 3-27 分别表示居住建筑、商业建筑房间的主次关系。

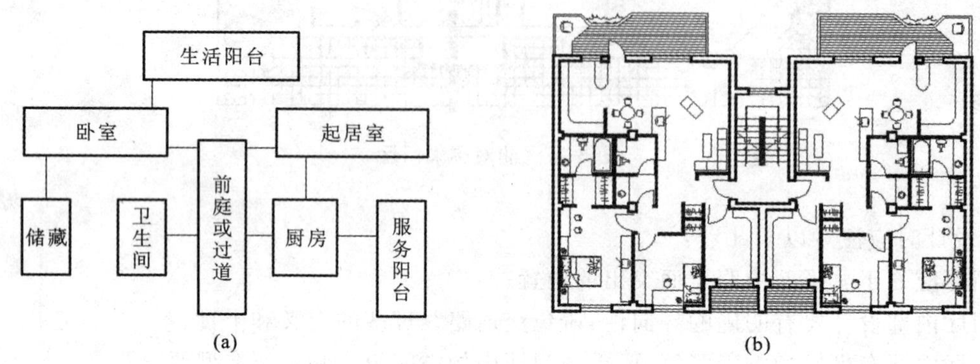

图 3-26　居住建筑房间的主次关系

(a)功能分析图;(b)平面图

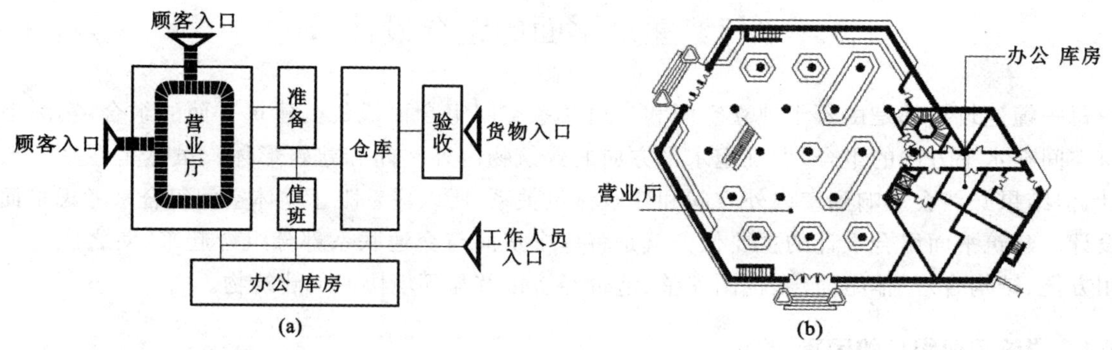

图 3-27　商业建筑房间的主次关系

(a)功能分析图;(b)平面图

② 内外关系。在各种使用空间中,有的部分对外联系密切,直接为公众使用,有的部分对内性强,主要是内部工作人员使用。按照人流活动的特点,将对外性较强的部分尽量布置在交通枢纽附近,将对内性较强的部分布置在较隐蔽的部位,并使之靠近内部交通区域。如商业建筑营业厅是对外的,人流量大,应布置在交通方便、位置明显处,而将库房、办公等管理用房布置在后部次要入口处。餐饮建筑中的餐厅对外服务,人流量大,应布置在交通方便、位置明显的地方,而厨房、备餐、库房、办公等用房主要是对内的,可将其布置在后部靠近次要出入口处且比较隐蔽的场所,如图 3-28 所示。

③ 联系与分隔。建筑物的功能分区,首先是把使用性质相同或联系紧密的房间组合在一起,以便平面组合时,能从几个功能分区之间大的关系来考虑,同时还需要具体分析各个房间或各区之间的联系及分隔要求,以确定平面组合中各个房间的合适位置。在平面组合过程中,应处理好“闹”与“静”、“清”与“污”等关系。如学校建筑,可以分为教学活动、行政办公以及生活后勤等几个部分。教学活动和行政办公部分既要分区明确,避免干扰,又要考虑联系方便。对于使用性质同样属于教

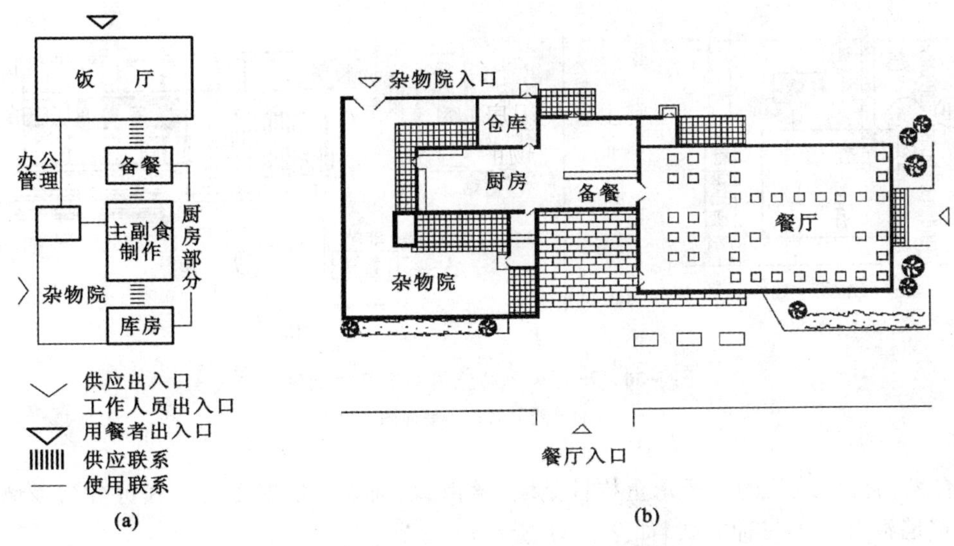

图 3-28　食堂房间的内外关系

(a)功能分析图;(b)平面图

学活动部分的普通教室和音乐教室,由于音乐教室上课时对普通教室有一定的声音干扰,它们虽同属一个功能区,但是在平面组合中却又要求有一定的分隔,如图 3-29 所示。

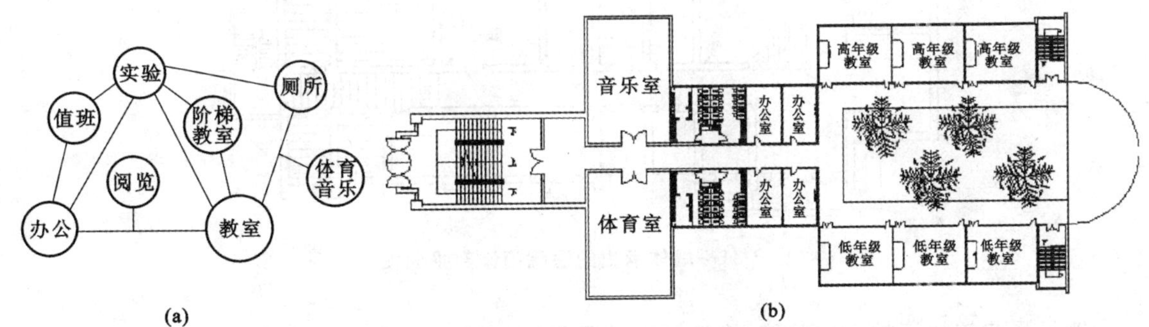

图 3-29　教学楼房间的联系与分隔

(a)功能分析图;(b)平面图

各类民用建筑,因使用性质不同,往往存在着多种流线,总体上分为人流和货流两类,即人或物在房间之间、房间内外之间的流动路线。建筑物的流线组织,即是使各种流线简捷、通畅,不迂回逆行,尽量避免相互交叉的交通组织。在设计中,交通流线的组织主要是通过房间位置的安排以及组织一定方式的交通路线来实现的,直接关系到平面设计和建筑使用是否合理。民用建筑在使用过程中通常有一定的先后顺序,如门诊部分使用先后顺序为挂号—候诊—诊疗—划价收费—取药;火车站旅客路线按先后顺序为到站—问询—售票—候车—检票—上车,出站时经由站台验票出站,如图 3-30 所示。

(2)结构类型

建筑结构和材料是构成建筑物的物质基础,直接影响着建筑的平面组合。因此,进行建筑平面组合设计时,要采取相应的结构形式来满足不同建筑的组合方式,以达到经济、合理的效果。目前,民用建筑常用的结构类型有混合结构、框架结构和空间结构三种。

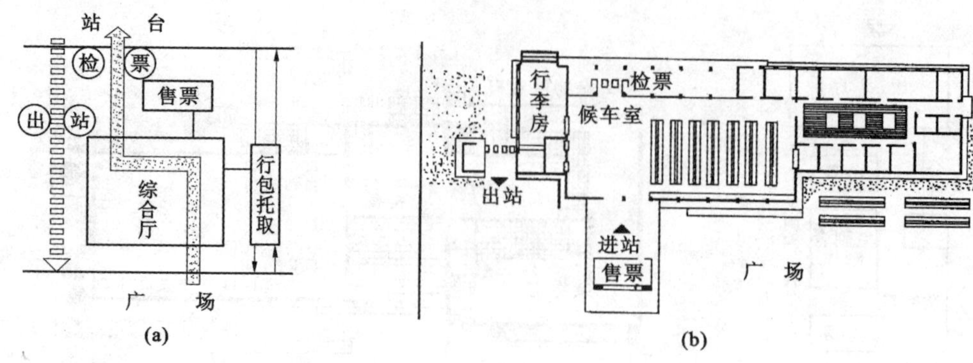

图 3-30 小型火车站流线关系及平面图

(a)流线关系;(b)平面图

① 混合结构。建筑物的主要承重构件是墙、梁板、基础等。根据受力方式可分为横墙承重、纵墙承重、纵横墙混合承重三种方式,如图 3-31 所示。

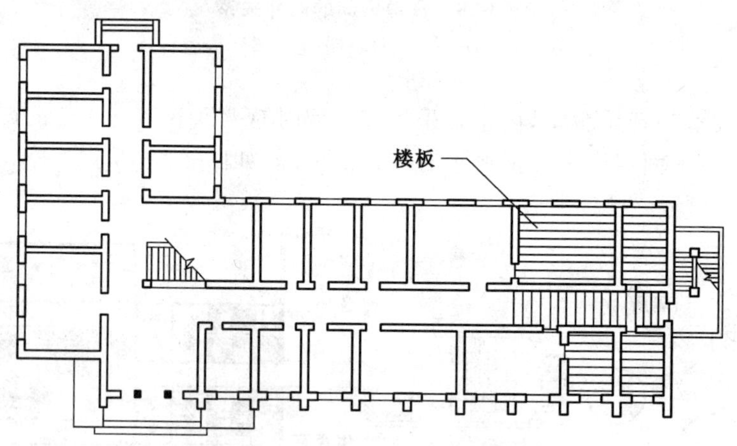

图 3-31 墙体承重的医院门诊部平面图

横墙是指建筑物短轴方向的墙,横墙承重就是将楼板压在横墙上,纵墙仅承受自身的荷载。这种结构布置由于横墙较多,所以建筑横向刚度好,立面处理比较灵活,缺点是由于横墙间距受梁板跨度限制,房间的开间不大。这种布置方式适用于有大量相同开间,房间面积较小的建筑,如宿舍、旅馆和住宅等建筑。

纵墙指的是建筑物长轴方向的墙,纵墙承重就是将楼板压在纵墙上的一种布置方式。纵墙承重的主要特点是平面布局比较灵活,缺点是建筑整体刚度和抗震性能差,立面开窗受限制,适用于开间较大的教学楼、办公楼等建筑。

混合承重指的是在一幢建筑中同时采用了横墙承重和纵墙承重两种方式。这种布置方式的平面布局比较灵活,建筑刚度相对较好,缺点是由于楼板铺设的方向不同,因此施工比较麻烦。这种承重方式在民用建筑中应用较广。

② 框架结构。框架结构的特点是,钢筋混凝土梁、柱承重,墙体只起分隔、围护的作用。这种结构形式强度、刚度高,整体性好,抗震性能好,平面布局比较灵活,门窗的大小和形式不受结构的限制,但造价比墙承重结构高。它适用于开间、进深较大的商店、实验楼、图书馆、多层或高层旅馆等建筑物,如图 3-32 所示。

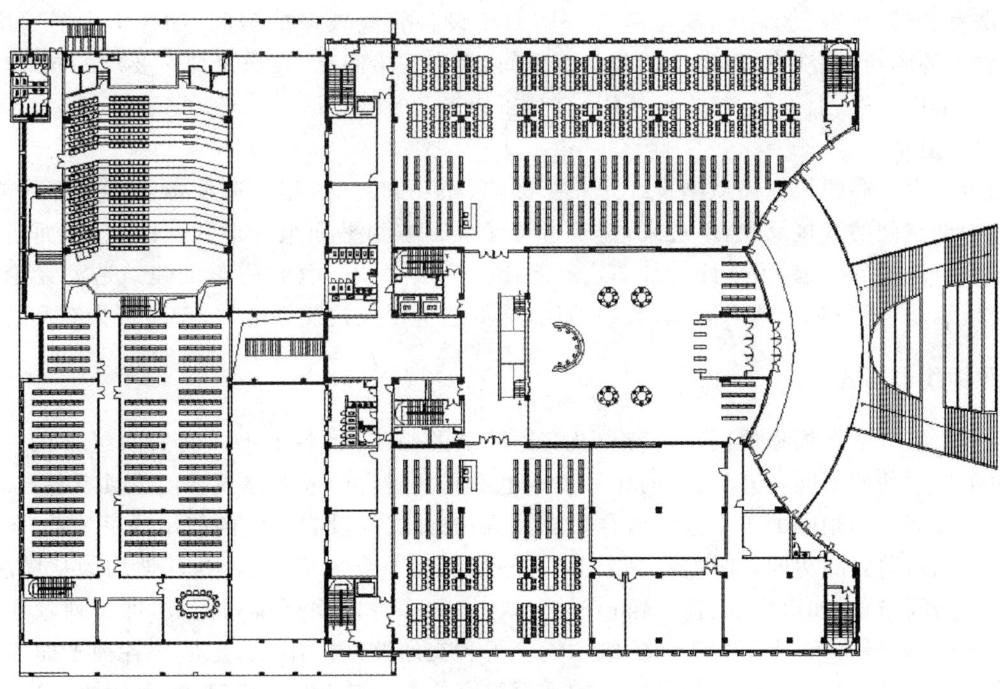

图 3-32　采用框架结构的某图书馆平面图

③ 空间结构。随着建筑技术、建筑材料、建筑施工方法以及结构理论的不断发展与进步，出现了新的结构形式——空间结构。空间结构的结构构件三向受力，中间无柱，能充分发挥材料特性，有效地解决了大跨度建筑空间的覆盖问题，同时也创造出了丰富多彩的建筑形象，如壳体结构、悬索结构、充气薄膜结构、网架结构等，如图 3-33 所示。

图 3-33　空间结构

(a)薄壳结构；(b)张拉结构；(c)悬索结构；(d)膜结构

(3)设备管线

民用建筑中的设备管线主要包括给排水、采暖、空调、煤气以及电气照明等所需的设备管线，它们都占有一定的空间。在进行平面组合时，除应考虑一定的设备位置，恰当地布置相应的房间(如厕所、盥洗室、空调机房、水泵房、配电室等)外,对于设备管线较多的房间,如住宅中的厨房、卫生间,教学楼中的厕所、盥洗室,旅馆中的公共卫生间、客房卫生间等,在满足使用要求的同时,应尽量将设备管线集中布置、上下对齐,方便使用,有利于施工和节约管线。

(4)建筑造型

平面组合设计和建筑立面造型设计是相互影响、相互制约的,建筑造型本身离不开功能要求,它一般是内部空间的直接反映,反过来,建筑造型又会影响到平面组合形式。因此,平面组合设计时要兼顾建筑造型的要求,为立面设计奠定好基础。一般来说,简洁、完整的建筑造型无论对于缩短内部交通流线,还是对于结构简化、节约用地、降低造价以及抗震性能等,都是极为有利的。

3.5.2 平面组合形式

建筑平面组合是指根据使用功能特点及交通路线的组织,将各个不同的房间组合在一起。各类建筑由于使用功能不同,房间之间的相互关系也不同。组合而成的建筑平面也具有各自的特点,有的建筑由许多大小相同的重复空间组合而成,它们彼此之间没有一定的使用顺序关系,各房间形成既联系又相对独立的房间,如学校、办公楼;有的建筑以一个大房间为主,其他均为从属房间,环绕着这个大房间布置,如电影院、体育馆;有的建筑,房间按一定序列排列而成,即排列顺序完全按使用顺序而定,如展览馆、火车站等。建筑功能分析和交通路线的组织,是形成各种平面组合方式主要的内在依据,通过功能分析,初步形成的平面组合方式有走道式、套间式、大厅式、单元式组合等几种形式。

(1)走道式组合

走道式组合就是利用走道将使用房间连接起来,各房间沿走道一侧或两侧布置。房间的相互联系和房屋的内外联系主要通过走道,使用房间与交通联系部分明确分开,保持着各房间使用上的独立性,彼此干扰较小。同时,又能通过走道把各使用空间连成一体,各房间又保持着方便的联系。走道的长短随所连接房间的多少而变,平面组合比较灵活。这种组合方式,多用于房间面积不大,同类房间多次重复的建筑中,如办公楼、学校、旅馆、宿舍等,如图 3-34 所示。

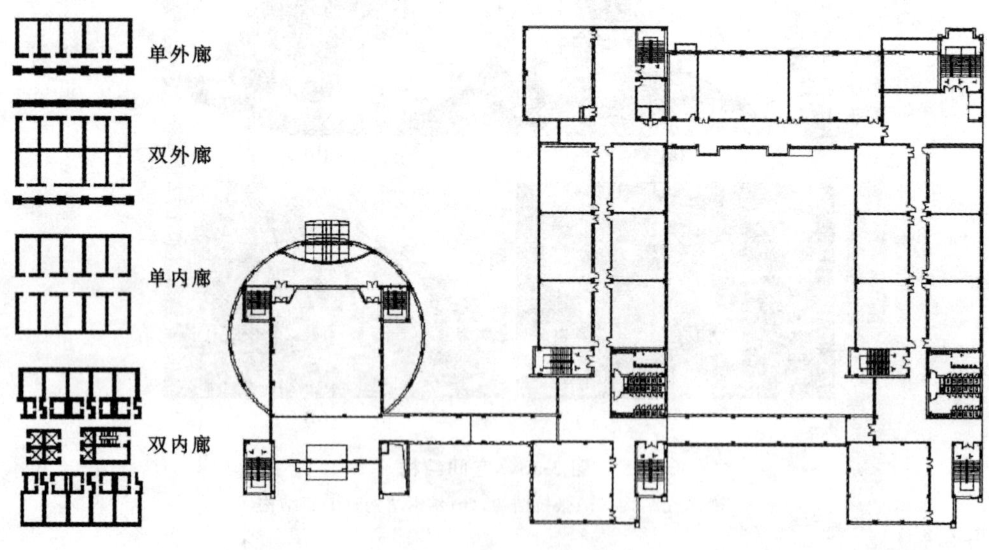

图 3-34　走道式组合

(2)套间式组合

套间式组合是将各使用房间相互串联贯通,以保证建筑物中各使用部分的连续性的组合方式。其特点是交通部分和使用部分结合起来设计,平面紧凑,面积利用率高,适用于展览馆、商场、火车站等建筑。套间式组合按其空间序列的不同又可分为串联式和放射式两种。串联式是按一定顺序关系将房间联系起来,放射式是将各房间围绕交通枢纽呈放射式布置(如图 3-35、图 3-36 所示)。

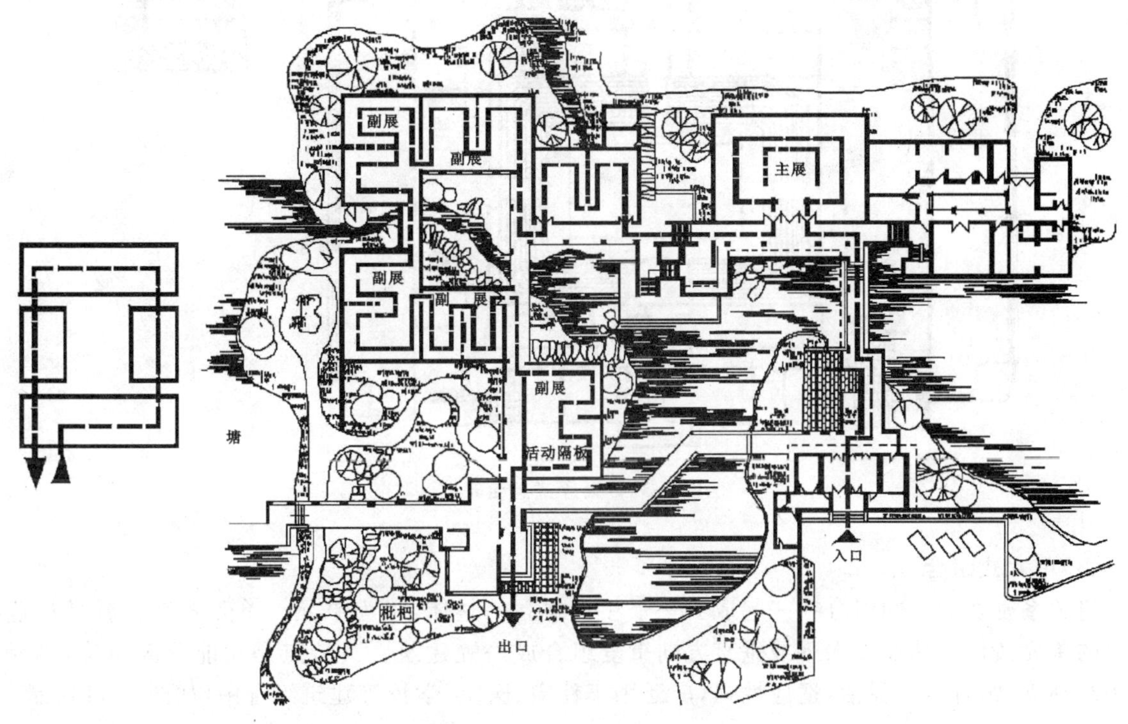

图 3-35 串联式空间组合实例

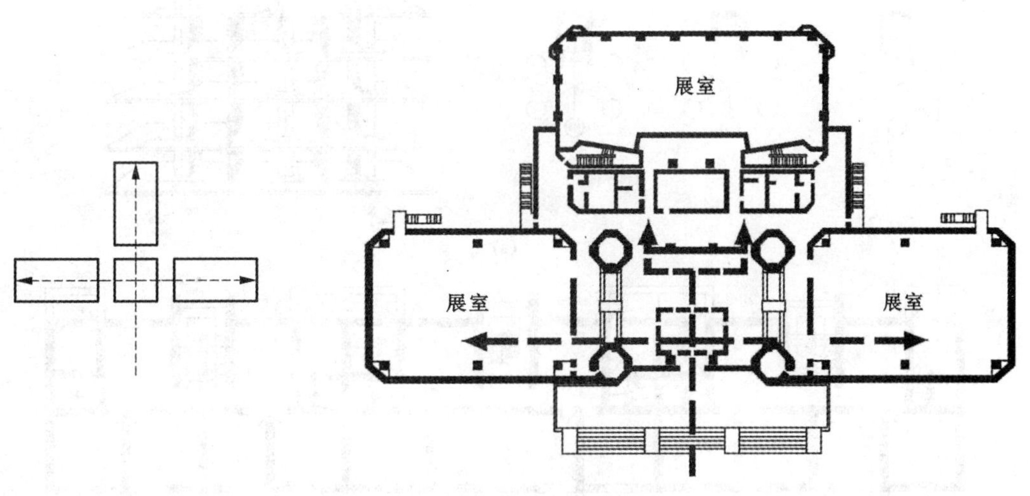

图 3-36 放射式空间组合实例

(3)大厅式组合

大厅式组合是以体量巨大的主体空间为中心,其他附属或辅助房间,环绕着它的周围布置。例如影剧院、体育馆等建筑的平面组合(如图3-37所示)。这种组合形式的特点是:主体空间突出,主从关系明确,房间之间相互联系紧密。大厅式组合中,交通组织问题比较突出,设计时应使人流路线通畅、通行安全、导向明确。

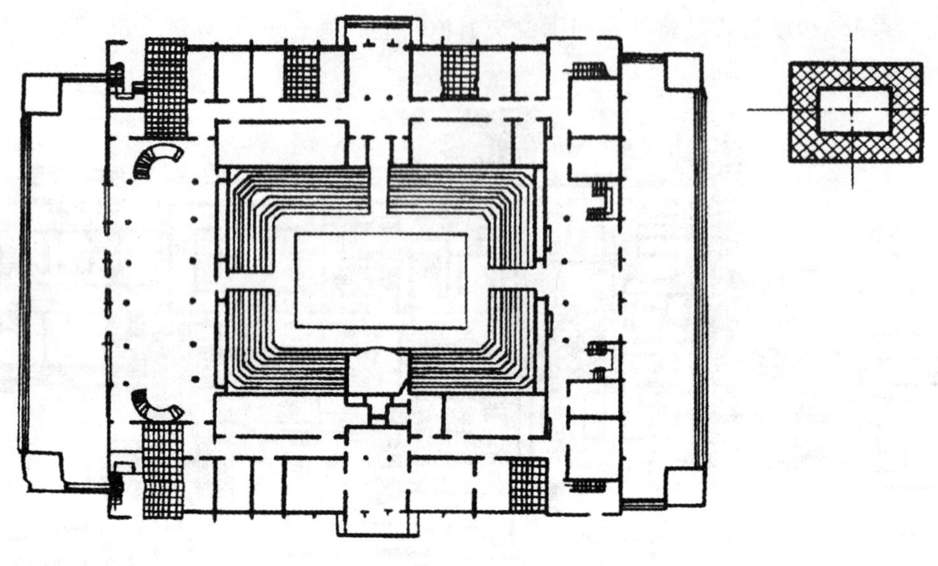

图3-37 大厅式组合形式

(4)单元式组合

将关系密切的房间组合在一起成为一个相对独立的整体,称为单元。单元式组合就是将这些独立的单元按使用功能在水平或垂直方向重复组合成一幢建筑。其特点是功能分区明确,单元之间相对独立,组合布局灵活,适应性强,广泛用于住宅、医院、学校等建筑组合中(如图3-38所示)。

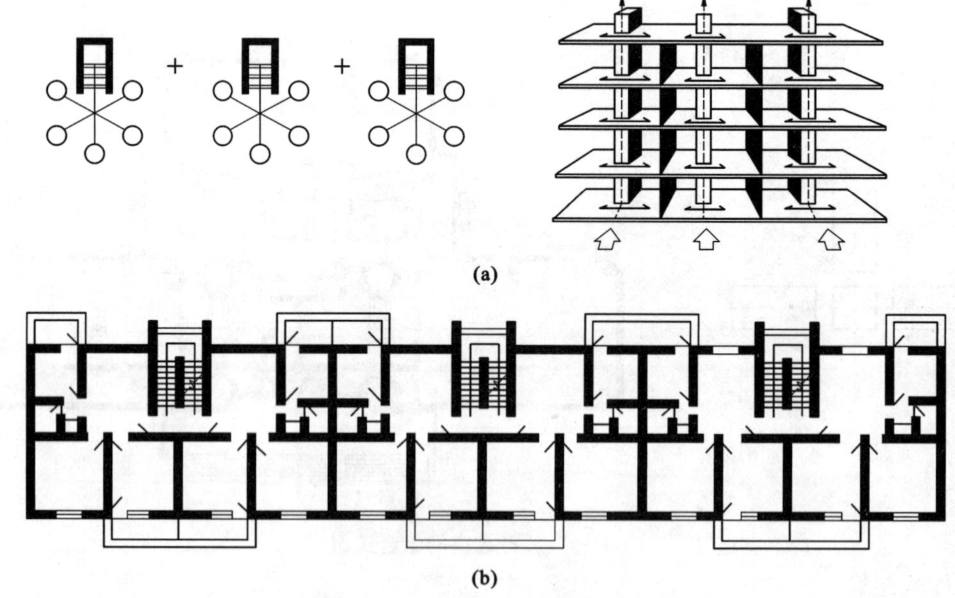

图3-38 单元式组合形式

3.5.3　建筑平面组合与总平面的关系

任何建筑物都不是孤立存在的，它与周围的建筑物、道路、绿化、建筑小区等密切联系，并受到它们及其他自然条件如地形、地貌等的限制。为使建筑物既能满足使用要求，又能与基地环境协调一致，首先必须做好总平面设计。建筑总平面设计就是根据使用功能要求，结合城市规划的要求、场地的地形地质条件，对场地内的建筑物、道路、绿化及其他构筑物和设施进行合理布置与设计，并综合利用环境条件使之成为有机的整体。

(1)基地环境与功能分区

对总平面进行必要的功能分区是确定单体建筑位置的前提。总平面功能分区是将各部分建筑按不同的功能要求进行分类，将性质相同、功能相近、联系密切、对环境要求一致的部分划分在一起，组成不同的功能区，各区相对独立并成为一个有机的整体。功能分区需要满足各区之间既相互联系又相对独立与分隔的要求，还要处理好室内用房与室外场地的关系。此外，总平面功能场地的大小和形状，对建筑物的层数、平面组合有极大的影响。在同样能满足使用要求的情况下，建筑功能分区可采用较为集中紧凑的布置方式，或采用分散的布置方式，这方面除了和气候条件、节约用地以及管道设施等因素有关外，还和基地的大小与形状有关。同时，基地内人流、车流的主要走向，又是确定建筑平面中出入口和门厅位置的重要因素。例如，中小学建筑在总平面布局时，教学用房、教学辅助用房、行政管理用房、服务用房、运动场地、自然科学园地、生活区及绿化功能应分区明确、布局合理、联系方便、互不干扰，满足教学要求和采光、通风、日照、隔声等要求。风雨操场应离开教学区，靠近室外运动场地布置；教学行政区应与运动区分开，且其间距不小于 25 m；宿舍可靠近室外活动场地，便于学生锻炼；后勤服务应布置在主导风向的下风侧等。

(2)建筑物的朝向

影响建筑物朝向的因素主要有日照和风向。不同季节，太阳的位置、高度都发生着有规律的变化。太阳在天空中的位置可以用高度角和方位角来确定(如图 3-39 所示)。太阳高度角是指太阳射到地球表面的光线与地平面的夹角 h，方位角是太阳射到地球表面的光线与南北轴线所成的夹角 A。方位角在南北轴线之西标注正值，在南北轴线之东标注负值。根据我国所处的地理位置，建筑物采取南向或南偏东、南偏西向能获得良好的日照。在北方寒冷地区，建筑朝向应以东、南、西为宜，同时应尽量避免对着冬季的主导风向。在南方炎热地区，争取良好的自然通风是选择朝向的主要依据之一。

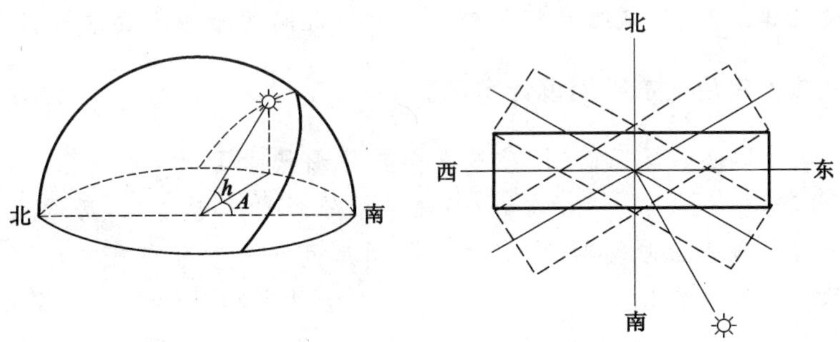

图 3-39　太阳的高度和方位角

(3)间距

建筑物的间距应根据日照、通风、防火等要求，以及节约用地和投资等因素综合考虑来确定。

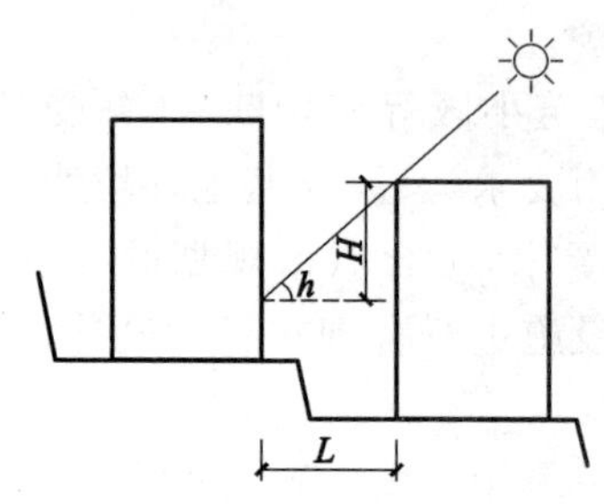

图 3-40 建筑物的日照间距

其中,日照间距通常是确定建筑物间距的主要因素。日照间距是为了保证房间有一定的日照时数,建筑物彼此互不遮挡所必须具备的距离。建筑物日照间距的要求,是使后排建筑物在底层窗台高度处,保证冬季能有一定的日照时间。房间日照时间的长短,是由房间和太阳相对位置的变化关系决定的,这个相对位置以太阳的高度角和方位角表示。通常以冬至日正午 12 时太阳能照到底层窗台高度为设计依据,以此确定建筑物日照间距(如图 3-40 所示)。

我国大部分地区日照间距为(1.0～1.7)H。越往南日照间距越小,越往北则日照间距越大。另外,还有为避免建筑之间相互干扰而设定的间距要求,如防视线干扰间距和隔声间距,如学校教学楼的间距要求应大于或等于 2.5H,而最小间距不小于 12 m。

本章小结

(1)民用建筑的平面组成按使用性质可分为使用部分和交通联系两部分。

(2)房间内部的面积,根据使用特点可分为家具设备所占面积、人们在室内活动的使用面积、内部交通面积。

(3)主要使用房间设计涉及房间面积、形状、尺寸、良好的朝向、采光、通风及疏散等问题,同时还应符合建筑模数协调统一标准的要求,并保证经济合理的结构布置等。

(4)辅助使用房间平面设计原理和设计方法与主要使用房间基本相同,但是这类房间设备管线较多,设计中要特别注意房间的布置和与其他房间的位置关系。

(5)房间中门的平面设计应考虑门的尺度、位置、开启方向等;窗户的平面设计主要考虑窗户的平面位置和平面尺寸。

(6)交通联系部分在满足疏散和消防要求的前提下,应具有足够的疏散宽度,流线组织应简捷、明确,有明显的导向性,以及适宜的空间尺度。

(7)建筑平面组合设计时,其首要原则是满足不同类型建筑的功能要求,应做到功能分区合理,流线组织明确,平面布局紧凑,结构经济合理,设备管线布置集中。

(8)民用建筑平面组合常用方式有走道式、套间式、大厅式、单元式组合等形式。

(9)建筑组合设计时日照通风条件、防火安全、噪声、污染等,对确定建筑物之间的距离有很大影响。然而,对一般性建筑而言,日照间距是确定建筑物之间间距的主要依据。

【知识拓展——典型民用建筑平面设计实例】

图 3-41 为某小学教学楼一层平面图,该教学楼整体形状为 L 形,体型简单,便于施工,便于统一开间、进深,布置紧凑,用地经济。平面组合形式采用外廊式布置方式,房间沿走道一侧布置,由于地处南方地区,为避免夏季太阳辐射过热,主要使用房间——教室布置在北面,房间门直接开向走道,各房间有天然的采光和通风。辅助使用房间——活动室和机动教室布置在 L 形建筑物的一端,通过走道与主要使用房间联系,这样既保证相互之间的联系,也避免了在使用时的相互干扰。建筑共有两部楼梯,各布置在东西两侧,人流进出非常方便。卫生间布置在楼梯旁。

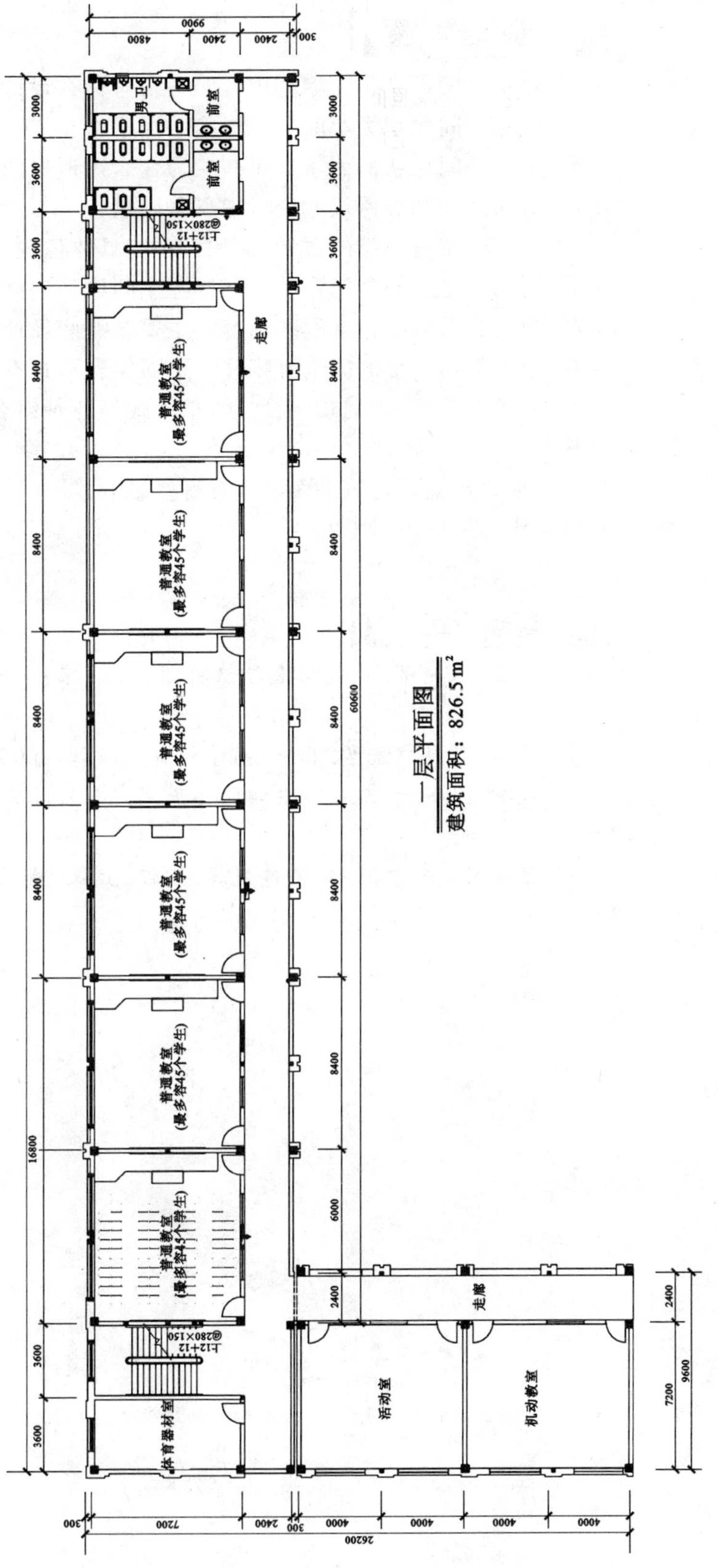

图 3-41 某小学教学楼一层平面图

习题与思考题

习题与思考题答案

3-1　建筑平面设计包含哪些内容？各自有什么设计要求？

3-2　确定房间面积大小时应考虑哪些因素？

3-3　影响房间形状的因素有哪些？为什么矩形房间被广泛采用？

3-4　房间开间和进深尺寸应考虑哪些因素？

3-5　如何确定房间门的数量、面积大小和具体位置？

3-6　辅助使用房间是指哪些空间？卫生间设计应满足哪些要求？

3-7　交通联系部分包括哪些内容？主要有哪些设计要求？

3-8　影响平面组合的因素有哪些？平面组合形式有哪些？

3-9　简述走道式、套间式、大厅式、单元式等各种组合形式的特点和适用范围。

3-10　基地环境对建筑平面组合有哪些影响？

3-11　什么是日照间距？

参考文献

[1]　高远,张艳芳.建筑构造与识图.2版.北京:中国建筑工业出版社,2008.

[2]　董黎.房屋建筑学.北京:高等教育出版社,2006.

[3]　钱坤,王若竹.房屋建筑学(上:民用建筑).北京:北京大学出版社,2009.

[4]　李必瑜,王雪松.房屋建筑学.3版.武汉:武汉理工大学出版社,2008.

4 建筑剖面设计

【内容提要】

本章主要内容包括建筑剖面设计的一般原理和方法，具体讲述了房间剖面形状的确定，房间层高、净高及房间各部分高度的确定，建筑空间的竖向组合与利用。

【能力要求】

通过本章的学习，学生应了解民用建筑的房间各部分高度的确定原理，并能进行一般民用建筑的竖向空间组合设计。

建筑剖面设计反映的是建筑在垂直方向上各组成部分的空间关系，它是建筑设计的基本组成部分之一，与平面设计、立面设计相互制约、相互影响。在建筑剖面设计中，要根据房间的功能要求确定房间的剖面形状，同时必须考虑剖面形状与在垂直方向房屋各部分的组合关系、具体的物质技术、经济条件和空间的艺术效果等方面的影响。

重难点

剖面设计的主要内容包括：确定房间的剖面形状、尺寸及比例关系；确定房屋的层数及各部分高度；分析建筑剖面中结构与构造的关系；进行房屋竖向空间的组合及空间利用等。

4.1 房间的剖面形状

房间的剖面形状分为矩形和非矩形两类。矩形剖面简单、规整，有利于家具设备的布置，便于竖向空间的组合，容易获得简洁而完整的体型。同时，矩形剖面结构简单，施工方便，故采用较多。非矩形剖面常用于有特殊要求的房间，或者因为结构形式不同而形成的房间。对于使用人数较少、面积较小的房间，一般以矩形为主；对于使用人数较多、面积较大且有视听要求的房间，可做成阶梯形或斜坡形。

房屋剖面动画

房间的剖面形状主要是根据其使用功能和使用特点来确定的，同时，建筑材料、建筑结构、建筑施工以及建筑造型等对剖面形状的确定也有很大的影响。

4.1.1 使用要求对剖面的影响

民用建筑对剖面的使用要求，有些是一般要求，如住宅、学校、办公楼、商店等，矩形剖面完全能够满足这类房间的功能要求，能提供给房间内部水平的地面和顶棚；有些建筑对剖面有特殊的使用要求，如影剧院观众厅、阶梯报告厅、体育馆比赛厅等，这些都是有视听要求的房间，除应在平面形状、大小等方面满足视距、视角要求外，地面也要有一定的坡度，以保证获得舒适、无遮挡的视觉效果，天棚常做成直达声反射的折面，以利于获得满意的声场。

(1)视线要求

为满足有特殊视听要求的房间在视觉上的需要，地面应有一定的坡度。坡度的大小与设计视点的选择、座位的排列方式、排距、视线升高值 C 等因素有关。设计视点是指在设计工程中，按设计要求所能看到的极限位置，以此作为视线设计的主要依据。各类建筑的功能不同，观看的对象不同，设计视点的位置选择也有所不同。如电影院定在银幕底边的中点，这样可保证观众看见银幕的全部；体育馆定在篮球场边线或边线上空 300～500 mm 处；阶梯教室定在讲台桌面上方，距地面 1100 mm 左右。设计视点选择是否恰当，是衡量视觉质量好坏的重要标准，直接影响地面起坡的大小。设计视点越低，视觉范围越大，但地面升起的坡度也越大，反之，地面升起的坡度就越平缓。如图 4-1 所示为设计视点与地面起坡的关系。视线升高值 C 与人眼到头顶的高度及视觉标准有关，当座位对位排列(即后排人的视线擦过前排人的头顶而过)时，$C=120$ mm；当座位错位排列(即后排人的视线擦过前面隔一排人的头顶而过)时，$C=60$ mm。这两种座位排列方式均可保证视线无遮挡的要求(如图 4-2 所示)。对位排列是逐排升高一级，C 值大，地面升起的坡度就大，错位排列是每两排升高一级；C 值小，地面升起的坡度就小。

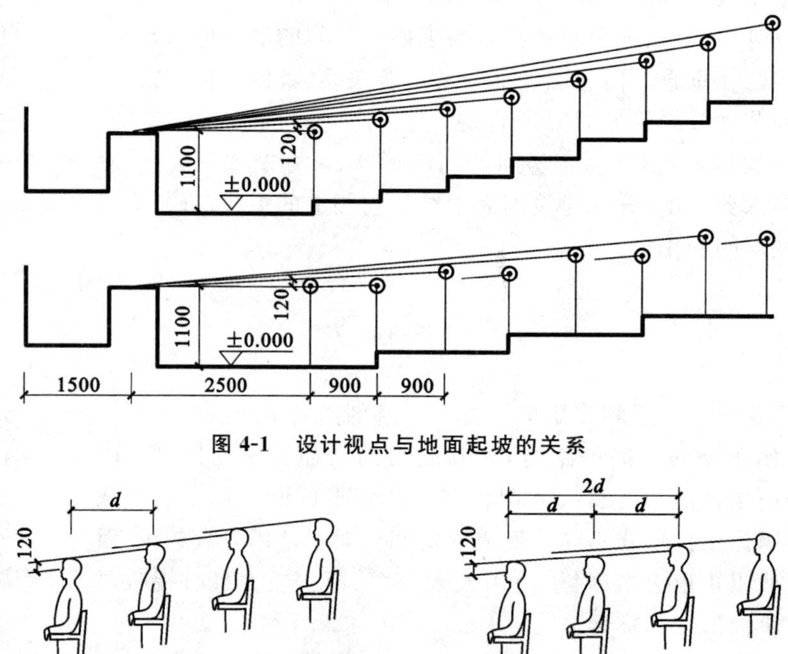

图 4-1 设计视点与地面起坡的关系

图 4-2 视觉标准与地面升起的关系

(2)听觉要求

对于影剧院、音乐厅、会堂等建筑来说，声学的要求非常重要。音质的优劣是观演类建筑好坏的根本标准，而房间的平面和剖面形状对室内声场的分布有很大的影响。为获得良好的声场，保证室内声场分布均匀，防止出现空白区、回声和聚焦等现象，要求观演类建筑的空间有一定的高度，在剖面设计时应注意顶棚、墙面和地面的处理。对于观演建筑来说，声学和视线的要求基本一致，通常按照视线要求设计的地面能够满足声学的要求，而顶棚的高度和形状是保证获得良好声场的一个重要条件，所以顶棚应根据声学要求来设计，以保证大厅各个座位都能获得均匀的反射声，并加强声压不足的部位。如图 4-3 所示为不同形状的顶棚对声音反射的影响。一般说来，凹面易产生聚焦，声场分布不均匀；凸面是声扩散面，不会产生聚焦，声场分布均匀。因此，大厅顶棚应尽量避免采用凹面或拱顶。

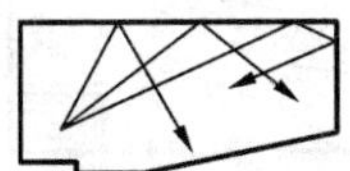
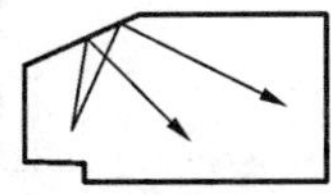
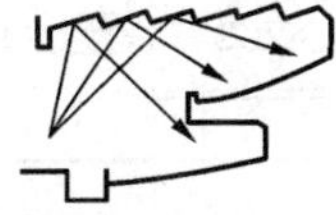

图 4-3 不同形状的顶棚对声音反射的影响

4.1.2 建筑结构、材料和施工对剖面的影响

房间的剖面形状除了要满足使用功能的要求外，还会受到结构选型、材料应用及施工技术的影响。矩形剖面具有形状规则、简单等优点，有利于钢筋混凝土梁板布置，同时施工方便，在建筑物跨度不大时采用较多；对于体育馆、展览馆等大跨度的建筑，则常采用网架、壳体、悬索等空间结构形式，形成特有的剖面形状（如图 4-4 所示）。不同的结构形式不仅能适应不同的功能要求，而且也会对内部空间的形态产生极大的影响。

图 4-4 结构形式对剖面形状的影响

4.1.3 采光、通风对剖面的影响

房间采光应以自然光线为主。对一般进深不太大的房间，利用侧窗采光、通风已能满足使用要求；当房间进深太大或房间有特殊要求时，可在屋顶开设天窗来满足采光、通风的要求。由于天窗的种类不同，室内使用要求的差异，在剖面上也反映出不同的形状。有的房间虽然进深不大，但为了使室内照度均匀、稳定、柔和，并减轻或消除眩光的影响，避免直射阳光，也会设置各种形式的采光窗，如展览馆中的陈列室。如图 4-5 所示为不同采光方式对剖面形状的影响。室内进出风口在剖面上的位置与房间内的通风要求有关，大多数的民用建筑常利用空气的气压差来组织室内穿堂风。对于有特殊要求的房间或湿度较大、温度较高、烟尘较多的房间，还需要在屋顶开设排气窗，以天窗的形式增加空气压差，这种处理同样改变了房间的剖面形状（如图 4-6 所示）。

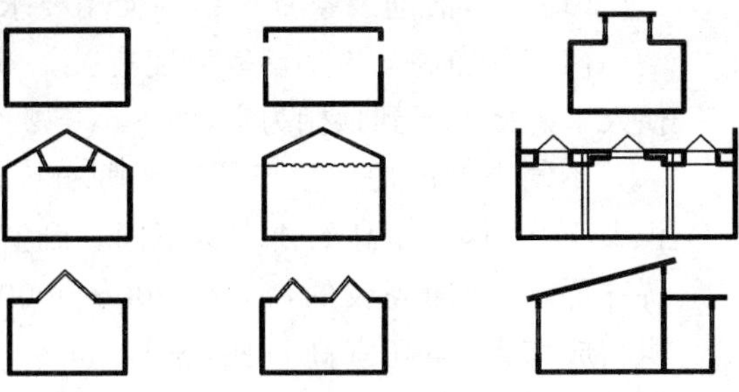

图 4-5 不同采光方式对剖面形状的影响

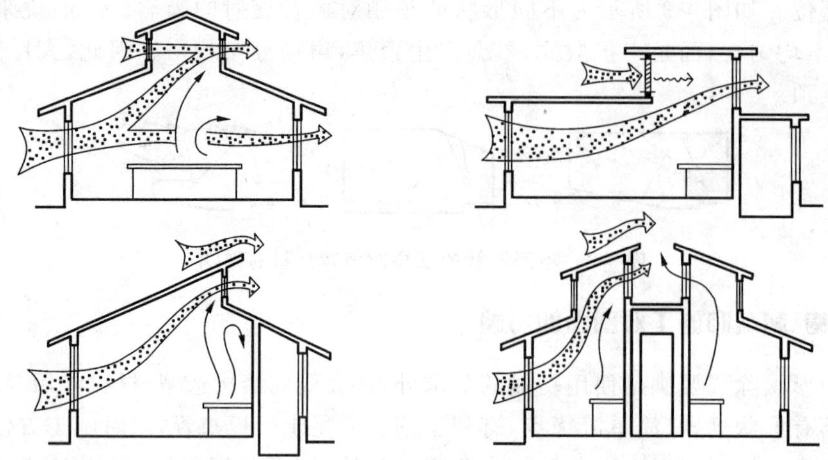

图 4-6　各种排气窗对房间剖面形状的影响

4.2　房屋各部分高度的确定

4.2.1　房间的层高和净高

房间的层高是指该层楼地面到上一层楼地面之间的垂直距离。房间的净高是指楼地面到结构层(梁、板)底面或顶棚下表面之间的垂直距离(如图 4-7 所示)。房间内的空间高度恰当与否,直接影响使用和对空间的感受。确定房间高度主要从以下几方面考虑。

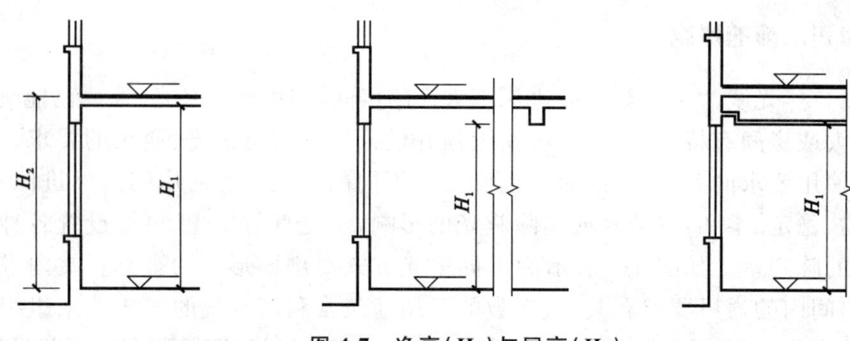

图 4-7　净高(H_1)与层高(H_2)

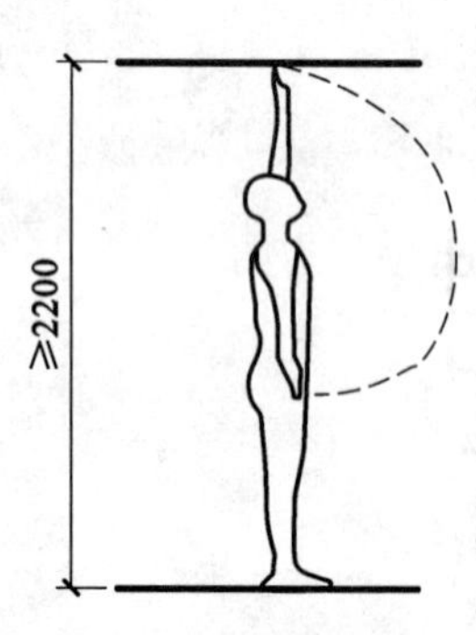

图 4-8　房间最小净高

(1)人体活动及家具设备的使用要求

房间的净高与人体活动尺度有关,一般情况下,室内最小净高应使人举手接触不到顶棚为宜,即不小于 2200 mm(如图 4-8 所示)。

不同类型的房间由于使用性质和活动特点、使用人数及房间面积大小不同,对净高的要求也不同。卧室使用人数少,面积不大,无特殊要求,故净高较低,常取 2800～3000 mm;教室使用人数多,面积相应增大,净高宜高一些,常取 3300～3600 mm;对于商店营业厅、影剧院观众厅、体育比赛大厅等公共建筑,空间更大、使用人数更多,其净高要适当提高,以满足各方面的要求。如大型商场营业厅的底层层高可取 4200～6000 mm，二层层高适当降低，取 3600～5100 mm。

除此以外，房间里的家具设备及人们使用家具设备所必需的空间，也直接影响房间的净高和层高。如图 4-9 所示为家具设备和使用活动要求对房间高度的影响。如学生宿舍通常设有双层床，考虑床的尺寸及必要的使用空间，净高应比一般住宅适当提高，结合楼板层厚度考虑，层高不宜小于3.2 m[如图 4-9(a)所示]；演播室顶棚下装有若干灯具，要求距顶棚有足够的高度，同时为避免灯光直接投射到演讲人的视野范围内而引起严重眩光，灯光源距演讲人头顶至少有 2000 mm 的距离，这样，演播室的净高不应小于 4500 mm[如图 4-9(b)所示]；游泳馆比赛大厅，房间净高应考虑跳水台的高度、跳水台至顶棚的最小高度[如图 4-9(c)所示]；医院手术室净高应考虑手术台、无影灯以及手术操作所必需的空间[如图 4-9(d)所示]。

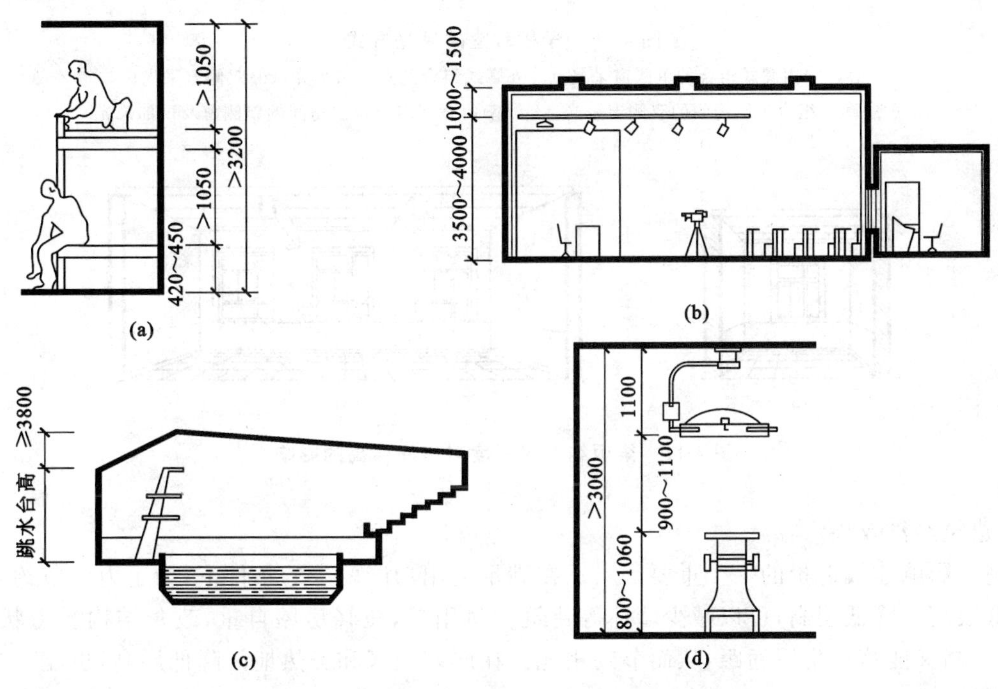

图 4-9　家具设备和使用活动要求对房间高度的影响

(a)宿舍；(b)中学演播室；(c)游泳馆；(d)手术室

(2)采光要求

房间的高度应有利于天然采光和自然通风，以保证房间内必要的学习、生活和卫生条件。采光一般以自然光线为主。室内光线的强弱和照度是否均匀与窗的宽度、位置和高度有关。一般来讲，房间层高越大，窗口上沿越高，光线照射深度越远。所以，进深大的房间或要求光线照射深度远的房间，层高应大些。单面采光时，窗的上沿离地面的高度应大于房间进深长度的一半[如图 4-10(a)所示]；双面采光时，窗的上沿离地面的高度应大于或等于房间深度的 1/4[如图 4-10(d)所示]。

(3)结构高度及其布置方式的要求

结构层高度主要指楼板、屋面板、梁和各种屋架所占的高度。层高一般等于净高加上结构层高度(有吊顶除外)。因此，在确定房间层高时，不仅要考虑人体活动等净高要求，还应考虑结构层的高度。层高相同时，结构层所占用的高度越大，房间的净高就越小。一般开间进深小的房间，利用墙体承重，楼板直接搭在承重墙上，结构层所占的高度较小[如图 4-11(a)所示]；开间进深较大的房间,常常要在室内布置梁,采用梁板布置方式,结构层所占高度较大[如图 4-11(b)所示]。

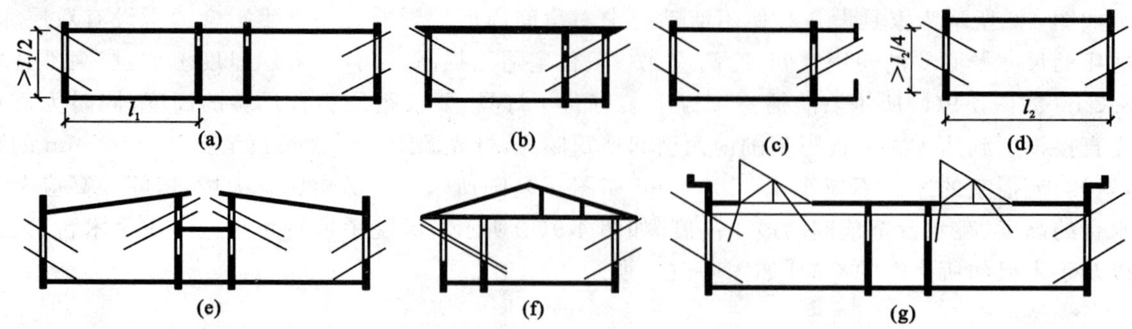

图 4-10 学校教室的采光方式

(a),(b)内廊式组合的单侧窗采光;(c)外廊式组合的双侧窗采光;(d)双侧窗采光;
(e)中廊式组合顶层房间的双侧窗采光;(f),(g)内廊式组合顶层房间的单侧窗及顶部采光

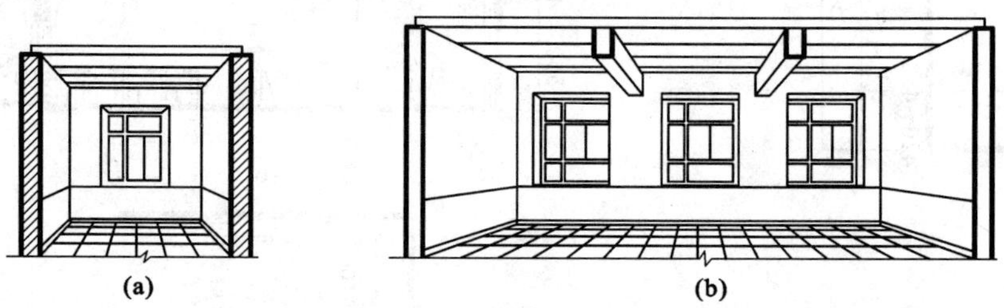

图 4-11 梁板结构层高度对房间层高的影响

(4)建筑经济效果

层高是影响建筑造价的一个重要因素。在满足使用功能要求的条件下,为了力求节约,应尽可能地降低层高。降低层高,可以减少墙体等建筑材料用量,减轻房屋自重,改善结构受力状况。同时,降低层高又能缩小房屋间距,从而节约用地。在严寒地区和炎热地区降低层高,也能减少采暖、空调费用。

(5)室内空间比例

在确定房间净高时,还应注意室内的高度与宽度之间应有适当的比例关系。一般来说,面积大的房间高度要高一些,面积小的房间则可适当降低高度。人们经常活动在室内,不同的房间其比例关系往往给人不同的感受。如高而窄的房间使人产生兴奋、激昂、向上的情绪,且具有严肃感,但过高就会让人觉得局促、不安;宽而矮的房间使人感觉宁静、开阔、亲切,但过低会给人压抑、沉闷的感觉。一般来说,比例较合适的宽和高的空间,将分别给人以亲切、开阔、舒展和兴奋、激昂、向上的感觉。在确定房间净高时,应结合使用功能要求,创造出令人感觉舒适的空间环境。一般民用建筑的空间比例,高宽比在 1∶3～1∶1.5 较为适宜。

4.2.2 窗台高度

窗台的高度主要根据室内的使用要求、人体尺度和家具设备的高度等来确定。确定窗台的高度应以方便人们工作、学习,保证书桌上有充足的光线为前提和标准,一般窗台的高度取 900～1000 mm,书桌的高度一般为 800 mm 左右,这样窗台高出桌面 100～200 mm,既保证了桌面的照度，又避免桌上的纸张被风吹出窗外，如图 4-12(a)所示。

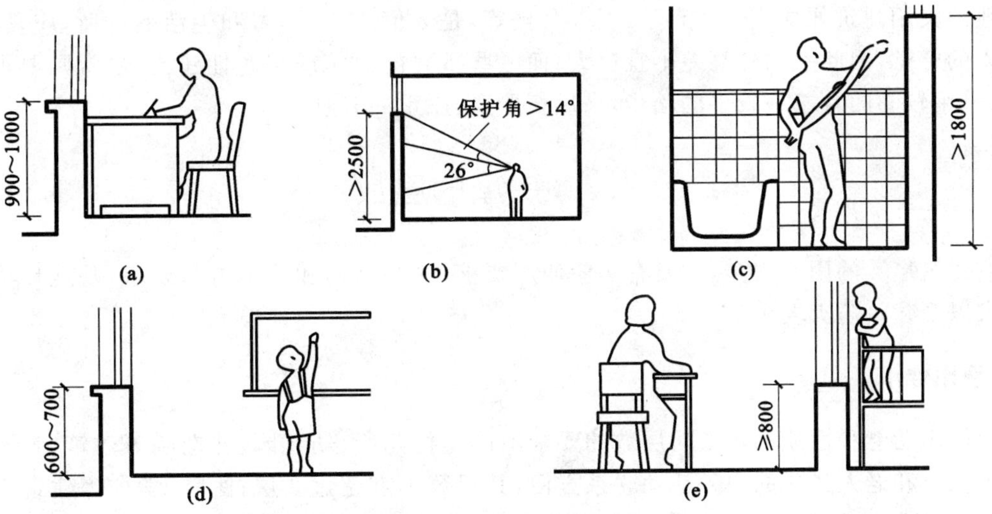

图 4-12　窗台高度

(a) 一般民用建筑；(b) 展览馆陈列室；(c) 卫生间；(d) 托儿所、幼儿园；(e) 儿童病房

对于有特殊要求的房间，如展览馆中的陈列室，为沿墙布置展板，消除或减少眩光，常设置高侧窗，并根据窗台到陈列品的距离要有至少 14°的保护角，故把窗台设高些，窗台的高度一般为 2500 mm以上，如图 4-12(b)所示；浴室、厕所的窗台可提高到 1800 mm，如图 4-12(c)所示；幼儿园建筑结合儿童尺度，活动室的窗台高度较一般民用建筑低一些，常采用 600～700 mm，如图4-12(d)所示；儿童病房为方便护士照顾病儿，窗台高度也应设置低些，如图 4-12(e)所示。

另外，某些公共建筑的房间如餐厅、休息室、娱乐活动场所，以及疗养院建筑和风景区的一些建筑物，为使室内阳光充足或便于观赏室外景色，丰富室内空间，常常降低窗台高度或做落地窗。当采用落地窗时，必须做好安全防护措施。

4.2.3　室内外高差

一般民用建筑为了防止室外雨水倒流入室内，并防止墙身受潮，底层室内地面要高出室外地面，形成室内外地面高差。该高差主要受以下几个因素的影响。

(1)内外联系方便

建筑物室内外高差应方便联系，对于一般的住宅、商店等建筑更是如此。室内外高差以不超过 600 mm，即不超过四级台阶为宜；对于仓库、工业建筑，因常有车辆出入，为便于运输，故入口处常设坡道，且高差不宜超过 300 mm，这样不会由于坡道过长而影响室外道路布置。

(2)防水、防潮要求

为了防止室外雨水流入室内，防止墙身受潮，室内外地面应有一定的高差，一般要求为 300～600 mm。对于地下水位较高或降雨量较大的地区以及防潮要求较高的建筑物，应当适当提高室内地坪高度，防止室内过潮。

(3)地形及环境条件

位于山地和坡地的建筑，应结合地形、地貌等因素，综合确定底层地面标高，使其既方便内外联系，又有利于室外排水和减少土石方工程量。

(4)建筑物性格特征

一般的民用建筑如住宅、旅馆、学校、办公楼等，是人们工作、学习和生活的场所，应具有亲切、平易近人的感觉，因此室内外高差不宜过大；而一些重要的建筑或纪念性建筑，通常则要加大室内外高差，采用较高的台基或较多的踏步，来烘托严肃、庄重的气氛。

4.3 房屋的层数

影响建筑层数的因素很多，主要有房屋使用要求，建筑结构和施工材料要求，基地环境和城市规划要求以及建筑防火要求等。

4.3.1 使用要求

不同使用功能和性质的建筑对层数的要求不同。托儿所、幼儿园、养老院等建筑，为了使用安全和便于儿童和老人经常的户外活动联系方便，其层数不宜超过3层；医院、学校等建筑为了使用方便也宜控制在3～4层；体育馆、影剧院等大型公共建筑，具有较大的面积，集聚的人数很多，为迅速而安全地进行疏散，宜建成单层或低层；住宅、办公楼等建筑，使用人数不多，房间的层高较低，面积不大，房间荷载不大，这一类建筑可以采用多层或高层，利用楼梯、电梯作为垂直交通工具。

4.3.2 建筑结构、材料的要求

建筑结构类型和材料是影响房屋层数的基本因素。混合结构的建筑一般为1～6层。而多层和高层建筑可采用梁柱承重的框架结构、剪力墙结构或框架-剪力墙结构等结构体系。表4-1、图4-13分别表示各种结构体系的适用层数及高层建筑的结构体系。

表4-1 **各种结构体系的适用层数**

体系名称	框架	框架剪力墙	剪力墙	框筒	筒体	筒中筒	束筒	带刚臂框筒	巨型支撑
适用功能	商业、娱乐、办公	酒店、办公	住宅、公寓	办公、酒店	办公、酒店、公寓	办公、酒店、公寓	办公、酒店、公寓	办公、酒店、公寓	办公、酒店、公寓
适用层数（高度）	12层（50 m）	12层（80 m）	40层（120 m）	30层（100 m）	100层（400 m）	110层（450 m）	110层（450 m）	120层（500 m）	150层（800 m）

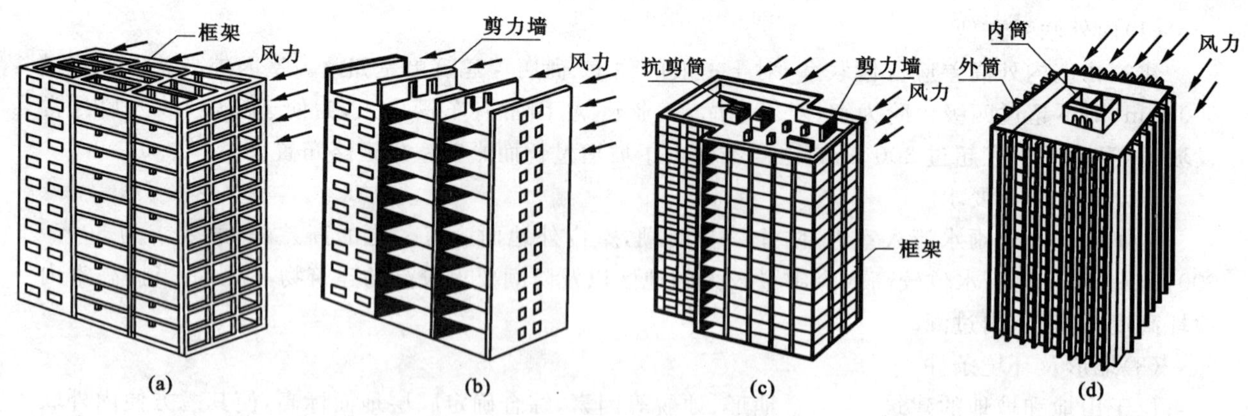

图4-13 高层建筑结构体系

(a) 框架结构；(b) 剪力墙结构；(c) 框架-剪力墙结构；(d) 筒体结构

大跨空间结构体系(如薄壳、网架、悬索结构等)则适用于单层或低层大跨建筑,如影剧院、体育馆等。

4.3.3 建筑基地环境与城市规划

房屋的层数与所在地段的大小、高低起伏有关。如在相同建筑面积的要求下,基地范围小,相应层数需多一些;若地形变化陡,为减少土石方量、布置灵活,建筑长度、进深不宜过大,从而要增加建筑层数。

同时,确定房屋的层数不能脱离一定的环境条件,尤其是位于城市干道、广场、道路交叉口的建筑,对城市面貌影响很大,必须做到与周围建筑物、道路、绿化等相协调一致。同时要符合各地区城市规划部门对整个城市风貌的统一要求。

4.3.4 建筑防火要求

按照《建筑设计防火规范》(GB 50016—2006)的规定,建筑物层数应根据建筑性质和耐火等级来确定,见表 4-2。

表 4-2 各种结构体系的适用层数

耐火等级	最多允许层数	防火分区的最大允许建筑面积/m^2	备注
一、二级	不限	2500	① 体育馆、剧院的观众厅,展览建筑的展厅,其防火分区最大允许建筑面积可适当放宽; ② 托儿所、幼儿园的儿童用房和儿童游乐厅等儿童活动场所不应超过 3 层或设置在 4 层及以上楼层或地下、半地下建筑(室)内
三级	5	1200	① 托儿所、幼儿园的儿童用房和儿童游乐厅等儿童活动场所、老年人建筑和医院、疗养院的住院部分不应超过 2 层或设置在 3 层及以上楼层或地下、半地下建筑(室)内; ② 商店、学校、电影院、剧院、礼堂、食堂、菜市场不应超过 2 层或设置在 3 层及以上楼层
四级	2	600	学校、食堂、菜市场、托儿所、幼儿园、老年人建筑、医院等不应设置在 2 层

4.4 建筑空间的组合与利用

4.4.1 建筑空间的组合

建筑空间组合就是根据内部使用要求,结合基地环境等条件将各种不同形状、大小、高低的空间组合起来,使之成为使用方便、结构合理,体型简洁完美的整体。建筑空间组合包括水平方向和垂直方向的组合,两者都反映出建筑的功能关系、结构布置以及空间的艺术构思。在进行建筑空间的剖面组合时,应做到功能分区明确,使用方便,流线简捷通畅,同时应注意结构选型合理,设备管线集中。剖面组合可以采用单一的方式,也可以采用组合的方式。对于不同空间类型的建筑应采取不同的组合方式,常见的建筑空间组合有以下几种方式。

(1)重复小空间的组合

重复小空间是指大小、层高相等或相近,在一幢建筑物内数量较多、功能上相对独立的房间。这类空间常采用走道式和单元式的组合方式,如住宅、医院、办公楼等。通常将这类房间布置在同一层并逐层向上叠加,以楼梯来联系各垂直排列的空间,并与其他形式的空间相互交替、穿插组合成为整体(如用走廊连接成整体),形成统一的大空间。这种剖面空间组合有利于统一标高,简化结构布置。

有的建筑由于使用要求或房间大小不同,虽然空间形态相近,但房间高度也会出现差别。如教学楼中的教室和办公室,由于二者使用人数和性质不同,开间、进深有差别,层高也不同,教室的高度要比办公室大一些,在组合时把办公区和教学区分离出来进行组合,办公区和教学区的层高差通过楼梯或踏步来解决(如图 4-14 所示)。

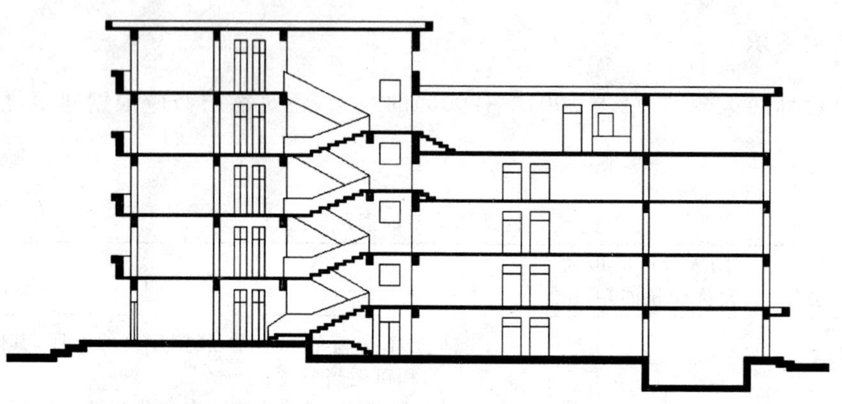

图 4-14 教学楼不同层高的剖面处理

(2)大小、高低相差悬殊的空间组合

大小、高低相差较大的房间,在空间组合时可以采用以下方式。

①以大空间为主穿插布置小空间。一些大跨公共建筑,如影剧院的观众厅、体育馆的比赛大厅等,虽然有多个空间,但其中有一个空间的尺度较其他空间大很多,并能体现建筑最主要的使用功能,在进行空间组合时常以这个大空间为中心,在其周围布置小空间,或利用大空间看台下的空间部分布置小空间。这样的组合,应处理好辅助房间的采光、通风和人流疏散问题。如图 4-15 所示。

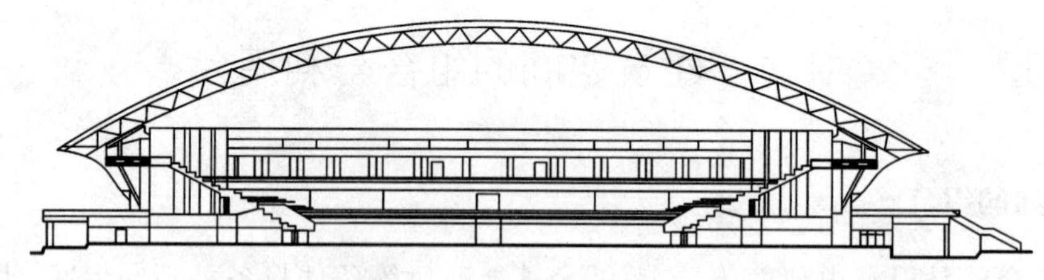

图 4-15 体育馆剖面

② 以小空间为主灵活布置大空间。有些建筑,如教学楼、旅馆、办公楼等,大多数房间为小空间,但由于使用功能的要求,其仍存在少量的大空间,如教学楼中的阶梯教室、旅馆中的餐厅、办公楼的大会议室等。在进行空间组合时,通常以小空间为主体,将大空间依附在主体建筑旁,不受层高与结构的限制,或将大小空间上下叠合,将大空间布置在建筑的顶层或底部。如图 4-16 所示。

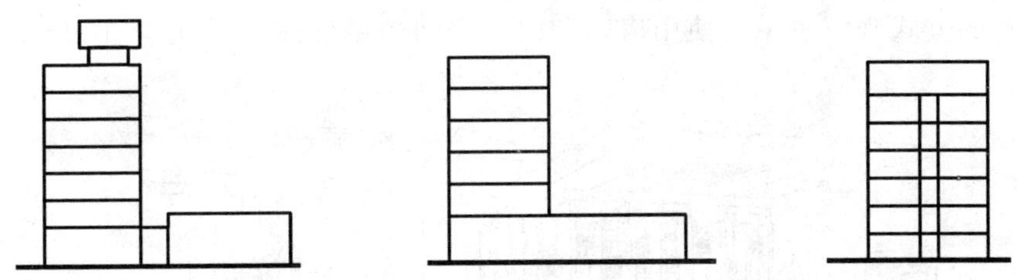

图 4-16　以小空间为主灵活布置大空间的组合

③ 综合性空间组合。有的建筑由若干大小、高低不同的空间组合起来成为多种空间的组合形式。空间的组合不能仅局限于一种方式，必须根据使用要求，多方面地综合考虑，采用与之相适应的多种组合方式。如文化宫建筑中有较大空间的电影厅、餐厅、健身房等，又有阅览室、门厅、办公室等空间要求不同的房间；又如图书馆建筑中的阅览室、书库、办公等用房在空间要求上也不一致。阅览室要求较好的天然采光和自然通风，层高一般为 4.0～5.0 m，而书库为了保证最大限度地藏书及取用方便，一般层高为 2.2～2.5 m。对于这一类复杂空间的组合不能仅局限于一种方式，必须根据使用要求，多方面综合考虑，采用与之相适应的多种组合方式。如图 4-17 所示为采用集中式布置的湖南大学图书馆剖面图，该图书馆将阅览室和书库组合在一起，高度比为 1∶2，既方便使用，又有利于结构简化布置。

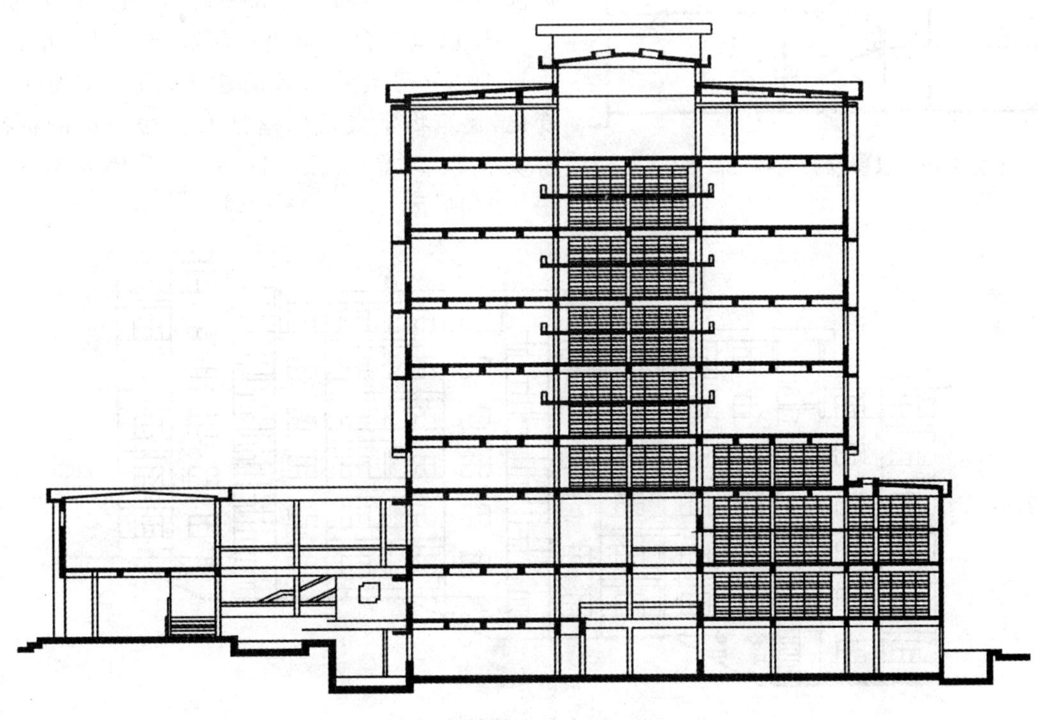

图 4-17　湖南大学图书馆剖面

(3)错层式空间组合

错层是指建筑物几部分之间的楼地面，高低错开，以节约空间。错层高差的处理方式有踏步、楼梯或室外台阶等。

① 以踏步联系各层楼地面以解决错层高差。有的建筑物，如教学楼、办公楼、旅馆等，往往采

用设置少量踏步的方式来解决主要使用房间和门厅之间的错层高差(如图4-18所示)。

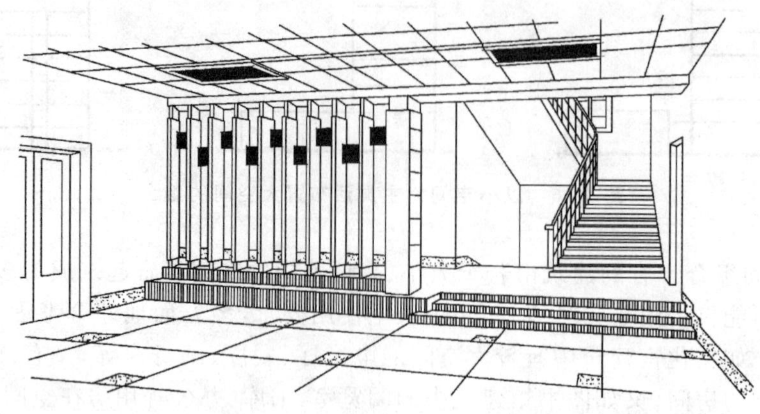

图4-18 以踏步解决错层高差

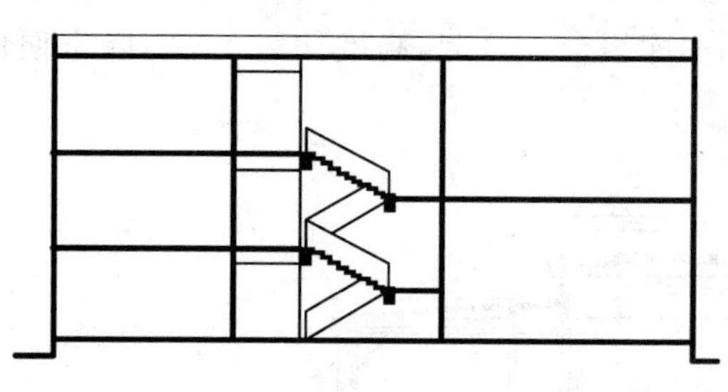

图4-19 以楼梯解决错层高差

② 以楼梯联系解决错层高差。当建筑物的两部分空间高差较大时,如果设置踏步会使荷载增加太多,这时可以合理调整楼梯梯段数量,使楼梯平台的标高与错层楼地面的标高一致(如图4-19所示)。

③ 以室外台阶解决错层高差。对于依山就势、垂直于山地等高线布置的建筑,为适应地形标高的变化,建筑物常灵活错落地布置楼地层的标高。为解决错层高差的不一致,可以采用室外台阶,如图4-20所示。

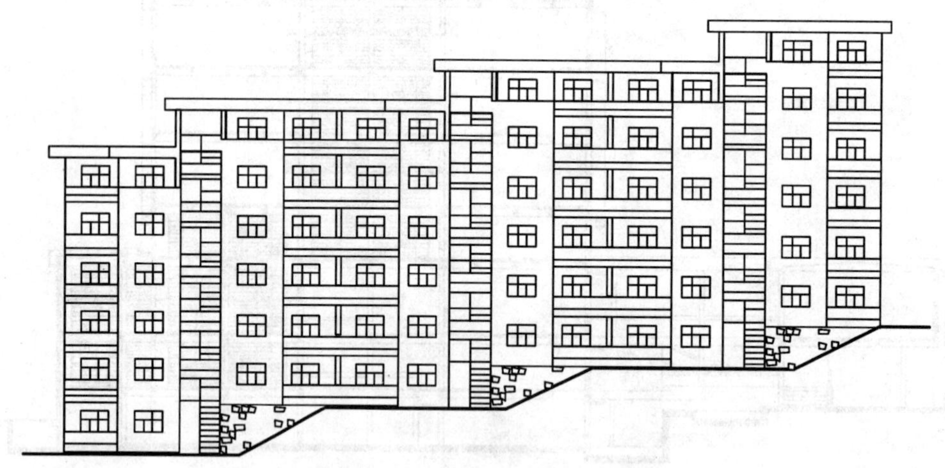

图4-20 以室外台阶解决错层高差

(4)台阶式空间组合

台阶式空间组合的特点是建筑由下至上形成内收的剖面形式,从而为人们提供了进行户外活动及绿化布置的露天平台。此种建筑形式可采用竖向叠层、向上内收、垂直绿化等手法丰富建筑外观形象(如图4-21所示)。

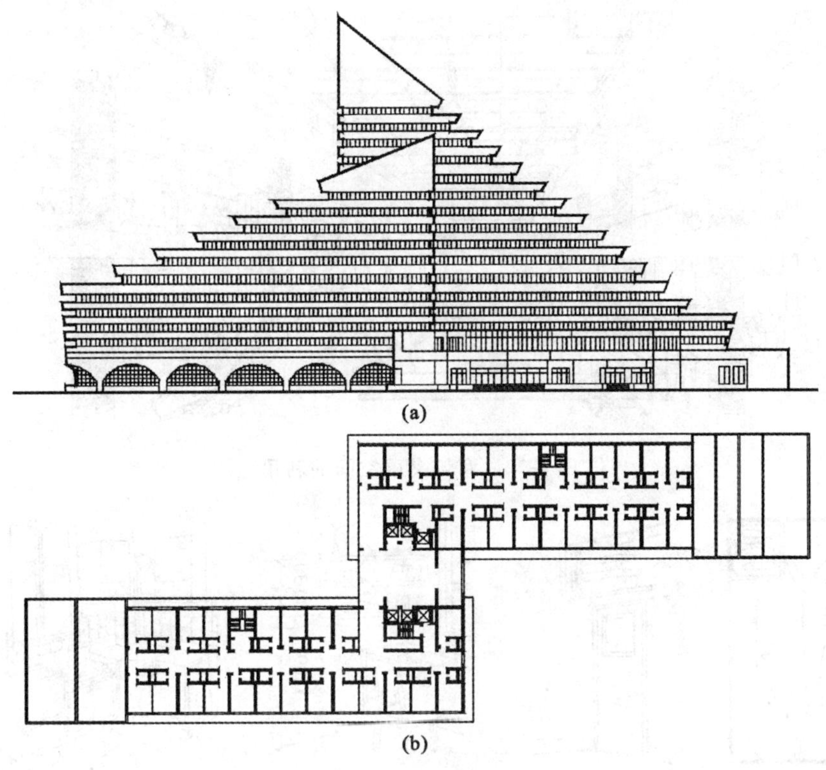

图 4-21 台阶式空间组合(a) 立面;(b) 平面

4.4.2 建筑空间的利用

建筑空间的利用图

充分利用建筑物的内部空间,可以在建筑占地面积和平面布置基本不变的情况下,起到增加使用面积、节约投资的效果。同时,如果处理得当,还可以改善室内空间比例,丰富室内空间。因此,如何最大限度地扩大使用面积,是建筑空间组合的重要问题。

(1)夹层空间的利用

夹层一般设置在体量较高大的空间内,常常沿着大厅周围设置夹层。一些建筑由于功能需要,其主体空间与辅助空间在面积和层高要求上不一致,如体育馆比赛大厅、图书馆阅览室、营业厅等,常采用在大厅空间周围布置夹层空间的方式,以达到充分利用室内空间及丰富室内空间效果的目的(如图 4-22 所示)。

在设置夹层时要注意处理好夹层高度与宽度的比例关系以及夹层与整体的比例关系,只有适当的比例才能给人以舒适的感觉。

(2)房间上部空间的利用

除了人们日常室内活动和布置家具设备的空间外,还可以充分利用房间内其余的空间来弥补使用面积不足的问题,如厨房中的吊柜,住宅卧室中的吊柜、储藏柜等,如图 4-23 所示。

图 4-22　商场夹层空间的利用

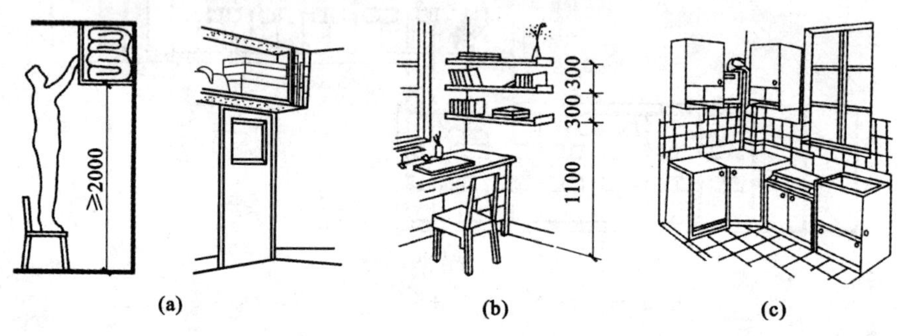

图 4-23　房间上空设置吊柜、搁板

(a) 居室设吊柜;(b) 居室设悬挑搁板;(c) 厨房设吊柜

(3)墙体空间的利用

设计中还应将结构空间与使用功能要求尽量统一,以达到最大限度地利用空间的目的。一般情况下,可利用墙体空间设置壁龛、窗台柜,利用角柱布置书架及工作台,如图 4-24 所示。

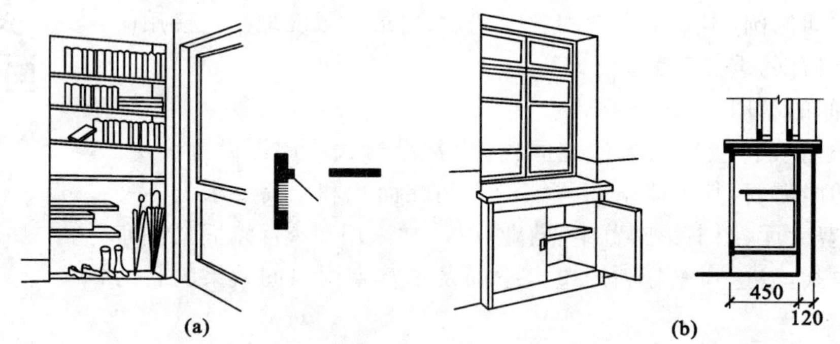

图 4-24　利用墙体空间设置壁龛、窗台柜

(4)走道及楼梯间的空间利用

建筑物中的走道通常和层高较高的房间高度相同,这时可利用走道顶部布置通风、照明设备及铺设管线。一般建筑物中,可以利用楼梯间的底部作储藏室,顶部作水箱间等。当楼梯间底层平台下不作出入口用时,可采取降低底层中间平台下地坪标高或增加第一梯段高度,以增加底层休息平台下的净空高度,布置贮藏室及辅助用房,如图 4-25 所示。

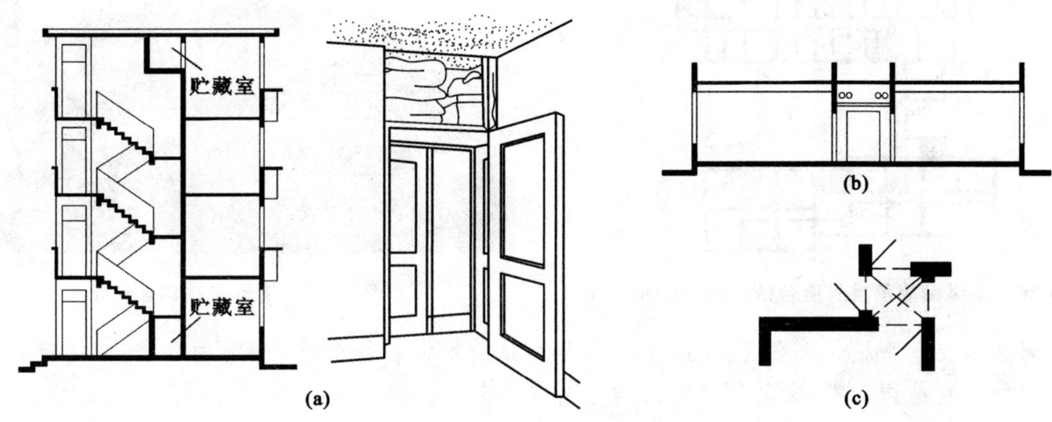

图 4-25 利用墙体空间设置壁龛、窗台柜

(a) 楼梯间上下空间做储藏室;(b) 走道上空做技术层;(c) 住宅走道上空作吊柜

本章小结

(1)剖面设计包括建筑物各部分高度,建筑层数,建筑空间的组合与利用,建筑剖面中的结构、构造关系等。

(2)建筑物层数的确定应考虑使用功能要求、结构、材料和施工的影响,城市规划及基地的环境以及建筑防火和经济的影响。

(3)房间层高与净高的确定应考虑使用功能、采光通风、结构类型、设备布置、空间比例、经济等因素的影响。

(4)窗台的高度与房间的使用要求、人体尺度、家具尺寸及通风有关。

(5)室内外高差应考虑内外联系方便,防水、防潮要求,地形及环境条件,建筑物性格特征因素。

(6)剖面空间组合主要包括重复小空间组合,体量相差悬殊的空间组合,台阶式的空间组合,错层、跃层的空间组合方式。

(7)充分利用空间的处理方式有:利用夹层空间、房间上部空间、楼梯间及走道空间、墙体空间等。

【知识拓展——民用建筑常用结构体系】

民用建筑常用的结构体系主要包括墙体承重结构、骨架结构体系、空间结构体系三类。

墙体承重结构是以部分或全部建筑外墙以及若干固定不变的建筑内墙作为垂直支持系统的一种体系。墙体布置可以采用纵墙承重、横墙承重以及纵横墙混合承重三种类型。如图 4-26 所示。

骨架结构体系在空间布置上用两根柱子和一根横梁来取代一片承重墙,这样原来在墙承重结构支承系统中被承重墙体占据的空间就尽可能地给释放了出来,使得建筑结构构件所占据的空间大大减少,而且在骨架结构承重系统中,无论是内墙还是外墙均不承重,可以灵活布置和移动,因此较为适用于那些需要灵活分隔空间的建筑物,或是内部空旷的建筑物,且建筑立面处理也较为灵活。如图 4-27 所示。

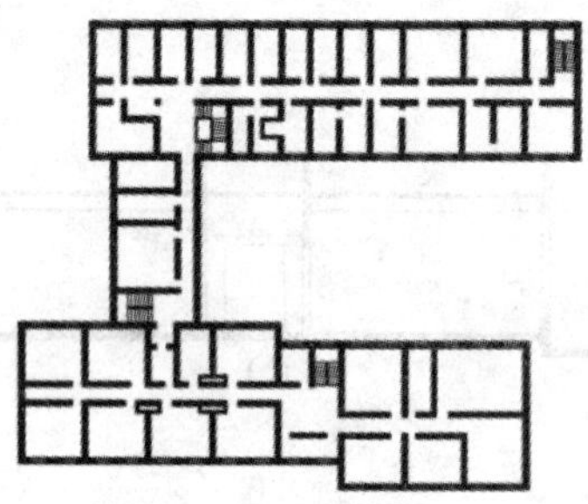

图 4-26　某纵横墙承重的混合结构办公楼平面图

图 4-27　某骨架结构建筑物

空间结构支承系统各个方向受力，可以较为充分地发挥材料的性能，结构自重小，因而是覆盖大型空间的理想结构形式，常见的空间结构体系有薄壳、网架、悬索、薄膜等，以及它们的混合形式，如图 4-28 所示。

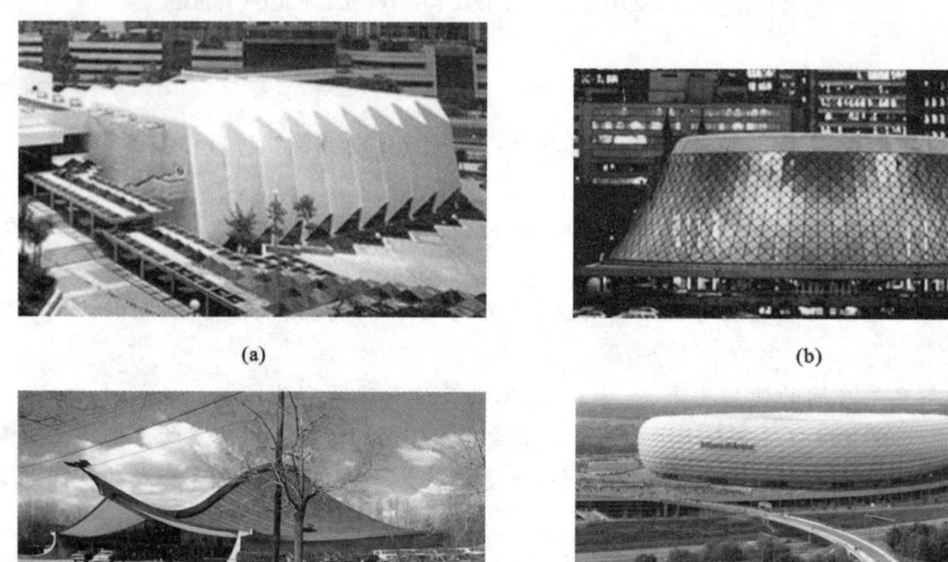

(a)　(b)

(c)　(d)

图 4-28　空间结构支承系统

(a)某折板结构建筑物屋面；(b)某网架结构音乐厅；(c)某悬索结构体育馆；(d)某膜结构体育场

习题与思考题

4-1　房间的剖面形状如何确定？

4-2　确定建筑物的层数应考虑哪些因素？

4-3　什么是层高、净高？确定层高与净高应考虑哪些因素？

4-4　如何来确定房间窗台的高度？

4-5　室内外地面高差的确定应考虑哪些因素？

4-6　建筑空间组合方式有哪些？

习题与思考题答案

参考文献

[1] 高远,张艳芳.建筑构造与识图.2版.北京:中国建筑工业出版社,2008.
[2] 董黎.房屋建筑学.北京:高等教育出版社,2006.
[3] 钱坤,王若竹.房屋建筑学(上:民用建筑).北京:北京大学出版社,2009.
[4] 李必瑜,王雪松.房屋建筑学.3版.武汉:武汉理工大学出版社,2008.

5 建筑体型及立面设计

【内容提要】

本章主要内容包括影响建筑体型和立面设计的各种因素，建筑构图的基本法则，建筑造型的原则和方法以及建筑立面设计的处理方法。

【能力要求】

通过本章的学习，学生应了解建筑体型和立面设计的原则，并能进行一般中小型民用建筑体型的组合和立面设计。

重难点

建筑物除了要满足人们生产、生活等物质方面的要求，还要考虑精神方面，即人们对建筑物的审美要求，建筑应给人以美的感受。建筑的美观主要是通过内部空间及外部造型的艺术处理来体现的，其中建筑物的外观形象经常地、广泛地被人们接触，对人的精神上产生的影响更为深刻。同时，建筑物的形象，还在一定程度上反映社会的文化生活、精神面貌和经济基础。

建筑的外部形象设计包括体型设计和立面设计两个方面，二者之间有密切的联系。外部体型是内部空间的反映，而内部空间的设计又因功能而异。不同类型的建筑，其外部体型必然各有特点，设计者应当充分利用这种特点来赋予建筑以个性特征，使不同使用要求的建筑各具鲜明的性格特征。同时，建筑形体和立面设计也不等于房屋内部空间组合的直接表现，它必须符合建筑造型和立面构图方面的规律性，把适用、经济、美观三者有机地结合起来。从某种意义上来说，建筑设计的任务就是要把内部空间和外部体型完美地结合在一起。因此，建筑体型的设计就是根据内部空间的需要来确定建筑物的体量大小、体型组合方式。立面设计主要是对建筑体型的各个立面进行细部处理，获得完美的建筑形象。立面图主要反映建筑物的整体轮廓、外观特征、屋顶形式、楼层层数以及门窗、雨篷、阳台、台阶等局部构件的位置和形状等内容。

剖面设计的主要内容包括：确定房间的剖面形状、尺寸及比例关系；确定房屋的层数及各部分高度；分析建筑剖面中结构与构造的关系；进行房屋竖向空间的组合及空间利用等。

房屋立面动画

5.1 建筑体型和立面设计的原则

建筑物的形体和立面，必然受内部使用功能和技术经济条件的制约，同时还受基地环境、整体规划等外界因素的影响。此外，不同国家、不同地区、不同民族的建筑都各具特色，其建筑外形具有鲜明的时代气息、民族风格及地区特色。只有全面考虑上述建筑体型和立面设计的影响因素，才能创造出既满足物质要求，又满足精神要求的、具有强烈感染力的建筑形象。

5.1.1　反映建筑功能要求和建筑类型的特征

建筑物的外部形体是内部空间合乎逻辑的反映，有什么样的内部空间，就有什么样的外部形体。设计中应把握住各个建筑的功能特点，并合理地赋予其形式，这种形式才能充分地表现出建筑物的个性。如办公楼、住宅、商场、影剧院等建筑物，因为使用功能和特点不同，所以外形完全不同，因而易于区别。住宅建筑采用单元式空间组合形式，从外观上看，重复排列的阳台、尺度不大的窗户及分组设置的楼梯间等具有浓郁的生活气息，形成居住建筑的特点，如图 5-1(a)所示；办公建筑采用走道式的空间组合形式，反映在外观上必然呈带形的长方体，由于功能关系较简单，往往可以凑成对称的形式，如图 5-1(b)所示；影剧院建筑通过巨大封闭的观众厅、高耸的舞台与宽敞明亮的门厅、休息厅等的体量组合及虚实对比表现出剧场建筑的明快、活泼的性格特征，如图 5-1(c)所示；商业建筑通过宽敞明亮的窗户重复排列，底层设置陈列橱窗或大面积的玻璃窗，增加建筑的通透感，入口、橱窗、门厅的重点处理，使其体型简洁、富有变化，体现了商场热闹繁华的气息，如图 5-1(d)所示。

不同结构形式的建筑图

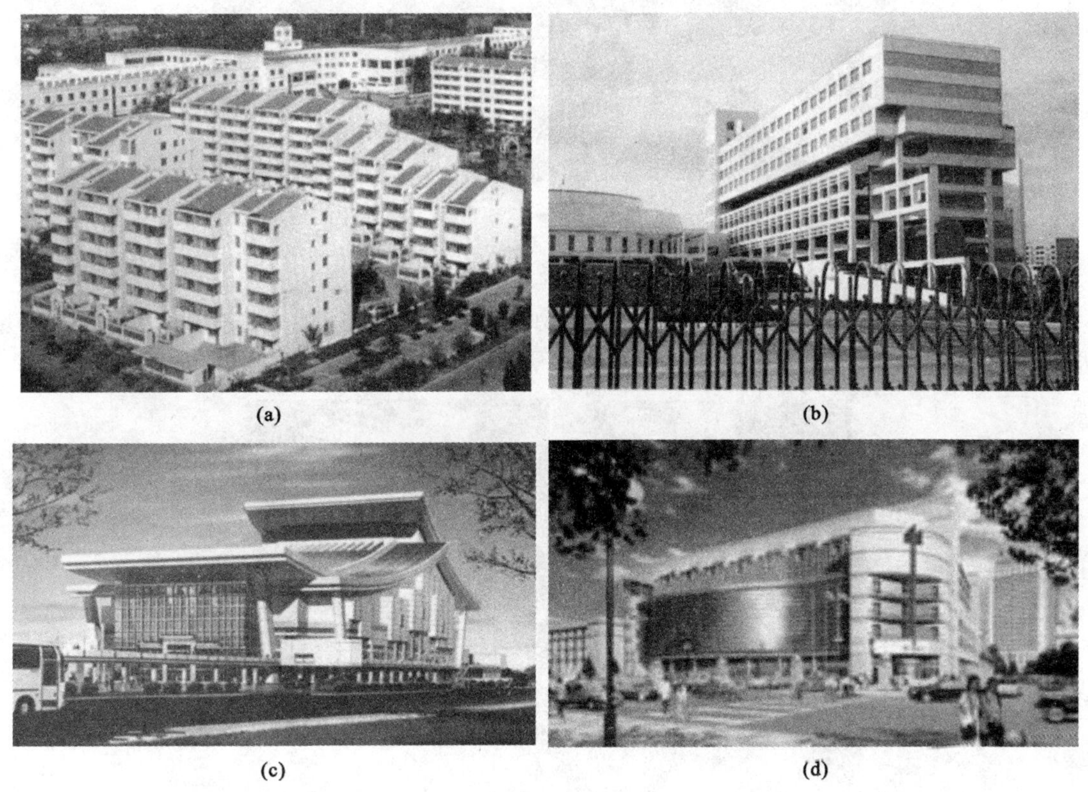

(a)　(b)　(c)　(d)

图 5-1　不同类型建筑的外形特征

(a)住宅建筑；(b)办公建筑；(c)剧院建筑；(d)商业建筑

因此,满足使用功能是建筑空间设计的基础,建筑物的性格特征在很大程度上是功能的自然表现。采用与其功能要求相适应的外部形式,并在此基础上进行适当的建筑艺术处理来强调该建筑的性格特征,可以使其形象更为鲜明、更为突出,从而能更有效地区别于其他建筑。

5.1.2 结合材料性能、结构构造和施工技术的特点

建筑物内部空间组合和外部形体的构成只有通过一定的物质技术手段才能得以实现,所以建筑体型和立面设计在很大程度上受到所用建筑材料、结构形式以及施工技术的影响。建筑物的结构形式不同,其建筑体型也截然不同。如图 5-2 所示为不同结构形式的建筑。砖混结构由于墙体承重,开间进深尺度较小,立面开窗受到严格的限制,这类建筑容易取得朴实、稳重的建筑造型效果;钢筋混凝土框架结构由于墙体仅起围护作用,它的立面开窗较自由,可以大面积开窗或形成带形窗,甚至可以取消窗间墙而形成完全通透的形式,这类建筑具有轻巧、灵活的立面特点。随着建筑材料的改进和施工技术的发展,建筑结构形式产生了飞跃性的进步,空间结构的出现,不仅为室内提供了理想的活动空间,也丰富了建筑物的外部形象。

图 5-2 不同结构形式建筑的外形特征

(a)混合结构;(b)框架结构;(c)薄壳结构;(d)悬索结构

不同的施工技术,也对建筑造型具有一定的影响。如图 5-3 所示的盒子建筑、滑模建筑等建筑外观显示出更趋简洁,规整的外形特点。

图 5-3 不同施工技术建筑的建筑形象

(a)盒子建筑;(b)滑模建筑

5.1.3 掌握建筑标准和相应的经济指标

建筑体型与立面的构思和立意必须正确处理适用、经济、美观三者的关系。对于大量性民用建筑、大型公共建筑或国家重点工程等各种不同类型的建筑物，应根据其使用性质和规模，严格把握国家规定的建筑标准和相应的经济指标，在建筑标准、建筑材料、造型要求和外观装饰等方面要区别对待。要防止滥用高级建材、片面强调建筑的美观而忽略建筑设计的经济性，造成不必要的浪费；同时也要防止盲目追求节约而造成使用功能不合理及破坏建筑艺术性的现象。应在合理满足使用要求的前提下，合理巧妙地运用物质技术手段和构图法则，用较少的投资建造美观、简洁、朴素、大方的建筑物。

5.1.4 适应基地环境和建筑规划的群体布置

建筑本身就是构成城市空间和环境的重要因素，任何一幢建筑都位于一定的基地环境之中，因而其外形会受到外部环境的制约。同时，建筑物所在地区的气候、地形，原有建筑物以及道路、绿化等因素也都会对建筑的体型和立面设计产生极大的影响。如图 5-4 所示为美国著名建筑师赖特设计的流水别墅，他选择一个地形复杂、溪水跌落的地点，将别墅建在小瀑布之上。建筑物与大自然互相渗透，汇成一体，互相衬映，相得益彰，以非常独特的方式实现了建筑与自然的高度结合。

图 5-4　流水别墅

5.1.5 符合建筑造型和立面构图的规律

建筑造型和立面构图属于形式美的范畴，有其内在的规律性。这些规律的形成是人们通过较长时期的实践，反复总结和认识得来的，客观的美的法则，不同时代、不同民族、不同地区、不同文化使建筑形式千差万别。尽管人们的审美观不尽相同，但这些美的基本法则都是一致的，是被人们普遍承认的客观规律，如统一与变化、均衡与稳定、韵律与节奏、对比、比例与尺度等构图规律。在设计过程中，应当巧妙合理地运用这些形式美的构图规律，才能使建筑的艺术形式达到多样统一的效果。

巧妙运用形式美的建筑图

(1)统一与变化

建筑物在客观上普遍存在着统一与变化的因素,无论总体和个体、平面和空间、体型和细部等都是建筑形式统一变化的因素。如何处理它们之间的相互关系,这是建筑构图中一个非常重要的问题。如一幢建筑物的各组成部分由于使用功能不同,形成大小、形状等各不相同的空间,这就展现了建筑形式变化的一面;另外,这些使用功能不同的房间在层高、开间、门窗等方面却可以采取统一的做法和处理方式,这就是建筑形式统一的一面。统一与变化,即“统一中求变化、变化中求统一”,是一切形式美的基本规律,具有普遍性和概括性。形式美的其他方面如主从、对比、比例、尺度等实际上都是统一与变化在各方面的体现。统一与变化缺一不可,建筑如果有统一而无变化就会产生呆板、单调、不丰富的感觉;反过来有变化而无统一,又会使建筑显得杂乱、烦琐、无秩序。

① 以简单的几何形状求统一。任何简单的几何形状本身都具有必然的统一性,容易被人们感知并能带给人美得感受。如常常用于建筑上的圆柱体、圆锥体、长方体、正方体、球体等,由于它们的形状简单,往往会给人以肯定、明确和统一的感觉,如图5-5所示。

② 主从分明,以陪衬求统一。建筑空间组合时常常由于使用功能不同而自然形成形体上的主要部分和从属部分。处理好主从关系,使整体建筑有主有从,会取得完整统一的效果;反之,如果不加以区别对待,则建筑难免会流于松散、单调而失去统一性。在建筑体型设计中,常运用轴线处理,以低衬高、利用形象变化等手法来突出主体,如图5-6～图5-8所示。

图5-5 以简单的几何形体求统一

图5-6 运用轴线突出主体

图5-7 以低衬高突出主体

图5-8 利用形象变化突出主体

(2)均衡与稳定

对一个多种体量、比较复杂的建筑物来说,在体型组合时还应很好地注意形体的均衡和稳定问题。均衡与稳定既是力学概念也是建筑形象概念,它是人们在长期实践中形成的观念,从而被人们当作一个建筑构图中的重要原则来遵循。均衡是指建筑物各体量在建筑构图中的左右、前后相对轻重的关系。稳定是指建筑物在建筑构图上的上下轻重的关系。均衡而稳定的建筑会给人平稳、安全可靠的感觉。建筑材料的质感、体量的大小、色彩的深浅、虚实的变化等常给人以不同的轻重感,这些都会影响到均衡与稳定的效果。一般体量大的、实体的、质感粗糙及色彩暗的建筑材料感觉上重一些;反之,体量小、空透的、材料光洁和色彩明快的建筑材料,感觉就轻一些。在建筑设计中灵活运用这些要素,可以获得安定平稳的建筑形象。在建筑构图中,均衡与力学的杠杆原理是有联系的。力学的杠杆原理表明,均衡中心在支点。根据均衡中心的位置不同,可把均衡分为对称均衡与不对称均衡两种,如图 5-9 所示。

图 5-9　均衡的力学原理

(a)对称均衡;(b)不对称均衡

建筑体型和立面有对称和不对称之分。对称的建筑天然就是均衡的,加之它本身又体现出一种严格的制约关系,因而具有一种完整统一性;对称的建筑是绝对均衡的,它以中轴线为中心并加以重点强调,两侧对称容易取得完整统一的效果,给人以严谨、端庄、雄伟的感觉,常用于纪念性建筑或因其他需要必须庄严、隆重的公共建筑,如毛主席纪念堂、人民大会堂等。图 5-10 为对称均衡的实例。不对称均衡相互之间的制约关系不像对称形式那样明显、严格,建筑布置较灵活,通常将均衡中心(视觉上最突出的主要出入口)布置在建筑的一侧。而且与对称形式的均衡相比较,不对称形式的均衡显然要轻巧活泼得多,它是利用不同的体量、材质、色彩、虚实变化来达到不对称均衡的目的,图 5-11 为不对称均衡的实例。

图 5-10　对称均衡

图 5-11　不对称均衡

传统的"上小下大、上轻下重"的稳定原则早为人们所接受,但随着科学技术的进步和人们审美观念的发展变化,近代建造出许多底层通透、上大下小的建筑,同样给人稳定的感觉。图 5-12 为不同稳定形式的建筑实例。

(a)

(b)

图 5-12　不同稳定形式的建筑

(a)上小下大的稳定形式;(b)上大下小的稳定形式

(3)韵律与节奏

韵律是物体各要素重复或渐变出现而形成的一种特性,这种有规律的变化和有秩序的重复所形成的节奏,能产生有条理性、重复性、连续性的美感。韵律美和节奏感在建筑中的体现极为广泛。建筑物体型和立面构成中有许多重复的要素,如门窗、阳台、雨篷、色彩等,只要在构图中加以运用、组织、强调,就可以展现出一种美观的韵律,能使建筑形体以至细部给人以更加强烈而深刻的印象。

(4)对比

建筑造型设计中的对比是构成建筑形象的各种要素的比较和差异,艺术上通过对比达到强调和夸张的目的。对比具体表现在体量大小、高低、形状、线条曲直、粗细、材料质感、色彩等方面。在同一因素之间通过对比,相互衬托,就能产生不同的形象效果。对比强烈,则变化大,感觉明显,建筑中很多重点突出的处理手法往往是采取强烈对比的结果;对比小,则变化小,易于取得相互呼应、和谐、协调统一的效果。因此,在建筑设计中恰当地运用对比的强弱是取得统一与变化的有效手段,如图 5-13 所示。

图 5-13　对比的运用

(5)比例

比例是指长、宽、高三个方向之间的大小关系。建筑形体处理中的“比例”一般包含两个方面的含义:一是建筑整体或它的某个细部本身的长、宽、高之间的大小关系;二是建筑物整体与局部或局部与局部之间的大小关系。在立面设计中,比例既存在于立面各组成部分之间,也存在于构件之间,同时构件本身的高、宽等对比例也有一定的要求。比例是建筑艺术中用于协调建筑物尺寸的基本手段之一,良好的比例可以带给人美感,反之,比例失调就会导致整体上的不协调。

一般来说,抽象的几何形状以及若干几何形状之间的组合,处理得当就可获得良好的比例而易于被人们所接受。如圆形、正方形、正三角形等具有肯定的外形而引起人们的注意;“黄金分割”的比例关系(即长宽之比为 1∶1.618)是和谐美观的比例;大小不同的相似形体,它们之间的对角线相互垂直或平行,由于比例相当而感觉协调。因此,在建筑设计中,有意识地注意几何形体的相似关系,可以获得较为理想的比例(如图 5-14 所示)。

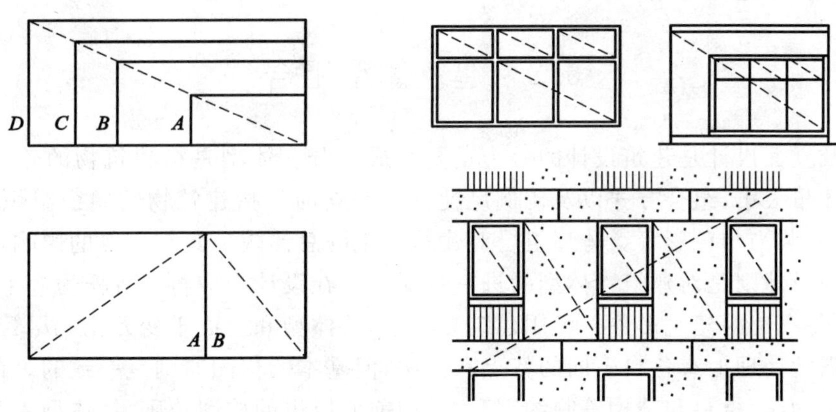

图 5-14　以相似比例求得和谐统一

(6)尺度

尺度所研究的是建筑物的整体与局部给人感觉上的大小印象与真实大小之间的关系。抽象的几何形体显示不了尺度感。但建筑中有些与人体活动有关的部分,其尺度较为固定,如踏步的高低、门的高度、栏杆和窗台的高度、台阶的高度等。在建筑设计过程中,人们常常将这些不变因素作为比较标准,通过与它们的对比而获得一定的尺度感。如图 5-15 所示。

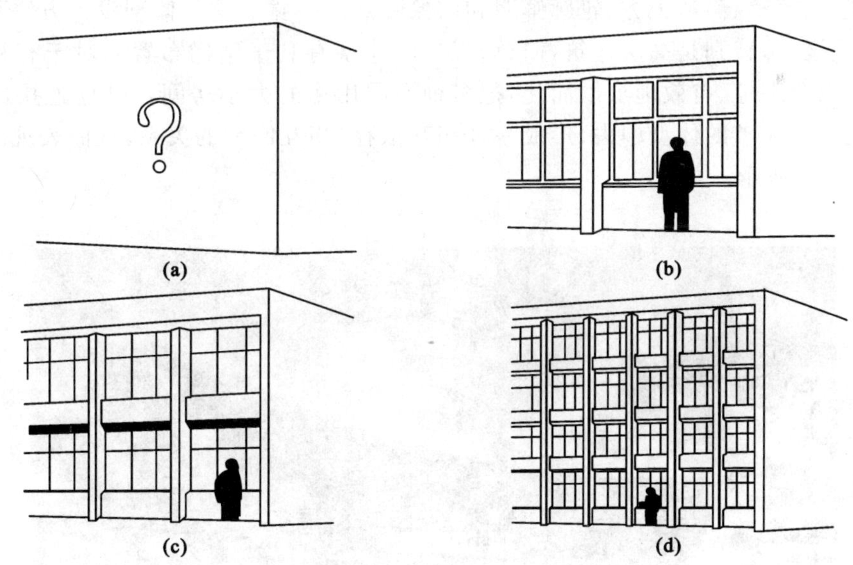

图 5-15　建筑物的尺度感

建筑设计中,尺度的处理一般有三种方法:

① 自然的尺度。以人体的大小度量建筑物的实际大小,从而给人的印象与建筑物真实大小一致。一般用于住宅、学校、旅馆、商店等大量性民用建筑。

② 夸张的尺度。运用夸张手法给人以超过真实大小的尺度感,使人感觉建筑物雄伟、壮观。常用于纪念性建筑和一些大型的公共建筑。

③ 亲切的尺度。以较小的尺度获得小于真实的感觉,使人们获得亲切、舒适的感受。如小空间的庭院建筑和儿童建筑等。

5.2 建筑体型组合

建筑体型及立面设计是建筑设计的一个重要组成部分。体型是指建筑物的轮廓形状,它反映了建筑物总的体量大小、组合方式以及比例尺度等。而立面是指建筑物的门窗组织、比例与尺度、入口及细部处理、装饰与色彩等。体型组合对建筑形象的总体效果具有重要的影响,是立面设计的先决条件。立面设计则是对建筑物体型的进一步深化。在设计中应将二者作为一个有机的整体统一考虑,才能获得完美的建筑形象。民用建筑类别繁多,体型和立面千变万化。尽管不同类型的建筑在体型和立面的处理上有各自不同的特点和方法,但基本的构图原则是一致的。在设计过程中,应充分考虑建筑功能、材料和结构等制约因素,运用前面所讲的构图法则,从体型入手,逐步深入每个立面,进行反复推敲,不断修改,使体型和立面相协调,达到完美统一。

5.2.1 建筑体型的组合

一般来说,在体型组合上无论什么建筑类型都可分为单一体型、单元组合体型和复杂组合体型。

(1)单一体型

单一体型是将复杂的内部空间组合到一个完整的体型中去。外观各面基本等高,没有明显的主次关系,平面形式多采用对称式的正方形、三角形、圆形、矩形、多边形、风车形、Y形等单一几何形状,给人以统一、完整、简洁大方、轮廓鲜明和印象强烈的感觉。这种体型设计方法是建筑造型设计中常用的方法之一,特别是高层建筑,简单、规整的体型有利于结构布置。对于有复杂功能要求的单一体型,可以合理地、有效地加以简化,把多种不同用途的大小房间巧妙地连接成为一个有机的整体,组合到一个完整的体型中去,形成一种相互依存、相互制约的关系,从而表现出一种明确的秩序感。如图5-16所示。

图5-16 单一体型实例

(2)单元组合体型

单元组合体型是将几个独立体量的单元按一定方式组合起来。住宅、学校、医院等常采用单元组合方式。这种组合体型非常灵活,可以结合基地大小、形状、朝向、道路走向、地形变化,增加或减少建筑单元,高低错落,既可形成简单的"一"字形体型,也可形成锯齿形、台阶式体型。组合单元的连续重复,使建筑外形呈现出强烈的韵律感。同时,由于这种连续重复,使建筑物没有明显的均衡中心及体型的主从关系,所以要求单元本身具有良好的造型。如图 5-17 所示为按单元组合的住宅。

图 5-17　单元式住宅体型组合

(3)复杂组合体型

复杂体型是由两个以上的体量组合而成的,体型丰富,更适用于建筑规模大且功能关系比较复杂的建筑物。由于复杂体型存在着多个体量,因此必然存在着体量与体量之间相互协调与统一的问题。设计复杂体型既要考虑合理的功能要求,也要兼顾美观的建筑外形。在组合中应着重注意以下几方面的问题。

① 体型组合的主从关系。根据功能要求将建筑物分为主体和附体。进行组合时应将各部分巧妙地组合起来,突出主体,主从分明[如图 5-18(a)所示]。

② 体型组合的对比与变化。运用体量的大小、形状、方向、高低、曲直、色彩等方面的对比,突出重点,形成有组织、有秩序、不杂乱的完整统一体型,在组合过程中,应注意不能脱离内部功能的合理性[如图 5-18(b)所示]。

(a)

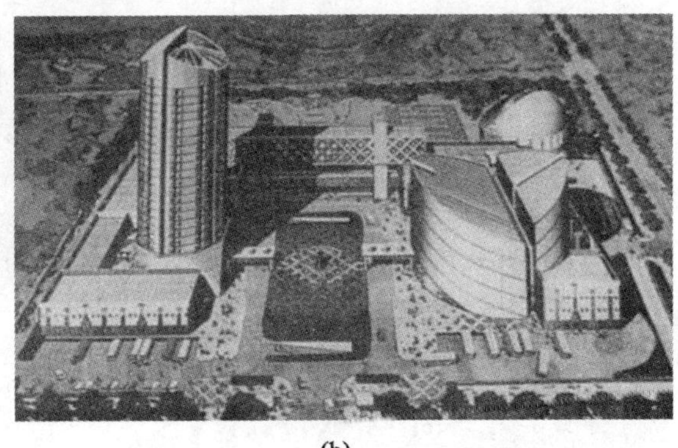

(b)

图 5-18　复杂体型组合实例

5.2.2 体型的转折与转角处理

体型的组合往往受到所处的地形和位置的影响，如在十字路口、丁字路口或任意转角的地带布置建筑物时，必须对建筑物进行体型的转折或转角处理，以创造与地形环境相协调的建筑形象及环境景观。

结合地形巧妙地进行转折与转角处理，不仅可以增加组合的灵活性，还可使建筑物显得更加完整统一。转折主要是指建筑物顺道路或地形的变化作曲折变化，形成简洁流畅、自然大方、完整统一的外观形象。转角地带的建筑体型常采用主附体结合、主从分明的方式，也可采取局部体量升高以形成塔楼的形式，以塔楼控制整个建筑物及周围道路，使道路交叉口和主要入口更加醒目。如图 5-19 所示。

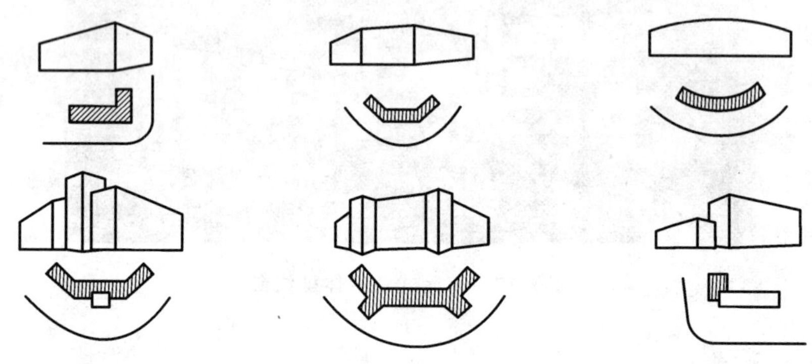

图 5-19 体型的转折与转角

5.2.3 体量的联系与交接

由不同大小、高低、形状、方向的体量组合而成的复杂建筑体型，其各个体量之间的连接将直接影响到建筑功能和建筑结构的合理性。组合设计中常采用以下几种连接方式。

① 直接连接。在体型组合中将不同体量的面直接相连为直接连接。这种方式具有体型分明、简洁、整体性强的优点，常用于功能要求各房间联系紧密的建筑，如图 5-20(a)所示。

② 咬接。咬接各体量之间相互穿插，体型较复杂，但组合紧凑，整体性强，较直接连接易于获得有机整体的效果，是组合设计中较为常用的一种方式，如图 5-20(b)所示。

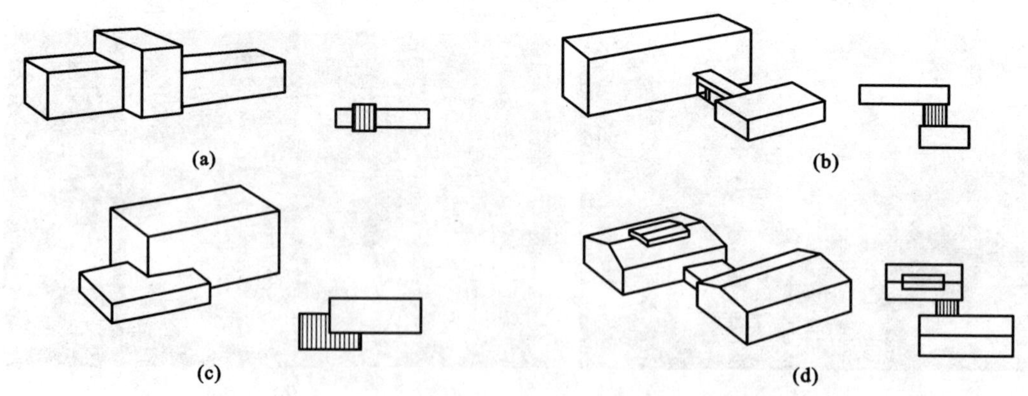

图 5-20 复杂体型各种体量之间的连接方式

(a) 直接连接；(b) 以走廊连接；(c) 咬接；(d) 以连接体相连

③ 以走廊或连接体相连。这种方式的特点是各体量之间相对独立而又互相联系，走廊的开敞或封闭、单层或多层，常随不同功能、地区特点及创作意图而定，建筑给人以轻快、舒展的感觉，如图 5-20(c)、图 5-20(d)所示。

5.3　建筑立面设计

建筑的立面是建筑体型在各个方向上的平面形象，组成立面的各要素如门、窗、墙、柱、雨篷、屋顶、檐口、台基、勒脚、凹廊、阳台、线脚、花饰等，是由依赖于内部空间使用要求的建筑体型决定的。立面设计就是对立面的构图、细部的工艺和装饰进行恰当地处理，设计出与内部空间相协调统一的、富有表现力的建筑立面。

在立面设计中，要注意立面处理是对建筑空间造型的进一步深化，以及各个立面的相互协调和相邻立面的相互衔接，还必须考虑实际空间的效果，因为人们观赏建筑时并不是只观赏某一个立面，而要求的是一种透视效果。一般来说，影响建筑立面设计效果的有以下几个方面。

5.3.1　立面的比例与尺度

立面的比例和尺度的处理是与建筑功能、材料性能及结构类型分不开的。比例协调、尺度正确是使立面完整统一的重要因素。建筑物各构成要素的比例关系以及细部的尺度对整体造型影响很大，如果处理不好，即使整体比例很好，也无济于事。这就要求设计者借助于比例尺度的构图手法，恰当地加以运用，从而获得完美的建筑形象。立面设计常常通过门窗、细部等的尺度处理反映建筑物的真实大小。如图 5-21 所示为某办公建筑通过对门窗细部的精细划分，从而获得应有的尺度感。

图 5-21　某办公楼立面

5.3.2　立面的虚实与凹凸

立面的虚实、凹凸关系是对比处理当中常用的手法之一。“虚”是指立面上的通透部分，如门窗洞口、空廊、凹廊等，能给人以空透、开敞、轻盈的感觉；“实”是指立面上的实体部分，如墙面、柱面、屋顶、阳台、栏板等，能给人封闭、厚重、坚实的感觉。

以虚为主、虚多实少的处理手法能获得轻巧、开朗的效果，常用于商业建筑、高层建筑、剧院门厅、餐厅等建筑，如图 5-22(a)所示。

以实为主、实多虚少的处理手法能产生稳定、庄严、雄伟的效果。常用于纪念馆、博物馆等纪念性建筑及重要的公共建筑,如图 5-22(b)所示。

由于功能和构造的需要,建筑外立面常出现一些凹凸的部分,比如凸出的阳台、雨篷、挑檐、凸柱、突出的楼梯间等以及凹进的门洞、走廊等。通过建筑外立面凹凸关系的处理可以加强光影变化,增强建筑物的体积感,从而达到丰富立面的效果,如图 5-22(c)所示。

(a)

(b)

(c)

图 5-22　立面虚实、凹凸关系处理

(a)以虚为主;(b)以实为主;(c)立面凹凸处理

5.3.3　立面的线条处理

建筑立面上客观存在着各种方向、长度、粗细、曲直的线条,如柱、窗、窗间墙、窗台、勒脚、檐口等。任何线条本身都具有一种特殊的表现力和多种造型的功能。对这些线条的不同处理,会给人以不同的感受。如水平线条使人感到舒展、平静、亲切;垂直线条则给人挺拔、向上的气氛;斜线条具有动态的感觉;粗线条表现厚重、有力;细线条显得精致、柔和;直线表现刚强、坚定;曲线显得优雅、轻盈。建筑立面通过各种线条在位置、粗细、长短、方向、曲直、疏密、繁简、凹凸等方面的变化而形成千姿百态的优美形象。图 5-23 所示为水平线条、垂直线条在立面上的运用。

(a)

(b)

图 5-23　立面线条处理

(a) 立面垂直线条处理;(b) 立面水平线条处理

5.3.4 立面的色彩与质感

色彩与质感是材料的固有特性。一般建筑，主要是通过材料的不同以及色彩的变化使其相互衬托与对比来增强建筑的感染力。简而言之，不同的色彩给人的感受是不同的，如暖色调使人感到热烈、兴奋；冷色调使人感到宁静、平和；浅色给人明快清新的感觉；深色又使人感到稳重。不同的色彩还可以表现出不同的建筑性格、地方特点及民族风格。

建筑立面设计中，不同材料的质感处理也很重要。立面设计应充分利用材料质感的特性，巧妙处理，有机组合，有助于加强和丰富建筑的表现力。如金属材料表面令人有轻巧细腻之感，采用金属材料，会使建筑显得现代、生动而富有变化，突出了技术美感；粗糙的混凝土和毛石表面显得厚重坚实；而青砖则体现了一种原始的朴素。

5.3.5 立面的重点与细部处理

根据功能和造型需要，在建筑立面处理中，对局部位置（如建筑物主要出入口及楼梯间、建筑中心、商店橱窗等）进行重点处理，可以突出主体，打破单调感，同时也可以吸引人们的视线，起到"画龙点睛"的作用。建筑物重点处理的部位如下。

① 建筑物主要出入口及楼梯间是人流最多的部位，要求明显突出、易于寻找。为了吸引人们视线，引起人们的重视，常常对这些部位进行重点处理。

② 反映建筑性格的重要部位，如住宅阳台和凹廊、公共建筑的柱头和檐口等，宜进行重点处理，避免单调，使建筑统一中有变化，在变化中求统一。

③ 根据建筑造型的特点，重点表现有特征的部分，如体量中的转折和转角，立面的突出部分，以及车站的钟楼、商店橱窗、房屋檐口等（如图 5-24 所示）。

图 5-24　立面出入口、檐口强调处理

立面的细部主要是指窗台、墙面勒脚、阳台、檐口细部、栏杆、遮阳板、雨篷等线脚以及大门、门廊和必要的花饰，对这些部位做必要的加工和装饰，可以增强和丰富建筑立面的艺术效果。细部处理应服从整体要求，同时刻画不宜过于细腻。

本章小结

(1)建筑体型和立面设计的主要内容是研究建筑物整体关系、体量大小、体型组合、立面及细部处理等。

(2)建筑体型与立面设计应遵循以下原则:反映建筑功能要求和建筑类型特征,结合材料性能、结构构造和施工技术特点,适应基地环境和建筑规划的群体布置,掌握建筑标准和相应的经济指标,符合建筑造型和立面构图的规律。

(3)建筑体型的组合包括单一体型、组合体型等组合方式。

(4)体量的组合设计采用直接连接、咬接、以走廊或连接体相连等方式。

(5)建筑体型和立面设计应遵循统一与变化、均衡与稳定、对比、韵律与节奏、比例与尺度的构图法则。

(6)立面设计中应注意:立面比例尺度的处理,立面虚实与凹凸处理,立面的线条处理,立面的色彩与质感处理,立面的重点与细部处理。

【知识拓展——典型民用建筑体型和立面处理实例】

图5-25为中国科学院国家科学图书馆,整幢建筑基本上是一个比较完整的、简单的几何形体——长方体,给人以统一、完整、简洁大方、轮廓鲜明的感觉。其通过局部增加、削减、拼镶来丰富立面造型;通过异常宏大的出入口和挑出的屋面,达到夸张建筑尺寸的目的;立面竖向线条和檐口水平线条采用相同的比例,丰富立面的同时获得了统一的效果;通过墙、柱与空廊的对比,取得生动的光影效果,从而获得立体感和雕塑感;建筑外立面采用石材色彩和质感的材料,给人坚实、朴素而高贵的感觉。

图5-25 中国科学院国家科学图书馆

习题与思考题答案

习题与思考题

5-1 影响建筑体型及立面设计的因素有哪些?

5-2 建筑体型与立面设计应遵循哪些原则?

5-3　建筑体型组合有哪几种方式？各自的特点是什么？

5-4　建筑体量的联系与交接有哪几种方式？

5-5　简要说明建筑立面设计的处理方法。

参考文献

[1]　高远，张艳芳. 建筑构造与识图. 2版. 北京：中国建筑工业出版社，2008.

[2]　董黎. 房屋建筑学. 北京：高等教育出版社，2006.

[3]　钱坤，王若竹. 房屋建筑学(上：民用建筑). 北京：北京大学出版社，2009.

[4]　李必瑜，王雪松. 房屋建筑学. 3版. 武汉：武汉理工大学出版社，2006.

课程设计任务书

题目1 单元式多层住宅方案设计

(1)目的要求

通过建筑设计部分的理论学习,让学生进一步理解一般民用建筑的设计原理,初步掌握建筑设计的基本方法与步骤,训练和提高绘图能力。

(2)设计条件

① 本住宅位于城市居住小区内,具体地点自行拟定。

② 面积指标:平均每套建筑面积为70～120 m^2。

③ 套型及套型比由设计者自定。

④ 层数:5层。

⑤ 层高:3 m。

⑥ 结构类型:自定。

⑦ 房间组成及要求。

a. 居室:包括卧室和起居室。各居室间分区独立,不相互串通。其面积不宜小于下列规定:主卧室12 m^2,单人卧室9 m^2;起居室20 m^2。

b. 厨房:每户独用,房内设灶台、水池等。

c. 卫生间:每户独用,设坐便器、淋浴及洗脸盆。根据面积大小可设置双卫。

d. 阳台:每户生活阳台和服务阳台各一个。

(3)设计内容及深度要求

本设计按初步设计深度要求进行,绘制完成下列内容:

① 底层平面图;

② 标准层平面图;

③ 屋顶平面图;

④ 立面图2个,包括主要立面及侧立面;

⑤ 剖面图1个,要求必须剖到楼梯。

以上图纸均要求比例1∶100。

(4)设计方法与步骤

① 分析研究设计任务书,明确目的、要求及条件。

② 广泛查阅相关设计资料,参观已建成的住宅建筑,开阔思路。

③ 在学习参观的基础上,根据住宅各房间的功能要求及各房间的相互关系先进行平面组合设计。

④ 在进行平面组合时,要多思考,多尝试,多修改。

⑤ 在平面组合设计的基础上，进行立面和剖面设计。

⑥ 按建筑制图标准绘制各张图纸。

(5)参考书目

①《住宅建筑设计原理》教材。

②《房屋建筑学》教材。

③《民用建筑设计通则》(GB 50352—2005)。

④《住宅设计规范》(GB 50096—2011)。

题目2　学生公寓方案设计

(1)目的要求

通过建筑设计部分的理论学习，让学生进一步理解一般民用建筑的设计原理，初步掌握建筑设计的基本方法与步骤，训练和提高绘图能力。

(2)设计条件

① 建设地点：位于城市大学校园生活区。

② 建筑层数：6层。

③ 层高：自定。

④ 结构类型：自定。

⑤ 房间组成及要求。

a. 采用四人间设计，每套公寓在20～25 m^2，每层30套左右。

b. 每间公寓设卫生间及阳台。

c. 首层设值班室。

d. 每层设置保洁室。

(3)设计内容及深度要求

本设计按初步设计深度要求进行，绘制完成下列内容：

① 底层平面图；

② 标准层平面图；

③ 屋顶平面图；

④ 立面图2个，包括主要立面及侧立面；

⑤ 剖面图1个，要求必须剖到楼梯。

以上图纸均要求比例1∶100。

(4)设计方法与步骤

① 分析研究设计任务书，明确目的、要求及条件。

② 广泛查阅相关设计资料，参观已建成的学生公寓，开阔思路。

③ 在学习参观的基础上，对设计要求、具体条件及环境进行分析，找出各房间的相互关系及位置，进行平面组合设计，合理安排主入口及楼梯位置。

④ 根据平面设计和使用功能所需的层高进行剖面设计。

⑤ 运用建筑造型和立面构图的规律,结合平面、剖面的空间组合进行建筑立面设计。

⑥ 按建筑制图标准绘制各张图纸。

(5)参考书目

①《住宅建筑设计原理》教材。

②《房屋建筑学》教材。

③《民用建筑设计通则》(GB 50352—2005)。

④《住宅设计规范》(GB 50096—2011)。

⑤《公共建筑设计原理》教材。

中篇

民用建筑构造

6 民用建筑构造概述

【内容提要】

本章主要内容包括建筑物的构造组成及作用，建筑构造的影响因素，建筑构造设计的基本原则，建筑构造图的表达。本章的教学重点为建筑物的构造组成及作用，建筑构造图的表达。

【能力要求】

通过本章的学习，学生应了解建筑物的构造组成及作用，能在实际应用中认识建筑的六大构造。

重难点

建筑构造是一门研究建筑工程的综合性工程技术学科，其主要研究房屋建筑物各组成部分和各部分之间的构造方法和构造原理，它是建筑设计不可缺少的一部分，具有较强的实践性和综合性。剖开一个建筑物我们不难发现，它是由许多部分组成的，例如地基、墙体、楼地层、屋顶、门窗和楼梯等构件。建筑构件涉及建筑材料、建筑结构、建筑施工等有关知识。总的来说，建筑构造主要就组成建筑物的各种构件、部件、相互间的基本构成关系和相互联系的方式以及建造实现的可能性和使用周期中的安全性、实用性作较为详细的研究。

6.1 建筑构件的组成及作用

组成建筑物的部分，例如地基、墙体、楼地层、屋顶、门窗和楼梯等部分称为建筑构件或配件。因此，一栋建筑物一般由基础、墙(柱)体、楼地层、楼梯、门窗和屋顶六大主要构件组成，同时也包括散水、明沟、女儿墙、雨篷、阳台等其他次要构件组成，如图 6-1 所示。它们在建筑物不同部位起着各自不同的作用。

6.1.1 基础

基础是建筑底部与地基接触的承重构件，它承受建筑物上部的全部荷载，并把这些荷载传给地基，因此基础必须有足够的刚度、强度和稳定性，并能抵御外界各种有害的环境。

6.1.2 墙(柱)体

墙(柱)是建筑物的承重和围护构件。作为承重构件，它承受着建筑物屋顶或楼板层传来的荷载，并将这些荷载再传给基础；作为围护构件，

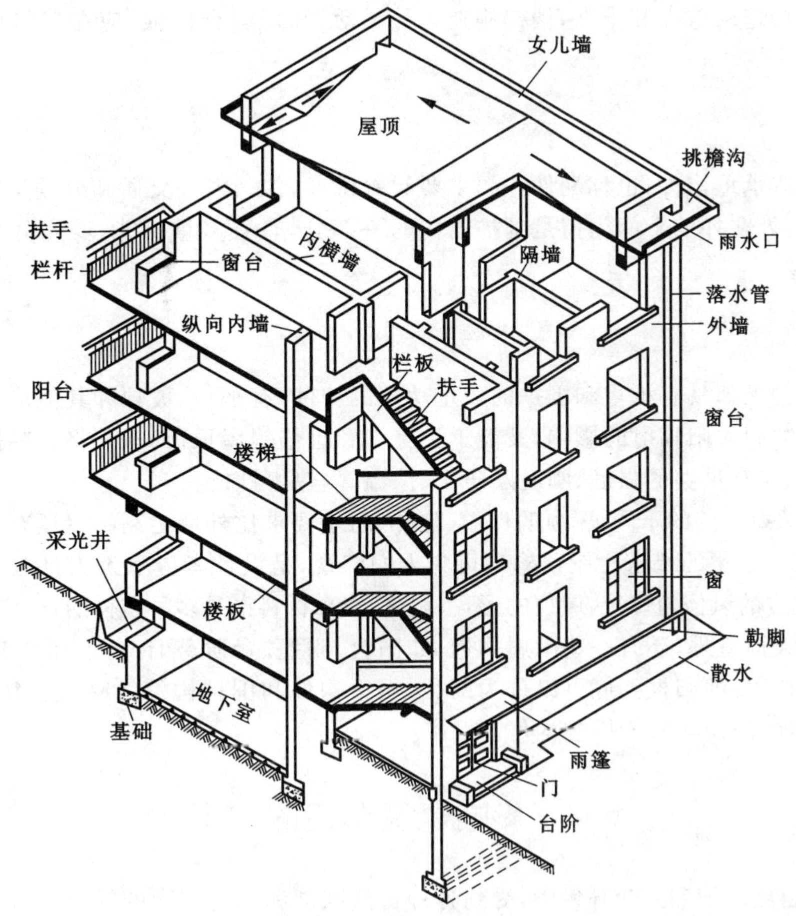

图 6-1 建筑构件的组成

外墙起着抵御自然界各种环境对室内危害的作用，内墙起着分隔空间和保证舒适环境的作用。在框架或排架结构中，柱起承重作用，墙只起围护结构。墙体要有足够的强度和稳定性，具有保温、隔热、隔声、防火、防水的能力。墙体的种类较多，有单一材料的墙体，也有复合材料的墙体。综合考虑围护、承重、节能、美观等因素，设计合理的墙体方案，是建筑构造的重要任务。

6.1.3 楼地层

楼地层是指楼板层和地坪层。建筑的使用面积主要体现在楼地层上，楼地层是底层房间与地基土层相接的构件，由结构层和外表面层组成，承受底层房间的荷载并具有耐磨、防潮、防水和保温等作用。

楼板是水平方向上的承重构件，并用来分隔楼层间的空间。它支撑着楼板上的人和家具设备的荷载，并将这些荷载传给墙或柱。因此楼板要具有足够的强度和刚度，同时还要求其具有隔声、防潮、防水的能力。

6.1.4 楼梯

楼梯是楼房建筑重要的垂直交通构件。楼梯有主楼梯、次楼梯、室内楼梯、室外楼梯等，其形式多样，功能不一。有些建筑物因为交通或舒适的需要安装了电梯或自动扶梯，但同时也必须有楼梯用作交通和防火疏散通路。作为楼梯，应该有足够的通行能力，防滑、防火并能保证其安全使用。

楼梯是建筑构造的重点和难点,楼梯构造设计灵活,知识综合性强,应在建筑设计及构造设计中予以高度重视。

6.1.5 门窗

门窗均属于非承重构件,也称配件。门主要起着供人出入、内外交通和分隔房间等作用。窗的作用是采光通风,处在外墙上的门窗是围护结构的一部分,有着多重功能,要充分考虑采光、通风、保温、隔热等问题。

6.1.6 屋顶

屋顶是建筑物顶部具有承重和围护的双重功能的构件,有平顶、坡顶和其他形式。屋顶既能抵抗风、雨、雪等侵蚀和太阳辐射的影响,又能承受施工和维修等屋顶荷载,并将这些荷载传给墙体或柱体。因此,屋顶应有足够的强度、刚度及防水、保温、隔热等性能。

由于受阳光照射角度的不同,屋顶的保温、隔热、防水要求比外墙更高。屋顶有不同程度的上人需求,有些屋顶还有绿化的要求。屋顶檐口可为人们仰视,是设计者应下工夫推敲构图的地方。另外,根据区域与地方的风俗与传统,屋顶的形式、坡度、修葺材料也是多种多样的,也应特别予以重视。

除了以上六大构造外,还有一些附属构造,如阳台、雨篷、台阶、烟囱等。组成建筑物的各部分构造起着不同的作用,但归根到底可以分为两类:承重构件和围护构件。墙、柱、基础、楼板等属于承重构件;墙、屋顶、门窗等属于围护构件。

6.2 影响建筑构造的因素

建筑物处于自然环境和人为环境中,受到各种自然因素和人为因素的影响。为了提高建筑物的使用年限,在建筑物设计中要充分考虑各种因素。影响建筑构造的因素有很多,大体有如下几个方面。

6.2.1 荷载因素的影响

作用在建筑物上的荷载有恒荷载(如结构自重等)和活荷载(如人群、家具使用荷载和雨雪自然荷载等),垂直荷载和水平荷载(如风荷载、地震作用等),在确定建筑物构造方案时,必须考虑荷载因素的影响。

6.2.2 环境因素的影响

环境因素包括自然因素和人为因素。我国地理位置及环境不同,气候条件差异较大。自然因素的影响是指风吹、日晒、雨淋、积雪、冰冻、地下水、地震等因素给建筑物带来的影响。为了防止自然因素对建筑物的破坏,在构造设计时,必须采用相应的防潮、防水、保温、隔热、防温度变形、防震等构造措施。人为因素的影响是指火灾、噪声、化学腐蚀、机械摩擦与振动等因素对建筑物的影响。

在构造设计时,针对相应的荷载必须采用相应的防护措施,如防潮、防水、防声隔热、防震等构造措施,以防止建筑物受损害。

6.2.3 技术因素的影响

技术因素的影响是指建筑材料、建筑结构、建筑施工方法等技术条件对于建筑物的设计与建造的影响。随着这些技术的发展与变化,建筑构造的做法也在改变。例如,随着建材工业的不断发展,已经有越来越多的新型材料出现,而且带来新的构造做法和相应的施工方法。作为脆性材料的玻璃,经过加工工艺的改良以及采用新型高分子材料作为胶合剂做成夹层玻璃,其安全性能和力学、机械性能等都得到大幅度的提高,不但使得可使用的单块块材面积有了较大增加,而且也大大简化了连接工艺。若用玻璃来做楼梯栏板,过去一定要先安装金属立杆再通过这些杆件来固定玻璃,现在可以先安装玻璃栏板,再用玻璃栏板来固定金属扶手。同样,结构体系的发展对建筑构造的影响更大。因此,建筑构造不能脱离一定的建筑技术条件而存在,它们之间的关系是互相促进、共同发展的。

6.2.4 建筑标准的影响

建筑标准一般包括造价标准、装修标准、设备标准等方面。标准高的建筑耐久等级高,装修质量好,设备齐全,档次较高,但是造价也相对较高,反之则较低。不难看出,建筑构造方案的选择与建筑标准密切相关。一般情况下,大量性民用建筑多属于一般标准的建筑,构造做法也多为常规做法。而大型公共建筑,标准要求较高,构造做法复杂,对美观方面的考虑比较多。

6.2.5 有关法律法规及政策的影响

建筑类法规和规范是我国建筑领域常用的标准表达形式。它是以建筑学、技术和实践经验综合成果为基础,经有关方面的认定,由国务院有关部委批准颁发,作为全国建筑领域共同遵守的准则和依据,以及设计人员在设计过程中必须遵守的各种规范、标准和方针政策。

6.3 建筑构造设计的基本原则

建筑构造设计的原则,一般包括如下几个方面。

6.3.1 满足建筑物的使用功能及变化的要求

满足使用者的要求,是建筑物建造的最初目的。建筑物的使用性质和所处环境对建筑构造的设计有着不同的要求。例如,北方地区要求建筑冬季保温,南方地区要求建筑能通风隔热,电影院有隔声等要求,总之构造设计时,必须满足建筑使用功能及变化的要求。

6.3.2 坚固实用

构造做法不能影响结构安全,阳台、栏杆、顶棚、门窗与墙体的连接以及抗震加固构件、配件的构造设计连接应坚固耐久,保证有足够的强度和刚度,并有足够的整体性,安全可靠,经久耐用。

6.3.3 技术先进

在确定构造做法时,应从材料、结构、施工等多方面引入先进技术,同时也需要注意因地制宜、就地取材、结合实际。

6.3.4 经济合理

各种构造设计均要注意提高建筑的综合效应,即经济、社会和环境的三个效益。在经济上既要降低造价、节省材料和能源消耗,还要降低正常运行、维护和管理的费用。在合理降低造价的同时,还必须保证工程质量,不能单纯追求效益而减少用料,降低质量标准。

6.3.5 美观大方

建筑的形象除了取决于建筑设计中的体型组合和立面处理外,一些细节构造设计对整体美观也有很大影响。因此,建筑要做到美观大方,必须通过一定的技术手段(例如造型、尺度、质感、色彩等方案)来实现。

6.3.6 适应建筑工业化的需要

为了提高建设速度、改善劳动强度,保证施工质量,在进行建筑构造设计时,应大力改进传统的建筑方式,从材料、结构、施工等方面引进先进技术,采用标准设计和定型构件,并注意因地制宜,为构配件的生产工业化、现场施工机械化创造有利条件,适应建筑工业化的需要。

总之,构造设计是建筑设计的重要组成部分,在建筑构造设计时,应考虑建筑功能、坚固耐用、技术先进、经济合理、美观大方、工业化需要等原则。

6.4 建筑构造图的表达

建筑构造设计用建筑构造详图表达。详图又称大样图或节点大样图,根据具体情况可选用1∶20、1∶10、1∶5、1∶2,甚至1∶1的比例。详图是建筑剖面图、平面图或立面图的一部分,因此建筑详图要从其剖切部位引出。详图要有明确的索引方法,且能表明建筑材料及其作用、厚度、做法等。

6.4.1 定位轴线及编号

定位轴线是房屋建筑设计和施工中定位、放线的重要依据。凡承重的墙、柱子、大梁、屋架等构件,都要画出定位轴线并对轴线进行编号,以确定其位置。对于非承重的分隔墙、次要构件等,有时用附加轴线(分轴线)表示其位置,也可注明它们与附近轴线的相关尺寸以确定其位置。定位轴线应用细单点长画线绘制,轴线末端画细实线圆圈,直径为8～10 mm。定位轴线圆的圆心应在定位轴线的延长线或延长线的折线上,且圆内应注写轴线编号,如图6-2所示。

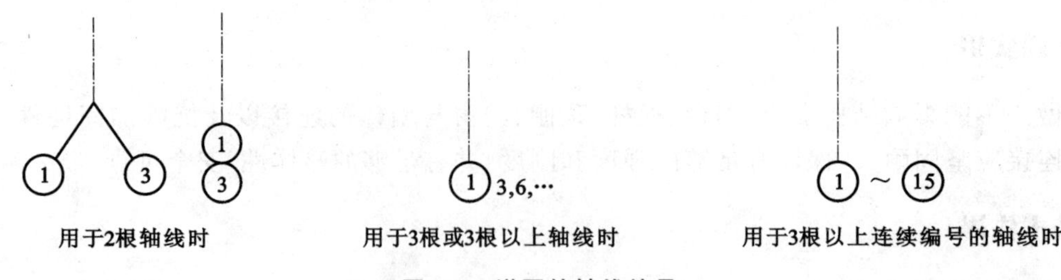

图6-2 详图的轴线编号

6.4.2 详图的索引方法

为了便于查阅详图,在平面图、立面图、剖面图中某些需要绘制详图的位置应注明详图的编号和详图所在图纸的编号,这种符号称为索引符号。索引符号的引出线以细实线绘制,宜采用水平方向线或水平方向成35°、45°、60°、90°角的直线,再转成水平方向的直线。文字说明应在水平线的上方或端部,引出线应对准索引符号的圆心,如图6-3所示。

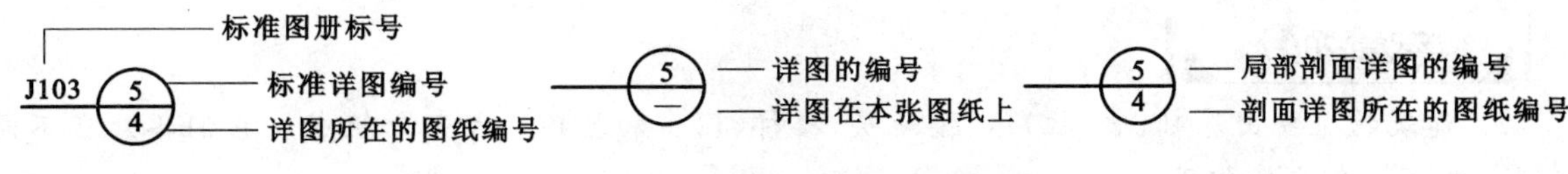

图 6-3　详图的索引符号

6.4.3　详图符号表示

在详图中应注明详图的编号和被索引的详图所在图纸的编号，这种符号称为详图符号，如图 6-4 所示。

图 6-4　详图符号

将索引符号和详图符号联系起来，就可以顺利的查找详图，以便施工。

6.4.4　建筑构件的尺寸

为了保证建筑物、配件的安装与有关尺寸的相互协调，在建筑模数的协调中把尺寸分为标志尺寸、构造尺寸和实际尺寸三种。

① 标志尺寸。标志尺寸符合模数数列规定，用以标注建筑物定位线（轴线）之间的垂直距离，如开间、柱距、进深、跨度、层高等，以及建筑构配件、建筑制品及有关设备位置界线之间的尺寸，是应用最广泛的房屋构造的定位尺寸。

② 构造尺寸。构造尺寸是建筑制品、建筑构配件、建筑组合件的设计尺寸。构造尺寸小于或大于标志尺寸。一般情况下，构造尺寸加上预留的缝隙尺寸或减去必要的支撑尺寸等于标志尺寸。缝隙尺寸的大小应符合模数数列的规定。

标志尺寸与构造尺寸之间的关系如图 6-5 所示。

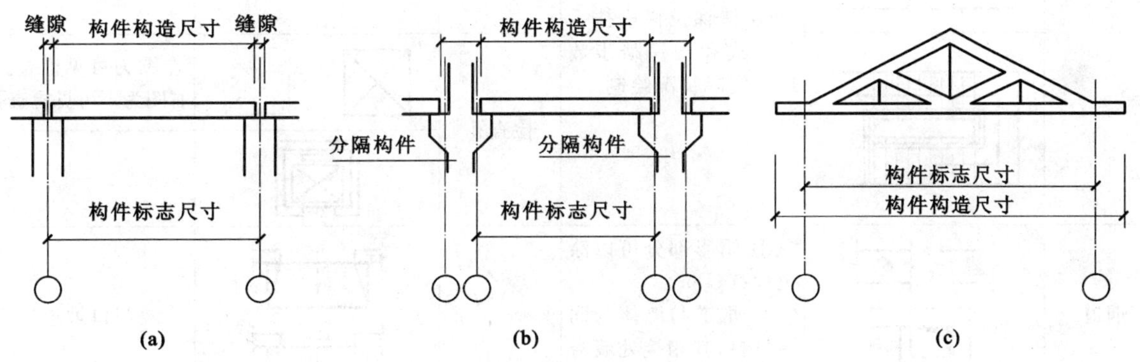

图 6-5　构造尺寸与标志尺寸的关系

（a）标志尺寸大于构造尺寸；（b）有分隔构件连接时举例；（c）构造尺寸大于标志尺寸

③ 实际尺寸是建筑制品、建筑构配件的实有尺寸。实际尺寸与构造尺寸的差值数为允许的建筑公差数值（公差是允许误差的变化范围）。

本章小结

(1) 建筑物主要由基础、墙(柱)体、楼地层、楼梯、门窗和屋顶六大部分组成。它们各处在不同的部位,发挥着各自的作用。

(2) 建筑物建成后,它的使用质量和耐久性受到各种因素的检验,影响建筑构造的因素包括荷载因素、环境因素、技术因素等各种因素的制约。

(3) 建筑构造设计的原则主要有满足建筑使用功能及变化的要求、有利于结构安全、适应建筑工业化的需要。

(4) 建筑构造图的表达包括定位轴线及编号、建筑详图索引、建筑构造尺寸。

【知识拓展——建筑制图标准之构造及配件图例】

由于平面图一般采用1∶50、1∶100、1∶200的比例绘制,各层平面图中的楼梯、门窗、卫生设备等都不能按照实际形状画出,均采用国家标准规定的图例来表示,而相应的具体构造用较大比例的详图表达。国家标准中常用的建筑构造及配件图例见表6-1。

表6-1　**构造及配件图例**

名称	图例	说明	名称	图例	说明
墙体		—	墙预留洞	宽×高或φ 底(顶或中心)标高	—
楼梯	上	① 上图为底层楼梯平面图,中图为中间层楼梯平面图,下图为顶层楼梯平面图; ② 楼梯及栏杆扶手的形式和楼梯踏步数应按实际情况绘制	坑槽		—
	下 上		孔洞		—
	下		检查孔		左图为可见检查孔 右图为不可见检查孔
					—
烟道		① 阴影部分可以涂色代替; ② 烟道与墙体为同一材料,其相接处墙身线应断开	坡道	下 下	门口坡道
通风道		通风道与墙体为同一材料,其相接处墙身线应断开		下	长坡道

续表

名称	图例	说明	名称	图例	说明
单层固定窗	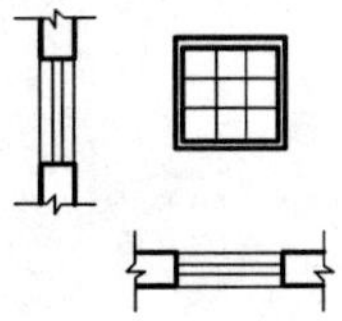	① 窗立面图中的斜线实线为外开，虚线为内开；开启方向线交角的一侧为安装合页的一侧； ② 图例中，剖面图所示左侧为外、右侧为内，平面图所示下为外、上为内； ③ 平、剖面图上的虚线仅说明开启方向，在设计中可不表示；立面形式应按实际绘制	推拉窗	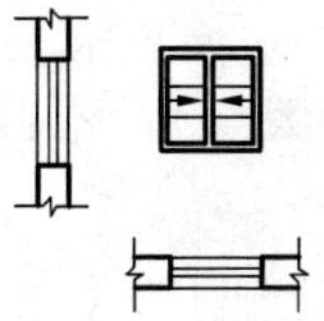	同前
单层外开上悬窗	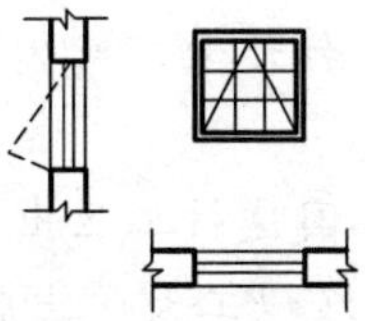		单层内开下悬窗	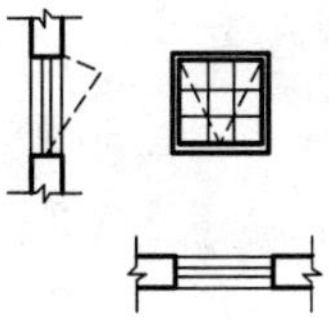	
单层内开平开窗	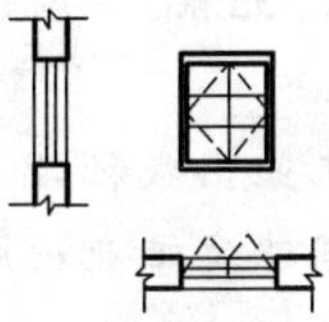		单层外开平开窗	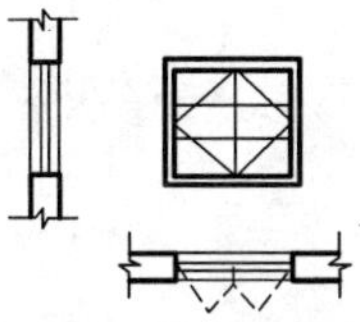	
单扇门（包括平开或单面弹簧）	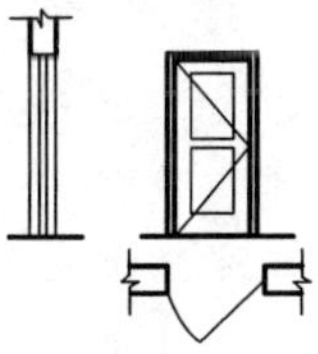	① 立面图中的斜线表示门的开启方式，实线为外开，虚线为内开；开启方向线交角的一侧为安装合页的一侧； ② 图例中，剖面图所示左侧为外、右侧为内，平面图所示下为外、上为内； ③ 立面图上的开启线在一般设计中可不表示，在详图及室内装饰设计图上应绘出，并按实际的立面形式绘出	双扇门（包括平开或单面弹簧）	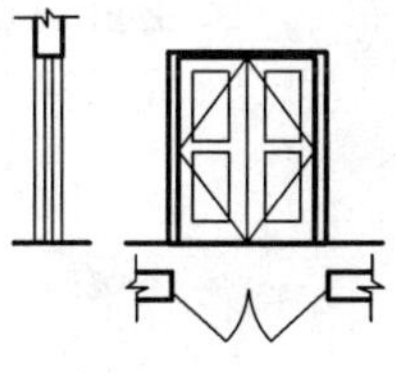	同前
单扇双面弹簧	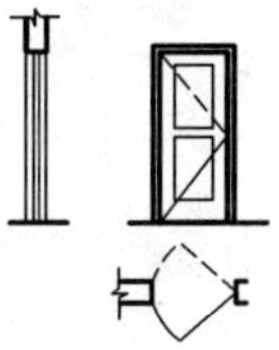		双扇双面弹簧	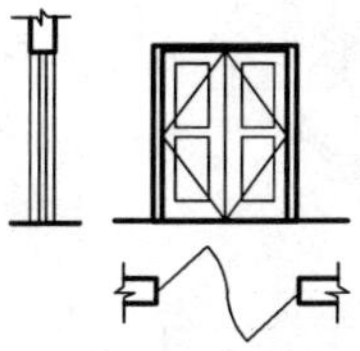	
墙中单扇推拉门	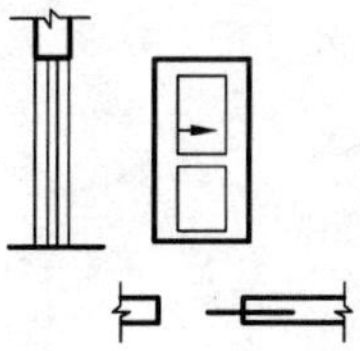		自动门	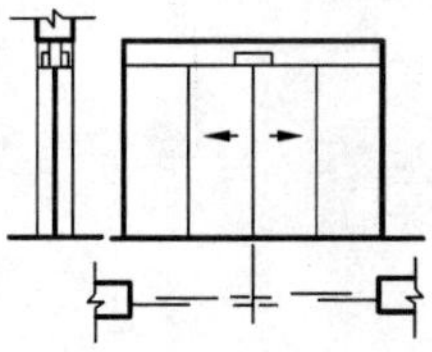	
转门	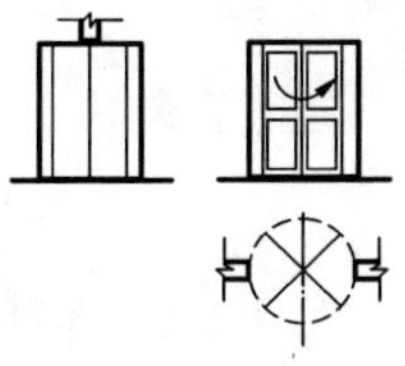	—	竖向卷帘门	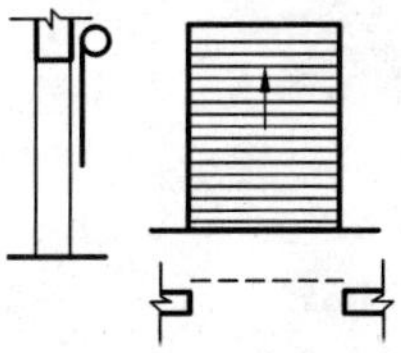	

习题与思考题

习题与思考题答案

6-1　建筑物的基本组成有哪些？主要作用是什么？

6-2　影响建筑构造的主要因素是什么？

6-3　建筑构造设计应遵循哪些原则？

参考文献

[1]　同济大学，西安建筑科技大学，东南大学，等. 房屋建筑学. 4 版. 北京：中国建筑工业出版社，2006.

[2]　林涛，彭朝晖. 房屋建筑学. 北京：中国建材工业出版社，2011.

[3]　舒秋华. 房屋建筑学. 4 版. 武汉：武汉理工大学出版社，2011.

[4]　高远，张艳芳. 建筑构造与识图. 2 版. 北京：中国建筑工业出版社，2008.

[5]　孙玉红. 房屋建筑构造. 北京：机械工业出版社，2003.

[6]　陈保胜. 建筑构造资料集. 北京：中国建筑工业出版社，1994.

[7]　中国建筑工业出版社. 现行建筑设计规范大全. 北京：中国建筑工业出版社，2009.

7 基础和地下室

【内容提要】

本章主要内容包括地基与基础的概念及设计要求，基础埋置深度的概念，影响基础埋置深度的因素，基础的分类与构造形式，地下室的防水构造。本章的教学重点为基础的埋深及其影响因素和地下室的防水构造。

【能力要求】

通过本章的学习，学生应掌握基础设计的相关知识，熟悉地下室防水构造做法。

重难点

7.1 概　　述

7.1.1 基础和地基的基本概念

在建筑工程上，把建筑物与土壤直接接触的部分称为基础。基础是建筑物的组成部分，它承受着建筑物上部结构传递下来的全部荷载，并把这些荷载连同本身的重量一起传到地基上。地基不是建筑物的组成部分，只是基础下方承受全部建筑荷载的土层。其中，直接承受建筑荷载的土层称为持力层，持力层以下的土层称为下卧层，如图 7-1 所示。

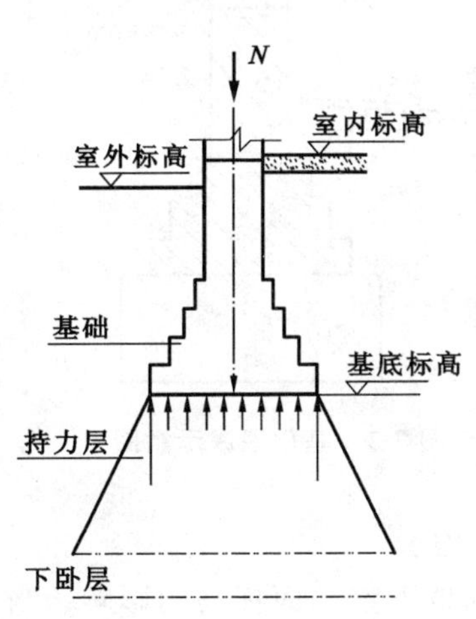

图 7-1　基础剖面图

7.1.2 地基土的分类

岩石与土视频

地基按土层性质不同，分为天然地基和人工地基两大类。

凡天然土层本身具有足够的承载力，不需经过人工加固，便可直接在其上建造房屋的称为天然地基。当建筑物上部荷载较大或天然土层本身的承载力较弱时，要先对天然土层进行人工加固，才能承受建筑物荷载的地基称为人工地基。常用的地基处理方法有压实法、换土法、打桩法和化学加固法等。

7.1.3 基础与地基的设计要求

(1)基础应具有足够的强度、刚度和耐久性

基础是建筑物的重要组成部分,为保证安全、正常承担并传递建筑物的荷载,基础应具有足够的强度和刚度。由于基础是埋在地下的隐蔽工程,建成后检查和维修困难,因此,在选择基础材料和构造形式时,应考虑其耐久性与上部结构相适应。

(2)地基应具有足够的强度和稳定性要求

地基支承整个建筑的全部荷载,为保证建筑物的安全和正常使用,地基应具有足够的强度和稳定性。因为地基一旦发生强度破坏,后果往往是很严重的。对于地基的变形也要控制在允许范围内,如果地基变形过量,将导致建筑物倾斜、墙体开裂,从而影响建筑物的正常使用。

7.2 基础的埋置深度

7.2.1 基础的埋置深度

地基处理图

基础的埋置深度是指室外设计地面到基础底面的垂直距离,简称基础埋深,如图7-2所示。根据基础埋置深度的不同,基础可分为深基础、浅基础和不埋基础。一般情况下埋深大于或等于5 m的叫深基础;埋置深度在5 m以内的叫浅基础;不埋基础就是直接做在地表面上的基础。在满足地基稳定和变形要求的前提下,基础宜浅埋,当上层地基的承载力大于下层地基时,宜利用上层土做持力层。除岩石地基外,基础埋深不宜小于0.5 m。

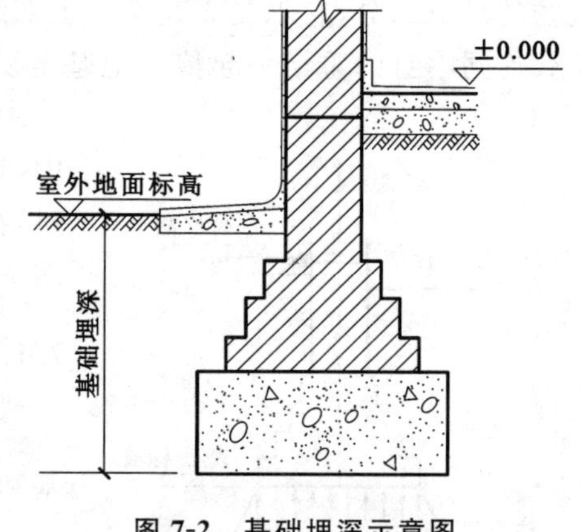

图7-2 基础埋深示意图

7.2.2 影响基础埋置深度的因素

影响基础埋置深度的因素主要有以下几点:

(1)建筑物的用途、有无地下室、设备基础和地下设施以及基础的形式和构造

建筑物设有地下室时,基础埋深要受到地下室地面标高的影响。当设计的工程是冷藏库或高温炉窑,其基础埋深应考虑热传导引起的地基土由于温度变化产生的不利影响。

(2)作用在地基上的荷载大小和性质

对于竖向荷载大,地震力和风力等水平荷载也大的高层建筑,其基础埋深应适当增加以满足稳定性的要求。

(3)工程地质和水文地质条件

基础必须建造在坚实可靠的土层上，不能设置在耕植土、淤泥土、杂填土等弱土层上。当地基上层土较好，下层土较软弱，基础宜浅埋；若地基的上层土软弱且较厚时，加大基础埋深不经济，可考虑人工加固处理。

地下水位的高低随季节而升降直接影响地基承载力。如黏性土遇水后因含水量增加体积膨胀，使土的承载力下降；而含有侵蚀性物质的地下水，会对基础产生腐蚀。因此，基础最好埋置在地下水位以上，当地下水位较高，基础不能埋置在地下水位以上时，宜将基础埋置在最低地下水位以下不小于 200 mm，如图 7-3 所示。

(4)相邻建筑物的基础埋深

当存在相邻建筑物时，新建建筑物的基础埋深不宜大于原有建筑的基础。当新建建筑物基础埋深大于原有建筑基础时，两基础间应保持一定净距，其数值应根据建筑荷载大小、基础形式和土质情况确定。一般两基础间的水平距离取基础底面高差的 1～2 倍，基础埋深与相邻基础的关系如图 7-4 所示。

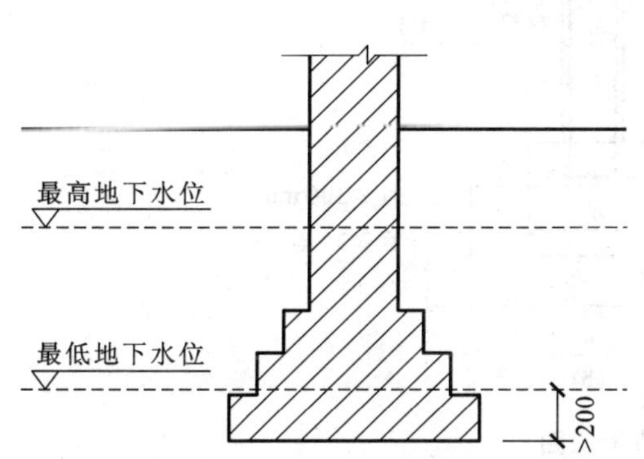

图 7-3 地下水位对基础埋深的影响

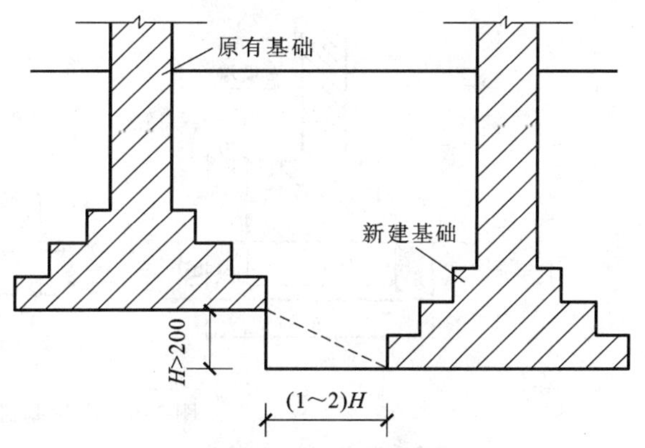

图 7-4 基础埋深与相邻基础的关系

(5)地基土冻融的影响

地面以下的冻结土与非冻结土的分界线称为冰冻线，冰冻线的深度称为冻结深度。土的冻结深度取决于当地的气候条件。季节性冻土是指一年内冻结与解冻交替出现的土层。冬季，土的冻胀力将基础向上拱起；春季，气温回升，土层解冻，基础又下沉。由于冻胀和融陷的不均匀性，建筑物会出现如墙身开裂、门窗变形等现象，甚至使建筑物遭到破坏。因此，一般要求将基础埋置在冰冻线以下 200 mm 处，如图 7-5 所示。

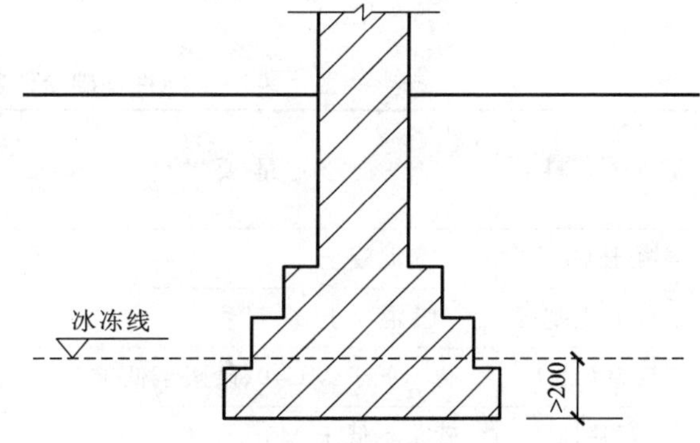

图 7-5 基础埋深与冰冻线的关系

7.3 基础类型

基础的类型较多，基础可按材料及受力特点、构造形式、埋置深度等进行分类。

7.3.1 按材料及受力特点分类

7.3.1.1 刚性基础

由刚性材料制作的基础称刚性基础，也称无筋扩展基础。刚性材料是指抗压性能好，抗拉、抗剪强度低的材料。在基础常用的材料中，砖、毛石、三合土、灰土、素混凝土均属于刚性材料。无筋扩展基础适用于多层民用建筑和轻型厂房的墙下条形基础或柱下独立基础。

从受力和传力角度考虑，由于土壤单位面积承载能力小，上部结构通过基础传递荷载给地基时，只有将基础底面积不断扩大，才能满足地基承载能力的要求。根据试验知，上部结构在基础中传递压力沿着一定角度分布的，这个传力角度称为压力分布角或刚性角，以 α 表示，如图 7-6 所示。由于刚性材料抗压能力强，抗拉、抗剪能力差，因此，压力分布角只能在材料的抗压范围内控制。如果基础底面宽度超过控制范围，基础因受拉而破坏。所以，刚性基础受刚性角的限制。不同材料基础的刚性角是不同的，通常砖砌基础的刚性角控制在 26°～33°，素混凝土基础的刚性角应控制在 45°以内，详见表 7-1。

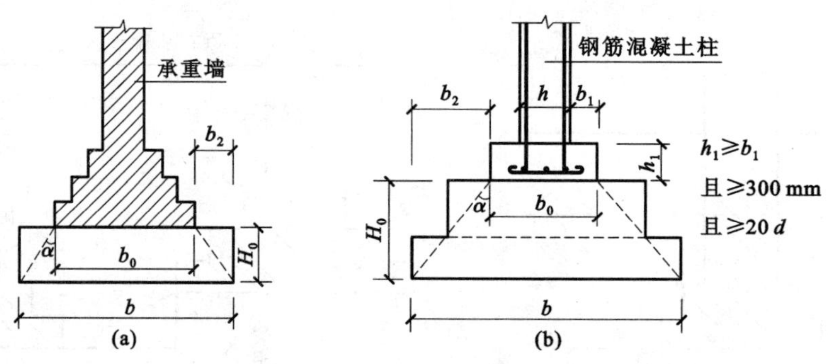

图 7-6 刚性基础的构造示意图

b——基础底面宽度；b_0——基础顶面的墙体宽度或柱脚宽度；H_0——基础高度；b_2——基础台阶宽度；$\tan\alpha$——基础台阶宽高比 b_2 : H_0，其允许值可按表 7-1 选用

表 7-3 **刚性基础台阶宽高比允许值**

基础材料	质量要求	台阶宽高比的允许值		
		$P_k \leqslant 100$	$100 < P_k \leqslant 200$	$200 < P_k \leqslant 300$
混凝土基础	C15 混凝土	1 : 1.00	1 : 1.00	1 : 1.25
毛石混凝土基础	C15 混凝土	1 : 1.00	1 : 1.25	1 : 1.50
砖基础	砖不低于 MU10、砂浆不低于 M5	1 : 1.50	1 : 1.50	1 : 1.50
毛石基础	砂浆不低于 M5	1 : 1.25	1 : 1.50	—
灰土基础	体积比为 3 : 7 或 2 : 8 的灰土，其最小干密度： 粉土 1.55 t/m³； 粉质黏土 1.50 t/m³； 黏土 1.45 t/m³	1 : 1.25	1 : 1.50	—

续表

基础材料	质量要求	台阶宽高比的允许值		
		$P_k \leqslant 100$	$100 < P_k \leqslant 200$	$200 < P_k \leqslant 300$
三合土基础	体积比为 1∶2∶4～1∶3∶6(石灰∶砂∶骨料)，每层约需铺220 mm，夯至 150 mm	1∶1.50	1∶2.00	—

注：1. P_k 为荷载效应标准组合基础底面处的平均压力值(kPa)；
2. 阶梯形毛石基础的每阶伸出宽度不宜大于 200 mm。

7.3.1.2　柔性基础

当建筑物荷载较大而地基承载能力较小时，由于基础底面宽度必须加宽，如果仍采用刚性材料，势必加大基础高度及埋深。这样，基础土方工程量加大，材料用量也会增加，因此很不经济，如图 7-7(a)所示。如果在混凝土基础的底部配置钢筋，利用混凝土承受压力，钢筋来承受拉力，使基础底部能够承受较大弯矩。这时，基础的宽度就不受刚性角限制，故将钢筋混凝土基础称为柔性基础，或非刚性基础如图 7-7(b)所示。

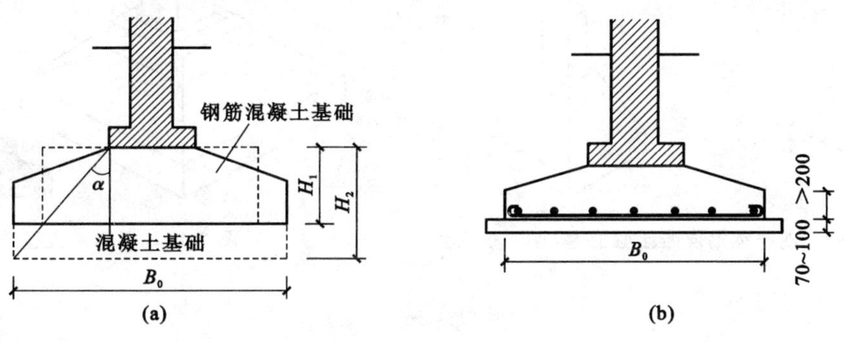

图 7-7　柔性基础

(a)混凝土与钢筋混凝土基础比较；(b)基础配筋情况

7.3.2　按构造形式分类

基础构造形式的确定应考虑建筑物上部结构形式、荷载大小及地基土质情况。一般情况下，上部结构形式直接决定基础的形式，但当上部荷载较大或地基土质情况有变化时，基础形式也随之变化。

7.3.2.1　条形基础

基础沿墙体连续设置成长条状称为条形基础，也称为带形基础，是墙体承重结构建筑基础的基本形式，如图 7-8 所示。

7.3.2.2　独立基础

当建筑物上部结构为框架结构或单层排架结构时，基础常采用独立基础。独立基础常用的断面形式有阶形、坡形等，图 7-9 所示。独立基础是柱下基础的基本形式，有现浇和预制之分，当采用预制柱时，独立基础做成杯口形，将柱子插入杯口并用细石混凝土嵌固，称为杯口独立基础，如图 7-10 所示。

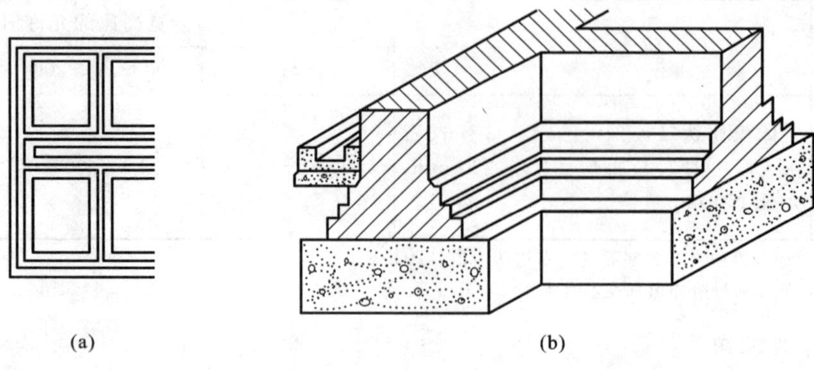

图 7-8 条形基础
(a)平面图;(b)示意图

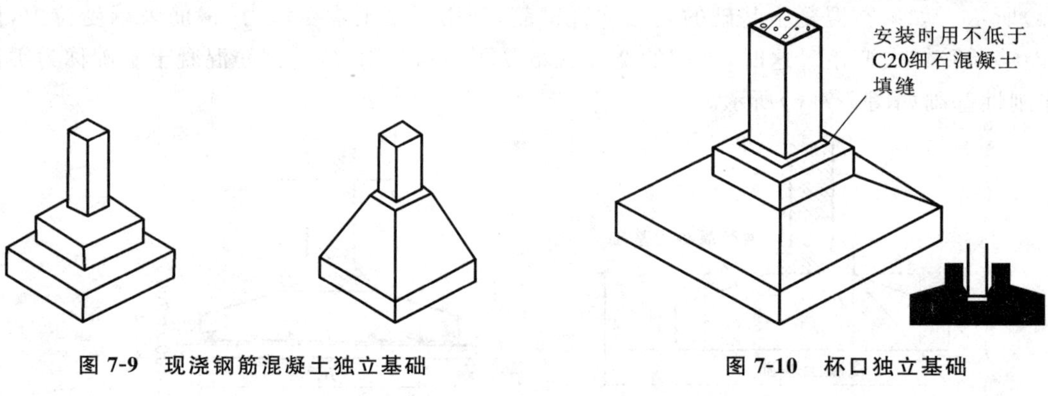

图 7-9 现浇钢筋混凝土独立基础

图 7-10 杯口独立基础

7.3.2.3 井格基础

当框架结构所处地基条件较差或上部荷载较大时,为了提高建筑物的整体刚度,以避免各柱子之间的不均匀沉降,常将柱下基础沿纵横方向连接起来,做成十字交叉的井格基础,如图 7-11 所示。

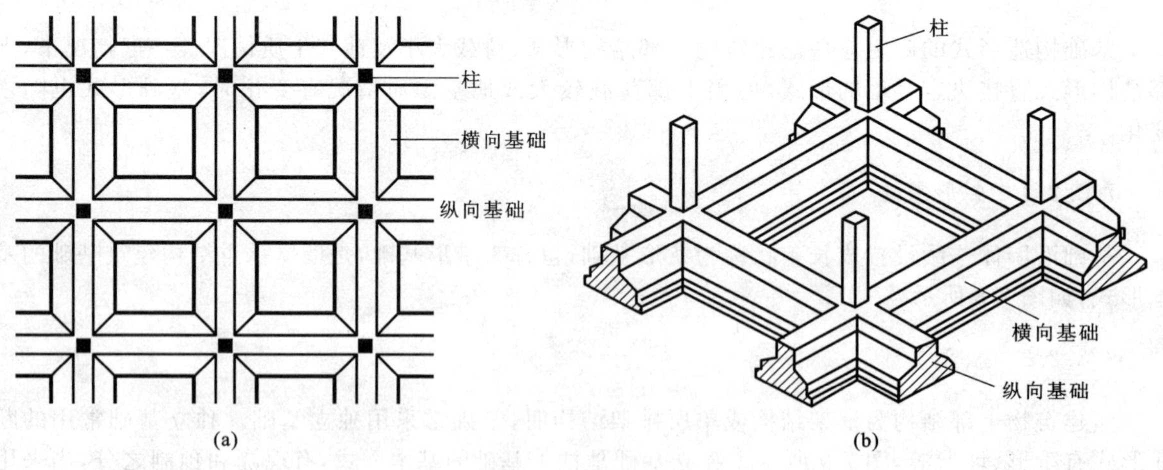

图 7-11 井格基础
(a)平面图;(b)示意图

7.3.2.4 筏板基础

当建筑物上部荷载较大，而地基土质较弱承载能力小，采用其他基础形式不能满足建筑物的整体刚度和地基变形要求时，通常将墙或柱下基础连成一片，形成筏板基础。筏板基础在构造上像倒置的钢筋混凝土楼盖，分为板式结构和梁板式结构两类，如图 7-12 所示。

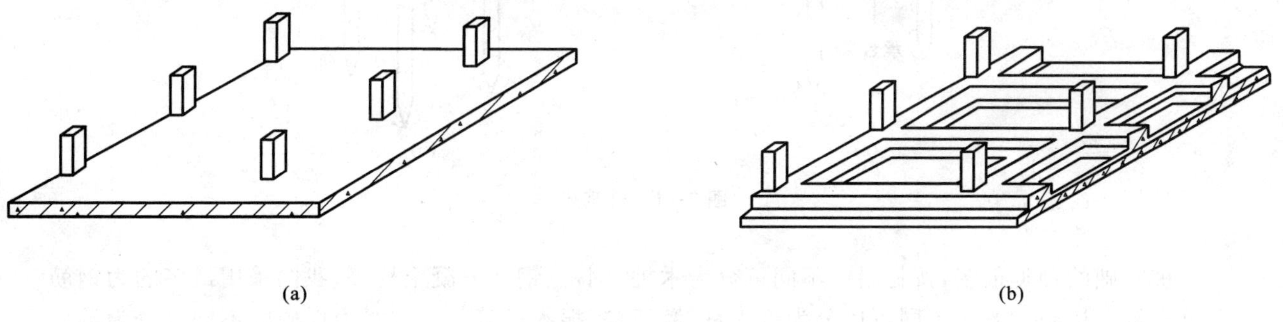

图 7-12 筏板基础

(a)板式；(b)梁板式

7.3.2.5 箱形基础

箱形基础是由钢筋混凝土顶板、底板和纵横墙板组成的，其中空部分可用作地下室或地下停车库。箱形基础的空间刚度大，整体性好，能抵抗地基的不均匀沉降，一般适用于高层建筑或软弱地基上荷载较大的建筑物，如图 7-13 所示。

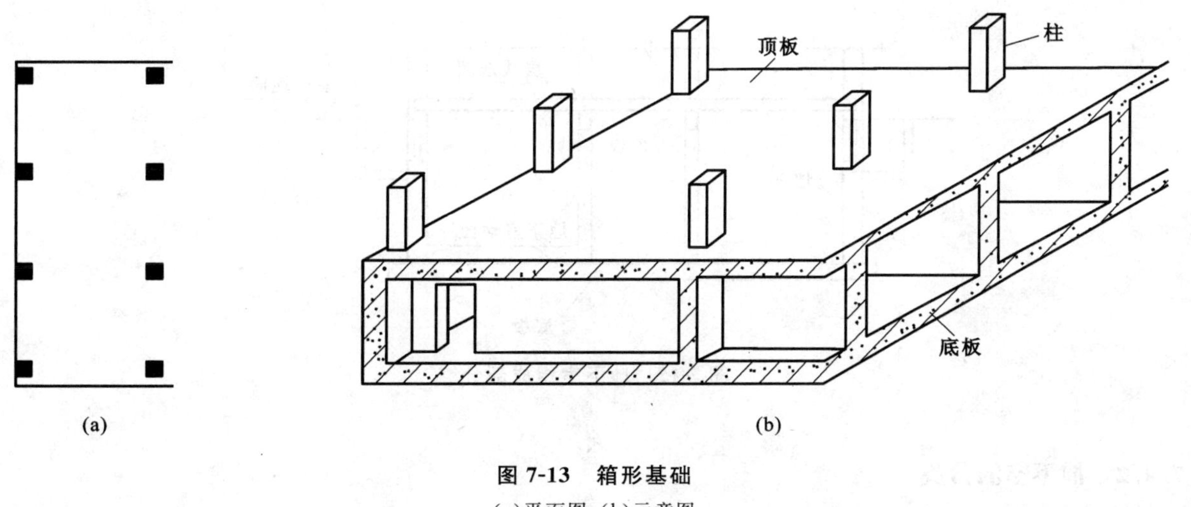

图 7-13 箱形基础

(a)平面图；(b)示意图

7.3.2.6 桩基础

当建筑物上部荷载较大，地基土的软弱土层较厚，地基承载力不能满足要求时，做人工地基处理困难或不经济时，常采用桩基础。桩基础由承台和桩柱组成，如图 7-14 所示。承台是在桩顶现浇的钢筋混凝土梁或板，将上部结构的荷载传给下部的桩柱，其中承台梁用于墙下，承台板用于柱下。

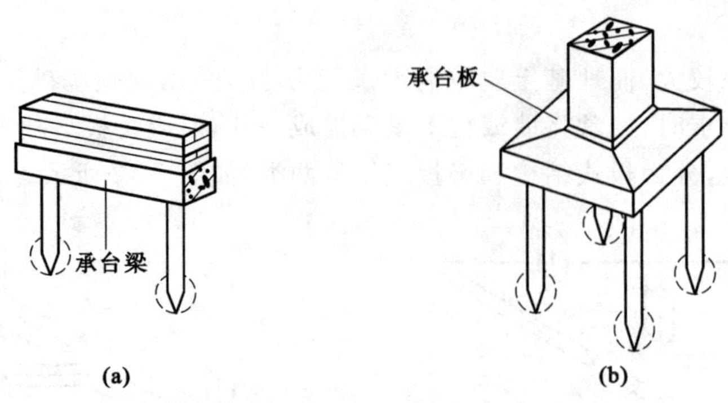

图 7-14　桩基础

桩基础的种类很多,按材料的不同可分为木桩、钢桩、钢筋混凝土桩等,我国采用最多的为钢筋混凝土桩。按施工方法不同可以分为打入桩、灌注桩、振入桩等。根据受力性质的不同又分为端承桩和摩擦桩。

7.4　地下室构造

7.4.1　地下室的组成

地下室一般由墙、底板、顶板、门窗、楼梯和采光井六个部分组成,如图 7-15 所示。

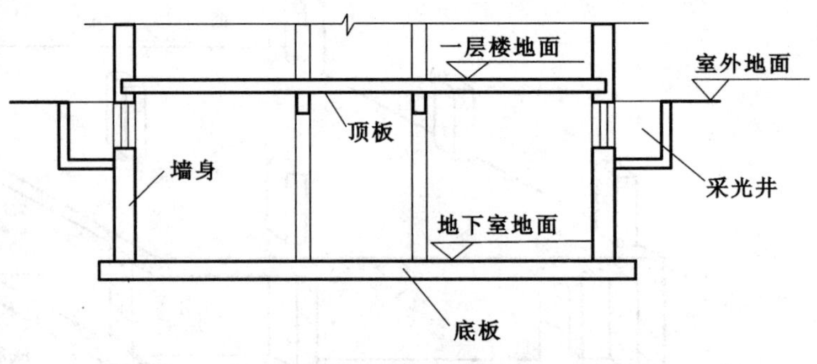

图 7-15　地下室组成部分

7.4.2　地下室的分类

(1)按使用功能不同分为普通地下室和人防地下室

普通地下室用作高层建筑的地下车库、设备用房的等;人防地下室用于战时情况下人员的隐蔽和疏散,并具备保障人身安全的各项技术措施。

(2)按地下室埋入地下深度可分为全地下室和半地下室(图 7-16)

全地下室是指地下室地面低于室外地坪的高度超过该房间净高的 1/2;半地下室是指地下室地面低于室外地坪的高度超过该房间净高的 1/3,但不超过净高的 1/2。

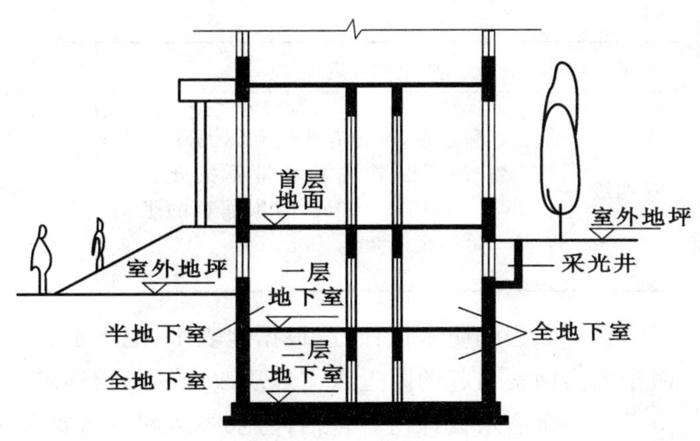

图 7-16　地下室类型示意图

7.4.3　地下室防水

地下室由于经常受到下渗地表水、土壤中的潮气和地下水的侵蚀，因此地下室的防水问题是设计中要解决的一个重要问题。如果防水工作处理不当，会导致内墙面生霉，抹灰脱落，影响地下室的使用和建筑物的耐久性。由于地下室埋置较深，不论地下水位的高度及变化情况，都统一做防水构造处理。

7.4.3.1　地下室防水的设计要求

地下工程应进行防水设计，并应做到定级准确、方案可靠、施工简便、耐久适用、经济合理。地下室防水工程分为四个等级，见表 7-2[摘自《地下工程防水技术规范》(GB 50108-2008)]。

表 7-2　地下防水工程等级标准

防水等级	防水标准	适用范围
一级	不允许渗水，结构表面无湿渍	人员长期停留的场所；因有少量湿渍会使物品变质、失效的贮物场所及严重影响设备正常运转和危及工程安全运营的部位；极重要的战备工程、地铁车站
二级	不允许漏水，结构表面可有少量湿渍； 工业与民用建筑：湿渍总面积不大于总防水面积的 1/1000；任意 100 m^2 防水面积上的湿渍不超过 2 处，单个湿渍的最大面积不大于 0.1 m^2； 其他地下工程：湿渍总面积不大于总防水面积的 2/1000，任意 100 m^2 防水面积上湿渍不超过 3 处，单个湿渍面积不大于 0.2 m^2；任意 100m^2 防水面积上的渗水量不大于 0.15 L/(m^2 · d)	人员经常活动的场所；在有少量湿渍情况下不会使物品变质、失效的贮物场所，以及基本不影响设备正常运转和工程安全运营的部位；重要的战备工程
三级	有少量漏水点，不得有线流和漏泥砂； 任意 100 m^2 防水面积上的漏水或湿渍点数不超过 7 处，单个漏水点的最大漏水量不大于 2.5 L/d，单个湿渍面积不大于 0.3 m^2	人员临时活动的场所；一般战备工程

续表

防水等级	防水标准	适用范围
四级	有漏水点,不得有线流和漏泥砂; 整个工程平均漏水量不大于 2L/(m^2·d),任意 $100m^2$ 防水面积的平均漏水量不大于 4 L//(m^2·d)	对渗漏水无严格要求的工程

地下工程的防水设计,应根据地表水、地下水、毛细管水等的作用,以及由于人为因素引起的附近水文地质改变的影响确定。

地下室防水设计内容包括:防水等级和设防要求;防水混凝土的抗渗等级和其他技术指标、质量保证措施;其他防水层选用的材料及其技术指标、质量保证措施;工程细部构造的防水措施,选用的材料及其技术指标、质量保证措施;工程的防排水系统、地面挡水、截水系统及工程各种洞口的防倒灌措施。

7.4.3.2 地下室防水做法

地下室防水做法根据材料的不同有各种卷材防水、防水混凝土防水、涂料防水、防水砂浆防水、膨润土防水材料防水等。地下工程的迎水面主体结构应采用防水混凝土,并应根据防水等级的要求采取其他防水措施。处于侵蚀性介质中的工程,应采用耐侵蚀的防水混凝土、防水砂浆、防水卷材或防水涂料等防水材料。结构刚度较差或受振动作用的工程,宜采用延伸率较大的卷材、涂料等柔性防水材料。防水等级越高,设防的要求也就越高,见表7-3。

表7-3 **明挖法地下工程主体工程防水设防要求**

防水等级 防水措施	一级	二级	三级	四级
防水混凝土	应选	应选	应选	宜选
防水卷材、防水涂料、防水砂浆、膨润土防水材料	应选一至二种	应选一种	宜选一种	—

(1)地下室卷材防水

地下室卷材防水图

卷材防水属于柔性防水,适用于经常处于地下水环境且受侵蚀性介质作用或受振动作用的地下工程。常用的卷材有高聚物改性沥青类防水卷材和合成高分子类防水卷材,见表7-4。卷材防水应铺设在地下室混凝土结构主体的迎水面上。铺设位置是自底板垫层至墙体防水设防高度的结构基面上,同时应在外围形成封闭的防水层。根据防水层铺设位置的不同分为外防水和内防水,见图7-17。

表 7-4 **卷材防水层的卷材品种**

类别	品种名称
高聚物改性沥青类防水卷材	弹性体改性沥青防水卷材
	改性沥青聚乙烯胎防水卷材
	自粘聚合物改性沥青防水卷材
合成高分子类防水卷材	三元乙丙橡胶防水卷材
	聚氯乙烯防水卷材
	聚乙烯丙纶复合防水卷材
	高分子自粘胶膜防水卷材

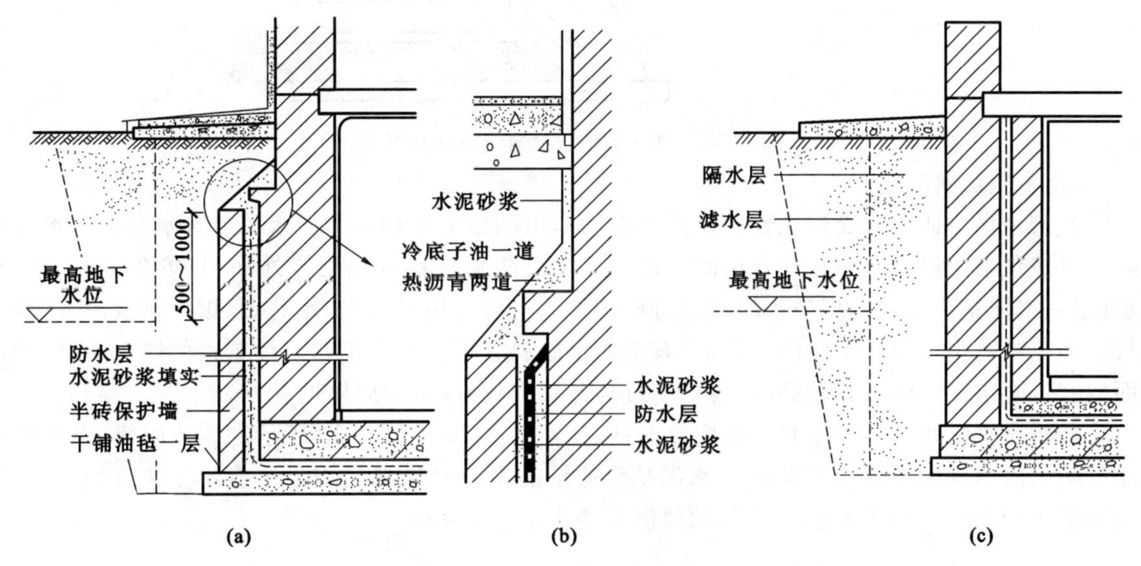

图 7-17 地下室卷材防水构造

(a)外防水;(b)墙身防水收头处理;(c)内防水

防水卷材施工前,基层应干净、干燥,并应涂刷基层处理剂;当基面潮湿时,应涂刷湿固化型胶粘剂或潮湿界面隔离剂。基层处理剂应与卷材及胶粘剂的材料相容,可采用喷涂或涂刷法施工,喷涂应均匀一致、不露底,待表面干燥后方可铺贴卷材。铺贴时应符合搭接要求。当铺贴双层卷材时,上下两层和相邻两幅卷材的接缝应错开 1/3～1/2 幅宽,且两层卷材不得相互垂直铺贴。

(2)防水混凝土防水

防水混凝土可通过调整配合比或掺入外加剂、掺合料等措施配置而成,其抗渗等级不得低于 P6。除满足抗渗等级要求外,还应根据地下工程所处的环境和工作条件,满足抗压、抗冻和抗侵蚀性等耐久性要求。防水混凝土不能用于环境温度高于 80 ℃的地下工程。其结构厚度不应小于 250 mm;裂缝宽度不得大于 0.2 mm,并不得贯通;钢筋保护层厚度应根据结构的耐久性和工程环境选用,迎水面钢筋保护层厚度不应小于 50 mm,如图 7-18 所示。

防水混凝土是依靠材料自身的憎水性和密实性来达到防水的目的,它既是承重和围护结构,又有可靠的防水性能。防水混凝土在现场浇筑时,应尽可能的少留施工缝。对于施工缝应进行防水处理,通常采用膨胀橡胶止水条填缝。

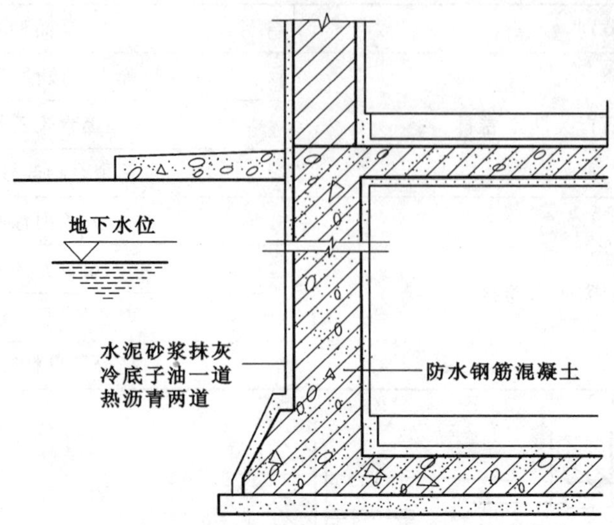

图 7-18 地下室防水混凝土防水构造

(3)地下室涂料防水

涂料防水做法适合于受侵蚀性介质或受振动作用的地下工程主体迎水面或背水面的防水。涂料防水层应包括无机防水涂料和有机防水涂料。无机防水涂料可选用掺外加剂、掺合料的水泥基防水涂料、水泥基渗透结晶型防水涂料。有机防水涂料可选用反应型、水乳型、聚合物水泥等涂料。无机防水涂料宜用于结构主体的背水面,有机防水涂料宜用于地下工程主体结构的迎水面,用于背水面的有机防水涂料应具有较高的抗渗性,且与基层有较好的的粘结性。

涂料防水做法有外防外涂和外防内涂两种,分别如图 7-19、图 7-20 所示。掺外加剂、掺合料的水泥基防水涂料厚度不得小于 3 mm,水泥基渗透结晶型防水涂料的用量不应小于 1.5 kg/m^2,且厚度不应小于 1.0 mm;有机防水涂料的厚度不得小于 1.2 mm。

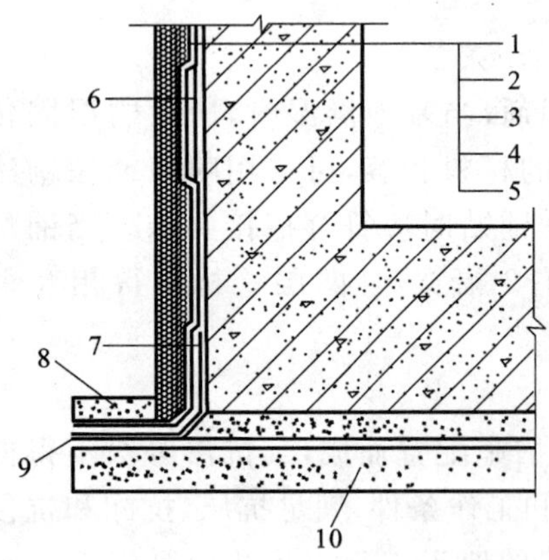

图 7-19 防水涂料外防外涂构造

1—保护膜;2—砂浆保护层;3—涂料防水层;
4—砂浆找平层;5—结构墙体;6—涂料防水层加强层;
7—涂料防水加强层;8—涂料;
9—涂料防水层搭接部位;10—混凝土垫层

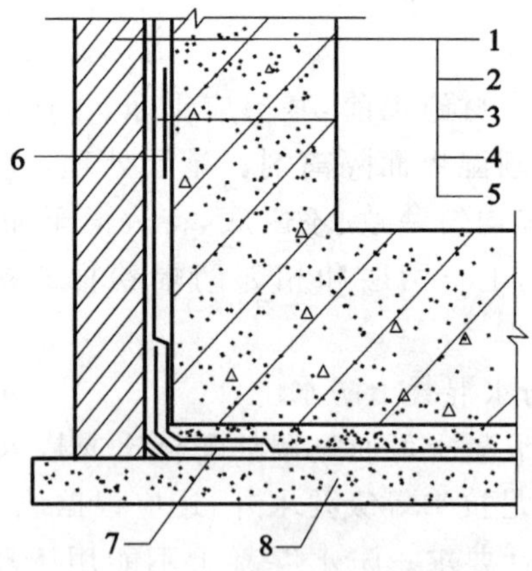

图 7-20 防水涂料外防内涂构造

1—保护墙;2—涂料保护层;3—涂料防水层;
4—找平层;5—结构墙体;6—涂料防水层加强层;
7—涂料防水加强层;8—混凝土垫层

本章小结

(1)基础是建筑物的组成部分,它承受着建筑物上部结构传递下来的全部荷载,并把荷载连传到地基上。而地基不是建筑物的组成部分,只是基础下方承受全部建筑荷载的土层。

(2)基础的埋置深度是指室外设计地面到基础底面的垂直距离,简称基础埋深。影响基础埋置深度的因素主要有建筑物的用途、作用在地基上的荷载大小和性质、工程地质和水文地质条件、相邻建筑的影响以及地基土冻融的影响。

(3)基础按材料及受力特点分为刚性基础和柔性基础;按构造形式分为条形基础、独立基础、井格基础、筏板基础、箱形基础以及桩基础等。

(4)地下室按按使用功能不同分为普通地下室和人防地下室;按地下室埋入地下深度可分为全地下室和半地下室。

(5)地下室一般由墙、底板、顶板、门窗、楼梯和采光井六部分组成。

(6)地下室防水做法主要有卷材防水、防水混凝土、涂料防水等。

【知识拓展——膨润土防水材料】

膨润土防水材料包括膨润土防水毯和膨润土防水板及其配套材料。膨润防水毯是一种防渗漏的土工合成材料,是由高膨胀性的钠基膨润土填充在特制的复合土工布和无纺布之间,用针刺法制成的膨润土防渗垫。膨润土颗粒遇水时在垫内形成均匀高密度的胶状防水层,能有效的防止水的渗漏。地下室防水采用膨润土防水材料防水层时,应用于 pH 值为 4～10 的地下环境,含盐量较高的地下环境应采用经过改性处理的膨润土,并应经检测合格后使用。膨润土防水毯的织面应与结构外表面或底板垫层混凝土密贴;膨润土防水板的膨润土面应与结构外表面或底板垫层密贴。

习题与思考题

7-1　地基与基础的概念及区别是什么?

7-2　基础埋深的概念及影响基础埋深的主要因素分别是什么?

7-3　常用的结构形式与基础类型的关系是什么?

7-4　刚性材料基础的特点是什么?

7-5　地下室防水工程采用的防水措施是什么?

7-6　地下室三种防水类型的适用环境情况分别是怎样的?

习题与思考题答案

参考文献

[1]　中国建筑科学研究院.建筑地基基础设计规范(GB 50007—2011).北京:中国建筑工业出版社,2012.

[2]　中国建筑科学研究院.建筑地基处理技术规范(JGJ 79—2012).北京:中国建筑工业出版社,2013.

[3] 同济大学,西安建筑科技大学,东南大学,等.房屋建筑学.4 版.北京:中国建筑工业出版社,2006.

[4] 中国建筑标准设计研究院.住宅建筑构造(11J 930).北京:中国计划出版社,2011.

[5] 中国建筑科学研究院.住宅建筑规范(GB 50386—2005).北京:中国建筑工业出版社,2006.

[6] 中国建筑科学研究院.地下工程防水技术规范 (GB50108-2008)北京:中国计划出版社,2009.

8 墙　体

【内容提要】

本章主要内容包括墙体的类型及设计要求，墙体结构布置和隔墙构造，块材墙构造要点和常用的墙面装修做法。本章的教学重点为墙体的类型及设计要求、块材墙构造要点。

【能力要求】

通过本章的学习，学生应了解墙体的类型及设计要求，能在实际应用中进行墙体大样设计。

重难点

墙体是建筑物重要的竖向联系组成部分，主要起着结构承重、围护和分隔空间的作用，同时还具有保温、隔热、隔声等功能。传统建筑墙体以砖石砌筑为主，维护作用和结构承重合二为一，墙体既起到自承重同时也承受荷载，因此建筑形态受到一定的制约；现代建筑以框架体系为主，维护部位与承重结构相分离，墙体只承受围护作用，而承重作用由框架承担，因此建筑形态的布置更加灵活。总之在建筑设计中，墙体材料和构造方法的选择将直接影响房屋的质量和造价，因此合理地选择墙体构造十分重要。

8.1　概　　述

8.1.1　墙体的分类

8.1.1.1　按墙体建造材料的不同

墙体按建造材料的不同，可分为土墙、石墙、砖墙、砌块墙、混凝土墙以及其他用轻型材料制作的墙体。土墙便于就地取材，是造价低廉的地方性墙体，有夯土墙和土坯墙等，目前已较少采用；石墙在产石地区应用较多，有很好的经济效益，但有一定的局限性；砖是我国最传统的墙体材料，由于黏土材料占用农田，砖材料的来源受到限制，因此我国已提出限制使用实心黏土砖的规定；砌块是利用混凝土、工业废料或地方材料制成的人造材料，如普通混凝土小型空心砌块、轻骨料混凝土小型空心砌块、加气混凝土砌块、硅酸盐砌块及利用各种工业废渣、粉煤灰、煤矸石等制成的无熟料水泥煤渣混凝土砌块和蒸汽养护粉煤灰硅酸盐砌块等，属于新型墙材，是墙体材料改革的方向；混凝土墙可现浇、预制，在多、高层建筑中应用较多。

8.1.1.2 按墙体所在位置的不同

墙体按所在平面上位置的不同,可分为内墙和外墙两类。外墙位于房屋的四周,主要起维护作用,又称外围护墙;内墙位于房屋的内部,主要起分隔空间的作用。根据墙与窗的位置关系,在一面墙上,窗与窗之间的墙体称为窗间墙,窗洞下部的墙称为窗下墙,突出屋顶部分的矮墙称为女儿墙。

8.1.1.3 按墙体布置方向的不同

墙体按本身布置方向的不同,可分为纵墙和横墙。沿建筑物短轴方向布置的墙体称为横墙,有内横墙和外横墙之分,外横墙又称为山墙;沿建筑物长轴方向布置的墙体称为纵墙,有内纵墙和外纵墙之分,如图8-1所示。

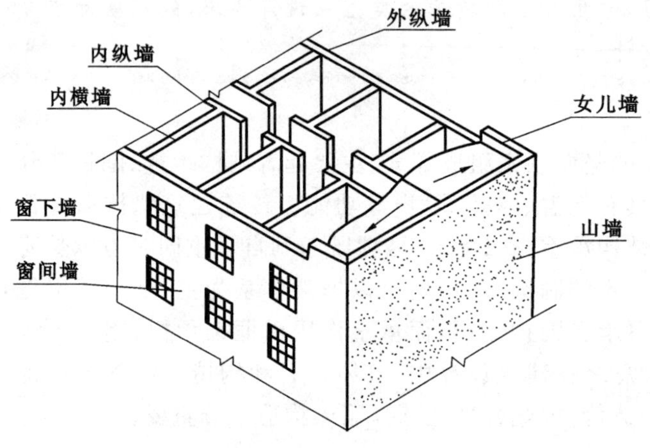

图8-1 墙体各部分名称

8.1.1.4 按墙体受力特点不同

墙体按结构受力情况分承重墙和非承重墙。承重墙直接承受楼板、屋顶等传下的荷载;非承重墙不承受外来荷载。非承重墙又分为自承重墙和隔墙。自承重墙不承受外来荷载,但承受自身重量。隔墙仅起分隔房间的作用,自身重量由楼板或梁来承担,如图8-2所示。

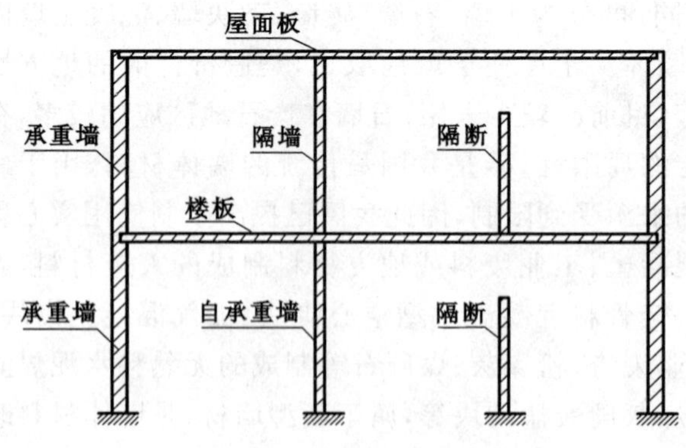

图8-2 墙体按受力特点分

8.1.1.5 按墙体构造方式不同

墙体按构造方式可以分为实体墙、空体墙和组合墙三种。实体墙由单一材料组成,如土墙、石墙、砖墙等。空体墙可由单一材料砌成内部空腔,如空斗砖墙;也可用具有孔洞的材料建造墙,如空心砌块墙等。组合墙由两种以上材料组合而成,如混凝土墙、加气混凝土墙。

8.1.1.6 按墙体施工方法不同

墙体按施工方法可分为块材墙、板筑墙和板材墙三种。块材墙是指用砂浆等胶结材料将砖石块材等组砌而成的墙体,如砖墙、石墙及各种砌块墙等。板筑墙是在现场立模板,现浇而成的墙体,如现浇混凝土墙等。板材墙是预先制成墙板,施工时在现场安装而成的墙,如预制混凝土大板墙、各种轻质条板内隔墙等。

8.1.2 墙体的设计要求

8.1.2.1 强度和稳定性

墙体的强度是指墙体承受最大荷载的能力,它与墙体所用的材料、墙体尺寸、墙体构造和施工方式有关。稳定性与墙体的高度、长度和厚度有关。高度和长度是相对建筑物的层高、开间或进深尺寸而言的。当墙体的长度和宽度一定时,可通过加大墙体的厚度,增设墙垛、圈梁等方法来增强稳定性。

8.1.2.2 保温、隔热等热工方面

作为围护结构的外墙,热工要求显得十分重要。寒冷地区要求外墙具有良好的保温能力,以减少室内热量的损失。同时应防止在维护结构内出现凝结水现象,当达不到保温能力后,可通过提高构件的热阻来满足保温要求,如增加外墙厚度或选择导热系数小的墙体材料。炎热地区外墙应有一定的通风隔热能力,以防室内过热。

8.1.2.3 隔声要求

墙体作为建筑的围护结构,为了保证建筑室内的使用要求,必须要有一定的隔声能力。不同类型的建筑具有不同的噪音控制标准。墙体一般采取以下措施控制噪声:增加墙体密实性及厚度,避免噪声穿透墙体及墙体振动;采用多孔性材料的夹层墙,提高墙体的减振和吸音能力;充分利用垂直绿化降噪。

8.1.2.4 防火要求

墙体材料和墙身厚度应符合防火规范中相应的燃烧性能和耐火极限的规定。有些建筑还应按防火规范要求设置防火墙,防止火灾蔓延。

8.1.2.5 适应工业化生产的需要

逐步改革以黏土砖为主的墙体材料,使墙体适应新的墙体材料,是建筑工业化的主要内容,它可为生产工业化和施工机械化创造条件,从而大大降低劳动强度,并提高施工速度。

8.2 砌体墙构造

砌块一般是指用水泥、石灰、石膏等胶结材料，与砂石、煤渣等骨料混合，经原料处理加压或冲击振动成型，再以干或湿热养护而制成的砌墙块材，具有生产简单，砌筑效率高，整体刚度和抗震性能较好等优点。

砌体材料图

8.2.1 常用砌体材料及规格

砌体墙所用材料分为块材和黏结材料两部分。

8.2.1.1 块材的类型及规格

砌体墙中常用的砌体有砖和砌块。

(1) 砖

砖的种类很多，按所用原材料不同可分为黏土砖、页岩砖、煤矸石砖、粉煤灰砖、灰砂砖和炉渣砖等；按生产工艺可分为烧结砖和非烧结砖，其中非烧结砖又可分为压制砖、蒸养砖和蒸压砖等。

① 烧结普通砖。

烧结普通砖是指以黏土、页岩、煤矸石或粉煤灰为原料，经成型、干燥、焙烧而成的无孔洞或孔洞率小于 15%的实心砖，分为烧结黏土砖、烧结页岩砖、烧结煤矸石砖、烧结粉煤灰砖等。

烧结普通砖既要有一定的强度，又要有较好的隔热、隔声性能，冬季室内墙面才不会出现结露现象，且价格低廉。虽然不断出现各种新的墙体材料，但烧结砖在今后一段时间内，仍会作为一种主要材料用于砌筑工程中。

烧结普通黏土砖全国统一标准尺寸，即 240 mm×115 mm×53 mm，砖的长、宽、厚之比为 4∶2∶1，如图 8-3 所示。这与现行的模数制不协调。砖的等级强度以抗压强度划分为六个级别：MU30、MU25、MU20、MU15、MU10、MU7.5。

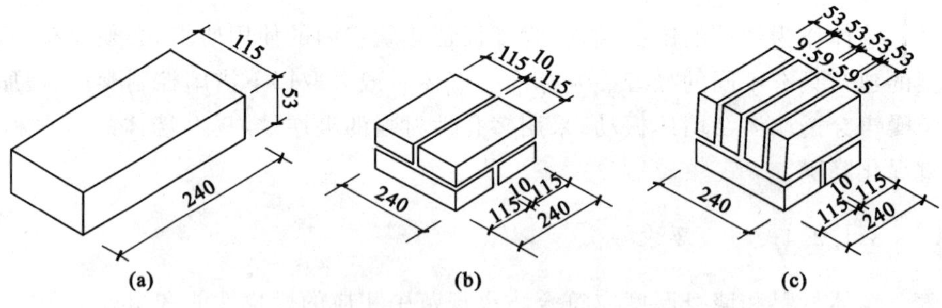

图 8-3 普通实心砖的尺寸

② 烧结多孔砖、空心砖。

烧结普通砖有自重大、体积小、生产能耗高、施工效率低等缺点，用烧结多孔砖和烧结空心砖代替烧结普通砖，可使建筑物自重减轻 30%左右，节约黏土 20%～30%，节省燃料 10%～20%，墙体施工功效提高 40%，并改善砖的隔热隔声性能。因此，推广使用多孔砖和空心砖是加快我国墙体材料改革，促进墙体材料工业技术进步的重要措施之一。

烧结多孔砖是以黏土、页岩或煤矸石为主要原料烧制而成的孔洞率超过25%，孔洞尺寸小而多，且为竖向孔的多孔砖。砖使用时孔洞方向平行于受力方向；多孔砖尺寸规格分为190 mm×190 mm×90 mm(M型)和240 mm×115 mm×90 mm(P型)两种，如图8-4(a)所示。烧结多孔砖主要用于6层以下建筑物的承重墙体。烧结多孔砖的强度等级分为MU30、MU25、MU20、MU15、MU10五个强度等级。

烧结空心砖是以黏土、页岩或煤矸石为主要原料烧制而成的孔洞率大于30%，孔尺寸大而少，且为水平孔的空心砖。空心砖规格尺寸较多，如190 mm×190 mm×90 mm和240 mm×180 mm×115 mm等，如图8-4(b)所示。烧结空心砖自重较轻，强度较低，多用于非承重墙，如多层建筑的内隔墙或框架结构的填充墙等。

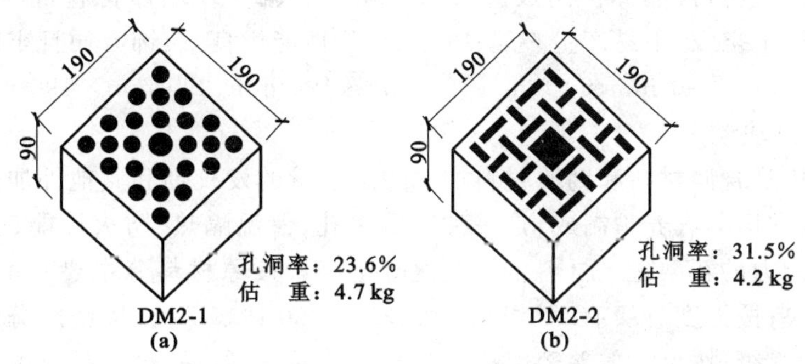

图8-4　烧结多孔砖和空心砖

(a) 烧结多孔砖；(b) 烧结空心砖

③ 蒸养(压)砖。

蒸压灰砂砖是用石灰和砂为主要原料，经坯料制备、压制成型、蒸汽养护而成的实心砖，简称灰砂砖。

蒸压灰砂砖与烧结普通砖相比耐久性较差，因此不宜用于防潮层以下的勒脚、基础及高温、有酸性侵蚀的砌体中。蒸压灰砂砖的强度等级分为MU25、MU20、MU15、MU10四个强度等级。

蒸压粉煤灰砖是以粉煤灰、石灰为主要原料，掺加适量的石膏和集料，经坯料制备、压制成型、高压蒸汽养护而成的实心砖，简称粉煤灰砖。粉煤灰砖的强度等级分为MU20、MU15、MU10、MU7.5四个强度等级。

(2) 砌块

砌块根据材料不同有普通混凝土小型空心砌块、轻集料混凝土小型空心砌块、粉煤灰小型空心砌块、蒸汽加气混凝土砌块、免蒸加气混凝土砌块(又称环保轻质混凝土砌块)和石膏砌块等。

砌块按尺寸和质量的大小不同分为小型砌块、中型砌块和大型砌块。砌块系列中主规格的高度为115～380 mm的称作小型砌块，高度为380～980 mm的称为中型砌块，高度大于980 mm的称为大型砌块，使用中以中小型砌块居多。外形尺寸多为190 mm×190 mm×390 mm，辅助砌块尺寸为90 mm×190 mm×190 mm和190 mm×190 mm×190 mm，每块的质量在20 kg以内，适用于人工搬运和砌筑，施工方法与砖混结构相同。

砌块按外观形状可以分为实心砌块和空心砌块。空心砌块有单排方孔、单排圆孔和多排扁孔三种形式，其中多排扁孔对保温较有利。如图8-5所示。

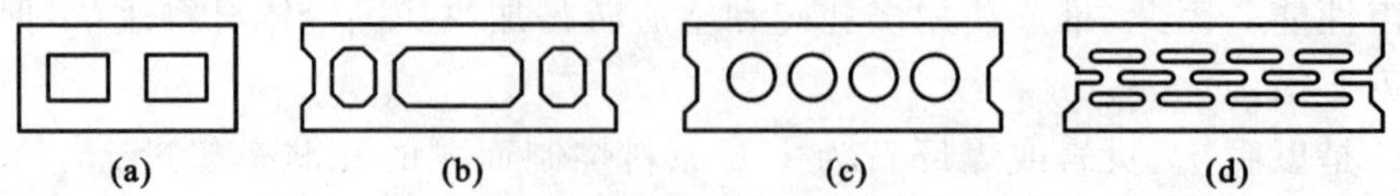

图 8-5　空心砌块砖类型

(a)、(b) 单排方孔;(c) 单排圆孔;(d) 多排扁孔

① 硅酸盐砌块。

硅酸盐砌块是利用工业废料材料,经过加工处理而制成的,强度比实心砖低。这种砌块的好处是,综合利用了废料,节约能源和土地并改善了环境。砌块的规格有390 mm×190 mm×190 mm、290 mm×190 mm×190 mm、190 mm×190 mm×190 mm、90 mm×190 mm×190 mm。

② 陶粒混凝土空心砌块。

陶粒混凝土空心砌块是以陶粒为粗骨料,以陶砂加其他工业废料为细骨料,以水泥为胶凝材料,经机械搅拌,机械成型,自然养护而成。采用陶粒空心砌块作墙体材料,能降低工人的劳动强度,省工省料,且粉刷不空鼓,不易产生裂缝;隔音、隔热性能优良,装饰方便且牢固度高。常见的规格有190 mm×190 mm×190 mm、90 mm×190 mm×190 mm、290 mm×190 mm×190 mm。

③ 加气混凝土砌块。

加气混凝土砌块是含硅材料和钙质材料加水并加适量的发气剂和其他外加剂,经混合搅拌、浇注发泡,再经蒸压或常压蒸汽养护制成,是一种轻质多孔、保温隔热、防火性能良好、可钉、可锯、可刨和具有一定抗震能力的新型建筑材料。加气混凝土砌块按原材料分主要有由水泥、矿渣、砂、石灰等材料制成的砌块;按强度分级有10级、25级、35级、50级、75级;按密度分级有03级、04级、05级、06级、07级、08级;按尺寸偏差密度范围分有优等品、一等品、合格品三种。

④ 混凝土空心砌块。

混凝土空心砌块是由水泥与集料按一定比例配合和水经搅拌、经成型机械加工成型,并在一定温湿条件下养护硬化,成为建筑墙体和其工程所用的砌块材料。其按材料分有普通混凝土砌块、工业废渣骨料混凝土砌块、天然轻骨料混凝土砌块、人造轻骨料混凝土砌块;按块形分有小型混凝土砌块和中型混凝土砌块;按承重性分有承重砌块和非承重砌块;按强度等级分有MU3.5、MU5、MU7.5、MU10、MU15、MU20。

8.2.1.2　黏结材料类型

砂浆是砌体的胶结材料,由胶凝材料(水泥、石灰)和填充料(砂、矿渣、石屑等)混合加水搅拌而成。砂浆具有胶结作用,其传力均匀,还起着嵌缝作用,能提高墙体的防寒、隔热和隔声能力。砌筑砂浆要求有一定的强度,以保证墙体的承载能力,同时还要求具有适当的稠度和保水性,以方便施工。

砌筑砂浆通常使用的有水泥砂浆、石灰砂浆及混合砂浆三种。

① 水泥砂浆:由水泥、砂加水拌和而成。它属于水硬性材料,强度高,防潮性能好,较适合于砌筑潮湿环境的砌体。

② 石灰砂浆:由石灰膏、砂加水拌和而成。它属于气硬性材料,强度不高,常用于砌筑一般、次要的民用建筑中地面以上的砌体。

③ 混合砂浆:由水泥、石灰膏、砂加水拌和而成。这种砂浆强度高,和易性和保水性较好,常用以砌筑工业与民用建筑中地面以上的砌体。

砂浆的强度等级分为七级,即M15、M10、M7.5、M5、M2.5、M1和M0.4。M5以上属高强度等级砂浆,常用的砌筑砂浆是M1～M5级砂浆。

8.2.2 砌体墙砌筑方式及洞口处理

8.2.2.1 砖墙砌筑方式

"三一"砌砖法视频

(1) 砖墙砌筑方式

砖墙的砌筑方式是指砖块在砌体中的排列方式，为了保证墙体的坚固，砖块的排列应遵循内外搭接、上下错缝的原则。错缝长度不应小于60 mm，且应便于砌筑及少砍砖，否则会影响墙体的强度和稳定性。如图 8-6 所示。

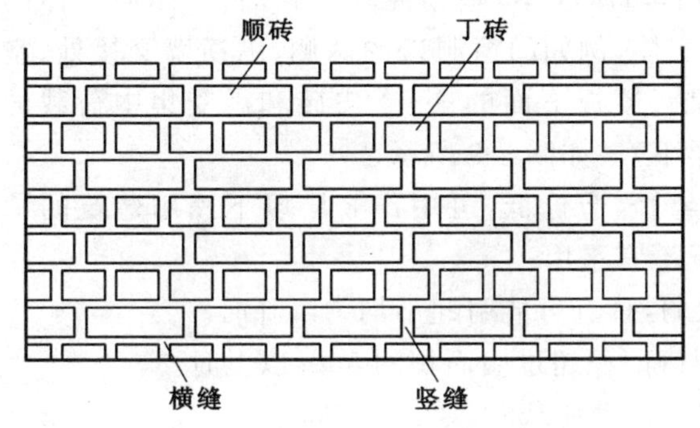

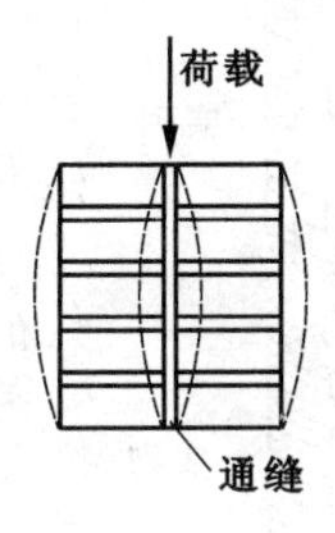

图 8-6 砖的错缝搭接及砖缝名称

砖墙按砌筑方式分为实砌砖墙和空斗墙。

① 实砌砖墙。

在砌筑中，每排列一层砖则谓"一皮"，并将垂直于墙面砌筑的砖叫"丁砖"，把砖的长度沿墙面砌筑的砖叫做"顺砖"。实体墙常见的砌式有全顺式(走砌式)、每皮丁顺相间(梅花顶)式、上下皮一丁一顺式以及两平一侧(18墙)式等。如图 8-7 所示。

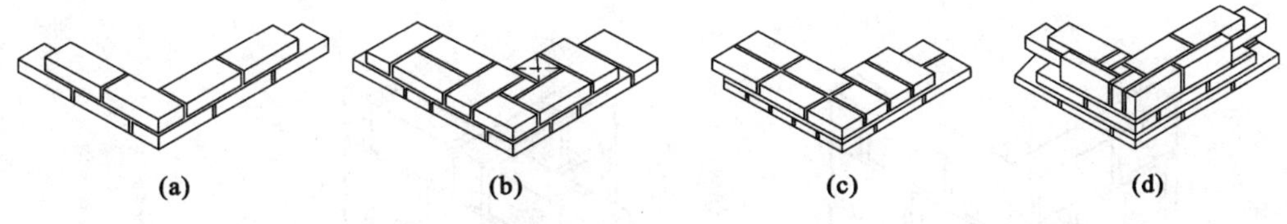

图 8-7 砖墙的组砌方式

(a) 全顺式；(b) 丁顺相间式；(c) 一丁一顺式；(d) 两平一侧式

② 空斗墙。

用砖侧砌或平、侧交替砌筑成的空心墙体，具有用料省、自重轻和隔热、隔声性能好等优点，适用于 1～3 层民用建筑的承重墙或框架建筑的填充墙。空斗墙的砌筑方法分为有眠空斗墙和无眠空斗墙两种。侧砌的砖称为斗砖，平砌的砖称为眠砖。有眠空斗墙是每隔 1～3 皮斗砖砌一皮眠砖，分别称为一眠一斗、一眠二斗、一眠三斗；无眠空斗墙只砌斗砖而无眠砖，所以又称全斗墙。如图 8-8 所示。

(a)

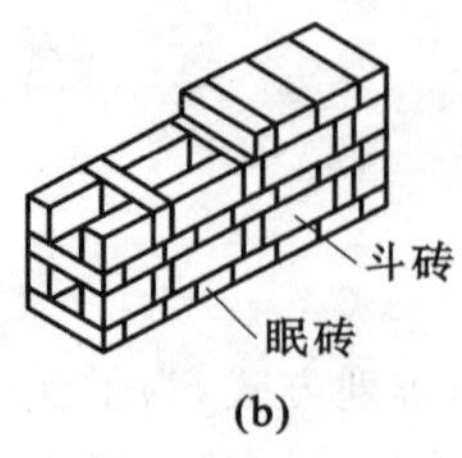

(b)

(c)

图 8-8　空体墙砌筑方式

(a) 无眠空斗;(b) 一眠一斗;(c) 一眠三斗

空斗墙是一种非匀质砌体,坚固性较实砌墙差,因而墙体的重要部位须砌成实体,例如门窗洞口的两侧、纵横墙交接处、室内地坪以下勒脚墙、楼板下面的 3～4 皮砖和承受集中荷载的部位(如屋架或梁下)。如图 8-9 所示。

图 8-9　空斗墙加固部位示意

空斗墙自重轻,造价低,可用作 3 层以下民用建筑的承重墙,但以下情况不宜采用:

a. 土质软弱,且有可能引起不均匀沉降时。

b. 门窗洞口面积超过墙面积的 50%以上时。

c. 建筑物有振动荷载时。

d. 建筑物处在有抗震要求的地区时。

(2) 块材墙砌筑方式

为使砌块墙合理组合并搭接牢固,必须根据建筑物的初步设计,做砌块的试排工作,即按建筑物的平面尺寸、层高,对墙体进行合理的分块和搭接,并画出专门的砌块排列图,以便正确选定砌块的规格。在设计时,应做到如下几点:

① 砌块整齐、划一,有规律性;

② 大面积墙面上、下皮砌块应错缝搭接,避免通缝,如图 8-10所示。

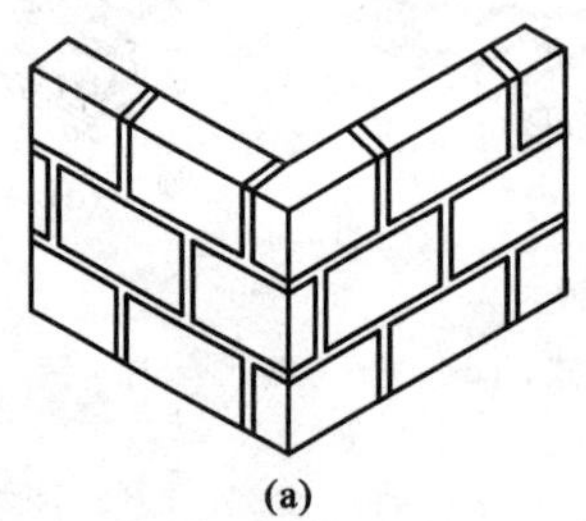

(a)

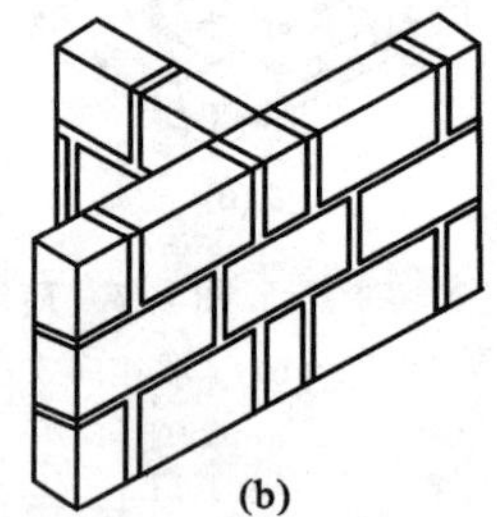

(b)

图 8-10　砌块墙错缝搭接

③ 内、外墙的交接处应咬砌,使其结合紧密,排列有序;

④ 尽量多使用主要砌块,并使其占砌块总数的 70%以上。

⑤ 当采用混凝土空心砌块时,上下皮砌块应孔对孔、肋对肋,使砌块之间有足够的接触面,扩大受压面积。

砌块建筑进行施工前,必须遵循以上原则进行反复排列设计,通过试排来发现和分析设计与施工间的矛盾,并给予解决。如图 8-11 所示。

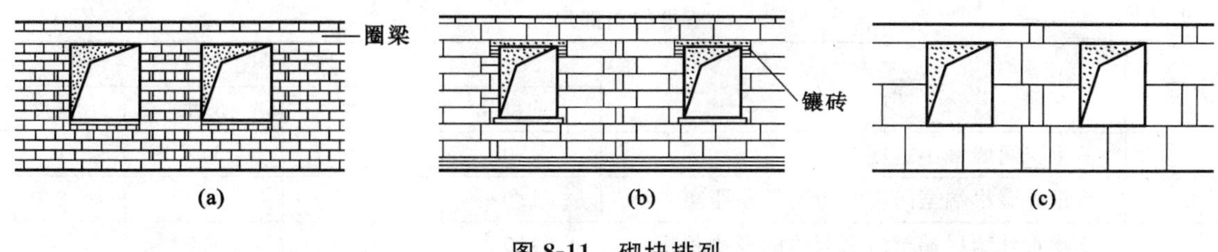

图 8-11 砌块排列

(a) 小型砌块排列示意图;(b) 中型砌块排列示意图;(c) 大型砌块排列示意图

8.2.2.2 砖墙的基本尺寸

砖墙的基本尺寸包括墙厚和墙段两个方向的尺寸,在满足结构和功能要求的同时,还必须考虑砖的规格。以标准砖为例,根据砖块的尺寸、数量、灰缝可形成不同的墙厚度和墙段的长度。

(1) 墙厚

标准砖的长、宽、高规格为 240 mm×115 mm×53 mm,砖块间灰缝宽度为 10 mm。砖厚加灰缝、砖宽加灰缝后与砖长形成 1∶2∶4 的比例特征,组砌灵活。墙厚与砖规格的关系如图 8-12 所示。常见砖墙厚度的尺寸见表 8-1。

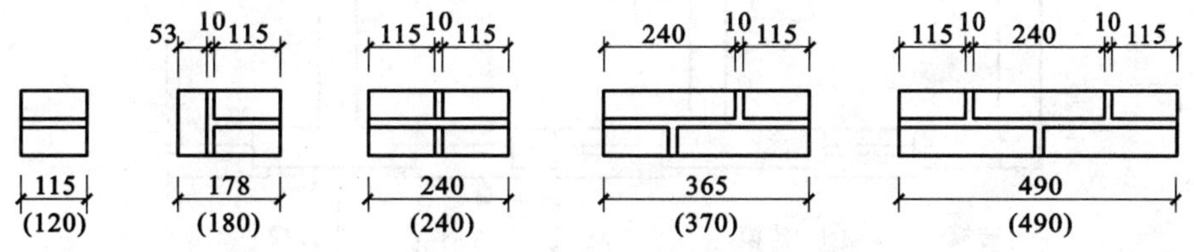

图 8-12 墙厚与砖规格的关系

表 8-1 砖墙厚度的尺寸 (单位:mm)

墙厚名称	1/4 砖	1/2 砖	3/4 砖	1 砖	$1\frac{1}{2}$砖	2 砖	$2\frac{1}{2}$砖
标志尺寸	60	120	180	240	370	490	620
构造尺寸	53	115	178	240	365	490	615

(2) 墙身长度

当墙身过长时,其稳定性就差,故每隔一定距离应有垂直于它的横墙或其他构件来增强其稳定性。横墙间距超过 16 m 时,墙身做法则应根据我国砖石结构设计规范的要求进行加强。

(3) 墙身高度

墙身高度主要是指房屋的层高。它要依据实际要求,即设计要求而定,但墙高与墙厚有一定的比例制约,同时要考虑到水平侧推力的影响,保证墙体的稳定性。

(4) 砖墙洞口与墙段的尺寸

砖墙洞口主要是指门窗洞口。对于一道承重墙来说,洞口的水平截面面积不应超过墙体水平截面面积的 50%。同时,开洞后窗间墙和转角墙的宽度应符合建筑物所在地区的相关抗震规范。墙段的局部尺寸可参照表 8-2。若洞口较大,如 8 度设防时洞口宽度超过 2100 mm,则应在其两侧各设一构造柱。

表8-2 墙段的局部尺寸 (单位:m)

序号	部位	烈度			
		6度	7度	8度	9度
1	承重窗间墙最小宽度	1.0	1.0	1.2	1.5
2	承重外墙尽端至门窗洞边的最小距离	1.0	1.0	1.5	2.0
3	非承重外墙尽端至门窗洞边的最小距离	1.0	1.0	1.0	1.0
4	内墙阳角至门窗洞口边最小距离	1.0	1.0	1.5	2.0
5	无锚固女儿墙(非出入口处)的最大高度	0.5	0.5	0.5	0.0

洞口尺寸应符合模数要求,尽量减少与此不符的门窗规格,以有利于工业化生产。国家及地区的通用标准图集是以扩大模数3M为倍数的,故门窗洞口尺寸多为300 mm的倍数,1000 mm以内的小洞口可采用基本模数100 mm的倍数。

墙段多指转角墙和窗间墙,其长度取值以砖模125 mm为基础。而建筑的进深、开间、门窗都是按扩大模数300 mm进行设计的,这样一幢建筑中采用两种模数必然给建筑、施工带来很多困难。遇到这类问题只有靠调整竖向灰缝大小的方法来解决。竖缝宽度大小的取值范围为8~12 mm,墙段长则调整余地大;墙段短则调整余地小。砖墙洞口与墙段的尺寸如图8-13所示。

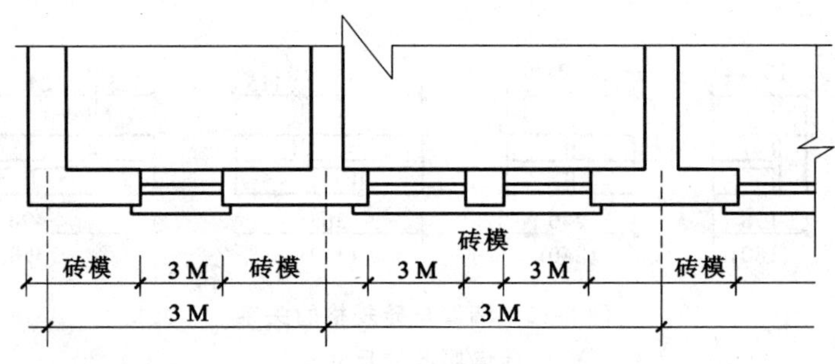

图8-13 砖墙洞口与墙段的尺寸

8.2.3 砌体墙细部构造

8.2.3.1 墙脚

墙脚一般指基础以上、室内地面以下的这段墙体。墙脚所处的位置,常受到地表水和土壤中水的侵蚀,致使墙身受潮,饰面层发霉脱落,影响室内卫生环境和人体健康。因此,在构造上必须采取必要的保护措施。

(1) 墙身防潮

墙身防潮是指在墙身一定部位铺设防潮层,以防止地表或土壤中的水通过毛细作用对墙身产生不利影响。防潮层的位置要求如下。

① 当室内地面垫层为混凝土等密实材料时,防潮层设在垫层厚度中间位置,一般低于室内地坪60 mm;

② 当室内地面垫层为三合土或碎石灌浆等非刚性垫层时,防潮层的位置应与室内地坪平齐或高于室内地坪60 mm;

③ 当室内地面低于室外地面或内墙两侧的地面出现高差时,除了要分别设置两道水平防潮层外,还应对两道水平防潮层之间靠土一侧的垂直墙面做防潮处理,如图8-14所示。

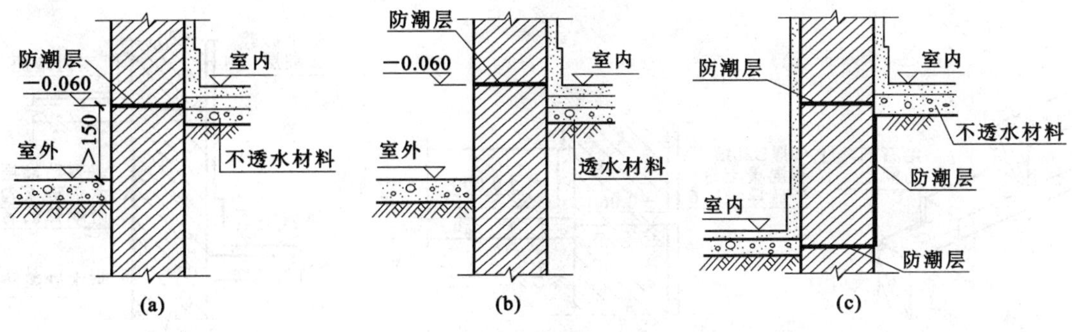

图 8-14 墙身防潮层位置

(a) 地面垫层为密实材料；(b) 地面垫层为透水材料；(c) 室内地面有高差

防潮层的做法：墙身防潮层在构造上需四周交圈，封闭连续。墙身水平防潮层主要有以下几种。

① 油毡防潮层。在防潮层部位先抹 20 mm 厚砂浆找平，然后用热沥青贴一毡二油。油毡的搭接长度应大于或等于100 mm，油毡的宽度比找平层每侧宽 10 mm，如图 8-15 所示。其特点是防潮效果好，但其黏结性差，建筑物的整体性刚度差，不宜用于地震区或有振动荷载的墙体中。

② 防水砂浆防潮层。1∶2 水泥砂浆加 3%～5%的防水剂，厚度为 20～25 mm，或用防水砂浆砌三皮砖做防潮层，如图 8-16 所示。其特点是构造简单，但砂浆开裂或不饱满时会影响防潮效果。

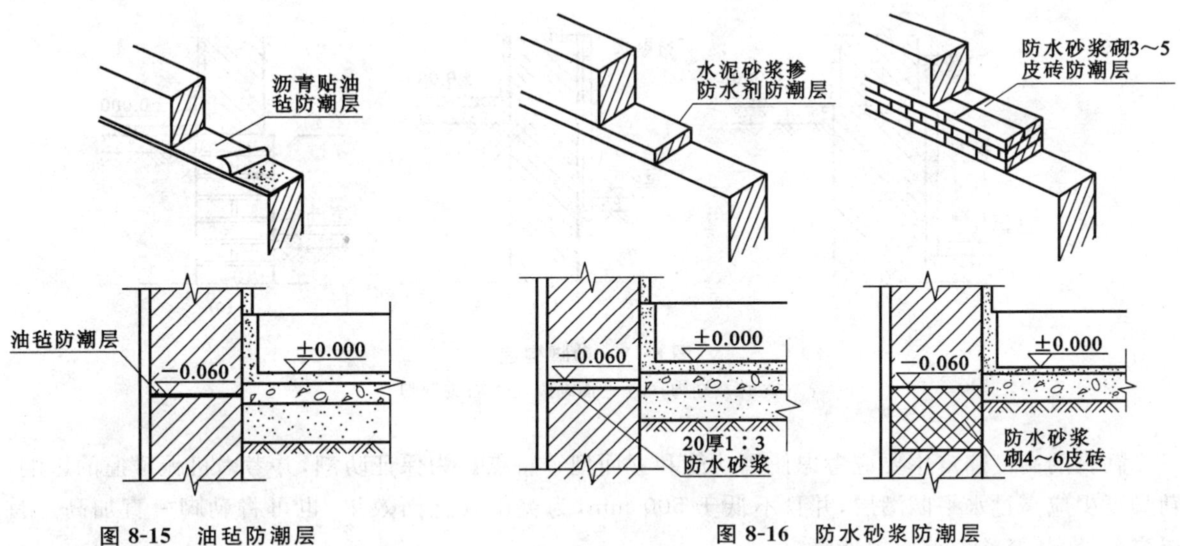

图 8-15 油毡防潮层

图 8-16 防水砂浆防潮层

③ 细石混凝土防潮层。60 mm 厚细石混凝土带，内配 3 根Φ 6或Φ 8 钢筋做防潮层，其特点是防潮效果好，整体性较好，对抗震较有利，但造价高。如图 8-17 所示。

如果墙脚采用不透水材料(如混凝土、料石等)组成，或在防潮层位置处有钢筋混凝土圈梁时，可不设防潮层。

当地面出现高差时，应在墙身内设置高低两道水平防潮层，并在靠土壤一侧设垂直防潮层，如图 8-18 所示。

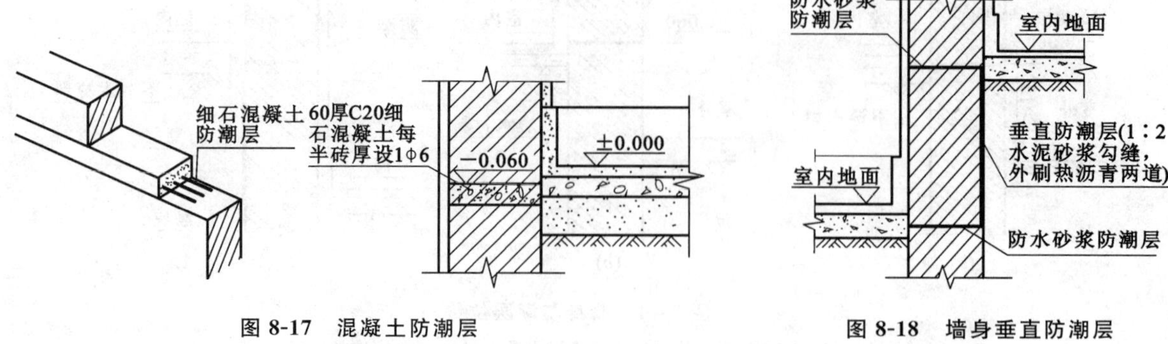

图 8-17　混凝土防潮层　　　　图 8-18　墙身垂直防潮层

(2) 勒脚

勒脚是外墙的墙脚,即外墙与室外地面接近的部位。由于它常易遭到雨水的浸溅及受到土壤中水分的侵蚀,影响房屋的坚固、耐久、美观和使用,因此在勒脚处要采取一定的防潮、防水措施。具体做法有以下几种。

① 对一般建筑可采用具有一定强度和防水性能的水泥砂浆抹面,如水刷石、斩假石等,如图 8-19(a)所示;

② 标准较高的建筑,可在外表面镶贴天然石材或人工石材,如花岗石等,如图 8-19(b)所示;

③ 采用较坚固的材料(如石块)进行砌筑,如图 8-19(c)所示。

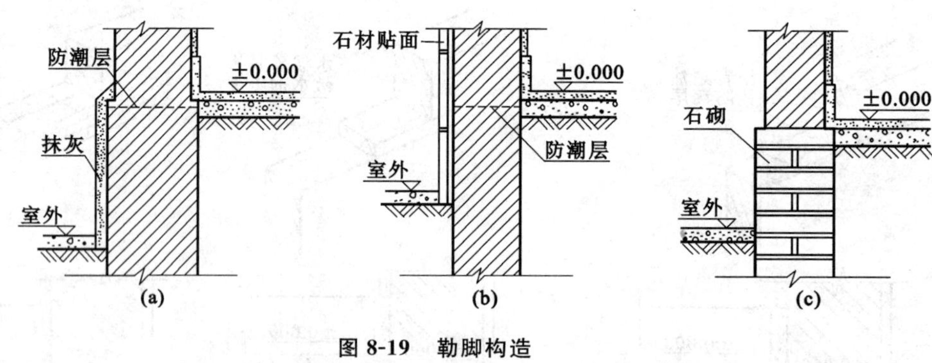

图 8-19　勒脚构造

(a) 抹灰勒脚;(b) 贴面勒脚;(c) 石砌勒脚

勒脚的高度确定主要应考虑使用功能和立面型等特点。为保证防潮,并考虑机械碰撞的影响,勒脚至少应高过水平防潮层,并且不低于 500 mm,为突出其立面效果,也可将勒脚一直加高至首层窗台处,甚至整个首层的外墙。

(3) 散水和明沟

为防止屋顶落水或地表水侵入勒脚而危害基础,必须将建筑物周围的积水及时排离。其做法有两种:一是在建筑物四周设排水沟,将水有组织地导向集水井,然后流入排水系统,这种做法称为明沟;二是在建筑物外墙四周做坡度为 3%～5%的护坡,将积水排离建筑物,这种做法称为散水。

① 明沟为有组织排水,其构造做法如图 8-20 所示。明沟可用砖砌、石砌和混凝土浇筑。沟底应设微坡,坡度为 0.5%～1%,使雨水流向窨井。若用砖砌明沟,应根据砖的尺寸来砌筑,槽内需用水泥砂浆抹面。

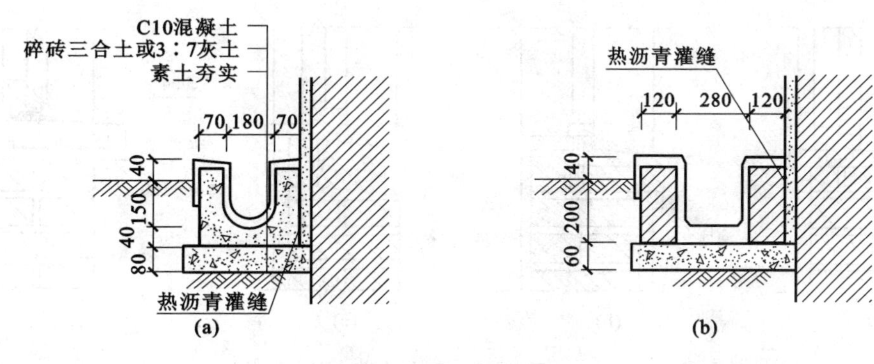

图 8-20　明沟构造

(a) 混凝土明沟；(b) 砖砌明沟

② 散水为无组织排水，散水的宽度应比屋檐挑出的宽度大 200 mm 以上，一般为 600～1000 mm，并设向外不小于 3%的排水坡度。散水的外延应设滴水砖(石)带，散水与外墙交接处应设分隔缝，并以弹性材料嵌缝，以防墙体下沉时散水与墙体裂开，起不到防潮、防水的作用。散水构造做法如图 8-21 所示。

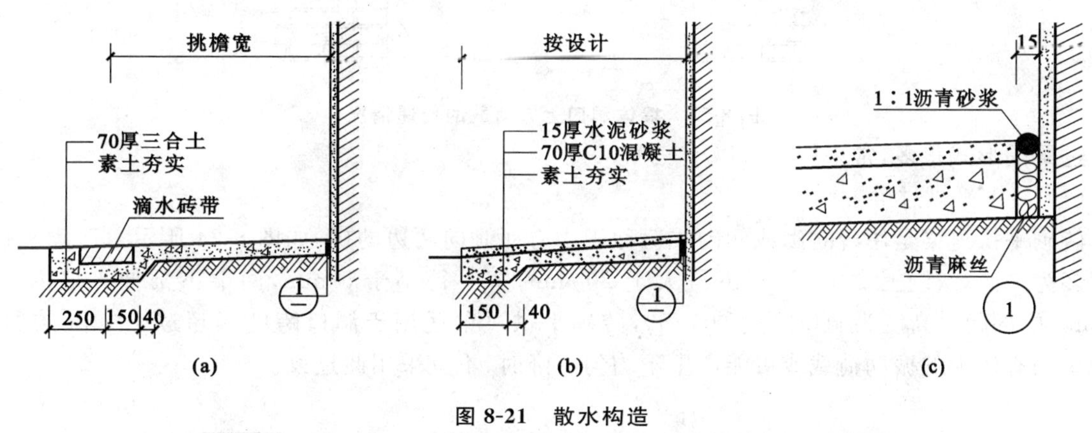

图 8-21　散水构造

8.2.3.2　窗台构造

窗台是窗洞口下部靠室外一侧设置的泄水构件。其目的是防止雨水积聚在窗下，浸入墙身和向室内渗透。窗台须向外形成一定的坡度(10%左右)，以利排水。

窗台有悬挑和不悬挑两种。悬挑的窗台可用砖(平砌、侧砌)或用混凝土板等构成。如图 8-22 所示。悬挑窗台下部应抹出滴水，以引导雨水沿着滴水槽口下落。由于悬挑窗台下部容易积污，在风雨作用下很容易污染窗台下的墙面，特别是采用一般抹灰装修的外墙面更为严重，在当今设计中，更多的是以不悬挑窗台取代悬挑窗台，但不悬挑窗台也没能很好解决墙面污染问题。

8.2.3.3　过梁

过梁是用来支承门窗洞口上部墙体的重量以及楼板等传来荷载的承重构件，并把这些荷载传给两端的窗间墙。一般来讲，由于墙体砖块相互咬接的结果，过梁上墙体的重量并不全部压在过梁上，而是有一部分重量沿搭接砖块斜向传给了门、窗两侧的墙体，所以过梁只承受上部墙体的部分重量。如图 8-23 所示。

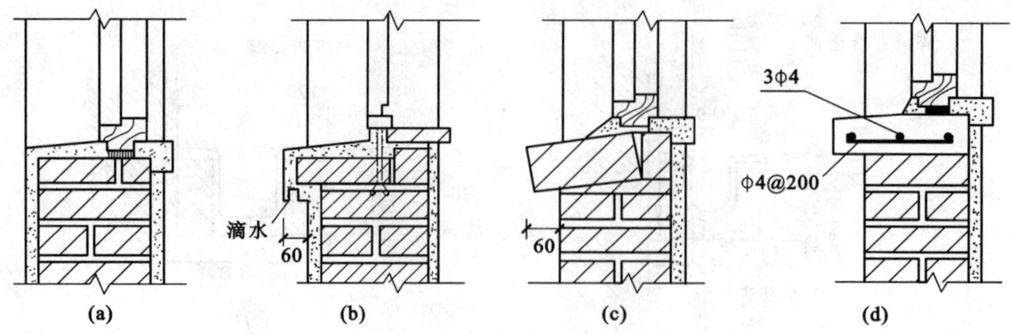

图 8-22　窗台构造

(a) 不悬挑窗台;(b) 滴水悬挑窗台;(c) 侧砌砖窗台;(d) 预制混凝土窗台

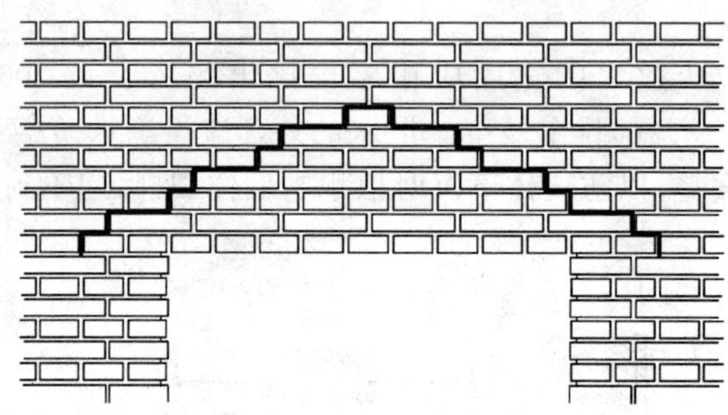

图 8-23　墙体洞口上方荷载的传递情况

过梁的形式很多,常采用的有以下三种。

(1) 砖砌平拱过梁

砖砌平拱过梁是用砖立砌或侧砌成对称于中心而倾向两边的拱,如图 8-24 所示。砖砌平拱的高度多为一砖,灰缝上宽下窄,宽不得大于 20 mm,窄不得小于 5 mm,两端下部伸入墙内 20～30 mm,中部起拱高度为洞口跨度的 1/50,砖砌平拱过梁适用于洞口跨度不超过 1.2 m 的洞口。当建筑物有较大的振动荷载或可能产生不均匀沉降时,不宜采用此过梁。

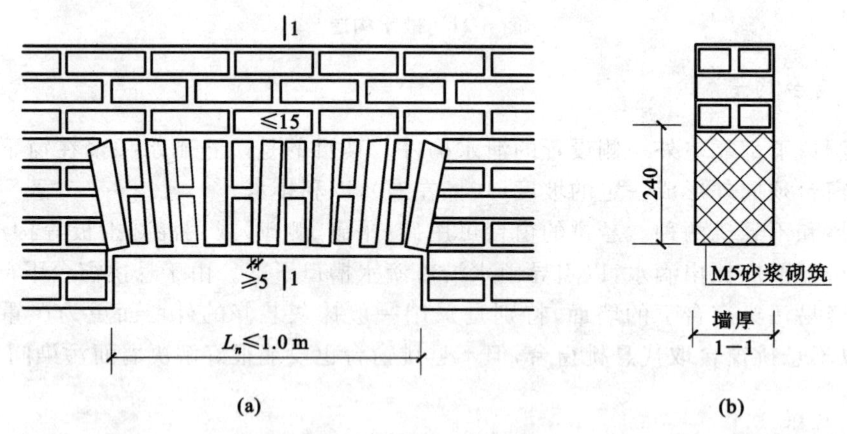

图 8-24　砖砌平拱过梁

(2) 钢筋砖过梁

钢筋砖过梁即在洞口顶部配置钢筋,其上用砖平砌,形成能承受弯矩的加筋砖砌体。钢筋为 Φ6,间距小于 120 mm,伸入墙内 1～1.5 倍砖长。过梁跨度不超过 2 m,高度不应少于 5 皮砖,且不小于 1/5 洞口跨度。该种过梁的砌法是，先在门窗顶支模板，铺 M5 号水泥砂浆 20～30 mm 厚，按要求在其中配置钢筋，然后砌砖。钢筋砖过梁如图 8-25 所示。

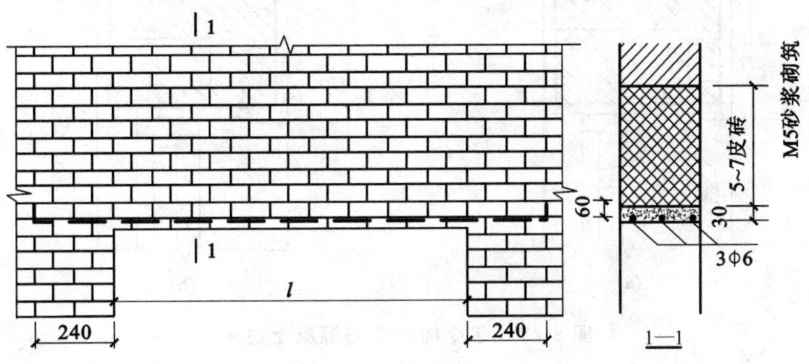

图 8-25 钢筋砖过梁

钢筋砖过梁适用于跨度不大于 2 m，上部无集中荷载的洞口上。这种过梁施工方便，整体性好，特别是在清水墙情况下，建筑立面上可求及与砖墙统一的效果。

(3) 钢筋混凝土过梁

钢筋混凝土过梁承载能力强，跨度大，适应性好。其种类有现浇和预制两种。钢筋混凝土过梁常用断面形式有矩形和 L 形两种：矩形多用于内墙和混水墙；L 形多用于外墙和清水墙。为简化构造，节约材料，可将过梁与圈梁、悬挑雨篷、窗楣板或遮阳板等结合起来设计。如在南方炎热多雨地区，常从过梁上挑出 300～500 mm 宽的窗楣板，既保护窗户不淋雨，又可遮挡部分直射太阳光。如图 8-26 所示。

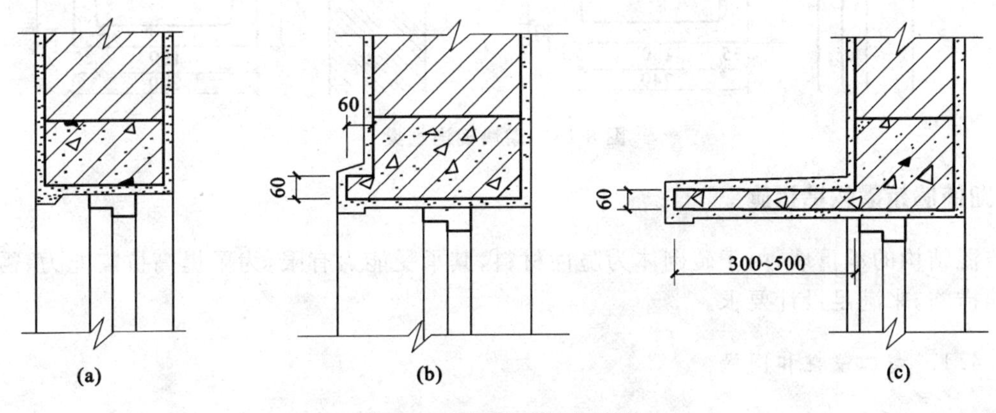

图 8-26 钢筋混凝土过梁

(a) 平墙过梁；(b) 带窗套过梁；(c) 带窗楣过梁

过梁高及其配筋由计算确定，但为了施工方便，梁高尺寸应与砖的模数相适应，以方便墙体连续砌筑；常用尺寸为 60 mm、120 mm、180 mm、240 mm，梁宽一般与墙同厚。梁端支承在墙上的长度每边不少于 240 mm，以保证在墙上有足够的承压面积。在寒冷地区为了避免出现冷桥和凝聚水，常用 L 形过梁，以减少混凝土的外露面积，如图 8-27 所示。在现浇钢筋混凝土过梁的情况下，若过梁与圈梁或现浇楼板位置接近时，则应尽量合并设置，同时浇筑。这样既节约模板，便于施工，又增加了建筑物的整体性。

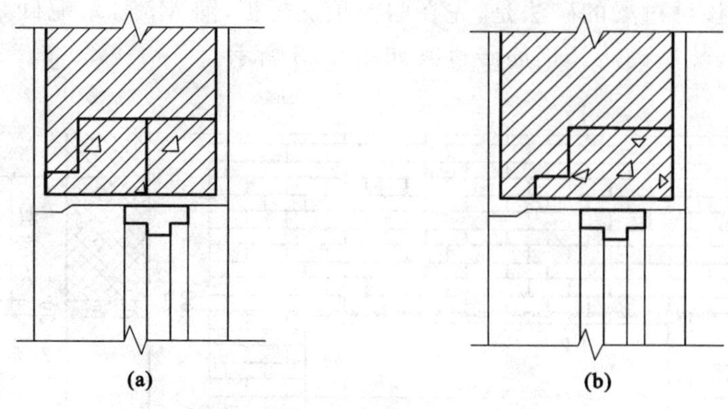

图 8-27　寒冷地区钢筋混凝土过梁

8.2.3.4　圈梁

圈梁的作用是加强砌块墙体的整体性,分为预制和现浇两种,通常与窗过梁合用。在抗震设防区,圈梁设置在楼板同一标高处,将楼板与之连牢箍紧,形成闭合的平面框架,对抗震有很大的作用,如图 8-28 所示。

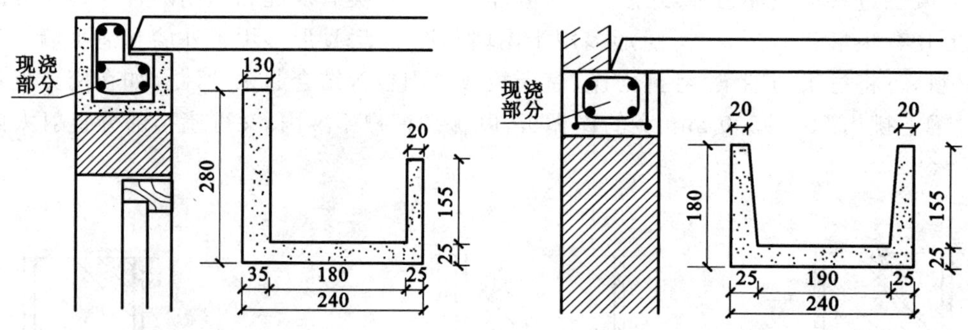

图 8-28　砌块现浇圈梁

8.2.4　砌体墙抗震构造措施

对砖混结构的承重墙,由于砖砌体为脆性材料,其承受能力有限,为了提高抗震能力,需对墙身采取加固措施,来满足设计要求。

8.2.4.1　增加壁柱和门垛

当墙上有集中荷载且墙厚又不足以承担上部荷载时,或墙体的长度、高度超过一定高度时,应在墙体适当的位置加设凸出于墙体的壁柱,如图 8-29(a)所示。

当墙上开设的门窗洞口处于墙体转角处或丁字墙交接处时,为保证墙体的承载能力及稳定性和便于门框的安装,应设门垛,如图 8-29(b)、图 8-29(c)所示。

8.2.4.2　设圈梁

圈梁是沿外墙四周及部分内墙设置的在同一水平面内连续闭合的梁。圈梁起着墙体梁的装配作用,可大大提高建筑物的空间刚度和整体性,提高建筑物的抗震能力。

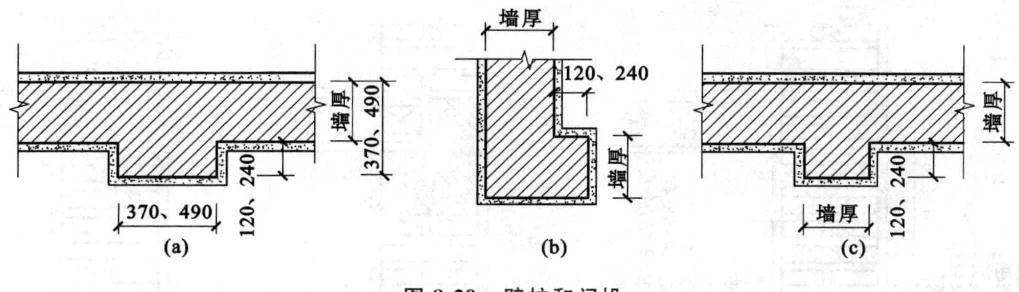

图 8-29 壁柱和门垛

(a) 壁柱;(b) L 形门垛;(c) 丁字形门垛

(1) 圈梁的位置与数量

圈梁的位置与数量与抗震设防等级和墙体的布置有关。一般情况下,檐口和基础处必须设置圈梁,其余楼层圈梁的设置可根据结构要求采用隔层设置或层层设置,见表 8-3。按 6 度及以上抗震设防的砌体结构建筑,外墙与纵墙圈梁须层层设置,内墙圈梁与设防烈度有关,见表 8-4。

表 8-3 **圈梁设置位置**

序号	结构类型	设置规定
1	空旷的单层房屋,如车间、仓库、食堂等,墙厚小于或等于 240 mm	① 砖砌体房屋,檐口标高为 5～8 m 时,设圈梁一道,大于 8 m 时适当增设; ② 砌块及石砌体房屋,檐口标高为 4～5 m 时,设圈梁一道,大于 5 m 时适当增设
2	多层砖砌体民用房屋,如宿舍、办公楼、住宅等	① 层数在 3 层以下时,在檐口位置处设圈梁一道; ② 层数超过 3 层时适当增设
3	多层砖砌体工业房屋,如多层厂房、科研实验楼等	① 圈梁可隔层设置; ② 有较大振动设备时,宜每层设置钢筋混凝土圈梁一道
4	多层砌块和料石砌体房屋	① 在外墙和内纵墙上,屋盖处应设置圈梁一道,楼盖处宜隔层设置; ② 在横墙上,圈梁设置方法同上,间距不宜大于 15 m; ③ 有较大振动设备或承重墙厚度小于或等于 180 mm 的多层房屋,每层设圈梁一道

表 8-4 **抗震砖房现浇钢筋混凝土圈梁设置要求**

墙类	烈度		
	6、7 度	8 度	9 度
外墙和内纵墙	屋盖处及每层楼盖处	屋盖处及每层楼盖处	屋盖处及每层楼盖处
内横墙	同上,屋盖处间距不大于 7 m,楼盖处间距不大于 15 m,构造柱对应部位	同上,屋盖处沿所有横墙,且间距不大于 7 m,楼盖处间距不大于 15 m,构造柱对应部位	同上,各层所有横墙

圈梁设在楼盖处时,如为预制楼板,则圈梁宜紧靠预制板板底设置,称为板底圈梁,外墙处为提高预制楼板的整体性,则做成缺口圈梁;如为现浇楼板,则与圈梁整体现浇,顶部同一标高,称为板平圈梁。如图 8-30 所示。

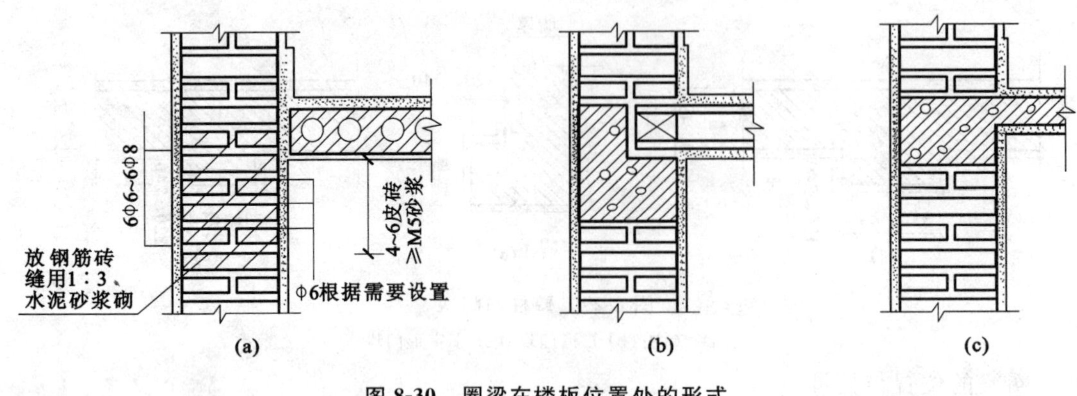

图 8-30　圈梁在楼板位置处的形式

(a) 钢筋砖圈梁;(b) 板底圈梁;(c) 板平圈梁

(2) 圈梁做法

钢筋砖圈梁多用于非抗震区,结合钢筋砖过梁沿外墙形成,适用于清水墙面。如图 8-31 所示。

钢筋混凝土圈梁其宽度一般同墙厚,对墙厚较大的墙体,可做到墙厚的 2/3,高度不小于 120 mm。

对一般的民用建筑,通常情况圈梁与门窗过梁标高相近,可统一考虑,即在门窗洞口处用圈梁代替过梁,即圈过梁。圈梁应闭合,如遇洞口必须断开时,应在洞口上端设附加圈梁,并应上下搭接,附加圈梁如图 8-32 所示。

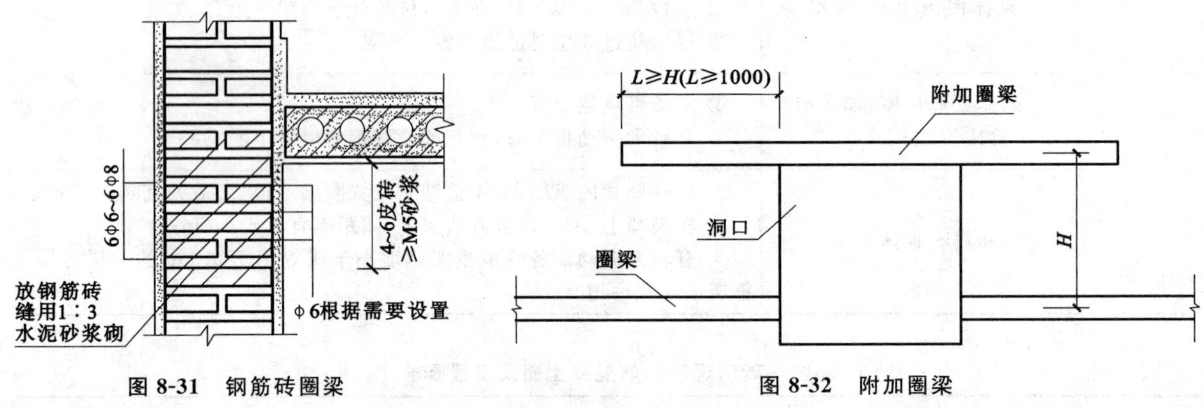

图 8-31　钢筋砖圈梁　　**图 8-32　附加圈梁**

8.2.4.3　设构造柱

(1) 设置作用

为提高砖混结构的整体刚度和稳定性,以增加建筑物的抗震能力,除了提高砌体强度和设置圈梁外,必要时还应加设钢筋混凝土构造柱。构造柱必须与圈梁及墙体紧密相连。圈梁在水平方向将楼板和墙体箍住,而构造柱则从竖向加强层间墙体的连接,与圈梁一起构成空间骨架,从而加强建筑物的整体刚度,改善墙体的变形能力,使建筑物做到裂而不倒。如图 8-33 所示。

(2) 设置位置

构造柱是从构造角度考虑设置的。结合建筑物的防震等级,构造柱一般设在建筑物的四角、内外墙交接处、楼梯间、电梯井的四个角以及某些较长墙体的中部等位置。见表 8-5。

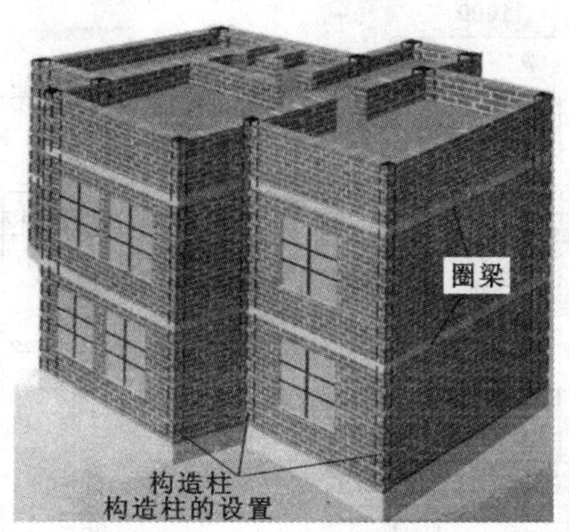

图 8-33 构造柱示意

表 8-5 构造柱设置要求

<table>
<tr><th colspan="4">房屋层数</th><th colspan="2" rowspan="2">设置部位</th></tr>
<tr><th>6 度</th><th>7 度</th><th>8 度</th><th>9 度</th></tr>
<tr><td>四、五</td><td>三、四</td><td>二、三</td><td>—</td><td rowspan="3">外墙四角，错层部位横墙与外纵墙交接处，大房间内外墙交接处，较大洞口两侧</td><td>7、8 度时，楼、电梯间的四角；隔 15 m 或单元横墙与外纵墙交接处</td></tr>
<tr><td>六、七</td><td>五</td><td>四</td><td>二</td><td>隔开间横墙（轴线）与外墙交接处，山墙与内纵墙交接处；7～9 度时，楼、电梯间的四角</td></tr>
<tr><td>八</td><td>六、七</td><td>五、六</td><td>三、四</td><td>内墙（轴线）与外墙交接处，内墙的局部较小墙垛处；7～9 度时，楼、电梯间的四角；9 度时内纵墙与横墙（轴线）交接处</td></tr>
</table>

（3）构造要求

构造柱不单独承重，因此不需设独立基础，其下端应锚固于钢筋混凝土基础或基础梁内；在施工时必须先砌墙，墙体砌成马牙槎的形式，从下部开始先退后进，用相邻的墙体作为一部分模板；柱截面应不小于 180 mm×240 mm，配筋为纵筋 4Φ12，箍筋采用Φ4～Φ6，间距不大于 250 mm；在离圈梁上下不小于 1/6 层高或 450 mm 范围内，箍筋需加密至间距 100 mm；在构造柱与墙之间应沿墙高每 500 mm 设 2Φ6 钢筋连接，每边伸入墙内不少于 1000 mm。如图 8-34、图 8-35 所示。

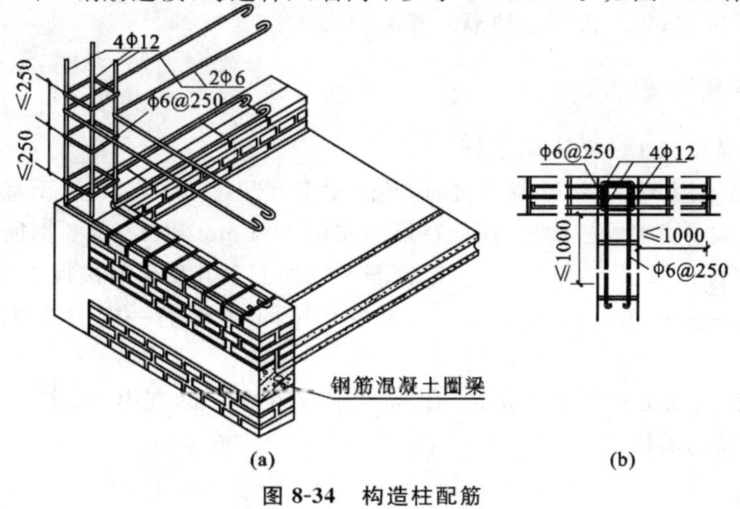

图 8-34 构造柱配筋

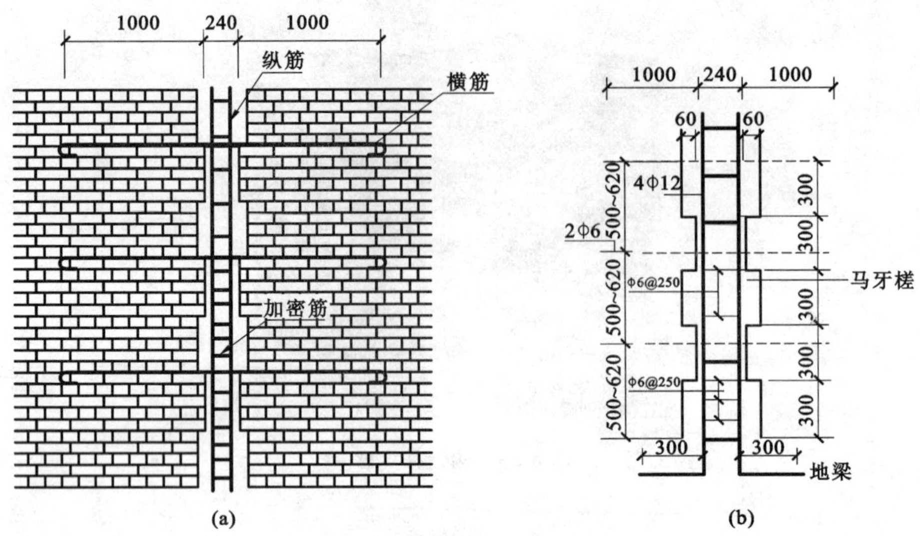

图 8-35　构造柱构造要点

8.3 隔　　墙

隔墙是分隔建筑物内部空间的非承重内墙,其本身的重量由楼板或梁来承担,均不承受外在荷载。在实际建筑中,为了提高平面布局的灵活性,可大量采用隔墙以适应建筑功能的变化。作为隔墙,设计时应满足以下要求。

① 自重轻,越轻越好,有利于减轻施加给楼板的荷载;

② 厚度小,目的可以增加建筑的有效利用空间;

③ 满足隔声、防火、防潮,特殊的还有防静电、防射线等要求,使各房间互不干扰;

④ 便于拆除而不损害建筑结构,使建筑空间能随使用要求的改变而调整。

隔墙按构造形式分为块材隔墙、轻骨架隔墙、板材隔墙三大类。

8.3.1　块材隔墙

块材隔墙是用水泥焦砟空心砖、加气混凝土砌块、玻璃砖等块材砌筑而成,常用的块材隔墙有普通砖隔墙、空心砖隔墙、加气混凝土块隔墙等多种形式。

8.3.1.1　普通砖隔墙

砖隔墙有半砖隔墙和 1/4 砖隔墙之分。

对半砖隔墙,当采用 M2.5 级砂浆砌筑时,其高度不宜超过 3.6 m,长度不宜超过 5 m。它在构造上除砌筑时应与承重墙牢固搭接外,还应在墙身每隔 500 mm 砌入 2Φ6 钢筋,或每隔 1.2 m 高设一道 30 mm 厚水泥砂浆层,内设 2Φ6 拉结钢筋予以加固。其顶部与楼板相接处用立砖斜砌,然后填塞墙与楼板间的空隙,如图 8-36 所示。半砖隔墙坚固耐久,有一定的隔声能力,但自重大、湿作业多、施工麻烦。

1/4 砖墙是用普通黏土砖侧砌而成的。其高度不应超过 3 m,宜用 M5 级砂浆砌筑。一般多用于面积不大且无门窗的墙体。

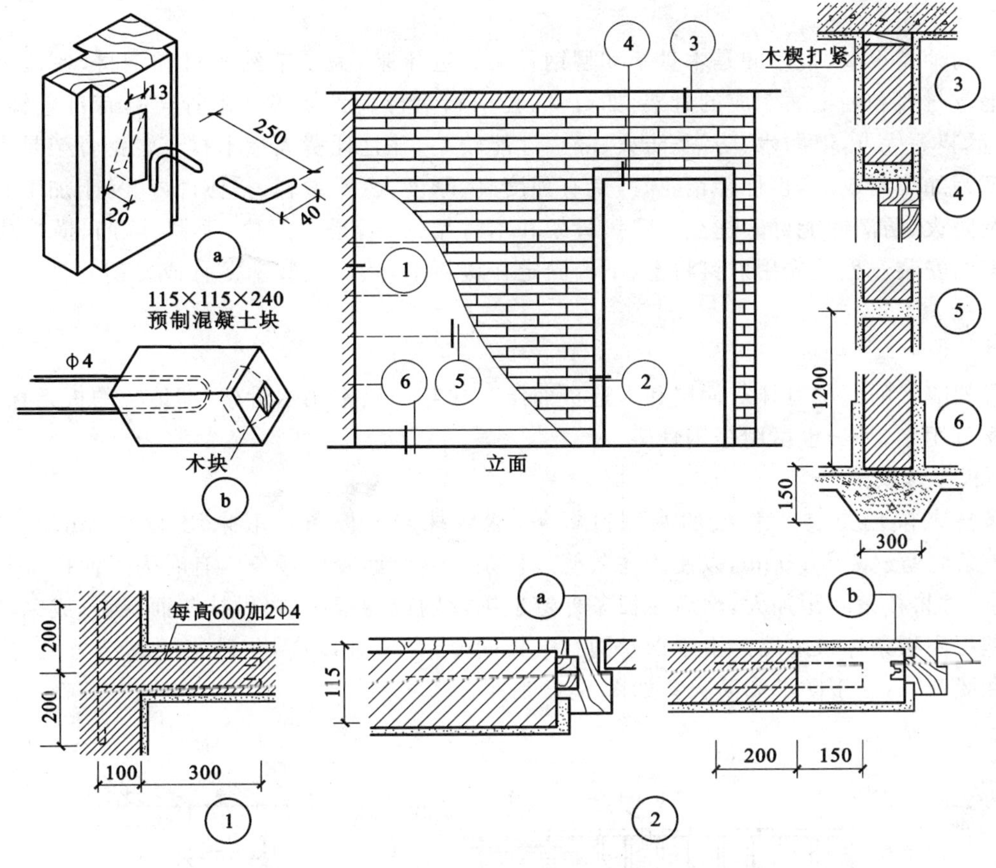

图 8-36 半砖隔墙

8.3.1.2 砌块隔墙

目前常用加气混凝土块、粉煤灰硅酸盐砌块、水泥焦砟空心砖等砌筑隔墙。砌块大多质轻、孔隙率大、隔热性能好,但吸水性较强,因此应在砌块下方先砌 3～5 皮黏土砖。隔墙厚度由砌块尺寸而定,一般为 90～120 mm,砌块隔墙采取的加固措施同砖墙,如图 8-37 所示。砌块不够整块时宜用普通黏土砖填补,这是因为砌块大多具有质轻、孔隙率大、隔热性能好等优点。

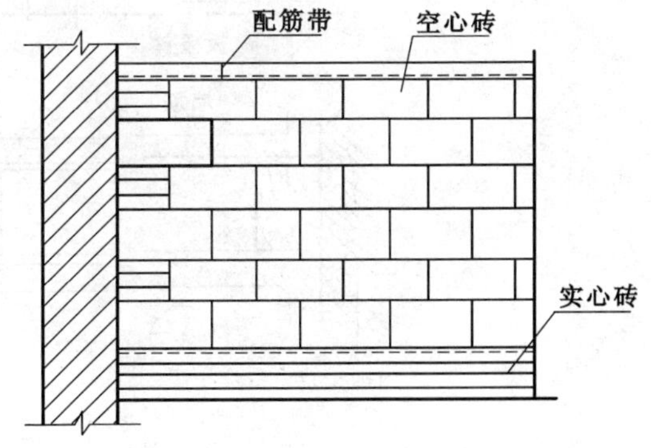

图 8-37 加气混凝土砌块隔墙

8.3.2 轻骨架隔墙

轻骨架隔墙由骨架和面层两部分组成,骨架有木骨架和金属骨架,面板有板条抹灰、胶合板、纤维板、石膏板等。轻骨架隔墙通常先立墙筋(骨架)后做面层,也称为立筋式隔墙。

8.3.2.1 骨架

骨架的种类很多,常用的是木骨架和型钢骨架。近年来,为了节约木材和钢材,各地出现了不少利用地方材料和轻金属制成的骨架,如石膏、轻钢和铝合金骨架等。木骨架具有自重轻、构造简单、便于拆装等优点,但防水、防潮、防火、隔声性能较差,并且耗费大量木材。轻钢骨架是由各种形式的薄型钢加工制成的,也称轻钢龙骨,具有强度高、刚度大、重量轻、整体性好、易于加工和大批量生产以及防火、防潮性能好等优点。轻钢骨架和木骨架一样,是由上槛、下槛、墙筋、横撑或斜撑组成。骨架的安装过程是先用射钉将上、下槛固定在楼板上,然后安装木龙骨或轻钢龙骨。

8.3.2.2 面层

轻骨架隔墙的面层有抹灰面层和人造板面层。抹灰面层常用木骨架,即传统的板条抹灰隔墙。人造板材可用木骨架,也可用轻钢骨架。

(1) 板条抹灰隔墙

板条抹灰隔墙是在木骨架的两侧钉板条,然后抹灰。板条一般采用 1200 mm×24 mm×6 mm,板条间留缝 7~10 mm,以便让底灰挤入板条间缝背面咬住板条。有时为了使抹灰与板条更好地连接,常将板条间距加大,然后在板条外钉上钢丝网或钢板网,再做抹灰面层,形成钢丝网板条抹灰或钢板网板条抹灰隔墙。由于钢丝网和钢板网变形小,强度高,与砂浆的黏结力大,抹灰层不易开裂和脱落,有利于防潮和防火。如图 8-38 所示。

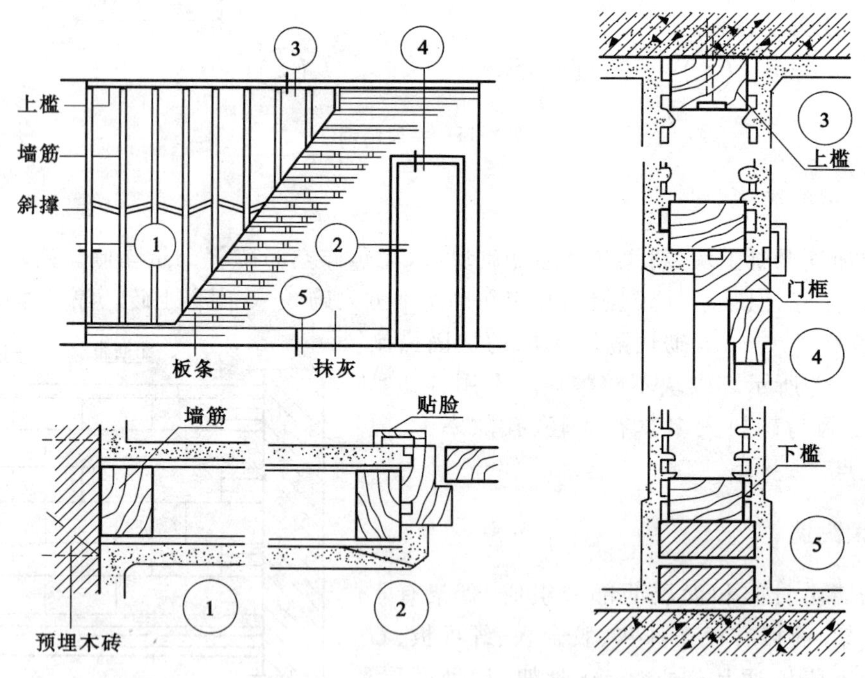

图 8-38 木板条隔墙

(2) 人造板面层骨架隔墙

人造板面层骨架隔墙是在骨架两侧钉人造板材,如胶合板、纤维板、石膏板等。胶合板、硬质纤维板等以木材为原料的板材多用于木骨架,石膏面板多用于石膏或轻钢骨架。薄壁轻钢骨架隔墙如图 8-39 所示。纸面石膏板隔墙如图 8-40 所示。

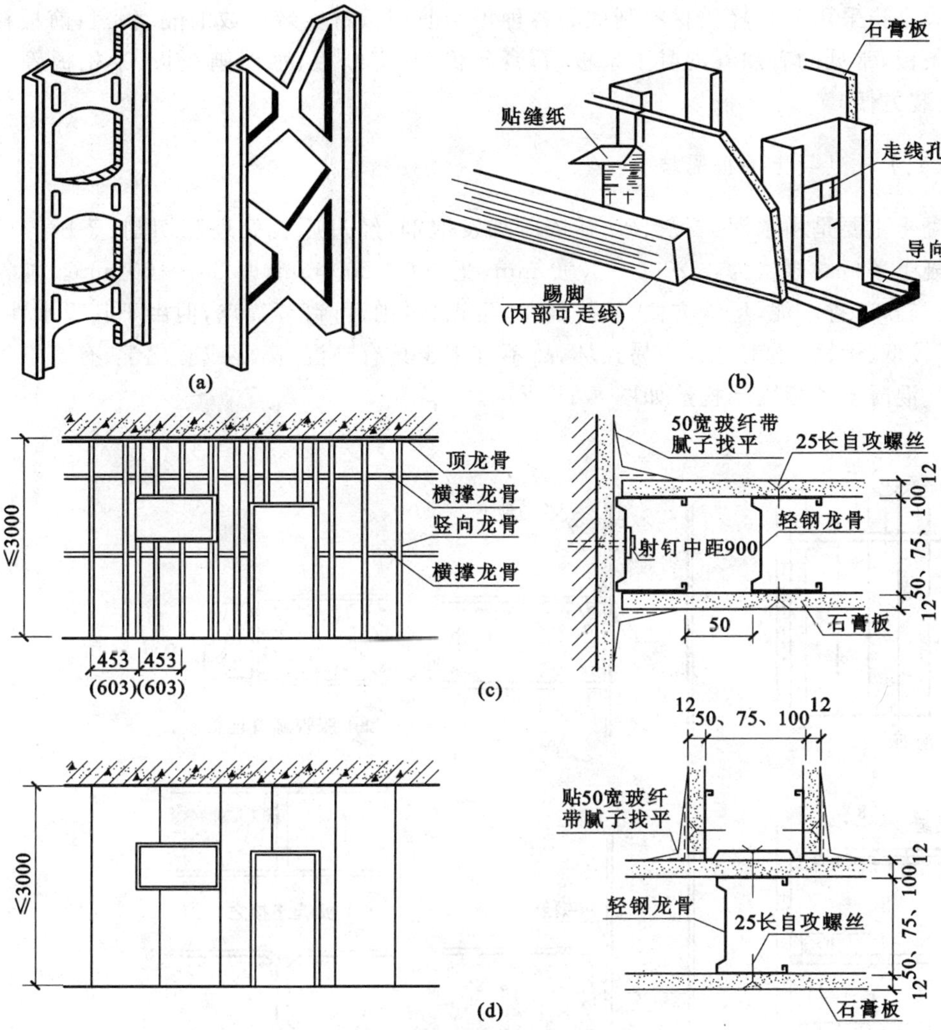

图 8-39 薄壁轻钢骨架隔墙

(a) 薄壁轻钢骨架；(b) 墙体组装示意图；(c) 龙骨排列；(d) 石膏板排列

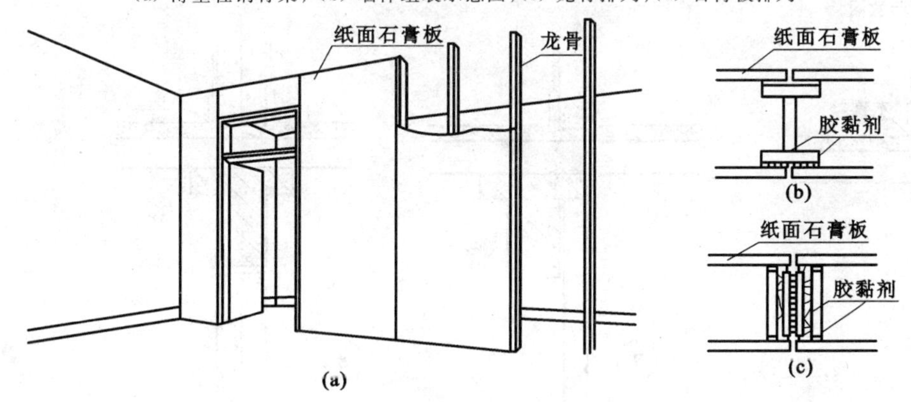

图 8-40 纸面石膏板隔墙

(a) 纸面石膏板隔断示意图；(b) 工字钢龙骨；(c) 矩形龙骨

8.3.3 板材隔墙

板材隔墙是指采用各种轻质材料制成的各种预制薄型板材安装而成的隔墙。目前板材隔墙采用的大多为条板,常见的有加气混凝土条板、石膏条板、蜂窝纸板、水泥刨花板、泰柏板等。这些条板自重轻,安装方便。

8.3.3.1 加气混凝土条板隔墙

加气混凝土主要是由水泥、石灰、砂、矿渣等加发泡剂,经过原料处理和切割、蒸压养护工序制成。加气混凝土条板的规格为长 2700~3000 mm,宽 600~800 mm,厚 80~100 mm。加气混凝土条板具有自重轻,节省水泥,运输方便,施工简单,可锯、可刨、可钉等优点,但由于其吸水性大、耐腐蚀性差、强度较低、运输、施工过程中易损坏,故不宜用于具有高温、高湿或有化学、有害空气介质的建筑中。加气混凝土条板隔墙构造如图 8-41 所示。

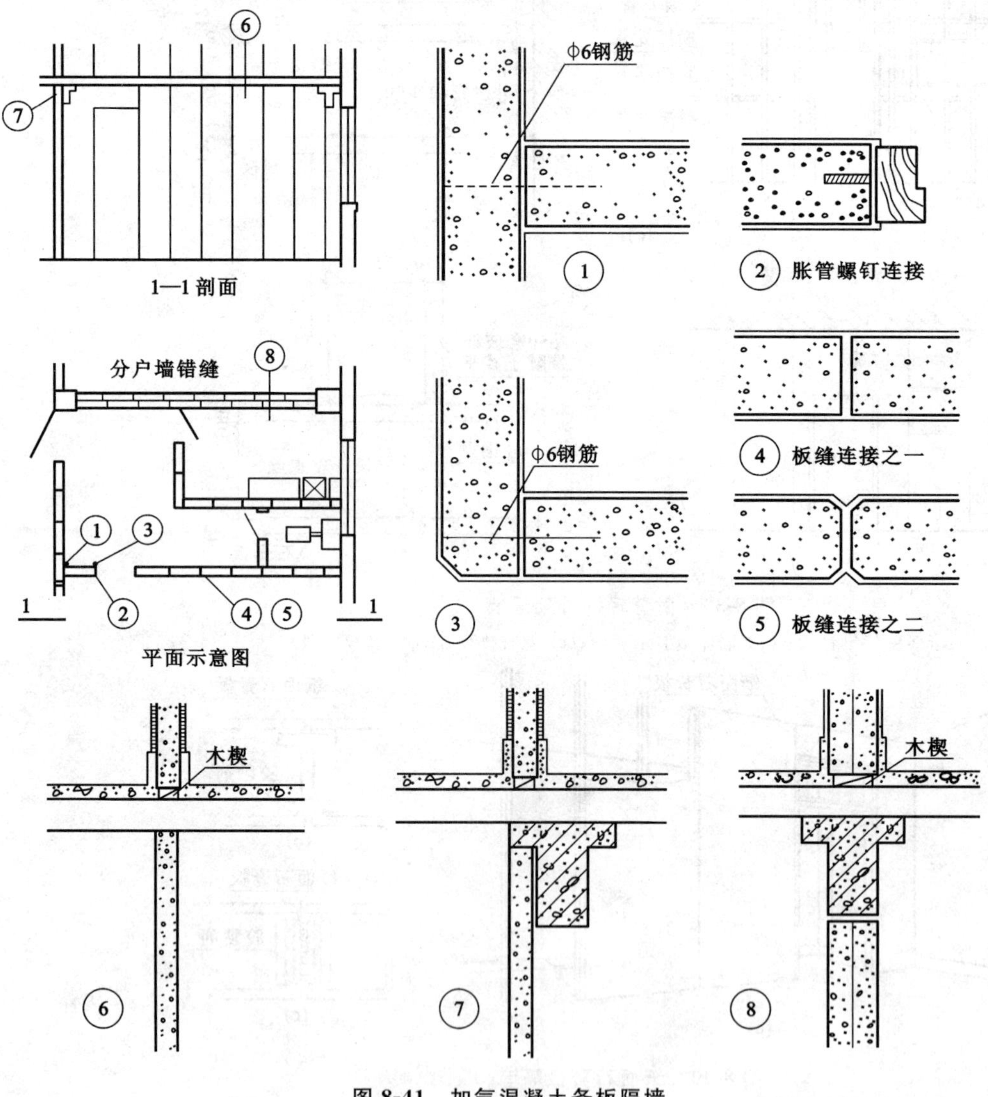

图 8-41 加气混凝土条板隔墙

8.3.3.2 碳化石灰板隔墙

碳化石灰板是以磨细的生石灰为主要原料，掺 3%～4%(质量比)的短玻璃纤维，加水搅拌，振动成型，利用石灰窑的废气碳化而成的空心板。其规格一般为长 2700～3000 mm，宽 500～800 mm，厚 90～120 mm，板的安装与加气混凝土条板相同，如图 8-42 所示。碳化石灰板材料来源广泛，生产工艺简单，成本低廉，重量轻，隔声效果好。

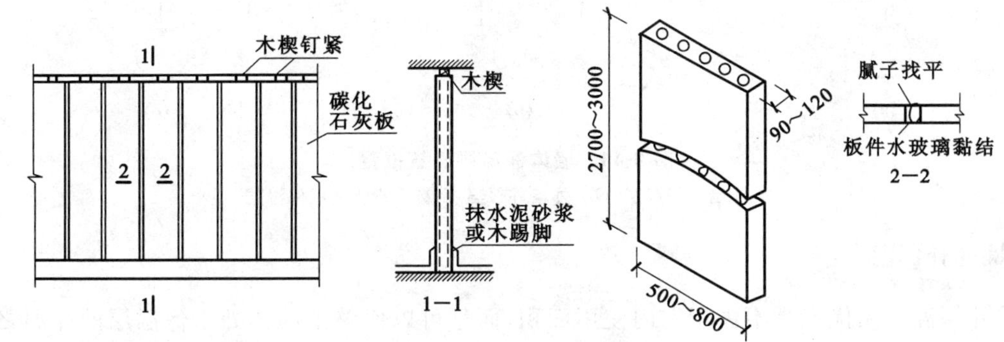

图 8-42 碳化石灰板隔墙

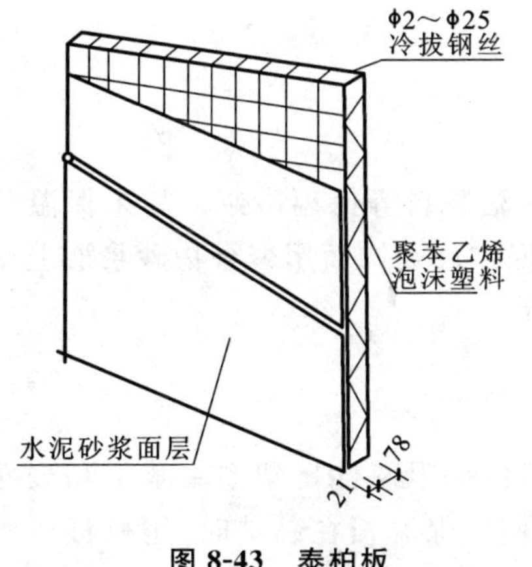

图 8-43 泰柏板

8.3.3.3 泰柏板隔墙

泰柏板又称三维板，即钢丝网泡沫塑料水泥砂浆复合墙板，是用直径 1.6～2.0 mm 低碳冷拔镀锌钢丝焊接成三维空间网笼，中间填充 50 mm 厚的阻燃聚苯乙烯泡沫塑料构成的轻质板材，然后在现场安装并双面抹灰或喷涂水泥砂浆而组成的复合墙体，如图 8-43 所示。其自重轻，强度高，保温、隔热性能好，具有一定的隔声能力和防火性能，故被广泛用作工业与民用建筑的内、外墙，转型屋面以及小开间建筑的楼饭等。同时，泰柏板在高层建筑及旧房的加层改造中也是常用的墙体材料。

8.4 墙体保温构造

隔热保温材料图

保温层在建筑物墙体上与基层墙体的相对位置如下：保温层在外墙的内侧，成为内保温；设在外墙的外侧，成为外保温；设在外墙的夹层中间，成为夹层保温。如图 8-44 所示。

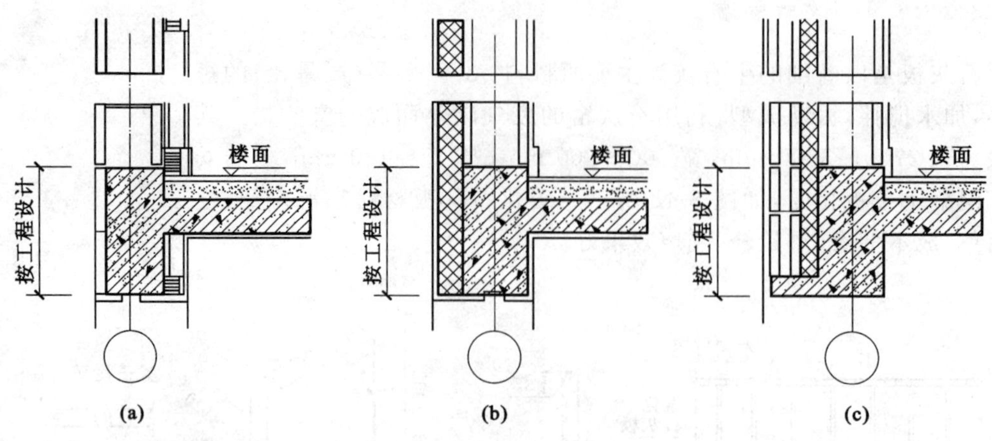

图 8-44　墙体保温层设置位置

(a) 外墙内保温层;(b) 外墙外保温层;(c) 外墙夹层保温层

8.4.1　墙体外保温

墙体外保温最大优点是不占用室内使用面积,而且可以使整个墙体处于保温层的保温之下,冬季不至于令墙体产生冻融破坏。但其缺点是外保温层会直接受到阳光、雨雪的侵袭,所以外保温构造对抗变形因素的影响和防止材料脱落,以及防火等要求要高一些。按照保温材料的不同,墙体外保温构造可以分为以下几种。

8.4.1.1　保温浆料外粉刷

在墙体表面先粉刷一层砂浆,然后在其上粉刷胶粉苯颗粒保温浆料等保温砂浆。如果保温砂浆的厚度较厚时,可在砂浆里面钉入镀锌钢丝网,以防止干裂。保护层及饰面用聚合物砂浆加上耐碱纤维布,最后用柔性耐水砂浆抹平,涂表面涂料,如图 8-45 所示。

8.4.1.2　外贴保温板材

外墙外保温的板材一般选取具有自防水及阻燃性较好的材料,如阻燃性挤塑型聚苯板和聚氨酯保温板等,可以省去做蒸汽层及防水层等的麻烦,既安全又方便。保温板在黏结时,用机械锚固杆件作辅助连接,以防止脱落。一般挤塑型聚苯板需要加钉 4 钉/m^2;聚氨酯保温板需要加钉1.5 钉/m^2。

外贴保温板材的构造基本做法是:用黏结浆与辅助机械锚固方法一起固定保温板,保护层用聚合物砂浆加耐碱布,饰面用柔性耐水砂浆抹平,表面涂料,如图 8-46 所示。

8.4.1.3　外贴保温砌体墙

在低层和多层建筑中,可以全部或局部在结构外墙的外面砌一道墙体,砌体选用保温性能材料来制作,如加气混凝土砌块、陶粒混凝土砌块等,如图 8-47 所示。一般承重墙用粉煤灰砖砌筑,不承重的外纵墙用粉煤灰加气混凝土砌块砌筑,在山墙的粉煤灰砖砌体外再砌一道加气混凝土砌块墙。两层砌体之间的拉结可以通过在砌体的灰缝中伸出锚固件来解决。

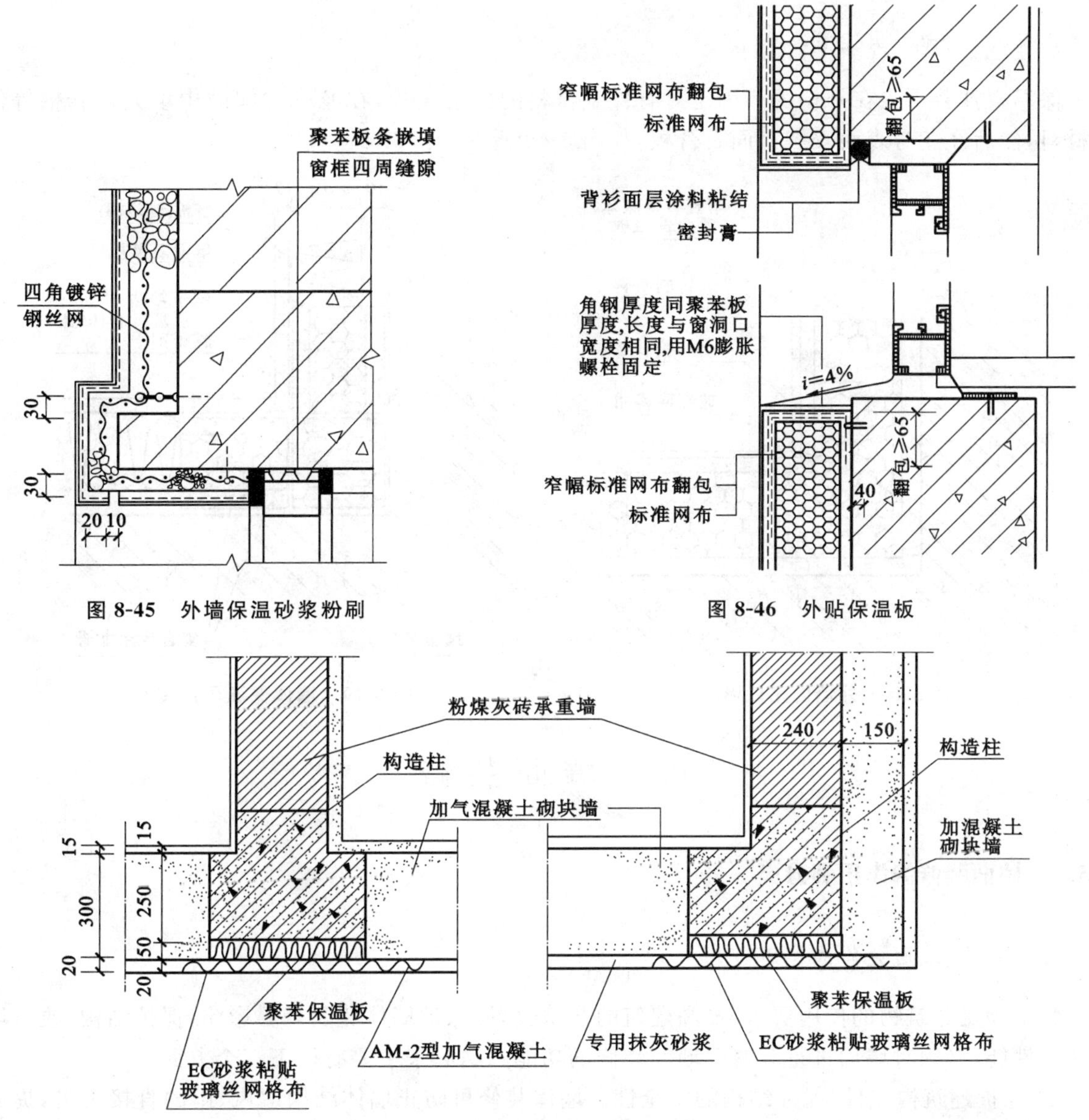

图 8-45 外墙保温砂浆粉刷

图 8-46 外贴保温板

图 8-47 外墙贴保温砌体墙

8.4.2 外墙夹层保温

在设置多道墙体或双层砌体墙的建筑物中,墙体保温材料可以放置在墙板或砌体墙的夹层中,或者并不放入保温材料,只是封闭夹层空间形成静止的空气层,并在里面设置具有较强反射功能的材料,起到阻挡热量外流的作用。

8.4.3 外墙内保温

8.4.3.1 内贴硬质保温材料

内贴保温材料一般在墙体内侧粘贴增强石膏聚苯复合保温板等硬质保温制品,然后在其表面抹涂石膏,并在里面压入玻璃纤维涂塑网格布,最后用腻子抹平,涂料。由于石膏板的防水性能较差,因此在卫生间、厨房等较潮湿的房间内不宜使用增强聚苯石膏板。如图 8-48 所示。

8.4.3.2 保温板挂装

保温板挂装需先在外墙内侧固定衬有保温材料的保温龙骨,在龙骨的间隙中填充入岩棉等保温材料,然后在龙骨表面安装直面石膏板,如图 8-49 所示。

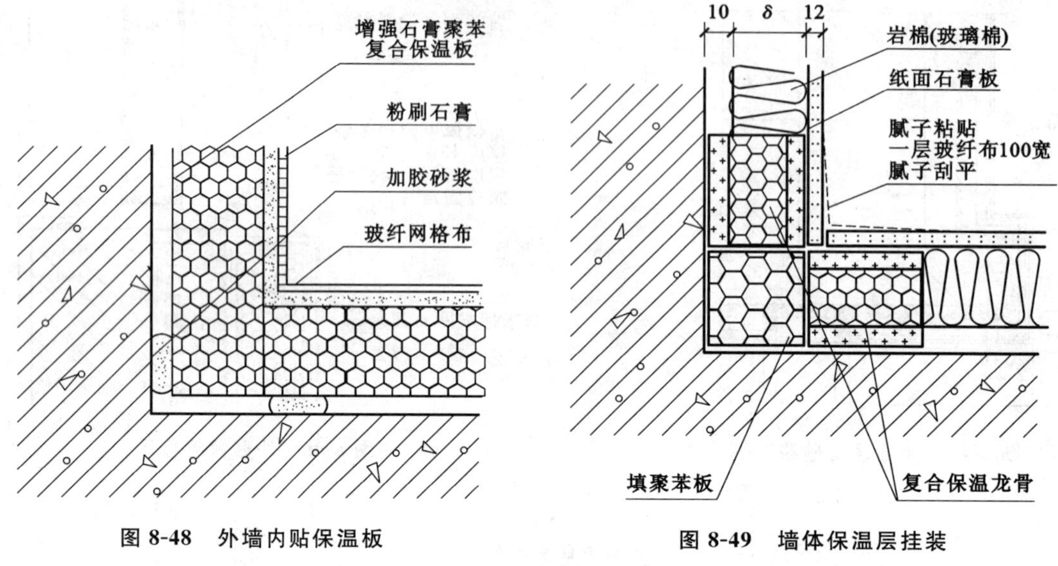

图 8-48 外墙内贴保温板

图 8-49 墙体保温层挂装

8.5 墙面装修

8.5.1 墙面装修的作用和分类

8.5.1.1 墙面装修的作用

为了满足建筑物的使用要求,提高建筑的艺术效果,保护墙体免受外界影响,保护结构、改善墙体热工性能,必须对墙面进行装修。墙面装修的功能归纳起来主要有以下三个方面。

① 保护建筑构配件,保证结构的安全性。墙体装修可防止墙体结构遭风、雨的直接袭击,提高墙体防潮、抗风化和机械碰撞的能力,从而增强了墙体的坚固性和耐久性,使墙体在装修层的保护下不直接受到如磨损、碰撞、雨水等外力破坏,加强隔离作用。

② 改善环境条件,满足住房的使用功能要求。墙体装修可提高环境卫生条件,使墙面易清洁,减少和防止污染;墙面采用浅色装饰材料可反射光线,提高室内照明度;在墙体做内保温或外保温构造可防止热量散失;墙面粉刷可加强墙体面密度,隔绝空气传声。

③ 在美观方面,墙面装修构造通过将不同质感、色彩、纹理、凹凸的材料进行合理的组合,能够恰到好处地表现出建筑物优美、和谐、统一而又丰富的空间环境。

8.5.1.2 墙面装修的分类

墙面装修按其位置不同可分为外墙面装修和内墙面装修两大类。因材料和做法的不同,外墙面装修又分为抹灰类、贴面类、涂料类、铺钉类等;内墙面装修则可分为抹灰类、贴面类、涂料类、裱糊类和铺钉类等,见表 8-6。

表 8-6 **墙体饰面装修分类**

类别	室外装修	室内装修
抹灰类	水泥砂浆、混合砂浆、拉毛、聚合物水泥砂浆、水刷石、干黏石、斩假石、假面砖、喷涂、滚涂等	纸筋灰、麻刀灰粉面、石膏粉面、膨胀珍珠岩灰浆、混合砂浆、拉毛、拉条等
贴面类	外墙面砖、马赛克、水磨石板、天然石板等	釉面砖、人造石板、天然石板等
涂料类	石灰浆、水泥浆、溶剂型涂料、乳液涂料、彩色胶砂涂料、彩色弹涂等	大白浆、石灰浆、油漆、乳胶漆、水溶性涂料、弹涂等
裱糊类	—	塑料墙纸、金属面墙纸、木纹壁纸、花纹玻璃、纤维布、纺织面墙纸及锦缎等
铺钉类	各种金属饰面板、石棉水泥板、玻璃	各种木夹板、木纤维板、石膏板及各种装饰面板等

8.5.2 墙面装修构造

8.5.2.1 抹灰类

抹灰视频

(1) 抹灰类饰面基本层次

抹灰类一般是指用石灰砂浆、混合砂浆、水泥砂浆以及纸筋灰、麻刀灰、石膏灰等作为饰面层的装修做法。它是一种传统的墙面装修方式。其主要优点是材料来源广泛，施工方便，造价低廉；其缺点是现场湿作业量较大，易开裂，耐久性差，因多为手工操作，故工效低，劳动强度大。

墙面抹灰通常由三层构成，即底层(找平层)、中层、面层。如图 8-50 所示。

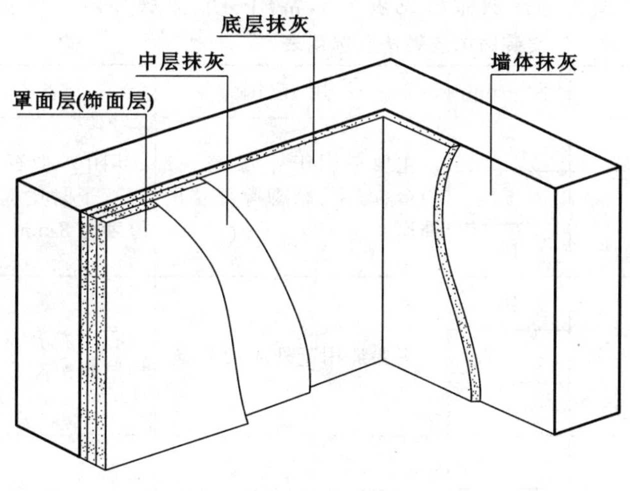

图 8-50 抹灰类饰面基本层次

底层抹灰简称底灰，它的作用是使面层与基层粘牢和初步找平，厚度般为 5～15 mm。底灰的选用与基层材料有关，黏土砖墙、混凝土墙的底灰一般用水泥砂浆、水泥石灰混合砂浆或聚合物水泥砂浆；轻质混凝土砌块墙的底灰多用混合砂浆或聚合物水泥砂浆;板条墙的底灰常用麻刀石灰砂浆或纸筋石灰砂浆。另外,对湿度较大的房间或有防水、防潮要求的墙体,底灰宜选用水泥砂浆。

中层抹灰的作用在于进一步找平,减少由于底层砂浆开裂导致的面层裂缝,同时也是底层和面层的黏结层,其厚度一般为 5～10 mm。中层抹灰的材料可以与底灰相同,也可根据装饰要求选用其他材料。

面层主要起装饰作用,根据所选材料和施工方法形成各种不同性质与外观的抹灰。面层上的刷浆、喷浆或涂料不属于抹灰。

(2) 抹灰类饰面分类及构造做法

① 按质量要求分。

抹灰类饰面按质量要求分为普通抹灰、中级抹灰和高级抹灰三个级别,其标准见表 8-7。为保证抹灰层与基层连接牢固,表面平整均匀,避免裂缝和脱落,在抹灰前应将基层表面的灰尘、污垢、油渍等清除干净,并洒水湿润;同时还要求抹灰层不能太厚,并分层完成,墙面抹灰层的平均总厚度应符合规定。

表 8-7　**抹灰的三种标准**

层次 / 标准	底灰	中灰	面灰	总厚度/mm
普通抹灰	1 层	—	1 层	≤18
中级抹灰	1 层	1 层	1 层	≤20
高级抹灰	1 层	数层	1 层	≤25

② 按饰面面层材料分。

抹灰类饰面按饰面面层材料可分为一般抹灰和装饰抹灰。一般抹灰包括水泥砂浆、混合砂浆、石灰砂浆、纸筋灰、麻刀灰等,构造简单,造价低;装饰抹灰包括水刷石、干黏石、斩假石、拉毛等,工序较复杂,装饰效果较好。常用石碴类装饰抹灰做法见表 8-8,常用一般抹灰类做法见表 8-9。

表 8-8　**常用石碴类装饰抹灰做法及选用表**

种类	做法说明	厚度/mm	适用范围	备注
水刷石	底:1∶3 水泥砂浆	7	主要适用于外墙、窗套、阳台、雨篷、勒脚等部位的饰面	用中 8 厘石子,当用小 8 厘石子时比例为 1∶1.5,厚度为 8 mm
	中:1∶3 水泥砂浆	5		
	面:1∶2 水泥白石子用水刷洗	10		
干黏石	底:1∶3 水泥砂浆	10	主要适用于外墙的装修	石子粒径 3～5 mm,做中层时按设计分格
	中:1∶1∶1.5 水泥石灰砂浆	7		
	面:刮水泥浆、干黏石压平实	1		
斩假石	底:1∶3 水泥砂浆	7	主要用外墙局部加门套、勒脚等装修	—
	中:1∶3 水泥砂浆	5		
	面:1∶2 水泥白石子用斧斩	12		

表 8-9 **常用一般抹灰做法及选用表**

部位		底层		中层		面层		总厚度/mm
		砂浆种类	厚度/mm	砂浆种类	厚度/mm	砂浆种类	厚度/mm	
内墙面	砖墙	石灰砂浆 1∶3	6	石灰砂浆 1∶3	10	纸筋灰浆/普通级做法一遍;中级做法两遍;高级做法三遍;最后一遍用滤浆灰,高级做法厚度为3.5 mm	2.5	18.5
		混合砂浆 1∶1∶6	6	混合砂浆 1∶1∶6	10		2.5	18.5
	砖墙(高级)	水泥砂浆 1∶3	6	水泥砂浆 1∶3	10		2.5	18.5
	砖墙(防潮)	混合砂浆 1∶1∶6	6	混合砂浆 1∶1∶6	10		2.5	18.5
	混凝土	水泥砂浆 1∶3	6	水泥砂浆 1∶2.5	10		2.5	18.5
	加气混凝土	混合砂浆 1∶1∶6	6	混合砂浆 1∶1∶6	10		2.5	18.5
		石灰砂浆 1∶3	6	石灰砂浆 1∶3	10		2.5	18.5
	钢丝网板条	水泥纸筋砂浆 1∶3∶4	8	水泥纸筋砂浆 1∶3∶4	10		2.5	20.5
外墙面	砖墙	水泥砂浆 1∶3	6～8	水泥砂浆 1∶3	8	水泥砂浆 1∶2.5	10	24～26
	混凝土	混合砂浆 1∶1∶6	6～8	混合砂浆 1∶1∶6	8	水泥砂浆 1∶2.5	10	24～26
		水泥砂浆 1∶3	6～8	水泥砂浆 1∶3	8	水泥砂浆 1∶2.5	10	24～26
	加气混凝土	107 胶溶液处理	—	5%107 胶水泥刮腻子	—	混合砂浆 1∶1∶6	8～10	8～10
梁柱	混凝土梁柱	混合砂浆 1∶1∶4	6	混合砂浆 1∶1∶5	10	纸筋灰浆,三次罩面,第三次滤浆灰	3.5	19.5
	砖柱	混合砂浆 1∶1∶6	8	混合砂浆 1∶1∶4	10		3.5	21.5
阳台雨篷	平面	水泥砂浆 1∶3	10	—	—	水泥砂浆 1∶2	10	20
	顶面	水泥纸筋砂浆 1∶3∶4	5	水泥纸筋砂浆 1∶2∶4	5	纸筋砂浆	2.5	12.5
	侧面	水泥砂浆 1∶3	5	水泥砂浆 1∶2.5	6	水泥砂浆 1∶2	10	21
其他	挑檐、腰线、窗套、窗台线、遮阳板	水泥砂浆 1∶3	5	水泥砂浆 1∶2.5	8	水泥砂浆 1∶2	10	23

(3) 细部构造

在内墙抹灰中,当遇到人群活动频繁,易受碰撞或有防水、防潮要求的墙面如门厅、公共走廊、厨房、浴室、厕所等处,为保护墙身,常对一些易受碰撞或易受潮的墙面做保护处理,称之为墙裙。墙裙的高度一般为 1.5 m,个别做到 1.8 m,如图 8-51 所示。

同时,对易受碰撞的内墙凸出的转角处(内墙阳角)或门洞的两侧,常抹以高 1.5 m 的 1∶2 水泥砂浆打底,以素水泥浆捋小圆角进行处理,俗称护角,如图 8-52 所示。

外墙抹灰面积较大,为防止面层开裂和便于操作,或立面处理的需要,常对抹灰面层做分格处理,俗称引条线,如图 8-53 所示。为防止雨水通过引条线渗透入室内,必须做好防水处理,通常利用防水砂浆或其他防水材料做勾缝处理。

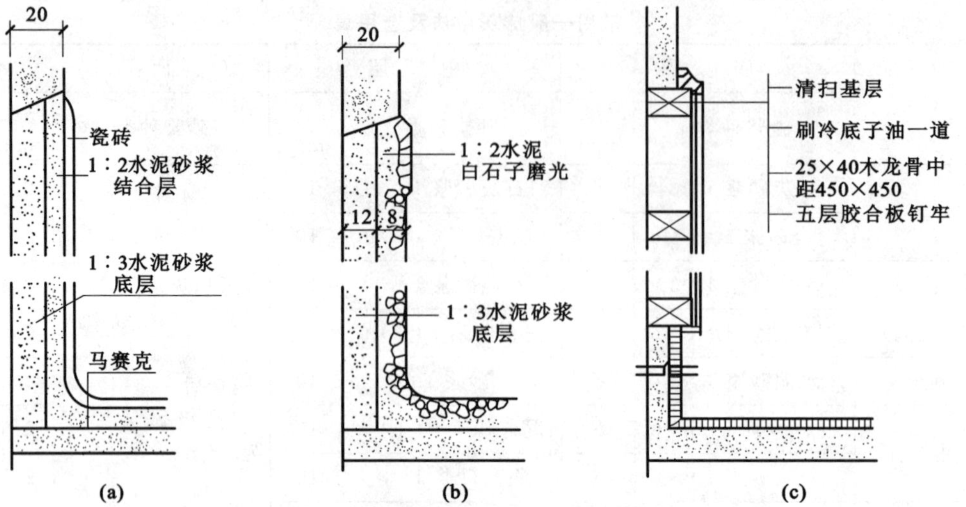

图 8-51 墙裙构造

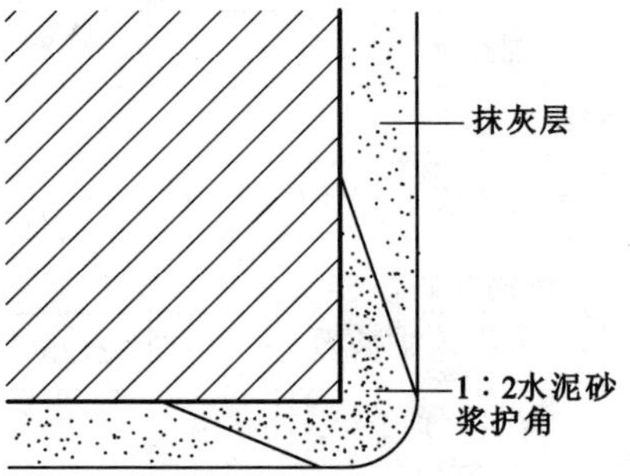

图 8-52 护角构造

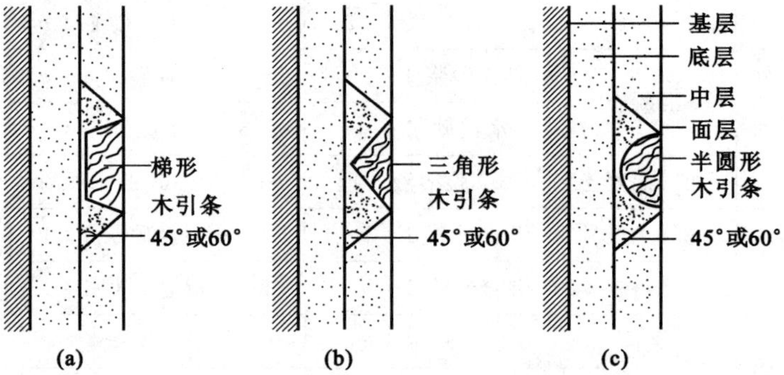

图 8-53 引条线构造

8.5.2.2 贴面类

饰面砖的镶贴视频

贴面类墙面多用于外墙,或潮湿度较大、有特殊要求的内墙,包括陶瓷贴面类墙面、天然石材墙面、人造石材墙面等。

(1) 陶瓷贴面类墙面

① 陶瓷面砖饰面。

陶瓷面砖是以陶土或瓷土为原料,经压制成型煅烧而成的饰面砖,通常分为以下几种。

a. 陶土釉面砖。它色彩艳丽、装饰性强。其规格为 100 mm×100 mm×7 mm,有白、棕、黄、绿、黑等色,具有强度高、表面光滑、美观耐用、吸水率低、耐腐蚀等特点,多用作内、外墙及柱的饰面。

b. 陶土无釉面砖。其俗称面砖,质地坚固、防冻、耐腐蚀,主要用作外墙面装修,有光面、毛面或各种纹理饰面。

c. 瓷土釉面砖。常见的有瓷砖、彩釉墙砖,瓷砖又称瓷片。瓷砖多用作厨房、卫生间的墙裙或卫生要求较高的墙面贴面。彩釉墙砖多用作内、外墙面装修。

一般陶瓷面砖背面有凹凸纹路，有利于粘贴牢固。粘贴前将面砖放入水中浸泡 5～10 min，铺前取出晾干或擦干。面砖安装时，先抹 15 mm 厚 1∶3 水泥砂浆打底找平并刮毛，再抹 5 mm 厚 1∶1水泥细砂砂浆或纯水泥浆粘贴面砖，如果掺入 10%以下的 107 胶时，其厚可减为 2～3 mm 厚。贴于外墙的面砖，常常在面砖之间留有 10 mm 左右的缝隙，以增加材料的透气性。内墙面装修时，其构造多采用 10～15 mm 厚 1∶3 水泥砂浆或 1∶3∶9 混合砂浆打底，8～10 mm 厚 1∶0.3∶3 水泥、石灰膏砂浆黏结层，外贴瓷砖。如图 8-54 所示。

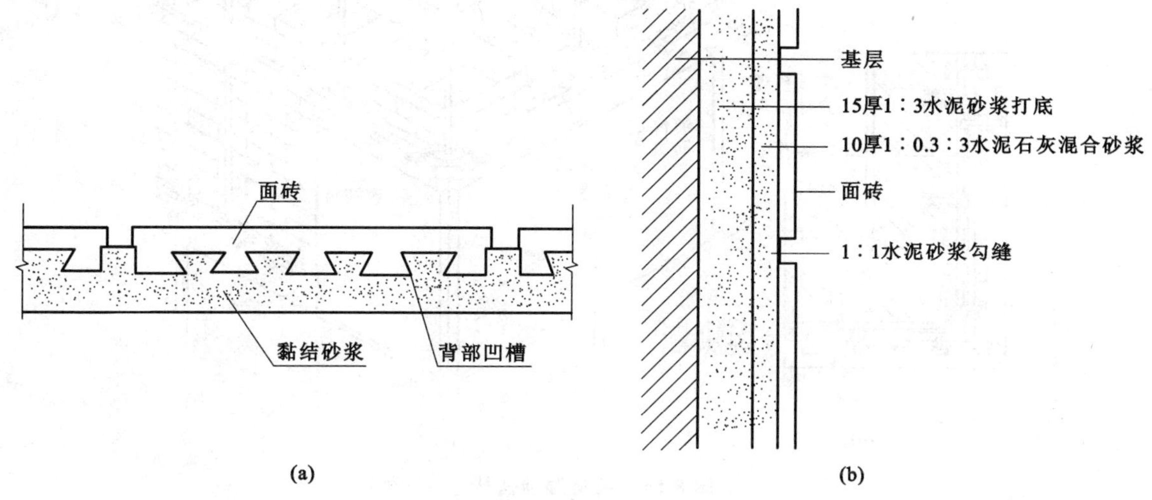

图 8-54 陶瓷面砖饰面构造

② 陶瓷(玻璃)锦砖饰面。

陶瓷(玻璃)锦砖俗称马赛克(玻璃马赛克)，是瓷土无釉砖，是由各种颜色、各种形状的小瓷片拼制而成，生产时将小瓷片拼贴在 300 mm×300 mm 或 400 mm×400 mm 的牛皮纸上，施工时，纸面向上，待砂浆半凝，将纸洗去，校正缝隙，修正饰面。此类饰面质地坚硬、耐磨、耐酸碱、不易变形，价格便宜，但较易脱落。

(2) 石材墙面

① 材料。

天然石材的种类主要有花岗岩和大理石两类。

a. 花岗岩。它又称岩浆岩，其构造密实，抗压强度高，孔隙率、吸水率小、耐磨、抗腐蚀能力强。花岗岩的色彩较多，色泽可以保持很长时间，是较为理想的高级外墙饰面。

b. 大理石。它是一种变质岩，属于中质石材，质地坚密，但表面硬度不大，易加工打磨成表面光滑的板材。大理石的化学稳定性不太好，一般用于室内。大理石的颜色很多，在表面磨光后，纹理雅致、色泽艳丽，为了使其表面美感保持较长的时间，往往在其表面上光打蜡或涂刷有机硅等涂料，以防止腐蚀。

常用人造石材有水磨石、大理石、水刷石、斩假石等，属于复合装饰材料，其色泽纹理不及天然石材，但可人为控制，造价低。

② 石材的安装。

石材材料的平面尺寸较大，边长为 500～2000 mm，厚度可达 40 mm 以上。由于每块板重量大、面积大，常采取绑或挂的做法。

a. 湿挂法。该工艺是先将基层剁毛，打孔，插入或预埋外露 50 mm 以上并弯钩的ϕ6 钢筋，插入主筋和水平钢筋，并绑扎固定。将背后打好孔的板材用双股铜丝或进行过防锈处理的铁件固定在钢筋网上。在板材和墙柱间灌注水泥砂浆,灌浆高度不宜太高,一般少于此块板高的 1/3。待其凝固后,再灌注上一层,依次下去。灌浆完毕后,将板面渗出物擦拭干净,并以砂浆勾缝,最后清洗表面。石材湿挂法构造如图 8-55 所示。

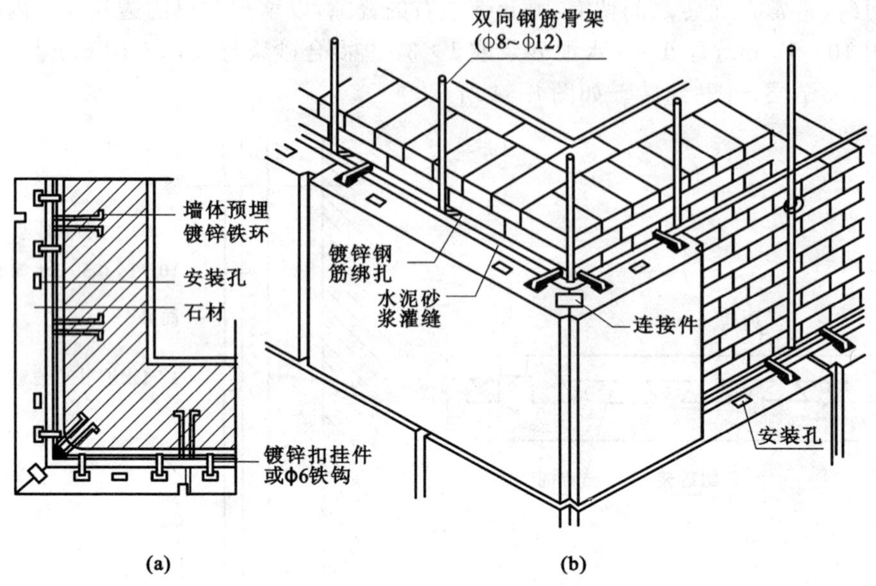

图 8-55　石材湿挂法构造

(a) 平视图;(b) 轴视图

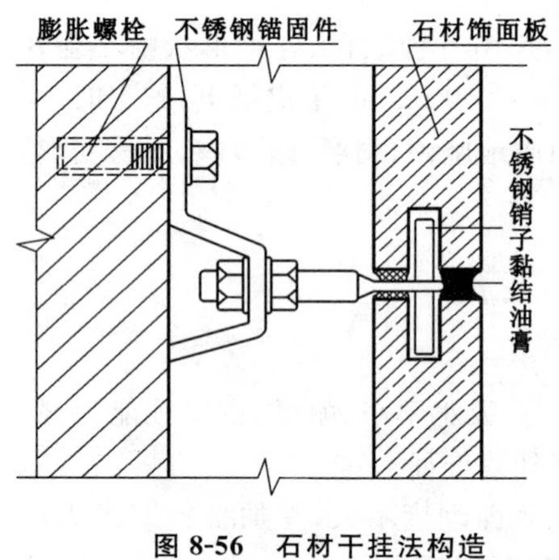

图 8-56　石材干挂法构造

b. 干挂法。该工艺是利用耐腐蚀的螺栓和耐腐蚀的柔性连接件,将连接件预埋、锚固或卡在预留的墙体基层导槽内,另一端插入板材表面的预留孔内,不需再灌浆粘贴,将大理石、花岗石等饰面石材直接挂在建筑结构的外表面,石材与结构之间留出 40～50 mm 的空腔。如图 8-56 所示。

c. 粘贴法。该工艺适用于薄型、尺寸不大的板材,此方法首先要处理好基层,如水泥砂浆打底或涂胶等,然后进行涂抹粘贴。施工时应注意板的就位、挤紧、找平、找正、找直以及顶、卡固定,防止砂浆未达到固化强度时板面移位或脱落伤人。

8.5.2.3　涂料类

涂料类墙面装修是在已做好的墙面基层上,经局部或满刮腻子处理使墙面平整,将各种涂料敷于基层表面,形成完整牢固的膜层,从而起到保护墙面和美观的一种装饰做法。建筑内、外墙面用涂料作饰面是饰面做法中最简便的一种方式。与传统的墙面相比,尽管大多数涂料的使用年限较短,但由于其具有省工,省料、工期短、工效高、自重轻、更新方便、经济等特点,因而涂料是一种很有前途的装饰材料。

建筑中涂料的品种很多,选用时应根据建筑物的使用功能、墙体周围环境、墙身不同部位,以及施工和经济条件等,选择附着力强、耐久、无毒、耐污染、装饰效果好的涂料。

涂料按其成膜物的不同可分无机涂料和有机涂料两大类。无机涂料包括石灰浆、大白浆、水泥浆及各种无机高分子涂料等；有机涂料依其分散介质的不同，分溶剂型涂料、水溶性涂料和乳胶涂料等，如812建筑涂料、106内墙涂料及PA-Ⅰ型乳胶涂料等。设计中，应充分了解涂料的性能特点，合理、正确地选用涂料。

8.5.2.4 裱糊类墙面

裱糊类墙面多用于内墙面的装修，饰面材料的种类很多，有墙纸、墙布、锦缎、皮革、薄木等。下面仅介绍最常用的两种形式——墙纸与墙布的施工方法。

墙纸可分为普通墙纸、发泡墙纸、特种墙纸三大类。它们各有不同的性能：普通墙纸有单色压花和印花压花两种，价格便宜、经济实用；发泡墙纸经过加热发泡，有装饰和吸声双效功能；特种墙纸有耐水、防火等特殊功能，多用于特殊要求的场所。

常用的墙布有玻璃纤维墙布和无纺墙布，玻璃纤维墙布强度大、韧性好、耐水、耐火、可擦洗，但遮盖力较差，且易磨损；无纺墙布色彩鲜艳、不褪色、弹性、透气性好、可擦洗。

糊裱类墙面的基层要坚实牢固、表面平整光洁、色泽一致。在裱糊前要对基层进行处理，首先要清扫墙面、满刮腻子、用砂纸打磨光滑。墙纸和墙布在施工前，要做浸水或润水处理，使其充分膨胀；为了防止基层吸水过快，要先用稀释的107胶满刷一遍，再涂刷黏结剂。然后按先上后下，先高后低的原则，对准基层的垂直准线，用胶辊或刮板将其赶平压实，排除气泡。当饰面无拼花要求时，将两幅材料重叠20～30 mm，用直尺在搭接中部压紧后进行裁切，揭去多余部分，刮平接缝。当有拼花要求时，要使花纹重叠搭接。如图8-57所示。

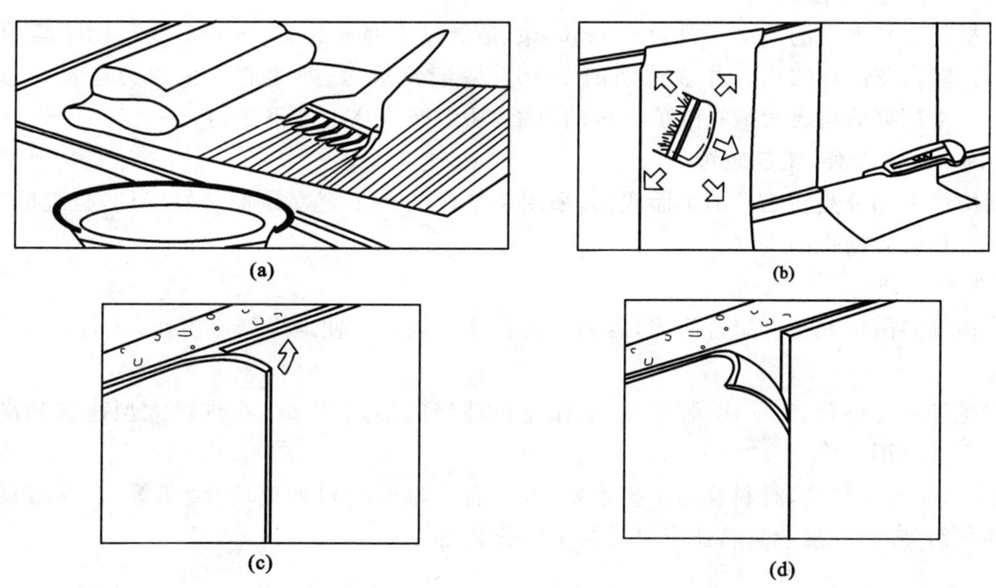

图8-57 裱糊类饰面基本顺序及拼缝

(a) 润纸；(b) 裱贴；(c) 搭接；(d) 对接

8.5.2.5 铺钉类

铺钉类是指利用天然板条或各种人造薄板借助于钉、胶黏等固定方式对墙面进行装修的饰面做法。选用不同材质的面板和恰当的构造方式，可以使这类墙面具有质感细腻，美观大方，或给人以亲切感等不同的装饰效果。同时,还可以改善室内声学等环境效果,满足不同的功能要求。

铺钉类装修构造做法与骨架隔墙的做法类似,是由骨架和面板两部分组成,施工时先在墙面上立骨架(墙筋),然后在骨架上铺钉装饰面板。

8.6 幕　　墙

8.6.1 幕墙的概念和特征

8.6.1.1 幕墙的概念

幕墙是建筑物的外墙围护,不承重,像幕布一样挂上去,故又称为悬挂墙,是现代大型和高层建筑常用的带有装饰效果的轻质墙体。幕墙是由结构框架与镶嵌板材组成,不承担主体结构载荷与作用的建筑围护结构。幕墙范围主要包括建筑的外墙、采光顶(罩)和雨篷。建筑幕墙由面板与支承结构体系(支承装置与支承系统)组成,相对主体结构有一定位移能力或自身有一定变形能力,不承担主体结构所受作用的建筑外围护墙。

8.6.1.2 幕墙的特征

(1) 造型美观,装饰效果好

幕墙打破了传统的建筑造型模式,窗与墙在外形上没有了明显的界线,从而丰富了建筑造型。

(2) 质量轻,抗震性能好

幕墙材料每平方米的质量一般为 30～50 kg,是混凝土墙板的 1/7～1/5,是粉刷砖墙的 1/12～1/10,是大理石、花岗岩饰面湿作业法墙的 1/15。一般建筑内、外墙的质量约为建筑物总重量的 1/5～1/4。采用幕墙可大大减轻围护结构的自重,从而减少基础工程费用。

(3) 施工安装简便,工期较短

幕墙构件大部分是在工厂加工而成的,采用系统化的施工更容易控制好工期,且耗时较短,因而减少了现场安装操作的工序。

(4) 维修方便

幕墙构件多由单元构件组合而成,若局部有损坏可以很方便地维修或更换,从而延长了幕墙的使用寿命。

幕墙是外墙轻型化、工厂化、装配化、机械化较理想的形式,因此,在现代大型建筑和高层建筑上得到了广泛应用。

但是,幕墙造价较高,材料及施工技术要求高,有的幕墙材料如玻璃、金属等,存在着反射光线对环境的光污染问题,玻璃材料还容易破损下坠伤人等。

8.6.2 幕墙的分类

按照所采用的饰面材料不同,幕墙可分为玻璃幕墙、金属幕墙、铝塑板幕墙、石材幕墙、轻质混凝土挂板幕墙等。

(1) 玻璃幕墙

玻璃幕墙主要应用玻璃这种饰面材料,覆盖在建筑物的表面。采用玻璃幕墙作外墙面的建筑物,显得光亮、明快、挺拔,有较好的统一感。

玻璃幕墙制作技术要求高，而且投资大、易损坏、耗能大，所以一般只在重要的公共建筑立面处理中运用。

(2) 金属幕墙

金属幕墙表面装饰材料是利用一些轻质金属(如铝合金、不锈钢等)加工而成的各种压型薄板。这些薄板经表面处理后，作为建筑外墙的装饰面层，不仅美观新颖、装饰效果好，而且自重轻、连接牢靠，耐久性也较好。

(3) 铝塑板幕墙

铝塑板幕墙是利用铝板与塑料的复合板材进行饰面的幕墙。该类饰面具有金属质感，晶莹光亮、美观新颖、豪华，装饰效果好，而且施工简便、连接牢靠，耐久、耐候性也较好，应用相当广泛。

(4) 石材幕墙

石材幕墙是利用天然的或者人造的大理石与花岗岩进行外墙饰面。该类饰面具有豪华、典雅、大方的装饰效果，可点缀和美化环境。该类饰面施工简便、操作安全，连接牢固可靠，耐久、耐候性很好。

(5) 轻质混凝土挂板幕墙

轻质混凝土挂板幕墙是一种装配式轻质混凝土墙板系统。由于混凝土的可塑性较强，墙板可以制成表面有凹凸变化的形式，并喷涂各种彩色涂料。

8.6.3 幕墙的组成材料

幕墙主要由骨架材料、饰面板及封缝材料组成。为了安装固定和修饰完善幕墙，还应配有连接固定件和装饰件等。

8.6.3.1 骨架材料

幕墙骨架是幕墙的支撑体系，它承受面层传来的荷载，然后将荷载传给主体结构。幕墙骨架一般采用型钢、铝合金型材和不锈钢型材等材料，另外还有用于各种连接与固定型材的连接件和紧固件。

(1) 型钢

型钢多用工字形钢、角钢、槽钢、方管钢等，钢材的材质以 Q235 为主，这类型材强度高，价格较低，但维修费用高。

(2) 铝合金型材

铝合金型材多为经特殊挤压成型的铝镁合金型材，并经阳极氧化着色表面处理。型材规格及断面尺寸是根据骨架所处位置、受力特点和大小决定的。型材价格较高，但构造合理，安装方便，装饰效果好。

(3) 不锈钢型材

不锈钢型材一般采用不锈钢薄板压弯或冷轧制造成钢框格或竖框，造价高，规格少。

(4) 连接固定件

固定件主要有金属膨胀螺栓、普通螺栓、拉铆钉、射钉等；连接件多采用角钢、槽钢、钢板加工而成，其形状随应用部位的不同和用于幕墙结构的不同而变化。连接件应选用镀锌件或者对其进行防腐处理，以保证其具有较好的耐腐蚀性、耐久性和安全可靠性。一般多采用角钢垫板和螺栓，采用螺栓连接可以调节幕墙变形，如图 8-58 所示。

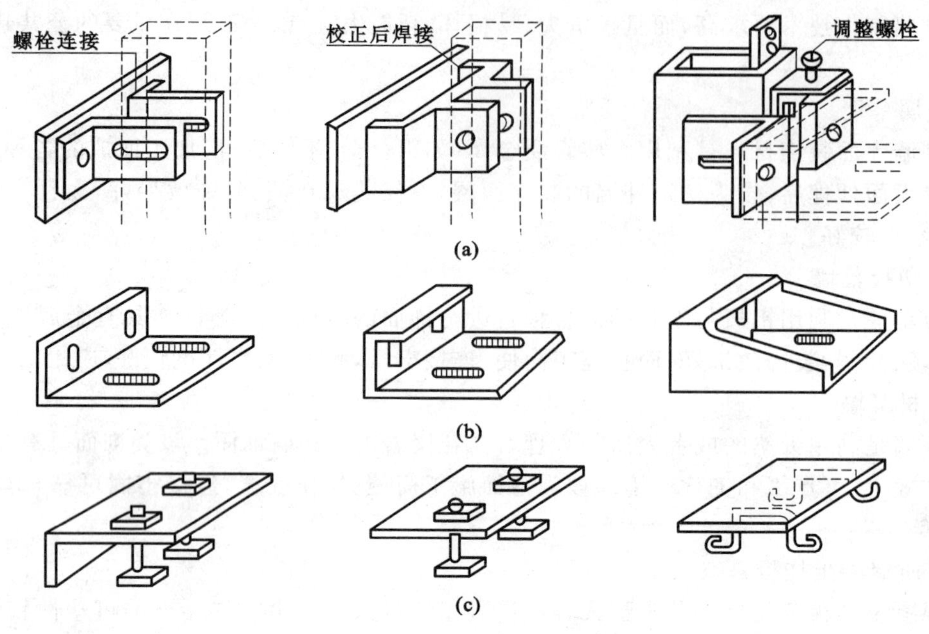

图 8-58 幕墙连接件固定件

(a) 连接件;(b) 转接件;(c) 预埋件

8.6.3.2 饰面板

常用节能玻璃图

(1) 玻璃

浮法玻璃具有两面平整、光洁的特点,比一般平板玻璃光学性能优良;热反射玻璃(镜面玻璃)能通过反射掉太阳光中的辐射热而达到隔热目的;镜面玻璃能映照附近景物和天空,可产生丰富的立面效果;吸热玻璃的特点是能使可见光透过而限制带热量的红外线通过,其价格适中,应用较多;中空玻璃具有隔声和保温的功能效果。此外还有夹层玻璃、夹丝玻璃和钢化玻璃等。

(2) 金属薄板材料

用于建筑幕墙的金属板有铝合金、不锈钢、搪瓷涂层钢、铜等薄板,其中铝板使用最为广泛,比较高级的建筑用不锈钢板。表面质感有平板和凹凸花纹板两种。铝合金幕墙板材的厚度一般在 1.5～2 mm,建筑的底层部位要求厚一些,这样抗冲击性能较强。

为了达到建筑外围护结构的热工要求,金属墙板的内侧均要用矿棉等材料作保温材料和隔热层。

8.6.3.3 封缝材料

封缝材料是用于幕墙与框格、框格与框格相互之间缝隙的材料,如填充材料、密封材料和防水材料等。

填充材料主要用于幕墙型材凹槽两侧间隙内的底部,起填充作用,以避免玻璃与金属之间的硬性接触,起缓冲作用。一般多为聚乙烯泡沫胶系,也可用橡胶压条。

密封材料采用较多的是橡胶密封条，嵌入玻璃两侧的边框内，起密封、缓冲和固定压紧的作用。

8.6.3.4 防水材料

防水材料主要是封闭缝隙和黏结，常用的是硅酮系列密封胶。在玻璃装配中，硅酮胶常与橡胶密封条配合使用，内嵌橡胶条，外封硅酮胶。

8.6.3.5 装饰件

装饰件主要包括后衬墙（板）、扣盖件，以及窗台、楼地面、踢脚、顶棚等与幕墙相接处的构部件，起装饰、密封与防护的作用。

8.6.4 幕墙的构造设计原则

① 满足强度和刚度要求。幕墙的骨架和饰面板都需要考虑自重和风荷载的作用，幕墙及其构件都必须有足够的强度和刚度。

② 满足温度变形和结构变形要求。由于内外温差和结构变形的影响，幕墙可能产生胀缩和扭曲变形，因此，幕墙与主体结构之间、幕墙元件与元件之间均应采用“柔性连接”。

③ 满足围护功能要求。幕墙是建筑物的围护构件，墙面应具有防水、挡风、保温、隔热及隔声等能力。

④ 满足防火要求。应根据防火规范采取必要的防火措施等。

⑤ 保证装饰效果。幕墙的材料选择，立面划分均应考虑其外观质量。

⑥ 做到经济合理。幕墙的构造设计应综合考虑上述原则，做到安全、适用、经济、美观。

8.6.5 玻璃幕墙

玻璃幕墙是指由支承结构体系与玻璃组成的、相对主体结构有一定位移能力、不分担主体结构所受作用的建筑外围护结构或装饰结构。墙体有单层玻璃和双层玻璃两种。玻璃幕墙是一种美观新颖的建筑墙体装饰方法，是现代主义高层建筑时代的显著特征。

8.6.5.1 玻璃幕墙的类型

根据玻璃的连接构造方式，可分为明骨架（明框式）体系、暗骨架（隐框式）体系和无骨架（无框式）体系三种。

① 明骨架（明框式）体系的幕墙玻璃镶在金属骨架框格内，骨架外露，这种体系又分为竖框式、横框式及框格式等几种形式，如图 8-59 所示。明骨架（明框式）体系玻璃安装牢固、安全可靠。

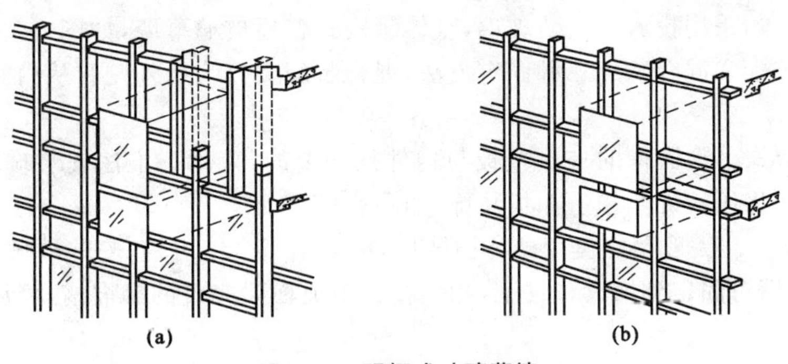

(a)　　(b)

图 8-59 明框式玻璃幕墙

(a) 竖框式；(b) 框格式

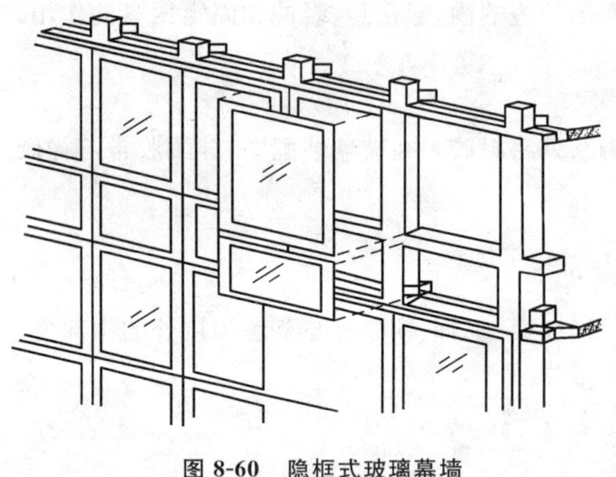

图 8-60 隐框式玻璃幕墙

② 暗骨架(隐框式)体系的幕墙玻璃是用胶黏剂直接粘贴在骨架外侧的,幕墙的骨架不外露,装饰效果好,但玻璃与骨架的粘贴技术要求高,如图 8-60 所示。

③ 无骨架(无框式)玻璃幕墙体系的主要受力构件就是该幕墙饰面构件本身——玻璃。该幕墙利用上下支架直接将玻璃固定在主体结构上,形成无遮挡的透明墙面。由于该幕墙玻璃面积较大,为加强自身刚度,每隔一定距离粘贴一条垂直的玻璃肋板,称为肋玻璃,面层玻璃则称为面玻璃,该类幕墙也称为全玻璃幕墙,如图 8-61 所示。玻璃镶嵌安装如图 8-62 所示。

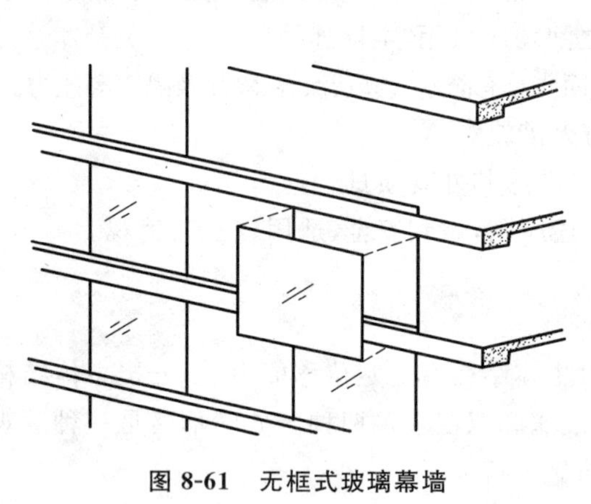

图 8-61 无框式玻璃幕墙

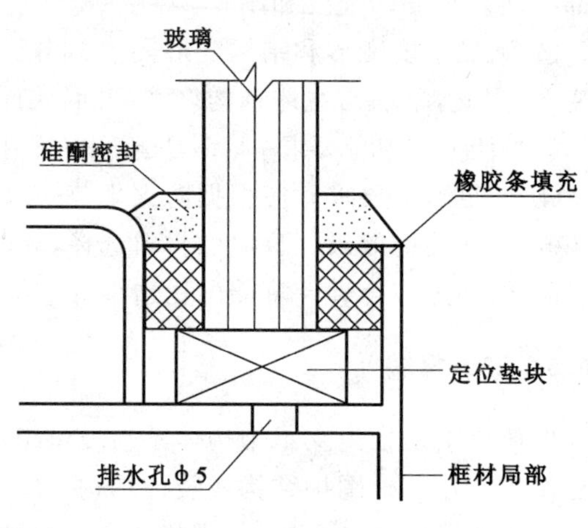

图 8-62 玻璃镶嵌安装

8.6.5.2 明框式玻璃幕墙

(1) 明框式玻璃幕墙的形式

明框式玻璃幕墙也称为普通玻璃幕墙,分为整体镶嵌槽式、组合镶嵌槽式和混合镶嵌槽式三种。

① 整体镶嵌槽式。镶嵌槽和杆件是一个整体,镶嵌槽外侧槽板与构件是整体连接的,在挤压型材时就是一个整体,采用投入法安装玻璃,整体镶嵌式普通玻璃幕墙,如图 8-63 所示。其定位后有干式装配、湿式装配和混合装配三种固定方法,混合装配又分为从外侧和从内侧安装玻璃两种做法。如图 8-64 所示。

② 组合镶嵌槽式。镶嵌槽的外侧槽板与构件是分离的,采用平推法安装玻璃,玻璃安装定位后压上压板,用螺栓将压板外侧扣上扣板装饰,如图 8-65 所示。

③ 混合镶嵌槽式。一般是立梃用整体镶嵌槽,横梁用组合镶嵌槽,安装玻璃用左右投装法,玻璃定位后将压板用螺钉固定到横梁杆件上,扣上扣板形成横梁完整的镶嵌槽,可从外侧或内侧安装玻璃,如图 8-66 所示。

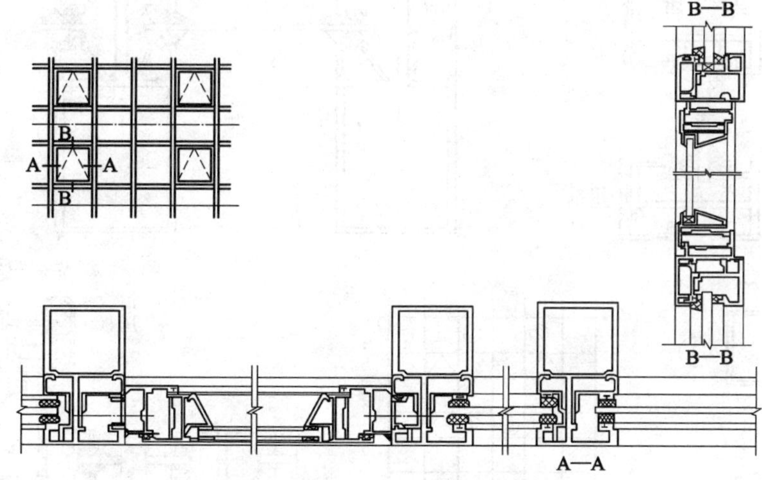

图 8-63 整体镶嵌槽式普通玻璃幕墙

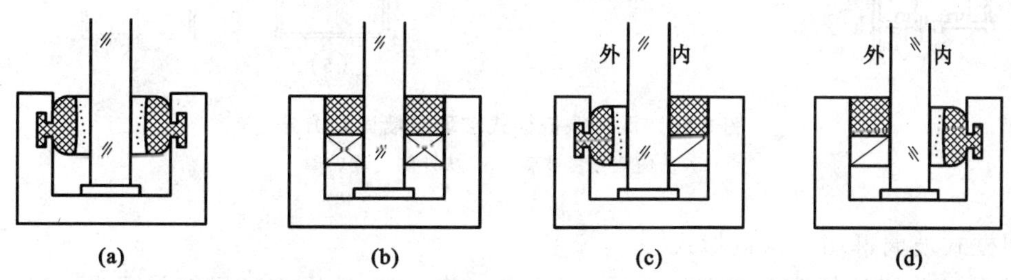

图 8-64 整体镶嵌槽式玻璃幕墙固定方法

(a) 干式装配；(b) 湿式装配；(c) 混合装配(内侧安装玻璃)；(d) 混合装配(外侧安装玻璃)

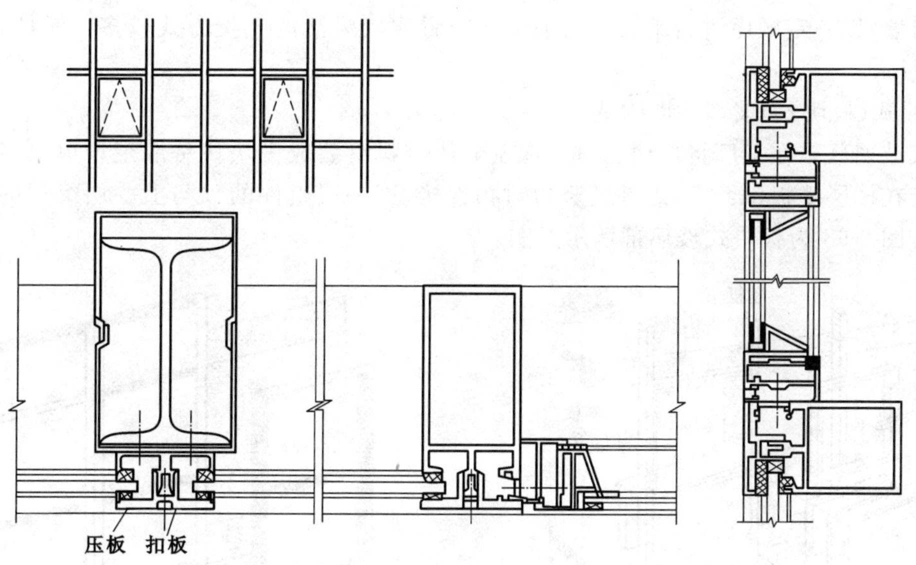

图 8-65 组合镶嵌槽式玻璃幕墙固定方法

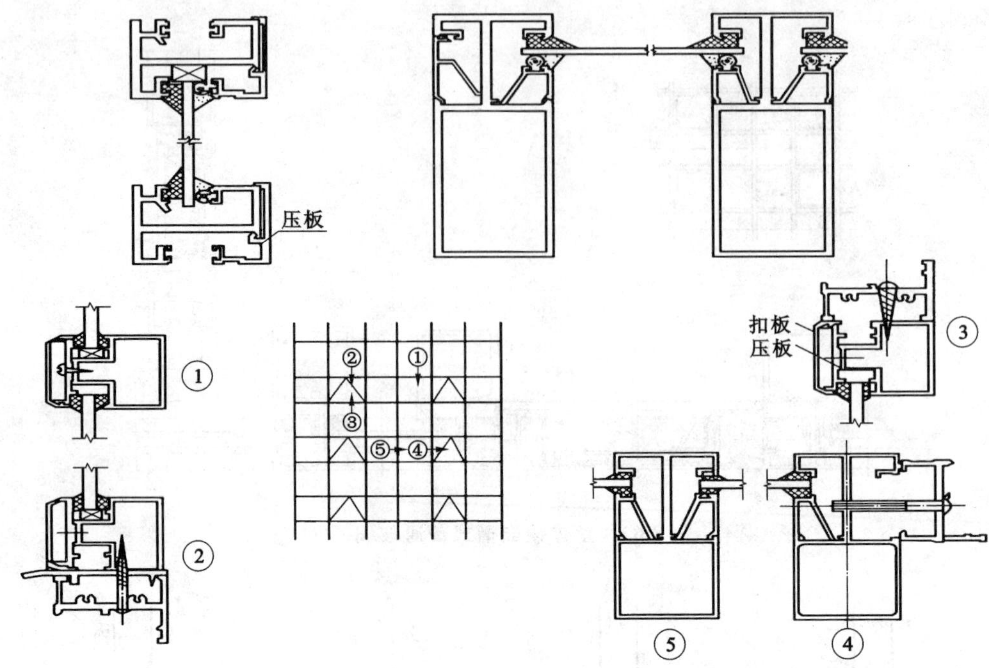

图 8-66　混合镶嵌槽式玻璃幕墙固定方法

(a) 从内侧安装玻璃;(b) 从外侧安装玻璃

(2) 明框式玻璃幕墙的构造形式

明框式玻璃幕墙的构造形式有元件式(分件式)、单元式(板块式)、元件单元式、嵌板式、包柱式五种。在此仅介绍元件式玻璃幕墙与单元式玻璃幕墙的有关构造。

① 元件式(分件式)玻璃幕墙构造。

幕墙用一根元件(竖梃、横梁)安装在建筑物主体框架上形成框格体系,再将金属框架、玻璃、填充层和内衬墙,以一定顺序进行组装。目前采用布置比较灵活的竖梃方式较多。元件式玻璃幕墙如图 8-67 所示。

② 单元式(板块式)玻璃幕墙构造。

板块式玻璃幕墙在工厂将玻璃、铝框、保温隔热材料组装成一块块幕墙定型单元,安装时将单元组件固定在楼层楼板(梁)上,组件的竖边对扣连接,下一层组件的顶与上一层组件的底,其横框对齐连接。图 8-68 为板块式玻璃幕墙示意图。

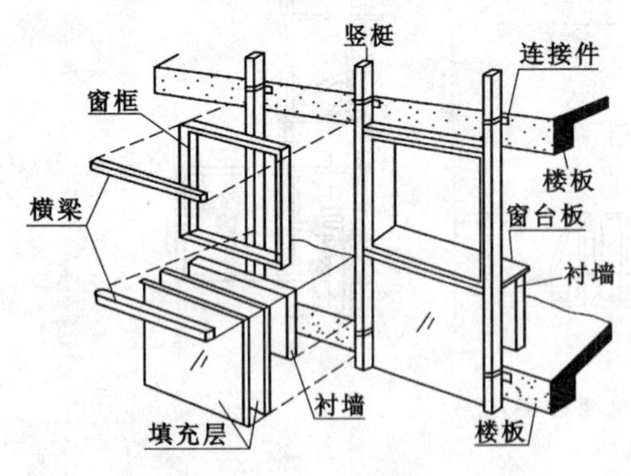

图 8-67　元件式玻璃幕墙示意图

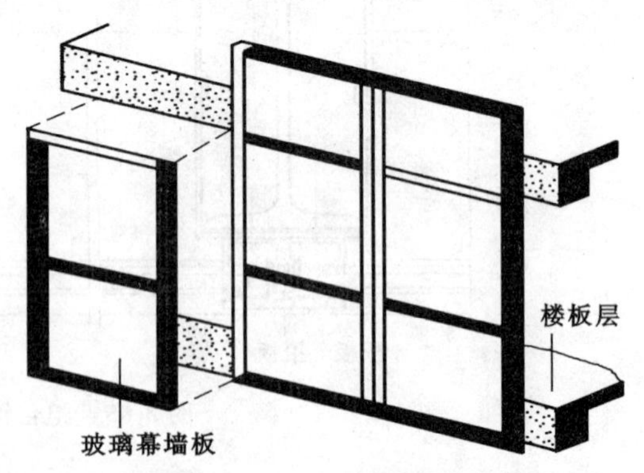

图 8-68　板块式玻璃幕墙示意图

幕墙板之间必须留有一定的变形缝隙，空隙之间用V形和W形胶条封闭，如图8-69所示。为了起到防震和适应结构变形的作用，幕墙板与主体结构的连接应考虑柔性连接，图8-70为幕墙板与框架梁的连接详图。

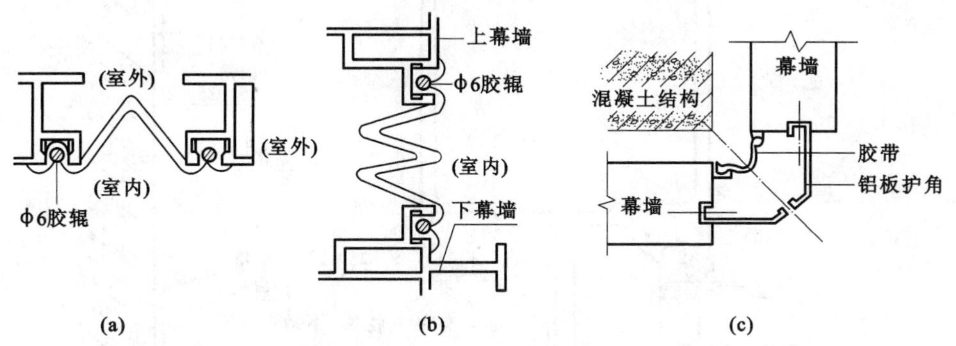

图8-69 幕墙之间的胶带封闭构造

(a) V形胶带用于垂直方向；(b) W形胶带用于水平方向；(c) V形胶带用于转角方向

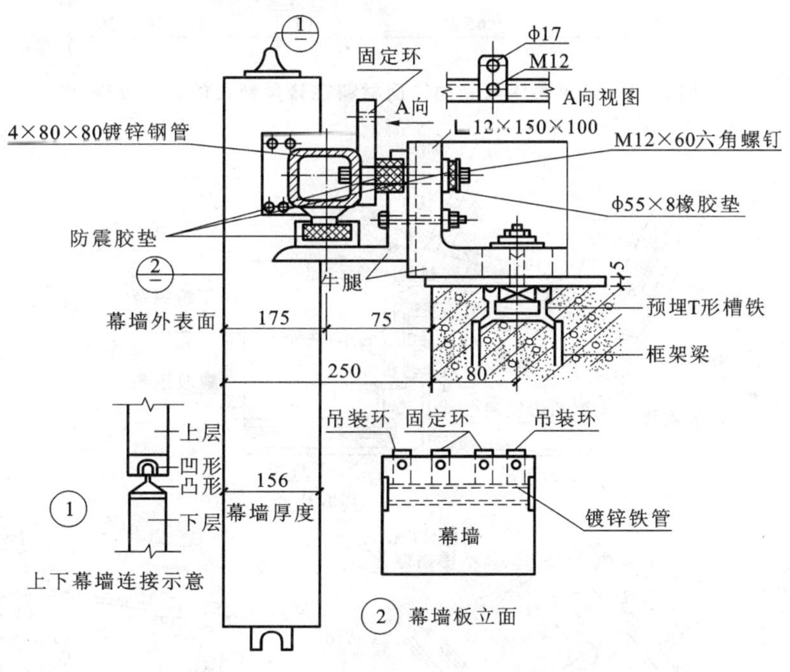

图8-70 板块式幕墙与结构的连接

(3) 明框式玻璃幕墙的节点构造

① 转角部位的构造。

a. 直角转角。如图8-71所示为玻璃幕墙与其他饰面材料在转角部位的构造处理。

b. 钝角转角。如图8-72所示为外墙在钝角情况下的构造处理。

c. 外直角转角。如图8-73所示为玻璃幕墙90°外转角部位处理，用通长的铝合金板过渡。

② 沉降缝部位的构造做法。

玻璃幕墙在沉降缝部位的构造做法应适应主体构造的沉降、伸缩的要求，并要使该部位既美观又具有良好的防水性能。如图8-74所示为沉降缝处理做法的构造大样。

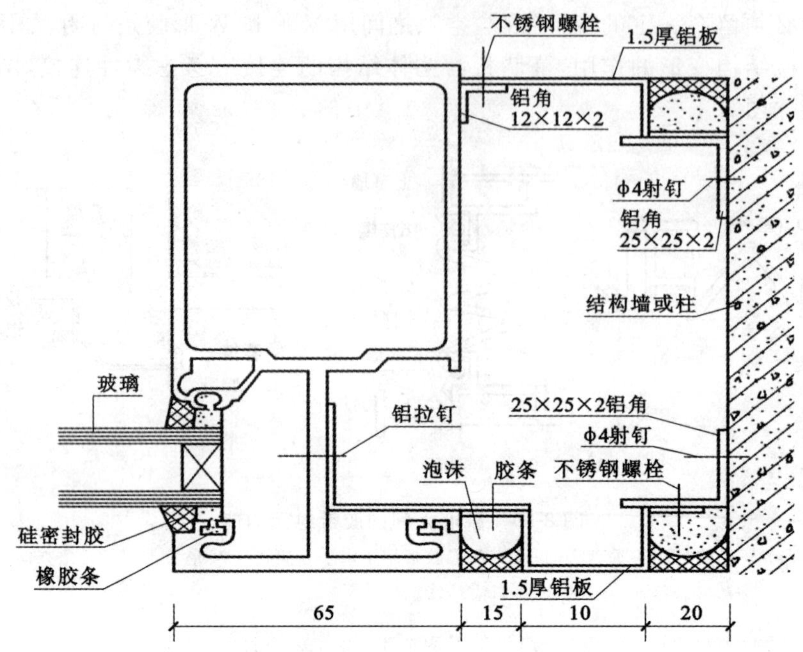

图 8-71　玻璃幕墙与其他饰面材料在转角部位的构造处理

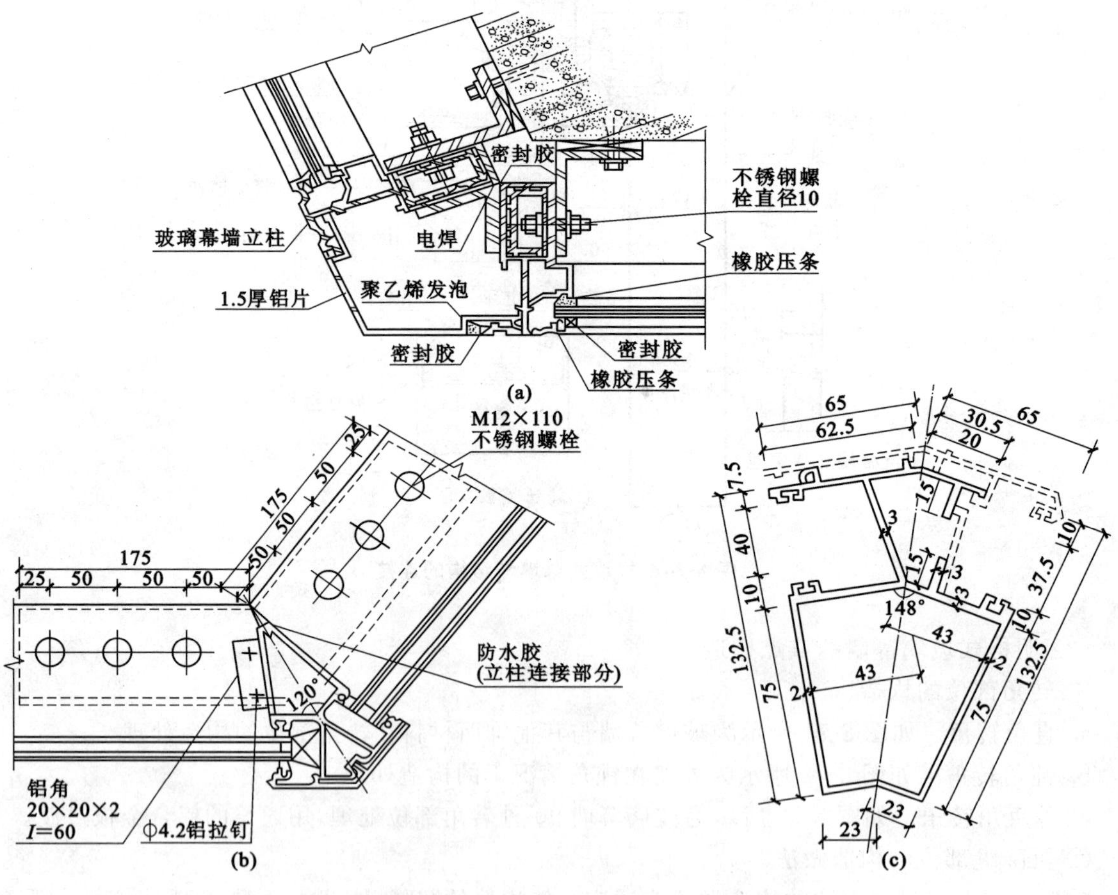

图 8-72　墙面转角钝角部位处理

(a) 转角处理；(b) 立柱转角处理；(c) 148°转角横档断面

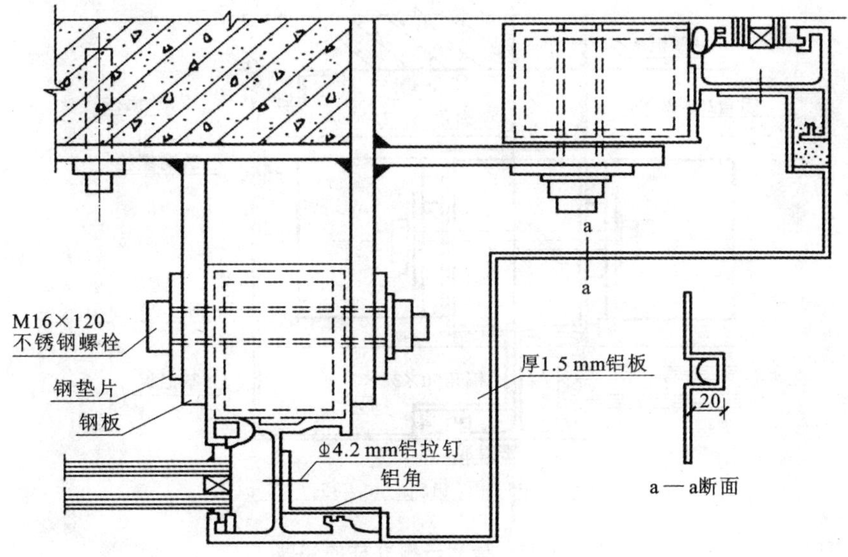

图 8-73 90°外转角构造处理

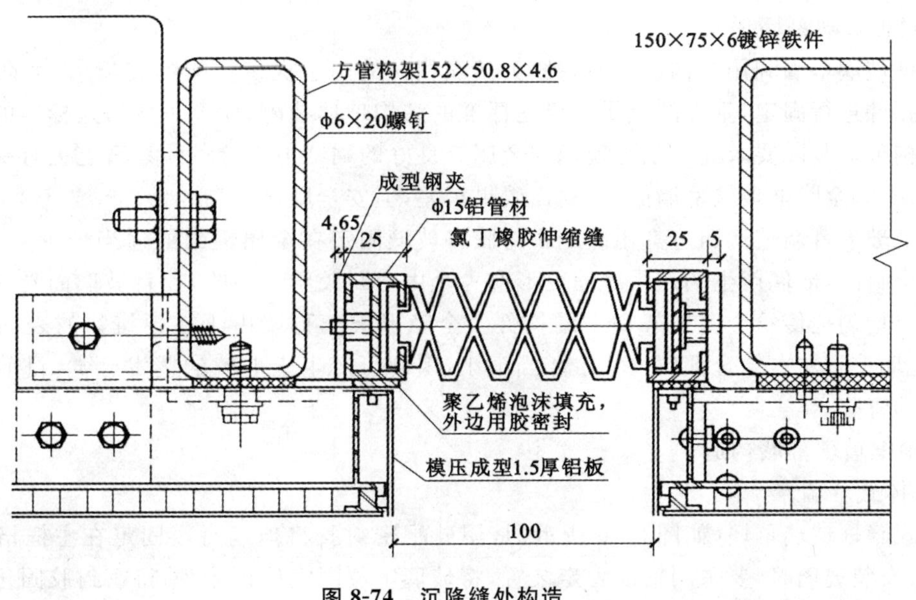

图 8-74 沉降缝处构造

③ 玻璃幕墙的收口构造处理。

最后一根竖梃侧面的收口：最后面的一根竖梃的一侧面已没有幕墙与之相连，需要进行封固。如图 8-75 所示，该节点采用 1.5 mm 厚铝合金板，将幕墙骨架全部包住。

④ 幕墙的防火构造。

《高层民用建筑设计防火规范(2005 版)》(GB 500 45—1995)对玻璃幕墙的防火做了专门规定：窗间墙、窗槛墙的填充材料应采用非燃材料，如其外墙面采用耐火极限不低于 1 h 的非燃材料，则其墙内填充材料可采用难燃材料；无窗间墙和窗槛墙的玻璃幕墙，应在每层楼板外沿设置不低于 800 mm 高的实体墙裙，或在玻璃幕墙内侧每层设自动喷水装置，且喷头间距不应大于 2000 m；玻璃幕墙与每层楼梯、隔断处的缝隙，必须用非燃材料严密填实。

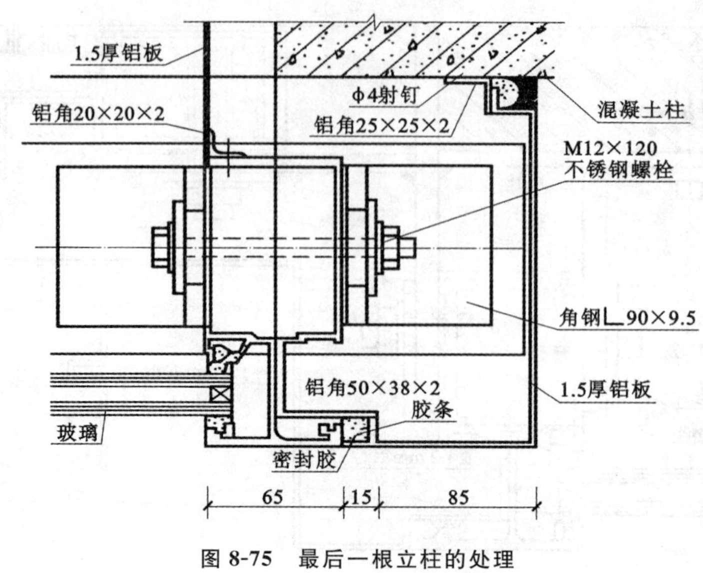

图 8-75　最后一根立柱的处理

8.6.5.3　隐框式玻璃幕墙

(1) 隐框玻璃幕墙形式

半隐框玻璃幕墙利用结构硅酮密封胶为玻璃相对的两边提供结构的支持力,另两边则用框料和机械性扣件进行固定,垂直的金属竖梃是标准的结构玻璃装配,而上下两边是标准的镶嵌槽夹持玻璃。结构玻璃装配要求硅酮胶对玻璃与金属有良好的黏结力。这种体系看上去有一个方向的金属线条,虽不如全隐框玻璃幕墙简洁,立面效果稍差,但安全度比较高。

全隐框玻璃幕墙玻璃四边都用硅酮密封胶将玻璃固定在金属框架的适当位置上,其四周用强力密封胶全封闭,玻璃产生的热胀冷缩变形应力全由密封胶给予吸收,而且玻璃面受的水平风压力和自重也更均匀地传给金属框架和主结构件。全隐形玻璃幕墙由于在建筑物的表面不显露金属框,而且玻璃上下左右结合部位尺寸也相当窄小,因而可产生全玻璃的艺术感觉,目前受到旅馆和商业建筑的青睐。

(2) 隐框玻璃幕墙构造

① 整体式幕墙。

整体式隐框玻璃幕墙(如图 8-76 所示)是用硅酮密封胶将玻璃直接固定在主框格体系的竖梃和横梁上,安装玻璃时,要采用辅助固定装置,将玻璃定位固定后再涂胶,待密封胶固化后能承受力的作用时,才能将辅助固定装置拆除。

② 分离式幕墙。

分离式隐框玻璃幕墙是将玻璃用结构玻璃装配的方法固定在副框上,组合成一个结构玻璃装配组件,再将结构玻璃装配组件固定到主框竖梃(横梁)上。分离式幕墙有一次分离与二次分离两种做法。一次分离是利用结构玻璃装配组件的副框本身与主框相连的,有内嵌式和外扣式两种形式;二次分离是用另外的固定件将结构玻璃装配件固定在主框上的,有外挂内装固定式、外挂外装固定式、外礅外装固定式三种形式。

a. 内嵌式。它是将结构玻璃装配组件副框的框脚嵌入主框凸脊一定深度,用螺栓将两者固定。玻璃内侧与建筑物的梁(柱)之间要有不小于 300 mm 的操作间隙,保证将螺栓固定好,如图 8-77 所示。

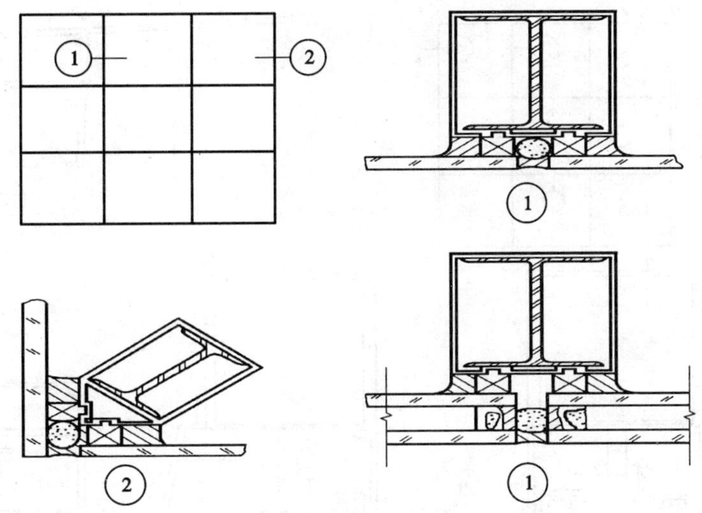

图 8-76 整体式隐框幕墙

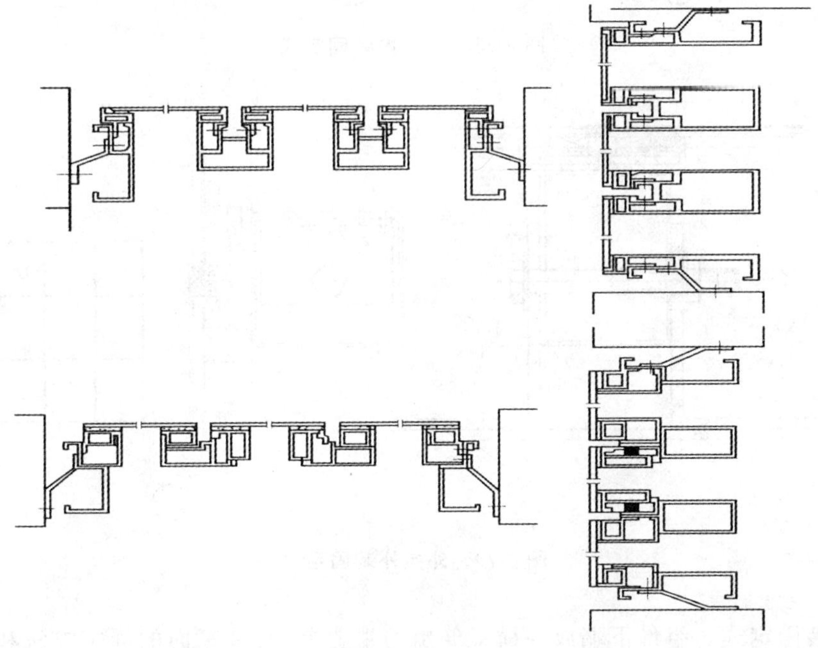

图 8-77 内嵌式

b. 外扣式。它使用的型材与内嵌式类型相同，但安装方法改为外扣，在主框凸脊的位置上（一般间距不大于 500 mm）用螺栓固定 ϕ8 mm 的圆铝管，在副框框脚的相应位置上作一开口长圆形槽，安装时将结构玻璃装配组件推到主框凸脊内圆管的上方，将组件固定。

c. 外挂内装固定式。在安装结构玻璃组件时，先将组件挂在横梁下方的横钩上，再在内侧将组件其余三面用固定片固定到主框上。如图 8-78 所示。

d. 外挂外装固定式。将组件挂在横梁的挂钩上，组件其余三面用固定片固定到主框上，安装固定片全部在外侧进行。如图 8-79 所示。

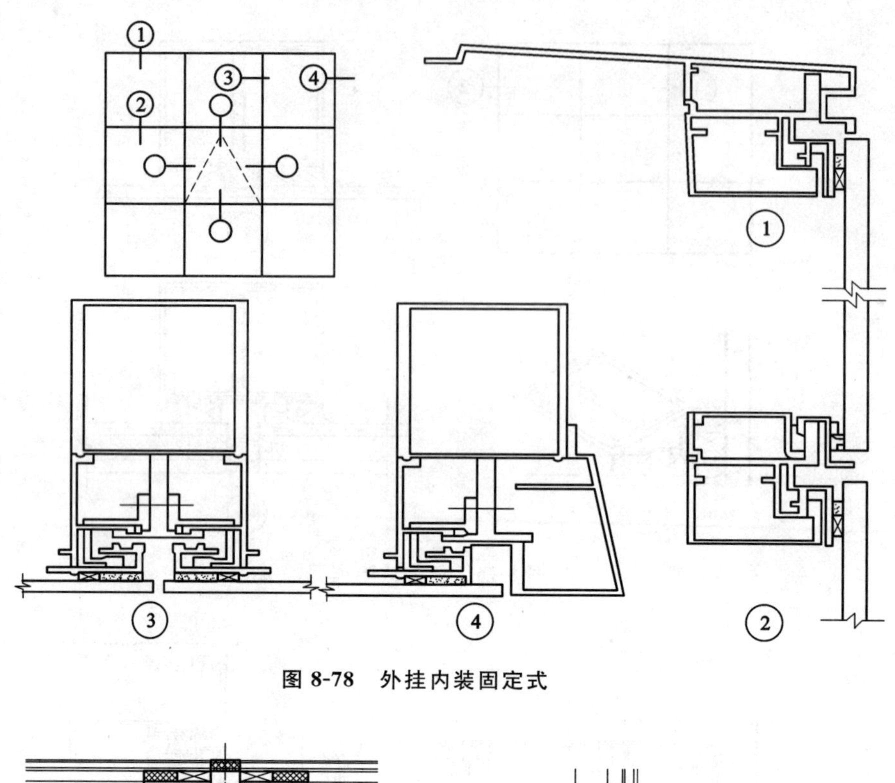

图 8-78　外挂内装固定式

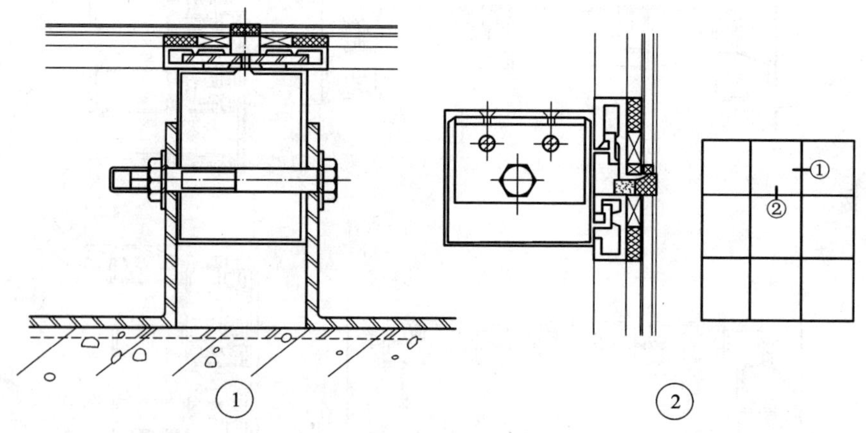

图 8-79　外挂外装固定式

e. 外礅外装固定式。组件下端放在横梁伸出的牛腿上，其余三面的固定方法和要求与外挂外装固定式相同。如图 8-80 所示。

8.6.5.4　无框式玻璃幕墙

由于无框式玻璃幕墙无支撑骨架，为此玻璃可以采用大块饰面，以使幕墙的通透感更强，视线更加开阔，立面更为简洁生动。因受到玻璃本身强度的限制，此类幕墙一般只用于首层。这种悬挂式玻璃幕墙除了设有大面积的面部玻璃外，为了增强玻璃墙面的刚度，必须每隔一定的距离加设与面部玻璃相垂直的条型肋玻璃作为加强肋板，以保证玻璃幕墙整体在风压作用下的稳定性。

全玻璃幕墙的支承系统分为悬挂式、支承式和混合式三种，如图 8-81 所示。

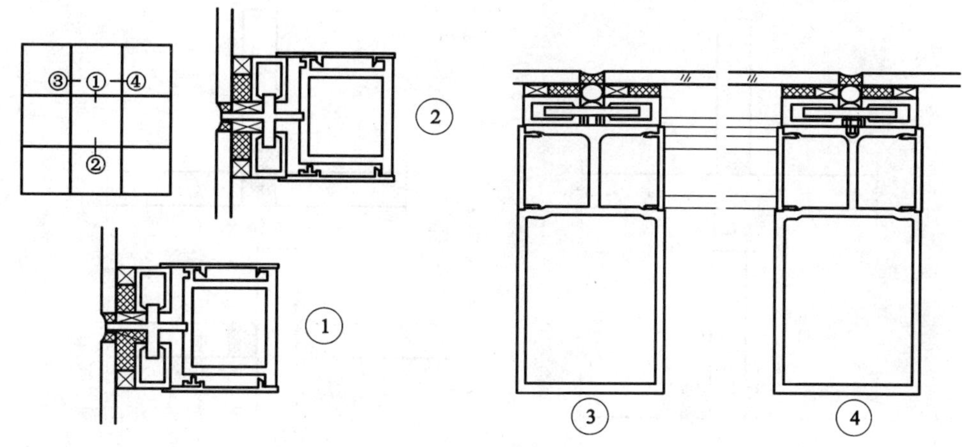

图 8-80 外磁外装固定式

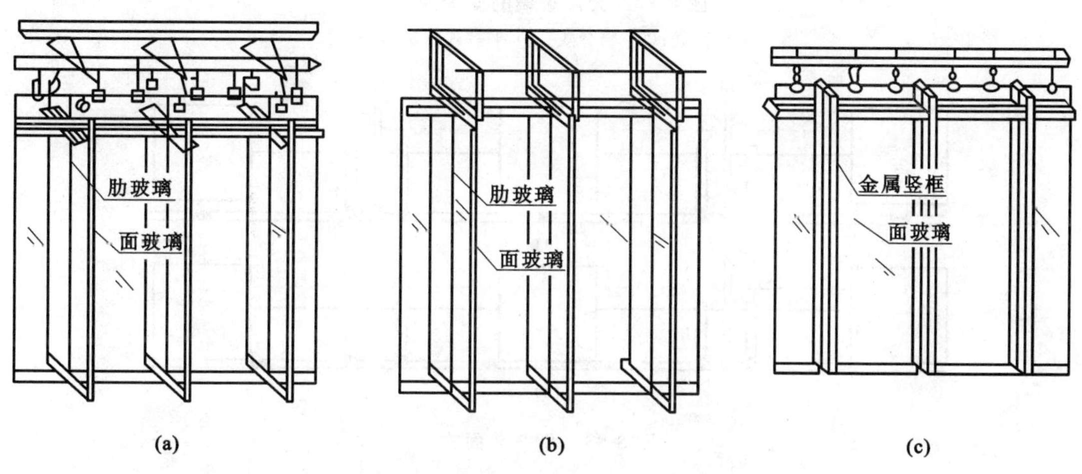

图 8-81 全玻璃幕墙的支承系统示意图

(a) 悬挂式;(b) 支承式;(c) 混合式

(1) 大片玻璃的支承形式

全玻璃幕墙中大片玻璃支承在玻璃框架上的形式有后置式、骑缝式、平齐式和突出式四种。

① 后置式。玻璃翼(脊)置于大片玻璃的后部,用密封胶与大片玻璃黏结成一个整体。如图 8-82(a)所示。

② 骑缝式。玻璃翼部位于大片玻璃的接缝处,用密封胶将三块玻璃连接在一起,并将两块大玻璃之间的缝隙密封。如图 8-82(b)所示。

③ 平齐式。玻璃翼(脊)位于两块大玻璃之间,玻璃翼的一侧与大片玻璃表面平齐,玻璃翼与两块大玻璃之间用密封胶黏结并密封。如图 8-82(c)所示。

④ 突出式。玻璃翼(脊)位于两块大玻璃之间,两侧均突出大片玻璃表面,玻璃翼与大片玻璃之间用密封胶黏结并密封。如图 8-82(d)所示。

(2) 全玻璃幕墙跨层使用时的布置方式

全玻璃幕墙跨层时平面上有平齐墙面式、突出墙面式、内嵌墙体式三种布置方法。

① 平齐墙面式。大片玻璃的外表面与建筑物装饰面平齐,大片玻璃从玻璃翼挑出,盖住柱(墙),如图 8-83(a)所示;或在墙(柱)边与柱(墙)相交,如图 8-83(b)所示。交接处均需用密封胶填缝。垂直玻璃翼上下两片间设水平玻璃支承,均用密封胶黏结密封。

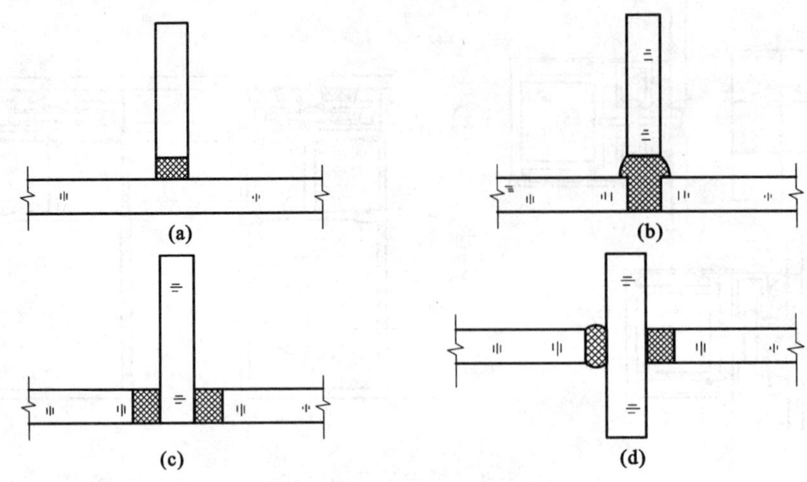

图 8-82　大片玻璃的支承形式

(a) 后置式;(b) 骑缝式;(c) 平齐式;(b) 突出式

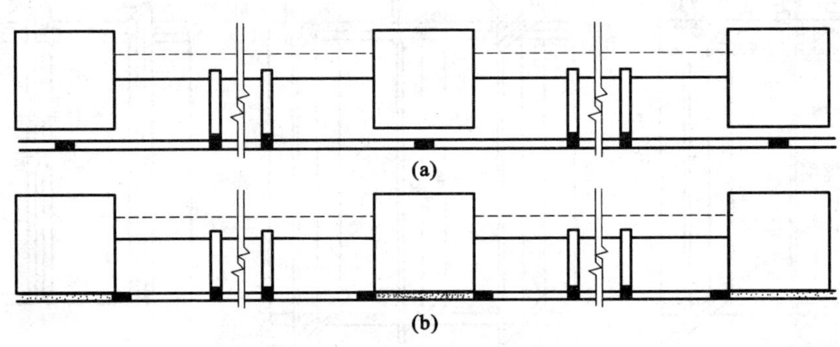

图 8-83　平齐墙面式

② 突出墙面式。建筑物的楼板(梁)与柱平齐时,玻璃翼挑出楼板(梁),大片玻璃离楼板有一定距离,玻璃与端柱之间出现的空隙用斜面玻璃封闭。如图 8-84 所示。

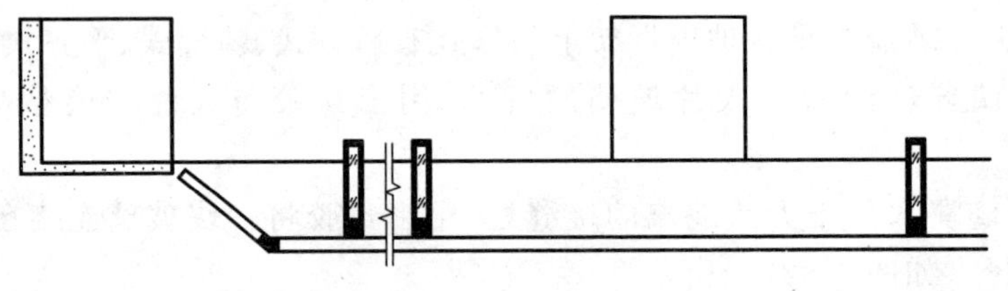

图 8-84　突出墙体式

③ 内嵌墙面式。大片玻璃的外表面在墙体中间,楼板(梁)要比柱(墙)外侧后退一段距离,在楼板(梁)上支承垂直玻璃。垂直玻璃翼的上下两片间设水平玻璃翼,均用结构密封胶黏结固定并密封。如图 8-85 所示。

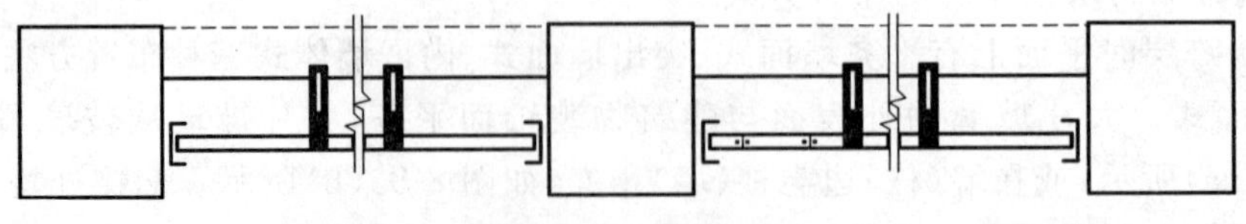

图 8-85　内嵌墙体式

8.6.6 玻璃幕墙构造做法中要考虑的几点问题

(1) 幕墙框架受温度的影响

由于室内外温差产生的温度应力对幕墙框架的金属型材影响较大，构造上应使型材自由胀缩，或采取措施使其温差控制在较小范围内。为了使型材能在温度应力影响下自由伸缩，应在玻璃与金属框之间衬垫氯丁橡胶一类的弹性材料。

(2) 建筑功能要求

各种构造做法必须保证保温、隔热、抗震、防止噪声的建筑功能要求。

(3) 通风排水要求

一般在玻璃幕墙的下端橡胶垫的1/4长度处切断留孔，留置某种缝隙，使内外空气相通而不产生风压差，以防止由于压力差造成幕墙上因有缝隙而渗水(如图8-86所示)。幕墙双层采光部分在墙框的适当位置留排水孔，以便排出结露水(如图8-87所示)。

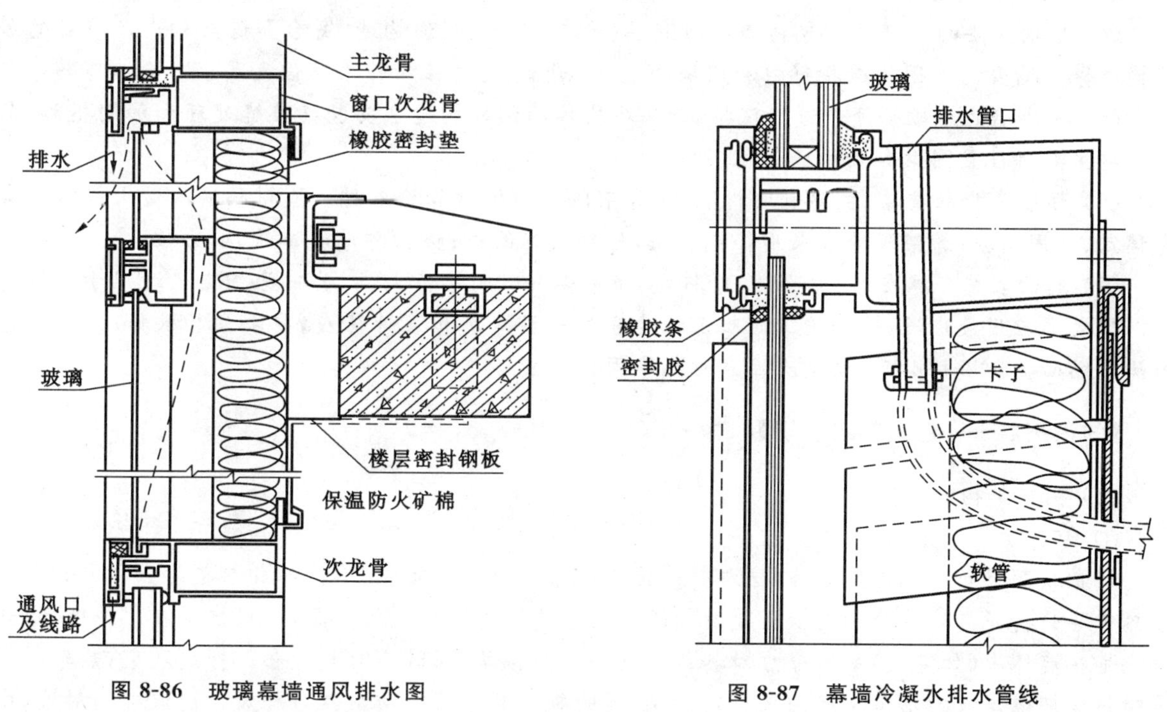

图8-86 玻璃幕墙通风排水图

图8-87 幕墙冷凝水排水管线

(4) 排气窗的设置

排气窗一般面积较小，可布置在大块的固定扇上，也可设置在幕墙转角部位或其他单扇较小的部位。

(5) 擦窗机的设置

玻璃幕墙建筑一般应设置擦窗机，擦窗机的轨道应和骨架一同完成。

(6) 防雷系统设置

玻璃幕墙应设置防雷系统，防雷系统应和整幢建筑物的防雷系统相连。其一般采用均压环做法，每隔数层设一条均压环。

本章小结

(1) 墙体有多种分类方法。墙体按所用材料的不同,可分为砖墙、砌块墙、石墙、土墙及混凝土墙等;按墙体在平面上所处位置不同,有内墙和外墙之分;按墙体本身方向可分为纵墙和横墙;按结构受力情况可分为承重墙和非承重墙;按构造方式可分为实体墙、空体墙和组合墙;按墙体施工方法可分为块材墙、板筑墙和板材墙。

(2) 墙体结构布置方案有四种,即横墙承重、纵墙承重、纵横墙承重和部分框架承重方案。墙体的设计需确保足够的强度和稳定性,同时要满足使用功能方面的需求,如保温、隔热、隔声、防火及防潮等方面的需求。

(3) 块材墙是使用最广泛的墙,主要包括砖墙和砌块墙两种。砖墙由砖和砂浆两种材料组成。砖墙的砌筑方式应遵循内外搭接、上下错缝的原则。实体墙常见的砌式有全顺式、上下皮一丁一顺式,每皮丁顺相间式以及两平一侧式等。砖墙的基本尺寸包括墙厚和墙段两个方向的尺寸,在满足结构和功能要求的同时,还必须满足砖的规格。

(4) 砖墙主要的细部构造包括墙身防潮层、勒脚、散水、明沟构造、窗台和过梁构造及墙身的加固构造等。墙身的加固构造指壁柱和门垛的设置,圈梁、构造柱的作用及设置要求。

(5) 砌块墙的组砌必须先进行试排工作,砌块墙的细部构造主要包括接缝处理和加固措施,加固措施主要有设置圈梁和砌块墙芯柱。

(6) 隔墙是非承重墙,主要有块材隔墙、骨架隔墙和板材隔墙三种。块材隔墙构造上应重点考虑稳定、加固措施;骨架隔墙多采用轻钢骨架,外铺装饰面板;板材隔墙施工快捷、方便。

(7) 墙面装饰分抹灰类、贴面类、涂料类、裱糊类和铺钉类五大类,其中裱糊类只适用于内墙饰面。抹灰类应用最广泛,根据施工的难易程度分为一般抹灰和装饰抹灰,要求分层操作;贴面类包括陶瓷贴面类和石材贴面,构造上注意粘贴牢固。

【知识拓展——建筑热工知识】

(1) 围护结构的传热

① 传热方式与过程。

热量从高温处向低温处转移,这种热的传递现象可分为热对流、热传导和热辐射三种方式。其中热传导是指高温处的分子向低温处的分子连续不断地传送热能的现象,一般发生在物体内部;热对流是指流体中(如空气)一部分热对其他部分相对地移动,同时具有热能量的搬运现象;热辐射则是指热能按电磁波的形态传递的现象,温度较高的物质其分子振动激烈时释放出的波称辐射波,由辐射波传递热能的现象称为辐射传热。

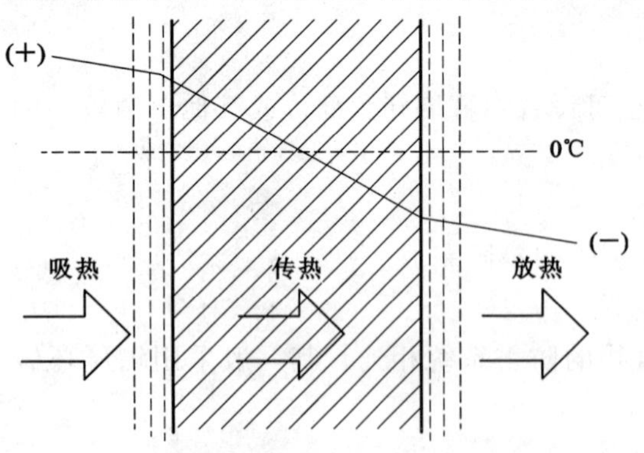

图 8-88 围护结构传热过程

无论房间采暖方式如何,其所发散的热能将使室内空气发生对流而传热。同时热源的辐射可使室内墙体、顶棚等温度升高。于是出现室内外温度差,致使墙体由内表面向室外产生热量流动,这便是热传导现象。

由于室内外的温差,室内热量通过对流、传导、辐射等方式,经过外围护结构向室外散失。通过围护结构的传热须经过吸热、传热和放热三个过程,如图 8-88 所示。所谓吸热是指外围护结构的内表面从室内空气中吸热的过程，称吸热过程；传热则是指在围护结构内部由高温向低温一侧传递热量的过程，称传热过程；放热则是指由围护结构的外表面向低温的空间散发热量的过程，即放热过程。每一种传热过程都是三种基本传热方式的综合过程。

② 围护结构的热阻。

热量在传递过程中会产生热损失，但热量的散失并不是在短时间内完全消失的，在不同的过程中，其损失程度也是不完全相同的。这说明在传热过程中会遇到各种阻力，使其热量不致突然消失。这种阻力称为热阻，用 R 表示，表征围护结构本身或其中某种材料阻抗传热能力的物理量。热量从围护结构一侧的空间传至另一侧空间时，会受到三方面的阻力。在内表面吸热阶段遇到的阻力称内表面换热阻，又称为感热阻，用 R_i 表示；在围护结构内部所遇到的阻力称材料的热阻，用 R 表示；在外表面散热阶段所遇到的阻力称外表面换热阻，又称散热阻，用 R_c 表示。三者之和就是围护结构的传热阻，用 R_o 表示，即

$$R_o = R_i + R + R_c$$

在建筑热工中，R_o 是衡量围护结构在稳定传热条件下一个重要的热工指标。R_o 越大，则通过围护结构所传出的热量就越少，这说明围护结构的保温性能很好；反之 R_o 越小，则通过围护结构所传出的热量就越多，这说明围护结构的保温性能越差。

a. 围护结构的表面换热阻。

根据围护结构表面状况和环境条件，其表面换热阻可从相关表格查出。内表面换热阻 R_i，一般取 0.11 $m^2 \cdot K/W$，外表面换热阻 R_c，一般取 0.04 $m^2 \cdot K/W$。

b. 围护结构材料层的热阻。

在建筑工程中，常见的围护结构材料的组成方式可分为单一材料层、多种材料复合层以及封闭空间层等几种形式。

(a) 单一材料层的热阻。

单一材料层是指整个围护结构由一种实体材料所组成。如砖墙、钢筋混凝土、加气混凝土、陶粒混凝土、浮石混凝土墙等。其热阻可按下式计算：

$$R_j = \frac{\delta_j}{\lambda_{cj}}$$

式中 δ_j——材料层厚度，m；

λ_{cj}——材料计算导热系数，W/(m·K)。

(b) 复合材料层的热阻。

当围护结构由两种以上材料构成时，则为复合结构层，如图 8-89 所示。其热阻用下式计算：

$$\sum R = R_1 + R_2 + \cdots + R_n = \frac{\delta_1}{\lambda_1} + \frac{\delta_2}{\lambda_2} + \cdots + \frac{\delta_n}{\lambda_n}$$

式中 R_n——围护结构各层的单一热阻，$m^2 \cdot K/W$。

(c) 封闭空气间层的热阻。

不流动的空气或静置状态的空气介质，其导热性很小。因此在建筑设计中常利用封闭的空气间层作为围护结构的保温层。

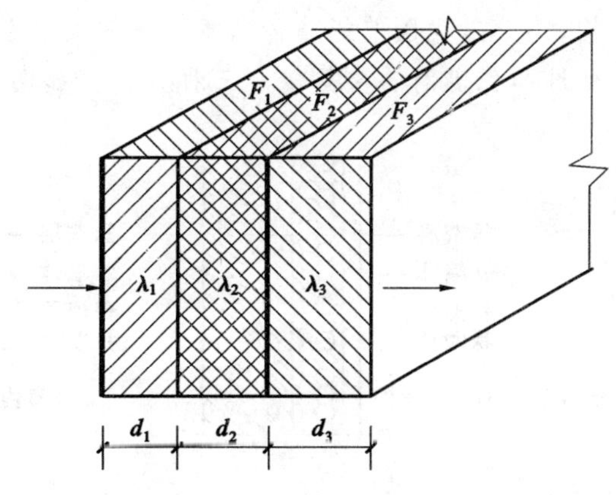

图 8-89 复合材料层的热阻

③ 材料的导热系数。

材料的导热系数 λ 是衡量材料热工性能的重要指

标。其物理意义是在稳态条件下,1 m 厚的材料,两侧表面温差为 1 ℃,1 h 内通过 1 m^2 面积传递的热量,单位是 W/(m·K)。

材料的导热系数与材料的容重有关,容重大的材料,一般 λ 值也大;容重轻的材料则 λ 值偏小。容重轻说明材料内孔隙率高,静置状态的空气起了作用,所以多孔、轻质的材料保温性能好。在建筑热工设计中,一般把 $\lambda<0.20$W/(m·K)的材料称为保温、隔热材料。

(2) 提高围护结构热阻的措施

① 增加围护结构的厚度。

从公式 $R_j=\dfrac{\delta_j}{\lambda_{cj}}$中可知,围护结构的热阻与围护结构的厚度成正比关系。要想提高围护结构的热阻,可增加结构层厚度。但从结构和经济的角度来看,厚度增加,势必会增加围护结构的自重,使结构和基础承受的荷载增大,同时侵占室内使用面积。所以,增加围护结构厚度是一种很不经济的办法。

② 选择导热系数小的材料。

导热系数小的材料其密度也较小,无法独立承担墙体材料的强度要求,故一般与其他墙材共同组成组合墙体,以降低墙体的导热性,提高墙体的热阻。

(3) 墙体的保温构造

建筑物外墙传热面占整个建筑物外围护结构总面积的66%左右,通过外墙传热所造成的能耗约占建筑的外围护结构总能耗的 48%。因此,墙体保温构造设计是建筑节能设计的重要组成部分。

① 单一材料的保温结构。

这种方案是由一种导热系数小的材料所构成的结构。它构造简单,使用灵活,是较理想的保温结构,可是在一般情况下,外围护结构必须具有一定的承载能力,而许多保温材料大都强度较低,无法起到承受荷载的作用。因此作为单一材料的围护结构,最理想的是采用轻质、高强的保温材料,如陶粒混凝土、浮石混凝土、加气混凝土等。它们具有密度小、导热系数小,而强度、耐久性高的特性,是理想的保温结构材料。

② 复合材料的保温结构。

当轻质、高强材料尚缺的情况下,或采用单一构造处理有困难时,则可采用多层材料复合的办法解决。复合材料的保温结构即利用不同性能的材料进行组合构成既能承重又可保温的复合结构。目前,我国节能墙体基本上采用复合外墙做法。复合外墙主要有外保温复合外墙、内保温复合外墙和保温材料夹层复合三种方式。如图 8-90 所示。

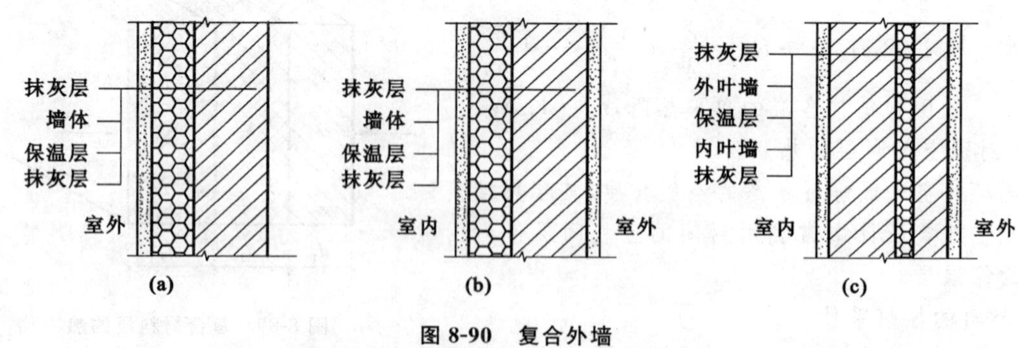

图 8-90 复合外墙

(a) 外保温;(b) 内保温;(c) 夹层保温

③ 外墙外保温构造。

外墙外保温具有隔热性能优越，能消除热桥，减少保温材料内部凝结水的可能性，便于室内装修等优点，近年来在我国应用广泛。但是由于保温材料直接做在室外，需承受的自然因素如风雨、冻晒、磨损与撞击等影响较多，因而对此种墙体的构造处理要求很高，必须对外墙面另加保护层和防水饰面。

一般根据保温材料和基层墙体的不同，将建筑墙体的外保温分为多种类型，下面介绍三种常用的外保温体系。

a. 胶粉聚苯颗粒外墙外保温系统。

它是由胶粉料和聚苯颗粒轻骨料加水搅拌成浆料，抹于墙体表面，形成无空腔保温层及抗裂保护层，增强了面层柔性变形、抗裂及防水性能。饰面层可以是涂料，也可以是面砖或干挂石材，如图 8-91 所示。胶粉聚苯颗粒保温系统具有保温隔热、耐候、抗裂、憎水性能好、防火标准高、现场施工操作方便等特点。它的适应性比较好，施工整体性好，材料利用率高。

b. 膨胀聚苯板薄抹灰外墙外保温系统。

这是以聚合物砂浆作黏接剂，将 EPS 板固定在墙体外侧（若需要时也可用锚栓做辅助固定），并在外表面再做聚合物砂浆薄抹灰，耐碱玻纤网格布保护层和饰面层，如图 8-92 所示。这种系统适应于民用建筑混凝土或砌体外墙外保温工程。

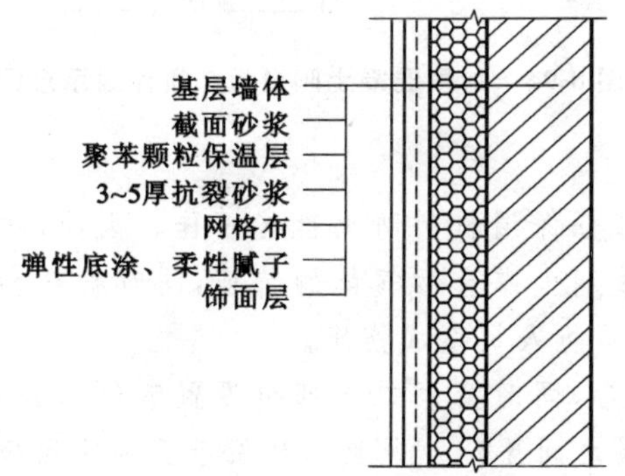

图 8-91　胶粉聚苯颗粒外墙外保温系统

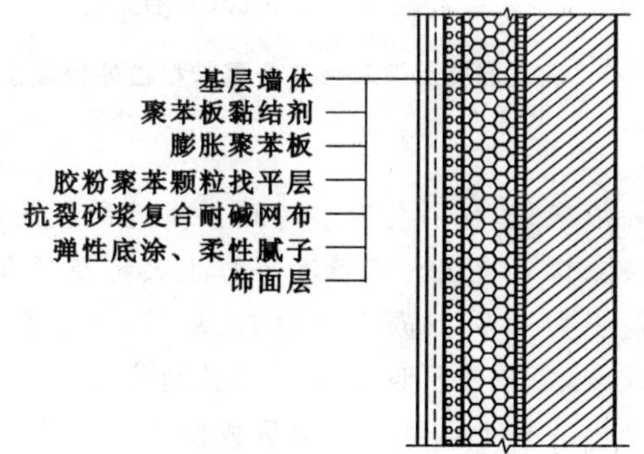

图 8-92　膨胀聚苯板薄抹灰外墙外保温系统

c. 现浇混凝土聚苯板复合聚苯颗粒外保温系统。

该体系采用带燕尾槽聚苯板现场一次浇筑成形工艺，基层墙体为现浇钢筋混凝土墙，采用聚苯板作保温隔热材料，置于外墙外模内侧，并以锚栓为辅助固定件与钢筋混凝土墙现浇为一体。但这种做法的外墙只能做外墙涂料，其基本构造如图 8-93 所示。这种外保温系统适用于多层和高层及超高层居住建筑现浇混凝土结构外墙外保温工程。

④ 保温墙体的构造设计中还应注意的其他问题。

a. 围护结构的蒸汽渗透。

为防止在保温围护结构的内部产生凝聚水，在构造设计时，常在围护结构的保温层靠高温一侧，即蒸汽渗入的一侧，设一道隔蒸汽层，这样可以使水蒸气流在抵达低温表面之前，其水蒸气分压力已得到急剧下降，从而避免了内部凝结的产生。设置隔蒸汽层，防止或控制内部凝结是目前保温构造设计中应用最普遍的一种措施。隔蒸汽材料一般采用沥青、卷材、隔汽涂料以及铝锢等防潮、防水材料。

b. 热桥。

在围护结构中，一般都有保温性能远低于主体部分的嵌入构件，比如外墙中的钢或钢筋混凝土框架、圈梁、楼板、墙板中的肋条等。简而言之，热桥就是相比较而言热量容易通过的地方。如在钢筋混凝土框架结构填充墙中，钢筋混凝土的梁、柱是砖墙的热桥，如图8-94所示。热桥的保温处理原则，就是用导热系数很小的保温材料，附加在热桥的适当部位。但是实际做起来就要受到使用、构造方面的限制。

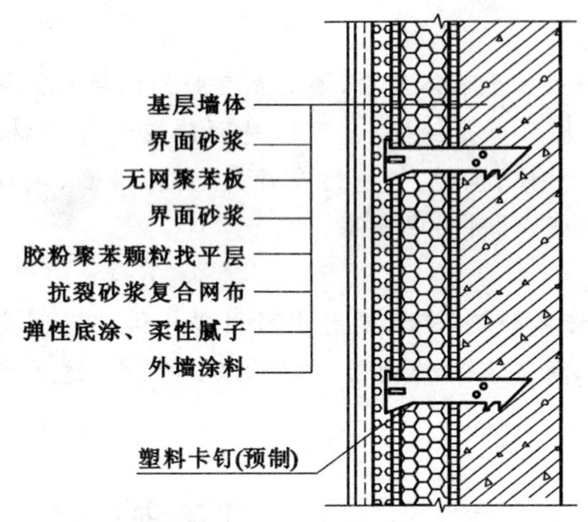

图8-93 现浇混凝土聚苯板复合聚苯颗粒外保温系统

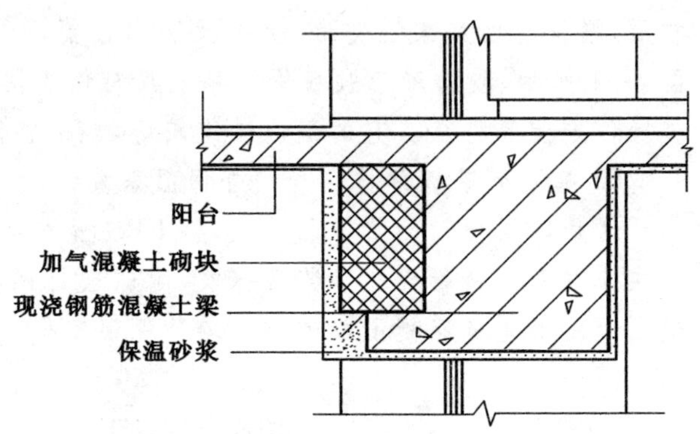

图8-94 加气混凝土阳台板热桥保温示意图

c. 防火。

一般来说，保温材料多为疏松多孔的轻质材料，大部分保温材料防火性能不佳。因此，建筑的保温层应该具有在火灾情况下防止火势蔓延和防止释放烟尘或有毒气体的特征，同时材料和体积也不能损失过多，面层不能爆裂、塌落，否则会给住户和消防人员造成伤害。

通常，每隔三层设立通长钢丝网岩棉板的防火隔离带，同时窗洞口上部也设置钢丝网岩棉板。通过这样的技术措施能够延缓或防止火灾在不同的楼层之间蔓延。聚氨酯和聚苯乙烯保温板的防火性能都不是太好，因此都要使用自熄型材料。

习题与思考题

8-1 简述墙体的几种分类方法。

8-2 简述砖混结构的结构布置方案及适用的建筑类型。

8-3 简述墙体的设计要求。

8-4 砖墙组砌的原则是什么？组砌方式有哪些？

8-5 门窗洞口上部过梁的常用做法有哪几种？其适用范围如何？

8-6 墙身加固措施有哪些？有何设计要求？

8-7 砌块墙组砌有什么要求？砌块墙加强稳定性的措施有哪些？

8-8 墙脚防潮层的设置位置有哪几种情况？有哪几种做法？

8-9 圈梁的设置位置有哪几种情况？其在楼板处有几种处理方式？

8-10 试说明构造柱的构造要点。

8-11 隔墙有哪几类？试说明块材隔墙构造要点。

8-12 墙面装修分几类？典型抹灰类装饰构造做法有哪些？

8-13 试说明石材饰面的构造做法。

8-14 试说明墙体保温的构造做法。

习题与思考题答案

参考文献

[1] 同济大学，西安建筑科技大学，东南大学，等. 房屋建筑学. 4 版. 北京：中国建筑工业出版社，2006.

[2] 林涛，彭朝晖. 房屋建筑学. 北京：中国建材工业出版社，2011.

[3] 舒秋华. 房屋建筑学. 4 版. 武汉：武汉理工大学出版社，2011.

[4] 孙玉红. 房屋建筑构造. 北京：机械工业出版社，2003.

[5] 董黎. 房屋建筑学. 北京：高等教育出版社，2006.

[6] 钱坤，王若竹. 房屋建筑学(上：民用建筑). 北京：北京大学出版社，2009.

[7] 李必瑜，王雪松. 房屋建筑学. 3 版. 武汉：武汉理工大学出版社，2008.

[8] 付祥钊. 夏冷冬热地区建筑节能技术. 北京：中国建筑工业出版社，2002.

[9] 王立雄. 建筑节能. 北京：中国建筑工业出版社，2004.

[10] 马保国. 外墙外保温技术. 北京：化学工业出版社，2008.

[11] 龙惟定，武涌. 建筑节能技术. 北京：中国建筑工业出版社，2009.

9 楼地层构造

【内容提要】

本章主要内容包括楼板层与地坪层的基本构造和设计要求，钢筋混凝土楼板的主要类型、楼地面装修和顶棚的构造，以及阳台和雨篷的构造。本章的教学重点为钢筋混凝土楼板层的主要类型和特点，楼地面及顶棚的构造做法；本章的教学难点为阳台和雨篷的构造。

【能力要求】

通过本章的学习，学生应熟悉楼地层的基本组成和设计要求，掌握钢筋混凝土楼板的类型及构造特点，熟悉楼地面装修和顶棚的构造做法，以及阳台和雨篷的构造。

重难点

9.1 概　　述

楼地层包括楼板层和地坪层，是水平方向分隔房屋空间的承重结构，同时为人们提供活动面。楼板层把建筑空间的上下楼层分隔开来，并将所承受的上部荷载及自重传递给墙或柱，并由墙或柱再传给基础，楼板层有防火、隔声和防水等功能的要求。地坪层是建筑物中与土壤直接接触的水平构件，承受作用在它上面的各种荷载，并将其传给地基。

9.1.1 楼地层的构造组成

楼板层主要由面层、结构层、顶棚层三个基本层次组成，如图 9-1(a)所示。地坪层的基本构造层次为面层、垫层和基层，如图 9-1(b)所示。当基本构造层不能满足要求时，可根据需要增设附加层，比如找平层、结合层、防水层、保温层、隔声层、隔热层等。

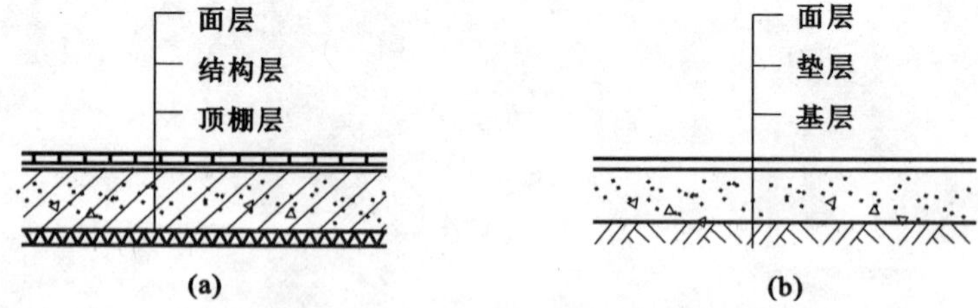

图 9-1　楼地层的组成

(a)楼板层；(b)地坪层

(1) 面层

面层又称楼面或地面，可以保护结构层，并对室内有装饰作用，楼地面的做法将在9.3节详细介绍。

(2) 结构层

楼板层的结构层为楼板，楼板的主要功能在于承受楼板层上部的全部荷载，并把这些荷载传给墙或柱；同时还对墙或柱起水平支撑作用，以加强建筑物的整体刚度，保证楼板层的强度和刚度要求。

地坪层的结构层为垫层，垫层将所承担的荷载传给地基。若采用混凝土垫层，其最小厚度不应小于80 mm，其强度不应低于C15。若采用碎石垫层，其厚度不应小于100 mm，垫层应分层压实，达到表面坚实、平整。

(3) 顶棚层

顶棚层位于楼板层最下层，主要作用是保护楼板、敷设管线、改善使用功能，装饰室内空间。

(4) 附加层

附加层又称功能层，是根据楼地层具体功能要求而设置的找平层、结合层、防水层、保温层、隔声层、隔热层等附加构造层。

9.1.2 楼板层的设计要求

沿水平方向分隔上下空间的结构构件，除承受并传递垂直荷载和水平荷载，应具有足够的强度和刚度外，还应具有一定的防火、隔声和防水等方面的能力。建筑物中有些固定的水平设备管线，也可能会在楼层内安装，所以楼板层的设计要符合以下几点要求：

① 具有足够的强度和刚度，以保证结构的安全和正常使用；

② 根据不同的使用要求和建筑质量等级，要求具有不同程度的隔声、防火、防水、防潮、保温、隔热等性能；

③ 便于在楼地层中敷设各种管线；

④ 满足建筑经济的要求；

⑤ 尽量为建筑工业化创造条件，提高建筑质量和加快施工进度。

9.1.3 楼板的类型

根据楼板所用材料的不同，可分为木楼板、钢筋混凝土楼板及压型钢板混凝土组合楼板等多种类型。

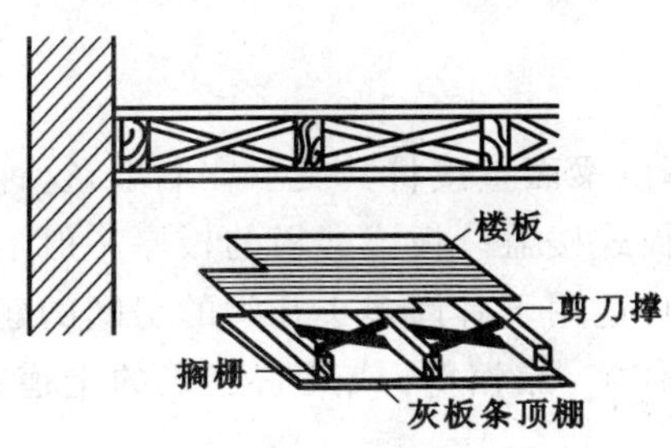

图 9-2 木楼板构造

(1)木楼板

木楼板是在墙或梁支承的木搁栅上铺钉木板而成，如图9-2所示。木楼板具有自重轻、有弹性、保温性能好等优点，但其隔声、耐久和耐火性能较差，且耗木材量大。因此，这种楼板仅在木材产地采用。

(2)钢筋混凝土楼板

钢筋混凝土材料具有强度高、刚度好、耐久性和耐火性好等优点，而且还有良好的可塑性，便于工业化生产，是我国应用最广泛的一种楼板，将在下一节中详细介绍。

(3)压型钢板组合楼板

压型钢板组合楼板图

压型钢板组合楼板是以压型钢板为底模与混凝土浇筑在一起而构成的复合楼板。以压型钢板为衬板,与混凝土浇筑在一起,搁置在钢梁上构成的整体式楼板称为压型钢板混凝土组合板。这种楼板主要由楼面层、组合板(包括现浇混凝土与钢衬板)及钢梁等几部分组成,如图 9-3 所示。其中压型钢板起到了现浇混凝土的永久性模板和受拉钢筋的双重作用,同时又是施工的台板,简化了施工程序,加快了施工进度。另外,还可利用压型钢板肋间的空间敷设电力管线或通风管道。

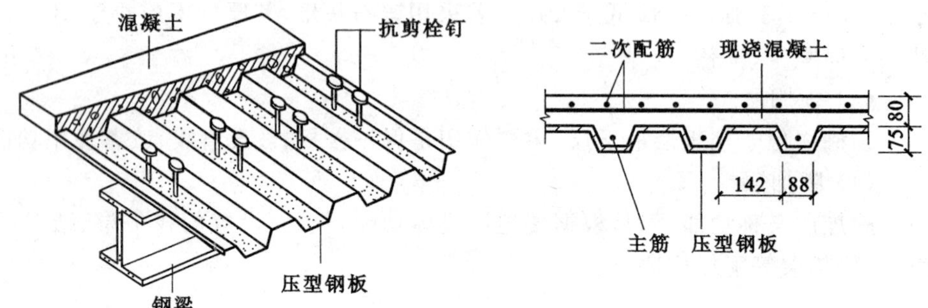

图 9-3　压型钢板组合楼板

9.2　钢筋混凝土楼板

钢筋混凝土楼板根据施工方法不同,分为现浇钢筋混凝土楼板、预制装配式钢筋混凝土楼板和装配整体式钢筋混凝土楼板三种。

9.2.1　现浇钢筋混凝土楼板

现浇钢筋混凝土楼板是指在现场依照设计位置,进行支模、绑扎钢筋、浇筑混凝土,经养护、拆模而制作的楼板。现浇钢筋混凝土结构整体刚度好,抗震能力好,特别适用于整体性要求高或有管道穿过较多的楼板。但现浇钢筋混凝土楼板由于主要工作在现场,湿作业、工序繁多,混凝土需要养护,且施工工期较长,在寒冷地区和严寒地区难以常年连续施工。

现浇钢筋混凝土楼板根据结构形式的不同,分为板式楼板、梁板式楼板、无梁楼板等。

(1) 板式楼板

当房间平面尺寸较小时,楼板内可不设梁而直接将其支承在墙上,这种情况下楼板可做成平板式样、板内,称为板式楼盖。板式楼板的板厚一般不超过 120 mm,经济跨度在 3000 mm 以内,适用于有许多小开间的房间的建筑物,特别是墙承重体系的建筑物,例如住宅、旅馆等,或其它建筑的走道、厨房、卫生间等。

两边支承的板应按单向板计算,如图 9-4(a)所示。四边支承的板,若板的长边与短边之比大于或等于 3 时,板基本沿短边方向传递荷载,称为单向板;若板的长边与短边之比小于或等于 2 时,作用于板上的荷载沿双向传递，两个方向都产生弯曲变形，称为双向板，如图 9-4(b)所示；若板的长边与短边之比大于 2 且小于 3 时，宜按双向板计算。单向板计算时，沿短边方向配置受力钢筋，长边方向配置构造钢筋；而双向板计算时，应沿两个方向均配置受力钢筋。

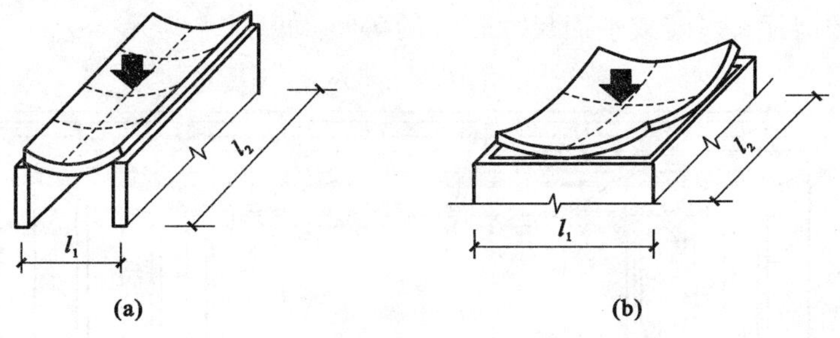

图 9-4　单向板和双向板

(a)单向板；(b)双向板

(2) 梁板式楼板

当房间平面尺度较大，若采用板式楼板，楼板跨度加大则会加大楼板厚度，增加钢筋用量，因而不经济。为了使楼板结构更加合理经济，可在楼板下设梁增加板的支点，从而减小楼板的跨度，这种楼板称为梁板式楼板，也叫肋梁楼板。

梁板式楼板通常由板、主梁、次梁组成。一般主梁沿房间短跨方向布置，支承在墙或柱上，次梁沿垂直于主梁的方向布置支承在主梁上，板支承在次梁上，如图 9-5 所示。梁板式楼板在进行梁板布置时应遵循以下原则：

① 承重构件，如柱、梁、墙等应有规律地布置。一般上下对齐，结构受力合理。

② 板上不宜布置较大的集中荷载，自重较大的隔墙宜布置在梁上。梁应避免支承在门窗洞口上部。

③ 构件的尺度要经济合理。一般主梁的经济跨度为 5～8 m，主梁的高度取其跨度的 1/14～1/8，主梁截面的宽高比为 1/3～1/2；次梁的跨度即主梁的间距，一般为 4～6 m，次梁的高跨比为 1/18～1/12，次梁截面的宽高比为 1/3～1/2；板的跨度即次梁的间距，一般取 1.7～2.7 m，板的厚度一般为 60～80 mm。

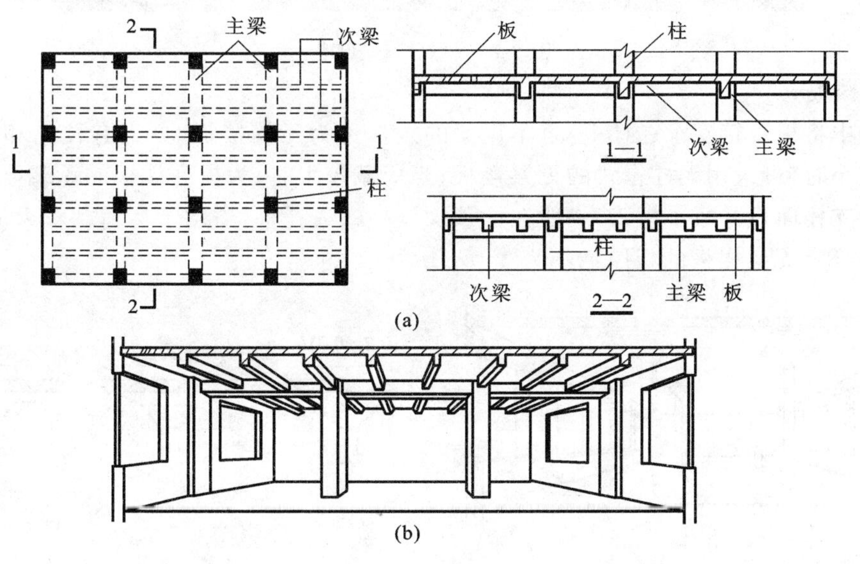

图 9-5　梁板式楼板

(a)梁板式楼板结构布置图；(b)梁板式楼板透视图

井式楼板是梁板式楼板的一种特殊形式,其特点是无主次梁之分,沿两个方向布置等距离、等截面的梁,从而形成井式的梁板结构,如图9-6所示。井式楼板跨度一般为10～30 m,板厚70～80 mm,井格边长一般为1～3 m。井式楼板适用于正方形平面或长短边之比小于1.5矩形平面,一般用于公共建筑的门厅、大厅,或平面尺寸较大的房间,如图9-7所示。

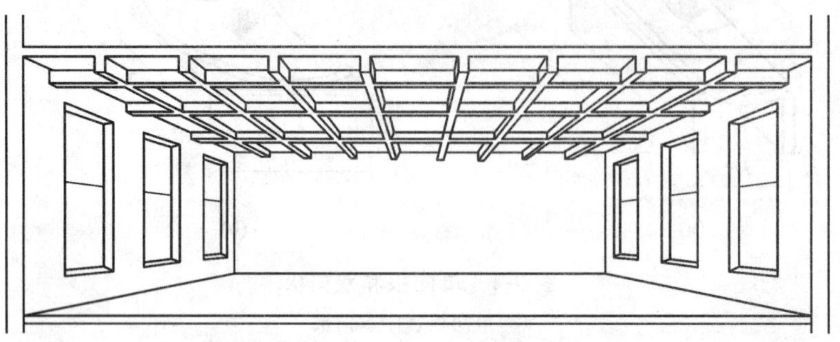

图9-6 井式楼板

图9-7 井式楼板实例

(3) 无梁楼板

框架结构中将板直接支承在柱上,且不设梁的楼板称为无梁楼板,分为有柱帽和无柱帽两种。当楼面荷载较小时,可采用无柱帽式的无梁楼板;当荷载较大时,为提高楼板的承载能力及其刚度,增加柱对板的支托面积并减小板跨,一般在柱顶加设柱帽或托板,适用于活荷载较大的仓库、商店、展览馆,见图9-8。无梁楼板的板厚最小为150 mm。

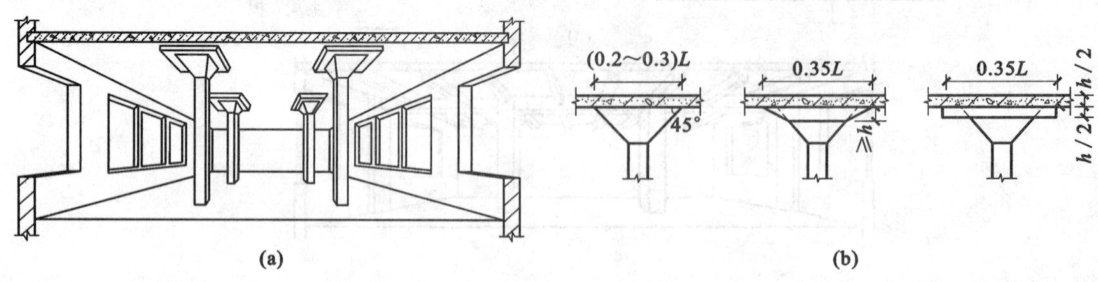

图9-8 无梁楼板

9.2.2 预制装配式钢筋混凝土楼板

预制装配式钢筋混凝土楼板是把楼板分成若干构件，在预制厂预先制作好后，然后在施工现场进行安装。这种楼板具有节约模板，便于工业化生产和施工周期短等优点，但其整体性较差，不利于抗震。

9.2.2.1 预制装配式钢筋混凝土楼板

常用的预制楼板构件有以下类型：

(1) 预制实心平板

预制实心平板的跨度一般在 2.4 m 以内，板厚为跨度的 1/30，一般为 70～100 mm，板宽为 600～900 mm。板的两端支承在墙或梁上，施工时对起吊机械要求不高。多用作过道或小开间房间的楼板，也可用作搁板或管道盖板等。如图 9-9 所示。

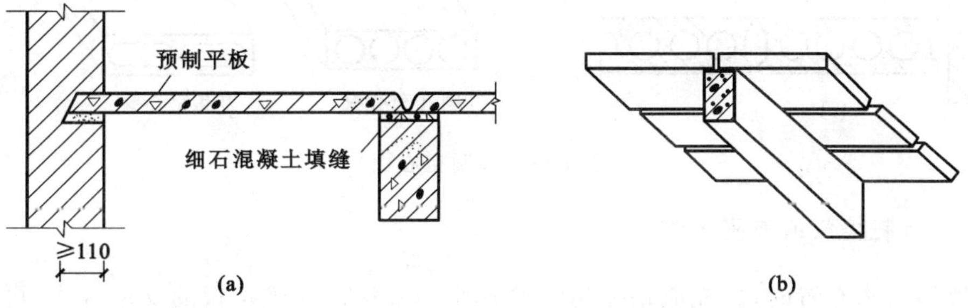

图 9-9 预制实心平板

(2) 预制槽形板

槽形板是一种梁、板合一的构件，在实心板的两侧设有纵肋，构成门字形截面，板肋相当于小梁，作用在板上的荷载由板肋来承担，因而板可以做得很薄，仅有 25～30 mm，板的经济跨度也比实心平板大，一般为 3～7.2 m，肋高为 150～300 mm，板宽为 600～1200 mm。根据板的槽口向下和向上分别称为正置槽板和倒置槽板。其承载能力好，适应跨度较大，常用于工业建筑，如图 9-10 所示。

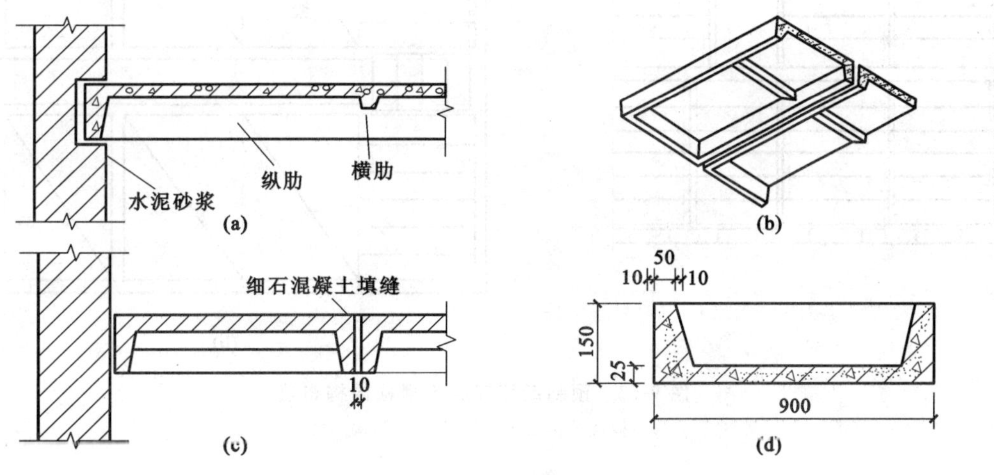

图 9-10 预制槽形板

(3) 预制空心板

空心板是一种板腹抽孔的钢筋混凝土楼板,孔的形状主要有圆孔和椭圆孔等,以圆孔空心板制作最为方便,应用最广,如图9-11所示。空心板分中型板和大型板。中型跨度在3.9 m及以下,板宽500～1500 mm,板厚为120 mm,多用于民用建筑。大型空心板板跨4～7.2 m,板宽1200～1500 mm,板厚180～240 mm,多用于轻型的工业建筑。空心板的优点是上下板面平整,隔声效果好,缺点是板面不能任意打洞。

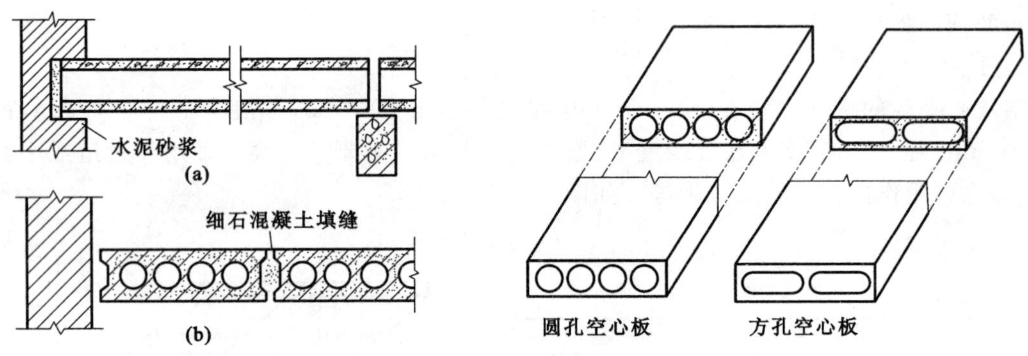

图9-11 预制空心板

9.2.2.2 预制楼板的布置方式

在进行板的结构布置时,首先应根据房间的开间和进深尺寸确定板的支承方式,再根据现有板的规格进行合理安排,选择一种或几种板进行布置。板的支承方式有板式和梁板式两种,如图9-12所示。预制板直接搁置在墙上的称为板式结构布置;若先搁梁,再将板搁置在梁上的称为梁板式布置。

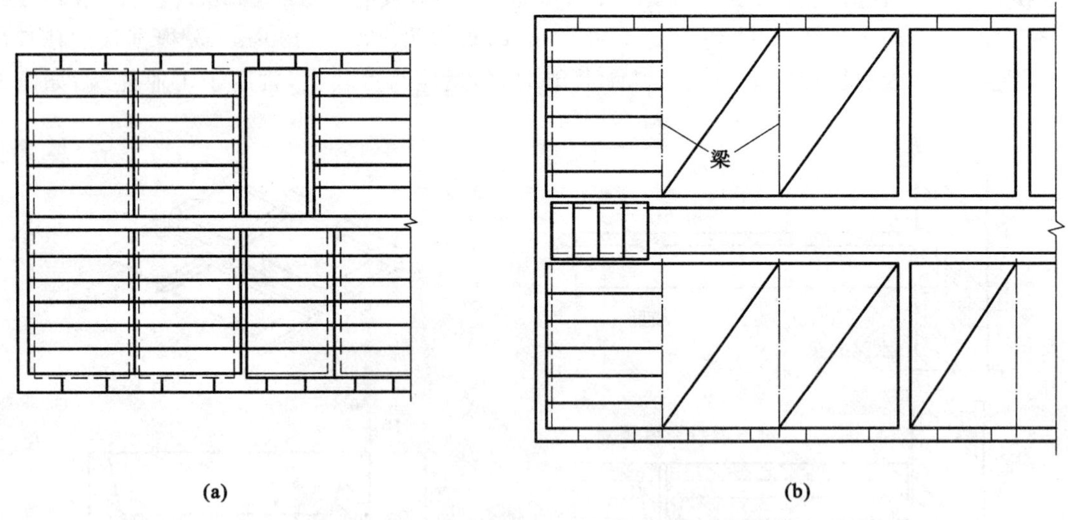

图9-12 预制钢筋混凝土楼板结构布置

(a)板式结构布置;(b)梁板式结构布置

9.2.3 装配整体式钢筋混凝土楼板

装配整体式钢筋混凝土楼板是将楼板分为现浇和预制两部分，先将预制构件现场安装，而后在预制构件上现浇混凝土面层叠合而成，也叫叠合式楼板，如图9-13所示。预制薄板既提供了模板的作用，同时也是楼板结构的组成部分。预制薄板底面平整，可直接用于各种顶棚装修。预制薄板跨度一般为4～6 m，板宽1100～1800 mm，板厚50～70 mm。叠合层一般采用C20混凝土，厚度为70～120 mm。叠合式楼板的总厚度应大于或等于薄板厚度的2倍，一般为150～250 mm。

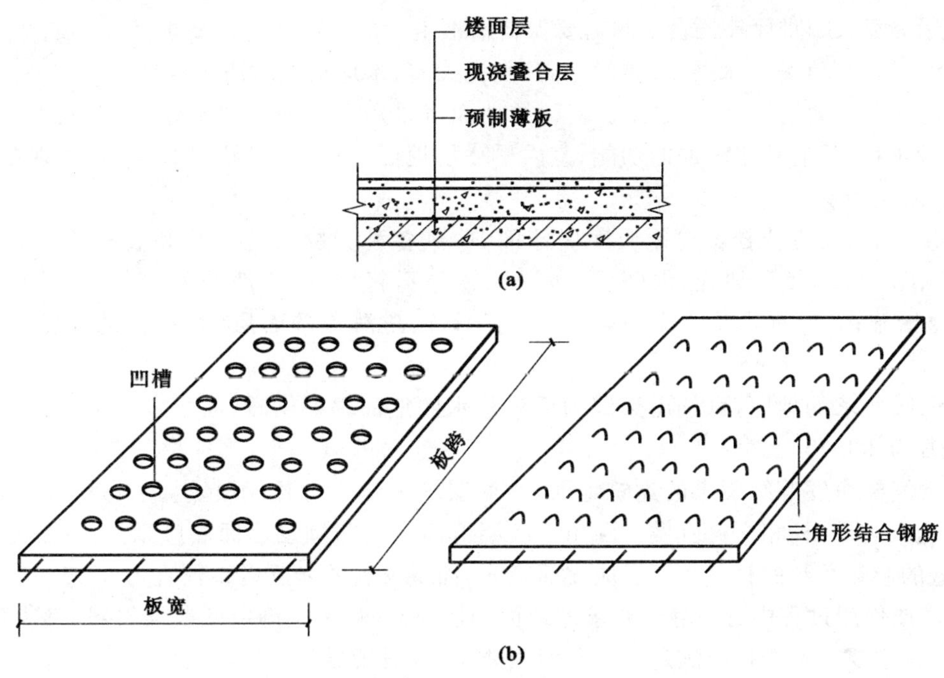

图9-13 叠合式楼板
(a)预制薄板叠合楼层；(b)预制薄板板面处理

9.3 楼地面装修

9.3.1 建筑地面类型的选用及设计要求

楼板层和地坪层的面层统称为地面。建筑地面类型的选择，应根据建筑功能、使用要求、工程特征和技术经济条件，即一方面要考虑在满足不同的主要建筑功能和使用要求的条件下，尽量减少地面的构造类型；另一方面要考虑具体工程采用不同的地面类型在技术经济上有明显的优越性时，需区别对待，不宜单纯强调减少地面类型，需要经过综合技术经济比较最终确定。

功能要求不同的房间应采用不同的地面类型，具体如下。

① 公共建筑中，经常有大量人员走动或采集人、老年人、儿童活动及轮椅、小型推车行驶的地面，其地面面层应采用防滑、耐磨、不易起尘的块材面层或水泥类整体面层。

② 有水或非腐蚀性液体经常浸湿、流淌的地面，应设置隔离层并采用不吸水、易冲洗、防滑的面层材料，隔离层应采用防水材料。比如居住建筑和公共建筑中的卫生间、浴室、厨房等有水房间，

地面可采用混凝土、水泥砂浆或防滑地砖等,并设置隔离层。隔离层材料可采用防水卷材、防水涂料类、防水砂浆等防水材料。有防滑要求时不能使用光滑面层。对于装配式钢筋混凝土楼板除满足上述要求外,尚应设置配筋混凝土整浇层。

③ 民用建筑中各种阅览室、视听室等室内环境有安静要求的地面,其面层宜采用地毯、塑料或橡胶等柔性材料,能有效降低走路的脚步声,减少环境噪声。地毯的选用应符合下列要求:

a. 有防霉、防蛀、防火和防静电要求的地面,应按相关技术规定选用地毯。

b. 经常有人员走动或小型推车行驶的地面,宜采用耐磨、耐压、绒毛密度较高的高分子类地毯。

④ 餐厅、酒吧、咖啡厅等饮食空间需要保持清洁卫生的室内环境。要求地面不起尘、易清洗和抗油腻沾污,其面层宜采用水磨石、防滑地砖、陶瓷锦砖、木地板或耐沾污地毯。

⑤ 室内体育运动场地、排练厅和表演厅的地面宜采用具有弹性的木地板、聚氨酯橡胶复合面层、运动橡胶地面,具有适当缓冲的功能;室内旱冰场地面,应采用坚硬耐磨、平整的现制水磨石面层或耐磨混凝土面层。

⑥ 存放书刊、文件或档案等纸质库房地面,珍藏各种文物或艺术品和装有贵重物品的库房地面,宜采用木地板、塑胶地板、水磨石、防滑地砖等不起尘、易清洗的面层;底层地面应采取防潮和防结露措施;有贵重物品的库房,当采用水磨石、防滑地砖面层时,宜在适当范围内增铺柔性面层。

⑦ 有采暖要求的地面,可选用热源为低温热水的地面辐射供暖,面层宜采用地砖、水泥砂浆、木板、强化复合木地板等。

⑧ 有空气洁净度等级要求的建筑地面,其面层应平整。耐磨、不起尘、不易积聚静电,并易除尘、清洗。地面与墙、柱相交处宜做小圆角。底层地面应设防潮层。面层应采用不燃、难燃并宜有弹性与较低的导热系数的材料。面层应皮面眩光,面层材料的光反射系数宜为0.15~0.35。

⑨ 生产或使用过程中有防静电要求的地面面层,应采用表层静电耗散性材料,其表面电阻率、体积电阻率等主要技术指标应满足生产和使用要求,并设置导静电协防设施和接地连接。

⑩ 生产和储存食品、食料或药物的场所,在食品、食料或药物有可能直接与地面接触的地段,地面面层严禁采用有毒的材料。当此场所生产的储存吸味较强的食物时,地面面层严禁采用散发异味的材料。

9.3.2 楼地面装修

楼地面装修是指楼板层和地坪层的面层做法。地面的名称是根据面层所用的材料来命名的。按面层所用材料的不同,可分为水泥类整体地面、树脂类整体地面、板块地面、木地面、织物地面等。

9.3.2.1 水泥类整体地面

(1)水泥砂浆地面

水泥砂浆地面一般用于对地面要求不高的房间或进行二次装修的商品房的地面,其构造简单,施工方便,造价低。但水泥砂浆地面的蓄热性能差,地面易起灰,不易清洁。

水泥砂浆地面的面层有单层和双层两种做法,如图9-14所示。单层做法是只抹一层15~20 mm厚的1∶2的水泥砂浆;双层做法是先用15~20 mm厚1∶3水泥砂浆找平层,再用5~10 mm厚1∶3水泥砂浆抹面。双层做法虽增加了工序,但不易开裂。

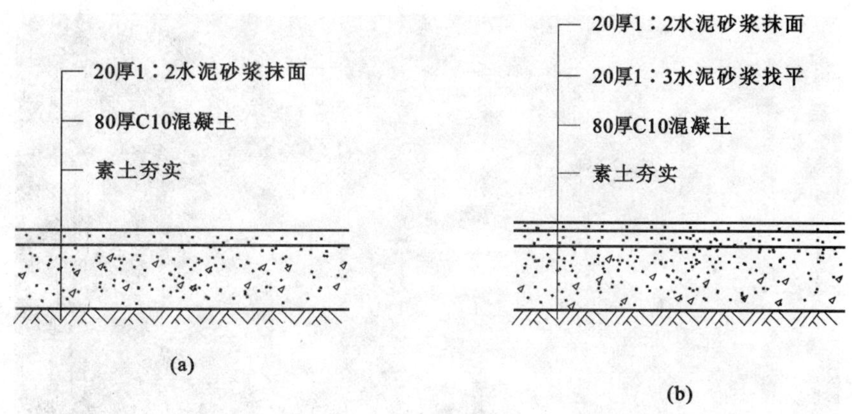

图 9-14　水泥砂浆地面

(a)单层做法;(b)双层做法

(2)细石混凝土地面

细石混凝土地面的强度高,整体性好,与水泥砂浆地面相比,克服了水泥地面干缩大、起沙的不足,但厚度较大,一般不小于 40 mm。细石混凝土的强度等级不应小于 C20,可铺设在混凝土垫层上,也可直接铺在夯实的素土上或 100 mm 厚的灰土上。

(3)水磨石地面

水磨石地面平整光洁,耐磨,耐腐蚀,质地美观,利于清洁卫生,但其施工较复杂,造价相对较高。水磨石地面一般用于人流量较大的公共建筑和对装修要求较高的建筑。

水磨石地面应采用水泥与石粒的拌合料铺设,面层的厚度宜为 10～15 mm,结合层的水泥砂浆体积比宜为 1∶3,强度等级不应小于 M10,如果 9-15 所示。水磨石面层的石粒,应采用坚硬可磨白云石、大理石等岩石加工而成,石子应洁净无杂质,其粒径宜为 6～15 mm,如图 9-16 所示。

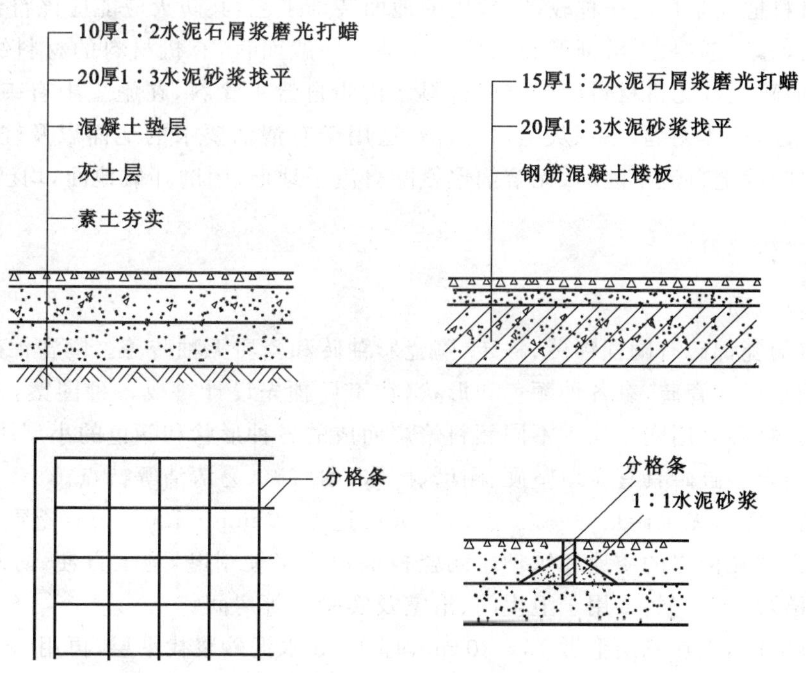

图 9-15　水泥砂浆地面

图9-16 水磨石地面

为适应地面变形可能引起的面层开裂以及施工和维修的方便,做好找平层后,应用嵌条把地面分成若干小块,分格尺寸不宜大于1 m×1 m。嵌条材料宜采用铜条、铝合金条等平直、坚挺材料。当金属嵌条对某些生产工艺有害时,可采用玻璃嵌条。白色或浅色的水磨石面层,应采用白水泥;深色的水磨石面层,宜采用强度等级不小于42.5级的硅酸盐水泥、普通硅酸盐水泥或矿渣硅酸盐水泥。若在白水泥中掺入不同颜料可做成彩色水磨石地面,但造价比普通水磨石地面高。

9.3.2.2 树脂类整体地面

树脂类整体地面可采用丙烯酸涂料、聚氨酯涂层、聚酯砂浆、干式环氧树脂砂浆,以及自流平类材料,如聚氨酯自流平涂料、环氧树脂自流平涂料、环氧树脂自流平砂浆等。

自流平类材料地面是目前一种较新、常用的地面装饰工艺,其防火应能应该符合有关规范的要求。自流平材料,分溶剂型、无溶剂型和水性三大类。一般而言,有机材料的材料综合性能优于无机材料的性能,但防火性无机材料优于有机材料。树脂自流平涂料,在施工中有一定的流展性,干燥后没有施工痕迹,整体无缝,不积灰尘,易清洁,适用于有清洁要求的地面以及轻度防腐、防静电场所。目前环氧防静电自流平地面、无溶剂聚氨酯自流平地面、耐磨环氧地面,均已广泛使用。

9.3.2.3 板块地面

(1)陶瓷板块地面

陶瓷板块有陶瓷锦砖有陶瓷锦砖、缸砖、陶瓷彩釉砖和瓷质无釉砖等。陶瓷锦砖是用是以优质瓷土烧制而成的小尺寸瓷砖,有各种颜色和形状,在工厂预先设计拼成各种图案,正面贴上牛皮纸上,也叫马赛克。缸砖是用陶土加入不同颜料焙烧而成的各种形状和颜色的小型块材,其背面有凹槽,便于与基层结合。缸砖具有质地坚硬、耐磨、耐水、耐酸碱、易清洁等特点。

陶瓷彩釉砖和瓷质无釉砖尺寸一般较大,最大可达1200 mm×1200 mm,瓷质无釉砖又称仿花岗岩石砖,具有天然花岗岩的质地和纹理。陶瓷板块地面坚硬耐磨,施工方便、防水性好、耐酸碱、耐腐蚀,易于清洁,装饰性强,多用于卫生间、浴室及实验室等房间。

陶瓷板块铺贴时,先在基层上做15~20 mm厚1∶3水泥砂浆找平层,再用5~10 mm厚1∶1水泥砂浆粘贴将陶瓷板块并拍实,最后用素水泥浆擦缝。陶瓷锦砖要待水泥砂浆硬化后,洗去表面的牛皮纸,最后用水泥浆嵌缝,如图9-17所示。

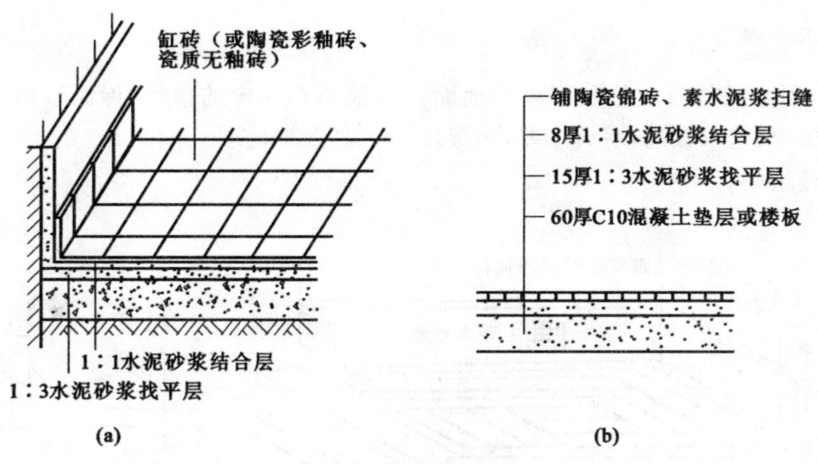

图 9-17　陶瓷板块地面

(a)陶瓷地砖地面；(b)陶瓷锦砖地面

(2)石板地面

石板地面的石板可分为天然石板和人造石板。天然石板有大理石和花岗石等，人造石板有预制水磨石板、人造大理石板、人造花岗石板等。它们质地坚硬、色泽美丽，装饰效果极佳，但造价高，一般用于装修标准较高的公共建筑中。

石板的规格一般为 300 mm×300 mm～1200 mm×1200 mm，厚度为 20～30 mm。石板铺贴时，先在刚性垫层上用 20～30 mm 厚 1∶3 干硬性水泥砂浆找平，用纯水泥浆黏结石板，板材缝隙用配色水泥浆擦缝，如图 9-18 所示。

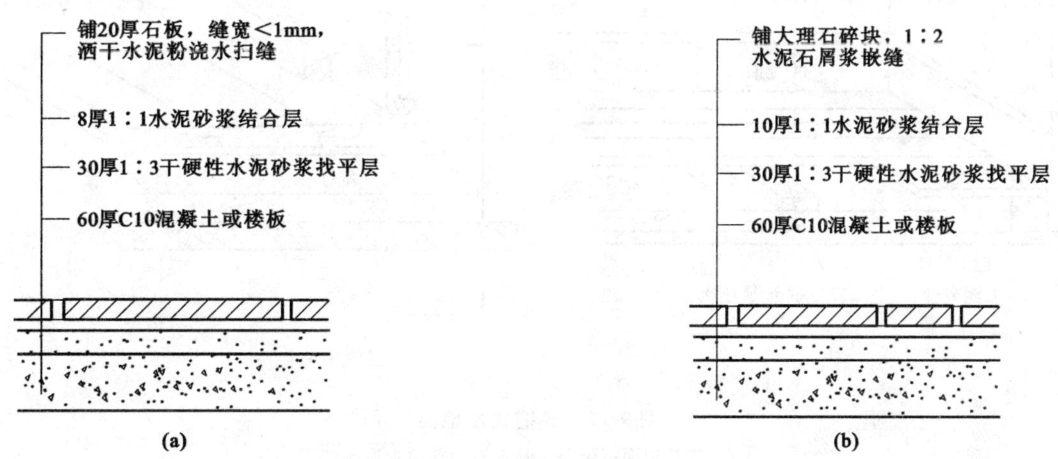

图 9-18　石板地面

(3)塑料板块地面

塑料板块是指用聚氯乙烯树脂为主要原料，添加、增塑剂、填充料、稳定剂和颜料等经塑化热压而成的块材。塑料板块材质有软质、硬质和半硬质。目前我国应用较多的是半硬质聚氯乙烯块材，其规格尺寸一般为 100 mm×100 mm～700 mm×700 mm 等，厚度为 1.5～1.7 mm。塑料板块铺贴时先用 15～20 mm 厚 1∶2 水泥砂浆找平，干燥后再用胶粘剂粘贴，板块尺寸较大的也可干铺。塑料板块具有一定的弹性和吸声能力，并且防滑、耐腐蚀、耐潮湿、易于清洁；但易老化，耐高温和耐磨性能差。适用于人们长时间逗留并有安静、清洁要求的房间。

9.3.2.4 木地面

木地面是指用木板铺钉或粘贴而成的地面。木地面有一定的弹性,保温性能好,纹理自然美观,但消耗木材资源,造价较高,耐火性差,潮湿环境下易翘曲、变形、腐朽,常用于住宅、宾馆、体育馆、剧院舞台等建筑中。

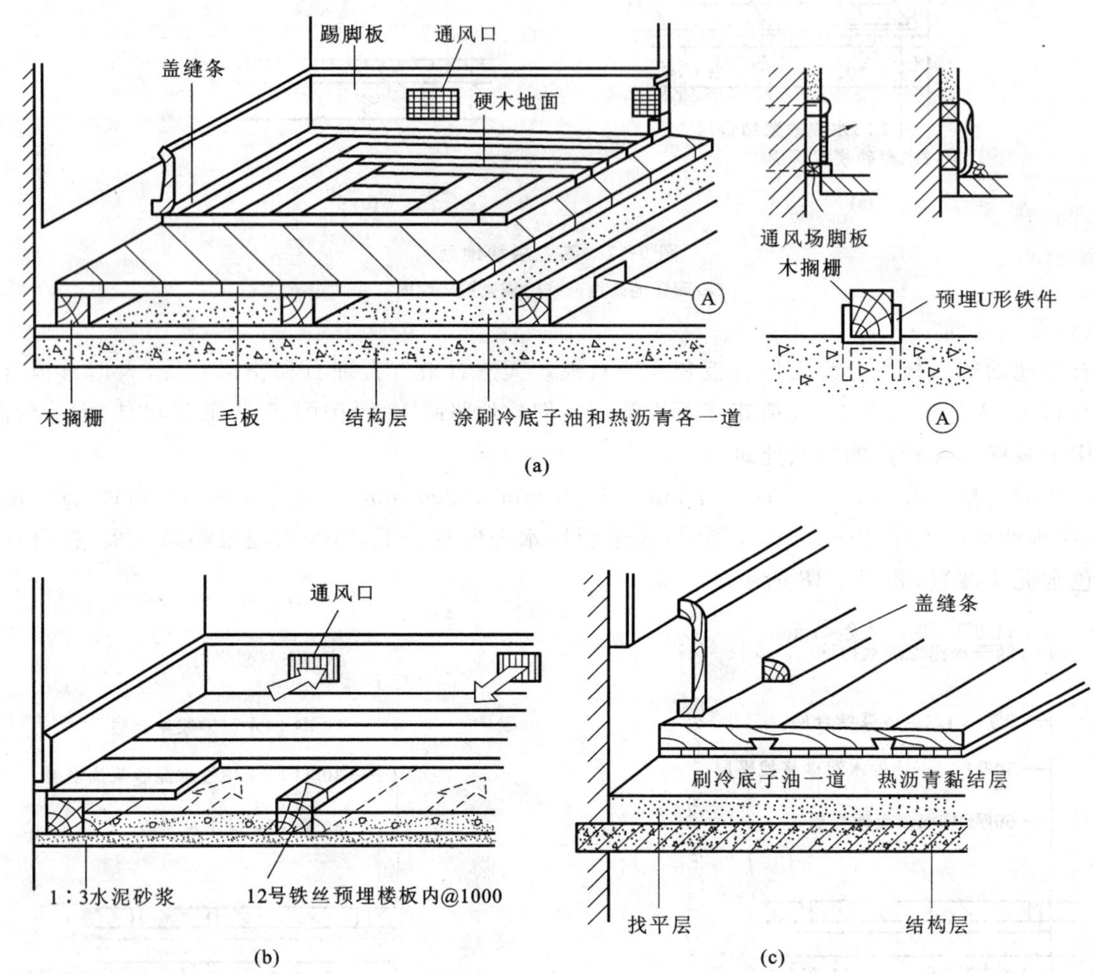

图 9-19 实铺式木地面

(a)拼花地面;(b)基木地面;(c)粘贴木地面

木地面按材质分有实木地板、实木集成地板和强化复合木地板等。木地面的做法有实铺式和粘贴式两种。实铺木地面是直接在基层木搁栅上铺设木地板;而粘贴木地面则直接粘贴在找平层上,粘贴材料可用沥青胶、环氧树脂、乳胶等。粘贴木地面省去搁栅,构造简单,但应保证粘贴的质量以及基层平整度,如图 9-19(c)所示。

木地面按其板材规格常分为拼花木地面和条木地面。拼花地板是由长度 200~300 mm 窄条硬木地板纵横穿插镶铺而成的,铺设时需在木搁栅上斜铺毛板,拼花地板再铺设于毛板上,如图 9-19(a)所示。条木地面一般为长条企口地板,50~150mm 宽,左右板缝具有凹凸企口,铺设于基层木搁栅上,如图 9-19(b)所示。

近年来在住宅和办公室多采用强化复合木地面，它是将木材粉碎后高温高压制成。强化木地面既有近似天然原木的质感和色调，又有较好的光泽和硬度，具有美观、耐磨、安装方便、防潮、阻燃、抗冲击、抗静电，便于保养等优点。

9.3.2.5　织物地面

地毯是一种高级地面装饰材料，按地毯面层材料不同有纯毛地毯、棉织地毯和化纤尼龙地毯等。纯毛地毯柔软、温暖、舒适、豪华、富有弹性、隔声，但价格昂贵，易虫蛀霉变。化纤地毯颜色丰富，耐磨性好，又容易去污，且价较低，但须避免有害物质对人体的影响。住宅、旅馆客房、公共建筑及工业建筑中洁净度要求较高的房间采用较多。

9.4　顶　　棚

9.4.1　直接式顶棚

直接式顶棚是指在钢筋混凝土楼板下直接喷刷涂料、抹灰或粘贴饰面材料的构造做法，多用于大量性的民用建筑中。通常有以下几种做法：

① 直接喷刷涂料的顶棚；

② 抹灰顶棚，如图 9-20(a)所示；

③ 贴面顶棚，如图 9-20(b)所示。

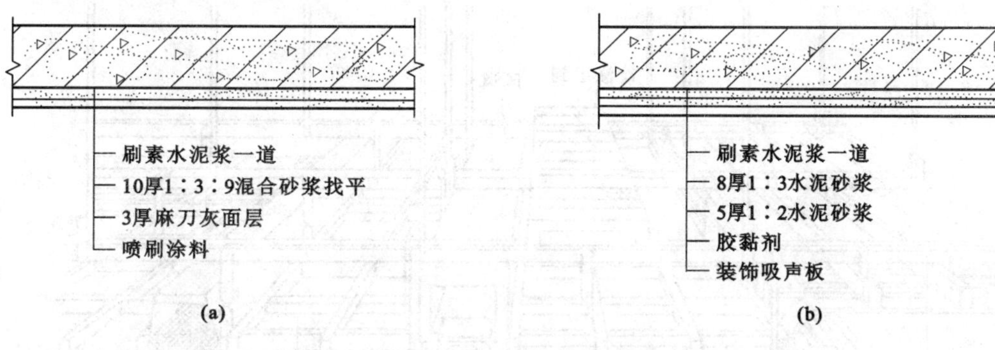

图 9-20　直接式顶棚构造

(a)抹灰顶棚；(b)粘贴顶棚

9.4.2　吊顶

木龙骨吊顶施工视频

吊挂式顶棚简称吊顶，是指顶棚的装修表面与屋面板或楼板之间留有一定距离，这段距离形成的空腔可以将设备管线和结构隐藏起来，也可使顶棚在这段空间高度上产生变化，形成一定的立体感，增强装饰效果。

吊顶一般由吊筋、骨架和面层三部分组成。

(1)吊筋

吊筋是连接骨架(吊顶基层)与承重结构层(屋面板、楼板、大梁等)的承重传力构件。

吊筋与钢筋混凝土楼板的固定方法有预埋件锚固、预埋筋锚固、膨胀螺栓锚固和射钉锚固,如图 9-21 所示。

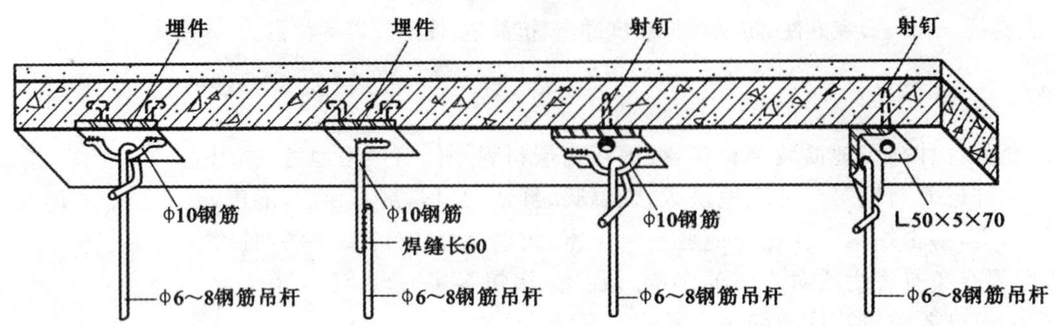

图 9-21　吊筋与楼板连接固定

(2)骨架

骨架主要由主、次龙骨组成,其作用是承受顶棚荷载并由吊筋传递给屋顶或楼板结构层。按材料分有木骨架和金属骨架两类。

(3)面层

面层的作用是装饰室内空间,同时起一些特殊作用,如吸声、反射光等。

构造做法一般分为抹灰类(板条抹灰、钢板网抹灰、苇箔抹灰等)、板材类(纸面石膏板、穿孔石膏吸声板、钙塑板、铝合金板等),在设计和施工时要结合灯具、风口布置等一起进行,如图 9-22 所示。

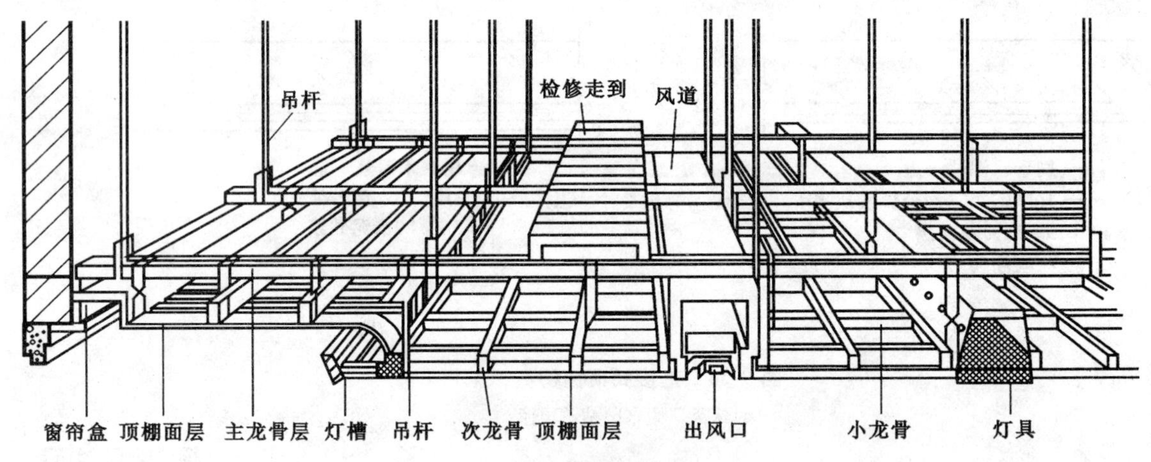

图 9-22　上人吊顶内部构造

9.5　阳台与雨篷

9.5.1　阳台

阳台是多层及高层建筑中不可缺少的室内外过渡空间,为人们提供了室外活动的平台,阳台在建筑立面设计也起很重要的作用,如图 9-23 所示。

图 9-23　各种形式的阳台

9.5.1.1　阳台的类型

阳台按使用要求的不同可分为生活阳台和服务阳台。生活阳台一般设在卧室或起居室用作休闲、观景；近几年来，还会在厨房旁边设服务阳台作为晒衣及其他家务杂用。阳台按其与外墙的相对位置，可分为凸阳台、凹阳台和半挑半凹阳台，如图 9-24 所示。

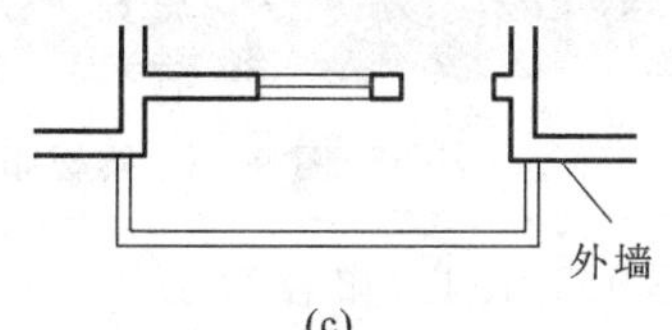

图 9-24　阳台的类型

(a)凸阳台；(b)凹阳台；(c)半挑半凹阳台

9.5.1.2　阳台的设计要求

(1)安全、坚固

挑阳台的出挑长度不宜过大，应保证在荷载作用下不发生倾覆现象，以 1200～1800mm 为宜。阳台栏杆扶手构造应坚固、耐久、防坠落、防攀爬，且放置花盆处应采取防坠落措施。

(2)适用、美观

阳台所用材料应经久耐用，金属构件应做防锈处理。阳台栏杆或栏板应结合当地气候特点，满足使用及立面设计的要求。南方地区宜采用有助于空气流通的空透式栏杆，而北方寒冷地区和中高层住宅应采用实体栏板，并满足建筑立面美观的要求。

9.5.1.3　阳台的结构布置方式

阳台的结构布置方式主要采用搁板式、挑板式、和挑梁式等。

(1)搁板式阳台

搁板式阳台是将现浇或预制的阳台板直接搁置在阳台两侧凸出的墙上，阳台的板型、尺寸与楼板一致。其施工简便，多用于凹阳台。

(2)挑板式阳台

挑板式阳台是利用楼板挑出墙面形成悬挑阳台,阳台板的一部分作为楼板压在墙内,保证阳台板的稳定,如图 9-25 所示。这种形式的阳台板底面平整、造型简洁。

(3)挑梁式阳台

挑梁式阳台由阳台两端设置挑梁,在挑梁上搁板,如图 9-26 所示。为了避免阳台发生倾覆,挑梁压入墙内的长度一般不应小于悬挑长度的 1.5 倍。

图 9-25　挑板阳台

图 9-26　挑梁阳台

9.5.1.4　阳台的栏杆

(1)阳台栏杆高度

阳台栏杆高度根据建筑使用对象不同而有所区别,根据《民用建筑设计通则》(GB 50352—2005)和《住宅设计规范》(GB 50096—2011)中规定:临空高度在 24 m 以下时,阳台、外廊栏杆高度不应低于 1.05 m,临空高度在 24 m 及以上(包括中高层住宅)时,栏杆不应低于 1.1 m,栏杆离地面或屋面 100 mm 高度内不宜留空。有儿童活动的场所,栏杆应采用不易攀登的构造,当采用垂直杆件作栏杆时,其杆件净距不应大于 110 mm。

(2)阳台栏杆类型

按阳台栏杆的空透情况不同有实心栏板、空花栏杆和部分空透的组合式栏杆。根据阳台栏杆(栏板)使用的材料不同,有金属栏杆、钢筋混凝土栏杆、玻璃栏板,还有不同材料组成的混合栏杆。金属栏杆如采用钢栏杆易锈蚀,如为其他合金,则造价较高;钢筋混凝土栏杆耐久、整体性好,应用较为广泛。

(3)阳台栏杆的连接构造

金属栏杆扶手一般采用预埋铁件焊接连接,或预留孔洞用水泥砂浆锚固。钢筋混凝土栏板扶手可与阳台板一起整浇而成,也可用预制栏杆(栏板)借预埋铁件焊接,如图 9-27 所示。

扶手与墙体的连接,多在墙内预留孔洞,将扶手或扶手中的铁件插入孔内,用细石混凝土填实锚固;或与墙上预埋铁件焊接连接,如图 9-28 所示。

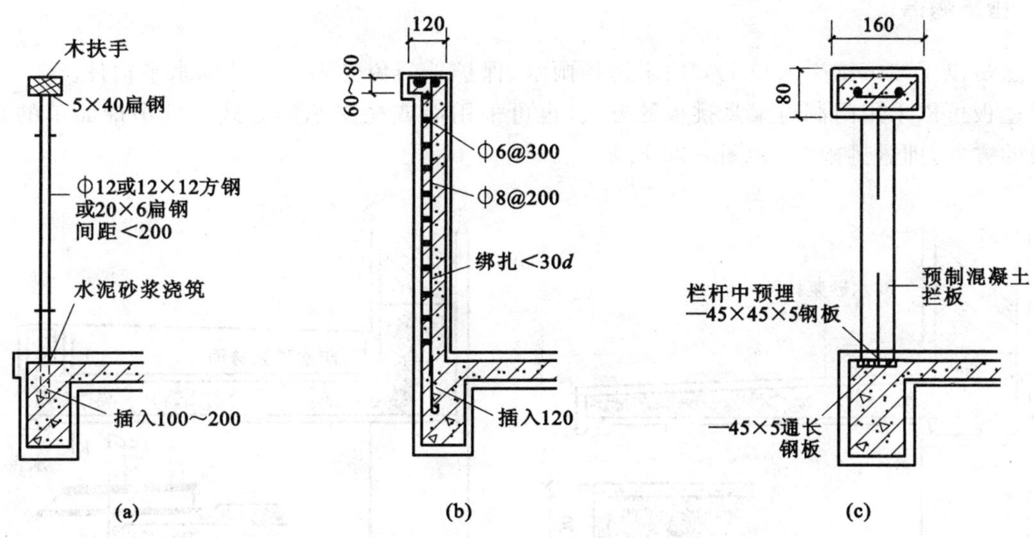

图 9-27　阳台栏杆扶手的连接

(a)金属栏杆;(b)现浇混凝土栏板;(c)预制混凝土栏杆

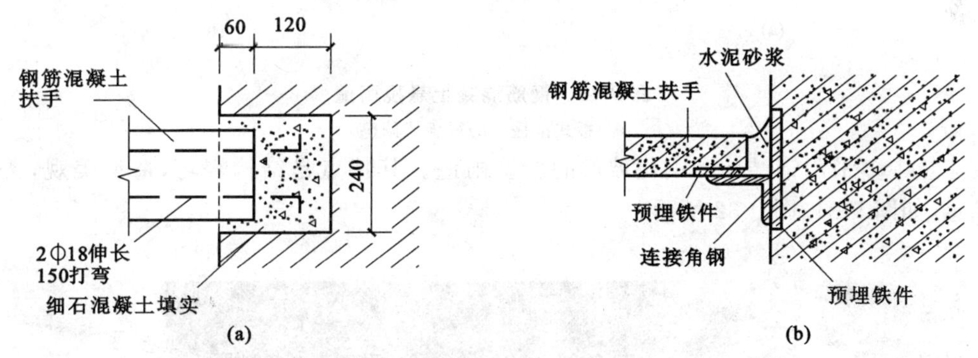

图 9-28　阳台扶手与墙体的连接

9.5.1.5　阳台的排水

开敞式阳台地面应进行排水设计,采用有组织排水。一般,阳台地面比室内地面低 30～60 mm,以免雨水流入室内。排水口处设置 $\varphi40$ 或 $\varphi50$ 的镀锌管或塑料管水舌,水舌向外挑出至少 80mm,以防积水污染下层阳台,如图 9-29 所示。高层建筑阳台宜用水落管排水。

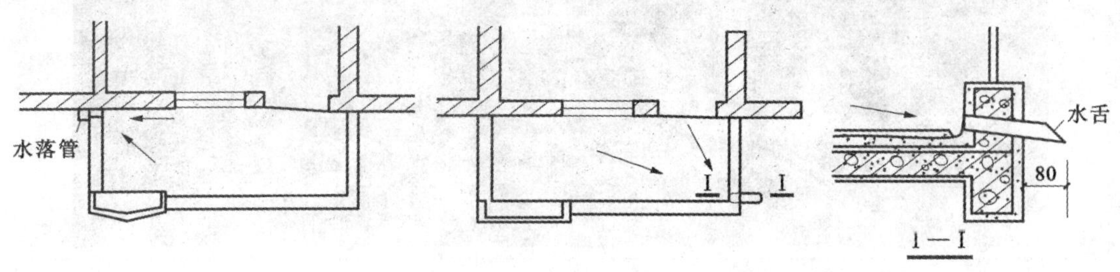

图 9-29　阳台排水处理

9.5.2 雨篷构造

雨篷是位于建筑物出入口上方用来遮挡雨水、保护外门免受雨水侵蚀的水平构件。

雨篷板可以采用门洞过梁悬挑板的方式,也可采用墙或柱支承的方式。其中最简单的是过梁悬挑板的方式,即悬挑雨篷,如图 9-30 所示。

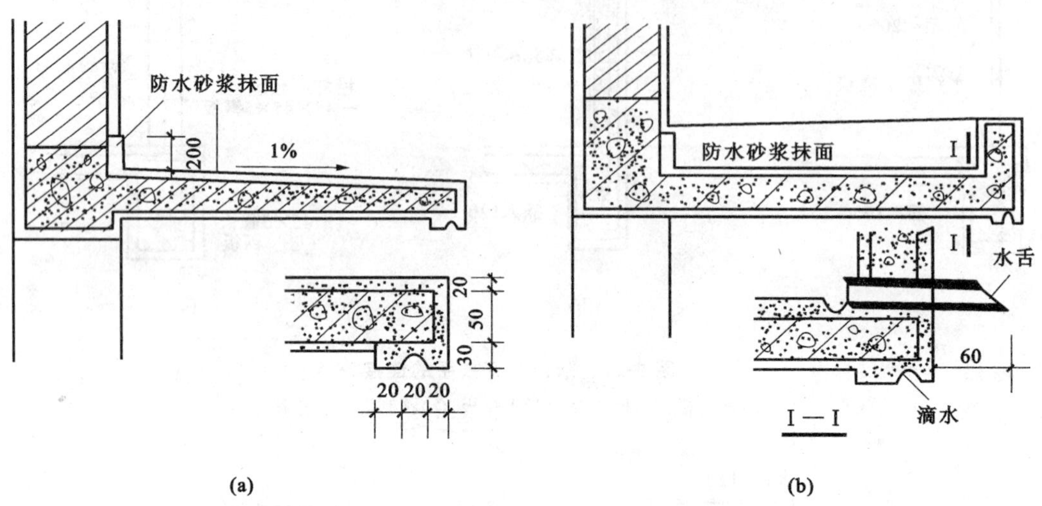

图 9-30 钢筋混凝土悬挑雨篷

(a)板式雨篷;(b)梁板式雨篷

现代建筑中多采用钢结构和钢化玻璃的新型雨篷。其特点是结构轻巧,造型美观,透明新颖,富有现代感,如图 9-31、图 9-32 所示。

图 9-31 钢结构悬臂式玻璃雨篷

图 9-32　钢结构悬挂式雨篷

本章小结

（1）楼地层包括楼板层和地坪层，是水平方向分隔房屋空间的承重结构，同时为人们提供活动面。

（2）楼板层主要由面层、结构层、顶棚层三个基本层次组成。地坪层的基本构造层次为面层、垫层和基层组成。当基本构造层不能满足要求时，可根据需要增设附加层，比如找平层、结合层、防水层、保温层、隔声层、隔热层等。

（3）根据楼板所用材料的不同，可分为木楼板、钢筋混凝土楼板及压型钢板混凝土组合楼板等多种类型。

（4）钢筋混凝土楼板根据施工方法不同，分为现浇钢筋混凝土楼板、预制装配式钢筋混凝土楼板和装配整体式钢筋混凝土楼板三种。

（5）现浇钢筋混凝土楼板根据结构形式的不同，分为板式楼板、梁板式楼板、无梁楼板等

（6）四边支承的板，若板的长边与短边之比大于或等于 3 时，板基本沿短边方向传递荷载，称为单向板；若板的长边与短边之比小于或等于 2 时，作用于板上的荷载沿双向传递，两个方向都产生弯曲变形，称为双向板；若板的长边与短边之比大于 2 且小于 3 时，宜按双向板计算。

（7）预制装配式钢筋混凝土楼板是把楼板分成若干构件，在预制厂预先制作好后，然后在施工现场进行安装。这种楼板具有节约模板，便于工业化生产和施工周期短等优点，但其整体性较差，不利于抗震。

（8）叠合式楼板分为现浇和预制两部分，先将预制构件现场安装，而后在预制构件上现浇混凝土面层叠合而成。预制薄板既提供了模板的作用，同时也是楼板结构的组成部分。

（9）楼板层和地坪层的面层统称为地面。建筑地面类型的选择，应根据建筑功能、使用要求、工程特征和技术经济条件，需要经过综合技术经济比较最终确定。

（10）楼地面装修是指楼板层和地坪层的面层做法。地面的名称是根据面层所用的材料来命名的。按面层所用材料的不同，可分为水泥类整体地面、树脂类整体地面、板块地面、木地面、织物地面等。

(11) 直接式顶棚是指在钢筋混凝土楼板下直接喷刷涂料、抹灰或粘贴饰面材料的构造做法，多用于大量性的民用建筑中。

(12) 吊顶是指顶棚的装修表面与屋面板或楼板之间留有一定距离，这段距离形成的空腔可以将设备管线和结构隐藏起来，也可使顶棚在这段空间高度上产生变化，形成一定的立体感，增强装饰效果。吊顶一般由吊筋、骨架和面层三部分组成。

(13) 阳台是多层及高层建筑中不可缺少的室内外过渡空间，为人们提供了室外活动的平台，阳台在建筑立面设计也起很重要的作用。阳台按使用要求的不同可分为生活阳台和服务阳台。生活阳台一般设在卧室或起居室用作休闲、观景；近几年来，还会在厨房旁边设服务阳台作为晒衣及其他家务杂用。阳台按其与外墙的相对位置，可分为凸阳台、凹阳台和半凸半凹阳台。

(14) 雨篷是位于建筑物出入口上方用来遮挡雨水、保护外门免受雨水侵蚀的水平构件。

【知识拓展——楼板隔声构造】

噪声的传播途径有空气传声和固体传声两种。空气传声如说话声、各种乐器声都是通过空气来传播的。隔绝空气传声可采取使楼板密实、无裂缝等构造措施来达到。固体传声是指脚步声、移动家具、撞击物体等使楼板发出的噪声是通过楼板层传递的。由于声音在固体中传递时，声能衰减很少，所以固体传声较空气传声的影响更大。因此，楼板层隔声主要考虑隔绝固体传声，通常有下列三种方法。

(1)对楼面进行处理

在楼板上铺设弹性面层，如铺设地毯、橡胶、塑料等，以减弱撞击楼板时所产生的声能，减弱楼板的振动，如图9-33(a)所示。在钢筋混凝土楼板上铺设地毯，噪声通过量可控制在75dB以内。这种方法比较简单，隔声效果也较好，同时还起到了装饰室内空间的作用，是采用较广泛的一种方法。

(2)设置隔声层

在楼板结构层和面层之间设置片状、条状或块状的弹性垫层，形成浮筑式楼板，如图9-33(b)所示。这种楼板是通过设置弹性垫层来减弱由面层传来的固体声能，达到隔声的目的。

(3)楼板下做吊顶

结合室内空间的要求，在楼板下设置吊顶。在楼板与顶棚间留有空气间层，还可将吊顶与楼板采用弹性挂钩连接，使声能减弱。对隔声要求高的房间，还可在顶棚上铺设吸声材料加强隔声效果，如图9-33(c)所示。

对于以上三种隔声措施，面层处理的效果最好，而且便于施工；浮筑式楼板层效果也较好，但施工较麻烦，因而采用较少。楼板下做吊顶要考虑室内空间装修的要求。

习题与思考题

9-1 楼板层和地坪层有什么相同之处和不同之处？

9-2 钢筋混凝土楼板根据施工方式不同分为哪些类型？

9-3 单向板和双向板是如何划分的？其受力特点分别是什么？

9-4 梁板式楼板的布置原则是什么？

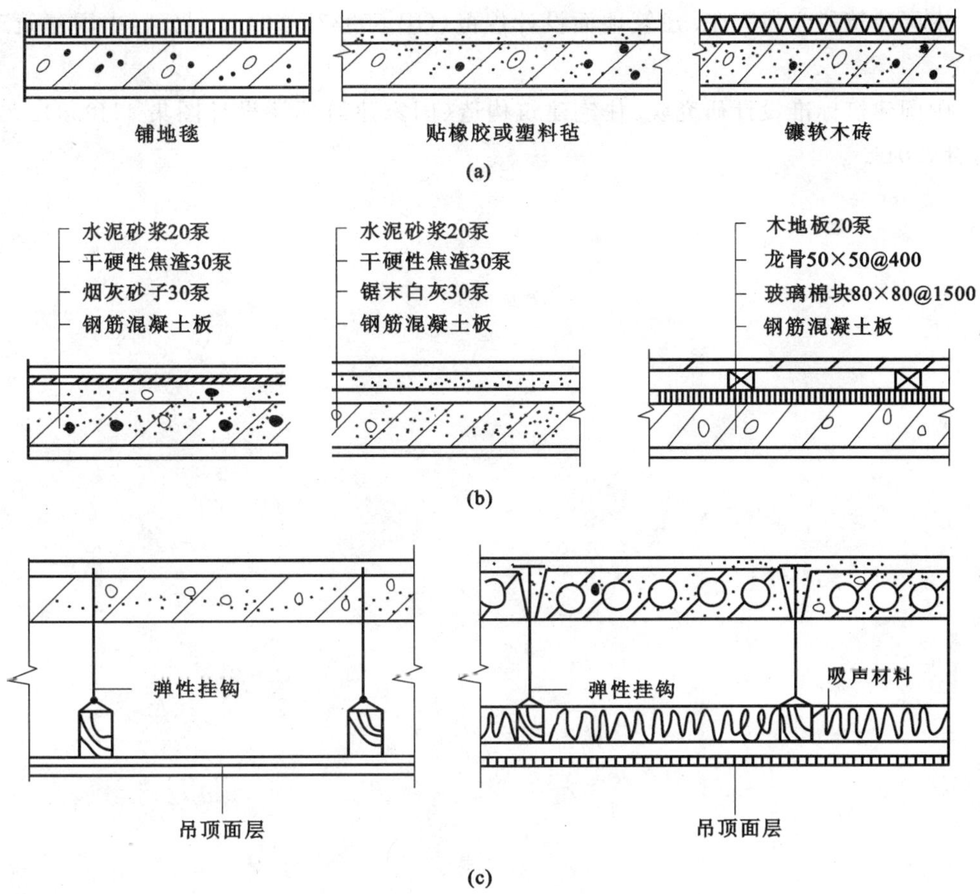

图 9-33 楼板隔固体声构造

(a)弹性面层;(b)浮筑式楼板;(c)吊顶

9-5 井式楼板和无梁楼板的特点及适用范围分别是什么?

9-6 水泥类整体地面有哪几种做法?其构造层次如何组成?

9-7 常用块材地面的种类、优缺点及适用范围分别是什么?

9-8 吊顶的基本组成及构造做法分别是什么?

9-9 阳台的分类及结构布置方式分别是什么?

9-10 绘图说明钢筋混凝土板式雨篷和梁板式雨篷的构造做法。

习题与思考题答案

参考文献

[1] 中国建筑科学研究院.住宅设计规范(GB 50096—2011).北京:中国建筑工业出版社,2012.

[2] 李必瑜.房屋建筑学.5版.武汉:武汉理工大学出版社,2014.

[3] 中国建筑科学研究院.混凝土结构设计规范(GB 50010—2010).北京:中国建筑工业出版社,2011.

[4] 宿晓萍.房屋建筑学.北京:北京大学出版社,2014.

[5] 中国建筑科学研究院.建筑地面设计规范(GB 50037—2013).北京:中国建筑工业出版社,2014.

[6] 中国建筑标准设计研究院.住宅建筑构造(国家建筑标注设计图集 11J930).北京:中国计划出版社,2011.

10 楼　　梯

【内容提要】

本章主要内容包括楼梯的类型、组成及设计要求及室外台阶与坡道、电梯与扶梯的设计及构造。本章的教学重点为楼梯的组成部分及其作用，楼梯的构造要求。本章的教学难点为楼梯设计的主要步骤和方法。

【能力要求】

通过本章的学习，学生应掌握楼梯的类型、组成及设计；重点掌握楼梯的尺度、与楼梯有关的净空高度；掌握预制式钢筋混凝土楼梯和现浇钢筋混凝土楼梯的构造与要求以及楼梯的设计；了解室外台阶与坡道、电梯与扶梯的设计及构造。

重难点

10.1 概　　述

在建筑物中，为了解决垂直方向的交通问题，一般使用的设施有楼梯、电梯、自动扶梯、爬梯以及坡道等。楼梯是在建筑物中供人们在正常情况下的竖向交通、搬运家具和在紧急情况下的人员紧急安全疏散的交通设施，使用最为广泛。在层数较多或有特殊需要的建筑物中，往往设有电梯或自动扶梯，但必须同时设置楼梯。

楼梯作为建筑物垂直交通设施之一，首要的作用是联系上下交通通行；其次，楼梯作为建筑物主体结构还起着承重的作用；除此之外，楼梯有安全疏散、美观装饰等功能。楼梯设计应满足以下几个方面的要求。

① 满足使用功能。楼梯要求通行顺畅，行走舒适，楼梯的数量、位置、楼梯段的宽度以及整个建筑物楼梯的总宽度都应满足有关的基本规定。主要楼梯应近邻主要出入口，位置明显，同时还应避免垂直交通与水平交通在交接处的拥挤堵塞。楼梯间必须有良好的自然采光。

② 符合结构、构造、施工、防火等方面的要求。楼梯属承重结构，除了承受自重外，还应承担使用过程中产生的活荷载，并且楼梯是整个建筑中刚度较薄弱的部分，因此楼梯应具有足够的强度、刚度及稳定性，并适当考虑楼梯间的位置，采用一定的加强措施，以保证结构的坚固、安全。楼梯间在火灾时起到竖向井筒的作用，因此，要具有一定的防水能力，必须符合国家防火规范的规定。

③ 注意美观。楼梯也是建筑物装饰、装修设计的重要部分之一，尤其是公共建筑的主要楼梯，楼梯形式、栏杆的样式、细部处理都要考虑建筑环境空间的艺术效果。

楼梯间生成演示动画

10.2 楼梯的组成、类型和尺度

10.2.1 楼梯的组成

一般楼梯由楼梯段、平台(楼梯平台和中间平台)、扶手与栏杆(或栏板)三大部分组成。它所处的空间称为楼梯间,如图 10-1 所示。

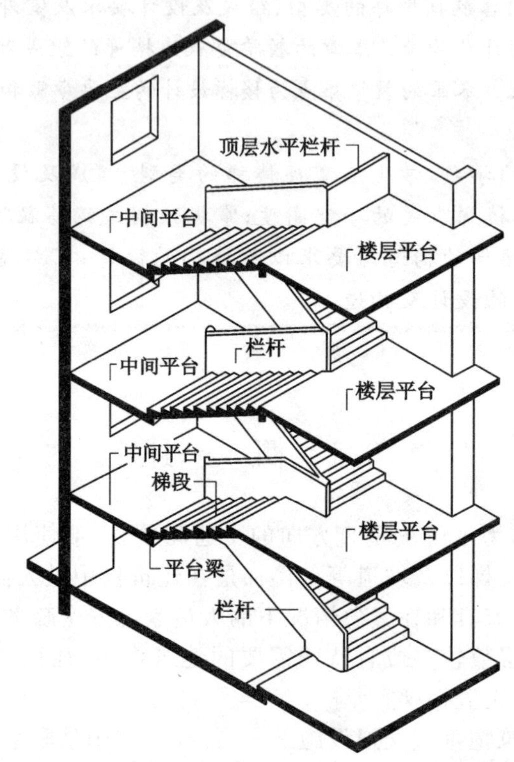

图 10-1 楼梯的组成

(1) 楼梯段

设有踏步供建筑物楼层之间上下通行的通道称为梯段。踏步又分为踏面(供行走时踏脚的水平部分)和踢面(形成踏步高差的垂直部分)。

每个梯段的踏步不应超过 18 级,但也不应少于 3 级。

(2) 平台

平台是指连接楼地面与梯段端部的水平部分,主要用来解决楼梯段的转向问题,并使人们在上下楼层时能够缓冲休息。

楼梯平台又分为中间平台和楼层平台。中间平台是指位于两层楼面之间的平台,作用是解决楼梯段的转折和缓解疲劳,也称休息平台。而与楼层地面标高齐平的平台具有用来缓冲并分配从楼梯到达各楼层的人流的功能,称为楼层平台。

楼梯段和平台之间的空间称为楼梯井,楼梯井的尺寸根据楼梯施工时支模板的需要和满足楼梯间的空间尺寸来确定,一般为 100～200 mm,当公共建筑楼梯井净宽大于 200 mm，住宅楼梯井净宽大于 110 mm 时，必须采取措施来保证其安全。

(3) 扶手、栏杆(或栏板)

为了保证人们在楼梯上行走安全，楼梯段和平台的临空边缘应安装栏杆或栏板。栏杆或栏板上部供人用手扶持的配件称为扶手。当梯段宽度较大时，非临空面也应加设靠墙扶手。当梯段宽度较大时，则需在梯段中间加设中间扶手。

10.2.2 楼梯的类型

楼梯形式的选择取决于其所处的位置，楼梯间的平面形式与大小，楼面高低与层数、人流多少与缓急等因素，设计时需综合权衡这些因素。

① 楼梯按其材料分为钢筋混凝土楼梯、钢楼梯、木楼梯和组合楼梯等。

② 楼梯按其在建筑物中所处的位置分为室内楼梯和室外楼梯。

③ 楼梯按其使用性质分为主要楼梯、辅助楼梯、疏散楼梯和消防楼梯等。

a. 主要楼梯。它一般布置在建筑门厅内明显的位置或者靠近主入口处的位置。

b. 辅助楼梯。它设置在建筑物次要出入口或者建筑物适当的位置，如建筑物走道拐角处，容纳比较小的人流或者仅供紧急疏散用。

c. 疏散楼梯、消防楼梯等，转为防火使用。当建筑物内部楼梯的数量与位置满足不了防火要求时，经常在建筑物的两端设置开敞式疏散楼梯。

④ 楼梯按照楼梯间的平面形式分为封闭楼梯、非封闭楼梯、防烟楼梯等。

⑤ 楼梯按其平面形式分为单跑楼梯、双跑楼梯、双跑平行楼梯、三跑(多跑)楼梯、双分式平行楼梯、双分转角楼梯、剪刀式楼梯、螺旋楼梯、弧形楼梯等，如图 10-2 所示。

10.2.3 楼梯的尺度

楼梯的尺度涉及梯段宽度、踏步高宽、平台长度、净空高度等多个尺寸。

(1) 楼梯段的宽度

楼梯段的宽度是指墙面至临空侧扶手中心线或楼梯两侧扶手中心线之间的水平距离。楼梯段的宽度主要通过该楼梯段的人流数来确定，同时还应该考虑建筑物的类型、防火等级规范、建筑物使用特征、层数及通过的居住或工作人数等因素确定。

我国规定单股人流通过时的人流宽为[550＋(0～150)] mm，其中 550 mm 为正常人体的宽度，0～150 mm 为人行走时的摆幅。一般规定建筑物楼梯宽度不应少于两股人流，楼梯段的宽度不少于 1100 mm。我国《住宅设计规范》(GB 50096—2011)规定：6 层以下的单元式住宅，楼梯段的最小净宽不小于 1000 mm，住宅套内楼梯段的净宽，当一侧临空时，不应小于 750 mm；当两侧都是墙时，不应小于 900 mm。

楼梯应至少于一侧设扶手，梯段净宽达三股人流时应两侧设扶手，达四股人流时宜加设中间扶手。

(2) 楼梯平台宽度

楼梯平台是连接楼地面与梯段端部的水平部分，分为中间平台和楼层平台。为了保证通行顺畅并方便搬运家具设备，平台宽度不应小于楼梯梯段的宽度，并不应小于 1100 mm，当有搬运大型物件需要时应适当加宽。但直跑楼梯的中间平台深度以及通向走廊的开敞式楼梯楼层平台深度，可不受此限制。

对开敞式楼梯间而言，楼层平台的净宽为最后一个踏步前缘到靠走廊墙面的距离，且不小于 500 mm，如图 10-3 所示。

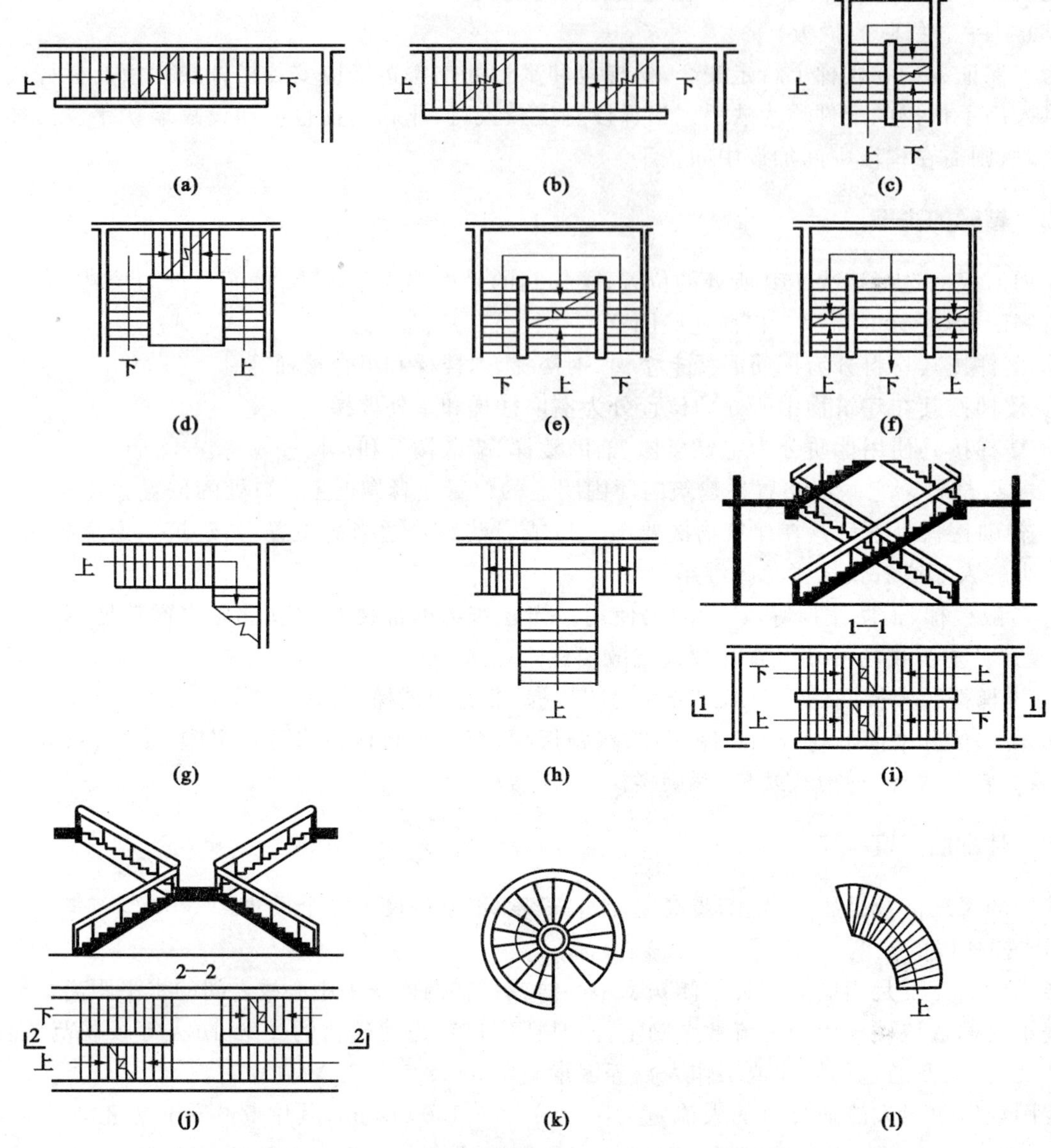

图 10-2　楼梯平面形式

(a) 单跑直楼梯;(b) 双跑直楼梯;(c) 双跑平行楼梯;(d) 三跑楼梯;(e) 双分式平行楼梯;(f) 双合平行楼梯;(g) 转角双跑楼梯;(h) 双分转角楼梯;(i) 交叉跑楼梯;(j) 剪刀式楼梯;(k) 螺旋楼梯;(l) 弧形楼梯

(3) 楼梯的坡度与踏步尺寸

楼梯的坡度是指梯段的坡度,即楼梯段的倾斜角度。

一般来说,楼梯的坡度越大,楼梯段的水平投影长度越短,楼梯占地面积就越小、越经济,但行走较吃力;反之,楼梯的坡度越小,行走越舒适,但占地面积大,不经济。所以,在确定楼梯坡度时,应综合考虑使用和经济因素。

楼梯的坡度有角度法和比值法两种表示方法。用楼梯段与水平面的倾斜夹角来表示楼梯坡度的方法称为角度法;用楼梯段在垂直面上的投影高度与在水平面上的投影长度的比值来表示楼梯坡度的方法称为比值法。

一般楼梯的坡度范围在23°～45°,适宜的坡度为30°左右。坡度过小时(小于23°),可做成坡道;坡度过大时(大于45°),可做成爬梯。公共建筑的楼梯坡度较平缓,常在26°34′(正切值为1/2)左右。住宅中的共用楼梯坡度可稍陡些,常在33°42′(正切值为1/1.5)左右,如图10-4所示。

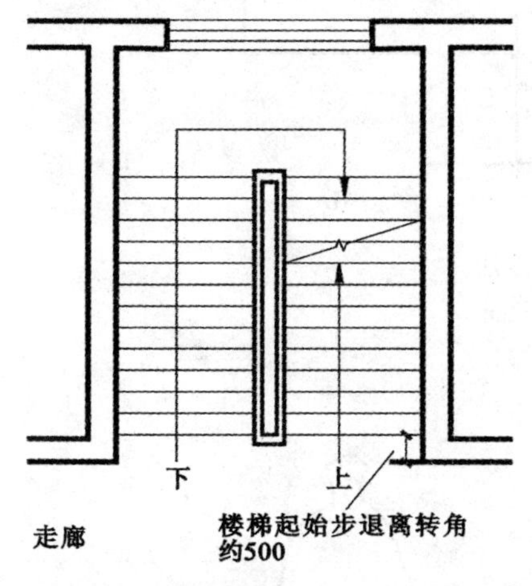

图10-3 开敞式楼梯间楼层平台宽度

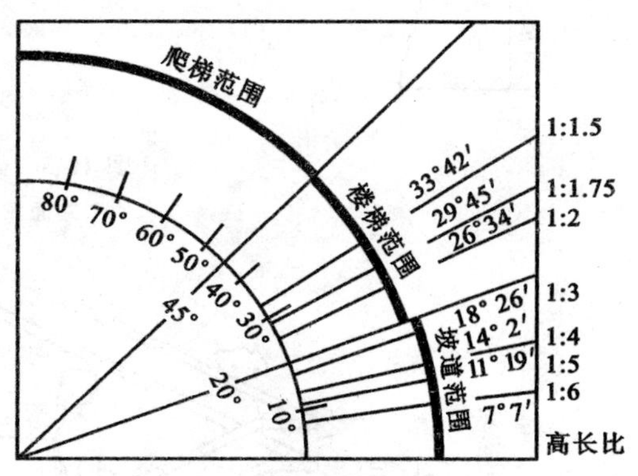

图10-4 楼梯的坡度

(4) 楼梯的踏步尺寸

楼梯的踏步尺寸包括踏面宽度和踢面高度。踢面高度与人们的步距有关,踏面的宽度则应与人脚长度相适应。确定和计算踏步尺寸的方法和公式有很多,通常采用以下的经验公式确定:

$$2h + b = 600 \sim 620(\mathrm{mm}) \tag{10-1}$$

式中 h——踢面高度,mm;

b——踏面宽度,mm。

故600～620 mm为一般人行走时的平均步距。

民用建筑中,踏面宽度范围一般取250～320 mm,踢面高度范围一般取140～180 mm,具体根据建筑物使用功能和实际情况确定。民用建筑中,常见民用建筑楼梯的适宜踏步尺寸见表10-1。

表10-1 常见民用建筑楼梯的适宜踏步尺寸 (单位:mm)

名称	住宅	学校、办公楼	剧院、礼堂	医院	幼儿园
踢面高度(h)	156～175	140～160	120～150	150	120～150
踏面宽度(b)	250～300	280～340	300～350	300	260～300

为了人们在上下楼梯时更加舒适,在实际中经常采用踢面倾斜或踏面挑出的办法,以增加踏步宽度。一般踏步的出挑长度为20～30 mm,如图10-5所示。

(5) 楼梯栏杆扶手的高度

楼梯栏杆扶手的高度是指踏步前缘至扶手顶面的垂直距离。楼梯扶手的高度与楼梯的坡度、楼梯的使用要求有关,楼梯坡度较大时,扶手的高度较低,坡度平缓时,扶手的高度较高。其在30°左右的坡度下常采用900 mm,儿童使用的楼梯扶手高度一般为600 mm,如图10-6(a)所示。对一般室内楼梯而言,扶手高度大于或等于900 mm,通常取1000 mm。靠梯井一侧水平栏杆长度大于500 mm,其高度大于或等于1000 mm,室外楼梯栏杆高度大于或等于1050 mm。高层建筑的栏杆高度应再适当提高,但不宜超过1200 mm,如图10-6(b)所示。

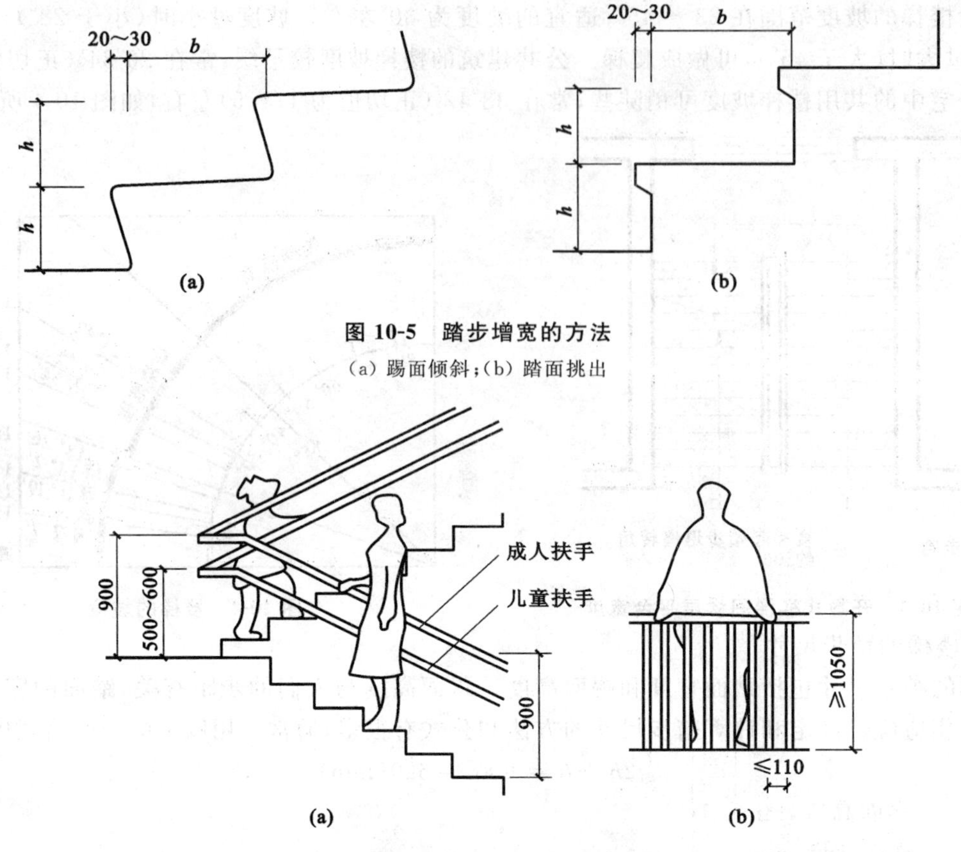

图 10-5　踏步增宽的方法

(a) 踢面倾斜;(b) 踏面挑出

图 10-6　栏杆、扶手高度

(6) 楼梯的净空高度

楼梯的净空高度包括楼梯段间的净高和平台上的净空高度。

楼梯段间的净高是指梯段空间的最小高度,即下层梯段踏步前缘至其正上方梯段下表面的垂直距离;平台过道处的净高是指平台过道地面至上部结构最低点(通常为平台梁)的垂直距离。

在确定这两个净高时,还应充分考虑人们肩扛物品对空间的实际需要,避免由于碰头而产生压抑感。我国相关标准规定:楼梯段间净高不应小于 2200 mm,楼梯段的计算范围为楼梯最前和最后踏步前缘分别往外 300 mm 算起;平台过道处净高不应小于 2000 mm。如图 10-7 所示。

当楼梯底层中间平台下做通道时,为使平台净高满足要求,常采用以下几种处理方法。

① 增加楼梯底层第一个梯段踏步数量,即抬高底层中间平台。这种方法适用于楼梯间进深较大的情况,但应注意保证底层楼梯第一段上部的净空高度,如图 10-8(a)所示。

② 降低底层楼梯中间平台下的地面标高,即将部分室外台阶移至室内。但应注意两点:第一,降低后的室内地面标高至少应比室外地面高出一级台阶的高度,即 100～150 mm;第二,移至室内的台阶前缘线与顶部平台梁的内边缘之间的水平距离不应小于 300 mm。这种方法构造简单,但增加了整个建筑物的高度,也增加了建筑物的造价,如图 10-8(b)所示。

③ 将①、②两种方法结合起来,即降低楼梯中间平台下的地面标高的同时,增加楼梯底层第一个梯段的踏步数量,如图 10-8(c)所示。

④ 底层采用直跑楼梯。当底层层高较低(通常不大于 3000 mm)时,可将底层楼梯由双跑改为直跑,二层以上恢复双跑。这样可以较好地解决平台下的高度问题。这种方法一般适用于南方地区的建筑,如图 10-8(d)所示。

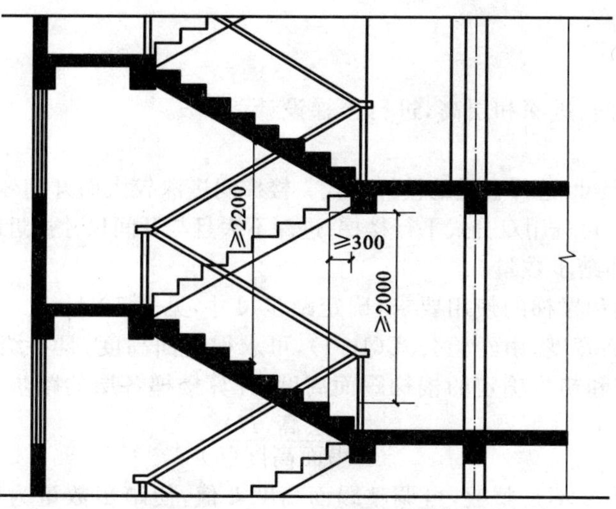

图 10-7 楼梯净空高度示意图

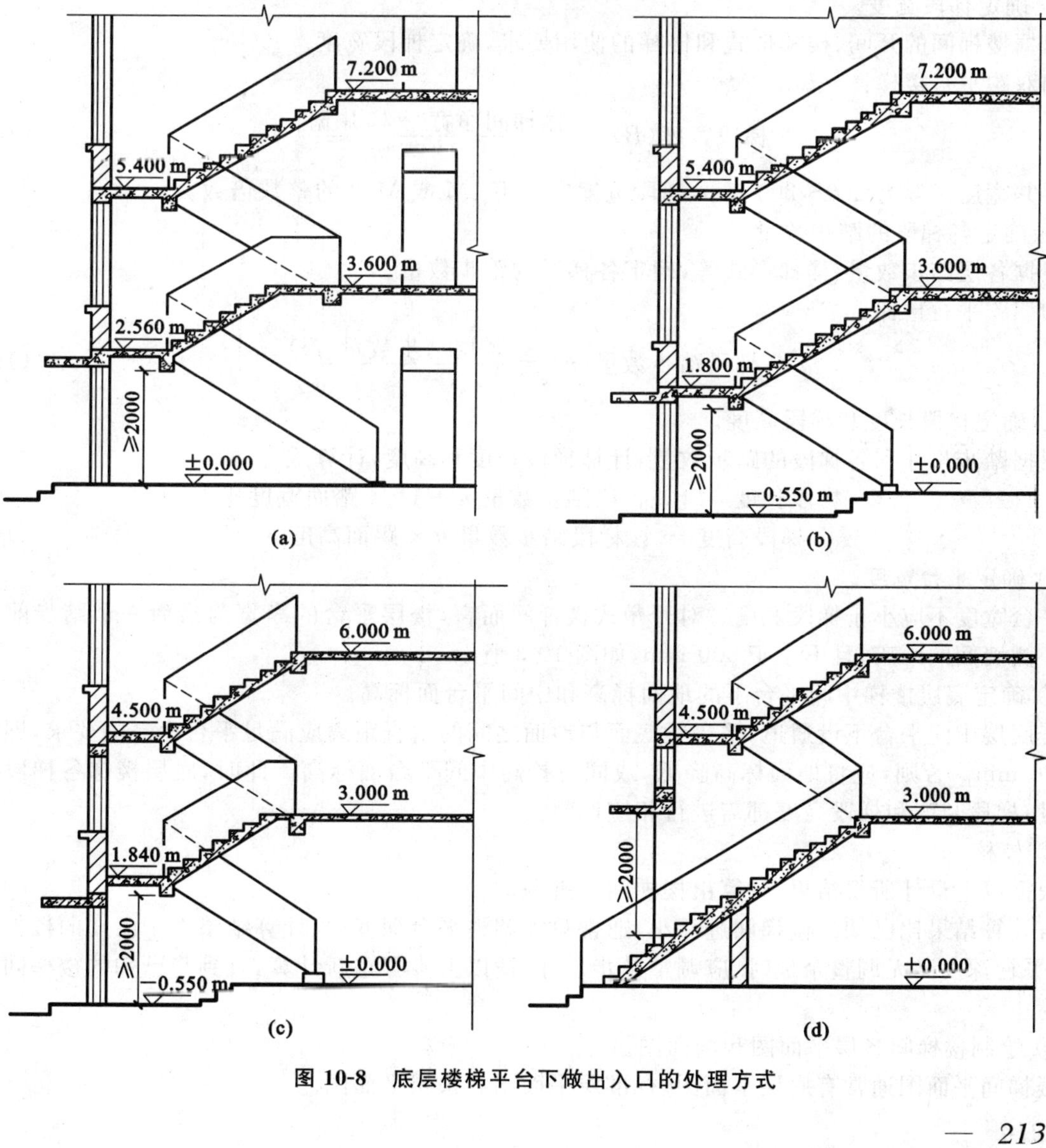

图 10-8 底层楼梯平台下做出入口的处理方式

10.2.4 楼梯的设计

(1) 已知楼梯间开间、进深和层高,进行楼梯设计

① 选择楼梯形式。

根据已知的楼梯间尺寸,选择合适的楼梯形式。楼梯间进深较大而开间较小时,可选用双跑平行楼梯;开间和进深均较大时,可选用双分式平行楼梯;进深不大且与开间尺寸接近时,可选用三跑楼梯。

② 确定踏步尺寸和踏步数量。

根据建筑物的性质和楼梯的使用要求,确定踏步尺寸,见表 10-1。

设计时,可选定踏面宽度,由经验公式(10-1),可求得踢面高度,且各级踢面高度应相同。

根据楼梯间的层高和初步确定的楼梯踢面高度,计算楼梯各层的踏步数量,即踏步数量为:

$$N=\frac{\text{层高}(H)}{\text{踢面高度}(h)} \tag{10-2}$$

若得出的踢面数量 N 不是整数,可调整踢面高度 h 值,使踏步数量为整数。若踏步数量 N 为偶数,则为等跑梯;若 N 为奇数,每层的两个梯段的踏步数量相差一步。

③ 确定梯段宽度。

根据楼梯间的开间、楼梯形式和楼梯的使用要求,确定梯段宽度。

如双跑平行楼梯:

$$\text{梯段宽度}(B)=\frac{\text{楼梯间净宽}-\text{梯井宽}}{2} \tag{10-3}$$

梯井宽度一般为 100～200 mm,梯段宽度应采用 1M 或 M/2 的整数倍数。

④ 确定各梯段的踏步数量。

根据各层踏步数量、楼梯形式等,确定各梯段的踏步数量。

如双跑平行楼梯:

$$\text{各梯段踏步数量}(n)=\frac{\text{各层踏步数量}(N)}{2} \tag{10-4}$$

⑤ 确定梯段长度和梯段高度。

根据踏步尺寸和各梯段的踏步数量,计算梯段长度和高度,计算式为:

$$\text{梯段长度}=(\text{该梯段踏步数量 } n-1)\times\text{踏面宽度 } b \tag{10-5}$$

$$\text{梯段高度}=\text{该梯段踏步数量 } n\times\text{踢面高度 } h \tag{10-6}$$

⑥ 确定平台宽度。

平台宽度不应小于梯段宽度。对开敞式楼梯间而言,楼层平台的净宽为最后一个踏步前缘到走廊一侧墙面的距离,且不小于 500 mm,如图 10-3 所示。

⑦ 确定底层楼梯中间平台下的地面标高和中间平台面标高。

若底层中间平台下设通道,平台梁底面与地面之间的垂直距离应满足平台净高的要求,即不小于 2000 mm。否则,应将地面标高降低,或同时抬高中间平台面标高。此时,底层楼梯各梯段的踏步数量、梯段长度和梯段高度都需进行相应调整。

⑧ 校核。

根据以上设计所得结果,计算出楼梯间的进深。

若计算结果比已知的楼梯间进深小,通常只需调整平台深度;当计算结果大于已知的楼梯间进深,而平台深度又无调整余地时,应调整踏步尺寸,按以上步骤重新计算,直到与已知的楼梯间尺寸一致为止。

⑨ 绘制楼梯间各层平面图和剖面图。

楼梯间平面图通常有底层平面图、标准层平面图和顶层平面图。

(2) 已知建筑物层高和楼梯形式，进行楼梯设计，并确定楼梯间的开间和进深

① 根据建筑物的性质和楼梯的使用要求，确定踏步尺寸；再根据初步确定的踏步尺寸和建筑物的层高，确定楼梯各层的踏步数量。设计方法同上。

② 根据各层踏步数量、梯段形式等，确定各梯段的踏步数量。再根据各梯段踏步数量和踏步尺寸计算梯段长度和梯段高度。楼梯底层中间平台下设通道时，可能需要调整底层各梯段的踏步数量、梯段长度和梯段高度，以满足平台净高不小于 2000 mm 的要求。设计方法同上。

③ 根据楼梯的使用性质、人流量的大小及防火要求，确定梯段宽度。通常住宅的共用楼梯梯段净宽不应小于 1100 mm，不超过六层时，应不小于 1000 mm。公共建筑的次要楼梯梯段净宽不应小于 1100 mm，主要楼梯梯段净宽一般不宜小于 1650 mm。

④ 根据梯段宽度和楼梯间的形式等，确定平台深度。设计方法同上。

⑤ 根据以上设计所得结果，确定楼梯间的开间和进深。其开间和进深应以 3M 为模数。

⑥ 绘制楼梯各层平面图和楼梯剖面图。

(3) 楼梯的绘图

① 尺寸和标高的标注应整齐、完整。平面图中应主要标注楼梯间的开间和进深、梯段长度和平台深度、梯段宽度和梯井宽度等尺寸，以及室内外地面、楼层和中间平台面等标高。剖面图中应主要标注层高、梯段高度、室内外地面高差等尺寸，以及室内外地面、楼层和中间平台面等标高。

② 楼梯平面图中应标注楼梯上行和下行指示线及踏步数量。上行和下行指示线是以各层楼面(或地面)标高为基准进行标注的，踏步数量应为上行或下行楼层踏步数。

③ 在剖面图中，若为平行楼梯，当底层的两个梯段做成不等长梯段时，第二个梯段的一端会出现错步，错步的位置宜安排在二层楼层平台处，不宜布置在底层中间平台处。

(4) 楼梯设计实例分析

【例 10-1】 某内廊式综合楼的层高为 3600 m，楼梯间的开间为 3300 m，进深为 6000 m，室内外地面高差为 450 mm，墙厚为 240 mm，轴线居中。试设计该楼梯。

【解】 ① 选择楼梯形式。

对于开间为 3300 m，进深为 6000 m 的楼梯间，适合选用双跑平行楼梯。

② 确定踏步尺寸和踏步数量。

作为公共建筑的楼梯，初步选取踏面宽度 $b=300$ mm，由经验公式(10-1)求得踢面高度 $h=150$ mm，初步取 $h=150$ mm。各层踏步数量 $N=$层高 $H/h=3600/150=24$(级)

③ 确定梯段宽度。

取梯井宽为 160 mm，楼梯间净宽为 3300－2×120＝3060(mm)，则梯段宽度为：

$$B=\frac{3060-160}{2}=1450(\text{mm})$$

④ 确定各梯段的踏步数量。

各层两梯段采用等跑，则各层两个梯段踏步数量为：

$$n=n_1=n_2=\frac{\mathrm{N}}{2}=\frac{24}{2}=12(\text{级})$$

⑤ 确定梯段长度和梯段高度。

梯段长度：

$$L_1=L_2=(n-1)b=(12-1)\times 3000=3300(\text{mm})$$

梯段高度：

$$H_1=H_2=nh=12\times 150=1800(\text{mm})$$

⑥ 确定平台深度。

中间平台深度 $B_1 \geqslant 1450$ mm(梯段宽度),取 1600 mm,楼梯平台深度 B_2 暂取 600 mm。

⑦ 校核:

$$L_1 + B_1 + B_2 + 120 = 3300 + 1600 + 600 + 120 = 5620(\text{mm}) < 6000(\text{mm})(\text{进深})$$

将楼层平台深度 B_2 加大至 $600+(6000-5620)=980(\text{mm})$。

由于层高较大,楼梯底层中间平台下的空间可有效利用,作为贮藏空间。为楼梯间增加净高,可降低平台下的地面标高至−0.300 m。根据以上设计结果,绘制楼梯各层平面图和楼梯剖面图,如图 10-9 所示(此图按三层综合楼绘制,设计时按实际层数绘图)。

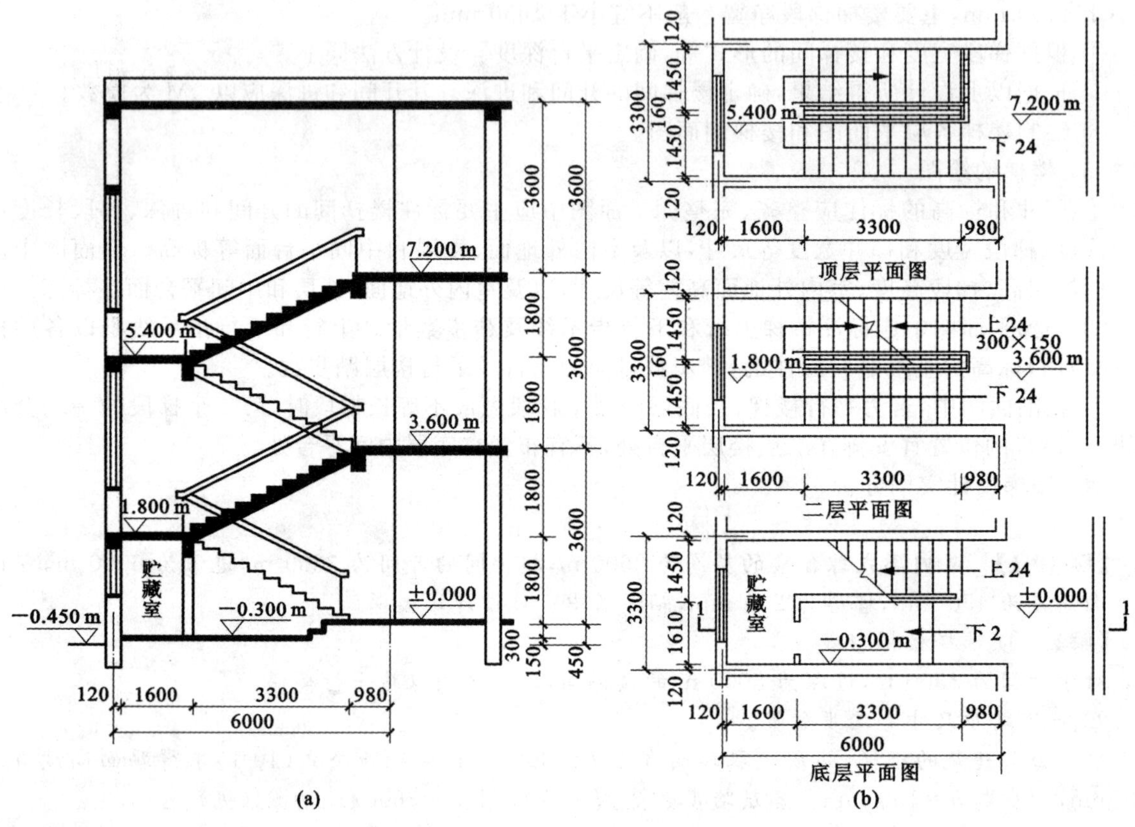

图 10-9 楼梯平面图和剖面图

(a) 1—1 剖面图;(b) 各层平面图

【例 10-2】 某建筑物开间 3300 mm,层高 3300 mm,进深 5100 mm,开敞式楼梯间。内墙厚 240 mm,轴线居中;外墙厚 360 mm,轴线外侧为 240 mm,内侧为 120 mm;室内外高差 450 mm。楼梯底层平台下无通行要求。试设计该建筑物的楼梯。

【解】 ① 此题为开敞式楼梯间,初步确定 $b=300$ mm,$h=150$ mm。故可选双跑双折式楼梯。

② 确定踏步数 N:

$$N=\frac{H}{h}=\frac{3300}{150}=22(\text{步})$$

由于 22 步超过单跑楼梯的最多允许步数 18 步,故采用双跑。每跑踏步数为:

$$n=\frac{22}{2}=11(\text{步})$$

③ 确定梯段的水平投影长度 L_1:

$$L_1=(n-1)b=(11-1)\times 300=3000(\text{mm})$$

④ 确定梯段净宽度 B_1，取梯井宽度 $B_2=160$ mm，则：

$$B_1=\frac{B-B_2}{2}=\frac{3300-2\times 120-160}{2}=1450(\text{mm})$$

⑤ 确定休息板宽度 L_2，取 $L_2=1450+150=1600(\text{mm})$。

⑥ 校核：

$$L_2>B_1$$

进深净尺寸：

$$L=5100-120+120=5100(\text{mm})$$

$$L-L_1-L_2=5100-3000-1600=500(\text{mm})$$

结论为合格。

⑦ 画楼梯的平面、剖面草图，如图 10-10 所示。

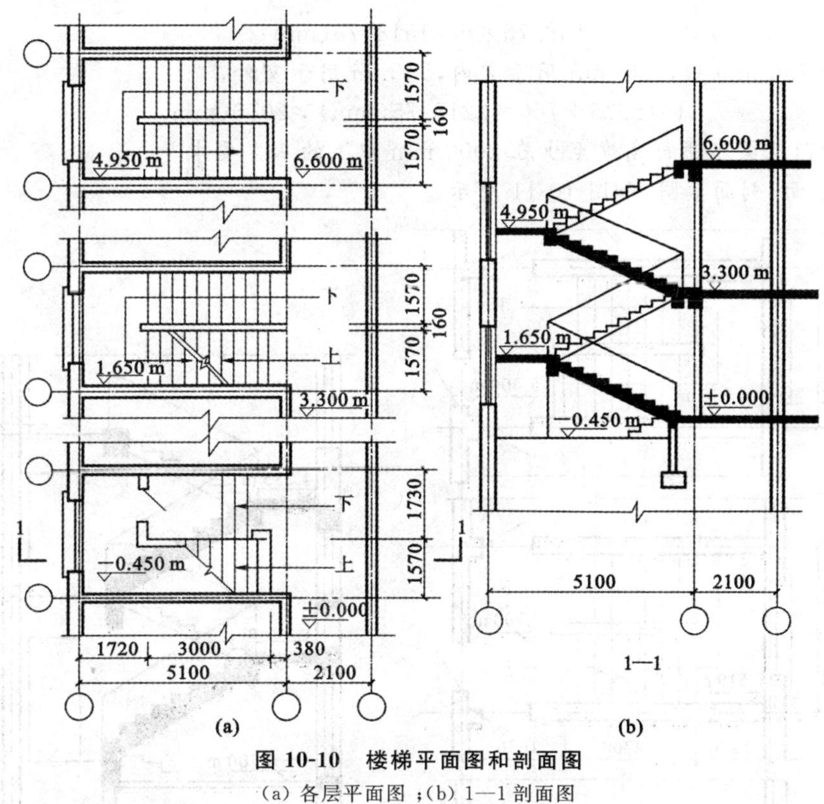

图 10-10　楼梯平面图和剖面图

(a) 各层平面图；(b) 1—1 剖面图

【例 10-3】 某住宅的开间尺寸为 2700 mm，进深尺寸为 5100 mm，层高为 2700 mm，采用封闭式楼梯间。内墙厚 240 mm，轴线居中；外墙厚 360 mm，轴线外侧为 240 mm，内侧为 120 mm；室内外高差 750 mm。楼梯间底部有出入口，门高 2000 mm。设计该建筑的楼梯。

【解】 ① 本题为封闭式楼梯间，层高为 2700 mm，初步确定步数为 16 步。

② 踢面高度：

$$h=2700/16=168.75(\text{mm})$$

踏面宽度 b 取 260 mm。

③ 由于楼梯间下部通行人，故取第一跑步数多、第二跑步数少的两跑梯段。步数多的第一跑取 9 步，第二跑取 7 步，2 层以上则各取 8 步。

④ 确定梯段宽度 B_1。根据开间净尺寸确定：

$$2700-2\times 120=2460(\text{mm})$$

取梯井为160 mm,梯段宽:

$$B_1=(2460-160)/2=1150\ (\text{mm})$$

⑤ 确定休息平台板宽度L_2,取:

$$L_2=1150+130=1280(\text{mm})$$

⑥ 计算梯段水平投影长度,以最多步数的一段为准。

$$L_1=260\times(9-1)=2080(\text{mm})$$

⑦ 校核。

进深净尺寸:

$$5100-2\times120=4860(\text{mm})$$

4860－1280－2080－1280＝220(mm)(这段尺寸可以放在楼层处)

高度尺寸:

$$168.75\times9=1518.75(\text{mm})$$

室内外高差750 mm中,700 mm用于室内,50 mm用于室外。

$$1518.75+700=2218.75(\text{mm})>2000(\text{mm})$$

可以满足开门及梁下通行高度至少在2000 mm以上的基本要求。

⑧ 画楼梯平面、剖面草图,如图10-11所示。

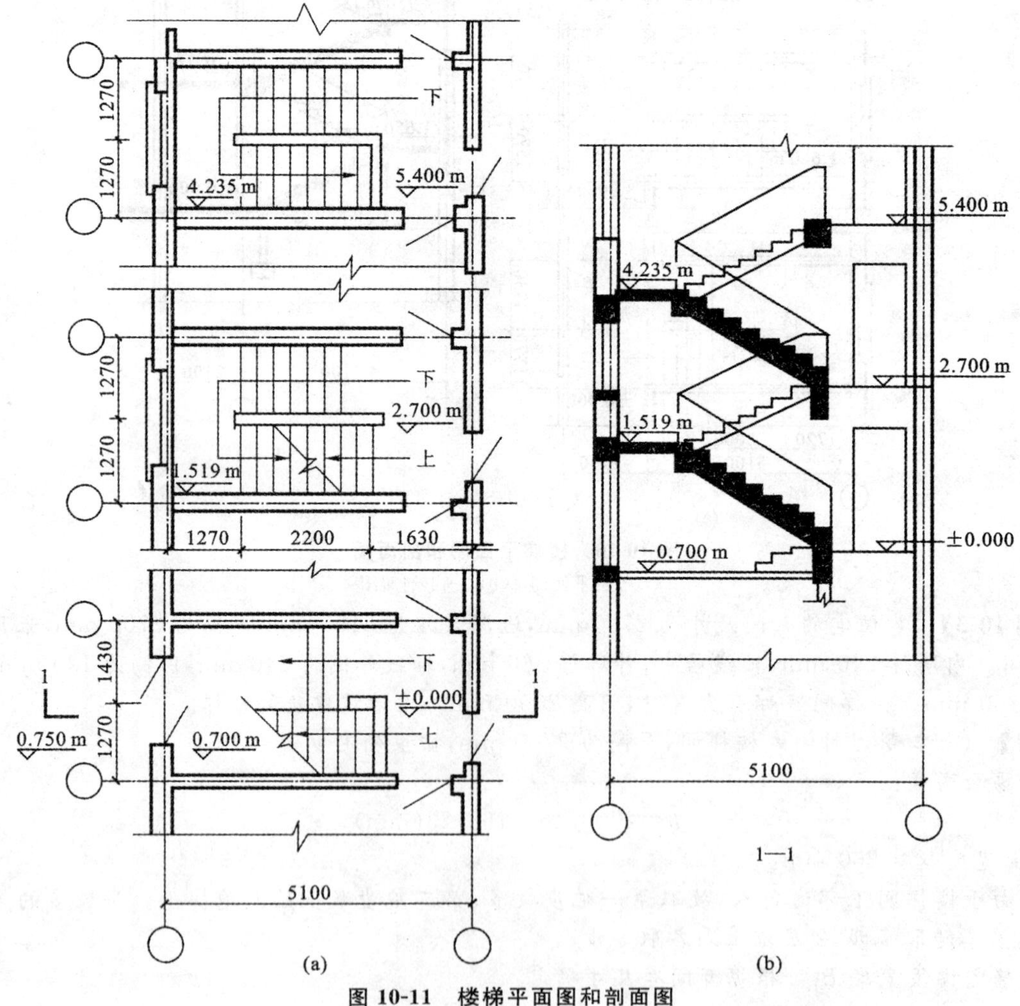

图10-11 楼梯平面图和剖面图

(a) 各层平面图;(b) 1—1剖面图

10.3 楼梯的构造

楼梯是建筑中重要的安全疏散设施，对其自身的耐久性、耐火性能要求较高。钢筋混凝土的耐火和耐久性能都比较好，因此在民用建筑中大量地采用钢筋混凝土楼梯。钢筋混凝土楼梯按施工方法不同，可分为现浇式和预制装配式两大类。

10.3.1 现浇钢筋混凝土楼梯

现浇钢筋混凝土楼梯是把楼梯段和平台整体浇注在一起的楼梯，具有整体性好、刚度大、利于抗震且不需要大型起重设备的优点，但也有消耗模板量大，施工顺序多，施工速度慢等缺点。主要应用于工程比较大、抗震设防要求高或形状复杂的楼梯形式。按照结构形式不同，它可分为板式楼梯和梁板式楼梯。

(1) 板式楼梯

板式楼梯是把楼梯段看作一整块斜放的板，分别与两端的平台现浇一起。其分有平台梁和无平台梁两种情况，如图 10-12 所示。

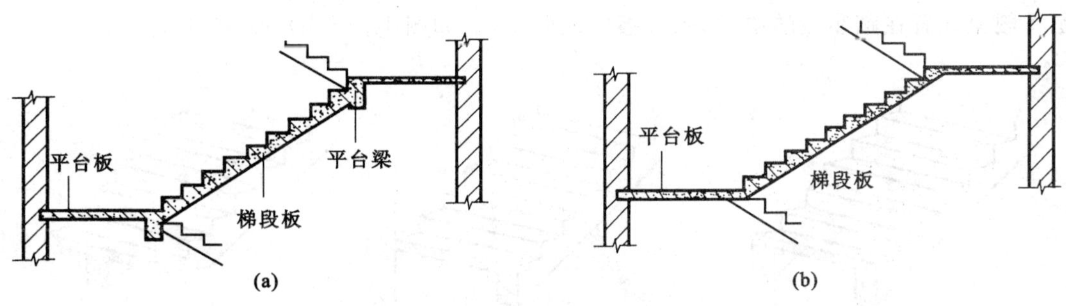

图 10-12 板式楼梯

(a) 有平台梁；(b) 无平台梁

有平台梁的板式楼梯的楼梯段两端放置在平台梁上，梯段内的受力钢筋沿梯段的长向布置，两个平台梁之间的距离为板式楼梯段的跨度。其传力过程为：楼梯段→平台梁→楼梯间墙。

若平台梁影响其下部空间高度或认为其视觉不美观，可采用无平台梁的方式。无平台梁的板式楼梯是将楼梯段和楼梯平台板组合成一整块折板，形成折板式楼梯，此时板的跨度为梯段水平投影长度与平台深度之和。从力学和结构角度要求，梯段板的跨度大或梯段上使用荷载大，都将导致梯段板的截面高度加大。所以板式楼梯适用于荷载较小、建筑层高较小(建筑层高对梯段长度有直接影响)的情况，如住宅、宿舍等建筑。板式楼梯梯段的底面平整、美观，也便于装饰。

公共建筑的外部楼梯也较多采用无平台梁的板式楼梯，其特点是梯段和平台均无支撑，完全靠梯段与平台组成空间板式结构与上下层楼板结构共同受力，造型新颖，空间感好。板式楼梯上踏步的三角形截面不能起结构作用，板厚和混凝土耗量较大，因此适宜在梯段长度的水平投影小于4.0 m时使用。

(2) 梁板式楼梯

现浇梁板式楼梯在楼梯段两侧设有斜梁，斜梁搭在平台梁上。荷载由踏步板经由斜梁再传到平台梁上，再通过平台梁传给墙或柱，其传力过程为：踏步板→斜梁→平台梁→楼梯间墙。

楼梯段由踏步板和斜梁组成,斜梁一般设两根,位于踏步板两侧的下部,这时踏步外露,称为正梁式梯段或明步梯段。斜梁也可以位于踏步板两侧的上部,这时踏步被斜梁包在里面,称为反梁式梯段或暗步梯段,如图 10-13 所示。

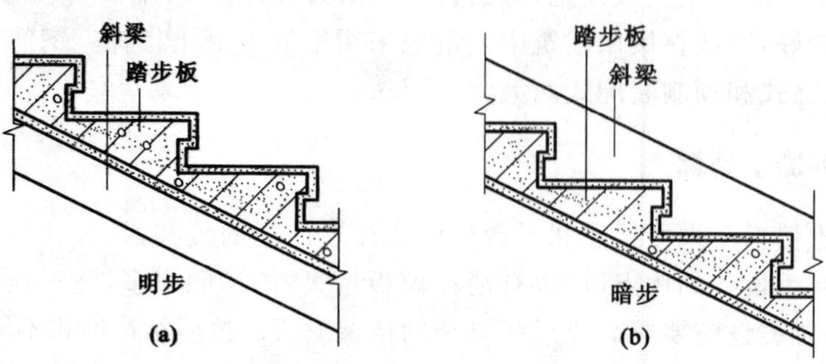

图 10-13 明步楼梯和暗步楼梯

(a) 明步楼梯;(b) 暗步楼梯

斜梁可设两根,也可设一根。当斜梁设两根时,布置于楼梯两侧,如图 10-14(a)。当斜梁只设一根时,通常有两种形式:一种是在踏步板的一侧设斜梁,将踏步板的另一侧搁置在楼梯间墙上;另一种是将斜梁布置在踏步板的中间,踏步板向两侧悬挑,如图 10-14(b)、图 10-14(c)所示。

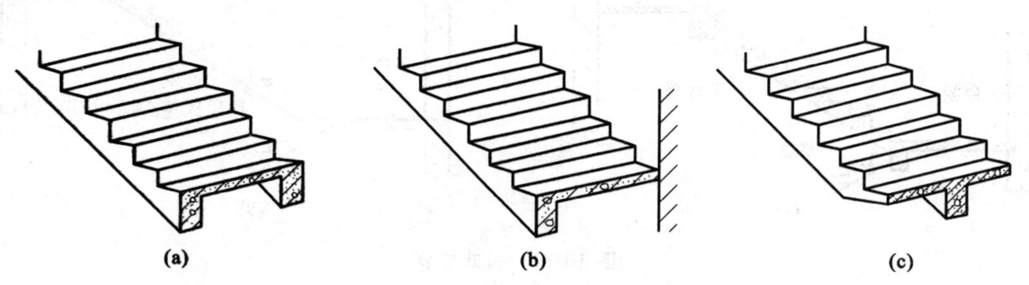

图 10-14 梁板式与单梁式楼梯

(a) 楼梯一侧设斜梁;(b) 楼梯两侧设斜梁;(c) 楼梯中间设斜梁

梁板式楼梯由于两侧设有斜梁所以减少了楼梯板的跨度,从而减小了板的厚度,节约材料,结构合理,适用于荷载较大、层高较大的建筑,如教学楼、商场等。其缺点是模板比较复杂,当楼梯斜梁截面较大时,造型显得笨重。

单梁式楼梯受力较复杂,楼梯不仅受弯,而且受扭,但外形轻巧、美观,多用于对建筑空间造型有较高要求的情况。

10.3.2 预制装配式钢筋混凝土楼梯

预制装配式钢筋混凝土楼梯是将梯段、平台等构件单独预制,现场装配的楼梯。根据生产、运输、吊装和建筑体系的不同,有许多不同的构造形式。根据组成楼梯的构件尺寸及装配的程度,其大致可分为小型构件装配式和中大型构件装配式两大类。

10.3.2.1 小型构件装配式楼梯

小型构件装配式楼梯主要有梁承式、墙承式和悬臂式三种。

(1) 梁承式

梁承式预制装配钢筋混凝土楼梯是指梯段由平台梁支承的楼梯构造方式，如图 10-15 所示。预制构件可按梯段（板式或梁板式梯段）、平台梁、平台板三部分进行划分。

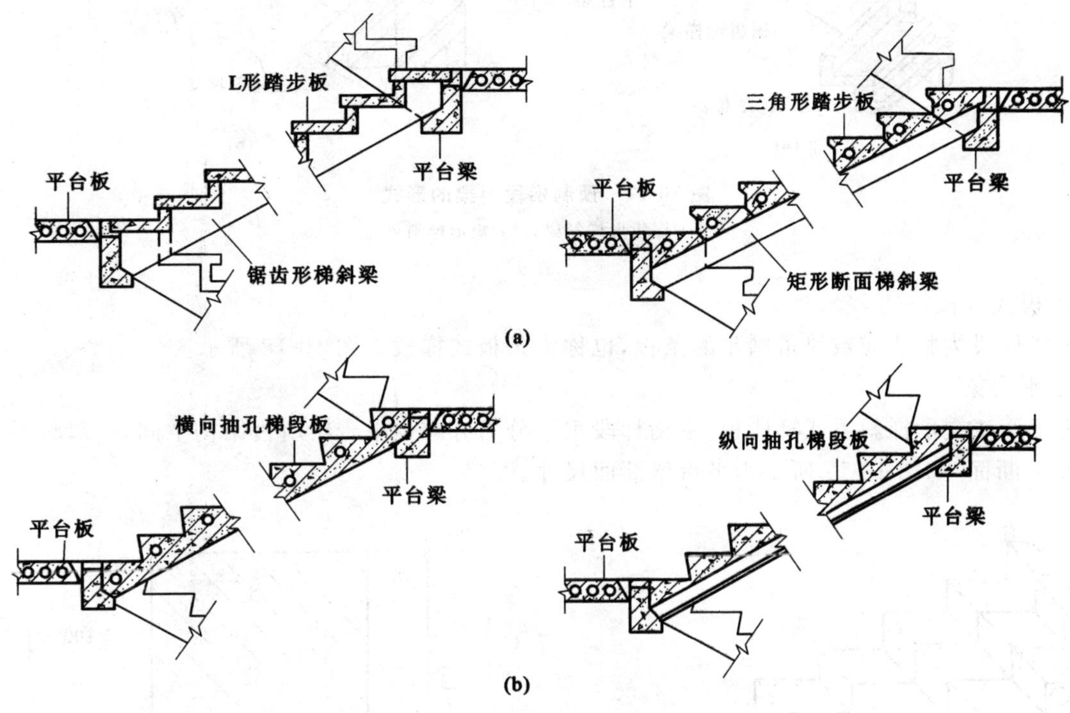

图 10-15 预制装配梁承式楼梯

(a) 梁板式梯段；(b) 板式梯段

① 梯段。

a. 梁板式梯段。

梁板式梯段由梯斜梁和踏步板组成。一般在踏步板两端各设一根梯斜梁，踏步板支承在梯斜梁上。由于构件小型化，不需大型起重设备即可安装，此类型梯段施工简便。

(a) 踏步板。踏步板断面形式有一字形、L 形、三角形等，如图 10-16 所示。

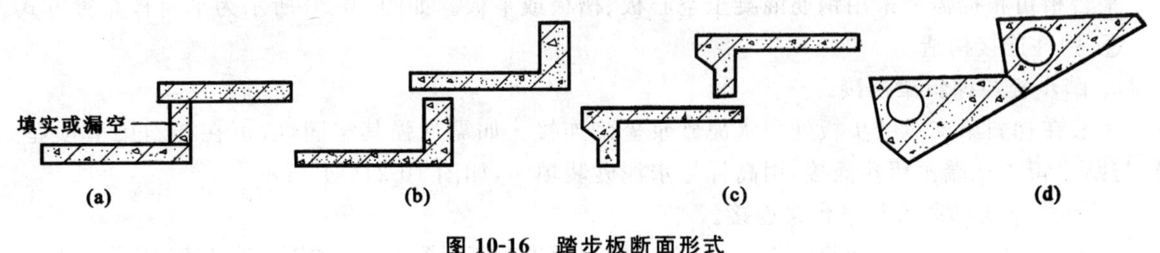

图 10-16 踏步板断面形式

(a) 一字形；(b)，(c) L 形；(d) 三角形

(b) 梯斜梁：用于搁置一字形、L 形断面踏步板的梯斜梁为锯齿形变断面构件；用于搁置三角形断面踏步板的梯斜梁为等断面构件，如图 10-17 所示。

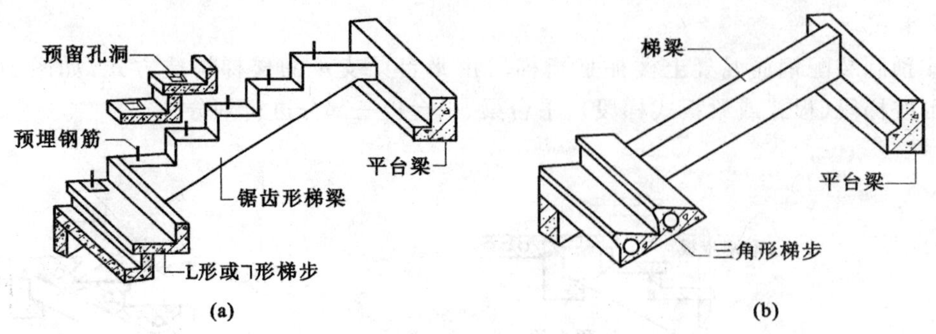

图 10-17 预制梯段斜梁的形式

(a) 锯齿形梯斜梁;(b) 矩形梯斜梁

b. 板式梯段。

板式梯段为整块或数块带踏步的条板,也称为条板式梯段如图 10-18 所示。

② 平台梁。

为了便于支承梯斜梁或梯段板,平衡梯段水平分力并减少平台梁所占结构空间,一般将平台梁做成 L 形断面,如图 10-19 所示为平台梁断面尺寸。

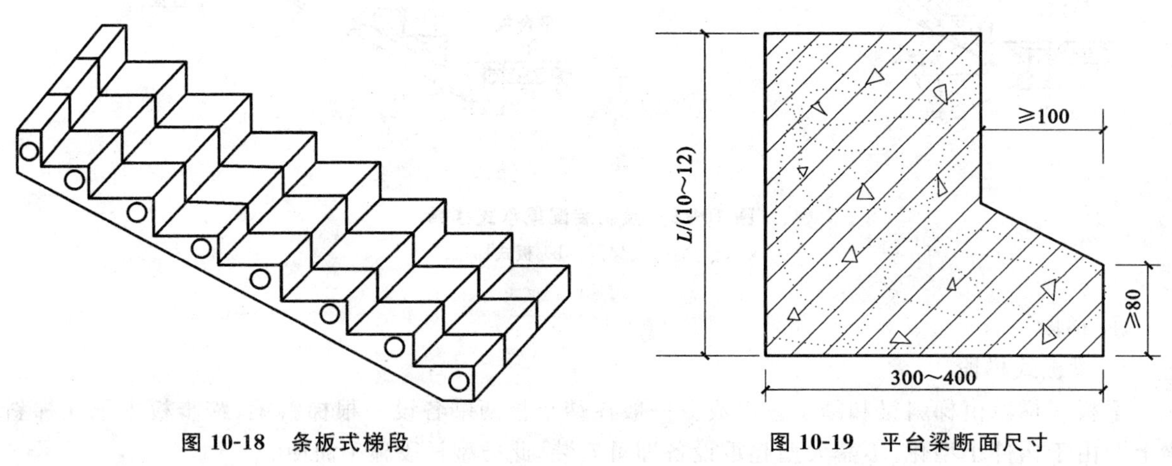

图 10-18 条板式梯段

图 10-19 平台梁断面尺寸

③ 平台板。

平台板可根据需要采用钢筋混凝土空心板、槽板或平板。如图 10-20 所示为平台板布置方式。

④ 构件连接构造。

a. 踏步板与梯斜梁连接。

一般在梯斜梁支承踏步板处用水泥砂浆坐浆连接。如需加强其牢固性,可在梯斜梁上预埋插筋,与踏步板支承端预留孔插接,用高标号水泥砂装填实,如图 10-21(a) 所示。

b. 梯斜梁或梯段板与平台梁连接。

在支座处除了用水泥砂浆坐浆外,应在连接端预埋钢板进行焊接,如图 10-21(b)所示。

c. 梯斜梁或梯段板与梯基连接。

在楼梯底层起步处,梯斜梁或梯段板下应做梯基,梯基常用砖或混凝土,也可用平台梁代替梯基,但需注意该平台梁无梯段处与地坪的关系,如图 10-21(c)、图 10-21(d) 所示。

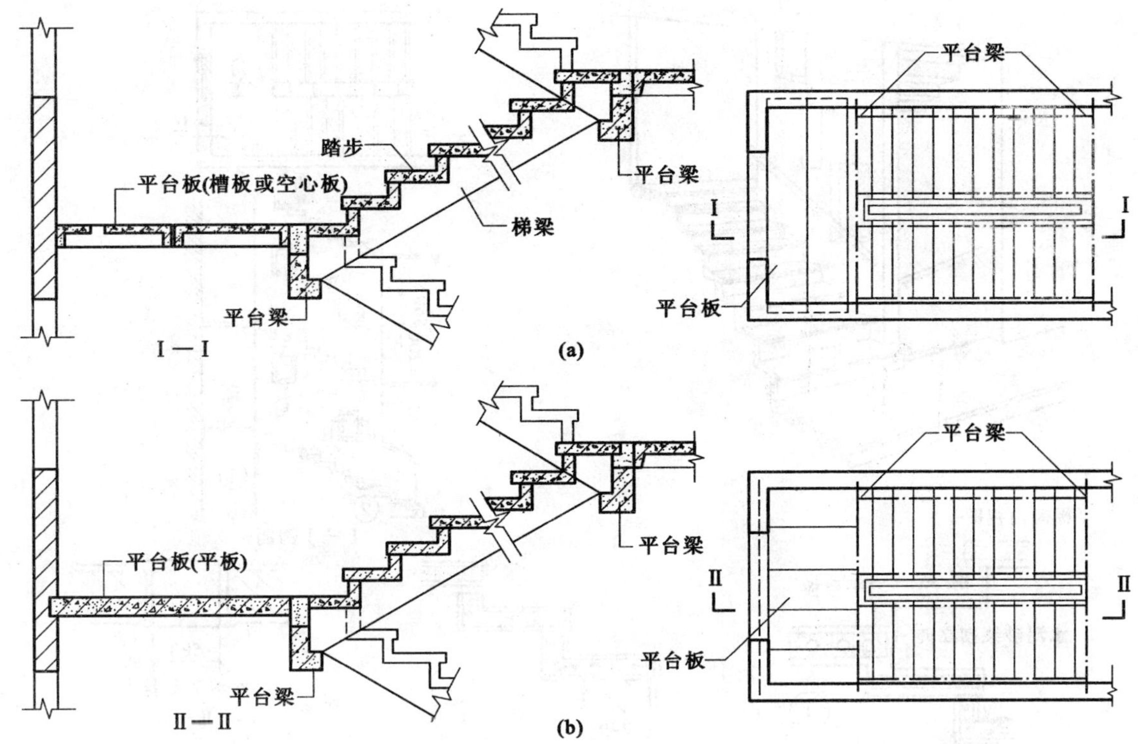

图 10-20　梁承式梯段与平台的结构布置

(a) 平台板两端支承在楼梯间侧墙上，与平台梁平行布置；(b) 平台板与平台梁垂直布置

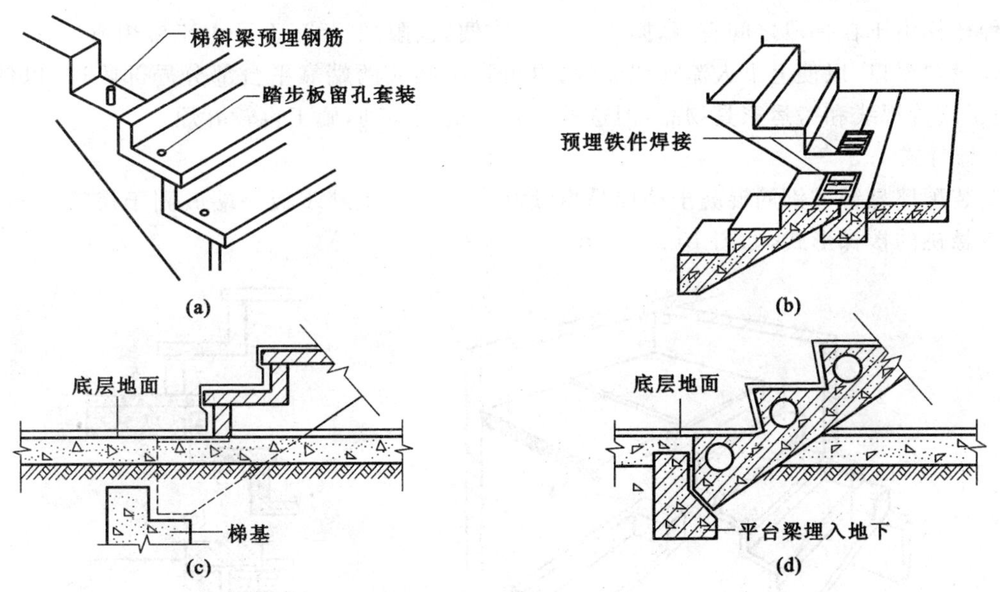

图 10-21　构件连接构造

(a) 踏步板与梯斜梁连接；(b) 梯段板与平台梁连接；(c)、(d) 梯斜梁或梯段板与梯基连接

(2) 墙承式

预制装配墙承式钢筋混凝土楼梯是指预制钢筋混凝土踏步板直接搁置在墙上的一种楼梯形式，其踏步板一般采用一字形、L 形断面，如图 10-22 所示。

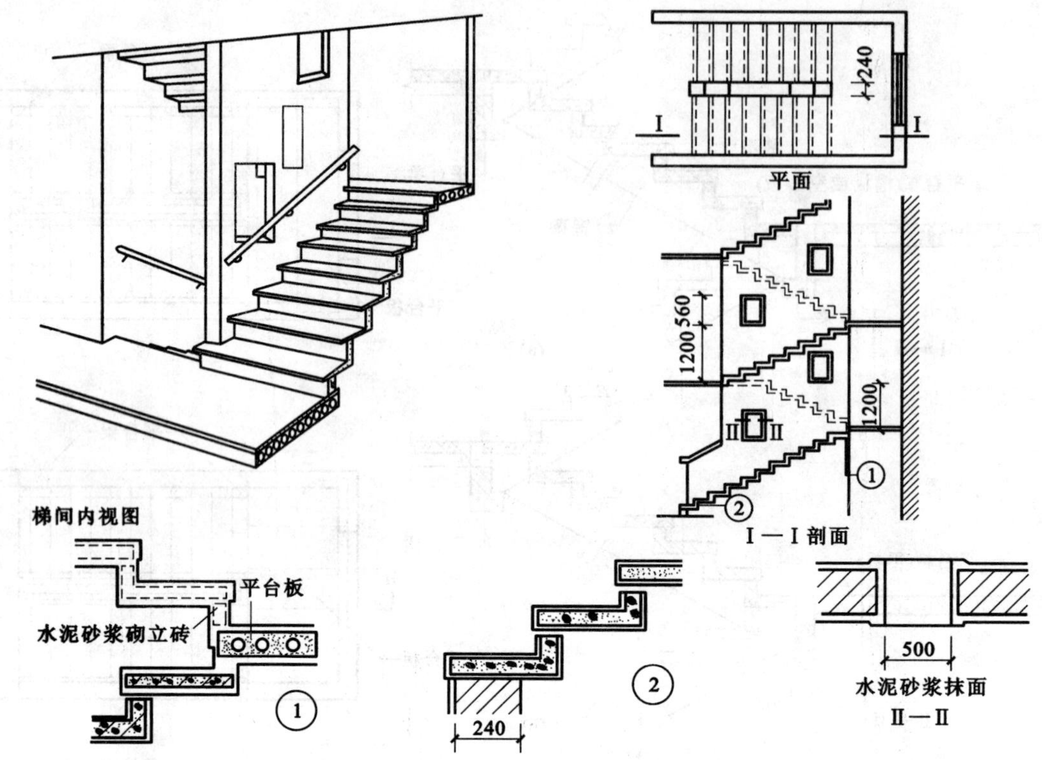

图 10-22　墙承式钢筋混凝土楼梯

这种楼梯由于在梯段之间有墙，搬运家具不方便，也阻挡视线，上下人流易相撞，因此通常在中间墙上开设观察口，以使上下人流视线流通；也可将中间墙两端靠平台部分局部收进，以使空间通透，有利于改善视线和搬运家具物品，但这种方式对抗震不利，施工也较麻烦。

(3) 悬臂式

预制装配墙悬臂式钢筋混凝土楼梯是指预制钢筋混凝土踏步板一端嵌固于楼梯间侧墙上，另一端凌空悬挑的楼梯形式，如图 10-23 所示。

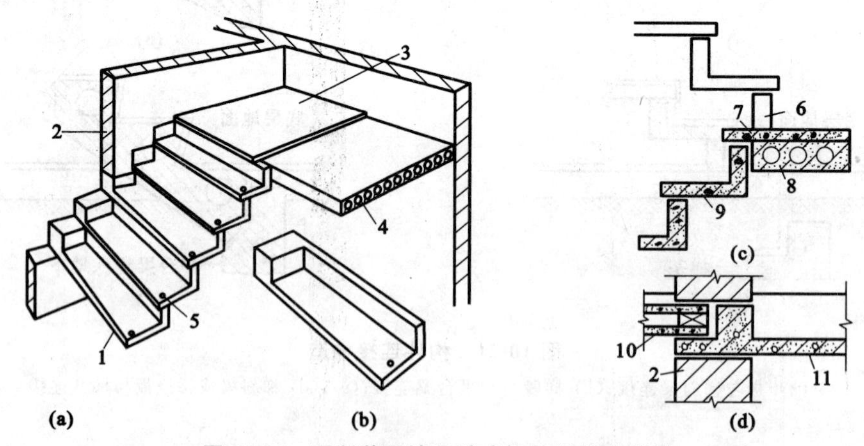

图 10-23　预制装配墙悬臂式钢筋混凝土楼梯

(a) 悬臂踏步楼梯示意图；(b) 踏步构件；(c) 平台转换处剖面；(d) 遇楼板处构件

1—预制悬臂踏步；2—砖墙；3—现浇混凝土面层；4—平台板；5—栏杆孔；6—垫砖；7—细石混凝土面层；8—空心平台板；9—悬臂踏步板；10—楼板；11—特制踏步板

预制装配墙悬臂式钢筋混凝土楼梯用于嵌固踏步板的墙体厚度不应小于 240 mm，踏步板悬挑长度一般小于或等于 1800 mm。踏步板一般采用 L 形带肋断面形式，其入墙嵌固端一般做成矩形断面，嵌入深度为 240 mm。

10.3.2.2 中大型构件装配式楼梯

预制构配件从小型构件改变为中大型构件，主要可以减少其数量和种类，对于简化施工过程、提高工作效率、减轻劳动强度等非常有好处。

中大型构件装配式楼梯一般把楼梯段和平台板作为基本构件。

(1) 平台板

平台板有带梁和不带梁两种。带梁平台板是把平台梁和平台板制作成一个构件。平台板一般为槽形断面，其中一个边肋截面加大，并留出缺口，以供搁置楼梯段用，如图 10-24 所示。楼梯顶层平台板的细部处理与其他各层略有不同，边肋的一半留有缺口，另一半不留缺口，但应预留埋件或插孔，供安装水平栏杆用。当构件预制和吊装能力不高时，可以把平台板和平台梁制成两个构件。此时平台构件与梁承式楼梯相同。

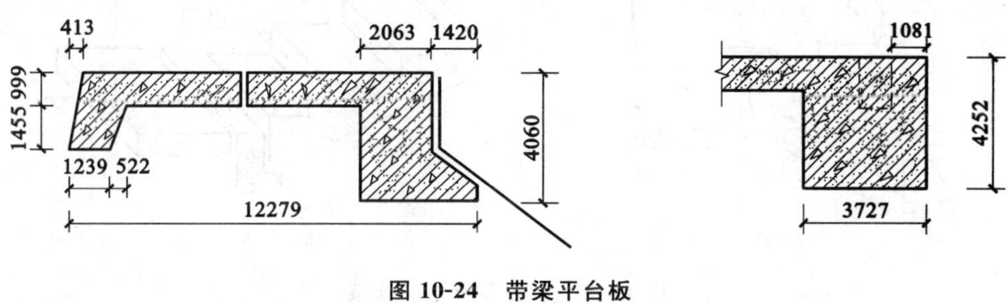

图 10-24 带梁平台板

(2) 楼梯段

楼梯段有板式和梁式两种。

① 板式梯段。

板式梯段踏步为明步，底面平整，有实心和空心之分。实心板自重大，应用不如空心板。空心板有横向和纵向抽孔，如图 10-25 所示。横向抽孔孔型可以是圆形或三角形，纵向抽孔板的厚度相对较大。

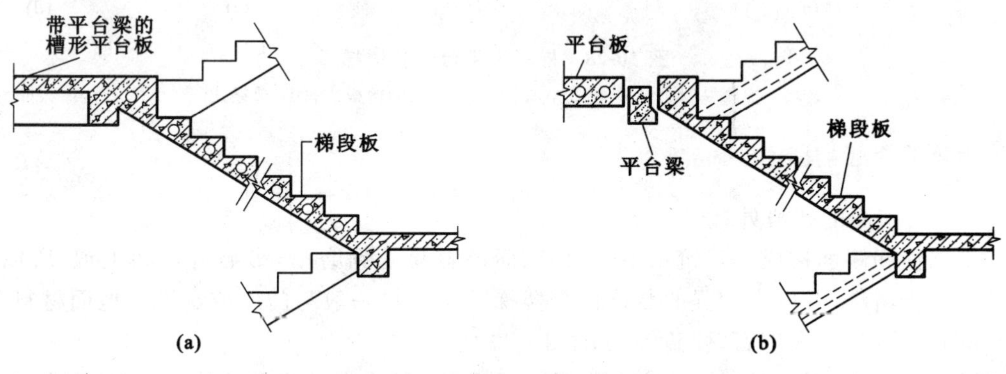

图 10-25 钢筋混凝土板式楼梯

(a) 横向抽孔梯段；(b) 纵向抽孔梯段

② 梁式梯段。

梁式梯段是把踏步板和边梁组合成一个构件,多为槽板式,如图 10-26 所示。

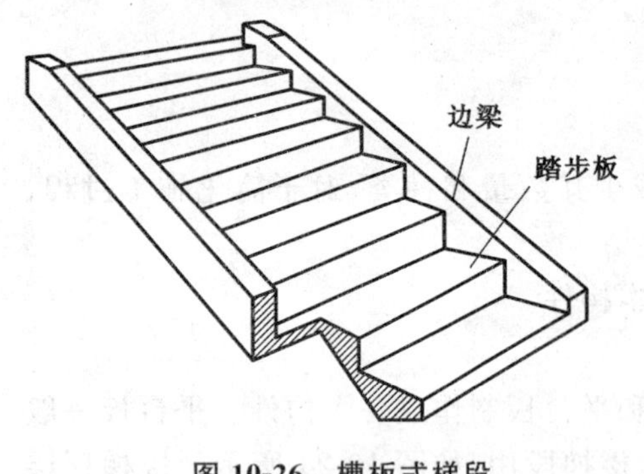

图 10-26 槽板式梯段

(3) 楼梯段与平台板及基础的连接

楼梯段与平台板及基础的连接方式常用焊接及插接两种,如图 10-27 所示。楼梯段的两端一般搁置在平台板的边肋上,首层梯段的下端搁置在楼梯基础上。为保证梯段的平稳,并与平台板接触良好,应先在平台边肋上用水泥砂浆坐浆,然后再安装楼梯段。梯段和平台板之间的缝隙用水泥砂浆填实。梯段和边肋的对应部位应事先预留埋件并焊牢,以确保梯段和平台板形成一个整体。楼梯基础的顶部一般设置钢筋混凝土基础梁,并留有缺口,便于同首层楼梯段连接。

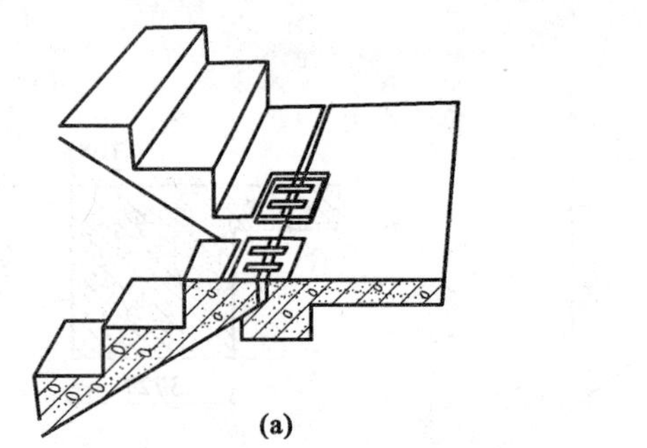

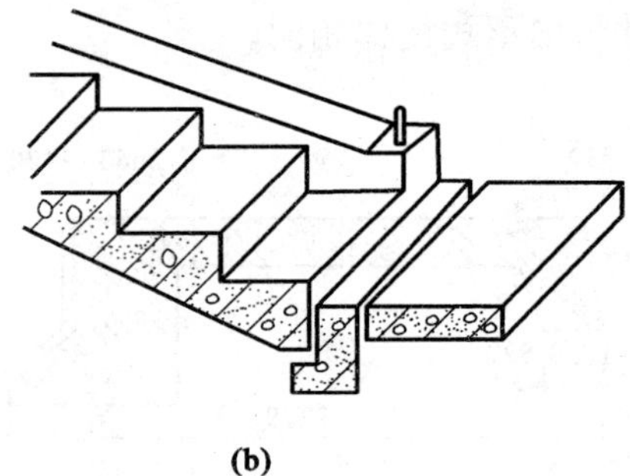

图 10-27 梯段与平台的连接

(a) 焊接;(b) 插接

把楼梯段和平台板制成一个构件,就形成了梯段带平台预制楼梯,如图 10-28 所示。

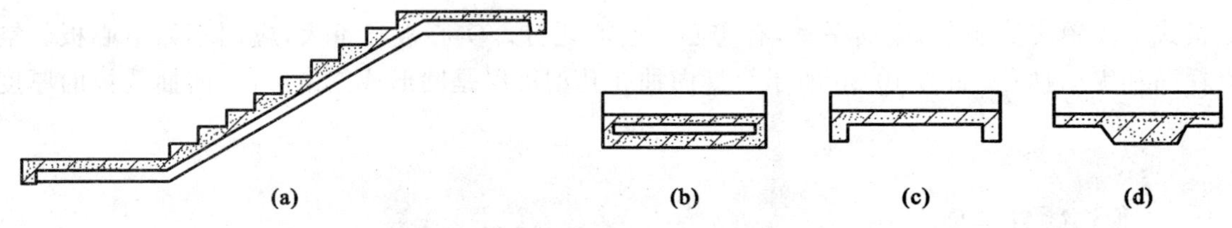

图 10-28 梯段带平台预制楼梯

(a) 梯段纵剖面;(b) 板式空心板式;(c) 双梁槽板式;(d) 单梁式

10.3.3 楼梯的细部构造

(1) 踏步及踏面的防滑处理

踏步由踏面和踢面构成。建筑物中,楼梯踏面最容易受到磨损,影响行走和美观,所以踏面应耐磨、防滑、便于清洗,并应有较强的装饰性。楼梯踏面材料一般与门厅或走道的地面材料一致,常用的有水磨石、花岗石、大理石、瓷砖等,如图 10-29 所示。

由于踏步面层光滑便于清洁,行人行走时容易滑跌,因此在踏步前缘应采取防滑措施,尤其是人流较为集中的建筑物的楼梯。一般有三种做法:第一种是在距踏步面层前缘 40 mm 处设 2～3

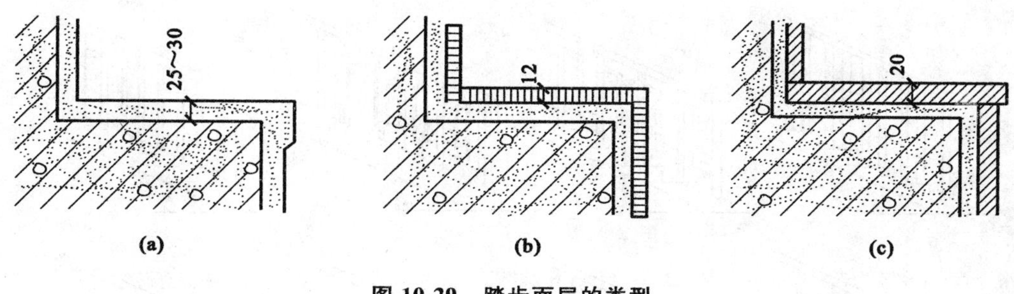

图 10-29 踏步面层的类型

(a) 水磨石面层；(b) 缸砖面层；(c) 花岗石、大理石或人造石面层

道防滑凹槽；第二种是在距踏步面层前缘 40～50 mm 处设防滑条，防滑条的材料可用金刚砂、金属条、陶瓷锦砖、橡胶条等；第三种是设防滑包口，如缸砖包口、金属包口等。如图 10-30 所示。

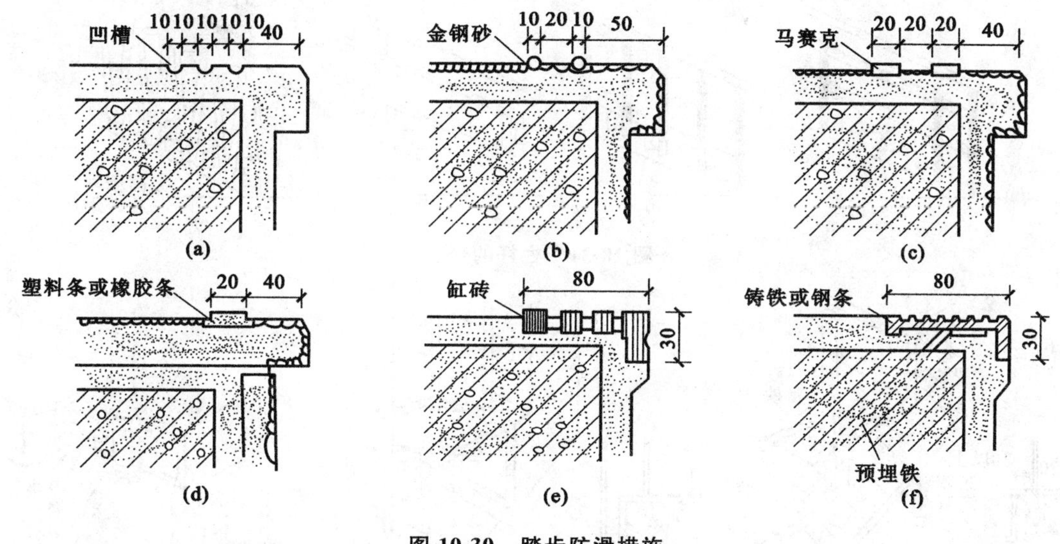

图 10-30 踏步防滑措施

(a) 防滑凹槽；(b) 金刚砂防滑条；(c) 贴马赛克防滑条；(d) 嵌塑料或橡胶防滑条；(e) 缸砖包口；(f) 铸铁或钢条包口

(2) 栏杆、栏板

栏杆和栏板是楼梯中保护行人上下安全的围护措施，应安全、坚固、耐久和造型美观。

栏杆多采用方钢、圆钢、钢管或扁钢等材料，并可焊接或铆接成各种图案，既起到了防护作用，又起到了装饰作用。栏杆钢条花格的间隙对居住建筑或儿童使用的楼梯均不宜超过 110 mm，在儿童使用的建筑楼梯中，为防止儿童攀爬，应不宜设水平横杆栏杆。栏杆的形式如图 10-31 所示。

栏杆与踏步的连接方式有锚接、焊接和栓接三种，如图 10-32 所示。锚接是在踏步或平台上预留孔洞，然后将钢条插入孔内，预留孔一般为 50 mm×50 mm，插入洞内至少 80 mm，洞内浇注水泥砂浆或细石混凝土嵌固。焊接则是在浇注楼梯踏步时，在需要设置栏杆的部位，沿踏面预埋钢板或在踏步内埋套管，然后将钢条焊接在预埋钢板或套管上。栓接是指利用螺栓将栏杆固定在踏步上。

栏板多用钢筋混凝土、加筋砖砌体，也可用钢丝网水泥板制作，还可用透明的钢化玻璃或有机玻璃镶嵌于栏杆立柱之间，把栏板做得通透简洁。砖砌栏板常做立砖砌筑，侧部用钢筋网加固，或在栏板内每隔 1000～1200 mm 设竖向小构造柱，并与现浇钢筋混凝土扶手连成整体。

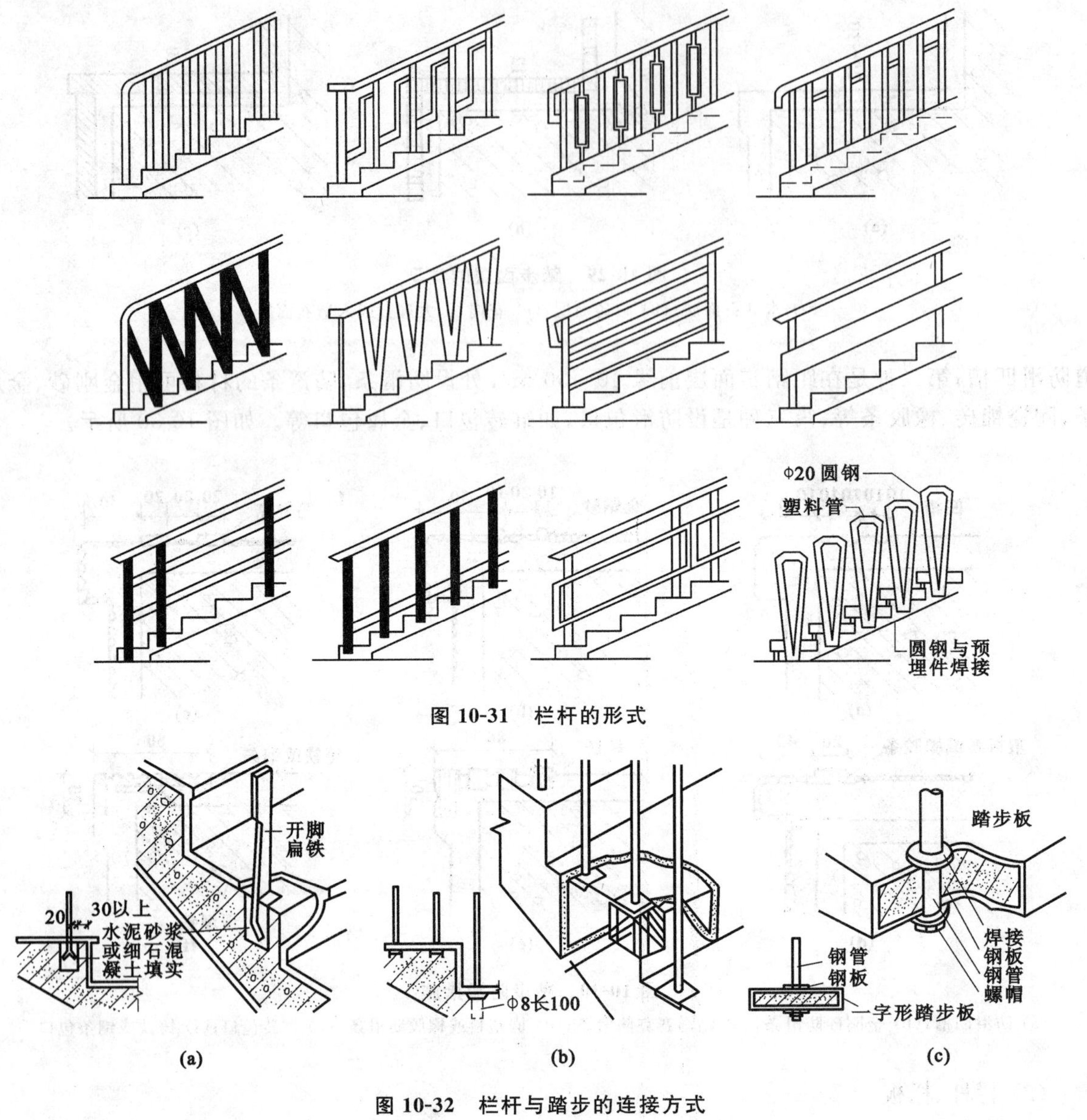

图 10-31 栏杆的形式

图 10-32 栏杆与踏步的连接方式

(a) 锚接;(b) 焊接;(c) 螺栓连接

(3) 混合式

混合式是指空花式和栏板式两种栏杆形式的组合,栏杆竖杆作为主要抗侧力构件,常采用钢材或不锈钢等材料制作;栏板则作为防护和美观装饰构件,常采用轻质美观材料制作,如木板、塑料贴面板、铝板、有机玻璃板和钢化玻璃板等,如图 10-33 所示。

(4) 扶手

楼梯扶手按材料分有木扶手、金属扶手、塑料扶手等,按构造分有镂空栏杆扶手、栏板扶手和靠墙扶手等。其断面形状和尺寸除考虑造型外,应以方便手握为主,顶面宽度一般不大于 90 mm。

木扶手、塑料扶手靠木螺丝通过扁铁与镂空栏杆连接;金属扶手则通过焊接或螺钉连接;靠墙扶手则由预埋铁脚的扁钢通过木螺丝来固定。栏板上的扶手多采用抹水泥砂浆或水磨石粉面的处理方式。栏杆及栏板的扶手构造如图 10-34 所示。

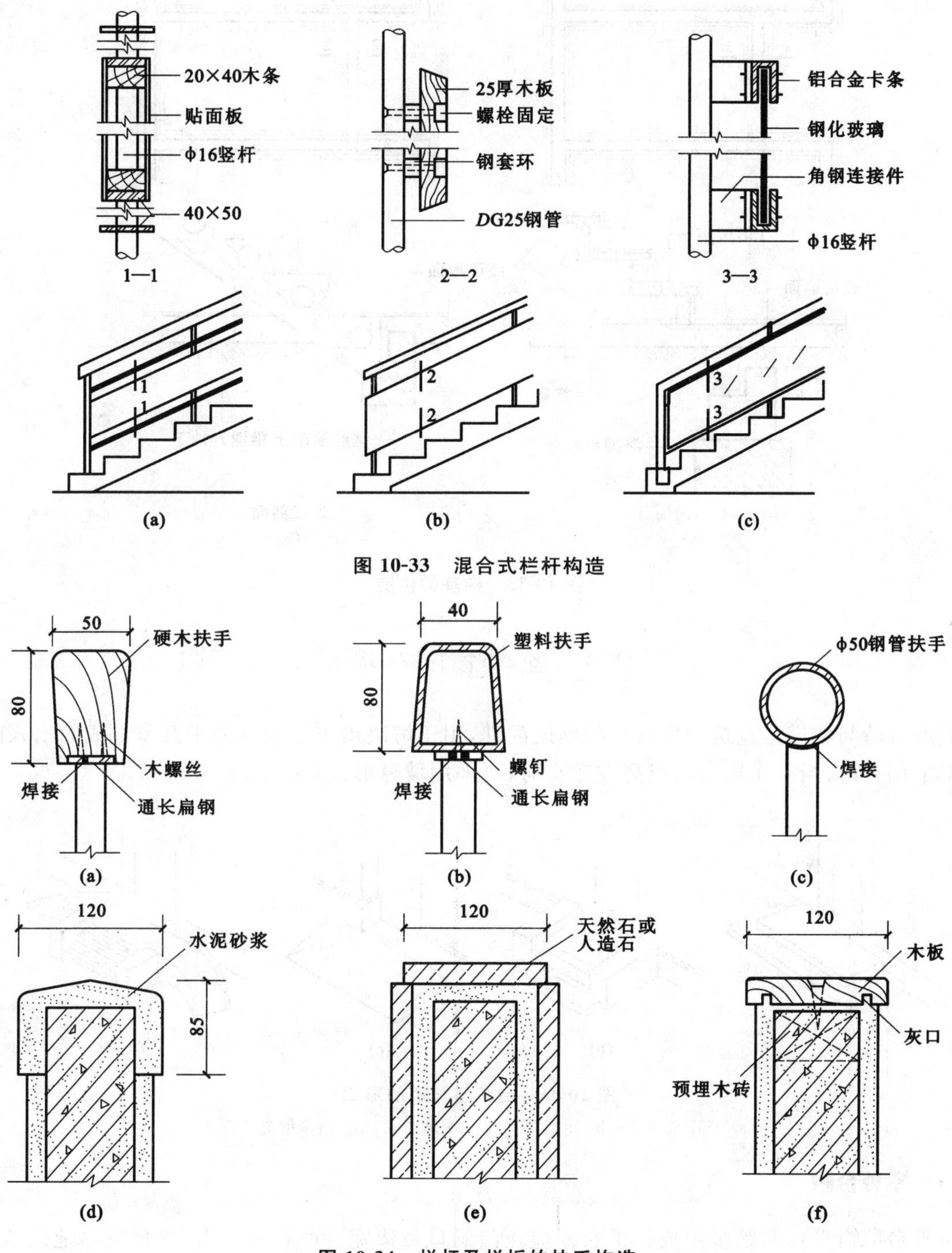

图 10-33 混合式栏杆构造

图 10-34 栏杆及栏板的扶手构造

(a) 木扶手；(b) 塑料扶手；(c) 金属扶手；(d) 水泥砂浆扶手；(e) 天然石(或人造石)扶手；(f) 木板扶手

(5) 首层楼梯段的基础

首层楼梯第一个楼梯段不能直接搁置在地坪上，需在其下面设置基础。楼梯段基础的做法有两种：一种是楼梯直接设砖、石或混凝土基础；另一种是楼梯支承在钢筋混凝土地基梁上。如图 10-35 所示。

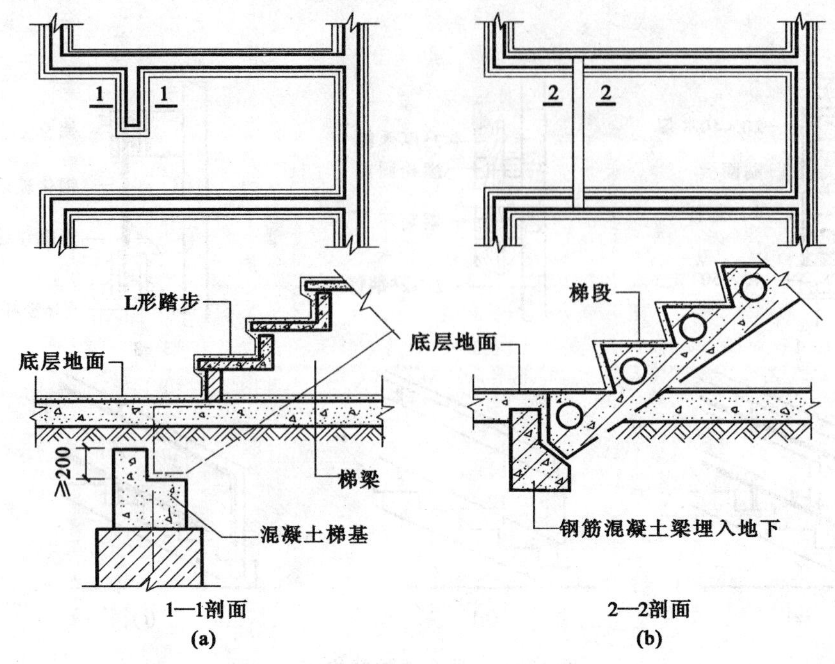

图 10-35　梯基的构造

10.4　室外台阶和坡道

室外台阶与坡道是建筑物出入口的辅助配件,用于解决由于建筑物地平高差形成的出入问题。一般多采用台阶,当有车辆出入或高差较小时,可采用坡道形式,如图 10-36 所示。

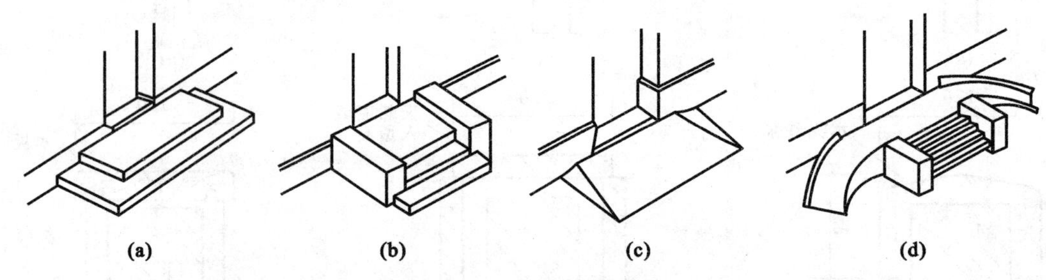

图 10-36　台阶与坡道的形式

(a) 三面踏步式;(b) 单面踏步式;(c) 坡道式;(d) 踏步坡道结合式

10.4.1　室外台阶

室外台阶由平台和踏步组成。平台面应比门洞口每边宽 500 mm 左右,并比室内地面低 20～50 mm,向外做出约 1%的排水坡度。由于处在建筑物人流较为集中的出入口处,其坡度应比楼梯平缓。台阶踏步宽一般取 300～400 mm,高度取值不超过 150 mm。当台阶高度超过 1000 mm 时,宜设置护栏设施。

室外台阶应在建筑物主体工程完成后再进行施工,并与主体结构之间留出约 10 mm 的沉降缝。由于台阶易受雨水侵蚀、日晒、霜冻等影响,故其面材应考虑用防滑、抗风化、抗冻融能力强的材料制作,如水泥砂浆面层、水磨石面层、防滑地砖面层、斩假石面层、天然石材面层等,如

图 10-37(a)所示。台阶的构造与地面构造基本相同,由基层、垫层和面层等组成。一般用素土夯实或三合土、灰土夯实做成基层,用 C10 素混凝土做垫层即可,如图 10-37(b)。对于较大型的台阶或地基土质较差的台阶,可视情况改 C10 素混凝土为 C15 钢筋混凝土或架空做成钢筋混凝土台阶。对于严寒地区的台阶需考虑地基土冻胀因素,可改用含水率低的砂石垫层至冰冻线以下,如图 10-37(c)、图 10-37(d)所示。

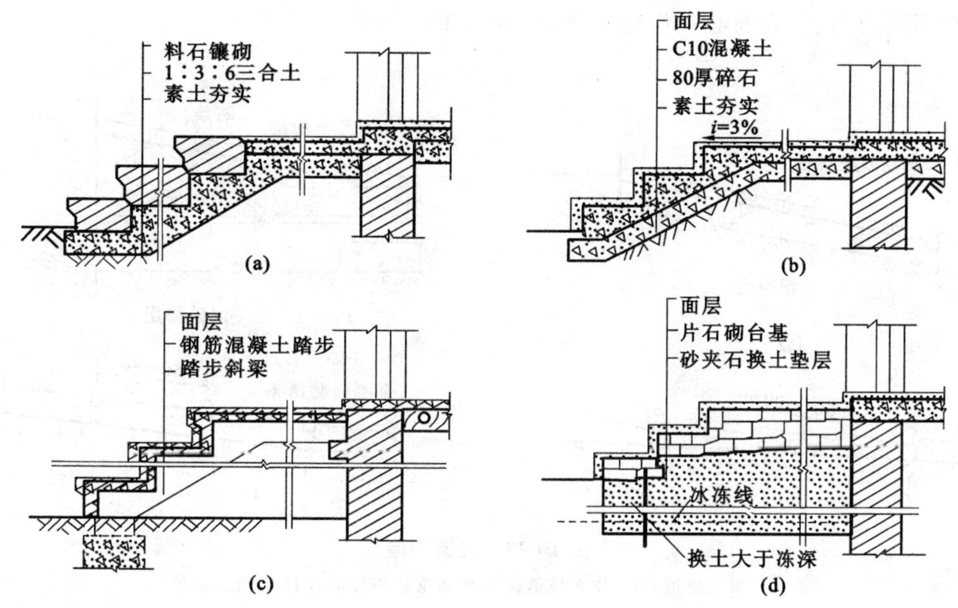

图 10-37 台阶构造示例

(a) 石砌台阶;(b) 混凝土台阶;(c) 钢筋混凝土架空台阶;(d) 换土地基台阶

10.4.2 坡道

室外门前为便于车辆进出,常作坡道。坡道多为单面坡形式,极少有三面坡,坡道坡度应以有利于车辆通行为佳,一般为 1/12～1/6。还有些大型公共建筑,为考虑汽车能在大门入口处通行,常采用台阶与坡道相结合的形式。

(1) 坡道的分类

坡道按照其用途的不同,可以分成行车坡道和轮椅坡道两类。

行车坡道分为普通行车坡道与回车坡道两种,如图 10-38(a)、图 10-38(b)所示。普通行车坡道布置在有车辆进出的建筑入口处,如车库、库房等;回车坡道与台阶踏步组合在一起,布置在某些大型公共建筑的入口处,如办公楼、旅馆、医院等;轮椅坡道是专供残疾人使用的。

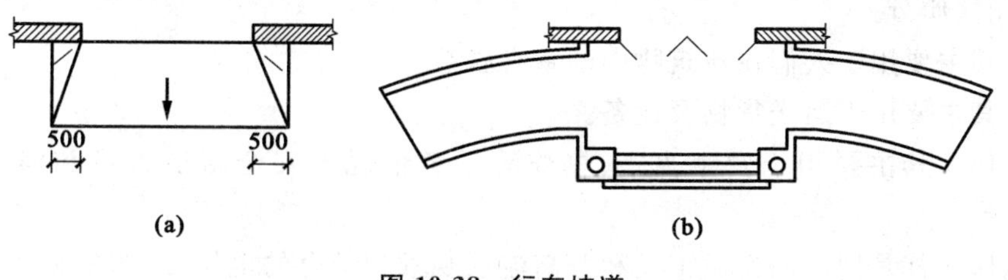

图 10-38 行车坡道

(a) 普通行车坡道;(b) 回车坡道

(2) 坡道的尺寸和坡度

普通行车坡道的宽度应大于所连通的门洞口宽度，一般每边大于或等于 500 mm。坡道的坡度与建筑的室内外高差及坡道的面层处理方法有关。光滑材料坡道小于或等于 1∶12；粗糙材料坡道(包括设置防滑条的坡道)小于或等于 1∶6；带防滑齿坡道小于或等于 1∶4。

(3) 坡道的构造

常见的坡道材料有混凝土或石块等，面层亦以水泥砂浆居多，对经常处于潮湿、坡度较陡或采用水磨石作面层的，在其表面必须作防滑处理，如图 10-39 所示。

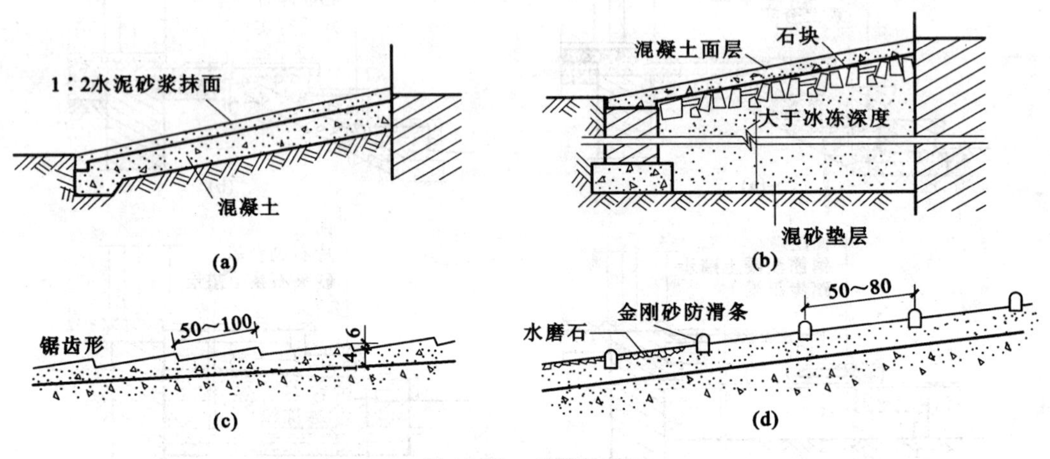

图 10-39　坡道构造

(a) 混凝土坡道；(b) 块石坡道；(c) 锯齿形防滑坡道；(d) 防滑条坡道

10.5　电梯与自动扶梯

10.5.1　电梯

为了解决人们上下楼时的体力及时间消耗问题，对于住宅 7 层以上(含 7 层)、楼面高度在 16 m 以上、标准较高的建筑和有特殊需要的建筑等，一般需设置电梯。无论建筑物是否设电梯，楼梯还应照常规做法设置。

对于高层住宅则应该根据层数、人数和面积来确定是否设置电梯。一台电梯的服务人数在 400 人以上，服务面积在 450~500 m^2，服务层数在 10 层以上，才比较经济。

10.5.1.1　电梯的类型

(1) 按使用性质分

① 客梯。其主要用于人们在建筑物中的垂直联系。

② 货梯。其主要用于运送货物及设备。

③ 消防电梯。其主要用于发生火灾、爆炸等紧急情况下安全疏散人员和消防人员的紧急救援。

④ 观光电梯。其是把竖向交通工具和登高流动观景相结合的电梯，透明的轿厢使电梯内外景观相互沟通。

(2) 按电梯行驶速度分

① 高速电梯。其速度大于 2 m/s,梯速随层数增加而提高,消防电梯常用高速电梯。

② 中速电梯。其速度在 2 m/s 之内,为一般货梯,按中速考虑。

③ 低速电梯。运送食物电梯常用低速电梯,速度在 1.5 m/s 以内。

(3) 其他分类

电梯还可有按单台、双台分;按交流电梯、直流电梯分;按轿厢容量分;按电梯门开启方向分等。

10.5.1.2　电梯的组成

(1) 电梯井道

电梯井道是电梯运行的通道,井道内包括出入口、电梯轿厢、导轨、导轨撑架、平衡锤及缓冲器等。不同用途的电梯,井道的平面形式不同,如图 10-40 所示。

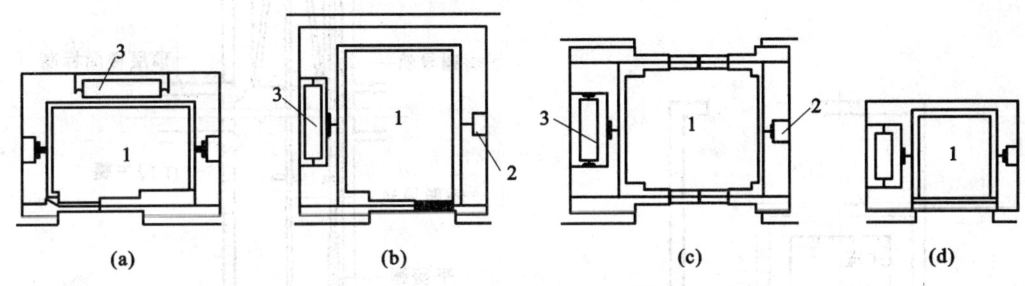

图 10-40　电梯分类及井道平面

(a) 客梯(双扇推拉门);(b) 病床梯(双扇推拉门);(c) 货梯(中分双扇推拉门);(d) 小型杂物货梯

1—电梯厢;2—导轨及撑架;3—平衡锤

(2) 电梯机房

电梯机房一般设在井道的顶部。机房和井道的平面相对位置允许机房任意向一个或两个相邻方向伸出,并满足机房有关设备安装的要求。机房楼板应按机器设备的要求在部位预留孔洞。

(3) 井道地坑

井道地坑是在最底层平面标高下大于或等于 1400 mm 处,考虑电梯停靠时的冲力,作为轿厢下降时所需缓冲器的安装空间。

(4) 组成电梯的有关部件

① 轿厢。它是直接载人、运货的厢体。电梯轿厢应造型美观、经久耐用,当今轿厢采用金属框架结构,内部用光洁有色钢板壁面或有色有孔钢板壁面及花格钢板地面,荧光灯局部照明以及不锈钢操纵板等。入口处则采用钢材或坚硬铝材制成的电梯门槛。

② 井壁导轨和导轨支架。它是支承、固定厢上下升降的轨道。

③ 牵引轮及其钢支架、钢丝绳、平衡锤、轿厢开关门、检修起重吊钩等。

④ 有关电器部件。其具体包括交流电动机、直流电动机、控制柜、继电器、选层器、动力、照明、电源开关、厅外层数指示灯和厅外上下召唤盒开关等。

10.5.1.3　电梯与建筑物相关部位的构造

电梯构造如图 10-41 所示。细部的构造要求如下。

① 通向机房的通道和楼梯宽度不小于 1200 mm,楼梯坡度不大于 45°。

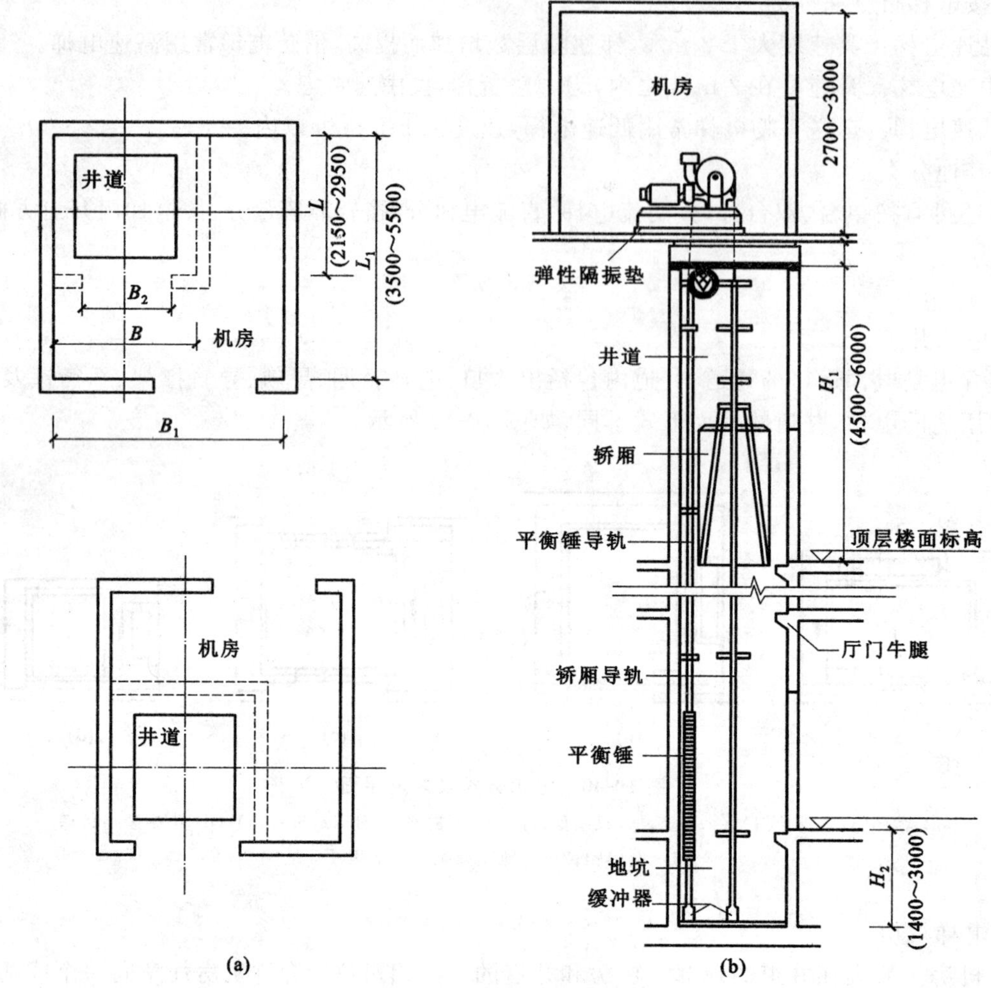

图 10-41　电梯构造示意图

(a) 平面;(b) 通过电梯门剖面(无隔声层)

② 机房楼板应平坦整洁,能承受 6 kPa 的均布荷载。

③ 井道壁多为钢筋混凝土井壁或框架填充墙井壁。井道壁为钢筋混凝土时,应预留 150 mm 见方、150 mm 深孔洞、垂直中距为 2000 mm,以便安装支架。

④ 框架(圈梁)上应预埋铁板,铁板后面的焊件与梁中钢筋焊牢。每层中间加圈梁一道,并需设置预埋铁板。

⑤ 电梯为两台并列时,中间可不用隔墙而按一定的间隔放置钢筋混凝土梁或型钢过梁,以便安装支架。

10.5.1.4　电梯井道构造

(1) 井道的尺寸

井道的平面尺寸应根据电梯的型号,机器设备的大小和检修的需要来确定。井道净尺寸一般为 1800 mm × 2100 mm、1900 mm × 2300 mm、2200 mm × 2200 mm、2400 mm × 2300 mm、2600 mm×2300 mm、2600 mm×2600 mm 等。

(2) 井道的防火

井道是建筑中的垂直通道，在火灾中极易加速火势的蔓延及烟气的扩散，因此井道四周的结构应为防火结构，耐火极限不低于该建筑物耐火等级的规定。井道壁一般采用现浇钢筋混凝土或框架填充墙井壁。同时，当井道内电梯超过两部时，需用防火围护结构予以隔开。

(3) 井道的隔振与隔声

电梯运行时产生振动和噪音。一般在机房机座下设弹性垫层隔振；在机房与井道间设高1500 mm左右的隔声层。

(4) 井道的通风

为使井道内空气流通，并在火警时能迅速排除烟和热气，应在井道肩部和中部适当位置(高层时)及地坑等处设置不小于 300 mm×600 mm 的通风口，上部可以和排烟口结合，排烟口面积不少于井道面积的 3.5%。通风口总面积的 1/3 应经常开启。通风管道可在井道顶板上或井道壁上直接通往室外。

(5) 其他

地坑应注意防水、防潮处理，坑壁应设爬梯和检修灯槽。

10.5.2 自动扶梯

自动扶梯适用于车站、码头、空港、商场等人流量大的建筑层间，是连续运输效率高的载客设备。自动扶梯一般设在室内，也可以设在室外，并且可正、反向运行，停机时可当作临时楼梯行走，平面布置可单台设置或双台并列。自动扶梯如图 10-42 所示。

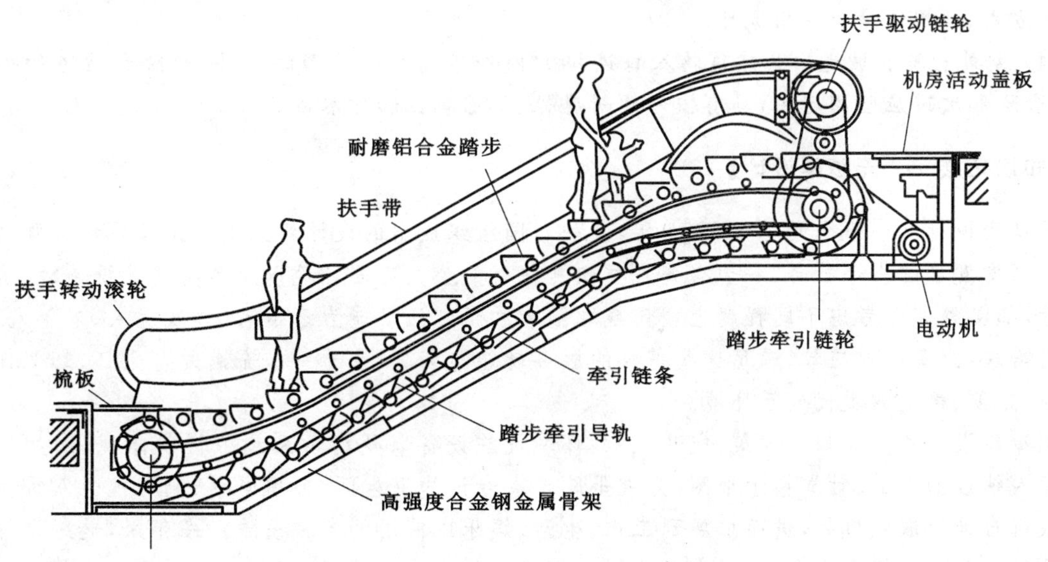

图 10-42 自动扶梯示意图

自动扶梯的机房悬挂在楼板下面，楼板上应预留足够的安装洞，并做装饰外壳，底层则做地坑。机房上方的自动扶梯口处应做活动地板，以便检修，地坑应作防水处理。

自动扶梯的角度有 27.3°、30°、35°，其中 30°是优先选用的角度。其宽度有 600 mm(单人)、800 mm(单人携物)、1000 mm、1200 mm(双人)。

本章小结

本章主要讲述了楼梯的基本构造,基本尺寸要求;有关楼梯构造要求;台阶和坡道的基本规定,电梯和扶梯的构造与楼梯相关的基本理论以及楼梯的设计分析。楼梯是建筑中楼层间的垂直交通联系的构件,应满足交通和疏散要求,还应符合结构、施工、防火、经济和美观等方面的要求。楼梯由楼梯段、楼梯平台、栏杆与扶手三部分组成。

(1) 楼梯基本类型、尺度等设计方面的知识,具体包括楼梯的组成、功能、形式以及楼梯段的宽度、坡度和楼梯有关净高等知识。楼梯的坡度应便于通行,以利于节约面积,一般不超过38°。踏步尺寸与楼梯坡度、人脚长度、人的步距等有关。楼梯平台宽度不应小于梯段宽度,并不应应小于1100 mm,楼梯段净高不小于2200 mm,平台过道处净高不应小于2000 mm。楼梯底层中间平台下做通道而平台净高不满足要求时,可采取降低梯间地坪、增加第一梯段踏步数量或两者相结合的方式解决。

(2) 钢筋混凝土楼梯的构造,包括现浇式楼梯和预制式楼梯构造的特点与要求,以及楼梯的细部处理等知识。现浇楼梯混凝土楼板有板式、单梁式和双梁式几种结合形式;预制钢筋混凝土楼梯有小型、中型和大型构件装配式三种。平台梁和平台板可预制成一个构件,也可分开预制。预制梯段与平台梁应有可靠的连接。楼梯踏步面层应耐磨,便于行走、易于清洁,踏面通常应作防滑处理。楼梯栏杆与踏步以及扶手应有可靠的连接,并做好转弯处处理。

(3) 电梯和扶梯都是用电作为动力的垂直交通设施。电梯由轿箱、电梯井道及运输设备等三部分组成。电梯应注意井道的防火、通风、防潮或防水以及机房的隔声、防火、防水和保温隔热等构造。其细部构造包括厅门的门套装修、厅门牛腿的处理、导轨和井壁的固结处理。自动扶梯应掌握其排列方式、适用坡度和使用宽度。

(4) 室外台阶和坡道均为建筑物入口连接室内外不同标高地面的构件,台阶和坡道的类型和构造,台阶和坡道应坚固耐用,具有较好的耐磨性、抗冻融性和防水性。

【知识拓展——无障碍设计】

无障碍设计这个概念始见于1974年,是联合国组织提出的设计新主张。无障碍设计强调在科学技术高度发展的当今社会,一切有关人类衣食住行的公共空间环境以及各类建筑设施、设备的规划设计,都必须充分考虑不同程度生理伤残缺陷者和正常活动能力衰退者(如残疾人、老年人)群众的使用需求,配备能够应答、满足这些需求的服务功能与装置,营造一个充满爱与关怀、切实保障人类安全、方便、舒适的现代生活环境。

无障碍设计首先在都市建筑、交通、公共环境设施设备以及指示系统中得以体现,例如步行道上为盲人铺设的走道、触觉指示地图,为乘坐轮椅者专设的卫生间、公用电话、兼有视听双重操作向导的银行自助存取款机等,进而扩展到工作、生活、娱乐中使用的各种设施。多年来,这一设计主张从关爱弱势群众的视点出发,以更高层次的理想目标推动着设计的发展与进步,使人类创造的产品更趋于合理、亲切、人性化。

无障碍设计的理想目标是“无障碍”。基于对人类行为、意识与动作反应的细致研究,致力于优化一切为人所用的物与环境的设计,在使用操作界面上清除那些让使用者感到困惑、困难的“障碍”,为使用者提供最大可能的方便,这就是无障碍设计的基本思想。

无障碍设计与通用设计有相似之处,因为无障碍设计是为所有人所通用的设计,而无障碍设计所针对的重点是残疾人和老年人。但随着无障碍设计的发展,人们越来越多地认识到它的局限,所以当今的无障碍设计正在向通用设计靠拢。而因为无障碍设计在中国出现较晚，所以大多数人将无障碍设计等同于通用设计。

下面主要简述有关坡道、楼梯、台阶等的特殊构造问题。

(1) 坡道

坡道是最适合残疾人轮椅通过的设施，它借助拐杖和导盲棍使残疾人通过。方便残疾人通行的坡道类型，根据场地条件的不同可分为一字形、L 形、U 形、一字多段式坡道等。每段坡道的坡度、坡段高度和水平长度都以方便通行为准则。

为保证安全及残疾人上下坡道的方便，其坡度必须较为平缓，还必须保证一定的宽度。以下是一些有关规定：

① 坡道的坡度。我国对便于残疾人通行的坡道的坡度标准定为不大于 1/12，同时还规定与之匹配的每段坡道的最大高度为 750 mm，最大坡道坡段水平长度为 9000 mm。

② 坡道的宽度。为便于残疾人使用轮椅顺利通过，室内坡道的最小宽度应不小于 1000 mm，室外坡道的最小宽度应不小于 1500 mm，如图 10-43 所示。

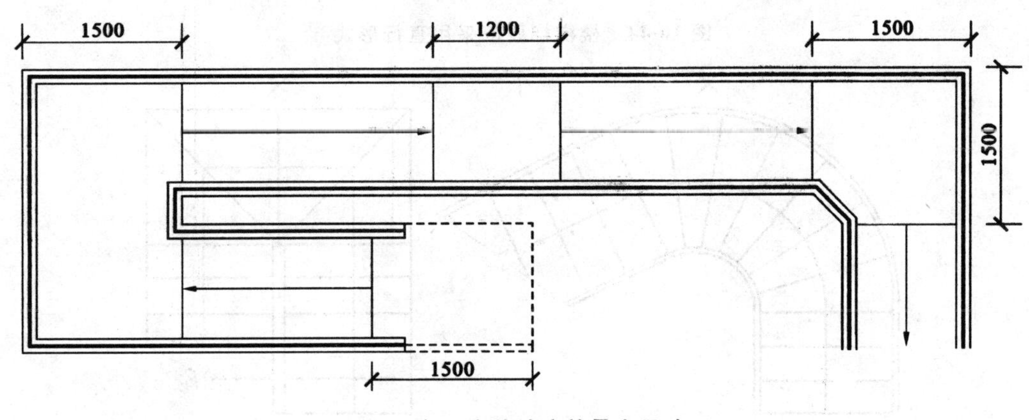

图 10-43 室外坡度的最小尺寸

③ 应在坡道两侧增设扶手，起步应设 300 mm 长的水平扶手。为避免轮椅撞击墙面及栏杆，应在扶手下设置护堤，坡道面层应作防滑处理。

(2) 楼梯形式及扶手栏杆

① 楼梯形式及相关尺度

借助拐杖者及视力残疾者使用的楼梯，应采用直行形式，例如直跑楼梯、对折的双跑楼梯或成直角折行的楼梯等(如图 10-44 所示)，不应采用弧形或在休息平台上设置扇步(如图 10-45 所示)。楼梯的坡度应尽量平缓，宜控制在 35°以下。踢面高度不宜大于 160 mm，且每步踏步应保持等高。梯段净宽度不宜小于 1200 mm，每梯段踏步数应在 3～18 级，梯段两侧均设置扶手，做法同坡道扶手。

② 踏步设计注意事项

借助拐杖者及视力残疾者使用的楼梯踏步应选用合理的构造形式及饰面材料，注意无直角突沿，以防止发生勾绊行人或其他助行工具的意外事故(如图 10-46 所示)；注意表面不光滑，不得积水，防滑条不得高出踏面 5 mm 以上。

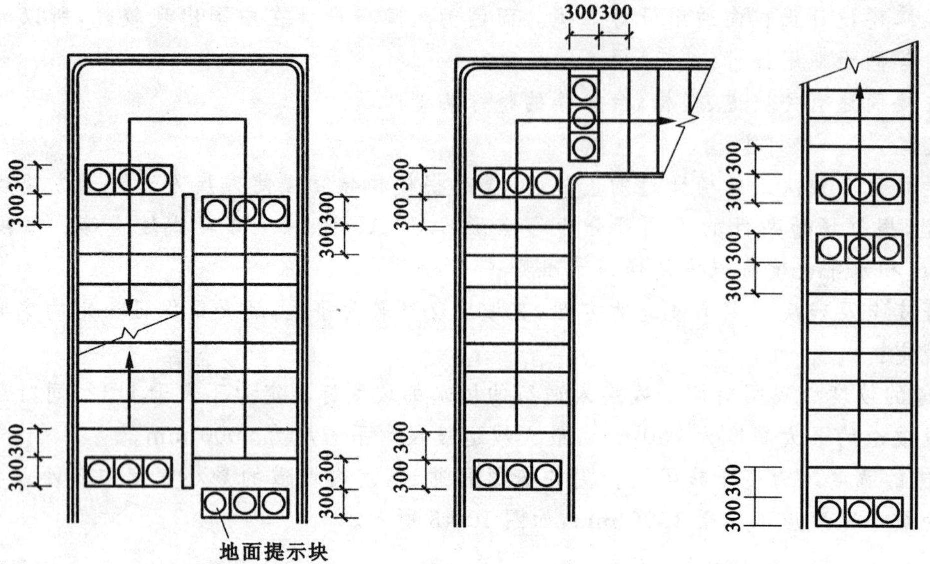

图 10-44　楼梯梯段应采用直行形式

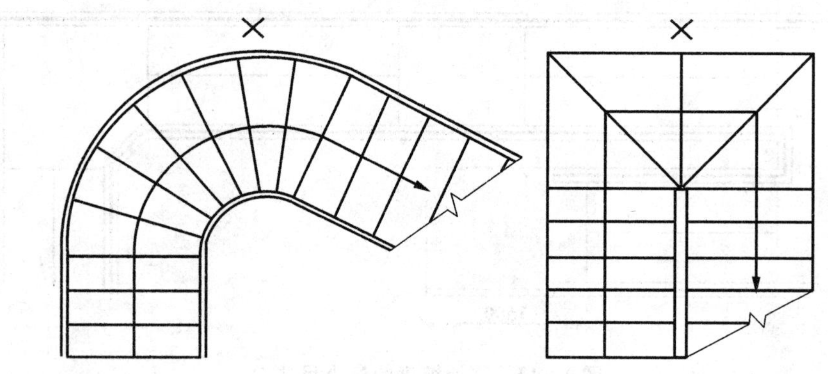

图 10-45　不宜使用弧形楼梯及扇步

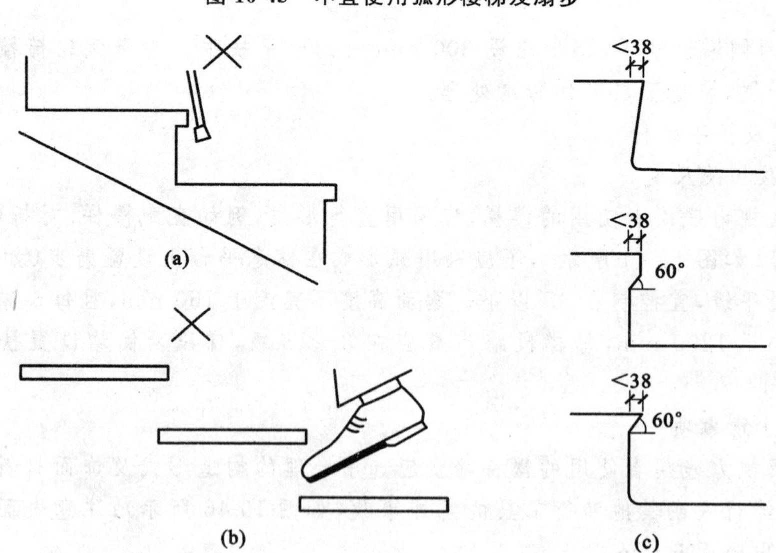

图 10-46　踏步的构造形式

(a) 有直角突缘不可用;(b) 踏步无踢面不可用;(c) 踏步线性光滑,可用

③ 楼梯、坡道的栏杆扶手

楼梯、坡道的扶手栏杆应该坚固使用，且应在两侧设有扶手，公共楼梯可设上下双层扶手，在楼梯的梯段（或坡道的坡段）的起始及终结处，扶手应自梯段或坡段前缘向前伸出 300 mm 以上，两个相邻梯段的扶手应该连通；扶手末端应向下或伸向墙面（如图 10-47 所示）。扶手的断面应便于抓握（如图 10-48 所示）。

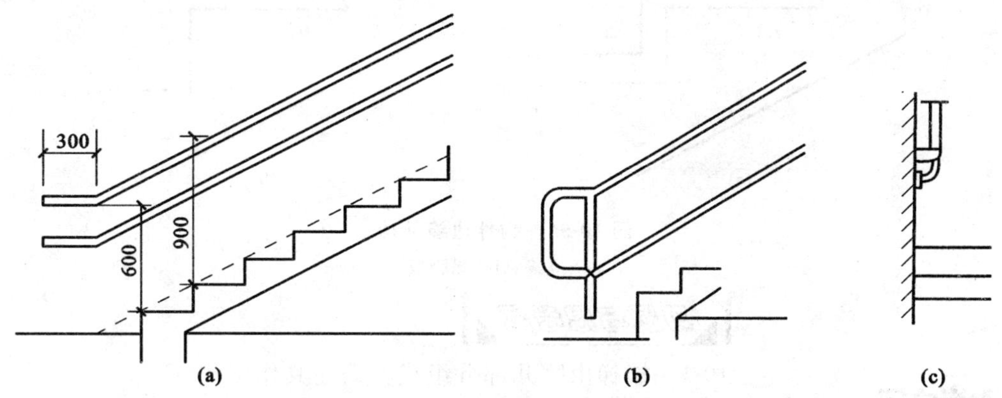

图 10-47 扶手基本尺寸及扶手头

（a）扶手高度及起始、终结步处外伸尺寸；（b）扶手末端向下；（c）扶手末端伸向墙面

（3）导盲块的位置

导盲块又称地面提示块，一般设置在有障碍物、需要转折和存在高差等场所，利用其表面的特殊结构形式，向视力残疾者提供触摸信息，提示行走、停步或需要改变行进方向等。如图 10-49 所示为常用的导盲块的两种形式。

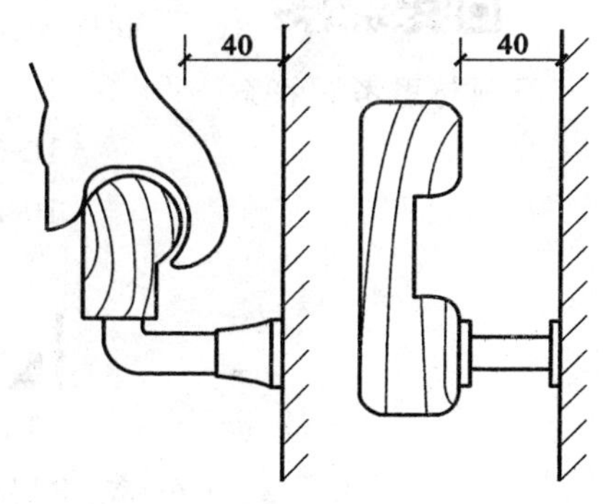

图 10-48 扶手断面形式

（4）构件边缘处理

鉴于安全方面的考虑，凡有凌空处的构件边缘都应该向上翘起，包括楼梯段和坡道的凌空一面、室内外平台的凌空边缘等。这样可以防止拐杖或导盲棍等工具向外滑出，对轮椅也是一种制约，图 10-50 给出了相关尺寸。

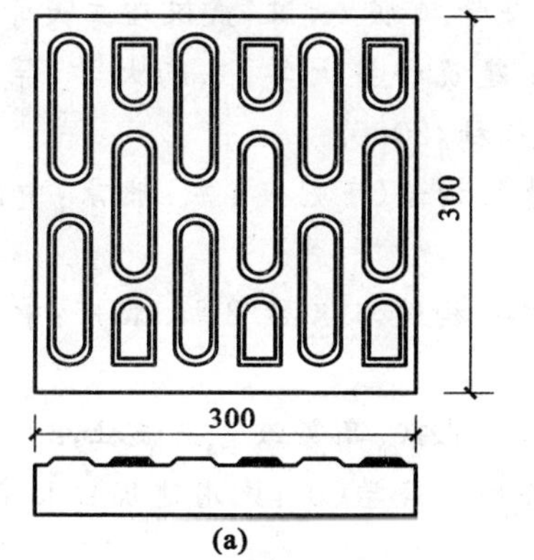

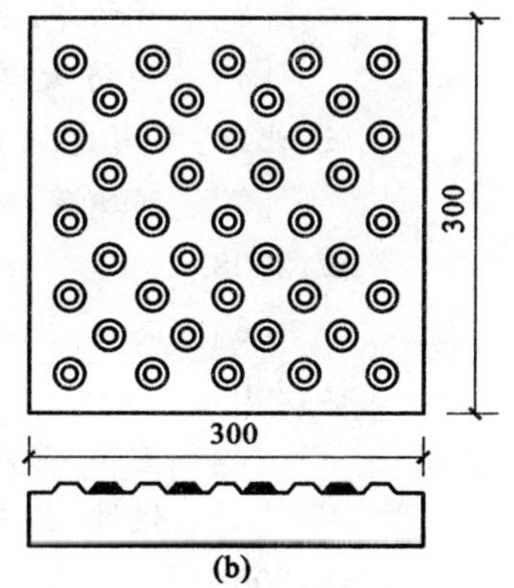

图 10-49 导盲块的两种形式

（a）踢面提示行进块材；（b）踢面提示停步块材

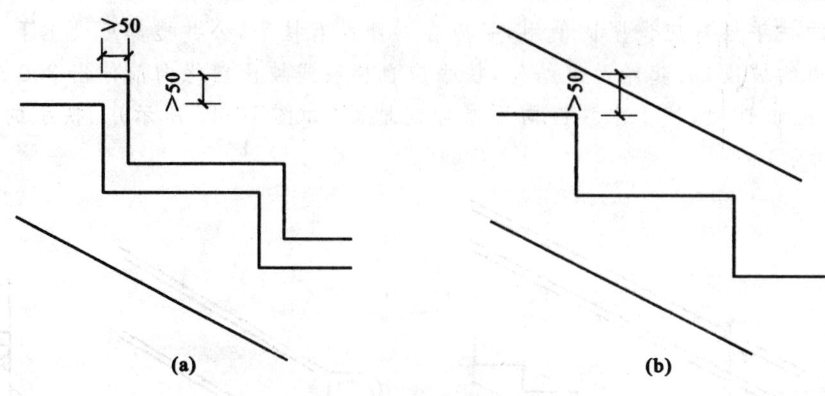

图 10-50 构件边缘处理

(a) 立缘;(b) 踢脚板

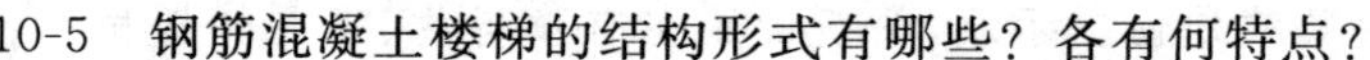

习题与思考题

习题与思考题答案

10-1 楼梯由哪几部分组成？简述其作用？

10-2 楼梯的形式有哪些？为什么大多采用双跑平行式楼梯？

10-3 楼梯的适宜坡度为多少？如何确定踏步尺寸与数量？

10-4 楼梯净高有什么要求？如何解决一层平台下供人通行的问题？

10-5 钢筋混凝土楼梯的结构形式有哪些？各有何特点？

10-6 踏步防滑措施有哪些？并图示其构造。

10-7 简述室外台阶的构造,并图示其构造。

参考文献

［1］ 中国建筑科学研究院. 建筑设计防火规范(GB 50016—2006). 北京:中国计划出版社,2006.

［2］ 中国建筑科学研究院. 高层民用建筑设计防火规范(GB 50045—1995). 北京:中国计划出版社,2005.

［3］ 舒秋华. 房屋建筑学. 4版. 武汉:武汉理工大学出版社,2011.

［4］ 同济大学,西安建筑科技大学,东南大学,等. 房屋建筑学. 4版. 北京:中国建筑工业出版社,2006.

［5］ 刘建荣,翁季. 建筑构造(下册). 4版. 北京:中国建筑工业出版社,2008.

［6］ 高远,张艳芳. 建筑构造与识图. 2版. 北京:中国建筑工业出版社,2008.

［7］ 董黎. 房屋建筑学. 北京:高等教育出版社,2006.

［8］ 钱坤,王若竹. 房屋建筑学(上:民用建筑). 北京:北京大学出版社,2009.

［9］ 李必瑜,王雪松. 房屋建筑学. 3版. 武汉:武汉理工大学出版社,2008.

11 屋　　顶

【内容提要】

本章主要内容包括屋顶的作用及设计要求，各种不同类型屋顶的特点及适用范围，平屋顶的排水组织设计，平屋顶的防水构造做法，平屋顶的保温隔热构造，坡屋顶的构造方式及细部设计。本章的教学重点为平屋顶排水组织设计及选用合理的防水构造做法。

【能力要求】

通过本章的学习，学生应了解不同类型屋顶的特点及适用范围，在实际应用中能很好地完成平屋顶排水组织设计及选用合理的防水构造做法。

重难点

11.1 概　　述

11.1.1 屋顶的作用与要求

屋顶是建筑物最上部的承重围护构件，能够抵御自然界各种环境因素对建筑物的不利影响。其主要有三方面的作用：一是承受作用于屋顶上的风荷载、雨荷载、雪荷载和屋顶自重等，上人屋顶同时还要考虑人和设备等荷载，主要起承重作用。因此，屋顶应有足够的刚度和强度，以保证屋顶的结构安全，并防止由于结构层发生过大的变形引起防水层开裂而产生漏水。二是防御自然界的风、雨、雪、太阳辐射热和冬季低温等的影响，起围护作用。因此，屋顶应有保温隔热措施，使屋顶能有良好的热工性能，以便给建筑物内部提供舒适的室内环境。三是影响建筑外观立面造型，起美观作用。我国传统建筑的重要特征之一就是其变化多样的屋顶外形和装饰精美的屋顶细部，因此现代建筑也应该注重屋顶形式及其细部的设计，以满足人们对建筑艺术的需求。

11.1.2 屋顶的类型

屋顶常按其外形或屋面防水材料来分类。

11.1.2.1 按照外形分类

屋顶按照外形一般可分为平屋顶、坡屋顶和其他形式的屋顶。

(1) 平屋顶

平屋顶通常是指排水坡度小于10%的屋顶，常用坡度为2%～3%。平屋顶常见形式如图11-1所示。平屋顶易于协调统一建筑与结构的关系，优点是节约材料、屋顶可以加以利用,如露台,屋顶花园,甚至屋顶餐厅等,应用极其广泛。

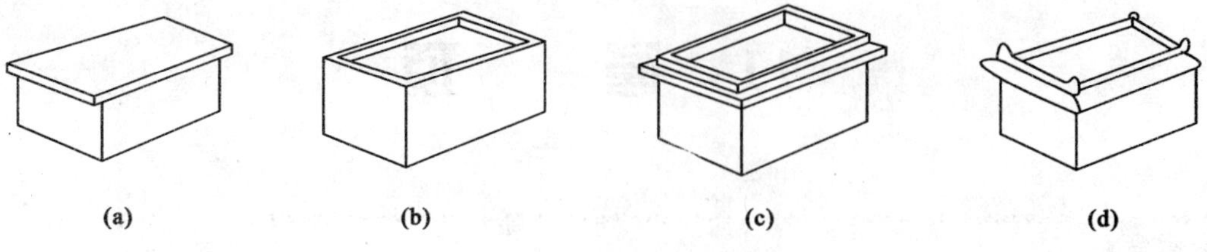

图 11-1　平屋顶的形式

(a) 挑檐;(b) 女儿墙;(c) 挑檐女儿墙;(d) 盝(盒)顶

(2) 坡屋顶

坡屋顶通常是指屋面坡度大于 10%的屋顶。坡屋顶常见形式有:单坡、双坡屋顶,硬山、悬山屋顶,歇山、庑殿屋顶,圆形、多角形攒尖屋顶等如图 11-2 所示。坡屋顶在我国有着悠久的历史,广泛用于民居建筑。

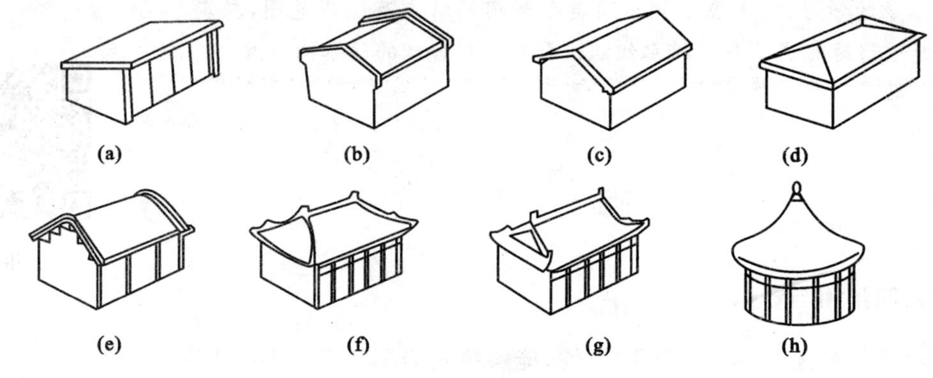

图 11-2　坡屋顶的形式

(a) 单坡顶;(b) 硬山双坡顶;(c) 悬山双坡顶;(d) 四坡顶;(e) 卷棚顶;(f) 庑殿顶;(g) 歇山顶;(h) 圆攒尖顶

(3)其他形式的屋顶

随着建筑科学技术的发展,出现了许多新型的屋顶结构形式,如拱结构、薄壳结构、悬索结构、网架结构屋顶、篷布结构屋顶、充气建筑屋顶等。这类屋顶多用于较大跨度的公共建筑,其建构形式的独特性使建筑的造型更加丰富。如图 11-3 所示。

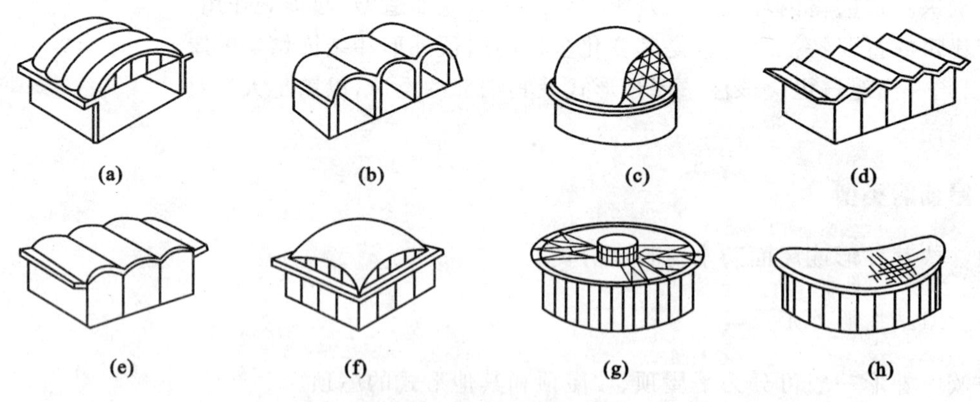

图 11-3　其他形式的屋顶

(a) 双曲拱屋顶;(b) 砖石拱屋顶;(c) 球形网壳屋顶;(d) V 形网壳屋顶;

(e) 筒壳屋顶;(f) 扁壳屋顶;(g) 车轮形悬索屋顶;(h) 鞍形悬索屋顶

11.1.2.2　按照防水材料分类

屋顶按照防水材料一般可分为柔性防水屋顶、刚性防水屋顶和其他防水材料的屋顶。

(1) 柔性防水屋顶

柔性防水屋顶是用沥青油毡、橡胶卷材、合成高分子卷材等防水卷材或制品做成的防水层屋面，这类屋面有一定的柔韧性。

(2) 刚性防水屋顶

刚性防水屋顶是用细石混凝土等刚性材料做成的防水层屋面，构造简单，施工方便，造价低廉，这类屋面柔韧性较差，屋面易产生裂缝而渗漏水。

(3) 其他防水屋顶

其他防水屋顶包括：用黏土瓦、小青瓦等按照上下顺序排列做防水层的屋面称为瓦屋面；用石棉水泥波瓦、铝合金波形瓦等做防水层的屋面称为波形瓦屋面；用涂料防水用过涂抹做防水层的屋面称为涂料防水屋面；用有机玻璃、夹层玻璃、钢化玻璃等作为防水层的屋面称为玻璃屋面等。

11.1.3　屋顶的组成

屋顶主要由屋面、屋顶承重结构、顶棚组成。屋顶应根据防水、保温、隔热、隔声、防火、是否上人等功能而考虑设置不同功能的附加层。如图 11-4 所示。

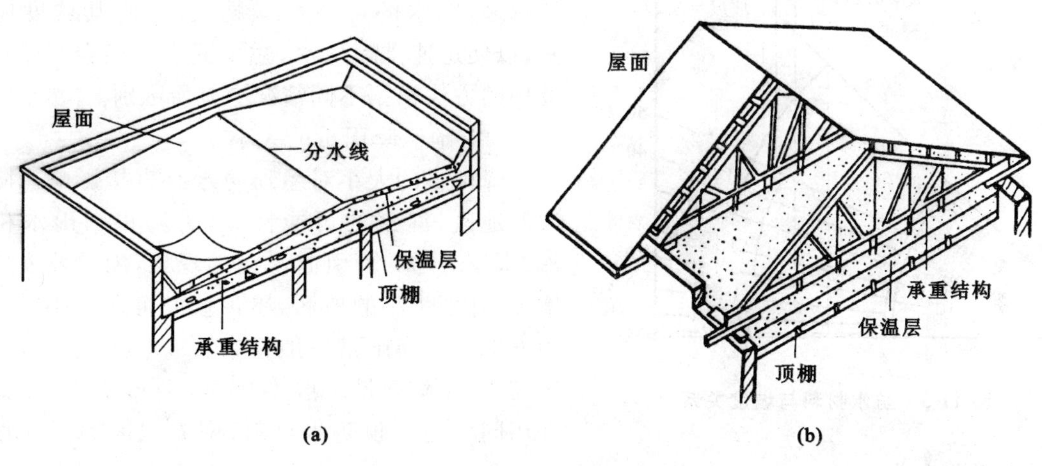

图 11-4　屋顶的组成

11.1.4　屋顶坡度的表示方法及影响坡度的因素

11.1.4.1　屋顶坡度的表示方法

常见的屋顶坡度表示方法有斜率法、百分比法和角度法三种，见表 11-1。斜率法用屋顶高度与坡面的水平方向投影长度之比表示；百分比法用屋顶高度与坡面的水平方向投影长度之比的百分比表示；角度法是以坡面与水平面所构成的夹角表示。斜率法多用于坡屋顶，百分比法多用于平屋顶；角度法在实际工程中较少采用。

表 11-1　　**坡度表示法**

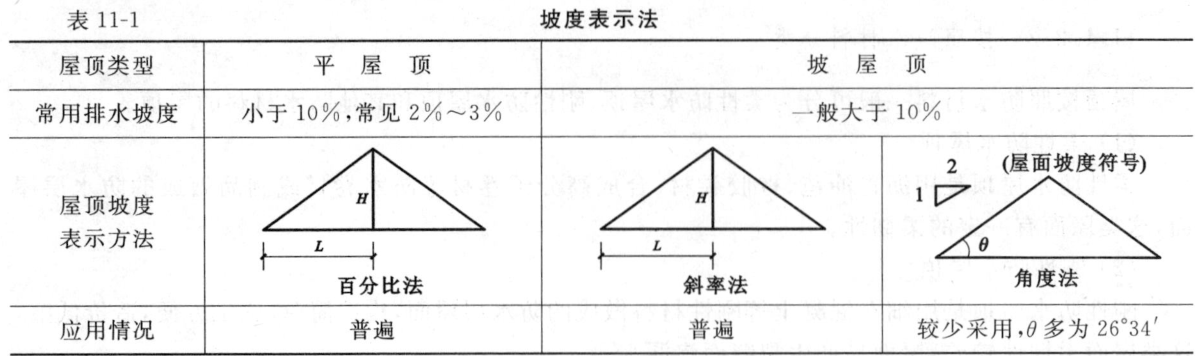

屋顶类型	平　屋　顶	坡　屋　顶	
常用排水坡度	小于 10%，常见 2%～3%	一般大于 10%	
屋顶坡度表示方法	H L **百分比法**	H L **斜率法**	2 1 (屋面坡度符号) θ **角度法**
应用情况	普遍	普遍	较少采用，θ 多为 26°34′

11.1.4.2　影响屋顶坡度大小的因素

在有降雨时，屋顶作为维护结构应具有防水能力，并应在短时间内将雨水排除屋面，以免发生漏水现象，因此屋面应具有一定的坡度。屋顶坡度的确定与屋顶防水材料、地区降雨量大小、建筑造型要求以及经济条件等因素有关。

(1) 防水材料

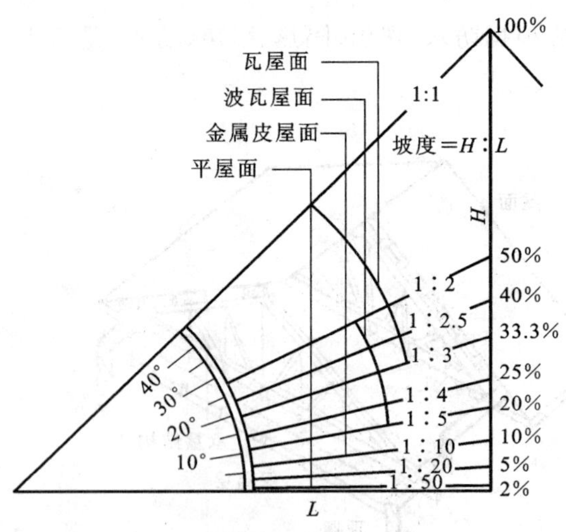

图 11-5　防水材料与坡度关系

防水材料的性能及其尺寸大小直接影响屋顶坡度，如图 11-5 所示。防水材料的防水性能越好，屋顶的坡度越小。对于尺寸小的屋顶防水材料，屋顶接缝越多，漏水的可能性就越大，因此其坡度应大一些，以便迅速排除雨水，减少漏水的机会。屋顶构造处理的方法根据不同情况应有所区别。

(2) 地区降雨量的大小

降雨量的大小对屋顶防水有直接影响。降雨量大的地区，漏水的可能性大，为防止因雨水积水过深、水压力增大而引起渗漏的现象，屋顶坡度应适当增加；降雨量小的地区，屋顶坡度可适当小些。我国南方地区年降雨量一般都在 1000 mm 左右，北方地区较小，年降雨量一般都在 500 mm 左右，因此即使采用同样的屋顶防水材料，南方地区的屋顶坡度一般都要大于北方地区。

(3) 建筑造型

使用功能决定建筑的外形，结构形式的不同也体现在建筑的造型上，如上人屋顶的坡度就不能太大，否则使用不方便。不同的建筑结构造型，可决定建筑屋顶形成的不同坡度甚至反坡等。

11.1.5　屋面的防水等级

屋顶应采用不透水的防水材料以及合理的构造处理来达到防水的目的；屋顶排水采用一定的排水坡度将屋顶的雨水尽快排走。屋顶防水、排水是一项综合性的技术问题，它与建筑结构形式、防水材料、屋顶坡度、屋顶构造处理等做法有关，应将防水与排水相结合，综合各方面的因素加以考虑。

根据建筑物的性质、重要程度、使用功能、防水层耐用年限、防水层选用材料和设防要求，可将屋面防水分为四个等级，见表 11-2。

表 11-2　　**屋面防水等级**

项　目	屋面防水等级			
	Ⅰ级	Ⅱ级	Ⅲ级	Ⅳ级
建筑物类别	特别重要的民用建筑	重要的民用、高层建筑	一般的民用、工业建筑	非永久性建筑
防水层耐用年限	25 年	15 年	10 年	5 年
防水层选用材料	合成高分子卷材、高聚物改性沥青毡	合成高分子卷材、高聚物改性沥青毡	三毡四油防水卷材合成高分子卷材、高聚物改性沥青毡	二毡三油防水卷材
	合成高分子防水涂料、细石混凝土	合成高分子防水涂料、细石混凝土	合成高分子防水涂料、刚性防水层	
设防要求	三道以上防水设防	两道防水设防	一道或两道防水	一道防水

11.2　平屋顶构造

11.2.1　平屋顶的排水

为了顺畅地排除屋面积水，需进行合理而规范的排水设计，其内容包括：屋顶排水坡度的选择，排水方式的确定，屋顶排水的组织设计。

11.2.1.1　排水坡度的形成方法

屋面排水若要顺利，首先应选择合理的排水坡度。从排水方面考虑，则排水坡度越大越好，但从经济、结构、施工以及屋面利用等方面综合考虑，对坡度值的选择必须有所限制。平屋顶最常用的排水坡度为 2%～3%，具体方法常见以下两种。

(1) 材料找坡

材料找坡是指屋顶坡度由垫坡材料形成，又称垫置坡度，如图 11-6 所示。其一般用于坡度较小的屋面。为了减轻屋面荷载，应选用轻质材料找坡，如水泥炉渣、石灰炉渣等。找坡层的厚度最薄处不小于 30 mm。平屋顶材料找坡的坡度宜为 2%，这种做法可获得平整的室内顶棚，空间完整，但找坡材料增加了屋顶荷载，且多费材料和人工。因此，这种做法广泛采用于当屋顶坡度不大或需设保温层的建筑工程中。

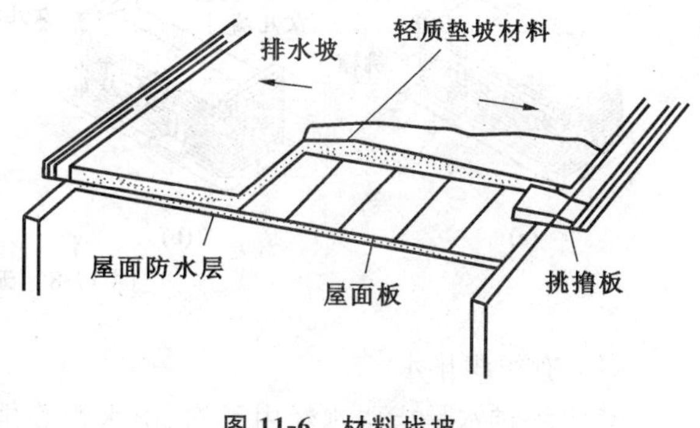

图 11-6　材料找坡

(2) 结构找坡

结构找坡是指将屋顶楼板搁置在下部倾斜的墙体或屋顶梁及屋架上的一种做法，因而结构找坡又称搁置坡度，如图 11-7 所示。这种做法不需在屋顶上另加找坡层，具有构造简单、施工方便、节省人工和材料、减轻屋顶自重的优点，但室内顶棚面是倾斜的，空间不够完整。因此，常用于较大的生产性建筑和有吊顶的建筑工程中。

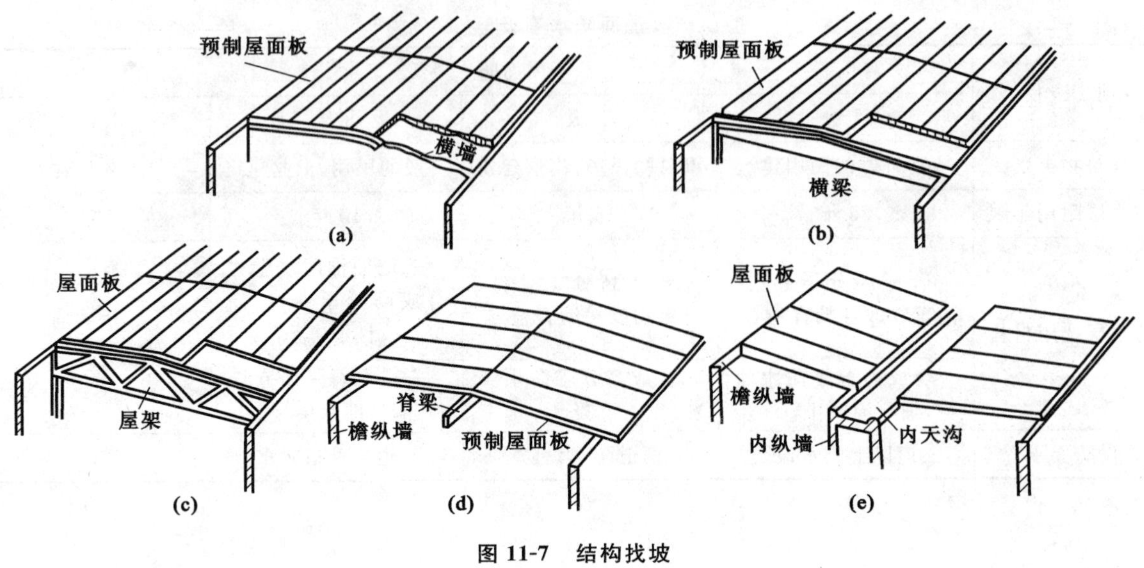

图 11-7 结构找坡

11.2.1.2 平屋顶排水方式

平屋顶的屋面排水方式分为无组织排水和有组织排水两大类。

(1) 无组织排水

无组织排水是指屋面雨水经檐口直接滴落至地面的一种排水方式,屋面不设天沟、雨水口等排流雨水,也称自由落水。该排水形式节约材料、施工方便、构造简单、造价低,主要用于降雨量少的地区或中低层建筑,相邻屋面高差小于4 m的建筑,积灰严重、腐蚀性介质较多的工业厂房中也常采用。如图11-8所示。

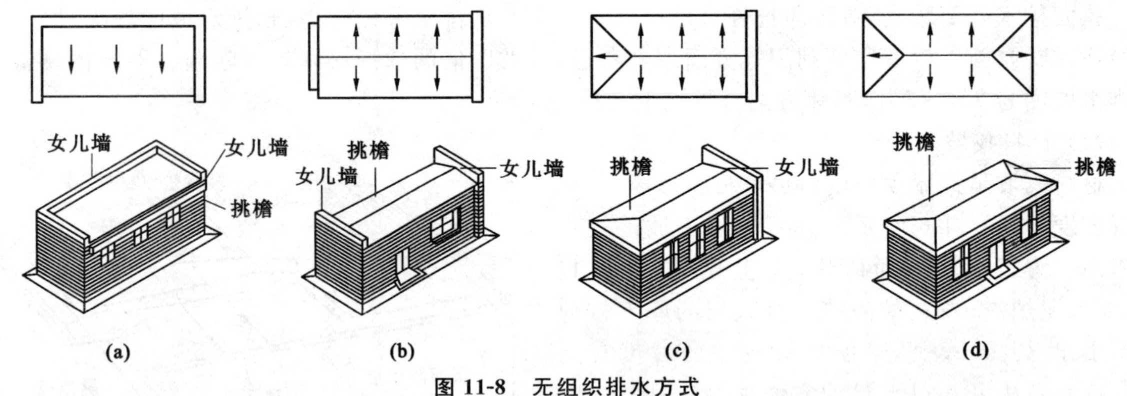

图 11-8 无组织排水方式

(2) 有组织排水

有组织排水是指雨水经由天沟、雨水管等排水设施被有组织疏导至地面或地下排水管道的一种排水方式。这种排水方式构造简单,造价高,但雨水不会浸湿墙面和影响人行道交通。

有组织排水根据落水管的位置可分为外排水和内排水两种。

① 外排水。

外排水是指雨水管装在建筑外墙以外的一种排水方案,构造简单,雨水管不进入室内,有利于室内美观并减少渗漏,应优先选用,特别适用于南方多雨地区。外排水方式常见的有挑檐沟外排水、女儿墙外排水、女儿墙挑檐沟外排水,如图11-9所示。

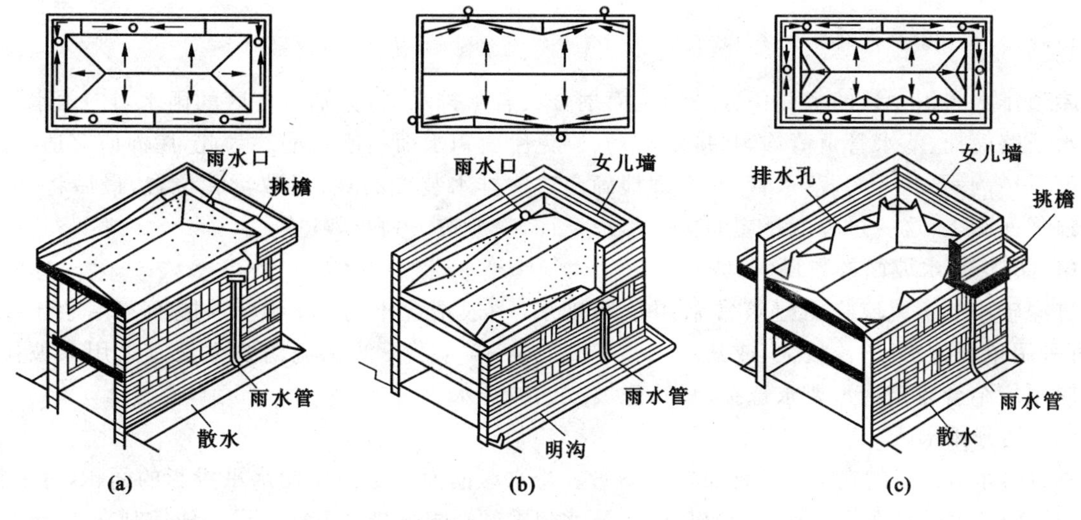

图 11-9 外排水方式

(a) 挑檐沟外排水;(b)女儿墙外排水;(c) 女儿墙挑檐沟外排水

a. 挑檐沟外排水。此方法适用于设有檐沟的平面屋顶,檐沟内垫出的纵向坡度将雨水引向雨水口,进入落水管,如图 11-9(a)所示。

b. 女儿沟外排水。此方法适用于设有女儿墙的平屋顶,在女儿墙里面设有内檐沟或垫坡。落水管可设在外墙外面,将雨水口穿过女儿墙,如图 11-9(b)所示。

c. 女儿墙挑檐沟外排水。其特点是在屋檐部位既有女儿墙又有挑檐沟。蓄水屋顶常采用这种形式,利用女儿墙作为蓄水仓壁,利用挑檐沟汇集从蓄水池中溢出的多余雨水,如图 11-9(c)所示。

② 内排水。

内排水是指雨水管安装在建筑室内的一种排水方案。其适宜高层建筑、严寒地区建筑及空间宽大的建筑采用。内排水方式常见的有中间内天沟内排水、外墙内天沟内排水及内天沟内落外排水三种方式,如图 11-10 所示。

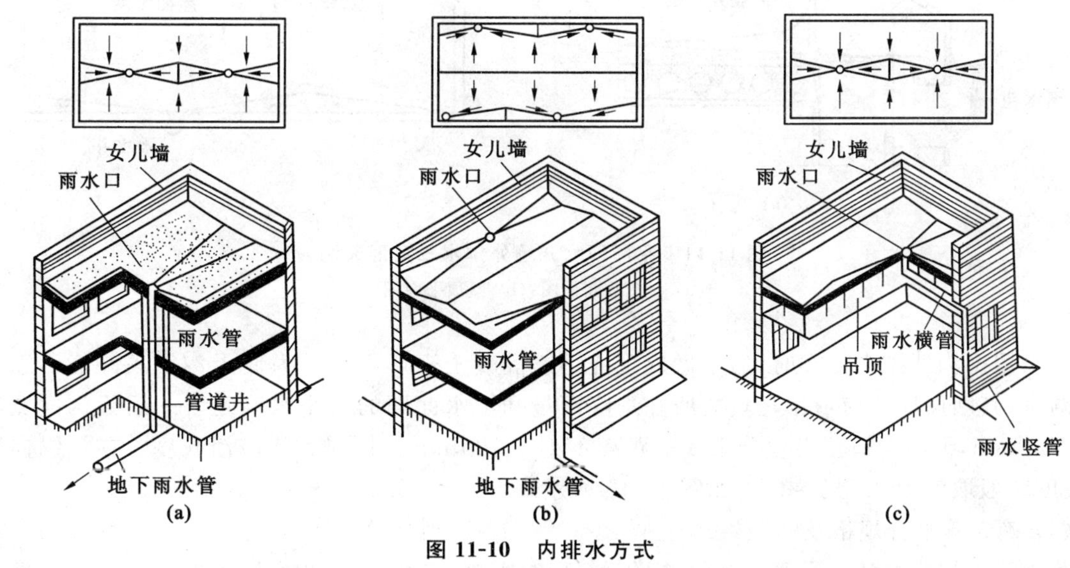

图 11-10 内排水方式

(a) 中间内天沟内排水;(b) 外墙内天沟内排水;(c) 内天沟内落外排水

11.2.1.3 平屋顶排水组织设计

屋顶排水组织设计的主要任务是将屋面划分成若干排水区,分别将各区的雨水引向雨水管,做到排水线路简捷、落水管负荷均匀、排水流畅、避免屋面积水而引起渗漏。为此,屋面应有适当的排水坡度,设置必要的天沟、落水管,并合理地确定这些排水装置的规格、数量和位置,最后将其标绘在屋顶平面图上,这一过程就是屋面排水组织设计,一般按下列步骤进行。

(1) 确定排水坡面的数目(分坡)

进深较小的房屋或临街建筑常采用单坡排水,一般情况下,建筑平屋顶屋面宽度小于 12 m 时,可采用单坡排水;进深较大,或其宽度大于 12 m 时,为了不使水流路线太长宜采用双坡排水。建筑屋顶应结合建筑造型要求选择单坡、双坡或四坡排水。

(2) 划分排水区

划分排水区的目的在于合理地布置水落管。排水区的面积是指屋面水平投影的面积,每一根水落管的屋面最大汇水面积不宜大于 200 m^2。雨水口的间距根据排水方式不同一般控制在 20 m 以下。

(3) 确定天沟参数

天沟即屋面上的排水沟,位于檐口部位时又称檐沟。天沟的作用是将屋面汇集的雨水有组织地迅速排除。因此,天沟的断面应大小恰当。天沟底沿长度方向应设纵向排水坡,简称天沟纵坡,天沟纵坡的坡度不应小于 1%。天沟根据屋顶类型的不同有多种做法。

平屋顶的天沟一般用钢筋混凝土制作,当采用女儿墙外排水方案时,可利用倾斜的屋面与垂直的墙面构成三角形天沟,如图 11-11 所示。

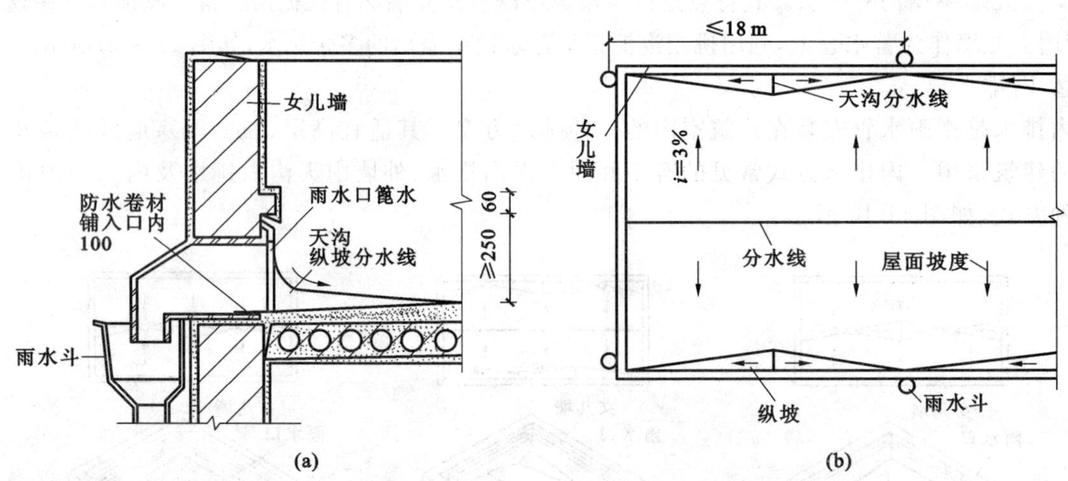

图 11-11 平屋顶女儿墙外排水三角形天沟

(a) 女儿墙断面图;(b) 屋顶平面图

当采用檐沟外排水方案时,通常做成现浇钢筋混凝土矩形天沟。为使天沟汇集并能迅速排除屋面雨水,其断面尺寸应依据建筑物所在地降雨量和汇水面职的大小来确定。一般天沟净宽应不小于 200 mm,天沟上口至纵坡分水线的距离不小于 120 mm。同时天沟应沿长度方向设纵向排水坡,坡度一般取值为 0.5%~1%,如图 11-12 所示。

(4) 确定落水管规格及间距

落水管根据材料的不同可分为铸铁、镀锌铁皮、塑料、石棉水泥和陶土等,应按照建筑等级加以

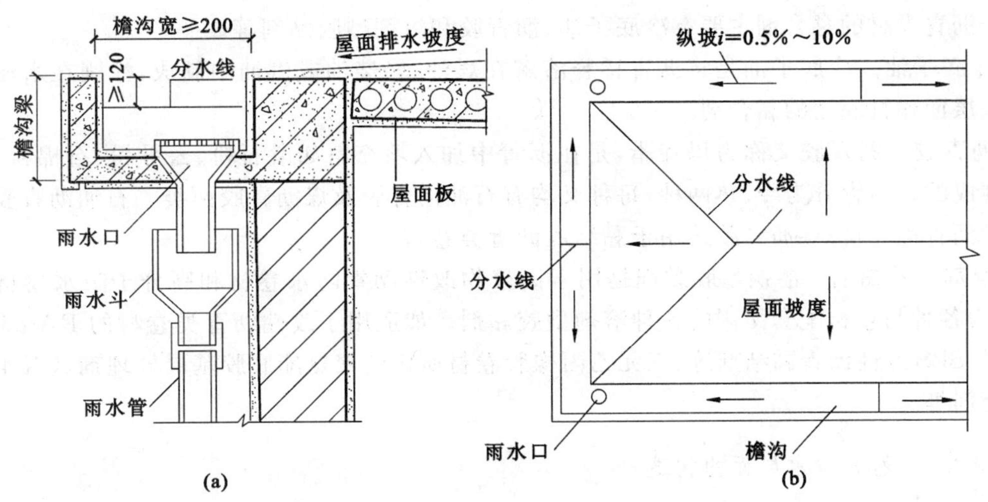

图 11-12 平屋顶檐沟外排水矩形天沟

(a) 挑檐沟断面；(b) 屋顶平面图

选择。落水管目前多采用PVC管，其直径有50 mm、75 mm、100 mm、125 mm、150 mm、200 mm等几种规格，民用建筑最常用的水落管直径一般为100 mm，面积小于25 m^2 的露台或阳台可采用直径为50 mm或75 mm的落水管。落水管的位置应在实墙面处，其间距一般在20 m以内，最大间距不宜超过22 m，因为间距越大，则沟底纵坡面越长，会使沟内的垫坡材料增厚，减少了天沟的容水量，造成雨水溢向屋面引起渗漏或从檐沟外侧涌出。

11.2.2 卷材防水屋面构造

卷材防水屋面是将柔性的防水卷材或片材用胶结材料粘贴在屋面上形成连续致密的封闭防水覆盖层。按其使用的卷材材料可分为沥青类卷材防水屋面、高聚物改性沥青类卷材防水屋面、高分子类卷材防水屋面。

11.2.2.1 卷材防水屋面的材料

(1) 防水卷材的类型

防水卷材主要有沥青类防水卷材、高聚物改性沥青类防水卷材、合成高分子类防水卷材等。

① 沥青类防水卷材。沥青类防水卷材是用原纸、纤维织物、纤维毡等胎体材料浸涂沥青，表面撒布粉状、粒状或片状材料后制成的可卷曲片状材料。防水卷材的性能应符合《屋面工程技术规范》(GB 50345—2012)的要求。

② 高聚物改性沥青类防水卷材。高聚物改性沥青类防水卷材是以高分子聚合物改性沥青为涂盖层，纤维织物或纤维毡为胎体，粉状、粒状、片状或薄膜材料为覆面材料制成的可卷曲片状防水材料，如SBS改性沥青油毡、APP改性油毡等。

③ 合成高分子类防水卷材。凡以各种合成橡胶、合成树脂或两者的混合物为主要原料，加入适量化学辅助剂和填充料加工制成的弹性或弹塑性卷材，均称为高分子防水卷材。常见的有三元乙丙橡胶防水卷材、氯化聚乙烯防水卷材、聚氯乙烯防水卷材、氯丁橡胶防水卷材等。

(2) 卷材的黏合剂

用于沥青卷材的黏合剂主要有冷底子油、沥青胶和溶剂型胶黏剂等。

① 冷底子油。冷底子油是将沥青稀释溶解在煤油、轻柴油或汽油中制成,涂刷在水泥砂浆或混凝土基层面作打底用的黏合剂。

② 沥青胶。沥青胶又称为玛蹄脂,是在沥青中加入填充料如滑石粉、云母粉、石棉粉、粉煤灰等加工制成的。沥青分为冷、热两种,每种又均有石油沥青胶及煤沥青胶两类。石油沥青胶适用于黏结石油沥青类卷材;煤沥青胶适用于黏结煤沥青类卷材。

③ 溶剂型胶黏剂。溶剂型胶黏剂是用于高聚物改性沥青防水卷材和高分子防水卷材的黏合剂,主要为各种与卷材配套使用的各种溶剂型胶黏剂。如适用于改性沥青类卷材的 RA-86 型氯丁胶黏结剂、SBS 改性沥青黏结剂等、三元乙丙橡胶卷材所用的聚氨酯底胶基层处理剂、CX-404 氯丁橡胶黏合剂等。

11.2.2.2 卷材防水屋面的构造

卷材防水屋面构造组成按其作用分别为结构层、找坡层、找平层、结合层、防水层、保护层等,如图 11-13 所示。

(1) 结构层

它多为刚度好,变形小的钢筋混凝土屋面板。

(2) 找坡层

它一般为轻质材料,如 1∶8 水泥炉渣或石灰炉渣等。

(3) 找平层

卷材防水层要求铺贴在坚固而平整的基层上,以防止卷材凹陷或断裂,故在松散材料或预制屋面上铺设卷材以前,须先做找平层。找平层一般采用 1∶3 水泥砂浆或 1∶8 沥青砂浆,整体混凝土结构可以做较薄的找平层(15～20 mm);表面平整度较差的装配式结构或在散料上宜做较厚的找平层(20～30 mm)。为防止找平层变形开裂而使卷材防水层破坏,在找平层中应留设分格缝。分格缝的宽度一般为 20 mm,纵横间距不大于 6 m,屋顶板为预制板时,分格缝应设在预制板的端缝处。分格缝上面应覆盖一层 200～300 mm 宽的附加卷材,用黏结剂单边点贴,使分格缝处的卷材有一定的伸缩余地,避免开裂,如图 11-14 所示。

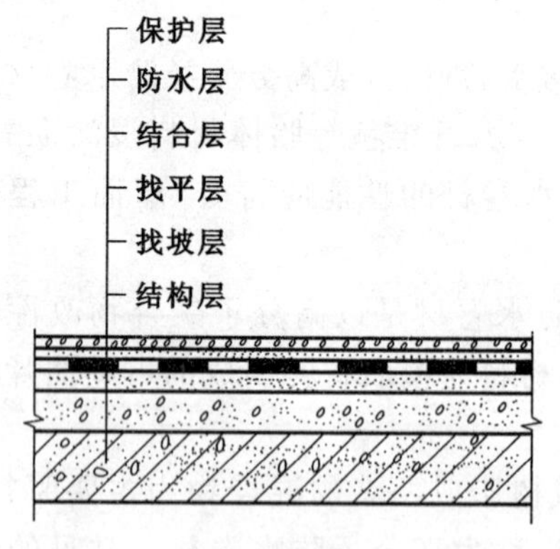

图 11-13 柔性防水屋面基本构造示意

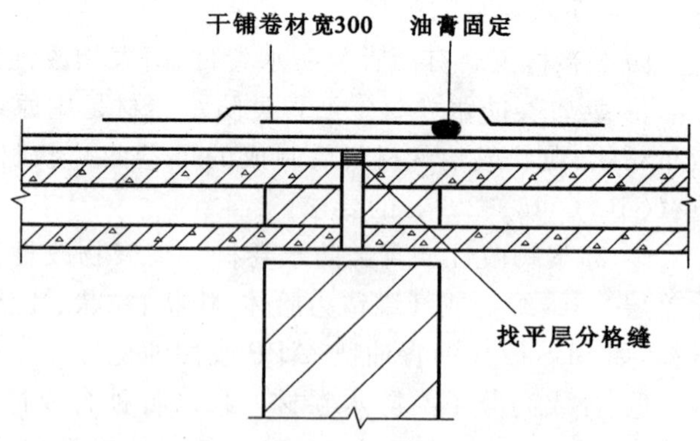

图 11-14 找平层分隔缝构造示意

(4) 结合层

结合层就是对找平层表面进行处理,使防水层与基层之间能理想地结合。沥青类卷材常用冷底子油做结合层;改性沥青卷材常用改性沥青黏结剂做结合层;高分子卷材常用配套处理剂,也可采用冷底子油或乳化沥青做结合层。

(5) 防水层

由防水卷材和相应的卷材黏结剂分层黏结而成,层数或厚度由防水等级确定,具有单独防水能力的一个防水层次称为一道防水设防。

传统的沥青卷材屋面由多层卷材和沥青胶交替黏合而成,直到设计层数为止,最后再刮涂一层沥青胶。一般民用建筑防水层应铺设三层沥青油毡、四遍沥青胶,称为三毡四油;高聚物改性沥青防水卷材的铺贴方法有冷黏法和热熔法两种。冷黏法是用胶黏剂将卷材粘贴在找平层上;热熔法施工是用火焰加热器将卷材均匀加热至表面光亮发黑,然后立即滚铺卷材使之平展并辊压牢实。高分子卷材防水层是先在找平层上涂刮基层处理剂如CX-404胶等,要求薄而均匀,待处理剂干燥不黏手后即可铺贴卷材。

卷材防水层在铺贴时应注意以下方面的问题。

① 卷材与基层的粘贴方法。

卷材的粘贴方法可分为满粘法、点粘法和条粘法。满粘法使卷材与基层黏结密实,但基层或保温层不干燥存有水汽时,如果受到太阳辐射,会形成水蒸气蒸发,使卷材形成鼓泡,鼓泡的皱折和破裂将会形成漏水隐患。用点粘法、条粘法等,使卷材与基层之间有个能使蒸汽扩散的场所和减小基层变形对防水卷材影响的空间,可以尽量避免防水卷材破裂而产生渗漏,如图11-15所示。

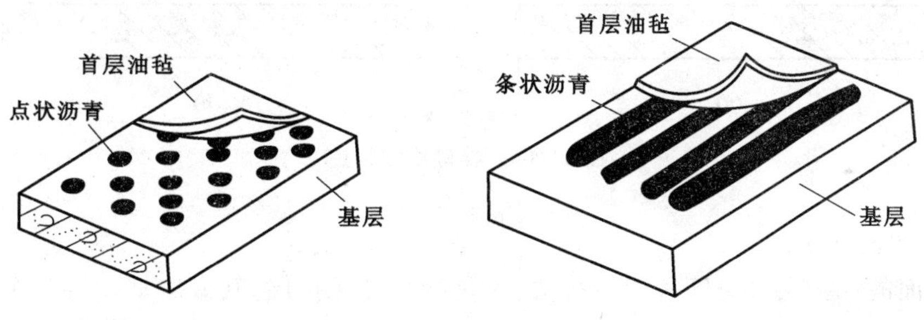

图11-15 卷材与基层的粘贴

② 卷材的铺设方向。

当屋面坡度不大于3%时,卷材宜平行于屋脊铺设,且从檐口至屋脊逐层向上铺设;当屋面坡度在3%~5%时,卷材可平行或垂直屋脊铺设;当坡度大于15%或屋面受震动时,卷材应垂直屋脊铺设。卷材铺设方式如图11-16所示。

③ 卷材搭接方式及长度。

④上下层及相邻两幅卷材的搭接缝应错开,卷材端头搭接缝应符合年最大频率风向的搭接要求。

卷材搭接缝用与卷材配套的专用黏结剂粘接,接缝处用密封材料封严,如图11-17所示。

(6) 保护层

保护层的做法,应根据防水层所用材料和屋面的利用情况而定,有不上人屋面保护层和上人屋面保护层两种。

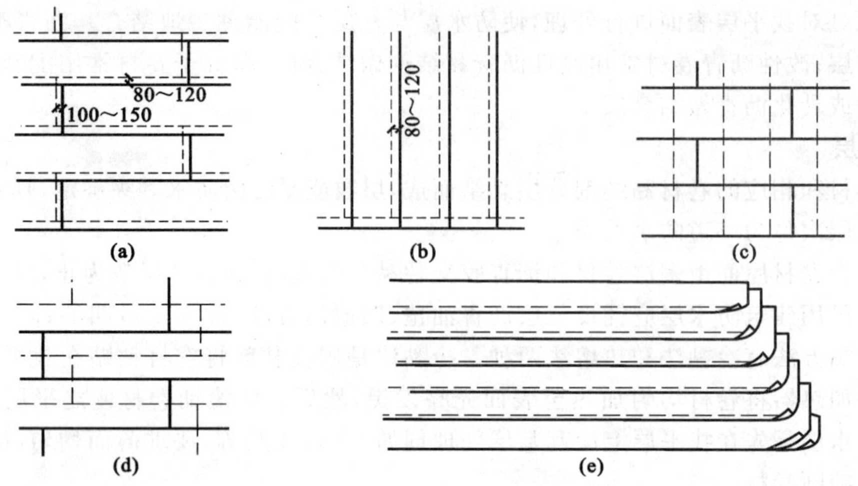

图 11-16 卷材的铺设

(a) 平行屋脊铺设;(b) 垂直屋脊铺设;(c) 底层垂直、面层平行屋脊铺设;
(d) 双层平行屋脊铺设;(e) 层叠搭接半张平行屋脊铺设

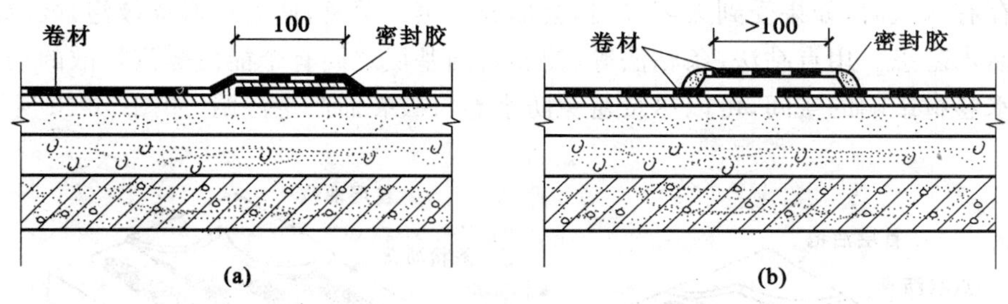

图 11-17 卷材接缝构造

① 不上人屋面保护层。

不上人屋面的保护层又分两种构造做法:一是绿豆砂保护层,其做法是在最上面的沥青类卷材上涂沥青胶后,满粘一层 3～6 mm 粒径的粗砂,俗称绿豆砂,砂子色浅,能够反射太阳辐射热,降低屋顶表面的温度,价格较低,并能防止对油毡碰撞引起的破坏,但其自重大,增加了屋顶的荷载,如图 11-18(a)所示;二是铝银粉涂料保护层,它是由铝银粉、清漆、熟桐油和汽油调配而成,直接涂刷在卷材表面,形成一层银白色类似金属面的光滑薄膜,不仅可降低屋顶表面温度还有利于排水,且厚度较薄,自重较小,综合造价也不高。

② 上人屋面保护层。

上人屋面的保护层起着双重作用,既是卷材的保护层,又是屋面面层,要求平整耐磨。其构造做法有两种:一种是在防水层上浇筑 30～40 mm 厚的细石混凝土面层,每 2 m 左右留一分格缝,缝内用沥青胶嵌满;另一种是用 20 mm 厚的水泥砂浆或干砂层铺设预制混凝土块或大阶砖、水泥花砖、缸砖等。如图 11-18(b)、图 11-18(c)所示。

综上所述,柔性防水屋面具体构造层次如图 1-19 所示。

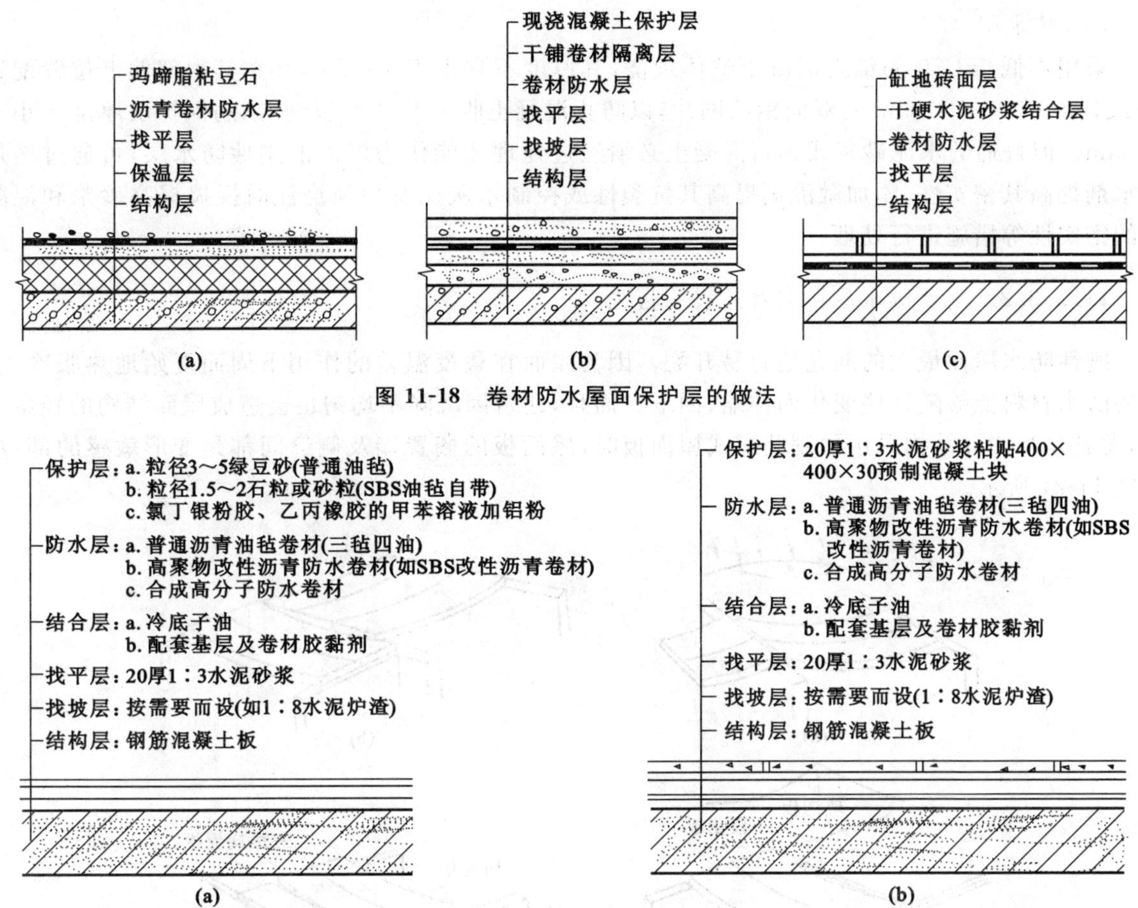

图 11-18　卷材防水屋面保护层的做法

图 11-19　柔性防水屋面构造

11.2.3　刚性防水屋面构造

刚性防水屋面是以刚性材料作防水面层，如防水砂浆或密实混凝土等，由于防水砂浆和防水混凝土的抗拉强度低，属于脆性材料，故称为刚性防水屋面。刚性防水屋面构造简单，施工方便，造价低，但受温度变化及结构变形影响大，容易开裂。因此，该防水屋面多用于南方地区，一般用于无保温层屋面，主要适用于防水等级为Ⅲ级的屋面防水，也可用于Ⅰ级、Ⅱ级防水等级多道设防中的一道防水层。但其不宜用于高温、振动和基础有较大不均匀沉降的建筑中。

11.2.3.1　刚性防水屋面的基本构造层次

刚性防水屋面的坡度宜为 2%～3%，并应采用结构找坡，一般由结构层、找平层、防水层组成，其构造做法如图 11-20 所示。

(1) 结构层

结构层一般应采用现浇或预制装配钢筋混凝土屋面板。

(2) 找平层

结构层为预制的钢筋混凝土屋面板时，应做找平层，常规做法为 15～20 mm 厚的 1∶3 水泥砂浆。当采用现浇钢筋混凝土整体结构时，可不做找平层。

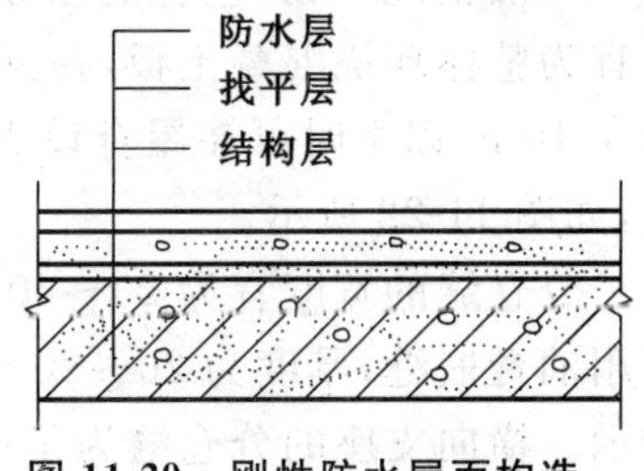

图 11-20　刚性防水屋面构造

(3) 防水层

采用不低于 C20 的细石混凝土整体现浇,其厚度不宜小于 40 mm,并在其中部偏上位置配置 Φ4或Φ6@100～200 mm 的双向钢筋网片,以防止混凝土收缩时产生裂缝,钢筋保护层厚度不小于 10 mm。但普通的水泥砂浆或细石混凝土必须经过处理才能作为屋面的刚性防水层,可通过增加防水剂提高其密实性、添加微涨剂提高其抗裂性或控制水灰比及加强浇注时振捣提高砂浆和混凝土的密实性等措施进行处理。

11.2.3.2 刚性防水屋面应对开裂的措施

刚性防水屋面最大的问题是容易开裂。因为屋面在昼夜温差的作用下周而复始地热胀冷缩,需要防水材料能够随这些变化而伸缩、回缩。而且,建筑因沉降不均匀也会造成屋面结构的轻微变形,尤其是当屋面结构采用预制装配式屋面板时,屋面板的搁置端及侧缝间都是变形敏感的部位,如图 11-21 所示。

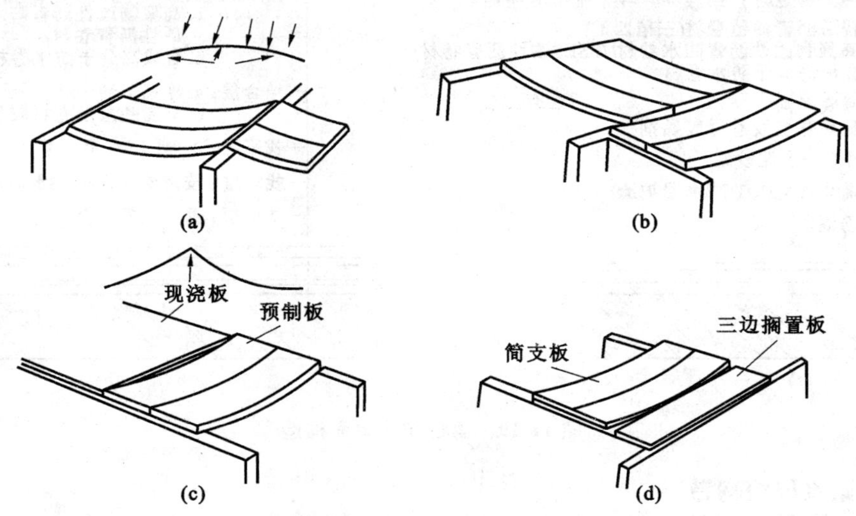

图 11-21 屋面变形敏感部位

(a) 屋面板支撑端;(b) 屋面板支撑方向不同处;(c) 现浇板与预制板交接处;(d) 简支板与三边搁置板交接处

刚性防水材料在变形应力作用下,如不经处理,就不可避免地会出现裂缝,尤其出现在变形敏感部位。针对这一问题,常见解决措施如下。

(1) 预留分仓缝

在刚性防水层上预先留设的缝,也称分格缝。将大面积整体浇筑混凝土防水层分割成可以独立变形的单元,防止刚性防水层热胀冷缩产生裂缝和屋面板发生挠曲变形引起的防水层开裂。

一般情况下,分仓缝的服务面积宜控制在 15～25 m^2,间距不宜大于 6 m,刚性防水屋面的结构层宜为整体现浇混凝土板,在预制屋面板上,分仓缝应设置在板的支座等处较为有利,当建筑物进深在 10 m 以下时可在屋脊设纵向缝,进深大于 10 m 时最好在坡中某板缝处再设一道纵向分仓缝,如图 11-22 所示。

分仓缝的宽度宜为 20～40 mm,防水层内的钢筋在分格缝处应断开;为有利于伸缩,缝内一般多用油膏嵌缝,厚度为 20～30 mm,缝内应用弹性材料如泡沫塑料或沥青麻丝填缝,如图 11-23(a) 所示。横向支座的分仓缝为了避免积水,常将细石混凝土面层抹成凸出表面 30～40 mm 高的梯形或弧形分水线,如图 11-23(b)所示。

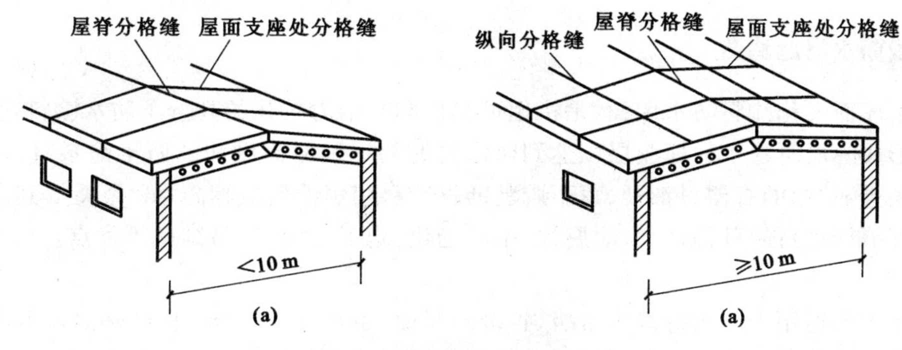

图 11- 22 刚性屋面分仓缝的划分

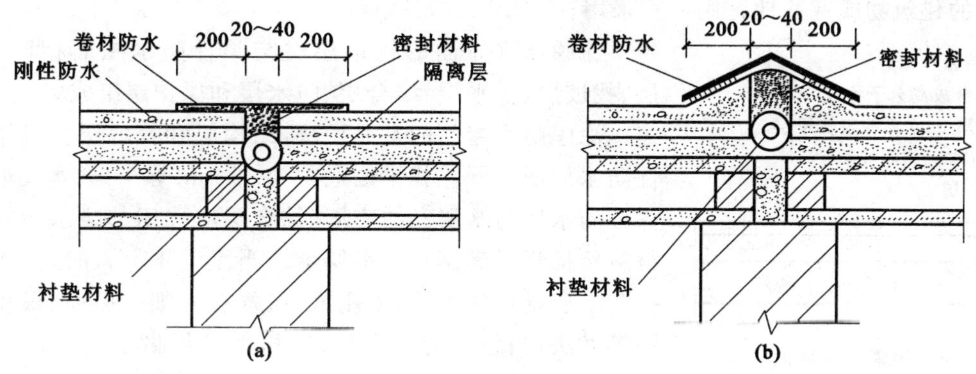

图 11-23 分仓缝构造

(2) 设置隔离层

隔离层也称浮筑屋。由于结构层在荷载作用下会产生挠曲变形,在温度变化时会产生胀缩变形,而结构层较防水层厚,刚度也较大,当结构产生变形时,就会将防水层拉裂。故将防水层和结构层两者分离,以适应各自的变形,即在结构层与防水层之间设置隔离层。隔离层可采用纸筋灰、低强度等级砂浆或薄砂层上干铺一层油毡等做法,如图 11-24 所示。

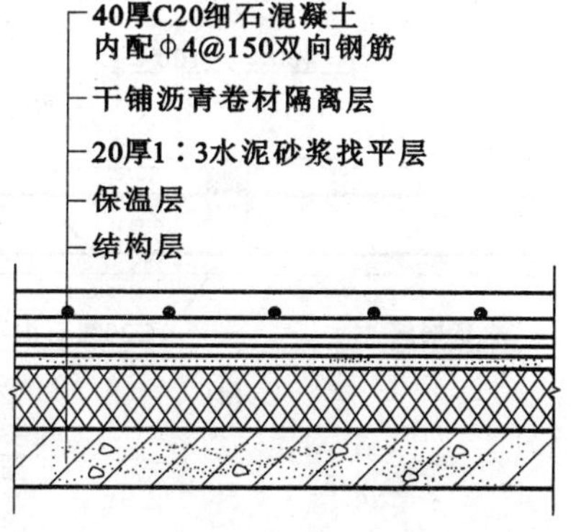

图 11-24 隔离层的设置

(3) 设置滑动支座

为了适应刚性防水屋面的变形,在装配结构中,屋面板的支承处最好做成滑动支座。即在准备搁置楼板的墙或梁上,先用水泥砂浆找平,再干铺两层油毡,中间夹滑石粉,再搁置预制板。如图 11-25 所示。

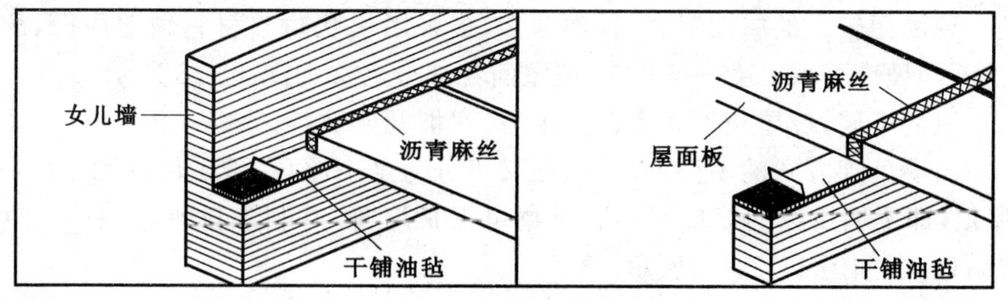

图 11-25 滑动支座的设置

11.2.4 涂膜防水屋面构造

涂膜防水屋面又称涂料防水屋面，是指用可塑性和黏结力较强的高分子防水涂料，直接涂刷在屋面基层上形成一层不透水的薄膜层以达到防水目的的一种屋面做法。防水涂料有塑料、橡胶和改性沥青三大类，常用的有塑料油膏、氯丁胶乳沥青涂料和焦油聚氨酯防水涂膜等。这些材料大多具有防水性好、黏结力强、延伸性大、耐腐蚀、不易老化、施工方便、容易维修等优点。近年来应用较为广泛。

涂膜防水主要适用于防水等级为Ⅲ级、Ⅳ级的屋面，也可用作Ⅰ级、Ⅱ级屋面多道防水设防中的一道防水层。这种屋面通常适用于不设保温层的预制屋面板结构，如单层工业厂房的屋面；在有较大震动的建筑物或寒冷地区则不宜采用。

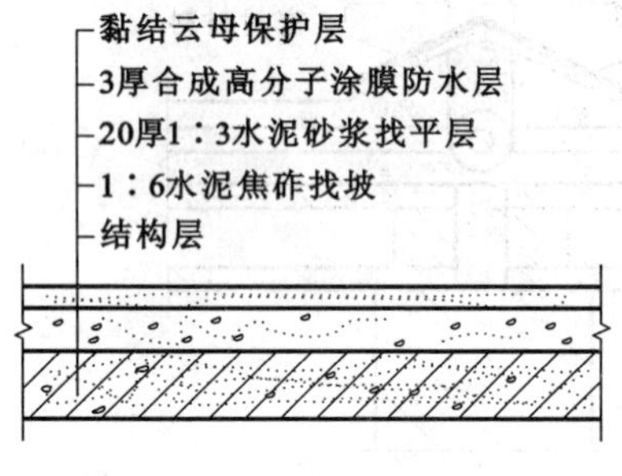

图 11-26 涂膜防水屋面构造

涂膜防水屋面的构造层次与柔性防水屋面相同，由结构层、找坡层、找平层、结合层、防水层和保护层组成。

涂膜防水屋面的常见做法，结构层和找坡层材料做法与柔性防水屋面相同。找平层通常为 20 mm 厚 1∶3 水泥砂浆。为保证防水层与基层黏结牢固，结合层应选用与防水涂料相同的材料经稀释后满刷在找平层上。当屋面不上人时，保护层可根据防水层材料的不同，采用云母、蛭石或细砂撒面、银粉涂料涂刷等做法；当屋面为上人屋面时，保护层做法与柔性防水上人屋面做法相同。其具体构造做法如图 11-26 所示。

涂膜防水只能提高屋面的防水能力，但对温度和结构引起的较为严重的变形，仍难以解决。因此，涂膜防水屋面同样需设分仓缝，如图 11-27 所示。

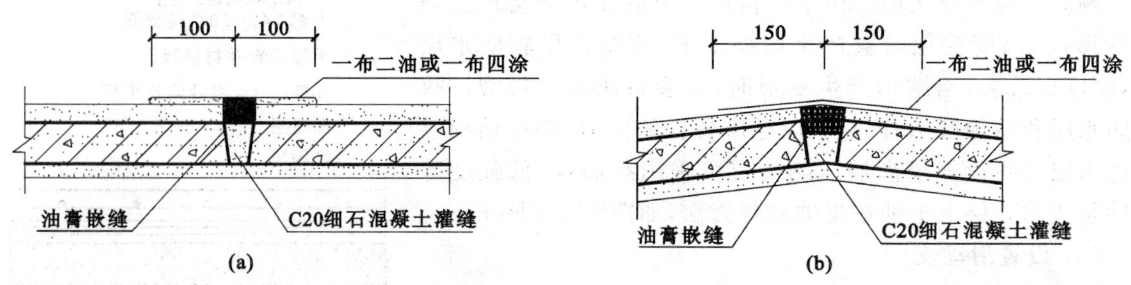

图 11-27 涂膜防水屋面分仓缝构造

11.3 坡屋顶构造

坡屋顶是一种沿用较久的屋面形式，种类繁多，多采用块状防水材料覆盖屋面，故屋面坡度较大，根据材料的不同坡度可取 10%～50%。坡屋面各部分名称如图 11-28 所示。

根据坡面组织的不同，坡屋顶形式主要有单坡、双坡及四坡等。

根据檐口和山墙处理方式的不同，双坡屋顶又可分为悬山屋顶、硬山屋顶和出山屋顶。

① 悬山屋顶，即山墙挑檐的双坡屋顶。挑檐可保护墙身，有利于排水，并有一定的遮阳作用，常用于南方多雨地区，如图 11-29(a)所示。

② 硬山屋顶，即山墙不出檐的双坡屋顶，北方少雨地区采用较多，如图 11-29(b)所示。

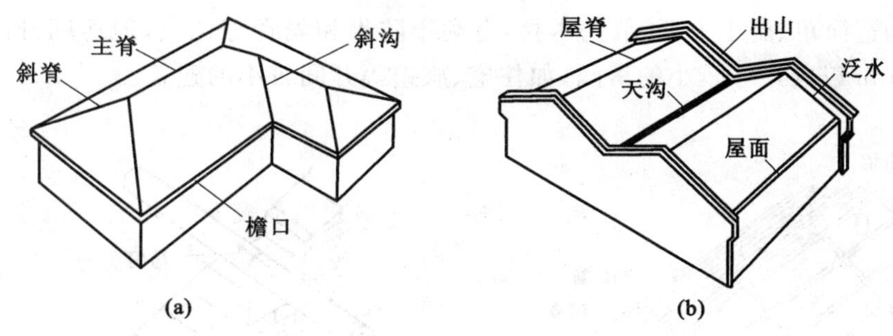

(a)　　(b)

图 11-28　坡屋顶各部分名称

③ 出山屋顶，即山墙超出屋顶，可作为防火墙或装饰之用的双坡屋顶。根据有关的防火规范，山墙超出屋顶500 mm以上，易燃体不砌入墙内可作为防火墙。如图 11-29(c)所示。

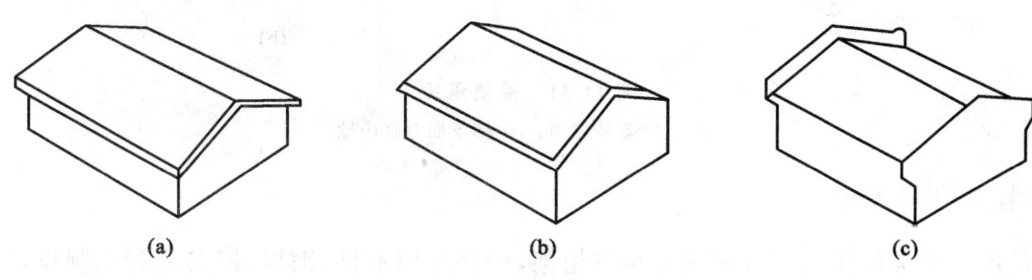

(a)　　(b)　　(c)

图 11-29　双坡屋顶形式

(a) 双坡悬山屋顶；(b) 双坡硬山屋顶；(c) 双坡出山屋顶

四坡顶也称作四落水屋顶，古代宫殿庙宇中的四坡顶称为庑殿顶，四面挑檐利于保护墙身。四坡顶两面形成两个小山尖，古代称歇山顶，山尖处可设百叶窗，有利于屋顶通风。如图 11-30 所示。

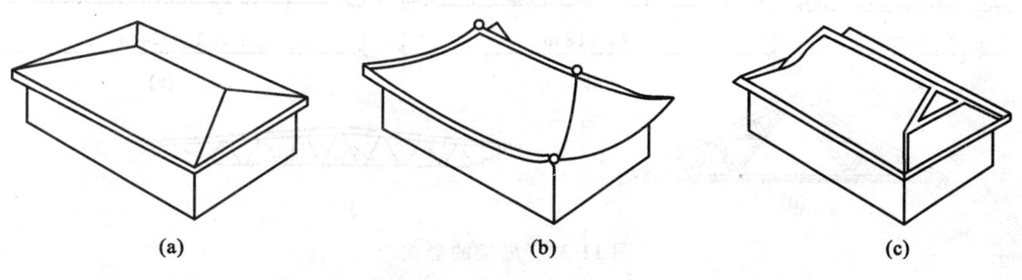

(a)　　(b)　　(c)

图 11-30　四屋顶形式

(a) 四坡顶；(b) 庑殿顶；(c) 歇山顶

11.3.1　坡屋顶的承重结构

坡屋顶的承重结构用来承受屋面传来的荷载，并把荷载传给墙或柱。其结构类型有横墙承重、屋架承重、梁架承重和钢筋混凝土屋面板承重等。

11.3.1.1　横墙承重

横墙承重是指按照屋面所要求的坡度，将横墙上部砌成三角形，在墙上直接搁置檩条或钢筋混凝土屋面板支承屋面传来的荷载，这种承重方式又称作山墙承重硬山搁檩，如图 11-31 所示。横墙承重结构具有构造简单、施工方便、节约木材,有利于防火和隔音等优点,但房间开间尺寸受限制,一般适用于 4.5 m 以内尺寸较小的房间,如住宅、旅馆等开间较小的建筑。

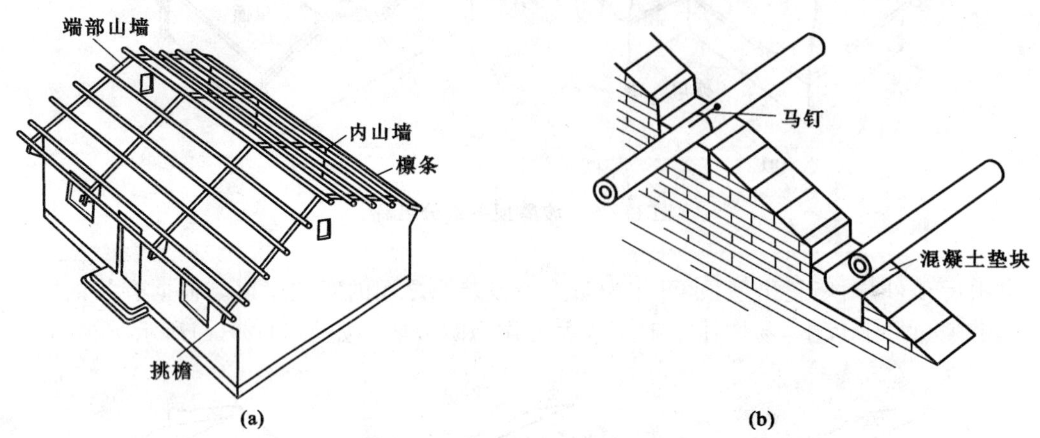

图 11-31　横墙承重

(a) 山墙支檩屋顶;(b) 檩条搁置在山墙

11.3.1.2　屋架承重

屋架是由一组杆件相互组合而成的承重桁架,杆件可用木材、钢材、钢筋混凝土制作,组合形状有三角形、梯形、拱形、折线形等,如图 11-32 所示。屋架支承在纵向外墙或柱上搁置檩条或钢筋混凝土屋面板来承受屋面传来的荷载,如图 11-33 所示。

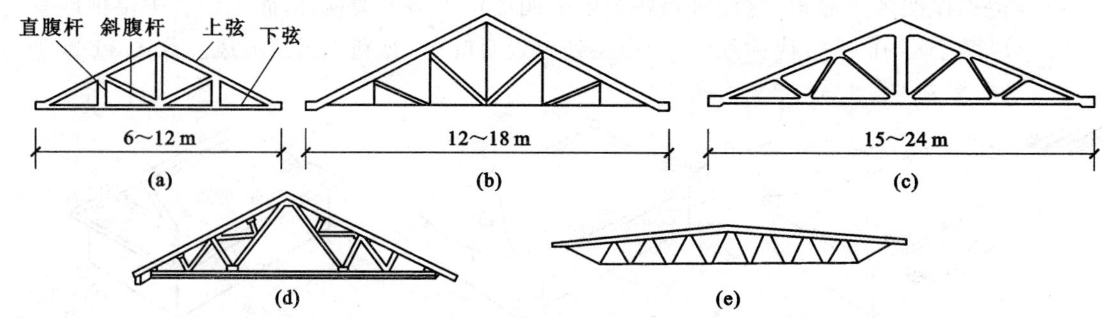

图 11-32　屋架的形式

(a) 木屋架;(b) 钢木屋架;(c) 预应力钢筋混凝土屋架;(d) 芬式钢屋架;(e) 梭形轻钢屋架

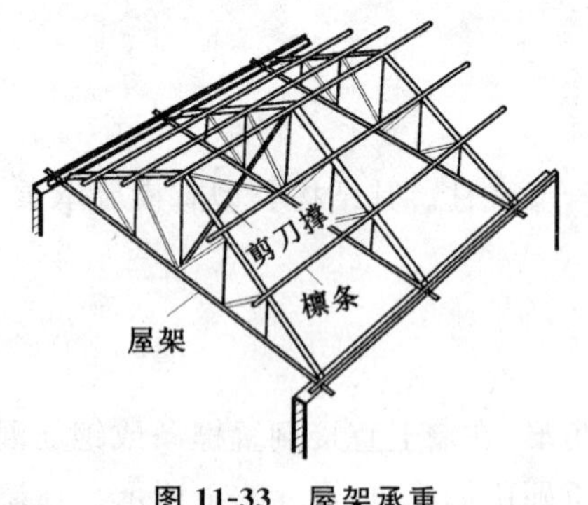

图 11-33　屋架承重

屋架承重与横墙承重相比,可以省去横墙,使房屋内部有较大的空间,增加了内部空间划分的灵活性,多用于要求有较大空间的建筑,如食堂、教学楼等。

11.3.1.3　梁架承重

梁架结构是我国古代建筑的传统结构形式,它一般由立柱和横梁组成的梁架支撑骨架,檩条把一排排梁架联系起来形成整体骨架,如图 11-34 所示。

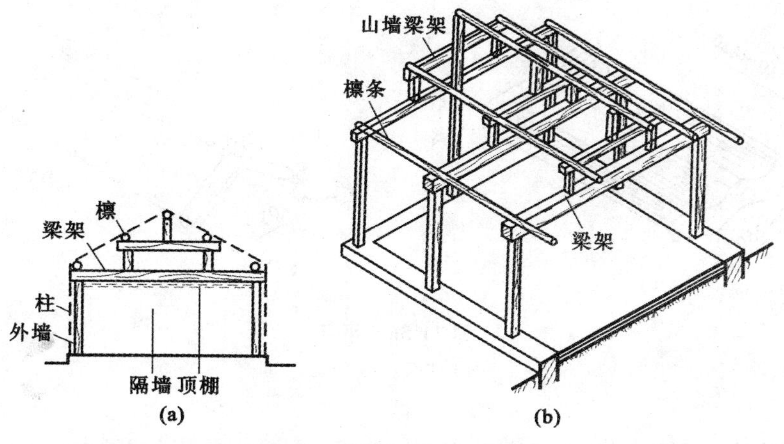

图 11-34 木构架承重

这种结构形式的内外墙填充在木构架之间，不承受荷载，仅起分隔和围护作用。构架交接点为榫齿结合，整体性及抗震性较好；但消耗木材量较多，耐火性和耐久性均较差，维修费用高。民间传统建筑中多采用木柱、木梁、木枋构成的梁架结构，主要用于民居和仿古建筑。

11.3.1.4 钢筋混凝土屋面板承重

该结构根据在墙或柱上倾斜搁置现浇或预制钢筋混凝土屋面板(类似于平屋顶的结构找坡屋面板的搁置方式)来作为坡屋顶的承重结构，可分为预制装配式和现浇整体式两种。预制装配式即在山墙、屋面梁或屋架上放置屋面板作为结构层，一般用于坡度较小的坡顶；现浇整体式采用现浇的板式或梁板式结构，能形成较大的坡度。如图 11-35 所示。

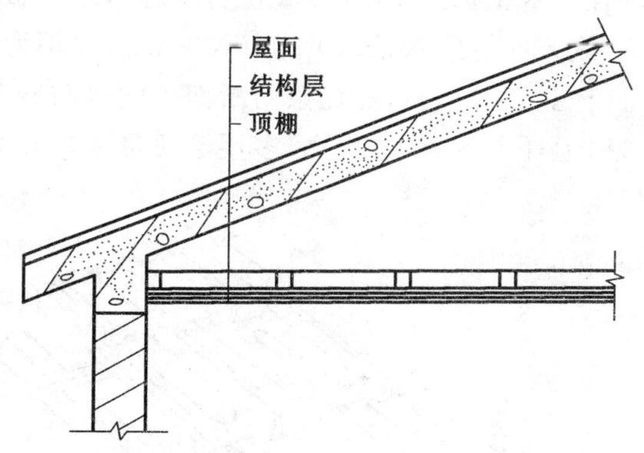

图 11-35 钢筋混凝土屋面板承重

这种结构节省了木材，提高了建筑物的防火性能，构造简单，近年来常用于住宅建筑和风景园林建筑中。

11.3.2 坡屋顶的面材

坡屋面由基层和屋面盖料组成。

基层由檩条、椽条、顺水条、挂瓦条等组成；屋面盖料种类较多，我国目前采用的有弧形瓦(或称小青瓦)、平瓦、油毡瓦、西式陶瓦、英红瓦、波形瓦、金属瓦、彩色压型钢板等。

11.3.2.1 平瓦屋面

平瓦即黏土瓦，又称机平瓦，是根据防水和排水需要用黏土模压制成凹凸楞纹后焙烧而成的瓦片，如图 11-36 所示。一般尺寸为(380～420 mm)×(230～250 mm)×(20～25 mm)。瓦的两边及上下留有槽口以便瓦的搭接，瓦的背面有凸缘及小孔，用以挂瓦及穿铁丝固定，防止下滑。

平瓦屋面常见构造做法如下。

(1) 冷滩瓦屋面

冷滩瓦屋面是在檩条上钉挂瓦条后直接挂瓦，挂瓦条尺寸视檩条间距而定，如图 11-37 所示。

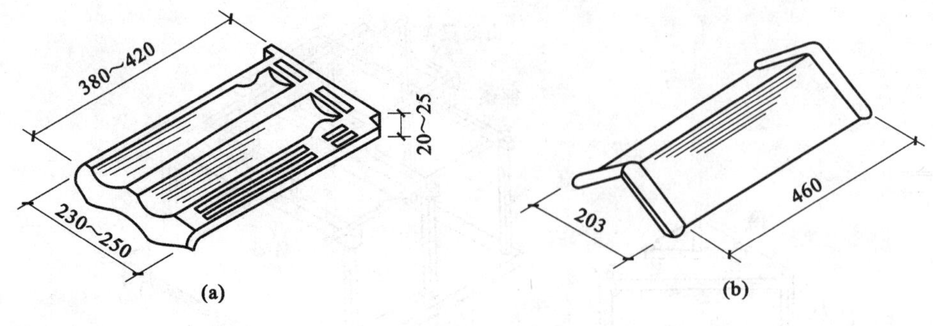

图 11-36　平瓦

(a) 平瓦;(b) 脊瓦

木椽断面尺寸一般为 40 mm×60 mm 或 50 mm×50 mm,间距为 400 mm 左右,挂瓦条断面尺寸一般为 30 mm×30 mm,间距为 330 mm 左右。这种做法构造简单、经济,但雨雪容易从瓦缝中飘入室内,屋顶的保温效果差,常用于南方地区质量要求不高的建筑。

(2) 木望板平瓦屋面

木望板平瓦屋面是在檩条上铺钉 15～20 mm 厚的木望板,木望板可采用密铺法(不留缝)或稀铺法(木望板间留 20 mm 左右的缝),木望板上平行于屋脊方向干铺一层油毡,在油毡上顺着屋面水流方向钉顺水条(10 mm×30 mm,间距为 500 mm 左右),然后在顺水条上面平行于屋脊的方向钉挂瓦条并挂瓦,挂瓦条的断面和间距与冷滩瓦屋面相同,如图 11-38 所示。这种做法保温效果较好,但耗费木材,造价高,多用于质量要求较高的建筑。

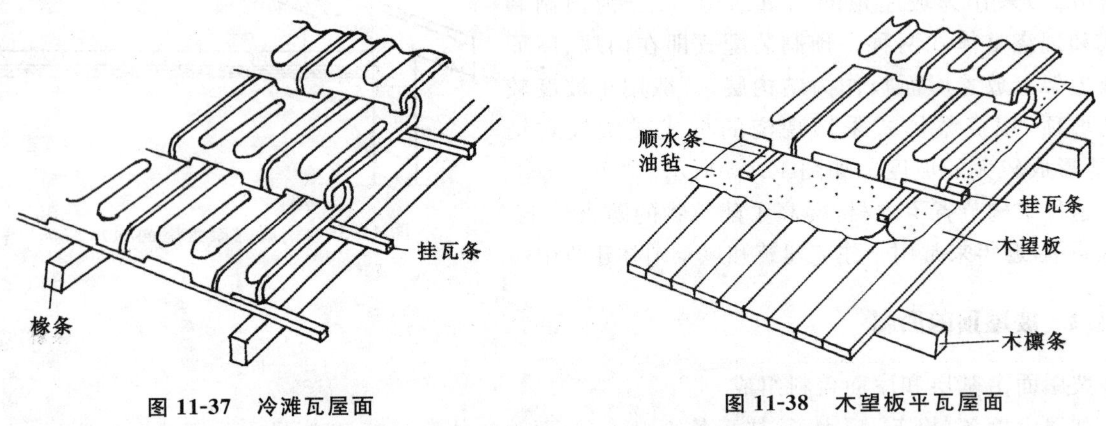

图 11-37　冷滩瓦屋面

图 11-38　木望板平瓦屋面

(3) 钢筋混凝土挂瓦板平瓦屋面

钢筋混凝土挂瓦板平瓦屋面是把檩条、木望板,挂瓦条几个构件结合为一体的预制钢筋混凝土构件。钢筋混凝土挂瓦板基本形式有双肋板、单肋板和 F 板三种,如图 11-39 所示。这种屋顶构造简单,省工省料,造价经济,但易渗水,多用于标准要求不高的建筑中。

(4) 钢筋混凝土板平瓦屋面

钢筋混凝土板平瓦屋面是指将钢筋混凝土板既作为结构层,又作为屋面基层,上面盖瓦的屋顶构造。瓦的铺设可以根据屋面坡度选用窝瓦或挂瓦。窝瓦即在屋面板上抹水泥砂浆或石灰砂浆将瓦黏结挂瓦,如图 11-40(a)所示;挂瓦即在坡度较大的屋顶用挂瓦条挂瓦,构造做法是在钢筋混凝土屋面板上用水泥钉钉挂瓦条,平瓦钻孔并用双股铜丝绑于挂瓦条上,瓦下坐混合砂浆,如图 11-40(b)所示。

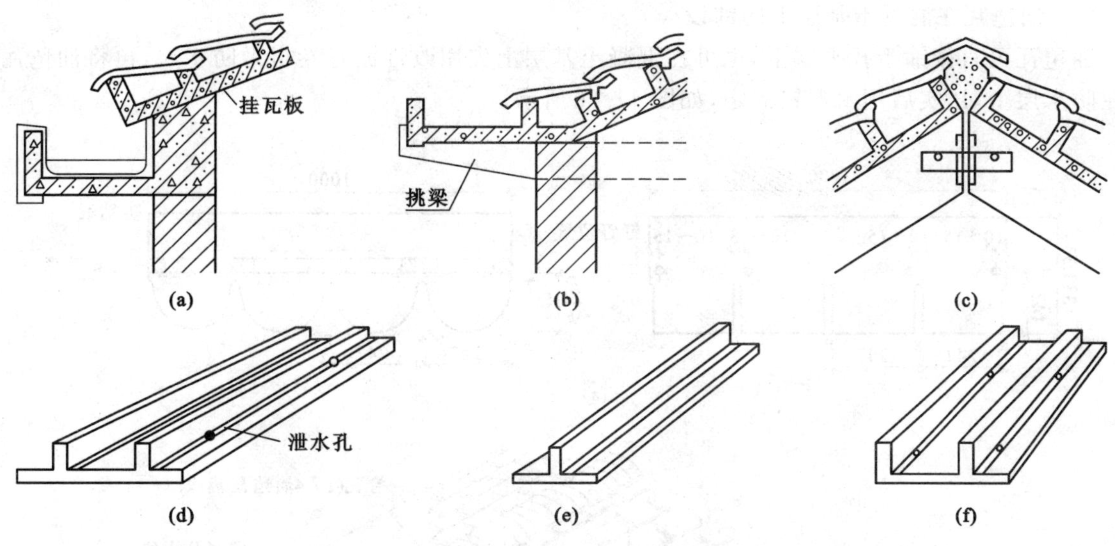

图 11-39 钢筋混凝土挂瓦板平瓦屋面

(a) 挂瓦板屋顶的剖面之一;(b) 挂瓦板屋顶的剖面之二;(c) 挂瓦板屋顶的剖面之三;(d) 双肋板;(e) 单肋板;(f) F 板

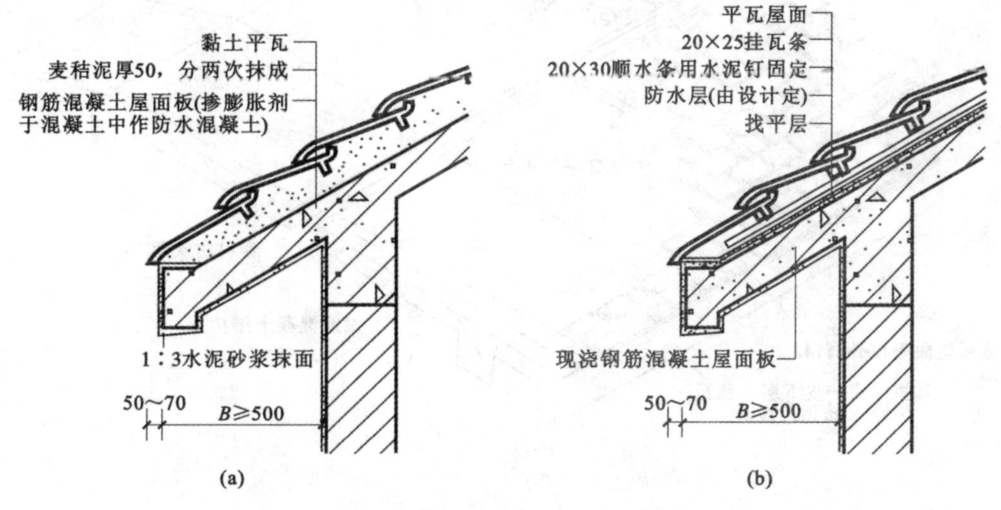

图 11-40 钢筋混凝土板平瓦屋面

(a) 窝瓦;(b) 挂瓦

11.3.2.2 油毡瓦屋面

油毡瓦是以玻璃纤维为胎基，经浸涂石油沥青后，面层热压各色彩砂，背面撒以隔离材料而制成的瓦状材料，形状有方形和半圆形。油毡瓦屋面适用于防水等级为Ⅱ级、Ⅲ级的屋面防水。当油毡瓦单独使用时，可用于Ⅲ级的屋面防水；油毡瓦与防水卷材或防水涂膜复合使用时，可用于Ⅱ级的屋面防水；油毡瓦适用于排水坡度大于 20% 的坡屋面，可铺设在木板基层和混凝土基层的水泥砂浆找平层上；油毡瓦的施工环境宜在 5～35 ℃，保管室温度不超过 40 ℃，否则不容易融化黏结，应避免雨淋、日晒、受潮，注意通风，远离火源。

(1) 油毡瓦在木板基层上的铺设

油毡瓦在木板基层上先铺一层玻璃纤维油毡，从檐部往上用油毡钉铺钉，钉帽应在垫毡下，垫毡搭接宽度不应小于 50 mm，接缝用 LQ-冷玛脂黏结，油毡瓦先用 LQ-冷玛脂黏结后，再用油毡钉固定。

(2) 油毡瓦在混凝土基层上的铺设

油毡瓦可直接铺于找平层上,也可在混凝土基层上先用改性沥青卷材做防水层,再将油毡瓦热粘在防水层上,压实后用水泥钉固定,如图 11-41 所示。

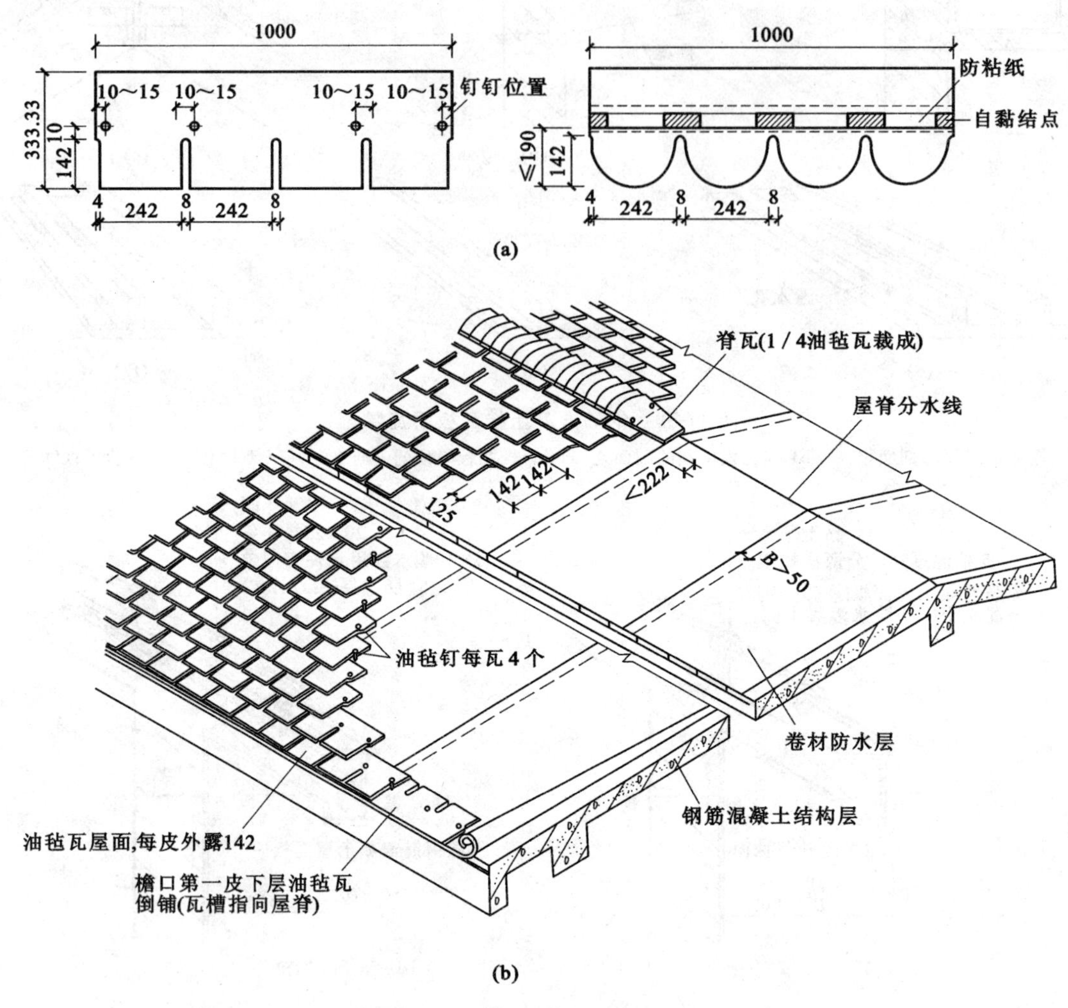

图 11-41 油毡瓦屋面

11.3.3 坡屋顶的屋面构造

屋面应做好檐口、天沟、屋脊等部位的细部处理。

11.3.3.1 檐口

屋面伸出外墙一段距离,以保护外墙免遭雨淋,挑出部分称为挑檐,也称作檐口。檐口按位置可分为纵墙檐口和山墙檐口两类。

(1) 纵墙檐口

纵墙檐口设在纵墙挑出一侧,当屋面为四坡排水时,横墙挑檐口构造同纵墙。挑檐挑出长度根据设计要求而定。当挑出长度不大时,可直接将木基层或钢筋混凝土板挑出;当挑出长度较大时,可在屋架下方设挑檐木、钢筋或钢筋混凝土挑梁。

根据排水的要求可做成挑檐和挑檐沟。如图 11-42、图 11-43 所示。

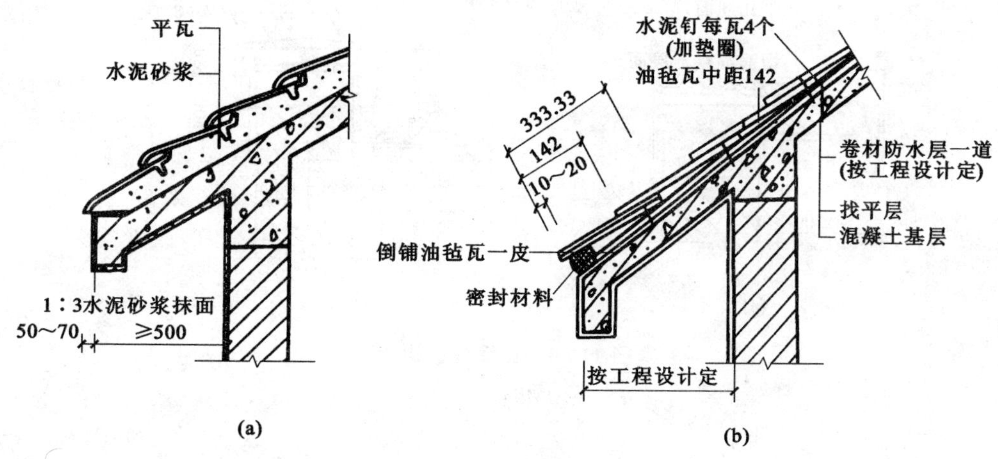

图 11-42 挑檐构造

(a) 平瓦屋面；(b) 油毡瓦屋面

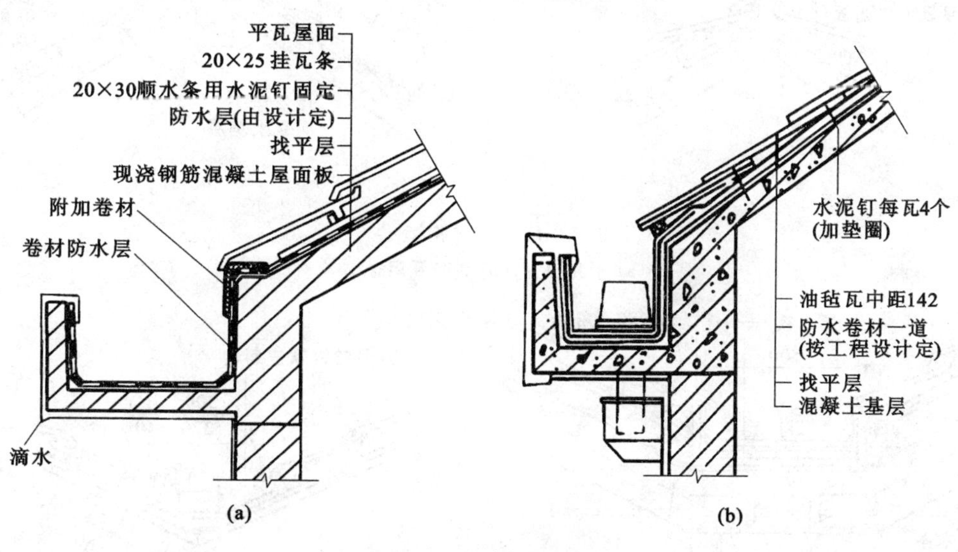

图 11-43 纵墙挑檐沟构造

(a) 平瓦屋面；(b) 油毡瓦屋面图

(2) 山墙檐口

山墙檐口又分为悬山和硬山两种。悬山可用钢筋混凝土板出挑，平瓦在山墙檐边隔块锯成半块，用 1∶2.5 水泥砂浆抹成高 80～100 mm、宽 100～120 mm 的封边，称为“封山压边”，如图 11-44(a)所示。硬山是将山墙升起包住檐口，女儿墙与屋面交接处应做泛水，一般用砂浆黏结小青瓦或抹水泥石灰麻刀砂浆泛水，如图 11-44(b)所示。山墙檐口高度达 500 mm 以上者可作封火墙。

11.3.3.2 屋脊和天沟

互为相反的坡面在高处相交形成屋脊，屋脊处应用 V 形脊瓦盖缝。屋脊如图 11-45 所示。

在屋面相交处或包檐门处形成的纵向沟称为天沟，在倾斜屋面相交处形成的沟称斜天沟。其断面尺寸，上口宽一般为 300～500 mm。天沟构造如图 11-46 所示。

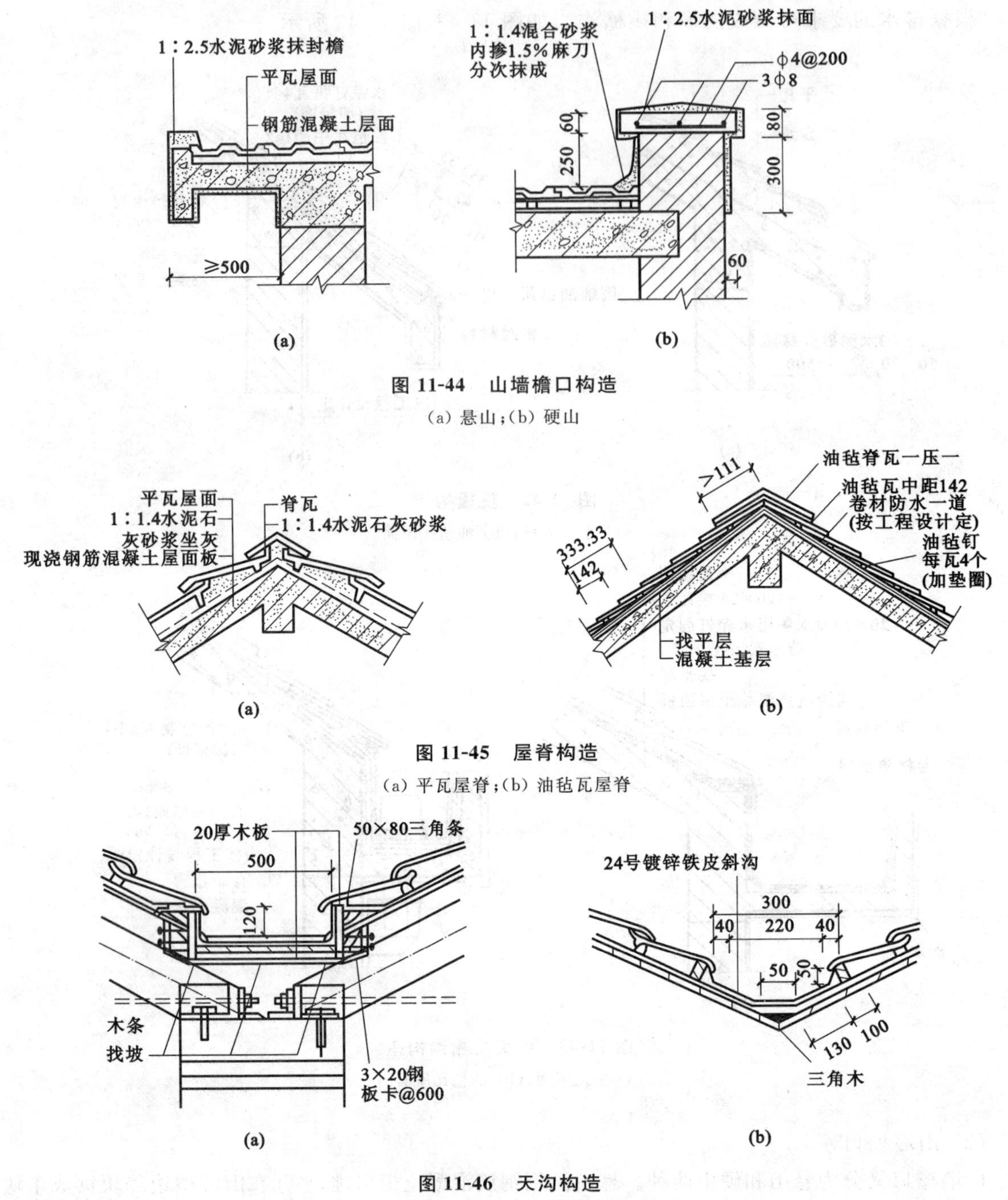

图 11-44 山墙檐口构造

(a) 悬山;(b) 硬山

图 11-45 屋脊构造

(a) 平瓦屋脊;(b) 油毡瓦屋脊

图 11-46 天沟构造

(a) 天沟(双跨屋面);(b) 斜沟

11.4 屋顶的保温隔热

我国地域辽阔,各地气候相差悬殊,北方地区冬季寒冷,南方地区夏季炎热。屋顶作为建筑物最顶部的围护构件,应能够减少外界气候对建筑物室内带来的影响,为此,应在屋顶设置相应的保温隔热层。

11.4.1 屋顶的保温

屋面保温材料应具有吸水率低、表观密度和导热系数较小，并有一定强度的性能。保温材料按物理特性分为三大类：一是散料类保温材料，如膨胀珍珠岩、膨胀蛭石、炉渣、矿渣等；二是整浇类保温材料，如水泥膨胀珍珠岩、水泥膨胀蛭石等；三是板块类保温材料，如用加气混凝土、泡沫混凝土、膨胀珍珠岩混凝土、膨胀蛭石混凝土等加工成的保温块材或板材，或采用聚苯乙烯泡沫塑料保温板。

11.4.1.1 平屋顶的保温构造

(1)保温层位于结构层与防水层之间

这种做法符合热工学原理，保温层位于低温一侧，也符合保温层搁置在结构层上的力学要求，同时上面的防水层避免了雨水向保温层渗透，有利于维持保温层的保温效果，同时，构造简单、施工方便。所以，在工程中应用最为广泛(图 11-47)。

(2)保温层位于防水层之上

这种做法与传统保温层的铺设顺序相反，因此又称为倒铺保温层。倒铺保温层时，保温材料须选择不吸水、耐气候性强的材料，如聚氨酯或聚苯乙烯泡沫塑料保温板等有机保温材料。有机保温材料质量轻，直接铺在屋顶最上部时，容易受雨水冲刷，被风吹起，因此，有机保温材料上部应用混凝土、卵石、砖等较重的覆盖层压住(图 11-48)。倒铺保温层屋顶的防水层不受外界影响，保证了防水层的耐久性，但保温材料受限制。

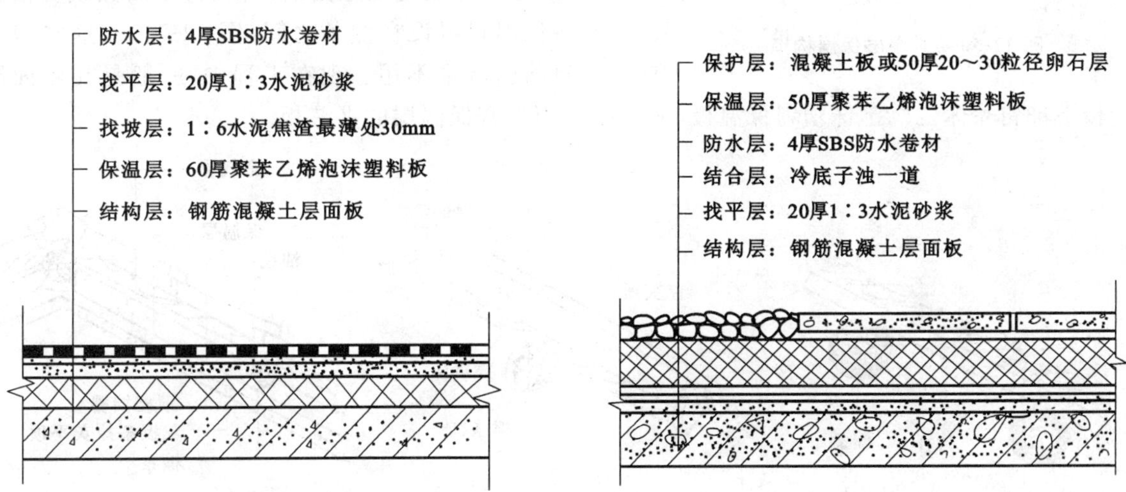

图 11-47 保温层位于结构层和防水层之间

图 11-48 倒铺保温油毡层

(3)保温层与结构层结合

保温层与结构层结合的做法有三种：第一种是保温层设在槽形板的下面[图 11-49(a)]，这种做法室内的水汽会进入保温层中降低保温效果；第二种是保温层放在槽形板朝上的槽口内[图 11-49(b)]；第三种是将保温层与结构层融为一体，如配筋的加气混凝土屋面板，这种构件既能承重，又有保温效果，简化了屋顶构造层次，施工方便，但屋面板的强度低，耐久性差[图 11-49(c)]。

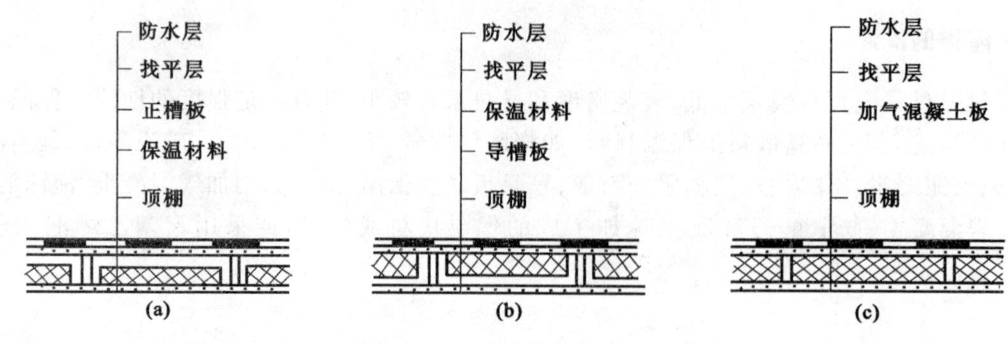

图 11-49　保温层和结构层结合

11.4.1.2　坡屋顶的保温构造

坡屋顶的保温有顶棚保温和屋面保温两种。

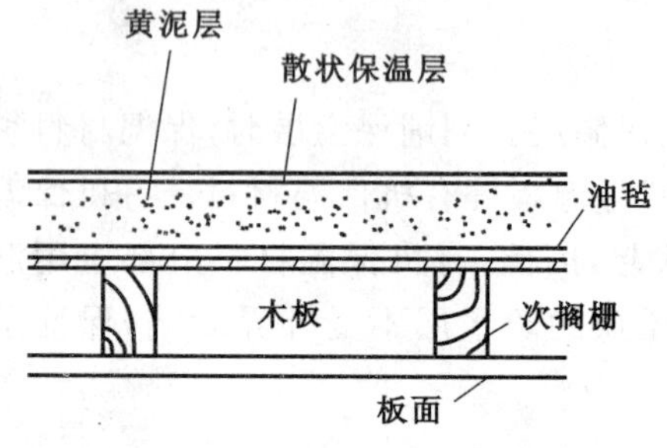

图 11-50　顶棚层保温构造

(1)顶棚保温

顶棚保温是在坡屋顶的悬吊顶棚上加铺木板,上面干铺一层油毡做隔汽层,然后在油毡上面铺设轻质保温材料,如聚苯乙烯泡沫塑料保温板、木屑、膨胀珍珠岩、膨胀蛭石、矿棉等(图 11-50)。

(2)屋面保温

传统的屋面保温是在屋面铺草秸、将屋面做成麦秸泥青灰顶、或将保温材料设在檩条之间(图 11-51)。这些做法工艺落后,目前已基本不用。现在工程中,一般是在屋面压型钢板下铺钉聚苯乙烯泡沫塑料保温板,或直接采用带有保温层的夹芯板。

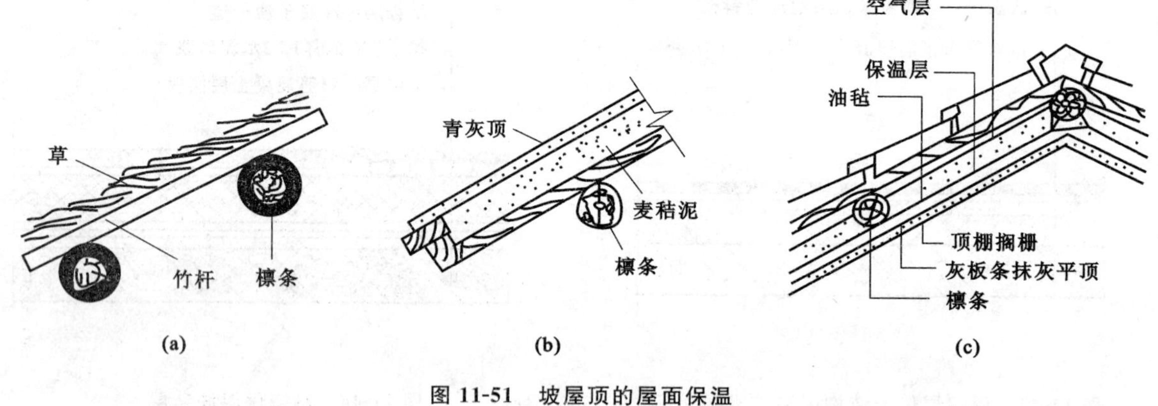

图 11-51　坡屋顶的屋面保温

11.4.2　屋顶的隔热

11.4.2.1　平屋顶的隔热

平屋顶隔热的构造做法主要有:通风隔热、蓄水隔热、植被隔热、反射降温等。

(1)通风隔热

通风隔热是在屋顶设置通风间层,利用空气的流动带走大部分的热量,达到隔热降温的目的。

通风隔热屋面有两种做法：一种是在结构层与悬吊顶棚之间设置通风间层，在外墙上设进气口与排气口[图 11-52(a)]；另一种是设架空屋面[图 11-52(b)]。

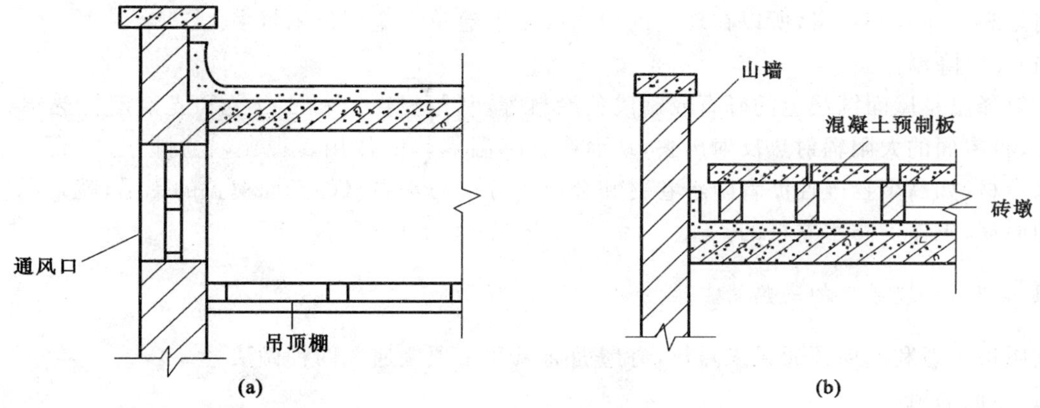

图 11-52 通风降温屋面

(2)蓄水隔热

蓄水隔热就是在平屋顶上面设置蓄水池，利用水的蒸发带走大量的热量，从而达到降温隔热的目的。蓄水隔热屋面的构造与刚性防水屋面基本相同，只是增设了分仓壁、泄水孔、过水孔和溢水孔(图 11-53)。这种屋面有一定的隔热效果，但使用中的维护费用高。

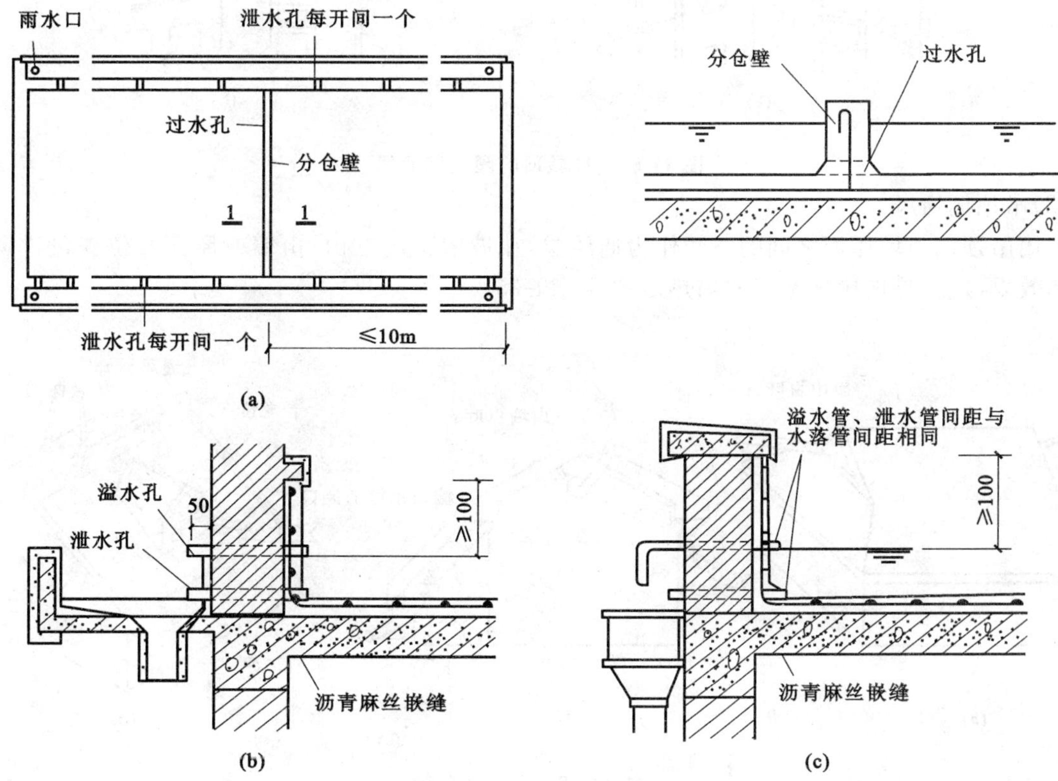

图 11-53 蓄水隔热屋面

(3)植被隔热

植被隔热是在乎屋顶上种植植物,利用植物光合作用时吸收热量和植物对阳光的遮挡功能来达到隔热的目的。这种屋面在满足隔热要求时,还能够提高绿化面积,对于净化空气,改善城市整体空间景观都非常有意义,所以在现在的中高层以下建筑中应用越来越多。

(4)反射降温

反射降温是屋面铺浅色的砾石或刷浅色涂料等,利用浅色材料的颜色和光滑度对热辐射的反射作用,将屋面的太阳辐射热反射出去,从而达到降温隔热的作用。现在,卷材防水屋面采用的新型防水卷材,如高聚物改性沥青防水卷材和合成高分子防水卷材的正面覆盖的铝箔,就是利用反射降温的原理,来保护防水卷材的。

11.4.2.2 坡屋顶的隔热

坡屋顶一般利用屋顶通风来隔热,有屋面通风和吊顶棚通风两种做法。

(1)屋面通风

在屋顶檐口设进风口,屋脊设出风口,利用空气流动带走间层的热量,以降低屋顶的温度(图11-54)。

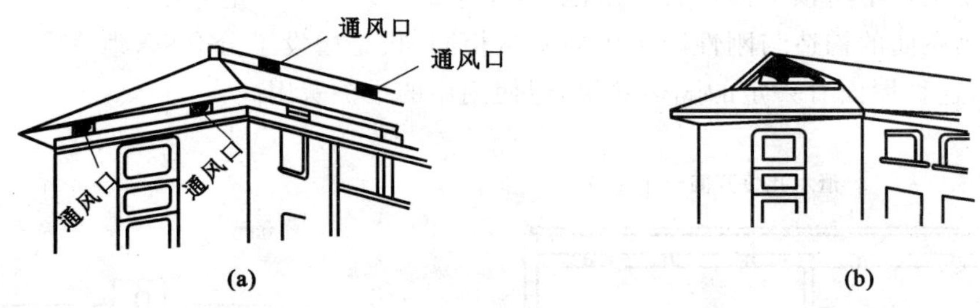

图11-54 坡屋顶的隔热和通风

(2)吊顶棚通风

利用吊顶棚与坡屋面之间的空间作为通风层,在坡屋顶的歇山、山墙或屋面等位置设进风口。其隔热效果显著,是坡屋顶常用的隔热形式(图11-55)。

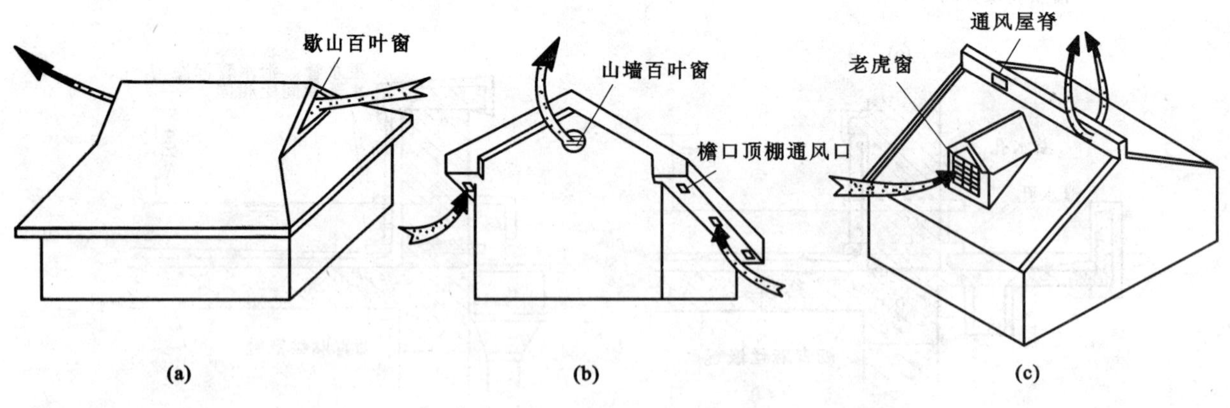

图11-55 吊顶通风

本章小结

(1) 屋顶按外形分为坡屋顶、平屋顶和其他形式的屋顶。坡屋顶坡度一般大于10%；平屋顶坡度一般小于5%，常用坡度为2%～3%，其他形式的屋顶多样，坡度随外形变化。

(2) 屋顶坡度表示方法有斜率比、百分比和角度三种，常用斜率比、百分比法。屋顶坡度主要与屋顶防水材料、地区降雨量大小有关。

(3) 屋顶设计主要要解决好排水、防水、保温隔热以及节能、坚固耐久、造型美观等要求。

(4) 平屋顶坡度形成方法主要有材料找坡和结构找坡两种方式；排水方式分为无组织排水和有组织排水两大类，有组织排水又分为外排水和内排水，优先选用外排水；排水组织设计的主要任务是确定屋面坡度大小和坡度形成方法；选择排水方式和屋面剖面轮廓线，绘制排水平面图。平屋顶坡度的确定要求做到排水线路简捷、雨水口负荷均匀、排水顺畅、避免屋顶积水而引起渗漏。

(5) 平屋顶防水构造按材料分为卷材防水、刚性防水和涂膜防水屋面。卷材防水屋面由结构层、找坡层、找平层、结合层、防水层、保护层组成；刚性防水屋面由结构层、找平层、隔离层和防水层组成。

(6) 坡屋顶按坡面可分为单坡、双坡和四坡顶，其结构类型有横墙承重、屋架承重、木构架承重和钢筋混凝土屋面板承重等；按屋面盖料可分为平瓦屋面、油毡瓦屋面、小青瓦屋面及金属瓦屋面等。平瓦屋面常见的构造做法有冷滩瓦屋面、木望板屋面、钢筋混凝土挂瓦板屋面和钢筋混凝土板屋面。

【知识拓展——大跨度建筑的屋面排水】

随着时代的前进，建筑业的发展及建筑技术的不断完善，无论是工业厂房还是公共建筑都朝着大面积、大体量的方向发展。大型屋面建筑的不断出现，给屋面雨水的排放带来了新的课题。下面主要介绍重力式排水和虹吸式排水。

(1) 大跨度建筑的概念

大跨度建筑通常是指跨度在60 m以上的建筑，主要用于民用建筑的影剧院、体育场馆、展览馆、大会堂、航空港以及其他大型公共建筑。在工业建筑中则主要用于飞机装配车间、飞机库和其他大跨度厂房。大跨度建筑结构包括网架结构、网壳结构、悬索结构、膜结构、薄壳结构等基本空间结构及各类组合空间结构。

(2) 屋面雨水排水系统的选择原则

① 选择能迅速、及时地排除屋面雨水的排水系统。此处屋面雨水为不大于建筑物设计使用年限重现期的雨水。

② 选择既安全又经济的系统。安全指屋面基本不溢水、管道系统不漏水冒水、室内埋地管道不冒水。经济指在满足安全的前提下，系统的造价较低。

③ 不轻易增加溢水的频率。

④ 在满足安全和经济的同时要考虑施工方便。

(3) 虹吸压力雨水排水系统

① 虹吸排水系统发展历程。

在国内，中国航空工业规划设计研究院在1995年成立压力雨水斗课题组，开始研究压力雨水斗，到2000年6月完成设计定型的压力雨水斗有两种，同时完成了虹吸压力雨水排水系统的配套技术。该系统的技术关键是研制不渗气的新型雨水斗并通过新型雨水斗全尺寸水力试验证明屋面雨水排水系统在单相流的状态下运行的可靠性。2002年中国航空工业规划设计研究院高工孙英向国内介绍了虹吸压力雨水斗的研制,第一次全面地阐述了虹吸压力雨水排水系统的工作原理和技术优势,提出了对该系统进行水力计算的方法以及验证要点。徐志通、童球同样于2002年对虹吸压力雨水排水系统的设计应用进行了研究,并且对系统的设计提出了一些改进的意见。归谈纯在2006年就虹吸满管流的定义、设计重现期、虹吸系统中的水流流态及适用的计算公式、悬吊管的最小安装高度、自清流速等一些争议较大的热点问题进行了探讨。温武于2006年就虹吸压力雨水排水系统水力要求以及对系统管材的要求做了一番探讨。在大量的工程建设中,也有很多人总结出了具体的实践经验,如陆汇江等人员于2003年通过徐州师范大学体育馆工程屋面雨水排水系统的设计与施工,进一步阐述了虹吸现象在屋面排水中的应用。近几年,虹吸现象在屋面排水中得到了大量的应用,如国家体育场"鸟巢"、国家游泳中心、浙江横店展览馆、深圳会议展览中心等都分别采用了虹吸压力雨水排水系统,其大大减少了工程造价,能迅速、快捷地将屋面雨水排至室外雨水检查井,并且有效地减少了事故隐患。

② 虹吸压力雨水排水系统简介。

a. 系统组成。

虹吸压力雨水排水系统由虹吸雨水斗、雨水悬吊管、雨水立管、埋地管及出户管组成。该系统示意图如图11-56所示。按虹吸满管压力流原理设计、管道内雨水的流速、压力等可有效控制和平衡的屋面雨水排水系统,称之为虹吸压力雨水排水系统。

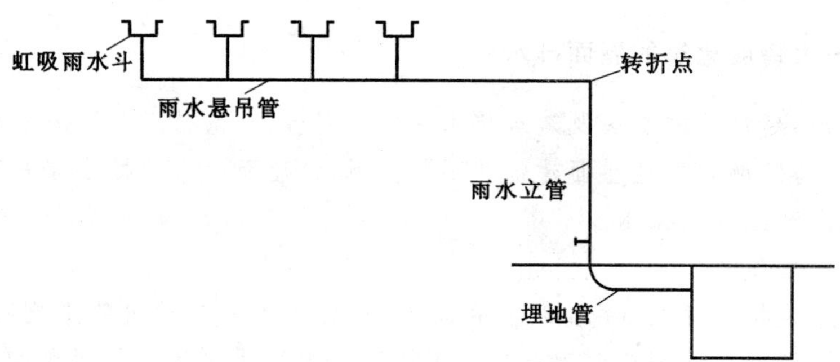

图11-56 虹吸压力雨水排水系统示意图

b. 形成过程。

虹吸压力雨水排水系统虹吸形成过程,分为波浪流、脉冲流、活塞流、泡沫流和虹吸满管流五个阶段,如图11-57所示。

在降雨初期,虹吸压力雨水排水系统悬吊管中的雨水为非满管流,系统实际处于重力流状态,以图11-57中的波浪流和脉冲流为主。伴随着降雨量的逐步增大,斗前水深随之增大,管内雨水逐渐过渡为图中的活塞流和泡沫流两个阶段并间歇性地产生虹吸满管流,此时悬吊管中存在明显负压。国外知名虹吸压力雨水排水系统供应商和专业研究机构基于大量的理论验证和实验数据得出结论:当管道内流体与空气的混合度达到60%形成泡沫流时即可以发生稳定的虹吸现象。虹吸一旦形成,系统的排水能力大大增强,斗前水深又会逐渐回落,系统又回到重力流状态。这两种状态的变换会持续一段时间,直到屋面降雨量进一步加大时斗前水深会趋向稳定,系统掺气量逐渐减少,最终形成稳定的虹吸满管流。

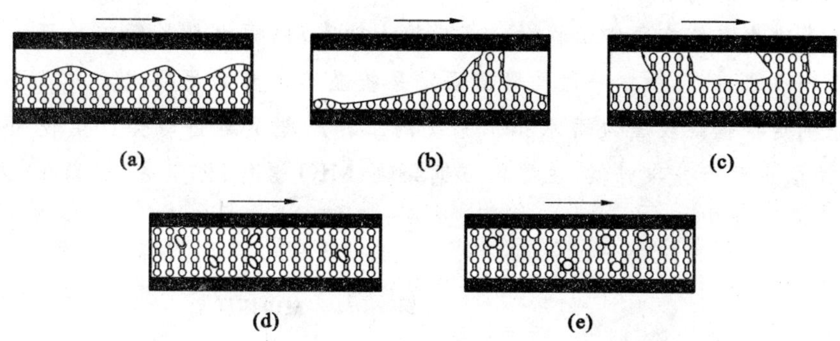

图 11-57 虹吸压力雨水排水的五个阶段

(a) 波浪流;(b) 脉冲流;(c) 活塞流;(d) 泡沫流;(e) 虹吸满管流

c. 管材选择。

管材的合理选择应根据具体建筑的特点和要求,综合考虑系统的工作压力、消防、噪音、安装、经济等因素,表 11-3 为四种管材的优缺点比较。

表 11-3 **不同管材优缺点比较**

类型	HDPE 管	不锈钢管	离心浇铸铁管	UPVC
抗压能力	较弱	强	较强	差
连接方式	热熔对焊或电焊连接	氩电联焊	不锈钢卡箍	承插式粘结
耐火性能	穿楼板需设防火	好	好	穿楼板需设防火
固定件	方形管导管固定	支吊架固定	支吊架固定	方形导管固定
施工难度	预制性较好	现场施工	成品和配件	成品和配件
使用寿命	较长	长	长	较长
造价	较低	高	中	低
观赏性	黑色,不适合明装	美观,适合明装	红色、黑色,不适合明装	白色,不适合明装

关于虹吸系统管材的选用,从表 11-3 可知,UPVC 管不能应用于虹吸压力雨水排水系统中主要是由于其技术性能上不能满足要求;HDPE 管和铸铁管可用在一般的民用建筑或对于建筑美观要求不高的场所;不锈钢管可用在重要的民用建筑或对于建筑美观要求较高的场所。如果同一建筑内部有不同的装修要求,可以在要求较高的地方采用不锈钢管在吊顶内及要求不高处采用 HDPE 管,以达到降低工程造价的目的。

由于现使用的 HDPE 管、铸铁管和不锈钢管各自特性不同,在两种管道的相互连接上,应该特殊处理,否则会造成事故。经过理论分析,结合实际经验,为了更好地保护 HDPE 管道及各接口的安全,在 HDPE 管两端的法兰与自锚管或双法兰球管的法兰之间,分别安装一个特制加长伸缩器(该伸缩器的伸缩量较普通的伸缩器大,有 50 cm 长。特制加长伸缩器采用螺栓连接。这种连接方式中的加长伸缩器,可以很好地释放 HDPE 管自身收缩所产生的那部分应力,使得 HDPE 管道不至于被拉断或拉裂,从而有利于延长其使用寿命。

d. 悬吊固定装置。

虹吸压力雨水排水系统在正常工作时会产生较大的震动,雨水悬吊管较长因温度变化会产生较大的膨胀变形和膨胀应力,所以一般的管道固定系统显然不能满足要求。虹吸压力雨水排水系统的管道固定系统是根据虹吸压力雨水排水系统的工作原理及运行时会产生较大的震动而设计的,在设计时使用固定管卡分段补偿,主要由方钢导轨、MIO螺杆、方钢夹、三角楔、方钢连接夹、虹吸管卡等组成。如图11-58所示。

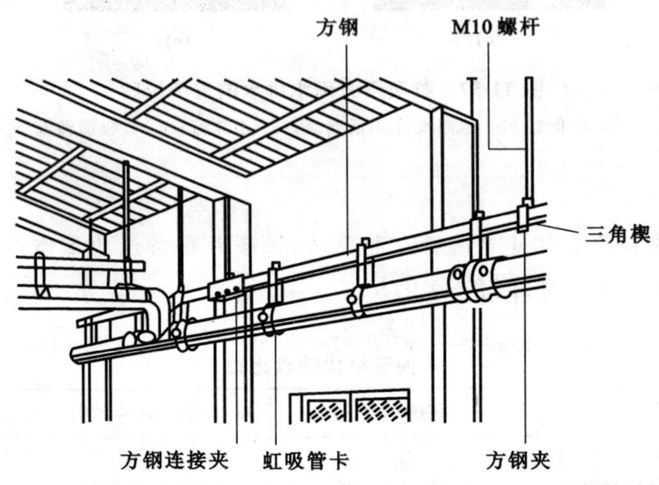

图11-58　虹吸压力雨水排水系统悬吊固定装置示意图

该系统具有如下特点:

(a) 系统能将雨水悬吊管由于温度变化所产生的膨胀变形分解到各固定支(吊)架之间,无法察觉出膨胀变形,起到了美观的作用。

(b) 系统能将雨水悬吊管轴向膨胀变形所产生的膨胀应力由固定支(吊)传递到消能悬吊系统上最后消解掉,不会对建筑物的结构产生影响。

(c) 系统能将雨水悬吊管工作时产生的振动荷载通过固定支(吊)架传递到消能悬吊系统上,利用悬吊钢结构的刚性进行消解。

(d) 系统中管道在屋面的固定点数减少,减轻了对屋面的破坏程度。所以虹吸压力雨水排水系统的管道固定系统是区别于一般的管道固定系统,在业内一般称之为"消能固定系统"。

e. 注意事项。

(a) 考虑到实际应用当中太小的水量需要配置很小的管径,很小的管径在建筑屋面施工时很容易被施工垃圾堵塞,虹吸压力雨水排水系统的最小管径不应小于DN40;

(b) 对汇水面积大于5000 m^2 的大型屋面,宜设置不少于2组独立的虹吸压力雨水排水系统;

(c) 为了避免一根排水立管发生故障,整个屋面排水系统瘫痪,建筑屋面各汇水范围内,雨水排水立管不宜少于2根;

(d) 建筑屋面雨水排水工程应设置溢流口、溢流堰、溢流管系等溢流设施。溢流排水不得危害建筑设施和行人安全;

(e) 为杜绝高层建筑屋面雨水从裙房屋面溢出，屋面雨水从阳台溢出，裙房屋面、阳台排水管系应单独设置；

(f) 不同高度的屋面、不同结构形式的屋面汇集的雨水，宜采用独立的系统单独排出（当受条件限制必须合用一套系统时，应经计算确保每个雨水斗均同时保持虹吸满管压力流流态）。

(4) 虹吸排水系统布置在大跨度屋面实例应用

某大型家具城B区块由左右对称的两部分组成，汇水总面积为28974 m²，屋面为混凝土屋面。由于其左右完全对称，现取其右半边部分分析即可，结合建筑屋面结构及天沟分布情况，将整个屋面划分为8个汇水区域。该工程雨水设计重现期取5年，计算得到屋面汇水流量为605.56 L/s。按虹吸压力雨水排水系统设计，其屋面雨水斗布置情况如图11-59所示。

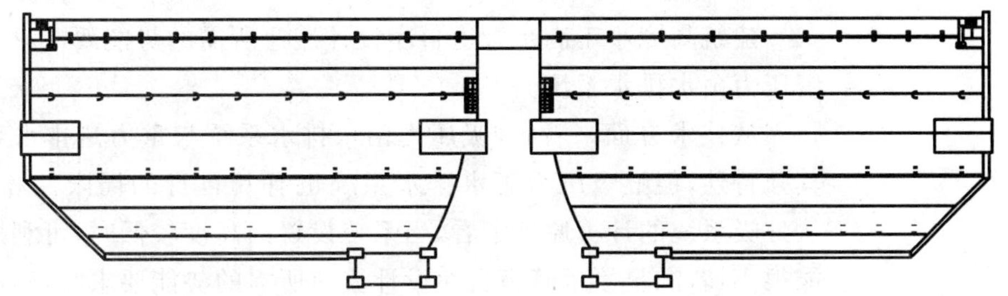

图11-59　虹吸压力流雨水排水系统平面布置

(5) 虹吸压力雨水排水系统的适用范围

① 优先选用。

大型屋面建筑（20000 m² 以上）优先选用虹吸压力雨水排水系统。

第一，从技术方面来看，大型屋面建筑若选用虹吸压力雨水排水系统，则具有同一悬吊管所连接的雨水斗数量理论上不受限制、管径较小而排水量大、悬吊管不需要坡度等优点，往往重力流雨水排水系统则无法处理上述问题。同时虹吸压力雨水排水系统使主立管靠近外墙，建筑物内可以不做管道井，不埋设管道；而重力流雨水排水系统会造成埋地管道以及雨水检查井数量过多。

第二，从经济角度来看，结合家具城工程可知大型屋面建筑若选用虹吸压力雨水排水系统，造价确实会比重力流雨水排水系统增加一部分，但是虹吸压力雨水排水系统相比重力流雨水排水系统节约出的可使用建筑面积其经济价值更可观。

由此，虹吸压力雨水排放系是运用在该类型建筑屋面雨水排放中比较理想的排水系统，屋顶汇水面积越大，屋面结构越复杂，它的优势就越明显。

② 慎重选用。

中小型屋面建筑（不大于20000 m²）慎重选用虹吸压力雨水排水系统。

第一，从技术方面来看，中小型屋面建筑若选用虹吸压力雨水排水系统，则管道系统在平面布置中具有高度的灵活性，可单斗单排、也可多个斗连接排放，可同一标高屋面雨水单独排放、也可不同标高的屋面雨水连接排放，视屋面具体情况而定。若采用重力流雨水系统，悬吊管安装要有一定的坡度、宜单斗单排等，往往需要设置较多的雨水斗、雨水立管及雨水出户管，因此为了达到设计效果可能会浪费宝贵的建筑面积和建筑空间。

第二,从经济角度来看,结合办公楼和商场工程可知中小型屋面建筑若选用虹吸压力雨水排水系统造价也会比重力流雨水排水系统增加一部分,但与此同时,虹吸压力雨水排水系统相比重力流雨水排水系统还是会节约可使用的建筑面积。不过屋面面积越小其节约的可使用建筑面积也就越小,在节省立管数量上的优势已不明显,而且系统内负压变化较大,在立管底部会产生较大的正压水头,对管道的连接质量就有较高的要求。所以这类型的建筑选用雨水排水系统时设计人员需要慎重。

由此可见,虹吸压力雨水排水系统运用在该类型建筑屋面雨水排放中从技术角度看是较好的,但是从经济角度看需要经过多方考虑。

③ 不能选用。

建筑高度小于满足管道自净设计流速所需的势能要求时不能选用虹吸压力雨水排水系统。

从技术方面来看,虹吸压力雨水排水系统与重力流排水系统相比有其独特性,但虹吸压力雨水排水系统也有其自身的局限性和适用条件。从虹吸系统的计算原理来看,当系统设置的高度较低时,可利用的水位势能很小,若满足不了管道自净设计流速所需的势能要求时,则不能使用。

由此可知,虹吸压力雨水排水系统主要适用于大跨度的建筑屋面。

习题与思考题

习题与思考题答案

11-1 屋顶由哪几部分组成?它们的主要功能是什么?

11-2 屋顶构造设计应满足哪些要求?

11-3 影响屋面坡度的因素有哪些?如何形成屋面排水坡度?

11-4 屋面排水方式有哪几种?它们的优缺点和适用范围分别是什么?

11-5 如何进行屋顶排水组织设计?

11-6 卷材防水屋面构造层有哪些?各层有哪些做法?

11-7 卷材屋面出现开裂、起鼓、流淌的原因是什么?如何采取构造措施加以防止?

11-8 为什么要设隔汽层?为什么要考虑排汽措施?其做法如何?

11-9 卷材屋面的泛水、天沟、檐口、女儿墙等细部构造的要点是什么?请识记典型构造图。

11-10 何谓刚性防水屋面?刚性防水屋面的构造层有哪些?

11-11 刚性防水屋面容易开裂的原因何在?可以采取哪些措施预防开裂?

11-12 为什么要在刚性防水屋面中设分格缝?分格缝应设在哪些部位?请识记分仓缝的构造要点。

11-13 坡屋顶的承重结构方式有哪几种?其适用范围如何?

参考文献

[1]　同济大学,西安建筑科技大学,东南大学,等.房屋建筑学.4版.北京:中国建筑工业出版社,2006.

[2]　林涛,彭朝晖.房屋建筑学.北京:中国建材工业出版社,2011.

[3]　舒秋华.房屋建筑学.4版.武汉:武汉理工大学出版社,2011.

[4]　孙玉红.房屋建筑构造.北京:机械工业出版社,2003.

[5]　董黎.房屋建筑学.北京:高等教育出版社,2006.

[6]　钱坤,王若竹.房屋建筑学(上:民用建筑).北京:北京大学出版社,2009.

[7]　李必瑜,王雪松.房屋建筑学.3版.武汉:武汉理工大学出版社,2008.

[8]　北京东方雨虹防水技术股份有限公司施工现场报告.

[9]　胡建琴,崔岩.房屋建筑学.北京:清华大学出版社,2007.

[10]　中国建筑科学研究院.民用建筑设计通则(GB 50352—2005).北京:中国建筑工业出版社,2005.

[11]　《建筑设计资料集》编委会.建筑设计资料集.2版.北京:中国建筑工业出版社,1994.

12 门　　窗

【内容提要】

本章主要内容包括门窗的作用及功能要求、常用的门窗材料、门窗的组成和开启方式以及门窗的安装和门窗的防水构造。本章的教学重点为门窗的开启方式及门窗的防水构造。本章的教学难点为门窗的防水构造。

【能力要求】

通过本章的学习，学生应了解门窗的作用及功能要求，熟悉常用的门窗材料，了解门窗的组成和开启方式，初步了解门窗的安装，掌握门窗的防水构造。

重难点

12.1 概　　述

窗和门是房屋建筑中非常重要的两个组成配件，对保证建筑物能否正常、安全、舒适的使用具有很大的影响。窗在建筑中的主要作用是采光、通风、接受日照和供人眺望；门的主要作用是交通联系、紧急疏散并兼有采光、通风的作用。当窗和门位于外墙上时，作为建筑物外墙的组成部分，其对于保证外墙的围护需求（如保温、隔热、隔声、防风挡雨等）和建筑物的外观形象起着非常重要的作用。

12.1.1 设计要求

门窗应满足下列设计要求：

① 防风挡雨、保温、隔热隔声；

② 开启灵活、关闭紧密；

③ 便于擦洗、维修方便；

④ 坚固耐用，耐腐蚀；

⑤ 符合《建筑模数协调统一标准》(GBJ 2—1986)的要求。

12.1.2 门窗材料

常用门窗材料有木、钢、铝合金、塑料和玻璃等。木门窗制作简易，较讲究的可以用硬木，一般多用松木、杉木，所用木料常常经过干燥处理，以防变形。为了节约木材，金属和塑料门窗已有了相当规模和数量的应用，其断面形状和构造也比木门窗复杂得多。目前，由于门窗在制作生产上已经基本标准化、规格化和商品化，各地均有一般民用建筑门窗通用图集，设计时可按所需类型以及尺度大小直接从中选用。

一般常用材料门窗的特点如下：木制门窗，制作方便，造价低廉，亲切宜人；钢制门窗，尤其是彩钢门，强度高，表面质感细腻，美观大方；铝合金门窗，尺寸精确，密闭性能良好，轻巧便宜；玻璃门窗，平整透光，美观大方。

12.2　门的分类与构造

12.2.1　门的分类

门的分类图

(1) 按门在建筑物中所处的位置分类

门按其在建筑物中所处的位置分为内门和外门。内门位于内墙上，应满足分隔要求，如隔声、隔视线等；外门位于外墙上，应满足围护要求，如保温、隔热、防风沙、耐腐蚀等。

(2) 按门的使用功能分类

门按其使用功能分为一般门和特殊门。特殊门具有特殊的功能，构造复杂，一般用于对门有特别的使用要求时，如保温门、防盗门、防火门和防射线门等。

(3) 按门的框料材质分类

门按其框料材质分为木门、铝合金门、塑钢门、彩板门、玻璃钢门、钢门等。木门和铝合金门具有自重轻、开启方便、隔声效果好、外观精美、加工方便等优点，目前在民用建筑中大量采用。

(4) 按门扇的开启方式分类

门按门扇的开启方式分为平开门、弹簧门、推拉门、折叠门、转门、卷帘门、升降门等。

① 平开门。平开门的门扇与门框用铰链连接，门扇水平开启，有单扇、双扇，向内开、向外开之分。平开门构造简单、开启灵活、安装维修方便，所以在建筑物中使用最为广泛。

② 弹簧门。弹簧门的门扇与门框用弹簧铰链连接，门扇水平开启，分为单向弹簧门和双向弹簧门。其最大优点是门扇能够自动关闭，适用于人流出入频繁或有自动关闭要求的建筑，如商店、医院、影剧院和会议厅等。

③ 推拉门。推拉门的门扇沿着轨道左右滑行来启闭，有单扇和双扇之分，开启后，门扇可隐藏在墙体的夹层中或贴在墙面上。推拉门开启时不占空间，受力合理，不易变形，但构造较复杂，多用作分隔室内空间的轻便门和仓库、车间的大门。

④ 折叠门。折叠门的门扇由一组宽度约为 600 mm 的窄门扇组成，窄门扇之间用铰链连接。开启时，窄门扇相互折叠推移到侧边，占空间少，但构造复杂，适用于宽度较大的门。

⑤ 转门。转门的门扇由三扇或四扇通过中间的竖轴组合起来，在两侧的弧形门套内水平旋转来实现启闭。转门不论是否有人通行，均有门扇隔

断室内外,有利于室内的隔视线、保温、隔热和防风沙,并且对建筑立面有较强的装饰性,适用于室内环境等级较高的公共建筑的大门。但其通行能力差,不能用作公共建筑的疏散门。

⑥ 卷帘门。卷帘门的门扇由金属页片相互连接而成,在门洞的上方设转轴,通过转轴的转动来控制页片的启闭。其特点是开启时不占使用空间,但加工制作复杂,造价较高,常用于不经常启闭的商业建筑大门,如图 12-1 所示。

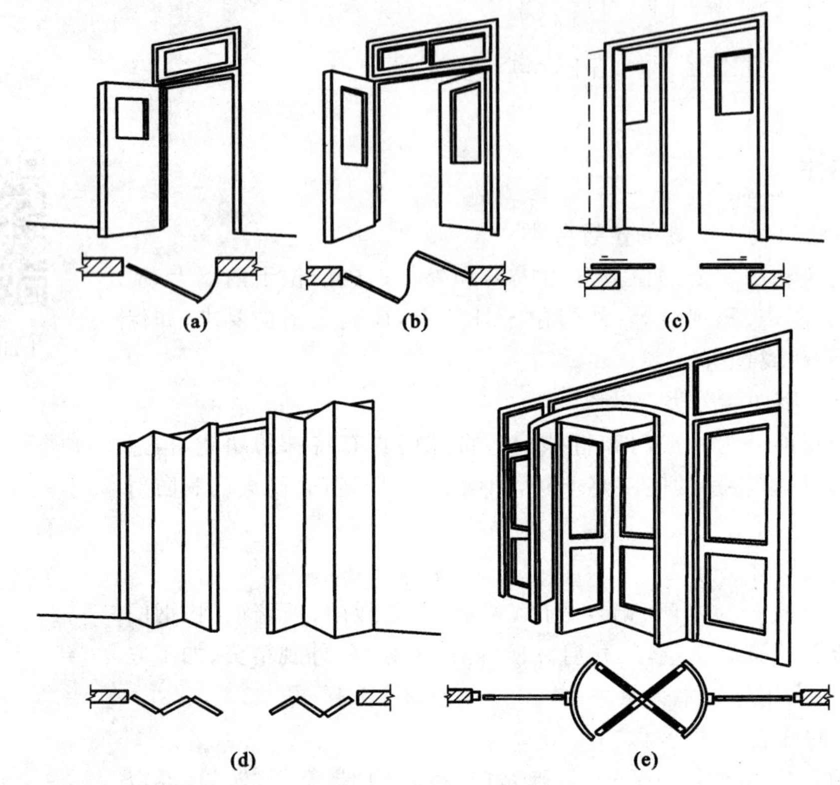

图 12-1　门的开启方式

(a) 平开门;(b) 弹簧门;(c) 推拉门;(d) 折叠门;(e) 转门

12.2.2　门的尺度与组成

(1) 门的尺度

门的尺度一般是门洞的高宽尺寸,除应满足人流通行与疏散、搬运家具及设备的要求外,还应遵守国家标准《建筑门窗洞口尺寸系列》(GB/T 5824—2008)和《建筑模数统一协调标准》(GBJ 2—1986)的相关规定。

一般情况下,门的洞口宽度最小为 900 mm,厨房、厕所等辅助房间,其门洞的宽度最小为 700 mm。门洞口高度不应小于 2000 mm,门洞口高度大于 2400 mm 时应设上亮窗。门洞较窄时可开一扇门,1200～1800 mm 的门洞,应开双扇门,大于 2000 mm 时,则应开三扇门或多扇门。

(2) 门的组成

门一般由门框、门扇、五金零件及附件组成。门框是门与墙体的连接部分,由上框、边框、中横框和中竖框组成。门扇一般由上、中、下冒头和边梃组成骨架,中间固定门芯板。五金零件包括铰链、插销、拉手和门锁等。附件有贴脸板、筒子板、盖缝条等,如图 12-2 所示。

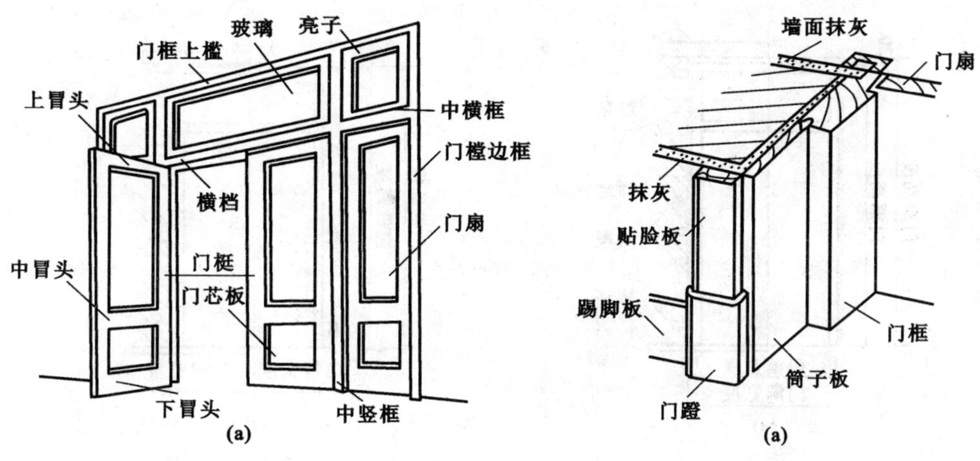

图 12-2 门的组成

12.2.3 门的构造

(1) 平开木门的构造

① 门框。门框是由两个竖向边框和上部横框组成的,门上设亮子时还有中横框,两扇以上的门还设有中竖框,有时根据需要下部还设有下框,即一般称为门槛。设门槛时有利于保温.隔声、防风雨,无门槛时有利于通行和清扫。

门框断面尺寸与门的总宽度、门扇类型、厚度、重量及门的开启方式等有关。一般来说,门的宽度越宽、门扇厚度及重量越大,门框断面尺寸越大。平开门门框断面尺寸及形状如图 12-3 所示。

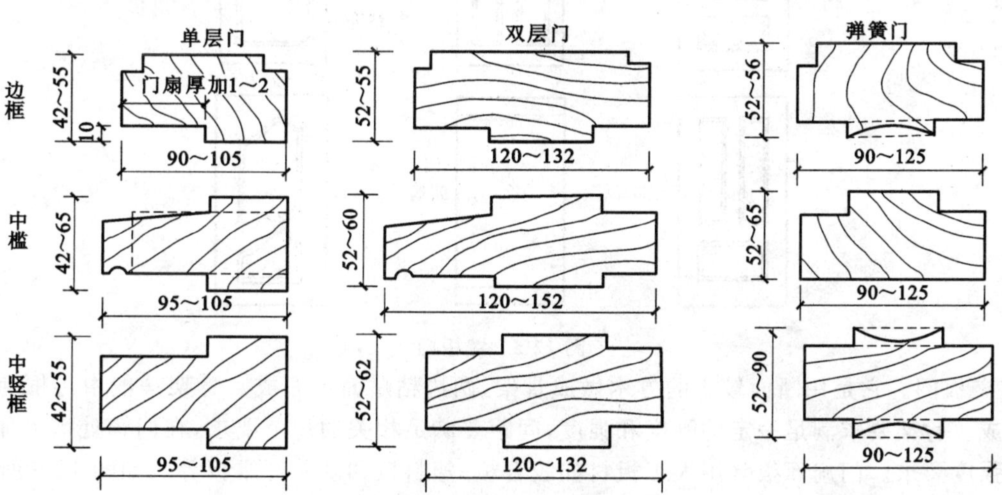

图 12-3 平开门门框的断面现状及尺寸

为了有利于门框的嵌固和门框与墙体抹灰层的密闭性,在靠墙的一面常开 1～2 道凹槽(裁口)。凹槽的形状可分为矩形或三角形。门框的安装按施工方法分塞口和立口两种。塞口,即在墙砌好后再安装门框;立口,即用支撑先立门框然后再砌墙。门框与墙的固定,通常在门洞两侧每隔 500～600 mm 预埋木砖,用圆钉与门框固定。立口还可将门的上横框各向外伸出 120 mm 砌入墙体中。门框在墙中间或与墙的一边平齐。如图 12-4 所示。

② 门扇。门扇的种类很多,如镶板门、夹板门、拼板门、玻璃门、百叶门和纱门等。在此,仅对镶板门和夹板门作简单介绍。

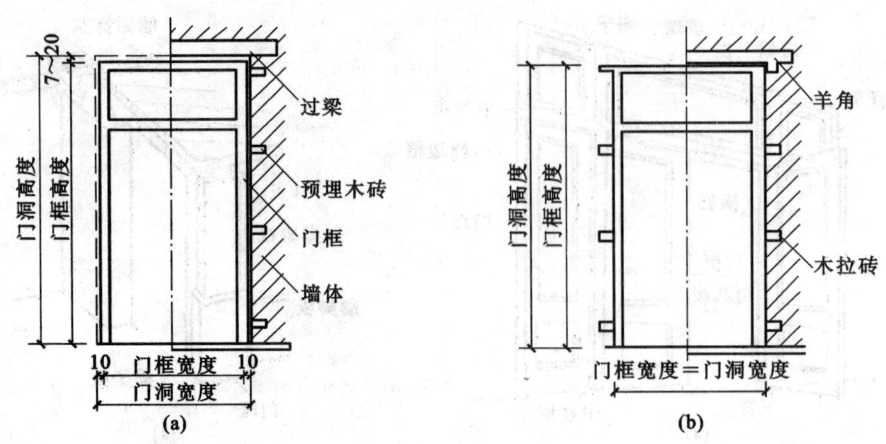

图 12-4　门框的安装

(a) 塞口;(b) 立口

a. 镶板门。它是一种常用的门,由边梃、上冒头、中冒头和下冒头构成骨架,然后骨架内镶装门芯板或玻璃而构成。门芯板一般采用 10～15 mm 厚的木板拼成,也可采用其他人工板材,如胶合板、纤维板、塑料板等。如图 12-5 所示。

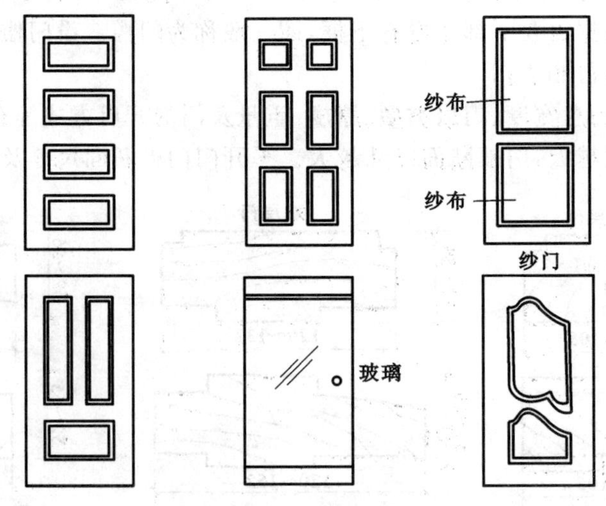

图 12-5　镶板门

b. 夹板门。它是用断面较小的方木做成骨架,两边粘贴面板而成。骨架一般由边框与中间的肋条构成。骨架要求满足一定的刚度和强度,间距要满足相关的规范要求,在门锁处需另加上木方满足其强度要求。门扇面板常用人工板材如胶合板、塑料板和硬质纤维板等。如图 12-6 所示。

(2) 金属门的构造

目前,建筑中金属门包括塑钢门、铝合金门、彩板门等,其中铝合金门应用最为广泛。铝合金门多为半截玻璃门,采用平开的开启方式,门扇的上下梃处用地弹簧连接,如图 12-7 所示。

铝合金门的特点是质量轻,性能好,坚固耐用,色泽美观。铝合金门的构造和铝合金窗基本相同,平开门门框一般采用 50 mm、55 mm、70 mm 的厚度,推拉铝合金门则采用 70 m、90 mm 厚度的门框,铝合金门的施工方式是塞口方式,通过特制的钢质锚固件将门框与墙、柱、梁等结构连接,具体连接为采用自攻螺钉或拉锚钉将框与钢锚钉连接,安装时将锚件与墙内或钢筋混凝土内预埋的铁件焊接,施工简单方便。

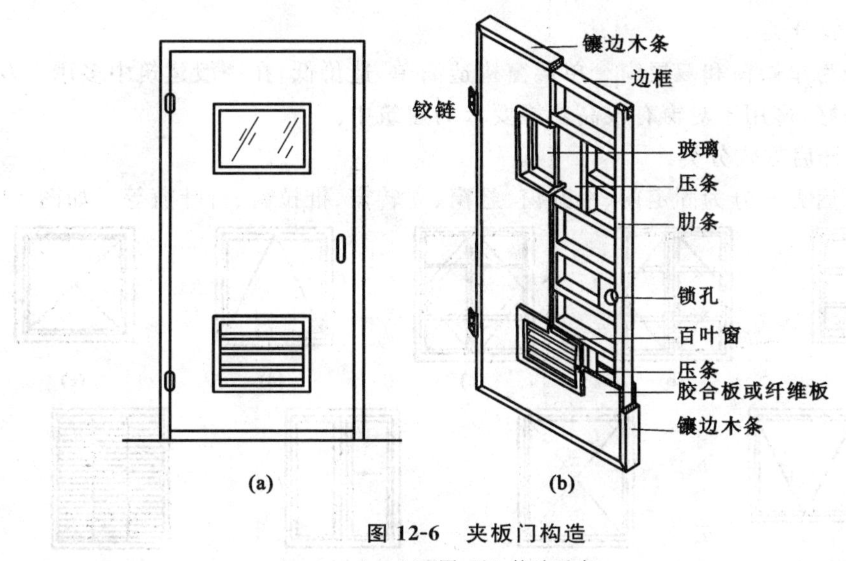

图 12-6 夹板门构造

(a) 立面图；(b) 构造示意

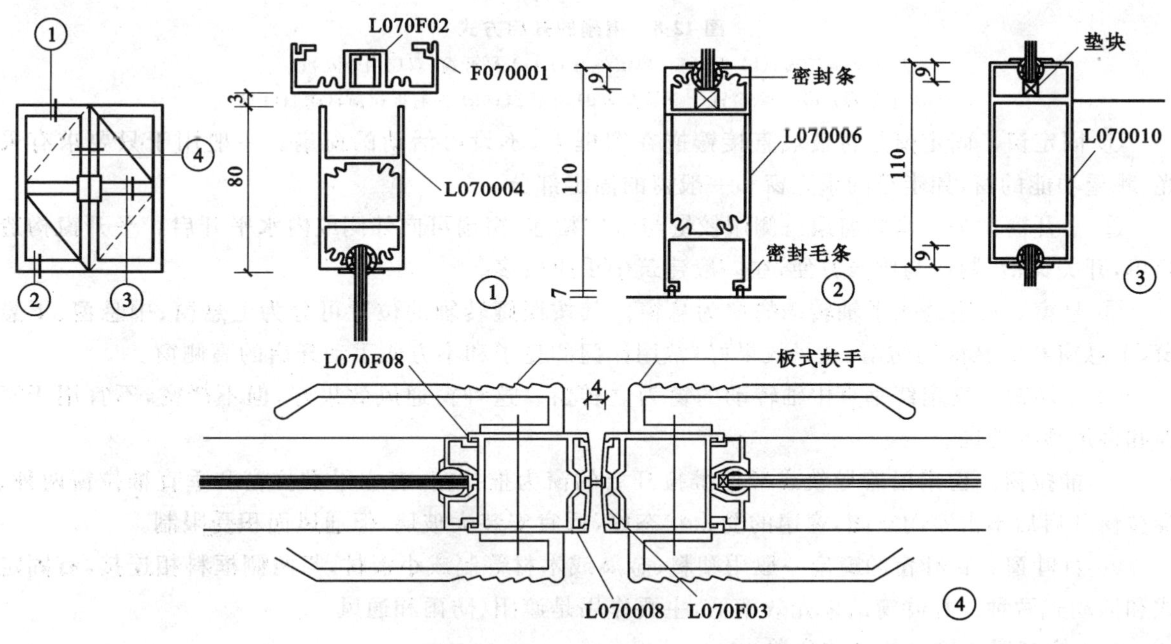

图 12-7 铝合金地弹簧门构造

12.3 窗的分类与构造

12.3.1 窗的分类

窗的分类图

(1) 按窗的框料材质分类

窗按其框料材质分为铝合金窗、塑钢窗、彩板窗、木窗、钢窗等，其中铝合金窗和塑钢窗外观精美、造价适中、装配化程度高，铝合金窗的耐久性好，塑钢窗的密封、保温性能优，所以在建筑工程中应用广泛。木窗由于消耗木材量大，耐火性、耐久性和密闭性差，其应用已受到限制。

(2) 按窗的层数分类

窗按其层数分为单层窗和双层窗。单层窗构造简单,造价低,在一般建筑中多用。双层窗的保温、隔声、防尘效果好,多用于对窗有较高功能要求的建筑中。

(3) 按窗扇的开启方式分类

窗按窗扇的开启方式分为固定窗、平开窗、悬窗、立转窗、推拉窗、百叶窗等。如图12-8所示。

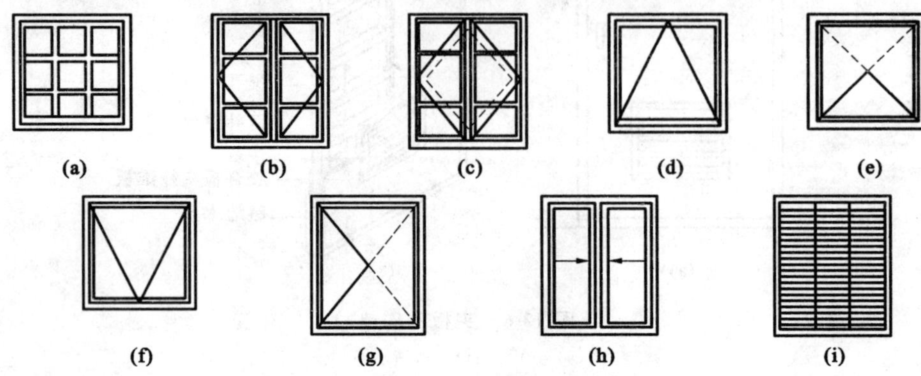

图12-8 窗扇的开启方式

(a) 固定窗;(b) 平开窗(单层外开);(c) 平开窗(双层内外开);
(d) 上悬窗;(e) 中悬窗;(f) 下悬窗;(g) 立转窗;(h) 左右推拉窗;(i) 百叶窗

① 固定窗。固定窗是将玻璃直接镶嵌在窗框上,不设可活动的窗扇。一般用于只要求有采光、眺望功能的窗,如走道的采光窗和一般窗的固定部分。

② 平开窗。平开窗的窗扇一侧用铰链与窗框相连,窗扇可向外侧或内水平开启。平开窗构造简单,开关灵活,制作与维修方便,在一般建筑中采用较多。

③ 悬窗。窗扇绕水平轴转动的窗为悬窗。其按照旋转轴的位置可分为上悬窗、中悬窗、下悬窗,上悬窗和中悬窗的防雨、通风效果好,常用作门的亮子和不方便手动开启的高侧窗。

④ 立转窗。窗扇绕垂直中轴转动的窗为立转窗。这种窗通风效果好,但不严密,不宜用于寒冷和多风沙的地区。

⑤ 推拉窗。窗扇沿着导轨或滑槽推拉开启的窗为推拉窗,有水平推拉窗和垂直推拉窗两种。推拉窗开启后不占室内空间,窗扇的受力状态好,适宜安装大玻璃,但通风面积受限制。

⑥ 百叶窗。百叶窗的窗扇一般用塑料、金属或木材等制成小板材,与两侧框料相连接,有固定式和活动式两种。百叶窗的采光效率低,主要作用是遮阳、防雨和通风。

(4) 按窗扇或玻璃的层数分类

窗按窗扇的层数分有单层窗扇窗和双层窗扇窗,按玻璃的层数分有单层玻璃窗和双层中空玻璃窗,双层窗扇窗和双层中空玻璃窗的保温、隔声性能优良,是节能型窗的理想类型。

12.3.2 窗的尺度与组成

(1) 窗的尺度

窗的尺度应综合考虑以下几个方面的因素。

① 采光。从采光要求来看,窗的面积与房间的面积有一定的比例关系。

② 使用。窗的自身尺寸以及高度取决于人的行为和尺度。

③ 节能。在《严寒和寒冷地区居住建筑节能设计标准》(JGJ 26—2010)中,明确规定了寒冷地区及其以北地区各朝向窗墙面积比。该标准规定,按地区不同,北向、东西向以及南向的窗墙面积

比应分别控制在 20%、30%、35%左右。窗墙面积比是窗户洞口面积与房间的立面单元面积(建筑层高与开间定位轴线围成的面积)之比。

④ 符合窗洞口尺寸系列。为了使窗的设计与建筑设计、工业化和商业化生产,以及施工安装相协调,国家颁布了《建筑门窗洞口尺寸系列》(GB/T 5824—2008)标准。窗洞口的高度和宽度(指标尺寸)规定了 3M 的倍数。但考虑到某些建筑,如住宅建筑的层高不大,以 3M 进位作为窗洞高度尺寸变化过大,所以增加 1400 mm、1600 mm,以此作为窗洞高的辅助参数。

⑤ 结构。窗的高宽尺寸受到层高及承重体系以及窗过梁高度的制约。

⑥ 美观。窗是建筑物造型的重要组成部分,窗的尺寸和比例关系对建筑立面影响极大。可开窗扇的尺寸,从强度、刚度、构造、耐久和开关方便考虑,不宜过大。平开窗扇的宽度一般在 400~600 mm,高度一般在 800~1500 mm。当窗较大时,为了减少可开窗扇的尺寸,可在窗的上部或下部设亮窗,北方地区的亮窗多为固定的,南方地区为扩大通风面积,窗的上亮子多做成可开关的。亮子的高度一般采取 300~600 mm。固定扇不需安装合页,宽度可达 900 mm 左右。推拉窗扇宽度也可达 900 mm 左右,高度不大于 1500 mm,过大时开关不灵活。

(2) 窗的组成

窗一般由窗框、窗扇和五金零件组成,如图 12-9 所示。窗框是窗与墙体的连接部分,由上框、下框、边框、中横框和中竖框组成。窗扇是窗的主体部分,分为活动扇和固定扇两种,一般由上、下冒头,边梃和窗芯(又称窗棂)组成骨架,中间固定玻璃、窗纱或百叶。五金零件包括铰链、插销、风钩等。

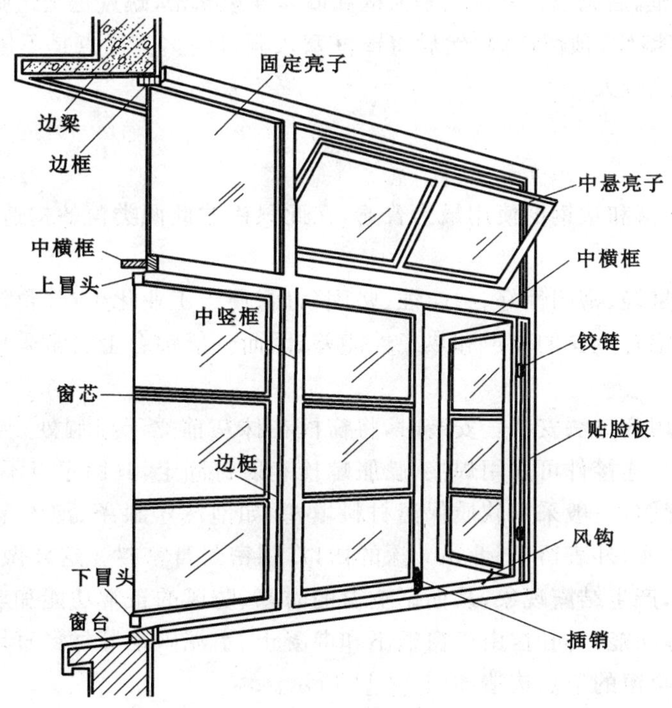

图 12-9 窗的组成

当建筑的室内装修标准较高时,窗洞口周围可增设贴脸、筒子板、压条、窗台板及窗帘盒等附件。

12.3.3 窗在墙洞中的位置及窗框的安装

(1) 窗在墙洞中的位置

窗在墙洞中的位置主要根据房间的使用要求和墙体厚度确定,一般有三种形式(如图 12-10 所示)。

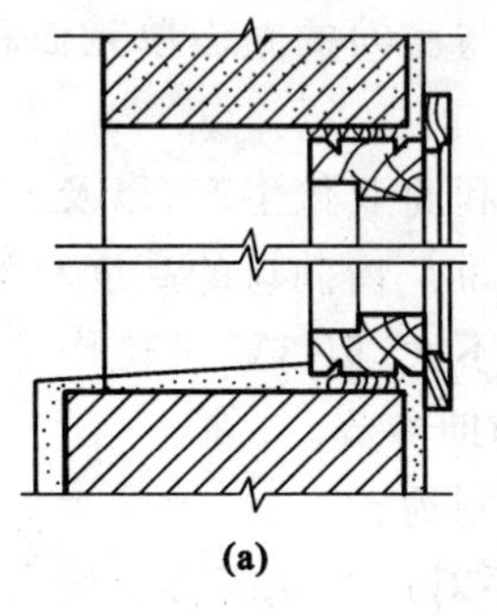
(a)

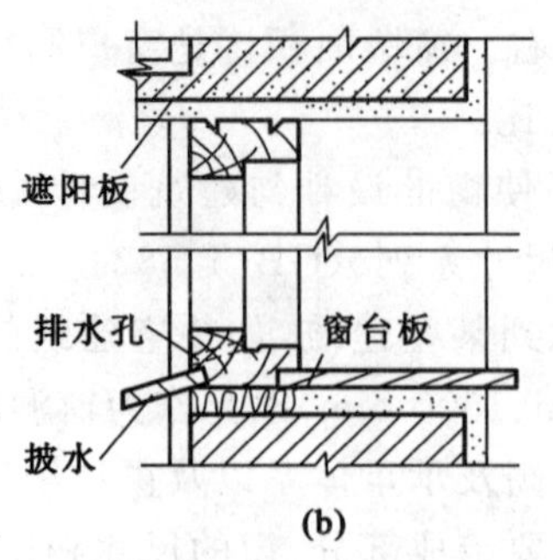

(b)

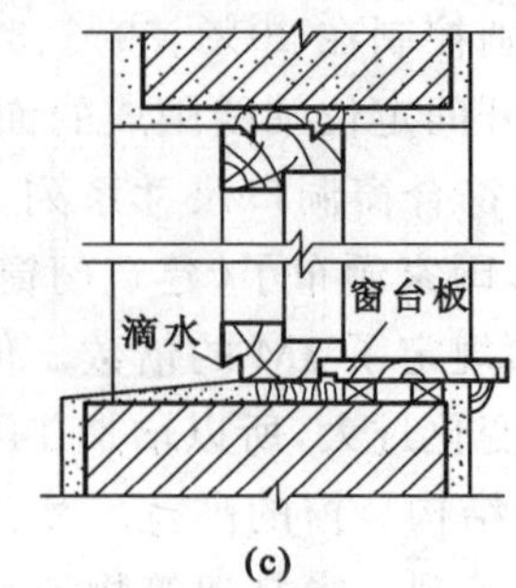

(c)

图 12-10　窗框在墙中的位置

(a) 内平；(b) 外平；(c) 居中

① 内平。其窗框内表面与墙体内表面齐平，窗扇开启时与墙面紧贴，不占用室内空间。

② 外平。其窗框外表面与墙体外表面平齐，增加了内窗台的面积，但窗框上不容易进雨水，需在洞口上方加设雨篷。

③ 居中。其立于洞口墙厚中部，窗台内外均有，以利于排水。

(2) 窗框的安装

窗框的安装分为立口和塞口两种。

① 立口。先立窗框，后砌墙。其优点是窗框和墙体连接紧密，缺点是交叉施工，影响施工进度。

② 塞口。先砌筑墙体，预留窗洞，然后将窗框塞入洞口内。其优点是不影响施工进度，缺点是窗框与墙体之间的缝隙较大。

12.3.4　窗的构造

目前，国内铝合金窗和塑钢窗使用最为普遍，在此只讲述此两类窗的构造。

(1) 铝合金窗

铝合金窗因其重量轻、密闭性好、耐腐蚀、坚固耐用、便于工业化生产、色泽美观等特点，目前已被广泛采用。但普通铝合金窗的隔声和热工性能差，因而一般铝合金窗常采用断桥处理，以此改善隔声和热工性能。

铝合金窗一般采用塞口法安装。安装时，将窗框在抹灰前立于窗洞处，与墙内预埋件对正，然后用木楔将三边固定。连接件可采用焊接、膨胀螺栓和射钉固定，其固定点不得少于两点。窗框固定好后，窗框四周的缝隙，一般采用软质保温材料填塞，如泡沫塑料条、泡沫聚氨酯条、矿棉毡条和玻璃丝毡条等，分层填实，外表留 5～8 mm 深的槽口，用密封膏密封。这样做主要是为了防止窗框四周形成冷热交换区，产生结露现象，从而影响窗的防寒、防风的正常功能和墙体的寿命，也影响了建筑物的隔声、保温等功能。同时，由于窗框不和混凝土、水泥砂浆等材料直接接触，因而消除了碱对窗框的腐蚀。铝合金窗的节点构造如图 12-11 所示。

(2) 塑钢窗

塑钢窗是以硬质聚氯乙烯(简称 UPVC)为原料，挤压成各种中空异型材，内腔衬以型钢加强筋，并焊接成型。塑钢窗具有强度高、耐冲击，耐候性佳，节约能源、隔热性佳，耐腐蚀性强，隔音性佳，具备阻燃性，电绝缘性好，热膨胀性能低，外观精致、保养容易等特点。因此，它具有较强的发展前景。塑钢窗的构造与铝合金窗的构造基本相似。

塑钢窗宜采用后塞口安装，不允许采用立口法安装。塑料窗框与墙体预留洞口的间隙可视墙

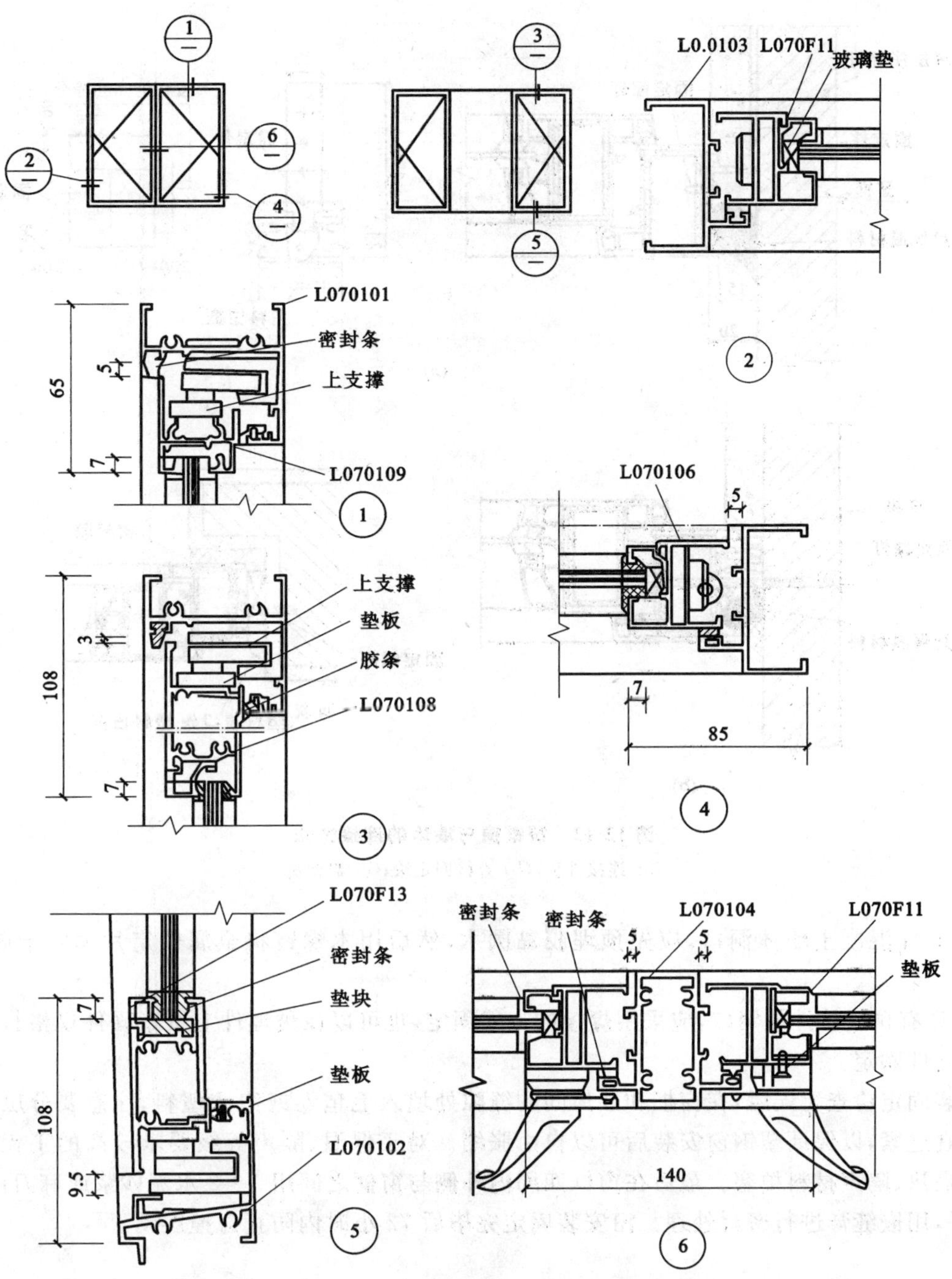

图 12-11 铝合金平开基本窗的构造

体的饰面材料而定。

塑钢窗与墙体的连接一般采用连接件法、直接固定法、假框法，如图 12-12 所示。

不同的墙体材料，窗安装固定的方法也不完全一样。

① 混凝土墙体洞口应采用射钉或塑料膨胀螺钉固定。

② 砖墙洞口应采用塑料膨胀螺钉或水泥钉固定，并不得固定在砖缝处；当采用预埋木砖与墙体连接时，木砖应进行防腐处理。

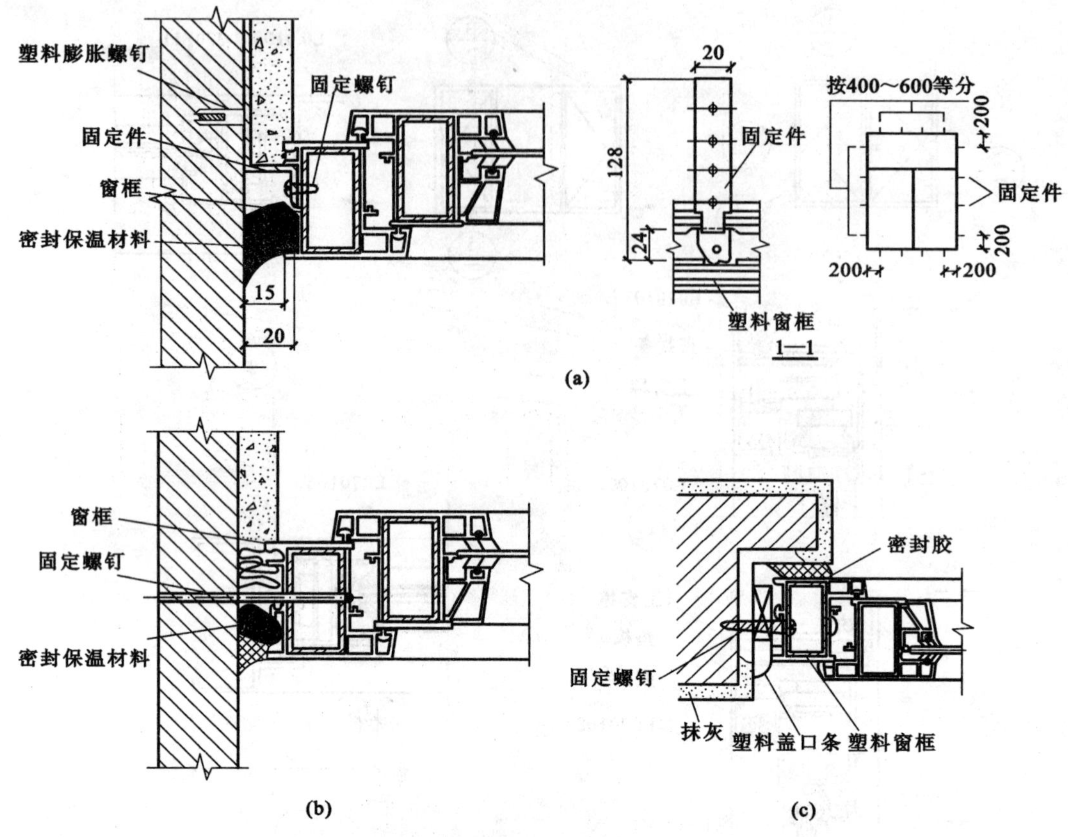

图 12-12　塑钢窗与墙体的连接方法

(a) 连接件法;(b) 直接固定法;(c) 假框法

③ 加气混凝土墙体洞口,应先预埋胶黏圆木,然后用木螺钉将金属固定片固定于胶黏圆木之上。

④ 设有预埋铁件的洞口,应采用焊接的方式固定,也可以在预埋件上按紧固件规格打基孔,然后用紧固件固定。

安装固定检查无误后,在窗框和墙体间的缝隙处填入毛毡卷或泡沫塑料,注意要分层填塞,且填塞不宜过紧,以保证塑钢窗安装后可以自由胀缩。对于保温、隔声等级要求较高的工程,应采用相应的隔热、隔声材料填塞。最后在窗框四周内外侧与窗框之间用 1∶2 水泥砂浆或麻刀白灰浆嵌实、抹平,用嵌缝膏进行密封处理。窗安装固定完毕后 72 小时内防止碰撞震动。

12.4　遮阳构造

12.4.1　遮阳的作用

遮阳是为了防止阳光直射照入室内,以减少太阳辐射热,避免夏季室内过热以及保护室内物品不受阳光照射而采取的一种措施。用于遮阳的方法很多,在窗口悬挂窗帘,利用门窗构件自身遮光以及窗扇开启方式的调节变化,利用窗前绿化,雨篷、挑檐、阳台、外廊及墙面花格也都可以达到一定的遮阳效果,如图 12-13 所示。

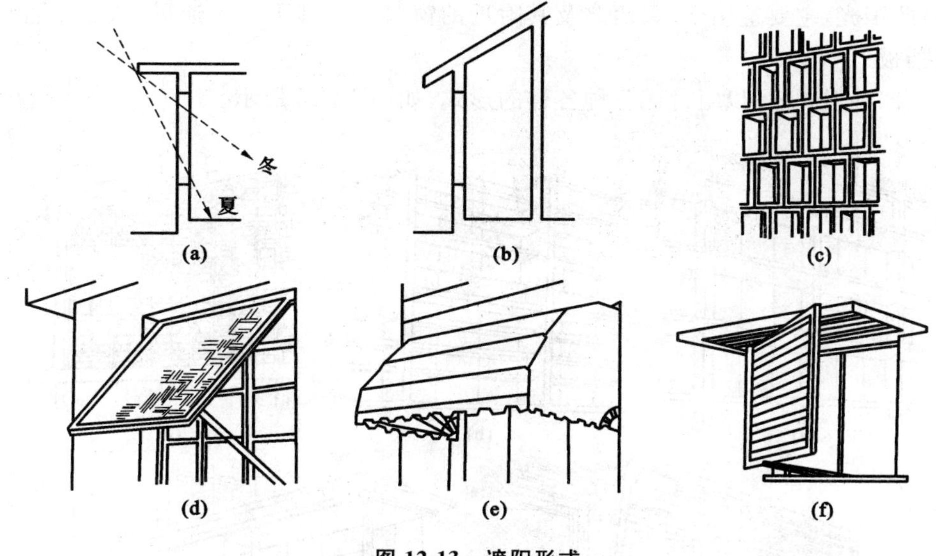

图 12-13　遮阳形式

(a) 出檐；(b) 外廊；(c) 花格；(d) 芦席遮阳；(e) 布篷遮阳；(f) 旋转百叶遮阳

12.4.2　遮阳板的基本形式

窗户遮阳板按其形状可分为水平遮阳、垂直谯阳、综合遮阳及挡板遮阳四种形式，如图 12-14 所示。

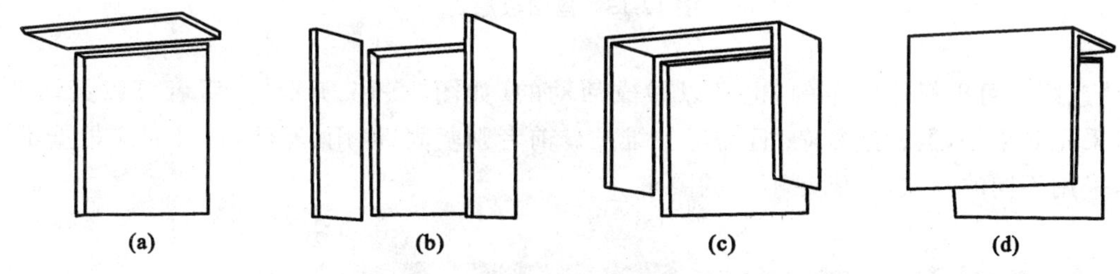

图 12-14　遮阳板的基本形式

(a) 水平遮阳；(b) 垂直遮阳；(c) 综合遮阳；(d) 挡板遮阳

(1) 水平遮阳

在窗口上方设置一定宽度的水平方向遮阳板能够遮挡高度角较大的、从窗口上方照射下来的阳光，适用于南向及其附近朝向的窗口。水平遮阳板可做成实心板式百叶板，较高大的窗口可在不同高度设置双层、多层水平遮阳板，以减少板的出挑宽度。

(2) 垂直遮阳

在窗口上方设置垂直方向的遮阳板，能有效遮挡高度角较小的、从窗口两侧斜射过来的阳光。根据光线的先后和具体处理不同，垂直遮阳板可以垂直于墙面，也可以与墙面形成一定的垂直夹角，主要适用于偏南或偏西的窗口。

(3) 综合遮阳

综合遮阳是以上两种遮阳板的综合，能够遮挡从窗口左右两侧及上方射来的阳光，遮阳效果比较均匀，主要适用于南向、东南、西向的窗口。

(4) 挡板遮阳

在窗口前方离开窗口一定距离设置与窗口平行方向的垂直挡板，可以有效地遮挡高度角较小的、正射窗口的阳光,主要适用于东、西向及其附近的窗口。但其不利于通风,遮挡了视线,故可以做成隔栅式挡板。

基于以上四种形式,可以组合成各种各样的形式,如图 12-15 所示。

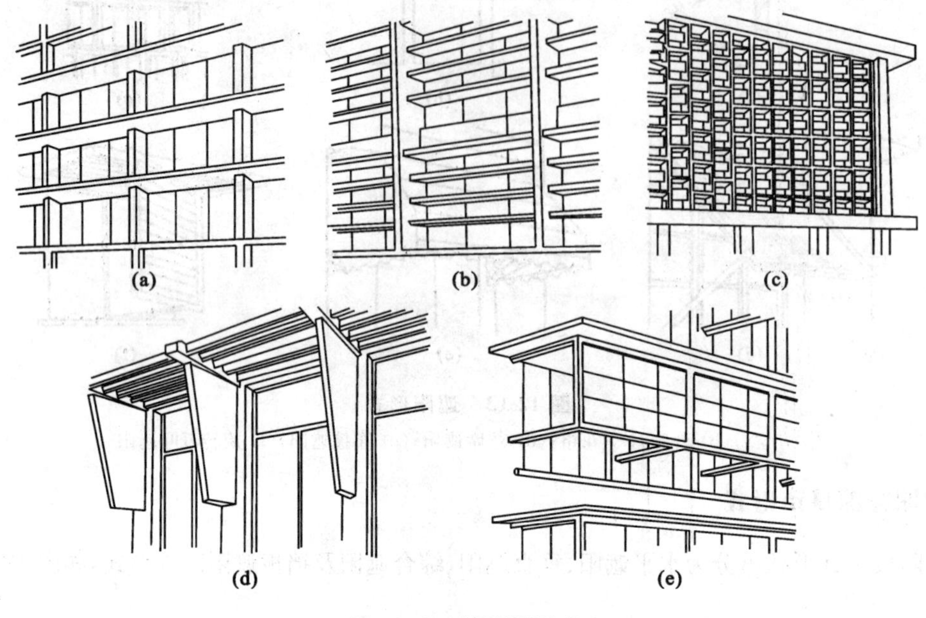

图 12-15 遮阳板形式

这些遮阳板可以做成固定的,也可以做成活动的(如图 12-16 所示)。后者可以灵活调节,遮阳、通风采光效果好,但构造复杂,且需经常维护。前者则坚固、耐用、经济,设计时应根据不同的使用要求,采用不同的形式,以满足不同的要求。

图 12-16 可活动的遮阳板

本章小结

门和窗是房屋建筑中的两个围护部件,它们在不同情况下,有分隔、采光、通风、保温、隔声、防水及防火等不同的要求。在学习中应注意以下几个方面:

(1) 窗按开启方式一般分为平开窗、旋转窗、推拉窗等。窗洞尺寸一般采用 3M 数列作为标准尺寸。

(2) 门按开启方式一般分为平开门、推拉门、弹簧门、折叠门等。门洞的高度应满足建筑的使用要求,并符合《建筑模数协调统一标准》(GBJ 2—1986)。

(3) 门由门框、门扇、五金零件等组成。窗由窗框、窗扇、五金零件及附件组成。

(4) 遮阳板有水平遮阳、垂直遮阳、综合遮阳及挡板遮阳四种形式。

【知识拓展——特殊门窗】

(1) 特殊门

① 防火门。

当防火门用于加工易燃品的车间或仓库时,根据车间对防火门耐火等级的要求,门扇可以采用钢板、木板外贴石棉板再包以镀锌铁皮或木板外直接包镀锌铁皮等构造措施。考虑到木材受高温会炭化而放出大量气体,应在门扇上设泄气孔。防火门常采用自重下滑关闭门,它是将门上导轨做成5%～8%的坡度,火灾发生时,易熔合金片熔断后,重锤落地,门扇依靠自重下滑关闭。当洞口尺寸较大时,可做成两个门扇相对下滑。

当防火门用于普通建筑时,防火门分为甲、乙、丙三级,其耐火极限分别为1.2 h、0.9 h、0.6 h,可根据不同建筑的防火要求加以选择。防火门要采用向疏散方向开启的平开门,并在关闭后能从任何一侧手动开启。用于疏散走道和楼梯间的防火门,应具有自行关闭的功能。

② 保温门、隔声门。

保温门要求门扇具有一定热阻值和门缝密闭处理措施,故常在门扇两层面板间填以轻质、疏松的材料(如玻璃棉、矿棉等)。隔声门的隔声效果与门扇的材料及门缝的密闭有关,隔声门常采用多层复合结构,即在两层面板之间填吸声材料,如玻璃棉、玻璃纤维板等。

一般保温门和隔声门的面板常采用整体板材(如五层胶合板、硬质木纤维板等),不易发生变形。门缝密闭处理对门的隔声、保温以及防尘有很大影响,通常采用的措施是在门缝内粘贴填缝材料,如橡胶管、海绵橡胶条、泡沫塑料条等。还应注意裁口形式,斜面裁口比较容易关闭紧密,可避免由于门扇胀缩而引起的缝隙不密合。

③ 残疾人通行门。

在现代建筑设计中,人们越来越注重"以人为本"的设计思想。设立残疾人通道、残疾人卫生间,体现了现代社会的文明程度,是现代建筑设计中不可忽视的一部分。在设计供残疾人通行的门时,不得采用旋转门,也不宜用弹簧门,门扇及五金配件应能便于残疾人开关,门扇开启的净宽不得小于0.8 m;公共走道的门洞,其深度超过0.6 m时,门洞的净宽不宜小于1.1 m。

④ 疏散门。

疏散门用于发生事故时紧急疏散人群,所以不应采用侧拉门、吊门或转门。民用建筑、厂房、高层建筑的疏散用门均应向疏散方向开启;人员密集的公共场所的入场门、太平门,不应设置门槛,其宽度不应小于1.4 m,太平门应为推闩式外开门。

⑤ 密闭门。

窗密闭门窗的设置应该注意尽量减少门窗的缝隙,并对缝隙做好密闭填塞,同时要选用适当的窗岗及玻璃的层数、间距,温度等,密闭门用于地下防空的房间时,门外入口通道的宽度应不小于1200 mm,净高应不小于2000 mm,门槛高度为150 mm。

⑥ 防爆门。

防爆房间的门应向外开,门的耐火极限应大于或等于 0.75 h,并应具有自动关闭装置。如在受阳光曝晒会引起爆炸的房间,门应采用非直射光采光。抗爆小室应开设装甲门,门应开关灵活,必要时需加设电动开关和断电源连锁装置。

(2) 特殊窗

① 固定式通风高侧窗。

在我国南方地区,结合其气候特点,创造出了多种形式的通风高侧窗。它们的特点是:能采光,能防雨,能常年进行通风,不需设开关器,构造较简单,管理和维修方便。通风高侧窗多在工业建筑中采用。

② 防火窗。

防火窗必须采用钢窗或塑钢窗,镶嵌铅丝玻璃以免破裂后掉下,防止火焰窜入室内或窗外。

③ 保温窗、隔声窗。

保温窗常采用双层窗及双层玻璃的单层窗两种。双层窗可内外开或内开、外开。双层玻璃单层窗又分为以下两种:

a. 双层中空玻璃窗。双层玻璃之间的距离为 5～8 mm,窗扇的上下冒头应设透气孔。

b. 双层密闭玻璃窗。两层玻璃之间为封闭式空气间层,其厚度一般为 4～12 mm,充以干燥空气或惰性气体,玻璃四周密封。这样可增大热阻、减少空气渗透,避免空气间层内产生凝结水。

若采用双层窗隔声,则应使用不同厚度的玻璃,以减少吻合效应的影响。厚玻璃应位于声源一侧,玻璃间的距离一般为 80～100 mm。

习题与思考题

习题与思考题答案

12-1 门与窗的作用是什么?铝合金门窗的特点是什么?

12-2 塑钢门窗的特点是什么?

12-3 常用的木门扇有哪几种?各有何特点?

12-4 门窗的开启方式有哪几种?各有何特点?

12-5 门窗框的安装方式有哪几种?各有何特点?

12-6 绘图说明平开木窗、木门的构造组成。

12-7 门窗框在墙洞中的位置有哪几种?并图示其构造。

12-8 金属门窗与洞口的连接方式有哪几种?

12-9 遮阳作用是什么?遮阳板有哪几种形式?

参考文献

[1] 中国建筑科学研究院.建筑设计防火规范(GB 50016—2006).北京:中国计划出版社,2006.

[2] 中国建筑科学研究院.高层民用建筑设计防火规范(GB 50045—1995).北京:中国计划出版社,2005.

[3] 舒秋华.房屋建筑学.4版.武汉:武汉理工大学出版社,2011.

[4] 同济大学,西安建筑科技大学,东南大学,等.房屋建筑学.4版.北京:中国建筑工业出版社,2006.

[5] 刘建荣,翁季.建筑构造(下册).4版.北京:中国建筑工业出版社,2008.

[6] 高远,张艳芳.建筑构造与识图.2版.北京:中国建筑工业出版社,2008.

[7] 董黎.房屋建筑学.北京:高等教育出版社,2006.

[8] 钱坤,王若竹.房屋建筑学(上:民用建筑).北京:北京大学出版社,2009.

[9] 李必瑜,王雪松.房屋建筑学.3版.武汉:武汉理工大学出版社,2008.

13 变 形 缝

【内容提要】

本章主要内容包括变形缝的分类及作用、变形缝的设置原则和构造方法。本章的教学重点为变形缝的作用及构造做法；教学难点为变形缝的构造做法。

【能力要求】

通过本章的学习，学生应了解变形缝的作用及类型，掌握变形缝的设置原则和构造方法，熟悉建筑物各部位变形缝的构造做法。

重难点

13.1 概　　述

建筑物由于温度变化、不均匀沉降以及地震的影响，使结构内部产生附加应力和变形，会使建筑物产生裂缝或破坏。因此在设计时预先设置缝隙将整个建筑物沿全高断开，使断开后建筑物的各部分成为独立的单元，或者是划分为简单、规则、均一的段，并使各段之间的缝达到一定的宽度，从而满足建筑物变形的需要。

变形缝根据其设置原因的不同，可分为以下三种类型。

① 伸缩缝：对应昼夜温差引起的变形，也叫温度缝；

② 沉降缝：对应不均匀沉降引起的变形；

③ 防震缝：对应地震可能引起的变形。

13.2 变形缝的设置要求

变形缝实例图

13.2.1 伸缩缝的设置

为避免建筑物因温度变化而产生热胀冷缩，使房屋出现裂缝，甚至破坏，沿建筑物长度方向每隔一定距离设置的垂直缝隙称为伸缩缝，也叫温度缝。伸缩缝的位置和间距根据建筑物的长度、结构类型和屋盖刚度以及屋面有否设保温或隔热层来考虑。

伸缩缝要求把建筑物的墙体、楼板层、屋顶等地面以上的部分全部断开，基础部分受温度变化较小，无须断开。

砌体结构伸缩缝的最大间距在《砌体结构设计规范》(GB 50007—2011)作了明确规定，见表 13-1；钢筋混凝土结构伸缩缝的最大间距由混凝土结构设计规范(GB 50010—2010)作出规定，见表 13-2。

表 13-1　**砌体房屋伸缩缝的最大间距**　(单位:m)

屋顶或楼盖类别		间距
整体式或装配整体式钢筋混凝土结构	有保温层或隔热层的屋盖、楼盖	50
	无保温层或隔热层的屋盖	40
装配式无檩体系钢筋混凝土结构	有保温层或隔热层的屋盖、楼盖	60
	无保温层或隔热层的屋盖	50
装配式有檩体系钢筋混凝土结构	有保温层或隔热层的屋盖	75
	无保温层或隔热层的屋盖	60
瓦材屋盖、木屋盖或楼盖、轻钢楼盖		100

注:1. 层高大于 5 m 的烧结普通砖、多孔砖、配筋砌块砌体结构单层房屋,其伸缩缝间距按表中数值乘以 1.3;

2. 温差较大且变化频繁地区和严寒地区不采暖的房屋墙体的伸缩缝最大间距,应按表中数值予以适当减少;

3. 墙体的伸缩缝应与其他的变形缝相重合,在进行立面处理时,必须保证缝隙的伸缩作用。

表 13-2　**钢筋混凝土结构伸缩缝的最大间距**　(单位:m)

结构类别		室内或土中	露天
排架结构	装配式	100	70
框架结构	装配式	75	50
	现浇式	55	35
剪力墙结构	装配式	65	40
	现浇式	45	30
挡土墙、地下室墙壁等类结构	装配式	40	30
	现浇式	30	20

注:1. 装配整体式结构的伸缩缝间距,可根据结构的具体情况取表中装配式结构与现浇式结构之间的数值;

2. 框架-剪力墙结构或框架-核心筒结构房屋的伸缩缝间距,可根据结构的具体情况取表中框架结构与剪力墙结构之间的数值;

3. 当屋面无保温或隔热措施时,框架结构、剪力墙结构的伸缩缝间距宜按表中露天栏的数值选用;

4. 现浇挑檐、雨罩等外露结构的局部伸缩缝间距不宜大于 12 m。

13.2.2 沉降缝的设置

为防止建筑物各部分由于地基不均匀沉降引起房屋破坏所设置的垂直缝隙称为沉降缝。沉降缝的设置针对有可能造成建筑不均匀沉降的因素,例如地基土质不均匀、建筑物本身相邻部分高差悬殊或荷载悬殊、建筑物结构形式变化大、新老建筑相邻(或扩建项目)等。沉降缝将房屋从基础到屋顶全部构件断开,使两侧各为独立的单元,可以垂直自由沉降。凡属下列情况时均应考虑设置沉降缝:

① 建筑平面转折部位;

② 高度差异或荷载差异处;

③ 长高比过大的砌体承重结构或钢筋混凝土框架结构的适当部位;

④ 地基土压缩性有显著差异处;

⑤ 建筑结构(或基础)类型不同处;

⑥ 分期建造房屋的交接处。

沉降缝的宽度与地基情况及建筑高度有关,地基越弱的建筑物,沉陷的可能性越高,沉降后所产生的倾斜距离越大。沉降缝的宽度见表 13-3。

表 13-3 **沉降缝的宽度** (单位:mm)

地基性质	建筑物高度或层数	缝宽
一般地基	$H<5$m	30
	$H=5\sim8$m	50
	$H=8\sim15$m	70
软弱地基	2～3 层	50～80
	4～5 层	80～120
	5 层以上	>120
湿陷性黄土地基	—	30～50

另外,避免建筑物不均匀沉降还可以采用加强建筑物整体性;或设置后浇板带的方法,即先将建筑物分段施工,中间留出约 2 m 的后浇板带位置及连接钢筋,待各分段结构封顶并达到基本沉降量后再浇筑预留的后浇带部分,以避免不均匀沉降造成的影响。

13.2.3 防震缝的设置

建造在抗震设防烈度为 6～9 度地区的房屋,为防止在地震作用下建筑物各部分相互挤压、拉伸,造成变形和破坏,按抗震要求设置的缝隙叫防震缝。对多层砌体房屋来说,如有下列情况时宜设置防震缝,缝宽应根据烈度和房屋高度确定,可采用 70～100 mm:

① 房屋立面高差在 6m 以上;

② 房屋有错层,且楼板高差大于层高的 1/4;

③ 房屋各部分结构刚度、质量截然不同。

多层和高层钢筋混凝土房屋需要设置防震缝时,其防震缝宽度应符合下列要求:

① 框架结构(包括设置少量抗震墙的框架结构)房屋的防震缝宽度,当高度不超过 15 m 时,不应小于 100 mm;超过 15 m 时,6 度、7 度、8 度和 9 度相应每增加高度 5 m、4 m、3 m 和 2 m,宜加宽 20 mm。

② 框架剪力墙结构房屋的防震缝宽度不应小于第①项规定数值的 70%;剪力墙结构房屋的防震缝宽度不应小于第①项规定数值的 50%,且均不宜小于 100 mm。

③ 防震缝两侧结构类型不同时,宜按需要较宽防震缝的结构类型和较低房屋高度确定缝宽。

钢结构房屋需要设置防震缝时,缝宽不小于相应钢筋混凝土结构房屋的 1.5 倍。

13.3 设置变形缝建筑的结构布置

根据建筑物设置变形缝部位的结构处理,其布置方法主要有以下三种,如图 13-1 所示。

① 在变形缝的两侧设双墙或双柱,做法较为简单,但容易造成变形缝两边的结构基础产生偏心(用于伸缩缝时因基础可不断开,因此无此问题)。

② 变形缝两侧用水平构件悬臂向变形缝的方向挑出或单侧挑出,基础部分容易脱开距离,设缝较方便,特别适用于沉降缝。

③ 用一段简支的水平构件做过渡处理，多用于连接两个建筑物的架空走道等，但在抗震设防地区需谨慎使用。

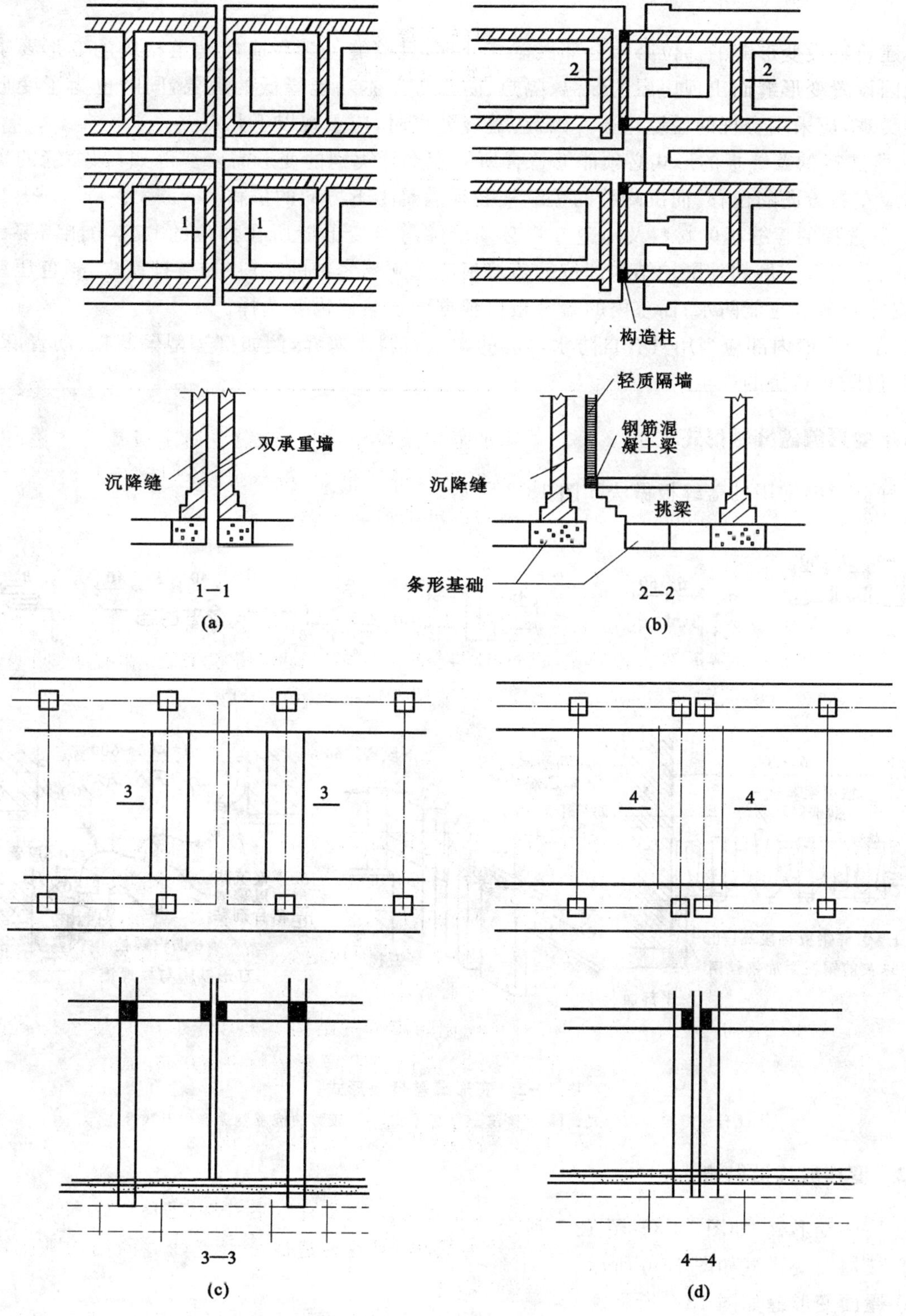

图 13-1　变形缝结构处理方式

(a) 双墙方案；(b) 悬挑基础方案；(c) 框架悬臂梁方案；(d) 框架双柱方案

13.4 变形缝盖缝构造

在建筑物设变形缝的部位必须全部做盖缝处理,且盖缝处理后应能满足相应的变形要求。为了避免因设置变形缝而出现房屋的保温、隔热、防水等基本功能降低的现象,同时也为了变形缝处的外形美观,应采用合理的盖缝构造。因此,盖缝处理时,应重视以下几点:

① 所选择的盖缝板的形式必须能够符合所属变形缝类别的变形需要。例如:伸缩缝的盖缝板必须适应左右方向的位移,而沉降缝的盖缝板必须满足上下方向的位移。

② 所选择的盖缝板的材料及构造方式必须能够符合变形缝所在部位的其它功能需要,如防水、防火、美观等。例如外围护结构部位的盖缝板应选不易锈蚀的材料(如镀锌铁皮、彩色压型薄钢板、铝皮等),节点应能防水;而室内的盖缝板可根据面层装修需要选择。

③ 在变形缝内部应当用具有自防水功能的柔性材料来塞缝,例如挤塑型聚苯板、沥青麻丝、橡胶条等,以防止热桥的产生。

13.4.1 变形缝盖缝板形式

三种变形缝常用的盖缝板做法如图13-2所示。

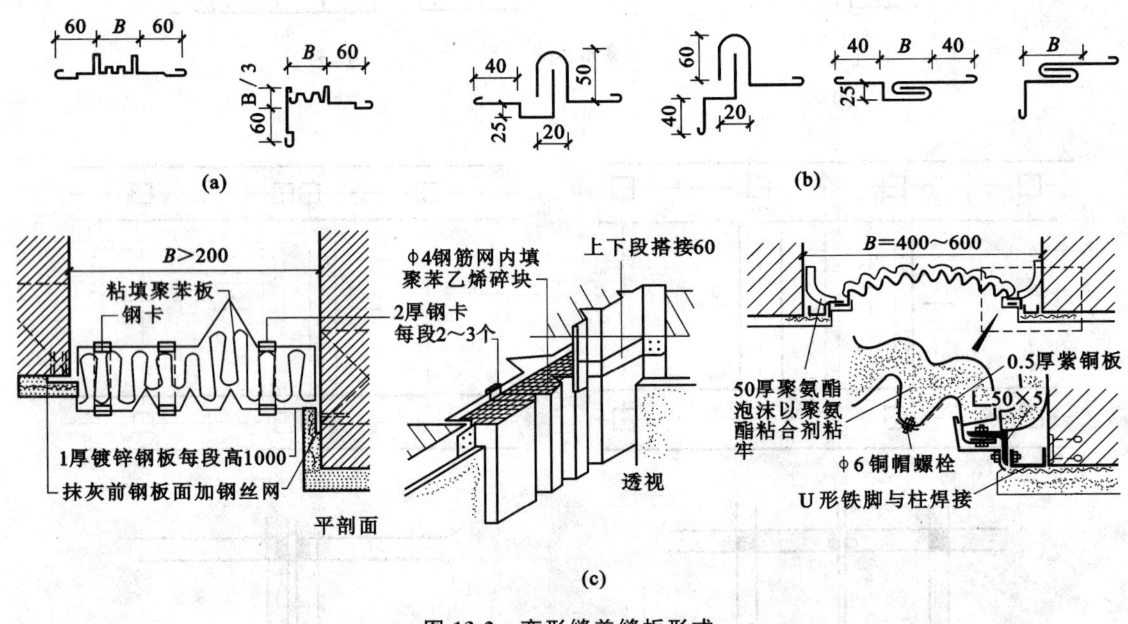

图13-2 变形缝盖缝板形式

(a) 伸缩缝盖缝板形式;(b) 沉降缝盖缝板形式;(c) 较宽的抗震缝盖缝板形式

13.4.2 变形缝构造做法

① 墙体变形缝,如图13-3~图13-5所示。

② 楼地面变形缝如图13-6所示。

③ 屋面变形缝如图13-7所示。

④ 地下室变形缝如图13-8和图13-9所示。

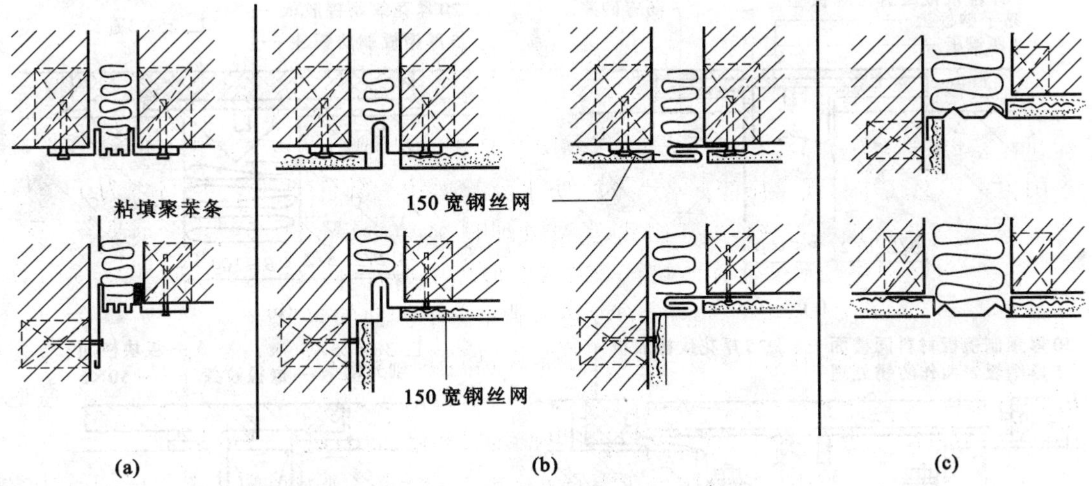

图 13-3 外墙面变形缝节点

(a) 外墙伸缩缝盖缝；(b) 外墙沉降缝盖缝；(c) 外墙抗震缝盖缝

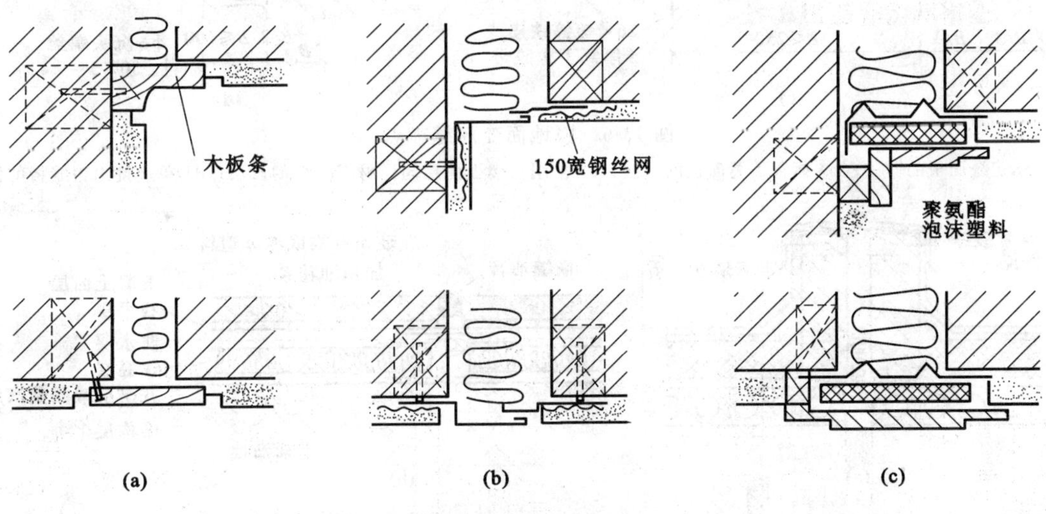

图 13-4 内墙面变形缝节点

(a) 内墙伸缩缝盖缝；(b) 内墙沉降缝盖缝；(c) 内墙抗震缝盖缝

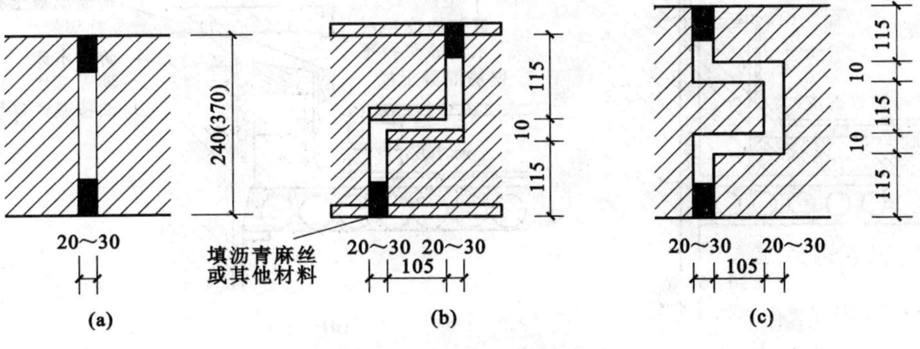

图 13-5 墙身变形缝节点

(a) 平缝；(b) 错口缝；(c) 企口缝

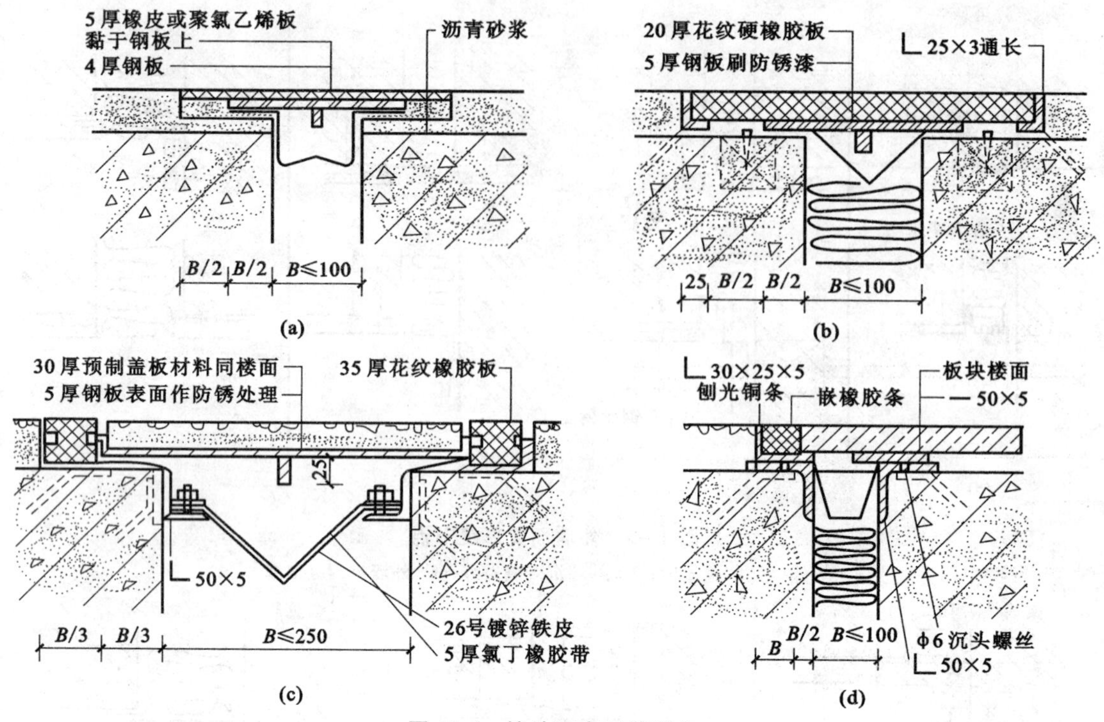

图 13-6 楼地面变形缝节点

(a) 粘贴盖缝面板的做法;(b) 搁置盖缝面板的做法;(c) 采用与楼板面层同样材料盖缝的做法;(d) 单边挑出盖缝板的做法

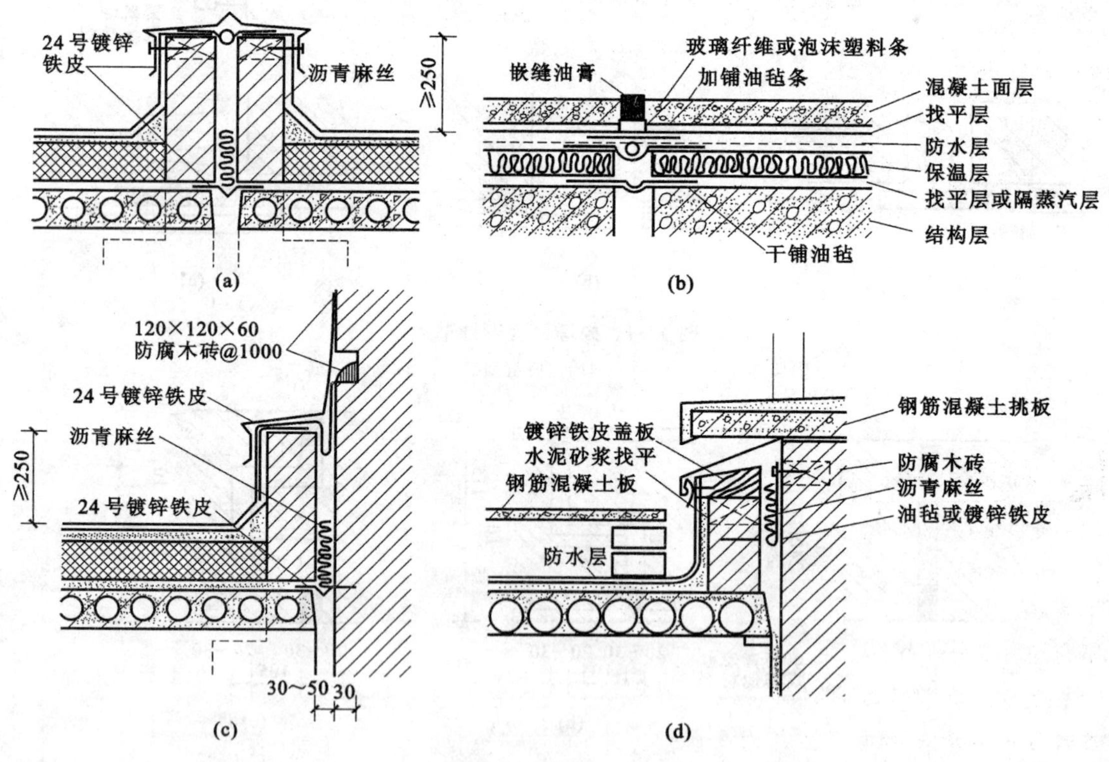

图 13-7 屋面变形缝节点

(a) 不上人屋面变形缝构造;(b) 上人屋面变形缝构造;(c) 存在高差处沉降缝构造;(d) 存在高差并有出口处沉降缝构造

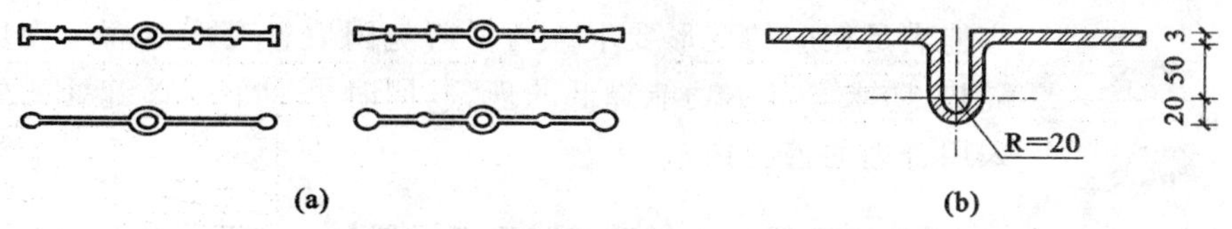

图 13-8 地下室变形缝止水带形式

(a) 橡胶止水带形状；(b) 金属盖缝板形状；

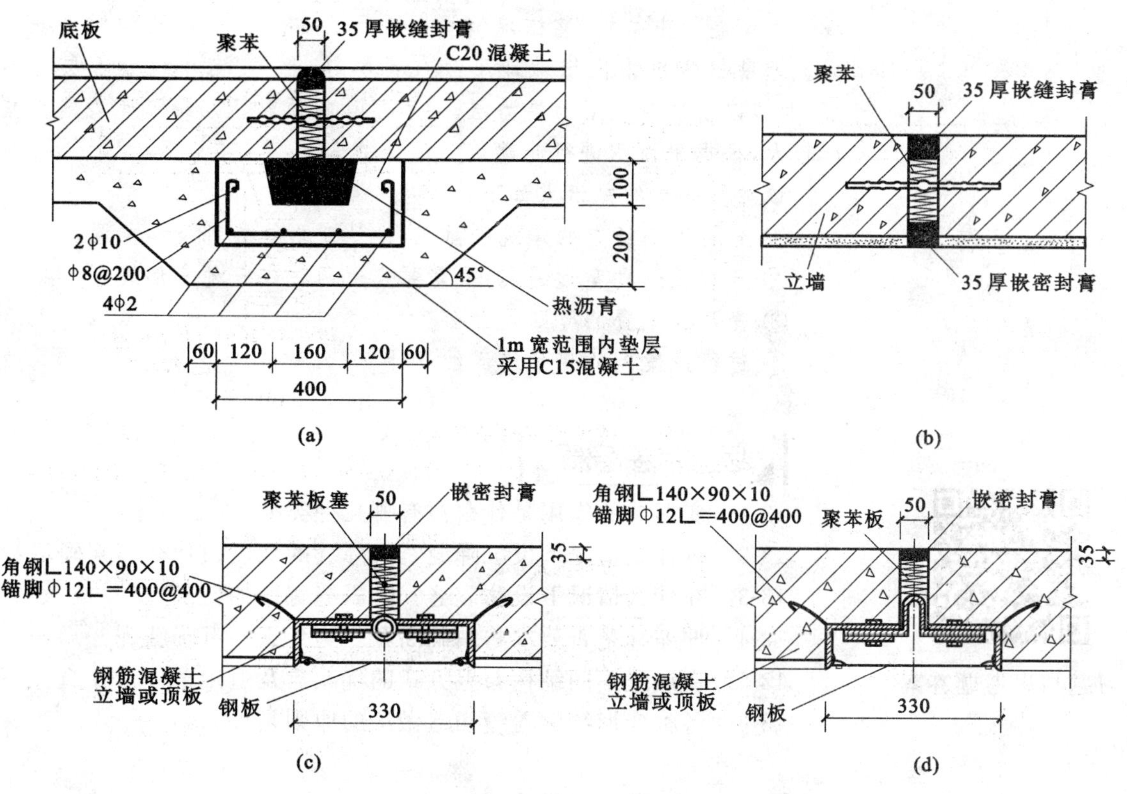

图 13-9 地下室变形缝节点

(a) 地下室底板变形缝构造；(b) 地下室立墙变形缝构造；

(c) 地下室立墙或顶板柔性材料盖缝；(d) 地下室立墙或顶板金属板盖缝

本章小结

(1) 变形缝分为伸缩缝、沉降缝和防震缝。

(2) 伸缩缝的位置和间距根据建筑物的长度、结构类型和屋盖刚度以及屋面有否设保温或隔热层来考虑。伸缩缝要求把建筑物的墙体、楼板层、屋顶等地面以上的部分全部断开，基础部分受温度变化较小，无须断开。

(3) 为防止建筑物各部分由于地基不均匀沉降引起房屋破坏所设置的垂直缝隙称为沉降缝。沉降缝将房屋从基础到屋顶全部构件断开。

(4) 建造在抗震设防烈度为6～9度地区的房屋，为了防止在地震作用下建筑物各部分相互挤压、拉伸造成变形，按抗震要求设置的缝隙叫防震缝。

(5) 在建筑物设变形缝的部位必须全部做盖缝处理,且盖缝处理后应能满足相应的变形要求。为了避免因设置变形缝而出现房屋的保温、隔热、防水等基本功能降低的现象,同时也为了变形缝处的外形美观,应采用合理的盖缝构造。

【知识拓展——某建筑变形缝设置】

详见附图Ⅰ所示。此案例建筑为夏热冬冷气候分区某个老年建筑,现浇钢筋混凝土结构,整栋建筑呈围合形式,有北楼、南楼和西楼联合组成。地勘报告中指出场地地质分布不均匀,北楼、南楼以卵石层为持力层,西楼以粉质黏土层为持力层,卵石层和粉质粘土层地基承载能力差别比较大,根据平面图进行此建筑变形缝的设计。

该案例分析的知识点如下:

① 分析案例给出的建筑平面图,设计变形缝的种类和位置。

② 只设置一种变形缝,还是需要设置两种或三种变形缝?

③ 变形缝设置的原则是什么?

④ 进行此案例的变形缝详细设计。

习题与思考题

习题与思考题答案

13-1　变形缝的作用是什么?有哪几种类型?

13-2　在什么情况下设沉降缝?沉降缝的宽度由什么因素确定?

13-3　在什么情况下设防震缝?防震缝宽度如何确定?

13-4　伸缩缝是否要求将基础断开?为什么?沉降缝呢?

13-5　变形缝不同结构布置方式的优缺点及适用条件是什么?

13-6　各种变形缝的盖缝构造做法的原则是什么?

参考文献

[1]　同济大学,西安建筑科技大学,东南大学,等. 房屋建筑学. 4版. 北京:中国建筑工业出版社,2006.

[2]　中国建筑标准设计研究院. 住宅建筑构造(国家建筑标注设计图集11J930). 北京. 中国计划出版社,2011.

[3]　五洲工程设计研究院,深圳市联合强实业有限公司. 变形缝建筑构造(一)(04CJ 01—1). 北京:中国建筑工业出版社,2004.

[4]　中国建筑科学研究院. 建筑抗震设计规范(GB 50011—2010). 北京:中国建筑工业出版社,2010.

[5]　中国建筑科学研究院. 混凝土结构设计规范(GB 50010—2010). 北京:中国建筑工业出版社,2011.

[6]　中国建筑科学研究院. 砌体结构设计规范(GB 50007—2011). 北京:中国建筑工业出版社,2012.

14 建筑防火与安全疏散

【内容提要】

本章主要内容包括建筑防火的一些基本知识，防火、防烟分区和防火间距要求，安全疏散的相关要求。本章的教学重点为建筑防火的基本知识。本章的教学难点为安全疏散的相关要求。

【能力要求】

通过本章的学习，学生应掌握建筑防火的基本知识，熟悉防火、防烟分区和防火间距要求，熟悉安全疏散的相关要求。

重难点

14.1 建筑防火基本知识

火灾给社会带来巨大的经济损失、重大人身伤亡及严重的政治影响。为了能将建筑火灾减小到最低限度，我们应了解建筑火灾的基本知识和相关概念，并理解防火设计的基本原理及要求。

14.1.1 建筑物起火的原因和燃烧的条件

(1) 起火原因

建筑物起火的原因是多种多样、错综复杂的。一般来说，引起火灾的原因有如下几点：

① 明火引起火灾。如公共场所内乱扔烟头、火柴梗，也有电焊、气焊引起的情况等。

② 暗火引起火灾。如库房里通风不好，大量堆积的油布积热不散发生的自燃。

③ 用电或电器设备事故起火。其主要因为用电设备超负荷、导线接头接触不良，电阻力过大发热，使接触的可燃物自燃起火等。

④ 在雷击较多的地区，建筑物上如果没有可靠的防雷保护措施，便有可能发生雷击起火。

⑤ 突然的地震和战时空袭，都会因为人们急于疏散而来不及断电、熄灭炉火，处理好易燃、易爆生产装置和危险物品等，发生火灾。

(2) 燃烧条件

建筑物起火必须具备如下三个条件：

① 存在能燃烧的物质；

② 有助燃的氧气和氧化剂；

③ 有能使可燃物质燃烧的着火源。

起火原因和燃烧条件两者同时存在,而且可燃物、助燃物要具备一定的数量或浓度,火源具有一定的能量,可燃物才会被点燃,火灾才会发生。

14.1.2 建筑构件的燃烧性能和耐火极限

(1) 燃烧性能

燃烧性能是指建筑构件在明火或高温作用下能否燃烧,以及燃烧的难易程度。建筑构件按燃烧性能分为不燃烧体、难燃烧体和燃烧体。

① 不燃烧体。它是指用不燃烧材料做成的建筑构件,如天然石材、人工石材、砖、钢筋混凝土、金属材料等。

② 难燃烧体。它是指用难燃材料做成的构件,或者用燃烧材料做成,但用不燃烧材料作保护层的建筑构件,如沥青混凝土构件、木板条抹灰、水泥刨花板、经防火处理的木材等。这类材料在空气中受到火烧或高温作用时难燃烧、难碳化。

③ 燃烧体。它是指用可燃材料做成的建筑构件,如木材、胶合板、纸板等。这类材料在空气中受到火烧或高温作用时,会立即起火燃烧,且离开火源后仍继续燃烧或微燃。

(2) 耐火极限

耐火极限是指建筑构件在标准耐火试验条件下,从受到火的作用时起,到构件失去稳定性或完整性被破坏或失去隔火作用时止的这段时间,用小时表示。只要以上三个条件中任一个出现,就可以确定其耐火极限。

① 失去稳定性。它是指构件在受到火焰或高温作用下,由于构件材质性能的变化,使承载能力和刚度降低,承受不了原设计的荷载而被破坏。

② 完整性被破坏。它是指薄壁分隔构件在火中高温作用下,发生爆裂或局部塌落,形成穿透裂缝或孔洞,火焰穿过构件,使其背面可燃物燃烧起火。

③ 失去隔火作用。它是指具有分隔作用的构件,背火面任一点的温度达到 220 ℃时,构件失去隔火作用的情况。

14.1.3 建筑物的耐火等级

(1) 耐火等级的划分

建筑物的耐火等级是由组成建筑物的主要构件的燃烧性能和耐火极限决定。

建筑物的耐火等级分为四级,其构件的燃烧性能和耐火极限不应低于表 14-1 的规定。

表 14-1 **建筑物构件的燃烧性能和耐火极限** (单位:h)

名称		耐火等级			
构件		一级	二级	三级	四级
墙	防火墙	不燃烧体 3.00	不燃烧体 3.00	不燃烧体 3.00	不燃烧体 3.00
	承重墙	不燃烧体 3.00	不燃烧体 2.50	不燃烧体 2.00	难燃烧体 0.50
	非承重外墙	不燃烧体 1.00	不燃烧体 1.00	不燃烧体 0.50	燃烧体
	楼梯间的墙、电梯井的墙、住宅单元之间的墙、住宅分户墙	不燃烧体 2.00	不燃烧体 2.00	不燃烧体 1.50	难燃烧体 0.50

续表

名称		耐火等级			
构件		一级	二级	三级	四级
墙	疏散走道两侧的隔墙	不燃烧体 1.00	不燃烧体 1.00	不燃烧体 0.50	难燃烧体 0.25
	房间隔墙	不燃烧体 0.75	不燃烧体 0.50	难燃烧体 0.50	难燃烧体 0.25
柱		不燃烧体 3.00	不燃烧体 2.50	不燃烧体 2.00	难燃烧体 0.50
梁		不燃烧体 2.00	不燃烧体 1.50	不燃烧体 1.00	难燃烧体 0.50
楼板		不燃烧体 1.50	不燃烧体 1.00	不燃烧体 0.50	燃烧体
屋顶承重构件		不燃烧体 1.50	不燃烧体 1.00	燃烧体	燃烧体
疏散楼梯		不燃烧体 1.50	不燃烧体 1.00	不燃烧体 0.50	燃烧体
吊顶(包括吊顶搁栅)		不燃烧体 0.25	难燃烧体 0.25	难燃烧体 0.15	燃烧体

注:1. 以木柱承重且以不燃烧材料作为墙体的建筑物,其耐火等级应按四级确定;

2. 二级耐火等级建筑的吊顶采用不燃烧体时,其耐火极限不限;

3. 在二级耐火等级的建筑中,面积不超过 100 m^2 的房间隔墙,如执行本表的规定确有困难时,可采用耐火极限不低于 0.30 h的不燃烧体;

4. 一、二级耐火等级建筑疏散走道两侧的隔墙,按本表规定执行确有困难时,可采用 0.75 h 不燃烧体;

5. 住宅建筑构件的耐火极限和燃烧性能可按现行国家标准《住宅建筑规范》(GB 50368—2005)的规定执行。

制定耐火等级标准时,一般是以楼板的耐火极限为标准。在建筑结构中所占地位比楼板重要者,其耐火极限应高于楼板;比楼板次要者,其耐火极限应低于楼板。

楼板的耐火极限是根据火灾情况和建筑特点确定的。我国火灾的持续时间一般为 1～2 h,再结合我国普通建筑物中楼板的保护层厚度(一般为 15 mm),将我国二级耐火等级建筑楼板的耐火极限确定为 1 h,其他耐火等级建筑楼板的耐火极限见表 14-1。

(2) 耐火等级的选择

有了构件耐火极限的标准,如何确定建筑物的耐火等级仍是一个重要问题,因为耐火等级的选择,直接牵涉到相关构件的材料和构造。

如果仅从防火角度考虑,建筑物的耐火等级越高越好,但是由于资金、材料、建造技术等方面的限制,在现实中一般应根据建筑物的重要程度和在其使用中可能发生的危险程度来确定其耐火等级。

根据建筑物的使用性质、重要程度和火灾的危害程度,重要的民用建筑应采用一、二级耐火等级,如会议厅、展览馆等;而次要的民用建筑可以采用三、四级耐火等级,如公共厕所、临时工棚等。

14.1.4 建筑火灾的发展和蔓延

(1) 火灾的发展过程

火灾的发展一般有以下三个过程:

① 火灾初起阶段(轰燃前);

② 猛烈燃烧阶段(轰燃后);

③ 衰减阶段(熄灭)。

由上述三个阶段可知,火灾发展过程与建筑防火发生关系的是第一阶段和第二阶段。火灾初起阶段的时间,根据具体条件可在 5～20 min,这时的燃烧是局部的,火势发展不稳定,有中断的可能性。故应该设法争取及早发现,把火势及时控制并消灭在起火点。

一般把火灾的初起阶段转变为全面的燃烧瞬间,称为轰燃。轰燃经历的时间很短,它的出现标志着火灾进入猛烈燃烧阶段。从人身安全的角度来说,能把轰然推迟几秒钟的措施具有很大的意义。建筑设计的任务就是要设置防火分隔物(如防火墙、防火门等),把火限制在起火的部位,以延缓火势的蔓延;并适当地选用耐火时间较长的建筑结构,使它在猛烈的火焰作用下,保持应有的强度和稳定性,直到消防人员到达把火扑灭。

(2) 火灾的发展和蔓延

建筑火灾是指烧损建筑物及其收容物品的燃烧现象。建筑物一旦失火,其火势蔓延速度之快是十分惊人的。

火势蔓延的方式是通过热的传播进行的。即在起火的建筑物内,火由起火房间转移到其他房间的过程,主要是靠可燃构件的直接燃烧而导致的热传导、热辐射和热对流。

火势蔓延需要通过某些途径,研究火势蔓延的途径是设置防火分隔的依据,也是“堵截包围、穿插分割”扑灭火灾的需要。综合火灾实际,可以看出火从起火房间向外蔓延的途径,主要有以下几个方面:

① 火由外墙窗口向上层蔓延(如图14-1所示);

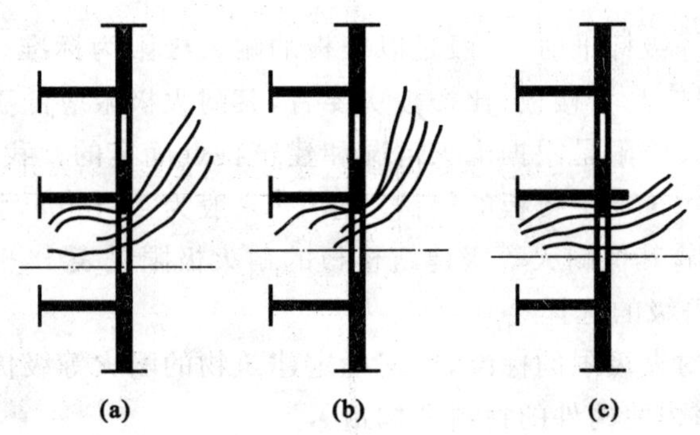

图14-1　火由外墙窗口向上蔓延

② 火势的横向蔓延;

③ 火势通过竖井等蔓延;

④ 火势由通风管道蔓延。

四氟乙烯视频

14.2　防火、防烟分区和防火间距

随着国家建设事业的发展,现代建筑物的规模趋向大型化、多功能化发展,如北京饭店新楼标准层面积达2800 m^2。有的单层纺织厂房占地面积4万多平方米,有的9层工业厂房高达54 m等。这样大的范围内,若不按面积、按楼层控制火灾,一旦某处起火成灾,造成的危害是难以想象的。因此,要在建筑物内设置防火分区。

同时,设计民用建筑必须遵循国家《建筑设计防火规范》(GB 50016—2006)的规定,在设计中要根据使用性质,选定建筑物耐火等级,设置防火分隔物，分清防火分区，保证合理的防火间距，设有安全通道及疏散通口，保证人员及财产的安全，防止或减少火灾发生的可能性。

14.2.1　防火分区

所谓防火分区，是指用具有一定耐火能力的墙、楼板等分隔构件，作为一个区域的边界构件，能够在一定时间内把火灾控制在某一范围内的基本空间。在建筑物内采用划分防火分区这一措施，可以在建筑物一旦发生火灾时，有效地把火势控制在一定的范围内，减少火灾损失，同时可以为人员安全疏散、消防扑救提供有利条件。

在设立防火分区时，需要遵循以下原则：

① 建筑物面积过大，室内容纳人数和可燃物的数量也相应增大，火灾时燃烧面积大，燃烧时间长，辐射热强烈，对建筑结构的破坏严重，火势难控制，对消防扑救及人员、物资疏散都很不利。为了减少火灾造成的损失，按照建筑物耐火等级的不同，应对建筑防火分区的面积给予相应的限制，即耐火等级高的防火分区面积要适当大些，耐火等级低的防火分区面积就要小些。

一、二级耐火等级的民用建筑，耐火性能较高，除了未加防火保护的钢结构以外，导致建筑物倒塌的可能性较小，一般能较好地限制火势蔓延，有利于安全疏散和扑救火灾，所以，规定防火分区面积为 2500 m^2。三级耐火等级的建筑物的屋顶是可以燃烧的，会导致火灾蔓延扩大，故防火分区面积应比一、二级要小，一般不超过 1200 m^2。四级耐火等级建筑的构件大多数是易燃或可燃的，所以防火分区面积不宜超过 600 m^2。同理，除了限制防火分区面积外，对建筑物的层数和长度也提出了限制，详见表 14-2 和表 14-3。

表 14-2　**民用建筑的耐火等级、最多允许层数和防火分区最大允许建筑面积**

耐火等级	最多允许层数	防火分区的最大允许建筑面积/m^2	备　注
一、二级	小于或等于 9 层(住宅)和建筑高度小于或等于 24 m 的其他民用建筑，建筑高度大于 24 m 的单层公共建筑	2500	① 体育馆、剧院的观众厅，展览建筑的展厅，可适当放宽其防火分区最大允许建筑面积； ② 托儿所、幼儿园的儿童用房和儿童游乐厅等儿童活动场所不应超过 3 层或设置在 4 层及 4 层以上楼层或地下、半地下建筑(室)内
三级	5 层	1200	① 托儿所、幼儿园的儿童用房和儿童游乐厅等儿童活动场所、老年人建筑和医院、疗养院的住院部分不应超过 2 层或设置在 3 层及 3 层以上楼层或地下、半地下建筑(室)内； ② 商店、学校、电影院、剧院、礼堂、食堂、菜市场不应超过 2 层或设置在 3 层及 3 层以上楼层
四级	2 层	600	学校、食堂、菜市场、托儿所、幼儿园、老年人建筑、医院等不应设置在 2 层
地下、半地下建筑(室)		500	—

注：建筑内设置自动灭火系统时，该防火分区的最大允许建筑面积可按本表的规定增加 1.0 倍。局部设置时，增加面积可按该局部面积的 1.0 倍计算。

表14-3　**高层建筑的分类、防火分区及耐火等级**

建筑类型	一　类	二　类	每个防火分区的建筑面积/m^2			耐火等级	
居住建筑	高级住宅、19层及19层以上的普通住宅	10～18层的普通住宅	一类	二类	地下室	一类	二类
公共建筑	① 医院； ② 高级旅馆； ③ 建筑高度超过50 m或每层建筑面积超过1000 m^2 的商业楼、展览楼、综合楼、电信楼、财贸金融楼； ④ 建筑高度超过50 m或每层建筑面积超过1500 m^2 的商住楼； ⑤ 中央级或省级广播电视楼； ⑥ 省级电力调度楼； ⑦ 省级邮政楼、防火指挥调度楼； ⑧ 藏书超过100万册的图书馆、书库； ⑨ 重要的办公楼、科研楼、档案楼； ⑩ 建筑高度超过50 m的教学楼和普通旅馆、办公楼、科研楼、档案楼等	① 除一类建筑以外的商业楼、展览楼、综合楼、电信楼、财贸金融楼、商住楼、图书馆、书库； ② 省级以下的邮政楼、防火指挥调度楼、广播电视楼、电力调度楼； ③ 建筑高度不超过50m的教学楼和普通旅馆、办公楼、科研楼、档案楼等	1000	1500	500	一级	不低于二级

注：1. 设有自动灭火系统的防火分区，其允许最大建筑面积可按本表增加1.0倍；当局部设置自动灭火系统时，增加面积可按该局部面积的1.0倍计算。

2. 一类建筑的电信楼，其防火分区允许最大建筑面积可按本表增加50%。

② 建筑物内如有上、下层相通的走马廊、自动扶梯等开口部位时，应按上、下连通层作为一个防火分区，其建筑面积的允许值取决于建筑的耐火等级及使用功能。

③ 建筑物的地下室、半地下室应采用防火墙分隔成面积不超过500 m^2 的防火分区。

一般防火分区有如下分隔设施：

① 防火墙。防火墙由不燃烧材料构成，为了保证防火墙的防火可靠性，现行规范规定其耐火极限不应低于4 h，高层建筑防火墙耐火极限不应低于3 h。

② 防火门。防火门除了具有一般门的功效外，还具有能保证一定时限的耐火、防烟、隔火等特殊功能，通常用于建筑物的防火分区以及重要的防火部位，能在一定程度上阻止火灾的蔓延，并能确保人员的疏散。

③ 防火卷帘。防火卷帘是一种不占空间、关闭严密、开启方便的较现代化的防火分隔物，它具有可以实现自动控制、可以与报警系统联动的优点。

④ 防火窗。防火窗是一种采用钢窗框、钢窗扇及防火玻璃(防火夹丝玻璃或防火复合玻璃)制成的能隔离或阻止火势蔓延的窗。

14.2.2 防烟分区

大量资料表明，火灾现场人员伤亡的主要原因是烟害所致。发生火灾时的首要任务是把火场上产生的高温烟气控制在一定的区域之内，并迅速排出室外。为此，在设定条件下必须划分防烟分区。设置防烟分区主要是保证在一定时间内，火场上产生的高温烟气不致随意扩散，并加以排除，从而达到有利人员安全疏散，控制火势蔓延和减小火灾损失的目的。

所谓防烟分区是指用挡烟垂壁、挡烟梁、挡烟隔墙等划分的可把烟气限制在一定范围的空间区域，是为有利于建筑物内人员安全疏散与有组织排烟，而采取的技术措施。通过设置防烟分区，使烟气汇集于设定空间，通过排烟设施将烟气排至室外。防烟分区范围是指以屋顶挡烟隔板、挡烟垂壁或从顶棚向下突出不小于500 mm的梁为界，从地板到屋顶或吊顶之间的规定空间。

(1) 防烟分区的划分原则

在划分防烟分区时，需要遵循以下原则：

① 不设排烟设施的房间(包括地下室)和走道，不划分防烟分区。

② 防烟分区不应跨越防火分区。

③ 对有特殊用途的场所，如地下室、防烟楼梯间、消防电梯、避难层间等，应单独划分防烟分区。

④ 防烟分区一般不跨越楼层，某些情况下，如 1 层面积过小，允许包括 1 个以上的楼层，但以不超过 3 层为宜。

⑤ 对于高层民用建筑和其他建筑(含地下建筑和人防工程)，每个防烟分区的面积不宜大于 500 m^2；当顶棚(或顶板)高度在 6 m 以上时，可不受此限。此外，需设排烟设施的走道、净高不超过 6 m 的房间应采用挡烟垂壁、隔墙或从顶棚突出不小于 500 mm 的梁划分防烟分区，梁或垂壁至室内地面的高度不应小于 1.8 m。

(2) 防烟分区的划分方法

防烟分区一般根据建筑物的种类和要求不同，可按其用途、面积、楼层划分。

① 按用途划分。

对于建筑物的各个部分，按其不同的用途，如厨房、卫生间、起居室、客房及办公室等，来划分防烟分区比较合适，也较方便。国外常把高层建筑的各部分划分为居住或办公用房、疏散通道、楼梯、电梯及其前室、停车库等防烟分区。但按此种方法划分防烟分区时，应注意在通风空调管道、电气配管、给排水管道等穿墙和楼板处，应用不燃烧材料填塞密实。

② 按面积划分。

在建筑物内按面积将其划分为若干个基准防烟分区，这些防烟分区在各个楼层，一般形状相同、尺寸相同、用途相同。不同形状和用途的防烟分区，其面积也宜一致。每个楼层的防烟分区可采用同一套防排烟设施。如所有防烟分区共用一套排烟设备时，排烟风机的容量应按最大防烟分区的面积计算。

③ 按楼层划分。

在高层建筑中，底层部分和上层部分的用途往往不太相同，如高层旅馆建筑，底层布置餐厅、接待室、商店、会议室、多功能厅等，上层部分多为客房。火灾统计资料表明，底层发生火灾的概率较大，上部主体发生火灾的概率较小。因此，应尽可能地根据房间的不同用途，沿垂直方向按楼层划分防烟分区。

(3) 防烟分区的排烟方式

防烟分区的排烟可采取如下三种方式(如图 14-2 和图 14-3 所示)：

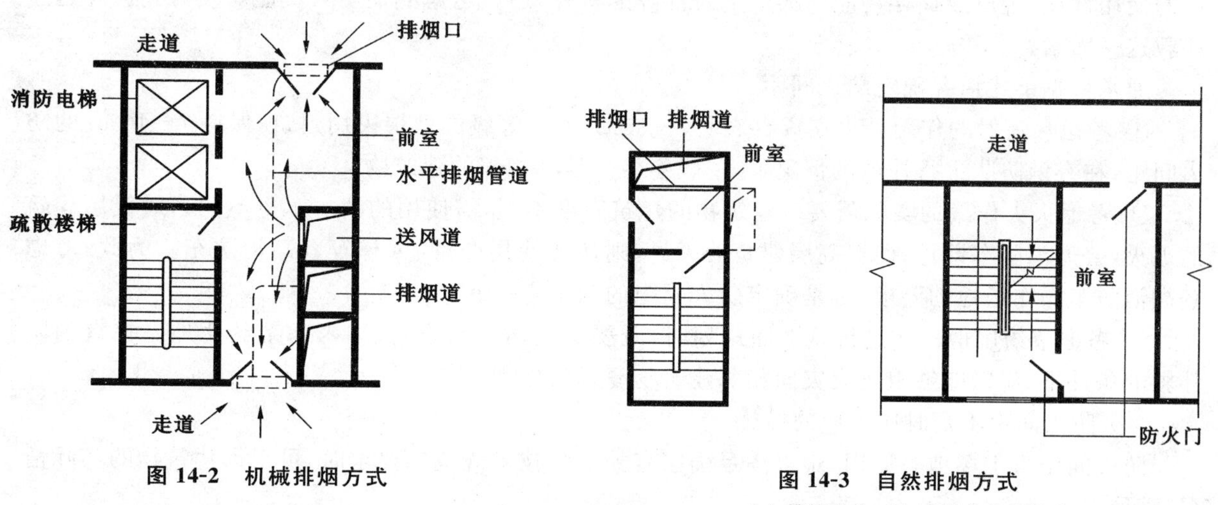

图 14-2 机械排烟方式

图 14-3 自然排烟方式

(a) 排烟竖井；(b) 走道自然排烟

① 强力加压的机械排烟方式;

② 强制减压的机械排烟方式;

③ 自然排烟方式。

14.2.3 防火间距

防火间距是两栋建(构)筑物之间,保持适应火灾扑救、人员安全疏散和降低火灾时热辐射等的必要间距。为了防止建筑物间的火势蔓延,各幢建筑物之间留出一定的安全距离是非常必要的。防火间距能够减少辐射热的影响,避免相邻建筑物被烤燃,并可提供疏散人员和灭火战斗的必要场地。

(1) 影响防火间距的因素

① 辐射热。辐射热是影响防火间距的主要因素,辐射热的传导作用范围较大,在火场上火焰温度越高,辐射热强度越大,引燃一定距离内的可燃物时间也越短。辐射热伴随着热对流和飞火则更危险。

② 热对流。这是火场冷热空气对流形成的热气流,热气流冲出窗口,火焰向上升腾而扩大火势蔓延。由于热气流离开窗口后迅速降温,故热对流对邻近建筑物来说影响较小。

③ 建筑物外墙开口面积。建筑物外墙开口面积越大,火灾时在可燃物的质和量相同的条件下,由于通风好、燃烧快、火焰强度高、辐射热强,相邻建筑物接受的辐射热也较多,就容易引起火势蔓延。

④ 建筑物内可燃物的性质、数量和种类。可燃物的性质、种类不同,火焰温度也不同。可燃物的数量与发热量成正比,与辐射热强度也有一定关系。

⑤ 风速。风的作用能加强可燃物的燃烧并加快火势蔓延。

⑥ 相邻建筑物高度的影响。相邻两栋建筑物,若较低的建筑着火,尤其在火灾时屋顶结构倒塌,火焰穿出时,对相邻较高的建筑危害很大,因为较低建筑物对较高建筑物的辐射角在30°~45°时,根据测定辐射热强度最大。

⑦ 建筑物内消防设施的水平。如果建筑物内火灾自动报警和自动灭火设备完整,不但能有效地防止和减少建筑物本身的火灾损失,而且还能减少向相邻建筑物蔓延的可能。

⑧ 灭火时间的影响。火场中的火灾温度,随燃烧时间有所增长。火灾延续时间越长,辐射热强度也会有所增加,向相邻建筑物蔓延的可能性增大。

(2) 确定防火间距的基本原则

影响防火间距的因素很多,在实际工程中不可能都考虑。除考虑建筑物的耐火等级、建(构)筑物的使用性质、生产或储存物品的火灾危险性等因素外,还应考虑到消防人员能够及时到达并迅速扑救这一因素。

通常根据下述情况确定防火间距:

① 考虑热辐射的作用。火灾资料表明,一、二级耐火等级的低层民用建筑,保持 7~10 m 的防火间距,在有消防队进行扑救的情况下,一般不会蔓延到相邻的建筑物。

② 考虑灭火作战的实际需要。建筑物的建筑高度不同,需使用的消防车也不同。对低层建筑的灭火,普通消防车即可;而对高层建筑的灭火,则还要使用曲臂、云梯等登高消防车。为此,考虑登高消防车操作场地的要求,也是确定防火间距的因素之一。

③ 考虑节约用地。在进行总平面规划时,既要满足防火要求,又要考虑节约用地。在有消防扑救的条件下,应以能够阻止火灾向相邻建筑物蔓延为原则。

(3) 防火间距不足时应采取的措施

防火间距由于场地等原因,难以满足国家有关消防技术规范的要求时,可根据建筑物的实际情况,采取以下措施:

① 改变建筑物内的生产和使用性质，尽量降低建筑物的火灾危险性。改变房屋部分结构的耐火性能，提高建筑物的耐火等级。

② 调整生产厂房的部分工艺流程，限制库房内储存物品的数量，提高部分构件的耐火性能和燃烧性能。

③ 将建筑物的普通外墙改造为实体防火墙。建筑物的山墙对建筑物的通风、采光影响小，设置的窗户少，可将山墙改为实体防火墙。

④ 拆除部分耐火等级低、占地面积小、适用性不强且与新建筑物相邻的原有陈旧建筑物。

⑤ 设置独立的室外防火墙等。

(4) 普通建筑物的防火间距

① 单层、多层民用建筑的防火间距。

a. 单层、多层民用建筑之间的防火间距不应小于表 14-4 的要求。

表 14-4　**民用建筑之间的防火间距**　(单位:m)

耐火等级	一、二级	三　级	四　级
一、二级	6	7	9
三级	7	8	10
四级	9	10	12

注:1. 两座建筑物相邻较高一面外墙为防火墙或高出相邻较低一座一、二级耐火等级建筑物的屋面 15 m 范围内的外墙为防火墙且不开设门窗洞口时，其防火间距可不限；

2. 相邻的两座建筑物，当较低一座的耐火等级不低于二级、屋顶不设置天窗、屋顶承重构件及屋面板的耐火极限不低于 1 h，且相邻的较低一面外墙为防火墙时，其防火间距不应小于 3.5 m；

3. 相邻的两座建筑物，当较低一座的耐火等级不低于二级，相邻较高一面外墙的开口部位设置防火门窗、防火分隔水幕或防火卷帘时，其防火间距不应小于 3.5 m；

4. 相邻两座建筑物的外墙为不燃烧体且无外露的燃烧体屋檐，每面外墙上未设置防火保护措施的门窗洞口不正对开设，且面积之和小于等于该外墙面积的 5%时，其防火间距可按本表规定减少 25%；

5. 耐火等级低于四级的原有建筑物，其耐火等级可按四级确定；以木柱承重且以不燃烧材料作为墙体的建筑，其耐火等级应按四级确定；

6. 防火间距按相邻建筑物外墙的最近距离计算，当外墙有突出燃烧构件时，应从其突出部分外缘算起。

b. 单层、多层民用建筑与所属单独建造的终端变电所、燃煤锅炉房(单台蒸发量不超过 4T 且总蒸发量不超过 12T)的防火间距按上表的规定执行。

c. 数座一、二级耐火等级且不超过六层的住宅，如占地面积总和不超过 2500 m^2，则可成组布置，但组内建筑之间的防火间距不宜小于 4 m，组与组或组与相邻建筑之间的防火间距不应小于表 14-4 的规定。

② 高层民用建筑的防火间距。

a. 高层民用建筑之间及高层民用建筑与其他民用建筑之间的防火间距，不应小于表 14-5 的规定。

表 14-5　**高层建筑之间及高层建筑与其他民用建筑之间的防火间距**　(单位:m)

建筑类别	高层建筑	裙　房	其他民用建筑		
			耐火等级		
			一、二级	三级	四级
高层建筑	13	9	9	11	14
裙房	9	6	6	7	9

注:防火间距应按相邻建筑物外墙的最近距离计算；当外墙有突出可燃构件时，应从其突出部分外缘算起。

b. 两座高层民用建筑相邻较高一面外墙为防火墙或比相邻较低一座建筑屋面高 15 m 及以下范围内的墙为不开设门、窗洞口的防火墙时,其防火间距可不限。

c. 相邻的两座高层民用建筑,较低一座的屋顶不设天窗、屋顶承重构件的耐火极限不低于 1 h,且相邻较低一面外墙为防火墙时,其防火间距可适当减小,但不宜小于 4 m。

d. 相邻的两座高层民用建筑,当相邻较高一面外墙耐火极限不低于 2 h,且墙上开口部位设有甲级防火门、窗或防火卷帘时,其防火间距可适当减小,但不宜小于 4 m。

14.3 安全疏散

安全疏散设施的建立,其主要目的是使人能从发生事故的建筑中,迅速撤离到安全部位(室外或避难层、避难间等),及时转移室内重要的物资和财产,同时,应尽可能地减少火灾造成的人员伤亡与财产损失,也为消防人员提供有利的灭火条件等。因此,保证安全疏散是十分必要的。建筑物中的安全疏散设施,如疏散路线、楼梯、疏散走道等,是依据建筑物的用途、人员的数量,建筑物面积的大小和人们在火灾时的心理状态等因素综合考虑的,因此我们在日常工作中,要按照国家有关消防技术规范的要求认真进行维护管理与检查,保障建筑物内人员和物资安全疏散,减少火灾所造成的人员伤亡和财产损失。

14.3.1 疏散路线

为了保证安全疏散,除了形成流畅的疏散路线外,还应尽量满足下列要求:

① 靠近标准层(或防火分区)的两端设置疏散楼梯,便于进行双向疏散;

② 将经常使用的路线与火灾时紧急使用的路线结合起来,靠近电梯间布置疏散楼梯较为有利,如图 14-4 所示;

③ 靠近外墙设置安全性能最大的为开敞前室的疏散楼梯间形式。同时,也便于自然采光风和消防人员进入灭火救人;

④ 避免火灾时疏散人员与消防人员的流线交叉和相互干扰,妨碍安全疏散与消防扑救,疏散楼梯不宜与消防电梯共用一个凹廊作前室,如图 14-5 所示;

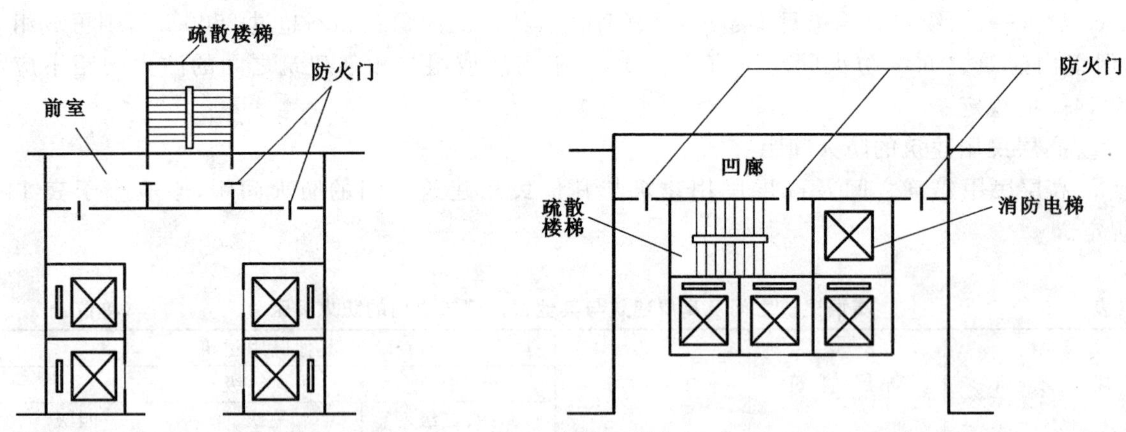

图 14-4 疏散楼梯靠近电梯布置　　图 14-5 不理想的疏散路线布置

⑤ 对于水平疏散而言,走道是第一安全区域,它应简捷顺畅并有事故照明、方向指示、排烟、灭火等措施。在行人高度即 1.8 m 以上不设突出物,以避免紧急疏散时发生堵塞;

⑥ 为有利于安全疏散,应尽量布置环形走道、双向走道或无尽端房间的走道、人字形走道,其安全出口的布置应构成双向疏散。

14.3.2　疏散楼梯间和楼梯

疏散楼梯间和楼梯是建筑物中主要垂直交通设施,是安全疏散的重要通道。根据防火要求,可将疏散楼梯分为敞式楼梯、封闭式楼梯、防烟楼梯和室外疏散楼梯四种形式,如图 14-6 所示。

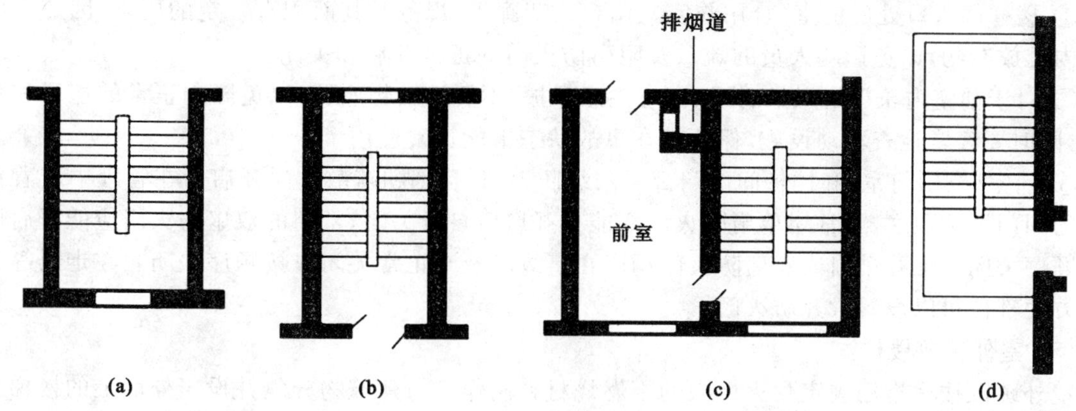

图 14-6　疏散楼梯类型

(a) 敞式楼梯;(b) 封闭式楼梯;(c) 防烟楼梯;(d) 室外疏散楼梯

(1) 一般要求

① 楼梯间的设置应满足安全疏散距离的要求,尽量避免袋形走道。

② 在标准层或防火分区的两端布置,便于双向疏散。

③ 楼梯间(除与地下室相连的楼梯、通向高层建筑避难层的楼梯外)竖向要保持上下直通,在各层的位置不能改变。

④ 地下室、半地下室楼梯间,在首层应采用耐火极限不低于 2 h 的隔墙与其他部位隔开,并应直通室外。当必须在隔墙上开门时,应采用不低于乙级的防火门。地下室或半地下室与地上层不应共用楼梯间,当必须共用楼梯间时,应在首层与地下或半地下层的出入口处,设置耐火极限不低于 2 h 的隔墙和乙级的防火门隔开,并应有明显标志。

⑤ 楼梯间内不应有影响安全疏散的突出物。楼梯间及前室内不应附设烧水间、可燃材料储藏室、非封闭的电梯井,可燃气体及甲、乙、丙类液体管道。

(2) 敞式楼梯间

敞式楼梯间是指用规定耐火极限的墙体等分隔成的不封闭空间,且与其他使用空间相通,无防烟功能,在人员安全疏散方面其安全度是最低的一种楼梯,只允许在层数不多的建筑物中使用。

(3) 封闭式楼梯间

封闭式楼梯间是指用规定耐火极限的墙体与其他使用空间进行分隔,在楼梯间与走道之间有一道双向开启的弹簧门,火灾初期能防止烟热进入楼梯间。

① 封闭式楼梯间应靠外墙设置。当不能采用直接天然采光和自然通风时,应按防烟楼梯间的要求设置。

② 高层建筑的封闭式楼梯间应设向疏散方向开启的乙级防火门。

③ 楼梯间的首层紧接主要出口时,可将走道和门厅等包括在楼梯间内,形成扩大的封闭式楼梯间,但应采用乙级防火门等防火措施与其他走道和房间隔开。

④ 检查中还应注意闭门器和顺序器的安装是否正确,能否正常工作。

(4) 防烟楼梯间

防烟楼梯间是指具有防烟前室和防排烟设施,用规定耐火极限的墙体与建筑物内使用空间分隔,且具有防火防烟功能的楼梯间。其形式一般有带前室或合用前室的防烟楼梯间或用阳台、凹廊作前室的防烟楼梯间,以及符合疏散要求的室外防烟楼梯等。

防烟楼梯间有如下要求:

① 楼梯间入口处的前室(合用前室)、阳台或凹廊等,规范对其面积有一定的要求,因此不要在前室内堆放杂物,以免影响人员的疏散及阻碍防火门的正常开启和关闭。

② 对于前室内正压送风口、排烟窗应注意保护,不要被杂物遮挡,以免影响正常的送风和自然排烟,同时要经常检查联动设施,保证其在事故状态下能正常使用。

③ 前室(合用前室)和楼梯间的门都是乙级防火门,且都朝疏散方向开启。在管理中应着重检查门的闭门器和顺序器,常闭单扇防火门要能在开启后自行关闭,常闭的双扇防火门应能开启后自行按顺序关闭。常开单扇或双扇防火门均应在事故时及时正常关闭或按顺序关闭。在走道等人们出入方便部位可以设置常开防火门。

(5) 室外疏散楼梯

室外疏散楼梯指用规定耐火极限的不燃烧材料制作且与建筑物分隔并设于外墙上的楼梯。它同样可用于人员安全疏散并可作为辅助防烟楼梯使用。

室外疏散楼梯一般有如下要求:

① 每层的疏散出口不能因图省事或管理上的方便,而在平时将其关闭;

② 室外楼梯的疏散门均应为乙级防火门,不能因外观或其他功能需要而随意更改其防火门的作用;

③ 在楼梯周围2 m范围内的墙面上,除疏散门外,不应开设其他门窗洞口。

14.3.3 疏散走道

疏散走道是在疏散时,人员从房间内至房门口,或从房门口至疏散楼梯间或防烟前室或合用前室或外部出口的全过程所经过的走道就称为疏散走道。在火灾情况下,人员要从房间等部位向外疏散,首先要经过疏散走道这一必经之路,在日本通常称其为疏散的第一安全地带。

疏散走道的设置有如下要求:

① 走道要简明直接,尽量避免弯曲,尤其不要往返转折,并且不能在走道内设置文件柜、衣柜等物品,给疏散造成阻力和产生不安全感;

② 疏散走道内不要人为设门(防火分区的门除外)、台阶、门垛、管道等,以免影响疏散;

③ 由于走道是人员疏散的必经之路(为第一安全地带),因此必须保证它的耐火性能,进行建筑内装修时应符合《建筑内部装修设计防火规范》(GB 50222—1995)的要求。

14.3.4 安全出口

所谓安全出口是指供人员安全疏散用的房间的门、楼梯或直通室外地平面的门。

安全出口的设置有如下要求:

① 安全出口的布置应分散简捷,易于寻找,并且有明显标志;

② 每个防火分区的安全出口一般不应少于两个(可只设一个安全出口的情况除外),应保证安全出口畅通,不得封堵安全出口;

③ 安全出口的宽度是按照一定的标准计算出来的,所以不能随意减少门的宽度;

④ 安全出口的数量，特别是剧院、电影院、礼堂的观众厅、体育馆观众厅等的安全出口数量是根据规范规定和人数等条件计算所得，不能任意减少，使用时不应上锁。

14.3.5 火灾应急照明和疏散指示标志

建筑物发生火灾时，当正常电源被切断时，黑暗会使人惊恐不安，造成混乱，所以火灾应急照明和疏散指示标志是安全疏散中必不可少的重要设施。

火灾应急照明和疏散指示标志应两路供电或双回路供电，即应设置日常使用电源和紧急备用电源，紧急备用电源可由自备发电机组成或用蓄电池，其连续供电时间不应少于 20 min，高度超过 100 m 的高层建筑连续供电时间不应少于 30 min。当常用电源切断时能自动转换接通备用电源，并在常用电源恢复使用时能够自动地切断备用电源。

火灾应急照明和疏散指示标志根据国家规范规定有一定的照度要求，因为火灾时浓烟会使照度降低并妨碍视线，所以一般部位的事故照明和疏散指示标志的亮度不能太低，应使之能照亮走道、楼梯及其他疏散路线，而消防控制室、配电室和自备发电机房、消防水泵房、电话机房以及火灾时仍需坚持工作的部位，须保证正常的照度。

应急照明一般设在墙面或顶棚上。安全出口标志设在出口的顶部；疏散走道的指示标志设在疏散走道及其转角处距地面 1 m 以下的墙上，标志设得过高易被烟雾遮挡，设得过低则容易被忽视而不受注意，走道疏散指示标志灯间距不大于 20 m，且应急照明和疏散指示标志均应有玻璃或其他不燃烧材料制作的保护罩。

14.3.6 火灾应急广播

在建筑物中，尤其是高层宾馆、饭店、办公楼、综合楼、医院等，人群密集，一旦发生火灾影响很大。为了便于火灾时统一指挥人员疏散，可通过火灾应急广播发出紧急通告和疏散指令，使建筑物内人员知道发生了什么事及该向何处疏散，不致造成惊慌和混乱。应急广播要满足如下要求：

① 火灾应急广播扬声器的数量应保证从本层任何部位到最近一个扬声器的步行距离不超过 25 m；

② 每个扬声器的额定功率不应小于 3 W；

③ 涉外单位的应急广播应用两种以上的语言；

④ 火灾后不能将全楼火灾广播都打开，应遵循规范规定打开相关层的广播，通知人员疏散，防止混乱。

本章小结

(1) 起火原因和燃烧条件两者同时存在，而且可燃物、助燃物要具备一定的数量或浓度，火源具有一定的能量，可燃物才会被点燃，火灾才会发生。

(2) 建筑构件按燃烧性能分为不燃烧体、难燃烧体和燃烧体。建筑构件的耐火性能用耐火极限(小时)表示。建筑物的耐火等级是由组成建筑物的主要构件的燃烧性能和耐火极限决定，共分为四级。

(3) 火灾的发展一般有火灾初起阶段、猛烈燃烧阶段、衰减阶段三个过程，主要传递途径是外墙窗口、内墙门、竖井、通风管道等。研究火势蔓延的途径，是设置防火分隔的依据。

(4) 设计民用建筑必须遵循国家《建筑设计防火规范》(GB 50016—2006)的规定，在设计中要根据其使用性质，选定建筑物耐火等级，设置防火分隔物，分清防火分区，保证合理的防火间距。

(5) 发生火灾后，为尽量保障人民群众的生命财产安全，建筑物中应设置有完善的安全疏散设施,如疏散路线、楼梯、疏散走道、安全出口等,这些设施的设置是依据建筑物的用途、人员的数量,建筑物面积的大小和人们在火灾时的心理状态等因素综合考虑的。

【知识拓展——建筑消防设施】

建筑消防设施指建(构)筑物内设置的火灾自动报警系统、自动喷水灭火系统、消火栓系统等用于防范和扑救建(构)筑物火灾的设备设施的总称。常用的有火灾自动报警系统、自动喷水灭火系统、消火栓系统、气体灭火系统、泡沫灭火系统、干粉灭火系统等。它是保证建筑物消防安全和人员疏散安全的重要设施,是现代建筑的重要组成部分,有效地保护了公民的生命安全和国家财产的安全。

① 火灾自动报警系统是由触发装置(如图 14-7 所示)、火灾报警装置以及具有其他辅助功能的装置组成的,它能在火灾初期,将燃烧产生的烟雾、热量、火焰等物理量,通过火灾探测器变成电信号,传输到火灾报警控制器,并同时显示出火灾发生的部位、时间等,使人们能够及时发现火灾,并迅速采取有效措施,于初起阶段扑灭火灾,最大限度地减少因火灾造成的生命和财产的损失,是人们同火灾做斗争的有力工具。

② 自动喷水灭火系统是由洒水喷头(如图 14-8 所示)、报警阀组、水流报警装置(水流指示器或压力开关)等组件,以及管道、供水设施组成,并能在发生火灾时喷水的自动灭火系统。

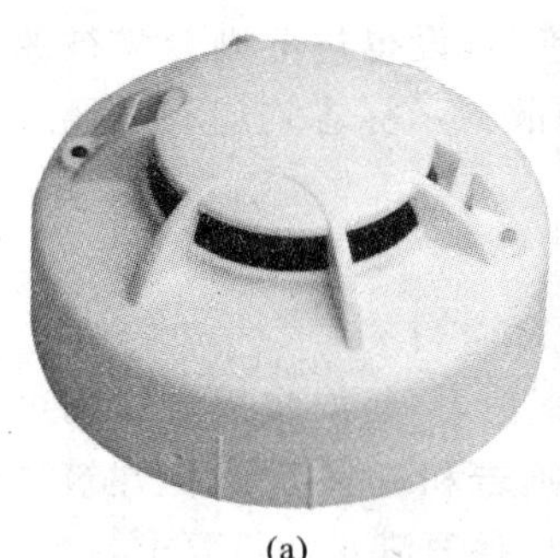

(a)

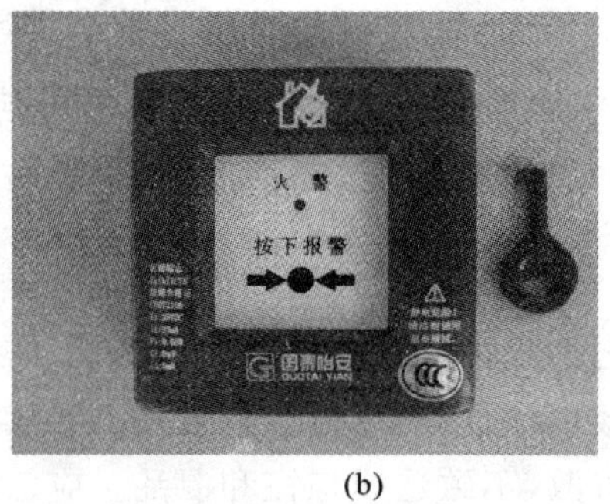

(b)

图 14-7 火灾报警系统触发装置

(a)

(b)

图 14-8 自动喷水灭火系统洒水喷头

③ 消火栓系统通常是由消防水源、消防水泵(如图 14-9 所示)、消防管道、消火栓箱(包括水枪、水带、消火栓,如图 14-10 和图 14-11 所示)、消防高位水箱(如图 14-12 所示)、消防水泵接合器(如图 14-13 所示)等几部分组成。

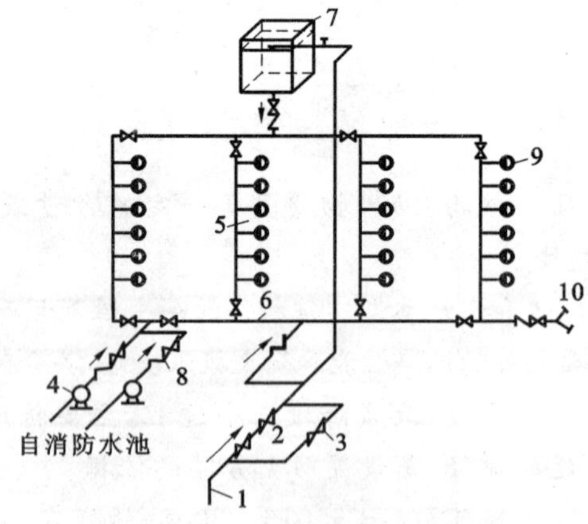

图 14-9 水泵-水箱消防供水方式

1—引入管;2—水表;3—旁通管及阀门;4—消防水泵;5—竖管;6—干管;7—水箱;8—止回阀;9—消火栓设备;10—水泵接合器

图 14-10 消防栓箱

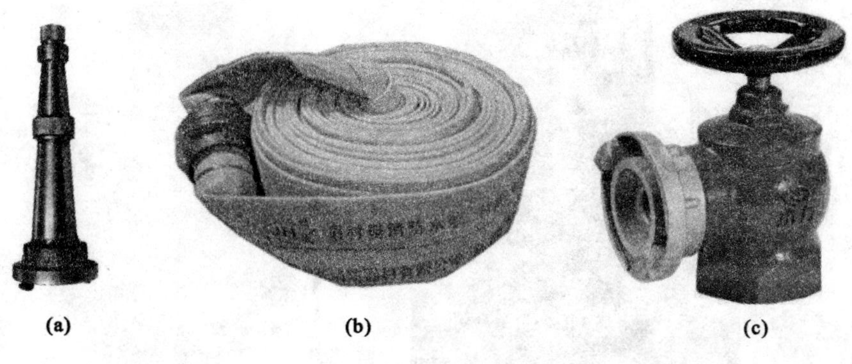

(a)　(b)　(c)

图 14-11　消防器材

(a) 水枪;(b) 水带;(c) 消火栓

图 14-12　消防高位水箱

图 14-13　消防水泵接合器

④ 气体灭火系统主要用于不适宜设置水灭火系统等其他灭火系统的环境中,比如计算机机房、重要的图书馆档案馆、移动通信基站(房)、UPS室、电池室、一般的柴油发电机房等。

气体灭火系统是指平时灭火剂以液体、液化气体或气体状态存贮于压力容器内,灭火时以气体(包括蒸汽、气雾)状态喷射作为灭火介质的灭火系统(如图 14-14 所示),并能在防护区空间内形成各方向均一的气体浓度,且至少能保持该灭火浓度达到规范规定的浸渍时间,实现扑灭该防护区的空间、立体火灾。

⑤ 泡沫灭火系统是通过泡沫比例混合器将泡沫灭火剂与水按比例混合成泡沫混合液,再经泡沫发生装置制成泡沫并施放到着火对象上实施灭火的系统。该系统主要由消防水泵、泡沫灭火剂储存装置(如图 14-15 所示)、泡沫比例混合装置、泡沫发生装置(如图 14-16 所示)及管道等组成。

⑥ 干粉灭火系统一般是以氮气为动力,向干粉罐内提供压力,推动干粉罐内的干粉灭火剂,通过管路输送到干粉炮、干粉枪或固定喷嘴喷出,以达到扑救易燃、可燃液体,可燃气体和电气设备火灾的目的。

图 14-14　气体灭火系统

图 14-15　泡沫灭火剂储存装置

图 14-16　泡沫发生装置

其系统的工作原理是：利用氮气瓶组内的高压氮气经减压阀减压后，使氮气进入干粉罐，其中一部分被送到罐的底部，起到松散干粉灭火剂的作用。随着罐内压力的升高，部分干粉灭火剂随氮气进入出粉管被送到干粉炮、干粉枪或干粉固定喷嘴的出口阀门处，当干粉炮、干粉枪或干粉固定喷嘴的出口阀门处的压力到达一定值后(干粉罐上的压力表值达 1.5～1.6 MPa时)，打开阀门(或者定压爆破膜片自动爆破)，将压力能迅速转化为速度能，这样高速的气粉流便从干粉炮(或干粉枪、固定喷嘴)的喷嘴中喷出，射向火源，切割火焰，破坏燃烧链，起到迅速扑灭或抑制火灾的作用。

手提式干粉灭火器如图 14-17 所示。

图 14-17　手提式干粉灭火器

习题与思考题答案

习题与思考题

14-1　简述建筑物起火的原因和燃烧条件。

14-2　什么是建筑物的燃烧性能和耐火极限？如何划分建筑物的耐火等级？

14-3　简述建筑物火灾蔓延的途径。

14-4　为何要设置建筑防火、防烟分区？简述防火和防烟分区划分的方法。

14-5 如何确定防火间距？当建筑防火间距不足时，应采取何种措施？

14-6 请图示疏散楼梯的种类。

14-7 疏散走道的设置有何要求？

14-8 安全出口应当如何设置？

参考文献

[1] 中国建筑科学研究院. 建筑设计防火规范(GB 50016—2006). 北京：中国计划出版社，2006.

[2] 中国建筑科学研究院. 高层民用建筑设计防火规范(GB 50045—1995). 北京：中国计划出版社，2005.

[3] 舒秋华. 房屋建筑学. 4版. 武汉：武汉理工大学出版社，2011.

[4] 同济大学，西安建筑科技大学，东南大学，等. 房屋建筑学. 4版. 北京：中国建筑工业出版社，2006.

[5] 刘建荣，翁季. 建筑构造(下册). 4版. 北京：中国建筑工业出版社，2008.

[6] 高远，张艳芳. 建筑构造与识图. 2版. 北京：中国建筑工业出版社，2008.

[7] 董黎. 房屋建筑学. 北京：高等教育出版社，2006.

[8] 钱坤，王若竹. 房屋建筑学(上：民用建筑). 北京：北京大学出版社，2009.

[9] 李必瑜，王雪松. 房屋建筑学. 3版. 武汉：武汉理工大学出版社，2008.

15 民用建筑工业化

【内容提要】

本章主要内容包括建筑工业化的含义和特征、工业化建筑体系、建筑工业化的类型和特点。本章的教学重点为大板建筑、框架板材建筑和大模板建筑的适用范围和构造要点。

【能力要求】

通过本章的学习，学生应了解建筑工业化的含义和特征，了解建筑工业化的发展及工业化建筑体系，了解建筑工业化的类型、特点。

重难点

15.1 概　　述

15.1.1 建筑工业化的含义和特征

建筑工业化是指在建筑上应用现代化工业的组织和生产方法，用机械化的途径进行大批量生产和流水作业。将现代工业生产的成熟经验应用于建筑业，像生产其他工业产品一样，用机械化手段生产建筑定型产品，如房屋、房屋的构配件和建筑制品等。长期以来，人类建造房屋所依靠的手工操作方法，劳动强度大、工效低、工期长，质量也难以保证，这显然不能适应现代化建筑工业的要求。建筑工业化是建筑业生产方式的根本改变，只有实现建筑工业化，才能加快建设速度，降低劳动强度，提高生产效率和施工质量。

建筑工业化的基本特征是设计标准化、生产工厂化、施工机械化、组织管理科学化。

① 设计标准化是建筑工业化的前提。建筑产品如不加以定型，不采取标准化设计，就无法进行工厂化、机械化的大批量生产。设计标准化包括采用构件定型和房屋定型两大部分。构件定型又称为通用体系，主要是将房屋的主要构配件按模数配套生产，从而提高构配件之间的互换性；房屋定型又称为专用体系，主要是将各类不同的房屋进行定型，做成标准设计。

② 生产工厂化是建筑工业化的手段。建筑构配件经过标准化设计、定型后在工厂进行生产，可以改善劳动条件、提高生产效率、保证产品质量。构件工厂化可建立完整的预制加工企业，形成施工现场的技术后方，提高建筑物的施工速度。目前，建筑业的预制加工企业主要有混凝土预制构件厂、混凝土搅拌厂、门窗加工厂、模板工厂、钢筋加工厂等。

③ 施工机械化是建筑工业化的核心。机械化代替手工操作,可以降低劳动强度,加快施工进度,提高施工质量。

④ 组织管理科学化是实现建筑工业化的保证。现代工业生产的组织管理是一门科学,包括采用指示图表法和网络法,并广泛采用电子计算机等内容。从设计、生产到施工的各个过程,都必须有科学化的管理,以避免出现混乱,造成不必要的损失。

15.1.2 我国建筑工业化的发展和工业化建筑体系

1956 年 5 月 8 日,国务院出台了《关于加强和发展建筑工业的决定》,这是我国最早提出的走建筑工业化的文件。该文件指出:为了从根本上改善我国的建筑工业,必须积极地、有步骤地实现机械化、工业化施工,必须完成对建筑工业的技术改造,逐步完成向建筑工业化的过渡。1966 年以前,我国建筑工业主要采用标准设计,即采用标准的构件设计和配件设计,这在促进我国建筑工业化方面起到了积极作用,尤其是这一时期的各种标准设计和规范陆续出台,为建筑工业化奠定了坚实的基础。20 世纪 80 年代以后,建筑业逐渐发展成为我国经济的支柱产业之一,单纯采用标准设计已不能满足建筑业的发展需要,必须走工业化建筑体系的道路。所谓工业化建筑体系,就是把某些类型的建筑,从设计、生产工艺、施工方法到组织管理等各个环节都加以协调,形成工业化生产的完整过程。

工业化建筑体系分为专用体系和通用体系两种。专用体系是指以定型房屋为基础进行构配件配套的一种体系,其产品是定型房屋。专用体系的优点是具有一定的设计专用性和技术先进性,以少量规格的构配件就能将房屋建造起来,一次性投资不多,且见效大,但其构配件和连接方法的规格、类型较少,缺少与其他体系配合的通用性和互换性,只能适用于某类定型化建筑的一种成套建筑体系。而通用体系是指以通用构配件为基础,进行多样化房屋组合的一种体系,其产品是定型构配件。通用体系房屋的定型构配件和连接技术均标准化、通用化,可在各类建筑中互换使用,有较大的灵活性,适用面广,可以进行专业化成批生产。所以,近年来我国和大多数国家一样,都趋向于从专用体系转向通用体系。

15.1.3 工业化建筑的类型

工业化建筑的类型通常按结构类型和施工工艺划分。按结构类型主要可分为墙体承重结构、框架结构、框架-剪力墙结构和剪力墙结构等。施工工艺主要按混凝土工程的施工工艺来划分,如预制装配式、工具式模板机械化现浇或预制与现浇相结合等。通常按结构类型与施工工艺的综合特征将工业化建筑划分为砌块建筑、大板建筑、框架板材建筑、大模板建筑、滑模建筑、升板建筑、盒子建筑等类型。

预制装配式建筑是将房屋构配件制品如同其他工业化产品一样,用工业化方法在工厂生产,然后运到现场进行安装。其主要包括砌块建筑、大板建筑、盒子建筑等。预制装配式建筑的主要特点是生产效率高,构件质量好,施工速度快,现场湿作业少,受季节影响小等。

现浇或现浇与预制相结合的建筑是将主要承重构件,如墙体和楼板等全部现浇,或其中一种现浇,一种预制装配。其主要优点是整体性好,适应性强,运输费用节省,便于组织大面积的流水作业,经济效果好。

根据目前我国建筑工业的现状和发展趋势,本章主要介绍大板建筑、框架板材建筑和大模板建筑,对砌块建筑、滑模和升板升层建筑、盒子建筑及密肋壁板建筑只作简略介绍。

15.2 大板建筑

15.2.1 大板建筑的特点

大板建筑是大楼板、大墙板、大屋面板组合的建筑的简称,是装配式建筑的主导做法。大板建筑是除基础以外,地上的全部构件均采用预制构件,在施工现场进行拼装,形成不同的建筑,如图15-1所示。

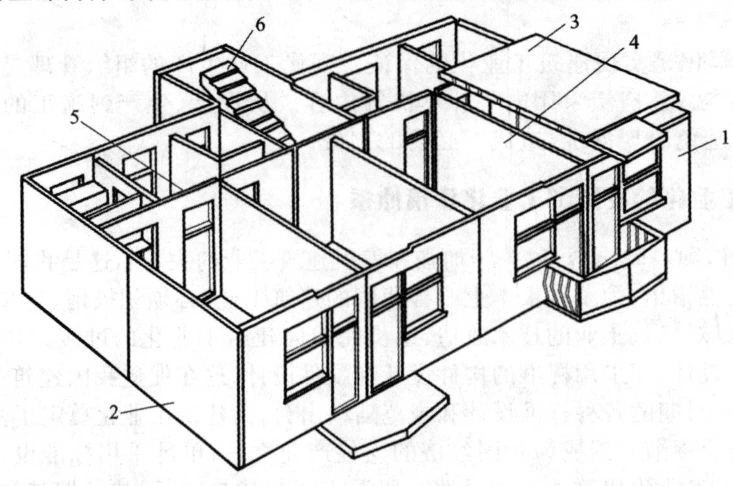

图15-1　大板建筑

1—外纵墙板;2—外横墙板;3—楼板;4—内横墙板;5—内纵墙板;6—楼梯

(1) 大板建筑的优点

①装配化程度高,建设速度快,可缩短工期,提高劳动生产率。国外经验认为它比一般的传统施工方法可缩短工期40%～50%。

② 施工现场湿作业非常少,施工不受天气和季节影响,大部分工作移入工厂进行,改善了工人的劳动条件。

③ 板材的承载能力比砖混结构高,可减少墙厚和结构自重,对抗震有利,且扩大了使用面积。

(2) 大板建筑的缺点

① 一次性投资大,要先投入一部分资金修建大板厂;

② 需要大型吊装运输设备,在坡地或窄路上运输比较困难;

③ 钢材和水泥用量比砖混结构大,房屋造价也比砖混结构高。

大板建筑常用于多层和高层住宅、宿舍、办公楼等小开间的建筑。

15.2.2　大板建筑的主要构件

大板建筑采用的预制构件包括外墙板、内墙板、楼板、屋面板和其他构件(楼梯、挑檐板、阳台板)等,下面分别予以介绍。

15.2.2.1　墙板类型

墙板按其安装位置分为内墙板和外墙板;按其材料组成分为振动砖墙板、混凝土墙板、工业废渣墙板;按构造形式分为单一材料墙板和复合墙板。

(1) 外墙板

在大板建筑体系中,外墙板是房屋的外围护构件,有承重和非承重两种,所以外墙板既要有足够的强度和刚度,同时还应满足保温、隔热、防止风雨渗透等功能要求及立面美观的要求。

外墙板按构造形式可分为单一材料板和复合材料板。单一材料外墙板主要有实心板和空心板两种(如图15-2所示),复合材料外墙板是根据功能要求由防水层、保温层、结构层等组合而成的多层外墙板(如图15-3所示)。

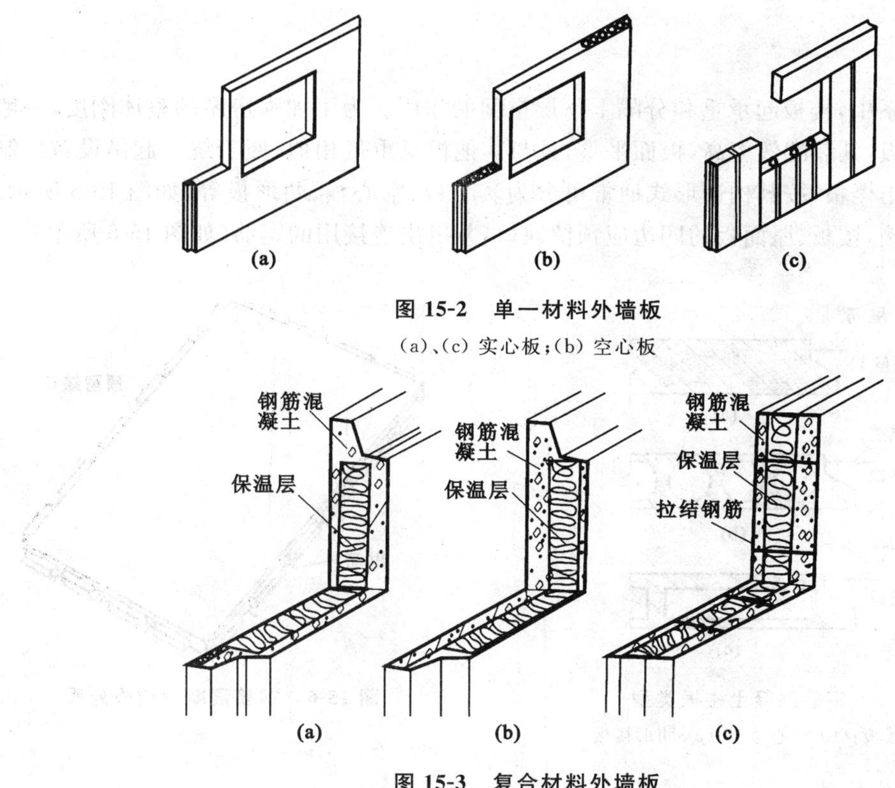

图 15-2　单一材料外墙板

(a)、(c) 实心板；(b) 空心板

图 15-3　复合材料外墙板

(a) 结构层在内侧；(b) 结构层在外侧；(c) 夹层外墙板

(2) 内墙板

在大板建筑体系中，内墙板起承重和分隔空间的作用。因此，内墙板应具有足够的强度和刚度，还须有隔声、防火能力。为了减少墙板的规格并简化施工，从底层到顶层均采用同一厚度，多层建筑内墙板厚为 140～160 mm，高层墙板厚为 180～240 mm。由于内墙板不需要考虑保温与隔热，多采用单一材料制作。常见的构造形式有实心墙板、空心墙板和振动砖墙板(如图 15-4 所示)。

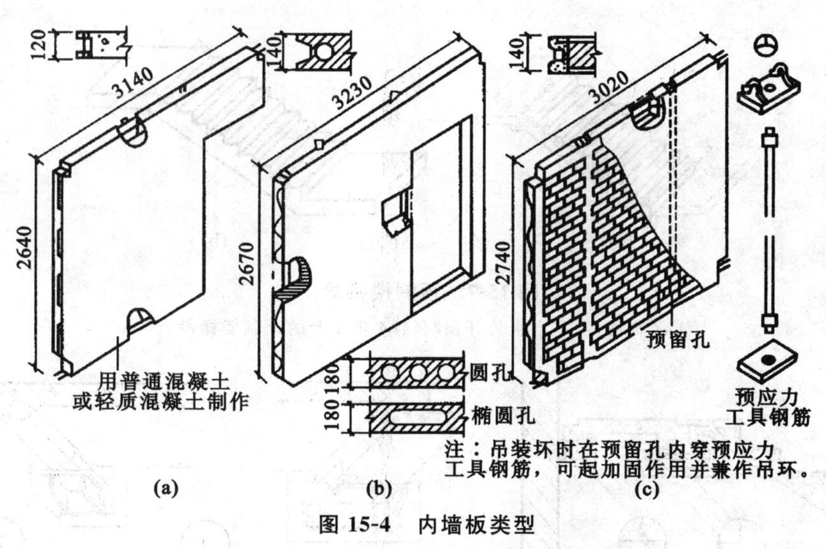

图 15-4　内墙板类型

(a) 实心墙板；(b) 空心墙板；(c) 振动砖墙板

注：吊装环时在预留孔内穿预应力工具钢筋，可起加固作用并兼作吊环。

15.2.2.2 楼板和屋面板

在大板建筑体系中,楼板起承重和分隔上下层空间的作用。为了加强房屋的整体刚度,一般多采用整间一块的大楼板,其装配效率高,板面平整,且与其他板材重量相似,便于统一起吊设备。制作时一般采用钢筋混凝土楼板,按其构造形式通常可分为实心板、空心板、肋形板等(如图 15-5 所示)。为了便于板材间的连接,楼板、屋面板的四边应预留缺口,并甩出连接用的钢筋(如图 15-6 所示)。

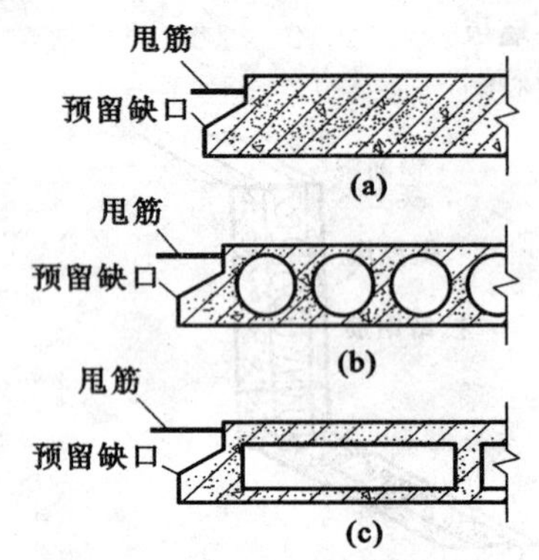

图 15-5 钢筋混凝土楼板类型

(a) 实心楼板;(b) 空心楼板;(c) 肋形楼板

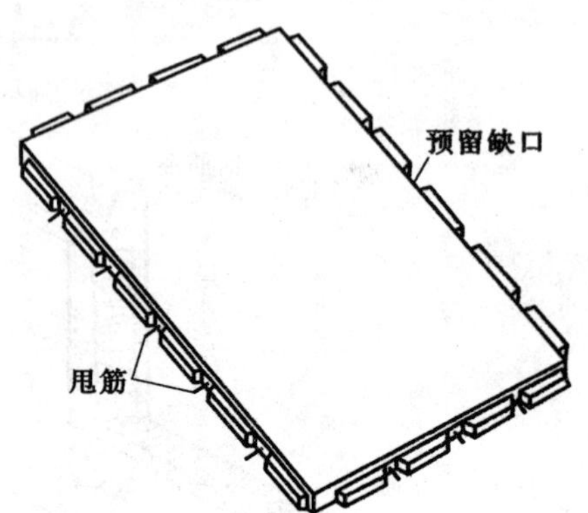

图 15-6 钢筋混凝土楼板外观

15.2.2.3 其他构件

大板建筑的其他构件包括楼梯、阳台板、挑檐板、女儿墙板等。

(1) 楼梯

大板建筑的楼梯通常是梯段和平台板分开预制,以方便施工。为了减轻构件的重量,梯段可预制成空心楼梯段。当有较强的起重能力时,也可将梯段和平台预制成整体构件(如图 15-7 所示)。楼梯段一般支承在带肋的平台板上,平台板支承在焊于侧墙板的钢牛腿上(如图 15-8 所示)。

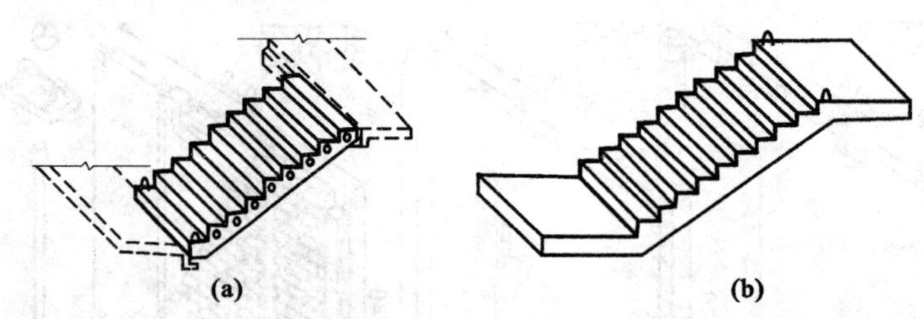

图 15-7 预制楼梯段

(a) 梯段板、平台板分开预制;(b) 带平台的预制楼梯段

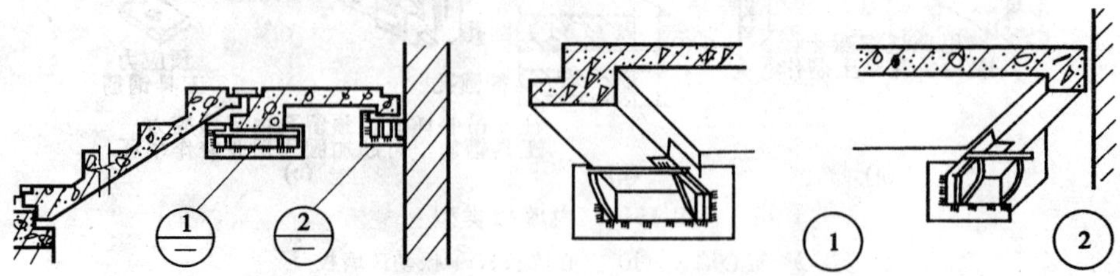

图 15-8 楼梯平台板与侧墙板的连接构造

(2) 阳台板

预制阳台板的制作方法一般有阳台板与楼板整体预制和阳台板单独预制两种。挑阳台板与楼板制作成一块整板，这种形式整体性好，构造简单，装配化程度高，但楼板尺寸过大而不便运输；分开预制操作比较方便，故采用较多。采用分开预制时，应保证挑阳台板和楼板与外墙板的整体连接，以确保阳台不致倾覆(如图 15-9 所示)。

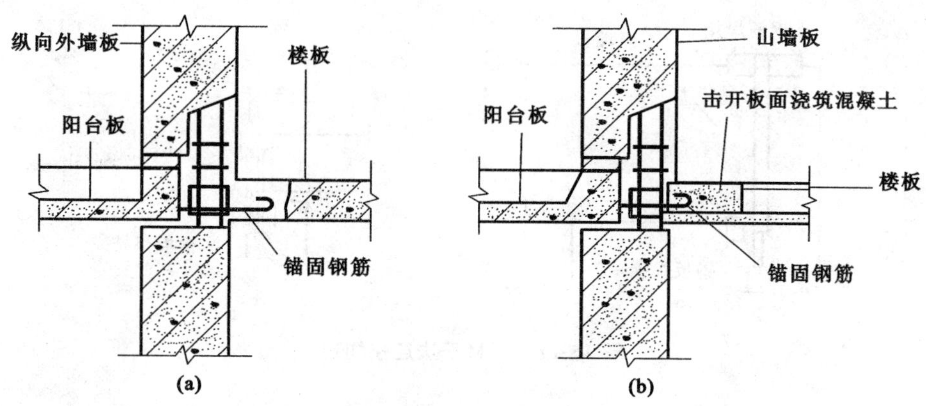

图 15-9 阳台板的锚固连接

(3) 挑檐板和女儿墙板

屋面的挑檐板可采用与屋面板整体预制或单独预制两种方法。女儿墙板是非承重构件，制作方法应与下部外墙板结构相同，以便连接。同时，由于女儿墙板悬于屋面上空，因此其与屋面应有可靠连接(如图 15-10 所示)。

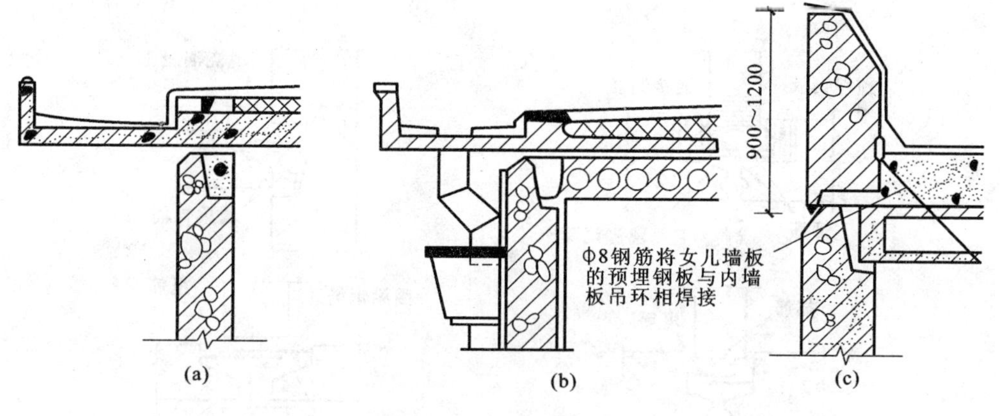

图 15-10 预制楼梯段

(a) 屋面板出挑檐口；(b) 另加挑檐板檐口；(c) 女儿墙板檐口

15.2.3 大板建筑的节点构造

节点的设计和施工是大板建筑中的关键问题。大板建筑的节点设计应满足强度、刚度、延性的要求，同时还应具有防腐、防水、保温等功能。节点的构造直接影响建筑物的整体性、稳定性和使用年限。

15.2.3.1 板材连接

板材连接主要包括墙板与墙板、墙板与楼板之间的连接构造措施。连接方法一般有干法连接和湿法连接两种。

(1) 干法连接

干法连接是通过构件上的预埋铁件与连接钢板或钢筋焊接,使板材之间连接成整体(如图 15-11 所示)。其优点是:施工简便,无需保养时间,施工速度快。其缺点是:耗钢量大,节点容易产生应力集中现象,连接件容易锈蚀,因而对连接件的质量要求较高,使用受到限制。

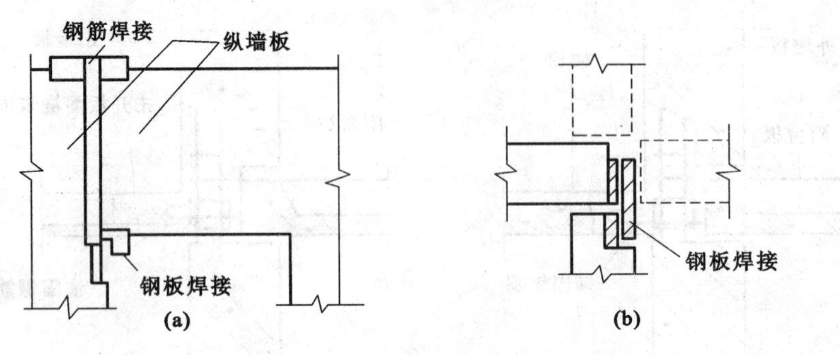

图 15-11 板材干法连接构造

(2) 湿法连接

湿法连接是在板材边缘预留钢筋(也称为甩筋),安装时将这些甩筋相互绑扎或焊接,然后在板缝中浇灌混凝土,从而形成类似的圈梁或构造柱,增强大板建筑的整体刚度。其优点是:房屋整体性好、刚度大,连接钢筋被混凝土包住,不易锈蚀。其缺点是:湿法连接施工工序多,操作复杂,必须有一定的养护时间,使接头混凝土达到足够强度后才能继续上层板的安装。图 15-12 为内外墙板的连接及墙板与楼板的连接构造。

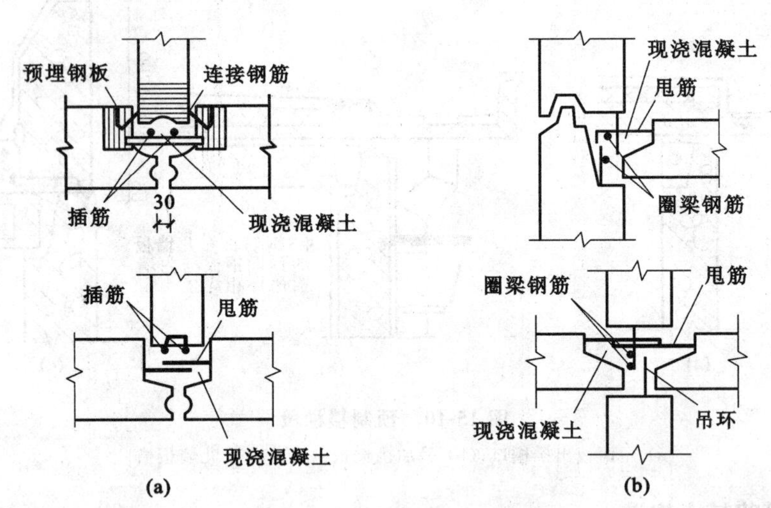

图 15-12 板材湿法连接构造

15.2.3.2 外墙板的接缝防水构造

外墙板作为建筑的承重和围护构件,由于既要承受自然气候条件的影响,还要承受结构本身变形的作用及施工等因素的影响,因此,外墙板的接缝处成为构造的薄弱环节,必须采取措施,以满足墙体的防水、保温、耐久、经济、美观和便于施工等要求。

外墙板板缝的防水构造措施有两种方法，即材料嵌缝防水和构造防水（如图 15-13、图 15-14 所示）。通过大量的工程实践验证，合理利用材料的性能和构造采取防排结合的做法，板缝处的防水效果更好。

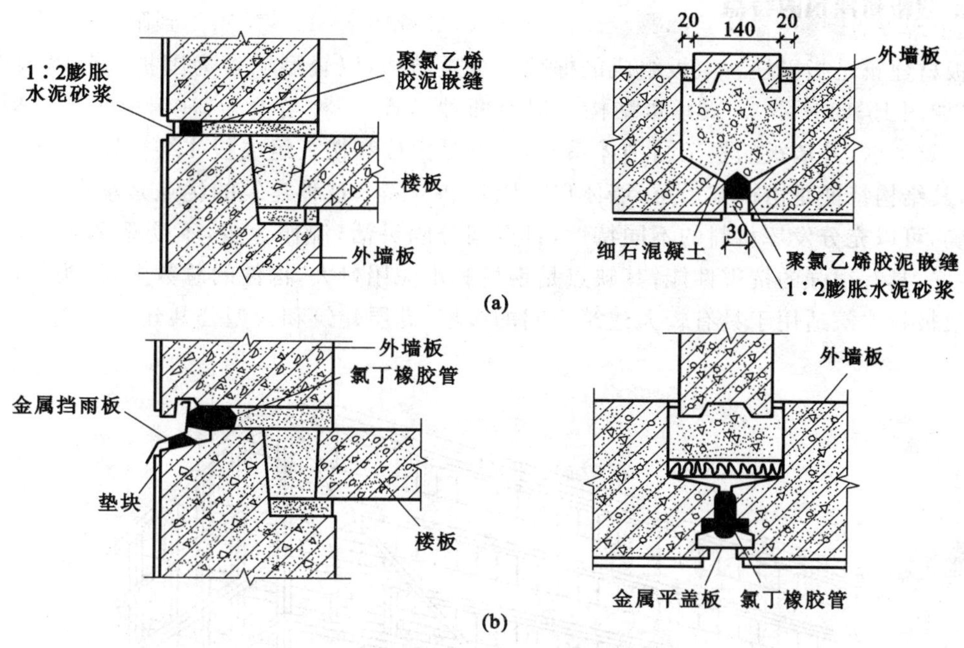

图 15-13　装配式外墙板材料嵌缝防水

(a) 塑性材料嵌缝防水；(b) 弹性材料嵌缝防水

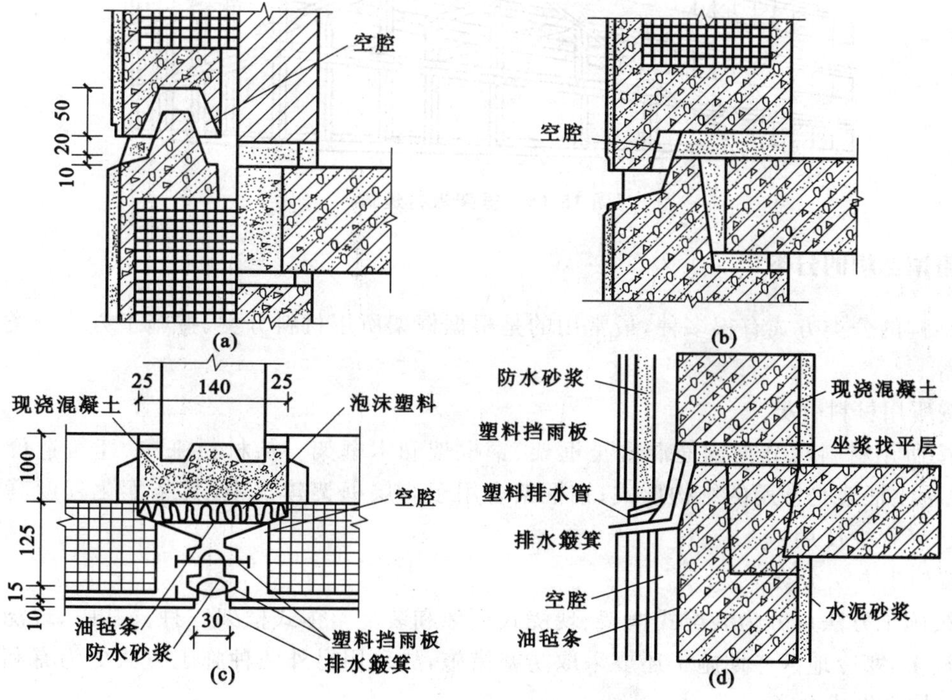

图 15-14　装配式外墙板构造防水

(a) 水平企口缝防水做法；(b) 水平企口高低缝防水做法；(c) 垂直缝防水做法；(d) 十字缝防水做法

15.3　框架板材建筑

15.3.1　框架板材建筑的特点

框架板材建筑是指以柱、梁、板组成的框架为承重结构，以轻型墙板为围护与分隔构件的新型建筑形式(如图15-15所示)。其承重结构一般有两种形式：一种是由梁、柱组成承重结构，再搁置楼板和非承重的内、外墙板的框架结构体系；另一种是由柱和楼板组成板柱结构体系，内、外墙为非承重结构，其结构特征是由框架承重，墙体仅作围护和分隔。这种建筑的优点是承重结构与围护结构分工明确，可以充分发挥材料的不同特性，且空间分隔灵活，湿作业少，不受季节限制，施工进度快，整体性好，具有很强的抗震性能；其缺点是钢材和水泥用量大，构件的总数多，接头工作量大，工序多。框架板材建筑适用于具有较大建筑空间的多层、高层建筑和大型公共建筑。

图15-15　框架板材建筑

15.3.2　框架结构的分类

框架结构的分类方式有很多种，最常用的是根据框架所用材料分类、按施工方法分类和按构件组成分类等。

(1) 按所用材料分类

框架按所用材料可分为钢筋混凝土框架、钢框架和木框架。从材料来源、建筑造价等方面比较，钢筋混凝土框架是常用的结构形式；钢框架多用于高层框架建筑中，其装配化程度高，自重轻；而木框架已经很少使用。

(2) 按施工方法分类

框架按施工方法可分为装配式框架、现浇式框架和装配整体式框架三种。其中，现浇式框架现场湿作业较多，寒冷地区冬期施工还要采取防寒措施，故采用另外两种施工方法更为有利。

(3) 按构件组成分类

框架按构件组成可分为梁板柱框架、板柱框架和剪力墙框架(如图15-16所示)。其中梁板柱框架由梁、楼板和柱子构成框架，梁与柱的连接如图 15-17 所示。板柱框架由楼板和柱子组成框架，楼板可用梁板合一的肋形楼板，也可用实心楼板。剪力墙框架则是在以上两种框架类型中增设一些剪力墙，从而增大了结构的刚度，同时剪力墙承担约 80% 的水平荷载，框架主要承受竖向荷载，提高了结构的抗震性能，简化了框架的节点构造，一般适合在高层建筑中采用。

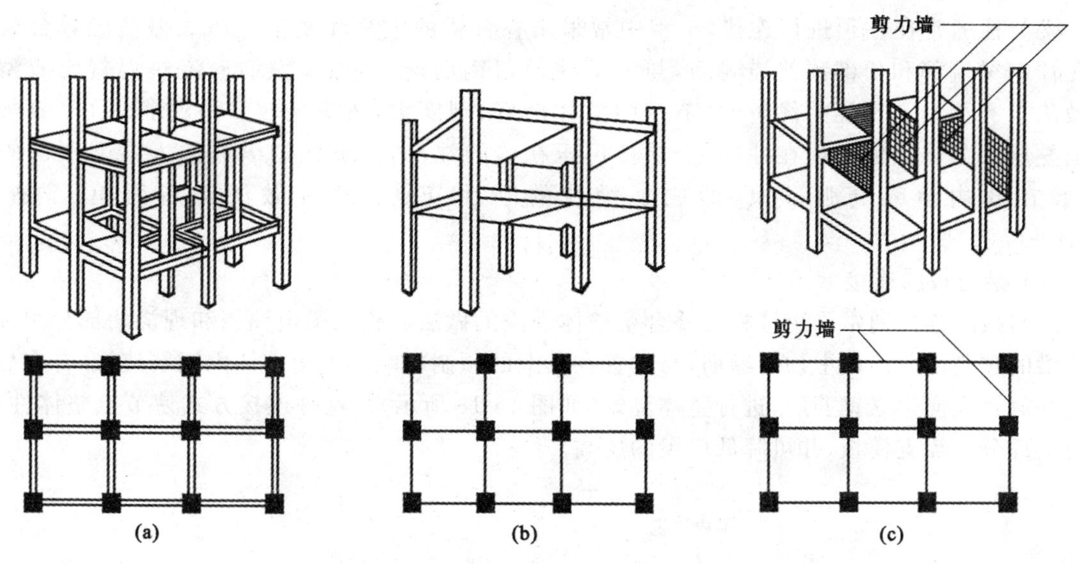

图 15-16　框架结构类型

(a) 梁板柱框架系统；(b) 板柱框架系统；(c) 剪力墙框架系统

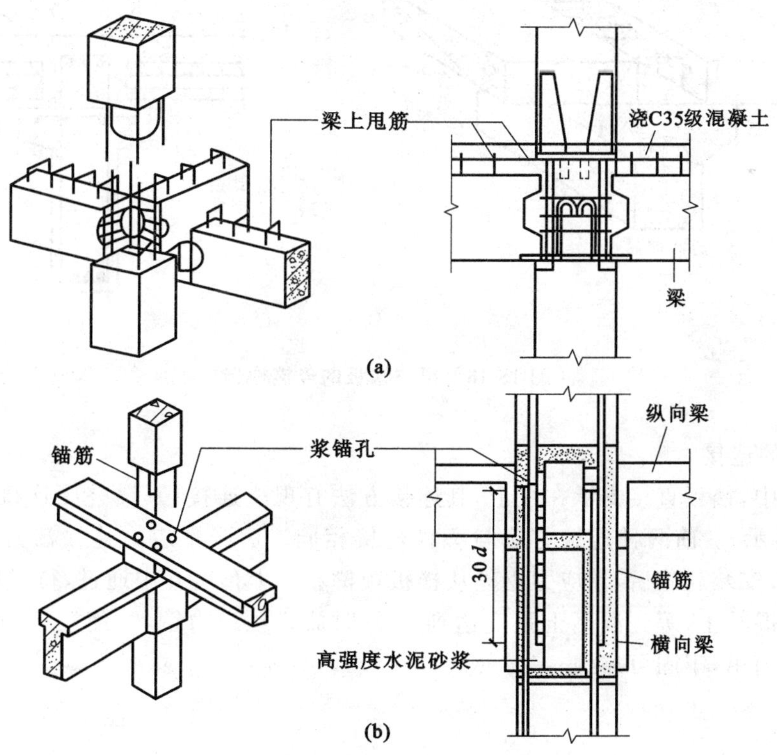

图 15-17　梁与柱的连接构造

(a) 叠合梁现浇连接；(b) 浆锚叠压连接

15.3.3 装配式框架结构的构件连接

装配式框架是由梁、板、柱等多种构件连接起来形成的整体骨架。其构件连接主要有梁与柱、梁与板、板与柱的连接。

(1) 梁与柱的连接

梁与柱通常在柱顶进行连接,工程中常采用叠合梁的做法和浆锚叠压式做法。叠合梁做法是在预制梁端部和顶部预留锚固筋,与上下柱预留钢筋连接,加配箍筋后浇筑混凝土成型。这种做法兼有预制和现浇的优越性,节点的整体性好、刚度大,故应用较多[如图 15-17(a)所示]。浆锚叠压法是将纵横梁压在柱顶,上层柱再压在梁的端部,上下柱的纵筋插入梁端预留的圆孔内,并在孔内灌入高强砂浆,形成了梁柱的刚性节点。这种做法构造简单、节省钢材[图 15-17(b)所示]。

(2) 梁与板的连接

梁与板的连接通常采用楼板和叠合梁整体现浇的做法。叠合梁由预制和现浇两部分组成。将叠合梁的预制部分顶面上预留箍筋,与放置在其上的预制板端部甩出的锚固钢筋连接,并在后浇梁的上部放置纵向架立钢筋后,进行整体浇筑(如图 15-18 所示)。这种连接方式使节点整体性加强,现浇梁部分不需支模板,并可降低房屋的层高。

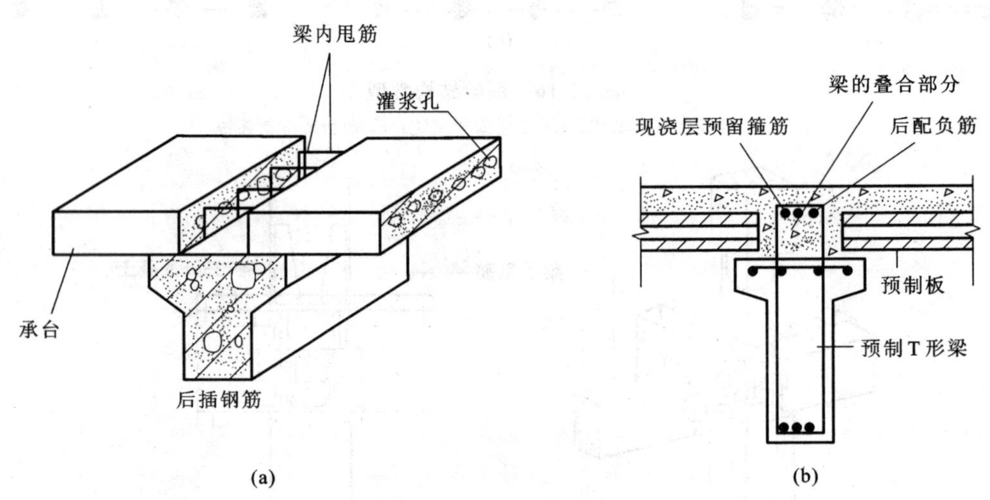

图 15-18 梁与楼板的连接构造

(3) 板与柱的连接

在板柱框架中,楼板直接支承在柱上,其连接方法有现浇连接、浆锚叠压连接和后张预应力连接(如图 15-19 所示)。前两种连接方法与梁柱连接相同。后张预应力连接法是在柱上预留穿筋孔,预制大型楼板安装就位后,预应力钢丝从楼板边槽和柱上预留孔中通过,待预应力钢丝张拉后,在楼板边槽中灌混凝土,等到混凝土强度达到 70%时放松预应力钢丝,使楼板与柱连成整体。这种连接方法构造简单,牢固可靠,施工方便。

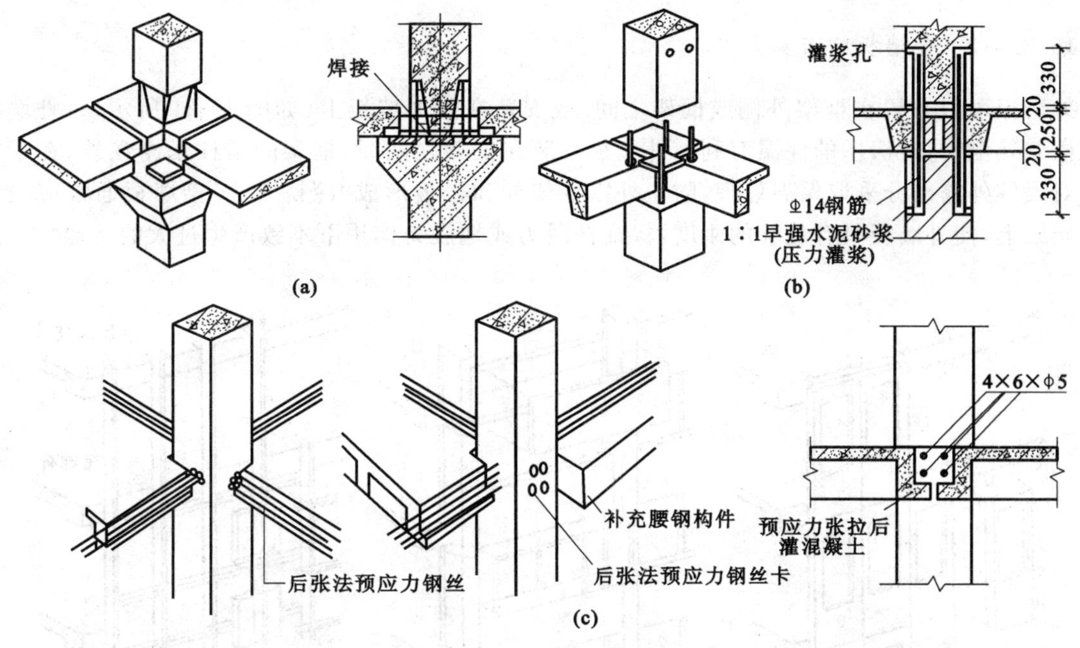

图 15-19　楼板与柱的连接构造

(a) 承台节点连接构造;(b) 插筋浆锚节点连接构造;(c) 后张预应力板柱节点连接构造

15.3.4　外墙板类型、布置方式与连接构造

15.3.4.1　外墙板类型

在装配式框架板材建筑中,墙板主要起围护和分隔空间的作用,其自重由框架的梁柱承担。对于外墙板,应用轻质、耐久和防水性能好的材料制作,满足保温、隔热及防水等构造要求。按所使用的材料及构造,外墙板可分为三类,即单一材料墙板、复合材料墙板、玻璃幕墙。单一材料墙板用轻质混凝土材料制作,如加气混凝土、陶粒混凝土等。复合材料墙板在材质上通常由两种以上材料组成,构造上由两层或三层组成,即内、外层和夹层。外层选用耐久性、防水性较好的材料,如钢丝网水泥、石棉水泥板、轻骨料混凝土等;内层选用防火性能好,又便于装修的材料,如石膏板、塑料板等;夹层为保温隔热材料,如加气混凝土、泡沫混凝土、矿棉、岩棉、玻璃棉、膨胀珍珠岩、膨胀蛭石等(如图 15-20 所示)。

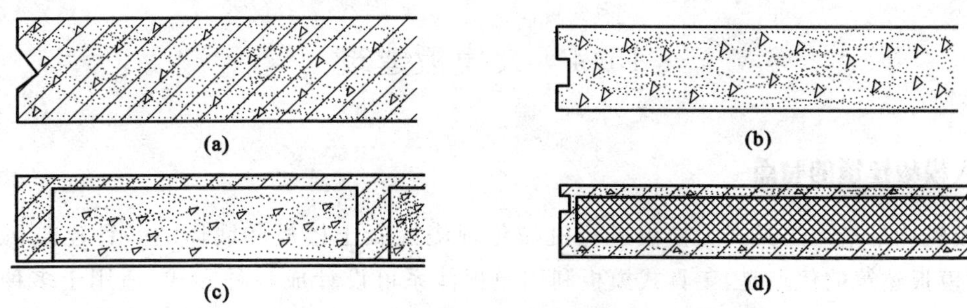

图 15-20　外墙挂板的类型

(a) 陶粒混凝土墙板;(b) 钢筋混凝土复合墙板(内填加气混凝土块);
(c) 加气混凝土墙板;(d) 钢筋混凝土夹心板(内填岩棉或泡沫聚苯材料)

15.3.4.2 外墙板的布置方式

外墙板可以布置在框架外侧或框架之间,或安装在附加墙架上(如图 15-21 所示)。外墙板安装在框架外侧时,对房屋的保温有利。外墙板安装在框架之间时,框架的梁柱暴露在外,在采暖区需要对梁柱外露部分采取保温处理,防止外露框架柱和楼板形成"冷桥"。轻型墙板通常应安装在附加墙架上,使外墙板具有足够的刚度,保证在风力或地震力作用下不致产生过大的变形。

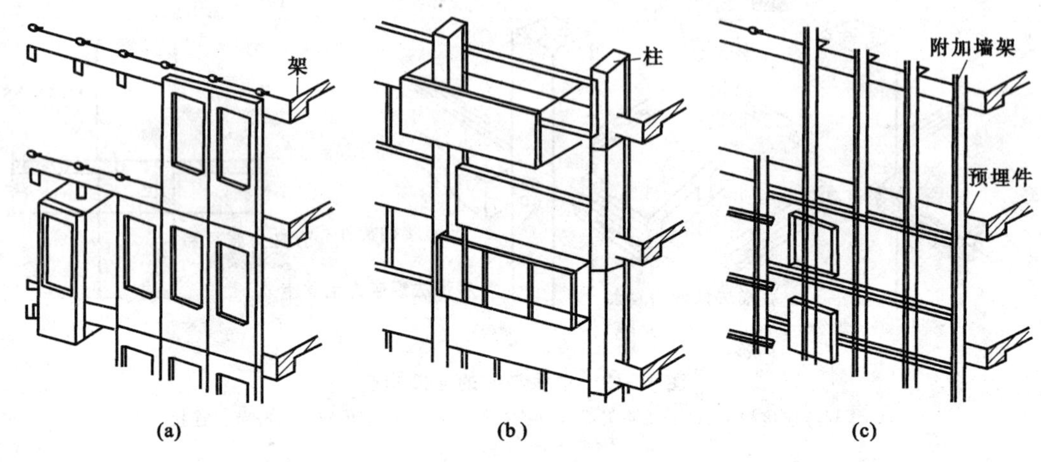

图 15-21 外墙板的布置方式

(a) 安装在框架外侧;(b) 安装在框架之间;(c) 安装在附近墙架上

15.3.4.3 外墙板与框架的连接

外墙板的高度一般同层高,长度一般取决于柱网或横墙间的尺寸。外墙板可采用上承或下承两种方式支承在框架柱、梁或楼板上。上承式墙板悬挂固定于上部楼板或梁上,下部只需一般拉结;下承式墙板则需搁置在下部楼板或梁上,上部只需拉结。根据不同的板材类型和板材的布置方式,可采用焊接法、螺栓拴接法、插筋锚固法等将外墙板固定在框架上。无论采用哪种方法,均应注意以下构造要点:

① 外墙板与框架连接应安全可靠;

② 尽量避免出现"冷桥"现象,防止产生结露;

③ 构造简单,施工方便。

15.4 大模板建筑

15.4.1 大模板建筑的特点

大模板建筑是指用工具式大模板进行机械化现浇混凝土楼板和墙体的一种建筑(如图 15-22 所示)。大模板建筑的优点是:工具式模板利用模板体系可设计成各种形式,适用于多种工程的需要,因此使用灵活,适应性强;由于采用现浇混凝土施工工艺,可不必预制构件,故一次性投资比大板建筑少;现浇施工构件与构件之间的连接方法大为简化,且结构整体性好,刚度大,结构的抗震能力和抗风能力大大提高;同时,现浇施工还可以减少建筑材料的转运。但大模板建筑也有一些缺点：现场作业量大，施工组织复杂；湿作业多，在寒冷地区冬期施工需要采取相应措施。因此，大模板建筑适用于地震区和非地震区的多层和高层建筑。

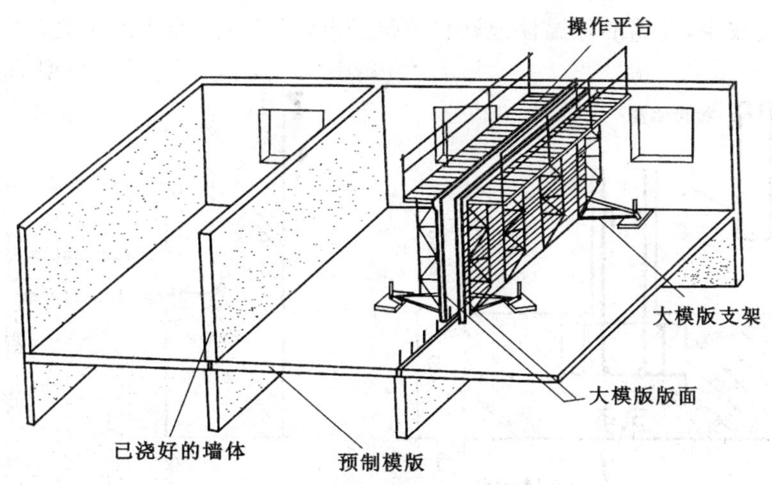

图 15-22　大模板建筑施工示意图

15.4.2　大模板建筑的类型及节点构造

大模板建筑属于剪力墙结构体系，根据楼板和外墙的施工方法不同可分为全现浇做法、现浇与预制相结合两种类型。

15.4.2.1　全现浇做法

全现浇式建筑中的主要承重构件，如内外墙、楼板、屋面板等全部采用现浇的方法制成。这种建筑整体性好、刚度大，一般多用于建造高层建筑。

15.4.2.2　现浇与预制相结合

这种做法的内墙一般为大模板现浇混凝土墙体，楼板采用预制构件。根据外墙的做法不同又分为以下三种形式。

(1) 内、外墙全现浇

内、外墙全部为现浇混凝土，楼板采用预制大楼板。由于内、外墙采用整体连接，使结构具有较好的整体性和较强的抗震性能，现浇外墙的门窗布置较为灵活。但外墙板支模复杂，装修工作量较大，且从加强结构整体性和建筑抗震性能而言，预制楼板已很少采用，一般多用于多层建筑。

(2) 内墙现浇外墙挂板

承重内墙采用大模板现浇混凝土，外墙、楼板和隔墙采用预制装配，简称“一模三板”，或称“内浇外挂”。外墙板是在现浇内墙之前先安装就位，并将预制外墙板端的甩筋与内墙用钢筋绑在一起，然后在外墙板缝中插入竖向钢筋，上、下墙板的甩筋也相互搭接焊牢，浇筑内墙混凝土后，这些接头连接钢筋便将内、外墙锚固成整体(如图 15-23 所示)。这种做法兼有大模板和大板两种建筑体系的优点，故在工程中常常采用。

(3) 内墙现浇外墙砌砖

内墙采用大模板浇筑，外墙用砖或砌块砌筑，称为“内浇外砌”。施工时先砌外墙，在与内墙交接处将砖砌成凹槽[如图 15-24(a)所示],并在砖墙高度范围内每间距 500 mm 锚拉钢筋,与内墙中的钢筋绑扎,浇筑内墙混凝土后,砖墙的预留凹槽形成混凝土构造柱,将内、外墙牢固地连接在一起。在外墙的转角及外砌墙与内墙的交接处应设置构造柱[如图 15-24(b)所示]。这种做法相对于外挂墙水泥用量较少,外墙的保温性能好且造价较低,常用于多层建筑中。

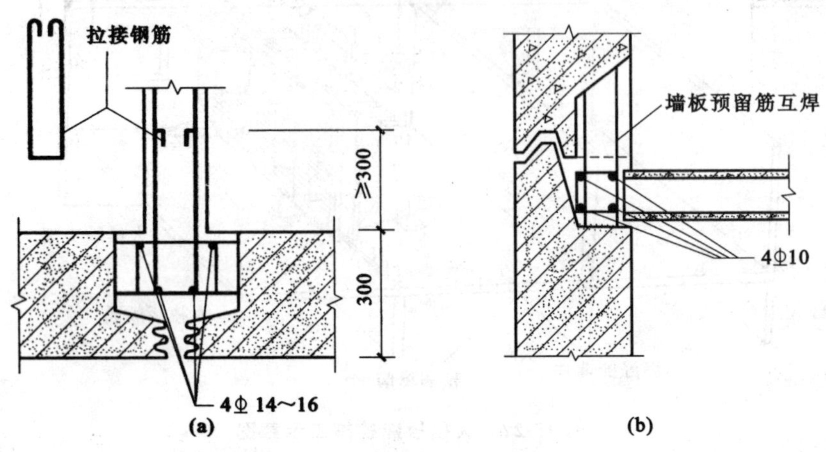

图 15-23 内浇外挂板连接构造

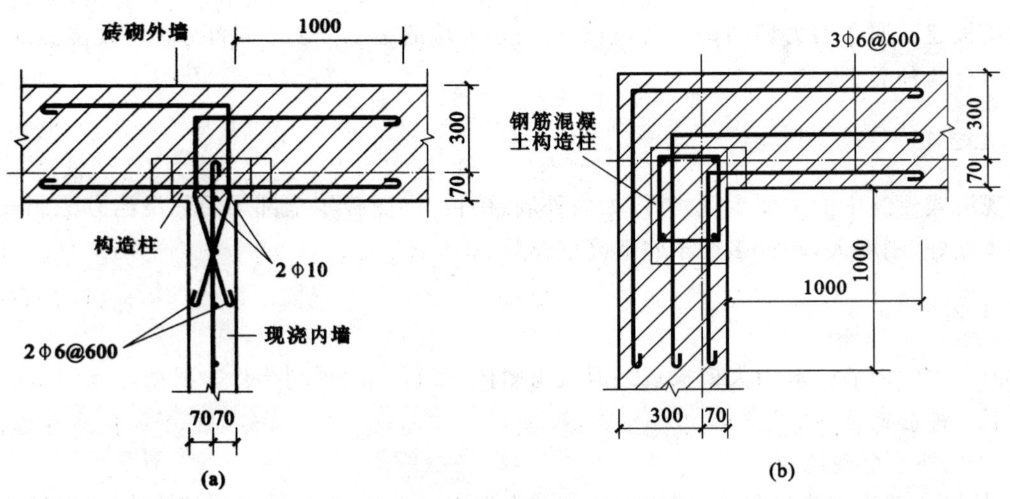

图 15-24 内浇外砌节点连接构造

现浇与预制相结合的做法,应使楼板与墙体有可靠的连接。常用的连接方法有三种:第一种是楼板端头留出锚固钢筋与墙板钢筋连接,然后浇筑混凝土,一般适用于墙体为单层钢筋的情况[如图 15-25(a)所示];第二种是把预制楼板端头做成卡口形式,使现浇墙板的双层钢筋从卡口缝中穿过[如图 15-25(b)所示];第三种是采用过渡钢筋的方法,适用于楼板搁置后墙缝较窄的情况[如图 15-25(c)所示]。

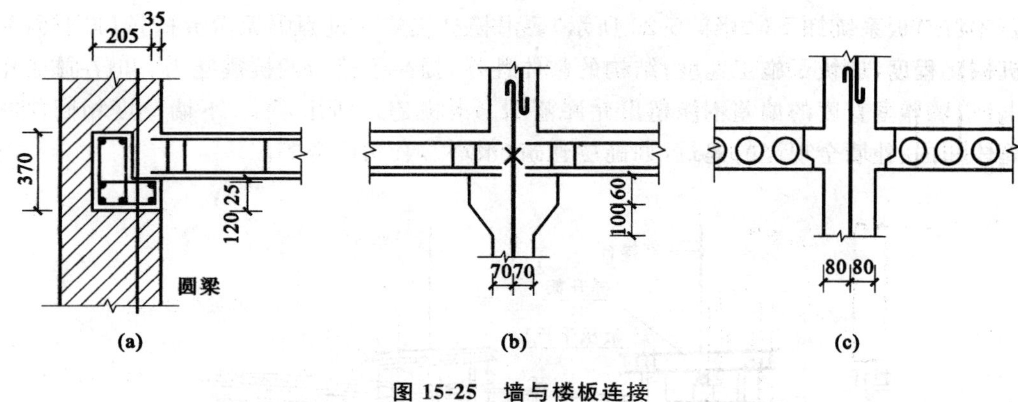

图 15-25 墙与楼板连接

15.5 其他类型的工业化建筑

15.5.1 砌块建筑

砌块建筑是采用尺寸比砖大的预制块材(称砌块)砌筑而成的建筑。砌块与普通砖相比,能充分利用工业废料和地方材料,且具有生产投资少、见效快、不占耕地、节约能源、保护环境等优点。在我国西北地区,多采用黏土砌块为主;在东北地区、沿海地区多以粉煤灰、焦砟、煤矸石等为主要材料;在北京地区多以加气混凝土砌块为主。采用砌块建造房屋是我国目前建筑改革的主要途径之一。

砌块按其所用的材料,可分为混凝土砌块、加气混凝土砌块、粉煤灰硅酸盐砌块、其他轻混凝土砌块等。砌块按单块重量和规格分为小型砌块、中型砌块和大型砌块:小型砌块的重量一般不超过 20 kg,其高度不超过 390 mm,适合人工搬运和砌筑;中型砌块的重量为 20～350 kg,高度一般不超过 980 mm,需要用轻便机械搬运和砌筑,在南方中小城市应用较多;大型砌块的重量超过 350 kg,高度在 980 mm 以上,是向板材过渡的一种形式,需要用大型设备搬运和施工。目前,我国以采用中小型砌块居多。

砌块建筑的构造与砌体结构基本相同,概括起来有以下几点:

① 在楼层的墙身标高处加设圈梁,其断面尺寸应与砌块尺寸相协调,配筋按所在地区的要求选用;

② 在外墙转角或内、外墙交接处,应加设构造柱,其配筋为 2Φ12,或采用钢筋网片、扒钉、转角砌块等连接做法;

③ 砌块建筑的水平缝与垂直缝均采用 20 mm,若垂直缝大于 40 mm 时,须用 C10 细石混凝土灌缝;

④ 门窗过梁与窗台一般采用预制钢筋混凝土构件;

⑤ 门窗固定可以采用铁件锚固、膨胀木块固定,也可以采用膨胀螺栓固定;

⑥ 外装修可以作清水墙嵌缝处理,也可以采用抹灰墙面。

15.5.2 滑升模板建筑

滑升模板建筑简称滑模建筑,其利用专门设置于现浇墙体内的竖向钢筋作导向支承杆,将模板系统支承其上,由油压千斤顶或高压油泵沿着支承杆逐渐同步提升模板,同时浇筑混凝土墙体,直至顶层后才将模板系统卸下(如图 15-26 所示)。滑模建筑施工过程中无需拆模,可连续滑升,提高了施工机械化程度,加快了施工速度;结构的整体性好,提高了建筑的抗震能力。但在施工中,操作精度要求高,墙体垂直度的偏差不能超出允许范围。滑模建筑适用于上、下墙厚度相同,平面形体简单的筒体和内、外墙全现浇的建筑,如高层建筑、水塔、烟囱、筒仓等。

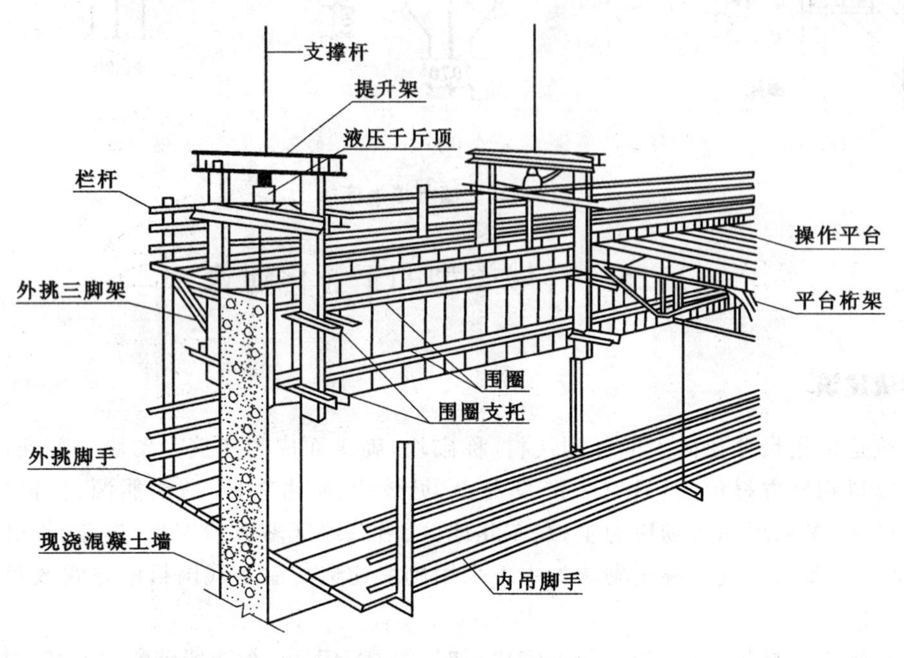

图 15-26　滑模示意图

在高层建筑滑模施工中,通常有三种做法:第一种是内、外墙都用滑模施工[如图 15-27(a)所示];第二种是内墙用滑模施工,外墙为板材装配[如图 15-27(b)所示];第三种是滑模浇筑如楼梯间、电梯间等筒体结构,其余部分用框架或大板结构[如图 15-27(c)所示]。

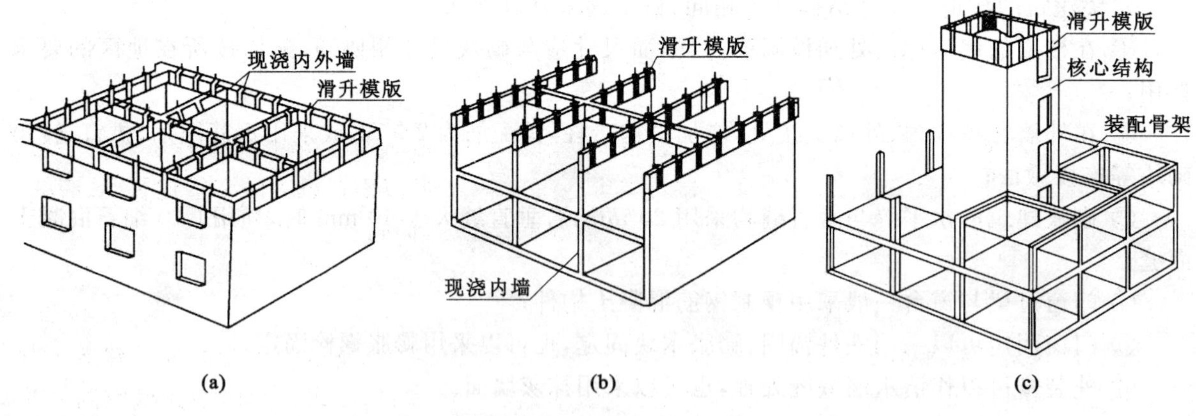

图 15-27　滑模施工方式

(a) 内、外墙全部滑模施工;(b) 纵、横内墙滑模施工;(c) 核心结构滑模施工

15.5.3　升板升层建筑

升板升层建筑是利用建筑物的柱子作导杆，将已浇筑好的各层楼板和屋面板用提升设备逐层提升到相应的位置。当只提升楼板时，称为升板建筑[如图 15-28(a)所示]；当楼板连同墙体一起提升时，称为升层建筑[如图 15-28(b)所示]。

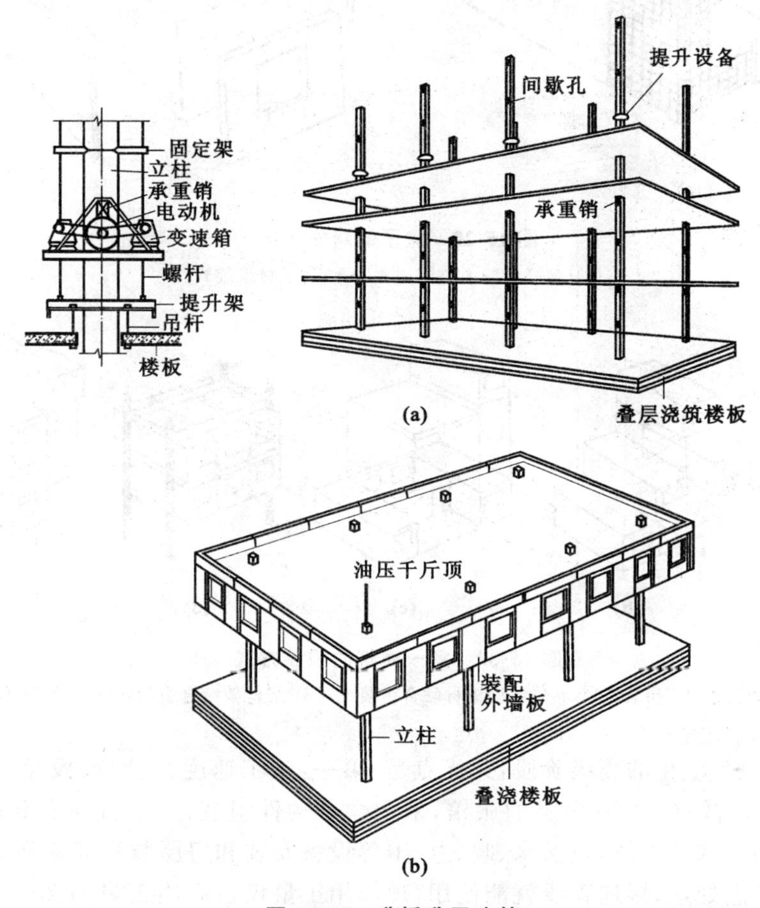

图 15-28　升板升层建筑

升板升层建筑施工时，大量操作在地面进行，可减少高空作业和垂直运输，节约模板和脚手架，并减少施工现场的面积。因此，升板升层建筑主要适用于隔墙少、楼面荷载大的多层建筑，如商场、书库、多层车库和其他仓储建筑，特别是当施工场地狭小时更为有利。

15.5.4　盒子建筑

盒子建筑是指在工厂预制成整间的盒子状结构，然后运至施工现场吊装组合而成的建筑。盒子建筑是在板材建筑的基础上发展起来的一种全装配式建筑，其结构形式一般属于薄壁空间结构体系。

组成盒子建筑的单元盒子结构分为整浇式和组装式两种(如图 15-29 所示)。

由单元盒子组装成整幢建筑的方式有重叠组装式、交错组装式、与大型板材联合组装式、与框架结合组装式、与筒体结合组装式等(如图 15-30 所示)。

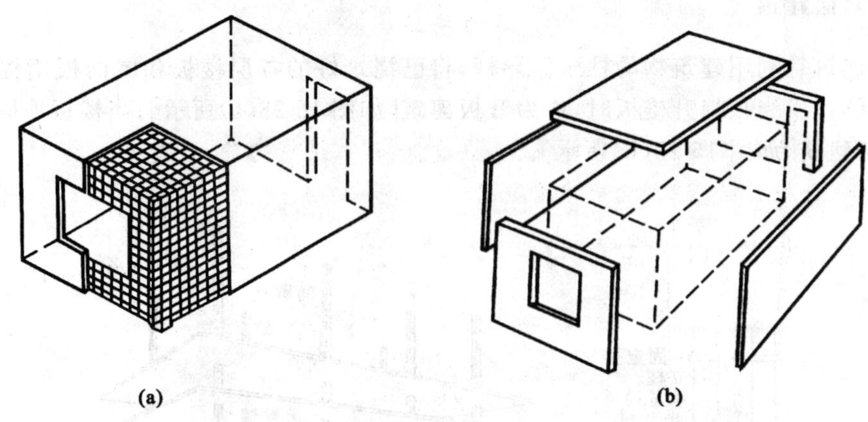

图 15-29　盒子的制作方法

(a) 钢筋混凝土整浇式；(b) 预制板材组装式

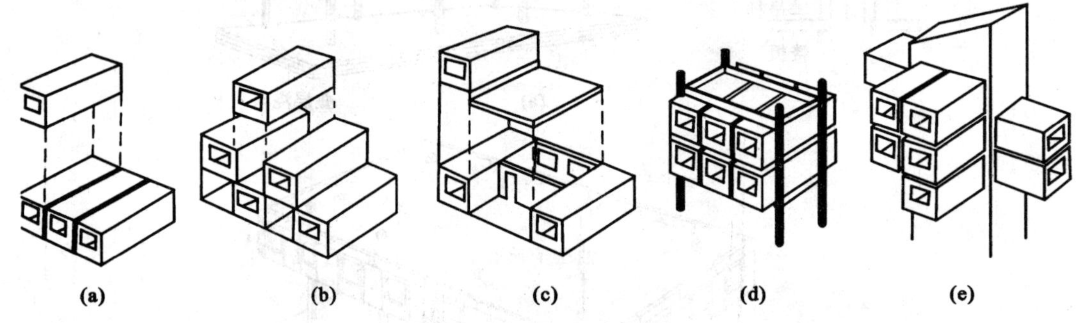

图 15-30　盒子建筑的组装方式

(a) 重叠组装式；(b) 交错组装式；(c) 与大型板材联合组装式；(d) 与框架结合组装式；(e) 与筒体结合组装式

盒子建筑是建筑工业化的高级阶段，其优点是：第一，施工速度快，同大板建筑相比，可缩短施工周期 50%～70%，国外有的 20 多层的旅馆，采用盒子构件组装，一个月左右就能建成；第二，装配化程度高，修建的大部分工作，包括水、暖、电、卫等设备安装和房屋装修都移到工厂完成，施工现场只作构件吊装、节点处理，接通管线就能使用，现场用工量仅占总用工量的 20%左右；第三，混凝土盒子构件是一种空间薄壁结构，自重轻，与砖混建筑相比可减轻结构自重一半以上，但盒子建筑预制厂一次性投资较大，运输及现场施工都需要大型的机械设备，使建筑的单方造价较高，因此目前还没有得到推广。

本章小结

(1) 建筑工业化是指在建筑上应用现代化工业的组织和生产方法，用机械化的途径进行大批量生产和流水作业。将现代工业生产的成熟经验应用于建筑业，像生产其他工业产品一样，用机械化手段生产建筑定型产品，如房屋、房屋的构配件和建筑制品等。

(2) 建筑工业化的基本特征是设计标准化、生产工厂化、施工机械化、组织管理科学化。

(3) 工业化建筑体系分为专用体系和通用体系两种。专用体系是指以定型房屋为基础进行构配件配套的一种体系，其产品是定型房屋。而通用体系是指以通用构配件为基础，进行多样化房屋组合的一种体系，其产品是定型构配件。

(4) 工业化建筑的类型通常按结构类型和施工工艺划分。按结构类型主要可分为墙体承重结构、框架结构、框架-剪力墙结构和剪力墙结构等。施工工艺主要按混凝土工程的施工工艺来划分,如预制装配式、工具式模板机械化现浇或预制与现浇相结合等。通常按结构类型与施工工艺的综合特征将工业化建筑划分为以下类型:砌块建筑、大板建筑、框架板材建筑、大模板建筑、滑模建筑、升板升层建筑、盒子建筑等。

【知识拓展——建筑工业化项目实例】

龙悦居三期项目是深圳第一个大规模采用工业化方式建造的项目,是深圳市2011年的重大项目。该项目为公共租赁保障性用房,位于深圳市龙华二线扩展区,占地面积50116 m^2,总建筑面积215673.5 m^2,建筑高度约80 m,容积率为3.5,共4002套,由两层地下室与6栋高(26~28层)住宅构成。此项目为精装修交楼,开工日期为2010年9月15日,交工日期为2012年9月1日,合同总工期为717天。

该项目为深圳市住宅产业化试点小区,采用工业化技术,按B级体系实施,B级体系说明:外墙、楼梯、阳台预制,结构主体现浇混凝土,即内浇外挂体系。

工业化生产改变了混凝土构件的生产、养护方式,生产过程能源利用效率更高,并且模具、养护用水可以循环使用。相比传统的施工方式,工业化建造方式极大程度抑制了建筑垃圾、建筑噪音的产生,减少了建筑污水、有害气体及粉尘的排放。从而实现节能、节水、节地、节材,使建造过程更加环保。

习题与思考题

习题与思考题答案

15-1 什么是建筑工业化?

15-2 建筑工业化的特征是什么?

15-3 简述建筑工业化的体系。

15-4 建筑工业化的类型有哪些?

15-5 大板建筑有哪些特点?

15-6 滑模现浇墙体的施工方式与传统的现浇墙体有何区别?

参考文献

[1] 高远,张艳芳.建筑构造与识图.2版.北京:中国建筑工业出版社,2008.

[2] 董黎.房屋建筑学.北京:高等教育出版社,2006.

[3] 钱坤,王若竹.房屋建筑学(上:民用建筑).北京:北京大学出版社,2009.

[4] 李必瑜,王雪松.房屋建筑学.3版.武汉:武汉理工大学出版社,2008.

下篇

工业建筑设计

16 工业建筑概述

【内容提要】

本章主要内容包括工业建筑的特点、分类与设计要求，厂房内部起重运输设备的种类。

【能力要求】

通过本章的学习，学生应了解工业建筑的特点、分类与设计要求，能在实际应用中区分厂房内部起重运输设备。

重难点

工业建筑是指从事各类工业生产及直接为生产服务的房屋，一般称为厂房。直接用于工业生产的建筑物称为工业厂房或车间，在工业厂房内，按生产工艺过程进行产品的加工和生产，通常把按生产工艺进行生产的单位称为生产车间。一个工厂除了有若干个生产车间外，还有辅助生产车间、锅炉房、水泵房、办公及生活用房等生产服务用房。工业建筑与民用建筑一样，具有建筑的共性，要体现适用、安全、经济、美观的建筑方针。但由于工业建筑是产品生产和工人操作的场所，所以生产工艺将直接影响到建筑平面布局、建筑结构、建筑构造、施工工艺等，这与民用建筑又有很大的差别。

16.1 工业建筑的特点、分类与设计要求

16.1.1 工业建筑的特点

工业建筑生产工艺复杂多样，在设计配合、使用要求、室内采光、屋面排水及建筑构造等方面，具有如下特点。

(1) 生产工艺决定厂房的结构形式和平面布置

每一种工业产品的生产都有一定的生产程序，即生产工艺流程。厂房的建筑设计是在工艺设计图的基础上进行的，为了保证生产的顺利进行，厂房设计必须满足生产工艺要求。不同生产工艺的厂房有不同的特征。

(2) 内部空间大

厂房中的生产设备多，体量大，各部分生产联系密切，并有多种起重运输设备通行，厂房内部必须具有较大的通敞空间。

(3) 厂房屋顶构造复杂

当厂房宽度较大时，特别是多跨厂房，为满足室内采光、通风的需要，屋顶上往往设有天窗；为满足屋面防水、排水的需要，还应设置屋面排水系统（天沟及落水管），这些设施均使屋顶构造变得复杂。

(4) 荷载大

工业厂房跨度大,屋顶自重大,并且一般都设置一台或数台起重量为数十吨的吊车,同时还要承受较大的振动荷载,因此多数工业厂房采用钢筋混凝土骨架承重。对于特别高大的厂房、有重型吊车的厂房、高温厂房或地震烈度较高地区的厂房,则需要采用钢骨架承重。

(5) 设备和管线安装施工复杂

厂房多采用预制构件装配而成,各种设备和管线安装施工复杂。

(6) 需满足生产工艺的某些特殊要求

对于一些有特殊要求的厂房,为保证产品质量和产量、保护工人身体健康及生产安全,厂房在设计时常采取一些技术措施解决这些特殊要求。如热加工厂房需要对产生的大量余热及有害烟尘进行通风;精密仪器、生物制剂、制药等厂房要求车间内空气保持一定的温度、湿度、洁净度;有的厂房还需满足防振、防辐射等要求。

16.1.2 工业建筑的分类

由于现代工业生产类别繁多,生产工艺多样化、复杂化,故工业建筑类型很多。在建筑设计中通常按厂房的用途、层数、生产状况等方面进行分类。

(1) 按用途分类

① 主要生产厂房。它是指用于完成从原料到成品的整个加工、装配等生产过程的厂房。如机械制造的铸造车间、热处理车间、机械加工车间和机械装配车间等。这类厂房的建筑面积较大,职工人数较多,在全厂生产中占重要地位,是工厂的主要部分。

② 辅助生产车间。它是指为主要生产厂房服务的各类车间。如机械制造厂的机械修理车间、电机修理车间、工具车间等。

③ 动力厂房。它是指为全厂提供能源的各类厂房。如发电站、变电所、锅炉房、煤气站、乙炔站、氧气站和压缩空气站等。动力设备的正常运行对全厂生产特别重要,故这类厂房必须有足够的坚固耐久性、妥善的安全措施和良好的使用质量。

④ 储藏用建筑。它是指储存各种原料、半成品、成品的仓库。如机械厂的金属材料库、油料库、辅助材料库、半成品库及成品库。由于所储藏物品性质的不同,在防火、防潮、防爆、防腐蚀、防质变等方面有不同的要求,在设计时应根据不同要求按有关规范、标准采取妥善措施。

⑤ 运输用建筑。它是指用于停放、检修各种交通运输工具的房屋。如机车库、汽车库、起重车库、电瓶车库、消防车库和站场用房等。

⑥ 其他。它是指不属于上述类型用途的建筑,如水泵房、污水处理建筑等。

(2) 按层数分类

① 单层厂房。它是指层数仅为一层的工业厂房,适用于生产工艺流程以水平运输为主,有大型起重运输设备及较大动荷载的厂房。如机械制造工业、冶金工业和其他重工业等,如图 16-1 所示。

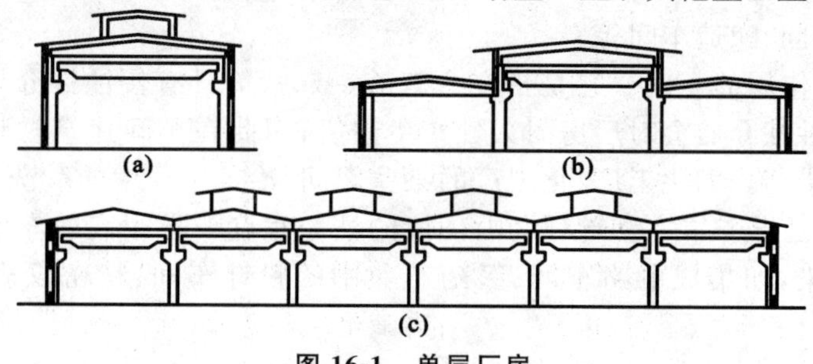

图 16-1 单层厂房

(a) 单跨;(b) 高低跨;(c) 多跨

② 多层厂房。它是指层数在 2 层以上,一般为 2～5 层的工业厂房。多层厂房对于垂直方向组织生产及工艺流程的生产企业(如面粉厂)和设备及产品较轻的企业具有较大的适用性,多用于精密仪器、电子、轻工、食品、服装加工工业等,如图 16-2 所示。

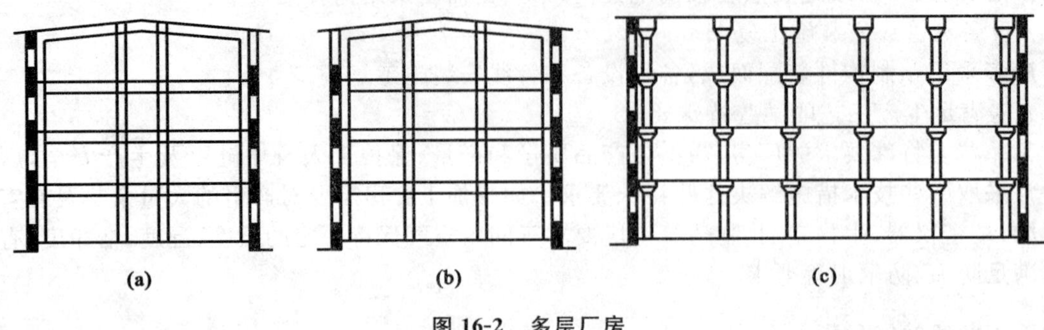

图 16-2　多层厂房

③ 混合层数厂房。它是指同一厂房内既有单层又有多层的厂房,多用于化学工业、热电站等,如图 16-3 所示。

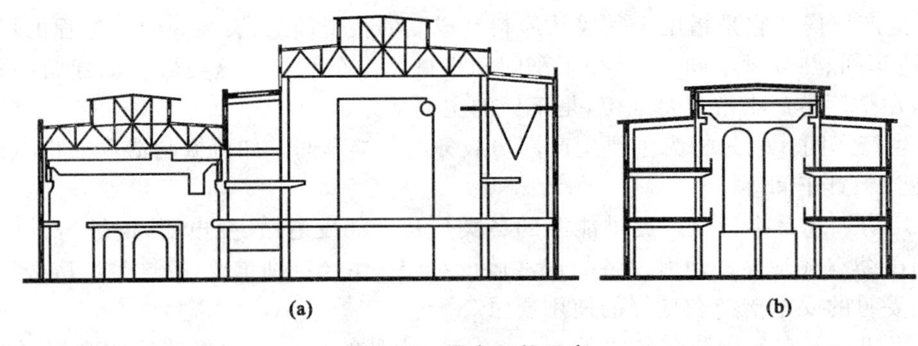

图 16-3　混合层数厂房

(3) 按生产状况分类

① 热加工车间。它是指在高温状态下进行生产,且生产过程中散发出大量热量、烟尘等有害物的车间。如铸造、炼钢、轧钢、锻压等车间等。

② 冷加工车间。它是指在正常温度、湿度条件下进行生产的车间。如机械加工、机械装配、工具、机修等车间等。

③ 恒温、恒湿车间。它是指在温度、湿度相对恒定的条件下进行生产的车间。这类车间室内除装有空调设备外,厂房也要采取相应的措施,以减少室外气象条件对室内温度、湿度的影响。如纺织车间、精密仪器车间、酿造车间等。

④ 有侵蚀性介质作用的车间。它是指在含有酸、碱、盐等具有侵蚀性介质的生产环境中进行生产的车间。由于侵蚀性介质会对厂房耐久性产生侵害,因此在车间建筑材料的选择及构造处理上应有可靠的防腐蚀措施。如化工厂、化肥厂的某些车间,冶金工厂中的酸洗车间等。

⑤ 洁净车间。它是指产品的生产对室内环境的洁净程度要求很高的车间。这类车间通常表现为无尘、无菌、无污染,如集成电路车间、医药工业中的粉针车间、精密仪表的微型零件加工车间等。

16.1.3　工业建筑的设计要求

根据生产工艺,设计厂房时需考虑平面形状、柱网尺寸、剖面形式、建筑体型,并合理选择结构方案和围护结构的类型,进行细部构造设计,协调建筑、结构、水、暖、电、气、通风等各工种。贯彻坚固适用、技术先进、经济合理的设计原则。总的说来,工业建筑设计应满足以下要求。

(1) 符合生产工艺的要求

为满足生产工艺的各种要求,便于设备的安装、操作和维修,要正确选择厂房的平面、剖面、立面形式及跨度、高度和柱距,以及确定合理的载重、维护结构和细部构造。

(2) 满足建筑技术的要求

① 坚固性、耐久性应符合建筑的使用年限;

② 应具有通用性和改建、扩建的可能性;

③ 应遵守《厂房建筑模数协调标准》(GB/T 50006—2010)及《建筑模数协调统一标准》(GBJ 2—1986)。

(3) 具有良好的经济效益

① 在可能的条件下,多采用联合厂房;

② 合理确定建筑的层数(单层或多层厂房);

③ 合理减少结构面积,提高使用面积;

④ 合理降低建筑材料的消耗;

⑤ 优先采用先进的、配套的结构体系及工业化施工方法。

(4) 满足卫生、安全要求

① 应有充足的采光条件及通风措施;

② 有效排除生产余热、废气及有害气体;

③ 采取相应的净化、隔离、消声、隔声等措施;

④ 美化室内外环境。

16.2　厂房内部起重运输设备

在生产中为运送原材料、半成品或成品,以及满足检修安装设备的需要,厂房内需设置必要的起重运输设备。其中各种吊车对厂房设计的影响最大,要求对其有所了解。常用吊车有以下几种。

(1) 单轨悬挂式吊车

单轨悬挂式吊车一般由悬挂在屋架下弦的型钢轨道和吊车组成,型钢轨道可以布置为直线或曲线,如图 16-4、图 16-5 所示。

(2) 梁式吊车

梁式吊车有支承式和悬挂式两种形式。悬挂式梁式吊车是在屋架下弦悬挂平行双轨,吊车装于轨道下部;支承式梁式吊车是在两列柱牛腿上设吊车梁,吊车装在轨道上部。悬挂式梁式吊车的自重和起吊物的重量都传给了屋架,增加了屋顶荷载,故起重量不宜过大,一般不超过 5 t。支承式梁式吊车是在排架柱上设牛腿,牛腿支承吊车梁和轨道,横梁沿吊车梁上的轨道运行,其起重量与悬挂式相同。如图 16-6 所示。

(3) 桥式吊车

桥式吊车由桥架和起重小车组成。它通常是在排架柱的牛腿上搁置吊车梁,吊车梁上安装钢轨,钢轨上沿厂房纵向放置能滑行的双榀钢桥架,桥架上设起重小车,小车可沿桥架横向运行。桥式吊车在桥架和小车运行范围内均可起重,起重量可达数百吨。其开行一般由专门的司机操作,司机室设在桥架的一端。如图 16-7 所示。

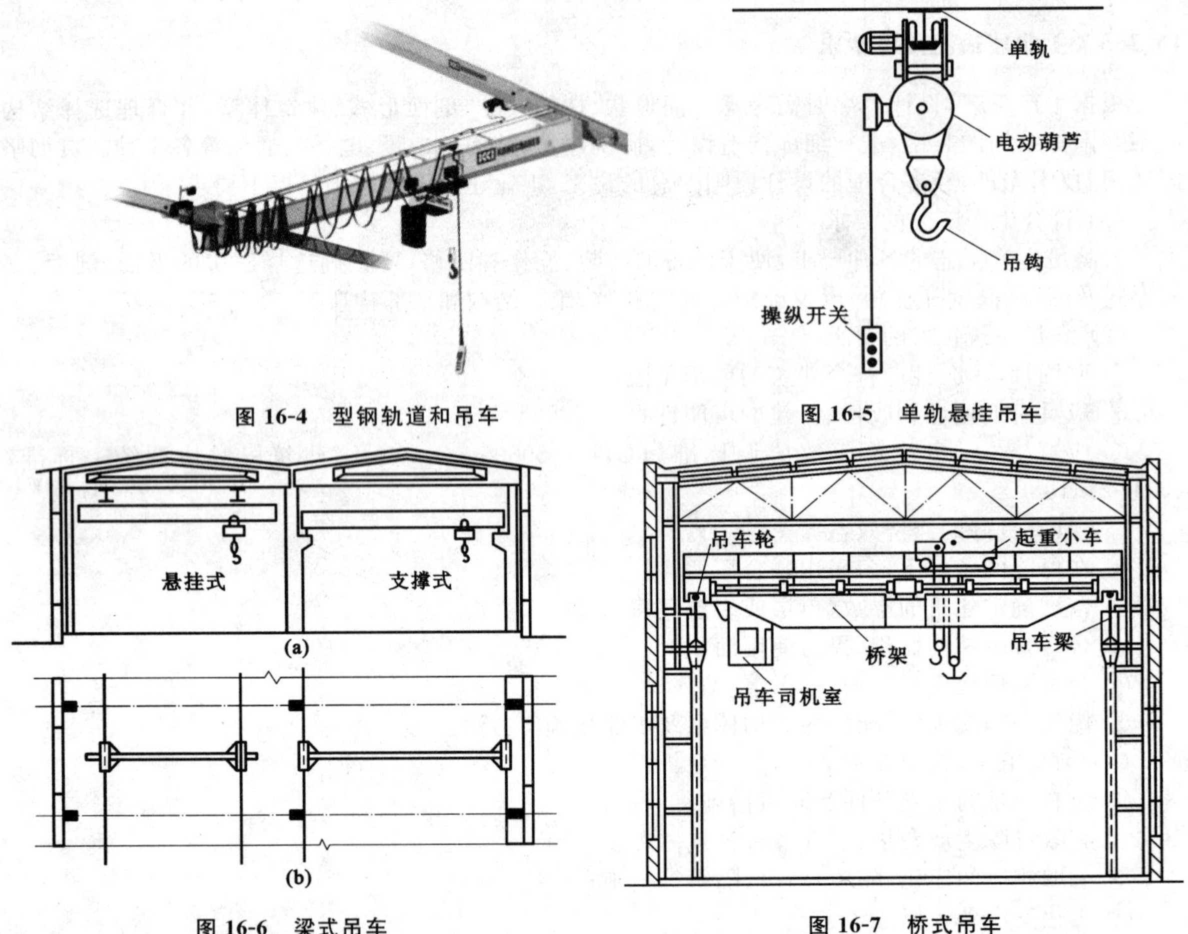

图 16-4 型钢轨道和吊车

图 16-5 单轨悬挂吊车

图 16-6 梁式吊车

图 16-7 桥式吊车

本章小结

(1) 由于工业建筑本身的特殊性,它具有如下特点:生产工艺决定厂房的结构形式和平面布置,内部空间大,厂房屋顶构造复杂,荷载大,各种设备和管线安装施工复杂,需满足生产工艺的某些特殊要求。

(2) 工业建筑类型很多,其按用途分为主要生产厂房,辅助生产车间,动力厂房,储藏用建筑,运输用建筑,其他生产厂房;按层数分为单层厂房,多层厂房和混合层数厂房;按生产状况分为热加工车间,冷加工车间,恒温、恒湿车间,有侵蚀性介质作用的车间和洁净车间。

(3) 工业建筑在设计时要满足以下要求:符合生产工艺的要求,满足有关的技术要求,具有良好的经济效益,满足卫生、安全等要求。

(4) 吊车是厂房内的起重运输设备,常用的有单轨悬挂式吊车、梁式吊车和桥式吊车。

【知识拓展——轻钢结构厂房】

轻钢结构与普通钢结构相比,有较好的经济指标。轻型钢结构不仅自重轻、钢材用量省、施工速度快,而且它本身具有较强的抗震能力,并能提高整个房屋的综合抗震性能,是目前工业厂房应用较广泛且很有发展前途的一种结构。如图 16-8 所示。

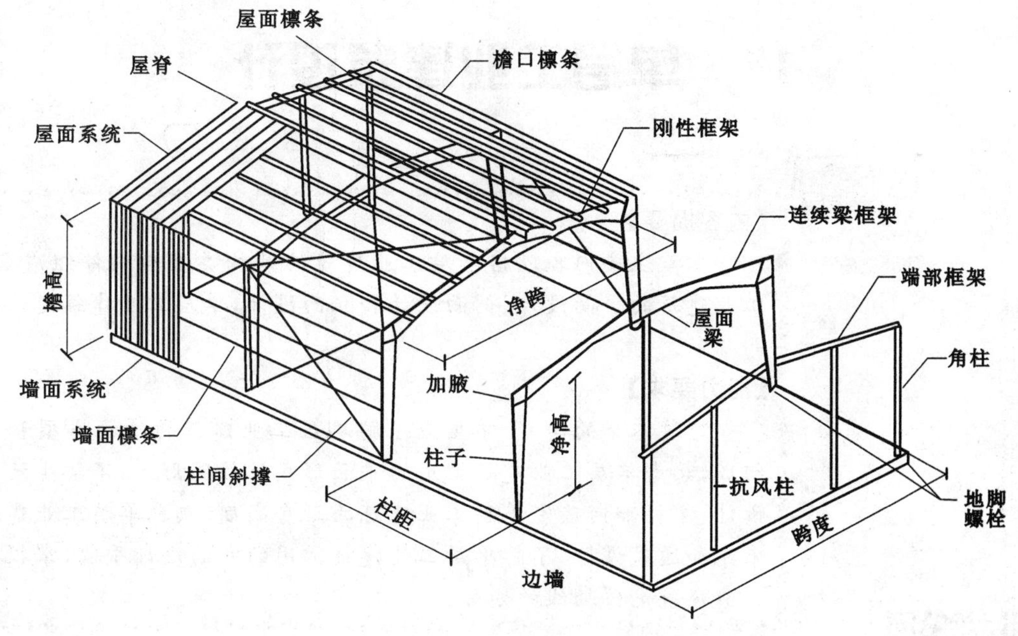

图 16-8　轻钢结构厂房

轻型钢屋盖的用钢量一般为 8～15 kg/m^2，与同条件下钢筋混凝土结构接近，但能节约大量的木材、水泥及其他建筑材料，将结构自重减轻为普通钢结构的 70％～80％，总的造价较低，也为改革笨重的结构体系创造了条件。

单层轻型房屋一般采用门式刚架为承重结构，其上设檩条、屋面板（或板檩合一的轻质大型屋面板），柱外侧有轻质墙面系统，柱内侧可设吊车梁。

习题与思考题

16-1　工业建筑有哪些特点？

16-2　工业建筑按照层数分为哪几种？

16-3　梁式吊车分为哪几种形式？各有什么特点？

习题与思考题答案

参考文献

［1］　高远，张艳芳．建筑构造与识图．2 版．北京：中国建筑工业出版社，2008.

［2］　董黎．房屋建筑学．北京：高等教育出版社，2006.

［3］　李必瑜，王雪松．房屋建筑学．3 版．武汉：武汉理工大学出版社，2008.

17　单层工业建筑设计

【内容提要】

本章主要内容包括单层工业建筑的结构类型与构件组成，单层工业建筑的平面设计、剖面设计和立面设计，单层工业建筑定位轴线的确定。

【能力要求】

通过本章的学习，学生应了解单层工业建筑的结构类型和构件组成，熟悉单层工业建筑常用的平面形式及柱网形式，了解生活间的设计，掌握如何确定单层工业建筑的厂房高度，熟悉单层工业建筑的采光和通风设计，了解单层工业建筑常用的立面设计手法，掌握单层工业建筑定位轴线的划分。

重难点

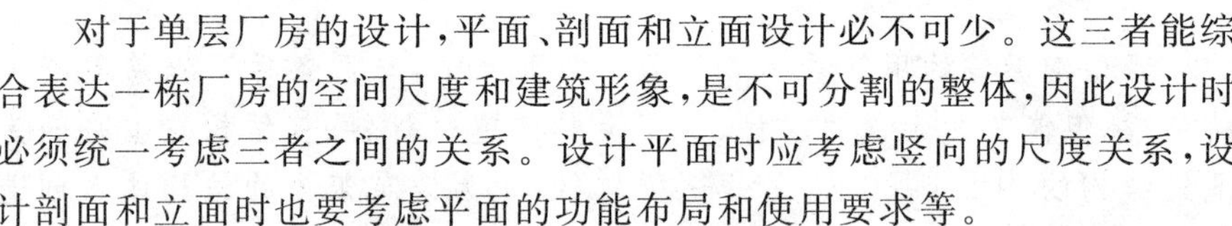

对于单层厂房的设计，平面、剖面和立面设计必不可少。这三者能综合表达一栋厂房的空间尺度和建筑形象，是不可分割的整体，因此设计时必须统一考虑三者之间的关系。设计平面时应考虑竖向的尺度关系，设计剖面和立面时也要考虑平面的功能布局和使用要求等。

17.1　单层工业建筑的结构类型与构件组成

门式刚架结构图

17.1.1　单层工业建筑的结构类型

单层厂房的结构按其承重结构的材料来分，有混合结构、钢筋混凝土结构和钢结构等类型。混合结构的主要承重结构为墙或带壁柱墙，屋架可用钢筋混凝土结构、钢木结构或轻钢结构。中型以上厂房大多选用钢筋混凝土结构。

单层厂房的结构按其施工方法来分，有装配式和现浇式两种。目前，除特殊情况外，单层厂房的结构均采用装配式钢筋混凝土结构。

单层厂房的结构按承重结构的形式分，有排架结构和刚架结构两种。它们均属于骨架结构，由支撑各种竖向与水平荷载作用的构件所组成。厂房依靠各种结构构件合理地连接为一个整体，组成一个完整的结构空间以保证厂房的坚固性与耐久性。

单层厂房承重结构除上述两种外，屋顶结构还可以用折板、壳体及网架等空间结构。其优点是传力受力合理、能充分发挥材料的力学性能、空间刚度好、抗震性能较好。其缺点是施工复杂、现场作业量大、工期长。

（1）排架结构

排架结构是目前单层厂房中最基本、最普遍的结构形式，柱与屋架（屋面梁）铰接，柱与基础刚接，如图 17-1、图 17-2 所示。屋架、柱子、基础组成了厂房的横向排架，连系梁、吊车梁、基础梁等均为纵向连系构件，它们和支撑构件将横向排架连成一体，组成坚固的骨架结构系统。依其所用材料的不同可分为钢筋混凝土排架结构、钢筋混凝土柱与钢屋架组成的排架结构和砖架结构。

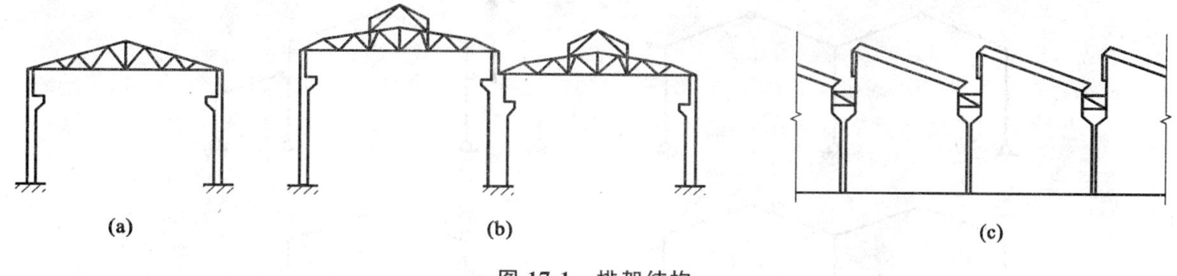

图 17-1　排架结构

(a) 单跨排架；(b) 不等高排架；(c) 锯齿形排架

（2）刚架结构

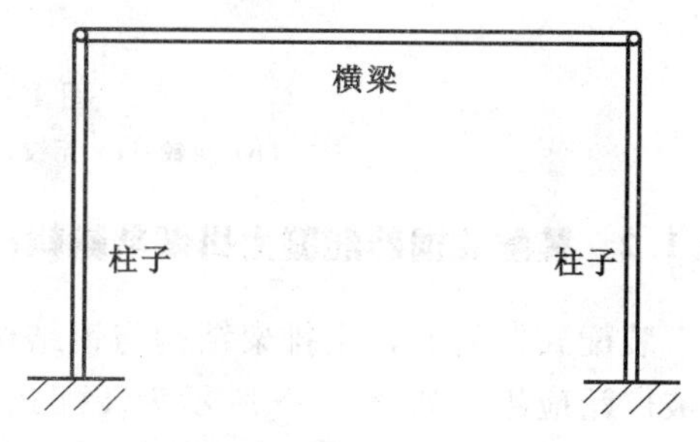

图 17-2　排架结构示意图

刚架结构是将屋架（或屋面梁）与柱子合并为一个构件，柱子与屋架（或屋面梁）的连接处为刚性节点，柱子与基础一般做成铰接。刚架结构的优点是梁柱合一，构件种类较少，结构轻巧，空间宽敞，但刚度较差，适用于屋盖较轻的无桥式吊车或吊车吨位不大、跨度和高度较小的厂房和仓库。常用的刚架结构是装配式门式刚架。门式刚架顶节点做成铰接的称为三铰门式钢架，也可以做成两铰门式刚架。为了便于施工吊装，两铰门式刚架通常做成三段，常在横梁中弯矩为零（或弯矩较小）的截面处设置接头，用焊接或螺栓连接成整体。常用的两铰和三铰刚架形式如图 17-3、图 17-4 所示。

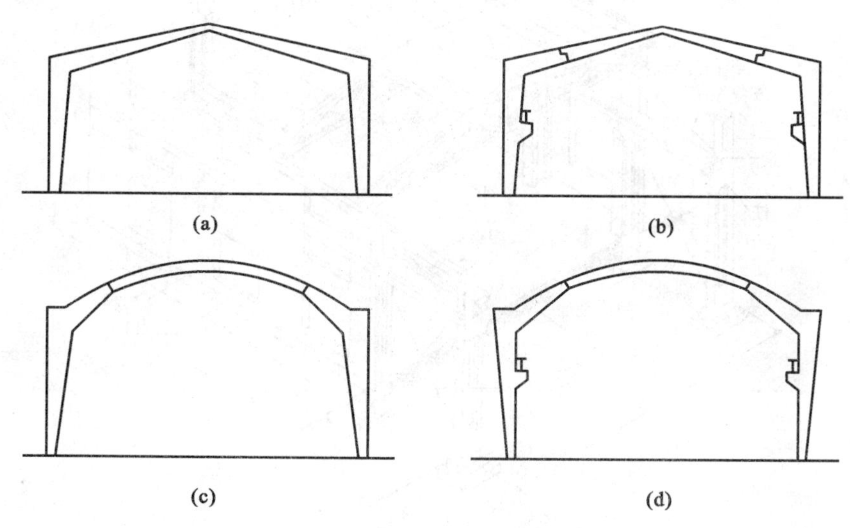

图 17-3　门式刚架结构

(a) 人字形刚架；(b) 带吊车人字形刚架；(c) 弧形拱刚架；(d) 带吊车弧形刚架

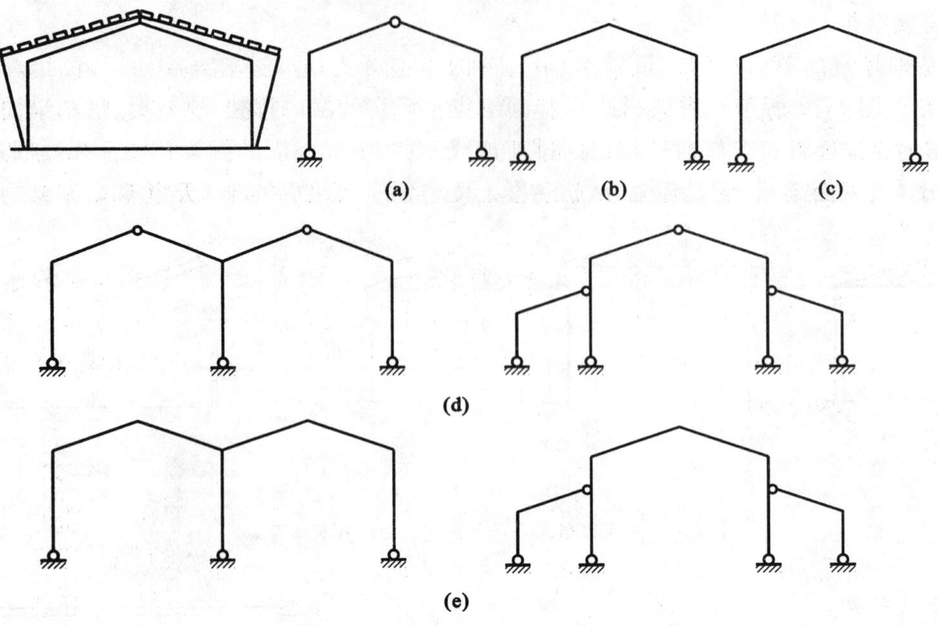

图 17-4　门式刚架结构示意图

(a) 三铰;(b) 两铰;(c) 无铰;(d) 三铰体系的多跨门架;(e) 两铰体系的多跨门架

17.1.2　装配式钢筋混凝土排架结构构件组成

装配式钢筋混凝土排架结构与钢结构相比,节约钢材、造价较低。因此,在国内外的单层厂房中被广泛应用。如图 17-5 所示为装配式钢筋混凝土排架结构的单层厂房,由图 17-5 可知,装配式钢筋混凝土单层厂房主要由承重构件和围护构件两部分组成。

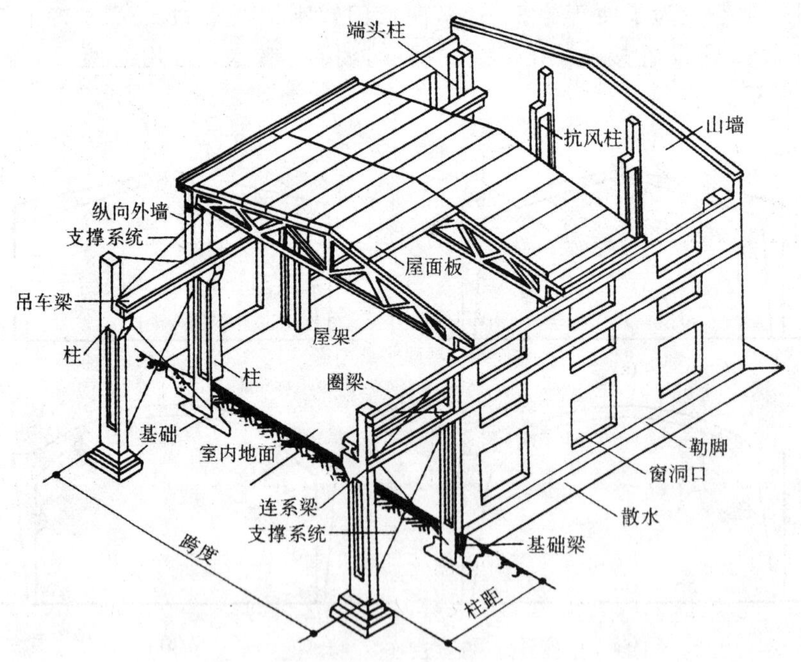

图 17-5　单层厂房排架结构及主要构件

(1) 承重构件

装配式排架结构由横向排架、纵向连系构件和支撑构成。横向排架由屋架(或屋面梁)、柱和基础组成,沿厂房的横向布置;纵向连系构件包括吊车梁、连系梁和基础梁,它们沿厂房的纵向布置,建立了横向排架的纵向连系;支撑包括屋盖支撑和柱间支撑两种。各构件在厂房中的作用分别如下。

① 屋架(或屋面梁)。它是屋盖系统的主要承重构件,承受屋面板、天窗架等传来的荷载,并将这些荷载传给柱子。

② 柱。它是厂房的主要承重构件,承受屋架、吊车梁、连系梁、支撑及外墙传来的荷载,并把荷载传给基础。单层厂房的山墙面积大,所受风荷载也大,因此在山墙中部设置抗风柱,使墙面受到的风荷载一部分由抗风柱上端通过屋顶系统传到厂房纵向骨架上去,一部分由抗风柱直接传给基础。柱的常用形式如图 17-6 所示。

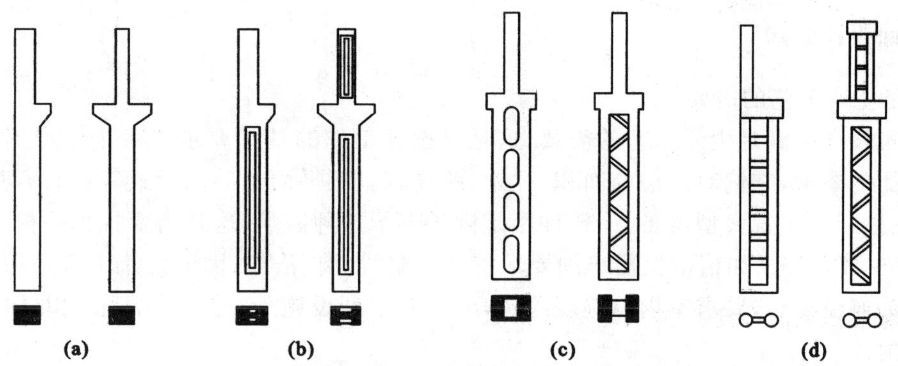

图 17-6 常用的钢筋混凝土排架柱

(a) 矩形柱;(b) 工字形柱;(c) 双肢柱;(d) 管柱

③ 基础。单层厂房一般采用预制或现浇的单杯口基础,当变形缝两侧有双柱时,可采用双杯口基础。如图 17-7 所示。

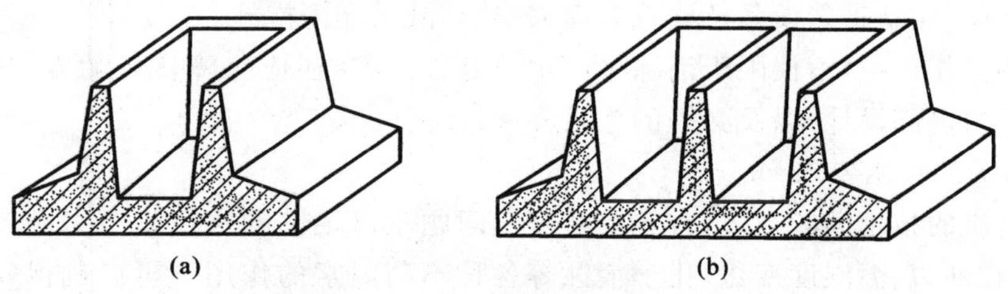

图 17-7 杯口基础

(a) 单杯口基础;(b) 双杯口基础

④ 吊车梁。吊车梁支撑在柱牛腿上,承受吊车传来的荷载并传给柱,同时加强纵向柱列的联系。

⑤ 连系梁。其作用主要是加强纵向柱列的联系,同时承受其外墙墙体的重量并传给柱。

⑥ 基础梁。基础梁一般搁置在柱下基础上,承受其上墙体重量,并传给基础,同时加强横向排架间的联系。

⑦ 屋架支撑。它设在相邻的屋架之间,用来加强屋架的刚度和稳定性。

⑧ 柱间支撑。它包括上柱支撑与下柱支撑,可用来传递水平荷载(如风荷载、地震力及吊车的制动力等),提高了厂房的纵向刚度和稳定性。

(2) 围护构件

排架结构厂房的围护构件由屋顶、外墙、门窗和地面组成。

① 屋顶。它承受屋面传来的风、雨、雪、积灰、检修等荷载,并防止外界的寒冷、酷暑天气对厂房内部的影响,同时屋面板也加强了横向排架的纵向联系,有利于保证厂房的整体性。

② 外墙。它是指厂房四周的外墙和抗风柱。外墙主要起防风雨、保温、隔热等作用,一般分上、下两部分,上部分砌在连系梁上,下部分砌在基础梁上,属自承重墙。抗风柱主要承受山墙传来的水平荷载,并传给屋架和基础。

③ 门窗。门窗作为外墙的重要组成部分,主要用来联系交通、采光、通风,同时具有外墙的围护作用。

17.2 单层工业建筑平面设计

17.2.1 平面设计原则

(1) 满足生产工艺的需要

工业建筑设计应满足生产工艺的需要,这是对设计工作的基本要求。由于生产工艺的需要体现了使用功能的要求,它们对厂房的面积、柱距、跨度、高度、平面及剖面形式等都有着直接的影响。例如,有时在柱距中布置大型设备,一般柱距是满足不了这种需求,这就需要抽掉一根或几根柱子,柱距可达12~24 m。又如精密仪器车间要求室内恒温、恒湿、洁净,因而建筑上宜采用多层密闭厂房。棉纺厂为避免断纱,要求室内温湿度稳定,故除有空调设施外,建筑上常采用北向锯齿形天窗以免阳光直射。

(2) 创造良好的操作环境

工业生产中往往会产生高温、烟尘等有害因素,因此,厂房具有良好的操作环境,对于保证工人健康、提高劳动生产率有着积极的促进作用。设计中应根据厂房生产状况的不同,采取不同的对策加以解决。例如对高温车间,应采取合理的厂房剖面形式,使通风顺畅以排除热量及有害气体;噪声较大的生产车间,应从工艺设备及建筑方面采取消、减及隔声措施。

创造良好的操作环境,不仅限于消除生产中的有害因素,还应保障良好的声、光、热环境质量,并具有完善的厂房内部设计,以及必需的生活福利设施。

(3) 满足有关的技术要求

设计中要解决的技术问题很多,首先要对安全问题予以足够的重视。厂房应具有必要的坚固耐久性能,使其在外力、温湿度变化、化学侵蚀等各种不利因素的作用下可以确保安全。对于有火灾或爆炸危险的厂房,应具有可靠的防火防爆设施以及安全疏散措施。

厂房建筑应具有一定的灵活应变能力。在满足当前使用的基础上,应适当考虑今后设备更新和工艺改革的需要,使远近期结合、提高通用性,并为以后的厂房改造和扩建提供条件。

设计厂房时应遵守国家颁布的有关技术规范与规程。例如,根据《厂房建筑模数协调标准》(GB/T 50006—2010),合理选择建筑参数(柱距、跨度、高度),以便采用通用的建筑构配件、便于预制和机械化施工,从而提高建筑工业化的水平。

(4) 拥有良好的综合效益

工业建筑设计中要注意提高建筑的经济、社会和环境的综合效益,三者之间不可偏废,不能片面强调其中的一个或两个而忽视其他。在经济效益方面,既要注意节约建筑用地,降低建筑造价,减少材料消耗和能源消耗,缩短建设周期,又要有利于降低经常维修和管理费用,还需防止盲目、重复建设,或可能出现投资效果差的现象。在社会效益方面,应使工业建筑投产以后,在它所影响范围内的社会生活素质(包括人口素质、国民收入、文化福利、社会安全等方面)发生有利的变化。在环境效益方面,应使工业建筑投产以后,在它所影响范围内的环境质量符合国家有关部门规定的质量标准,同时要综合治理废渣、废水、废气、控制生产噪声,注意保持生态平衡。

(5) 注意建筑美观

工业建筑在适用、安全、经济的前提下,应把建筑美与环境美列为设计的重要内容,美化室内外环境,创造良好的工作条件。具体设计时,应根据厂房的生产特征及重要性,及厂房在厂区或城市环境中的地位等不同情况分别加以处理。

17.2.2 平面形式选择

(1) 影响单层工业建筑平面形式的因素

影响单层工业建筑平面形式的因素有很多,主要有厂房生产工业流程、生产特征、生产规模;厂房内部交通及运输;厂房在总平面图中的位置及和其他厂房的关系;厂房所在地的地形、地区气候条件;厂房结构类型与经济技术条件等。

(2) 常见的生产工艺流程流线形式

常见的生产工艺流程流线形式有直线式、往复式和垂直式。直线式是原材料由厂房一端进入,加工后成品由厂房的同一端运出,如图 17-8(a)所示。往复式是原材料由厂房的一端进入,成品由另一端运出,如图 17-8(b)、图 17-8(c)所示。直线式和往复式的特点是各段之间靠得较紧,运输路线短捷,工艺联系紧密,工程管线较短;形式规整,占地面积少;结构构造简单,造价低,施工快;室内采光通风容易解决。生产工艺流程流线的另一种方式是垂直式,垂直式是原材料由厂房纵跨的一端进入,加工后成品从横跨的一端运出,如图 17-8(d)所示。垂直式的特点是工艺流程紧凑,零部件至总装配车间的运输路线短捷,但在跨度垂交处结构、构造复杂,施工麻烦。

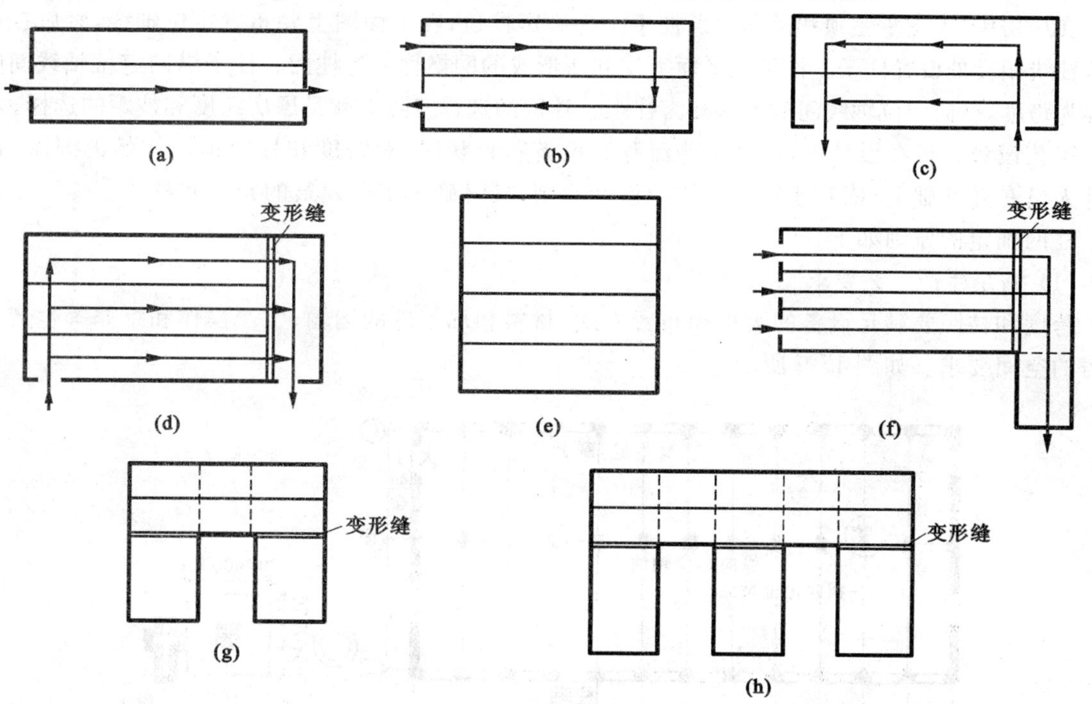

图 17-8 厂房平面形式

(a),(b),(c) ,(d) 矩形;(e) 方形;(f) L 形;(g) Ⅱ形;(h) 山形

(3) 常用的平面形式

平面形式的一般形式有矩形、方形等;特殊形式有L形、Π形、山形等。

矩形平面中最简单的是单跨。它是构成其他平面形式的基本单位。当生产规模较大要求厂房面积较多时,常用多跨组合的平面,其组合方式多随工艺流程而异。有的将跨度平行布置,有的将跨度相互垂直布置。

矩形平面的边长比因工艺流程和厂房面积大小而异。有的边长比较大,有的不大,即纵、横边长接近,形成方形或近似方形平面。从建筑经济角度看,近似于方形或方形的平面比较优越。在面积相同的情况下,方形平面与矩形平面、L形平面相比,矩形、L形平面外围结构的周长比方形平面约长25%。在周长相同的情况下,方形平面与L形平面相比,L形平面的面积少1/4左右。同时,方形厂房的造价也较矩形、长条形厂房低6%~20%。这些优点对冬季寒冷地区和夏季炎热地区更是有利。由于外墙面积少,冬季可以减少通过外墙的热量损失,夏季可以减少太阳辐射对室内的影响,对防暑降温也有好处,有利于节能。从防震角度看,方形或近似于方形也是有利的。因此,近年来方形或近似于方形的平面形式在国外发展较快,特别是在机械工业中应用较多。

L形、Π形、山形平面的特点是厂房各部宽度不大,厂房周长较长,可以在较长的外墙上设置门窗,使室内的采光、通风条件良好,有利于改善室内劳动条件。但这种形式的平面都有纵横跨垂交,垂交处构件类型增多,构造复杂,如半封闭庭院堆物较高时则影响室内通风和采光。此外,由于平面形式复杂,地震时易引起结构破坏,为避免这种破坏不得不设防震缝。同时,外墙长度较长,造价及维修费均较高,室内各种工程管线也较长。因此,这种平面形式,如无特殊工艺需要,在工程实践中已较少使用。如图17-8(f)、(g)、(h)所示。

17.2.3 平面柱网选择

在厂房中,为支承屋顶和吊车须设柱子。为确定柱位,在平面图上要布置定位轴线,然后在纵横定位轴线相交处设置柱子。柱子在平面上排列所形成的网格称之为柱网。柱子纵向定位轴线间的距离称为跨度,横向定位轴线间的距离称为柱距。柱网的选择实际上就是厂房跨度和柱距的选择。

工艺设计人员在设计中,根据工艺流程和设备布置状况,对跨度和柱距提出初始的要求,建筑设计人员在此基础上,依照建筑及结构的设计原则,最终确定工业建筑的跨度和柱距。

柱网确定的原则如下。

(1) 满足生产工艺要求

跨度和柱距要满足设备的大小和布置方式、材料和加工件的运输、生产操作和维修等生产工艺所需的空间要求。如图17-9所示。

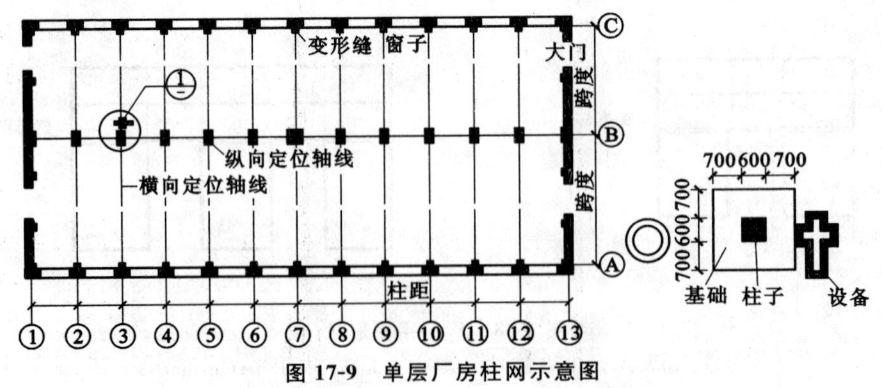

图17-9 单层厂房柱网示意图

(2) 平面利用和结构方案经济合理

工业建筑因工艺要求，常将个别大型设备越跨布置，采用抽柱方案，上部用托架梁承托屋架，并根据实际情况，适当调整跨度和柱距。如图 17-10 所示。

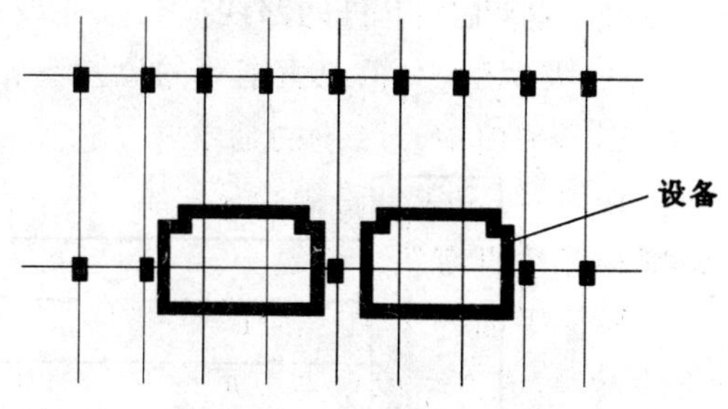

图 17-10 局部扩大柱距布置设备示意图

(3) 符合《厂房建筑模数协调标准》(GB/T 50006—2010)的要求

当工业建筑跨度小于 18 m 时，应采用扩大模数 30M 的尺寸系列，即跨度可取 9 m、12 m、15 m。当跨度尺寸大于或等于 18 m 时，按 60M 模数增长，即跨度可取 18 m、24 m、30 m 和 36 m。柱距采用 60M 数列，即6 m、12 m、18 m 等。

(4) 扩大柱网

为适应现代工业生产的变化，工业建筑应具有灵活性与通用性，扩大柱网是途径之一。将柱距由 6 m 扩大至 12 m、18 m，乃至 24 m，如柱网(跨度×柱距)为 15 m×12 m、18 m×12 m、24 m×12 m、18 m×18 m、24 m×24 m 等。扩大柱网在钢结构中更易于实现。

17.2.4 生活间设计

为了满足工人在生产过程中的生产卫生及生活上的需要，保证产品质量、提高劳动生产率，给工人创造良好的劳动卫生条件，应设生活间。

17.2.4.1 生活间的组成

根据车间生产性质、卫生要求、车间规模及所在地区条件不同等因素，生活间的组成大致如下。

① 生产卫生用室。它包括存衣室、淋浴室、盥洗室等。根据某些生产特殊需要还可包括洗衣房、衣服干燥室等。

② 生活卫生用室。它包括休息室、厕所等，有特殊需要时可设置取暖室，冷饮制作间、饮水室、倒班休息室等，女工较多时还应设置妇女卫生室。若车间距全厂服务设施较远且车间职工人数又较多时，还须考虑设置车间卫生站、婴儿哺乳室及托幼用室和存放自行车、摩托车的设施等。

③ 行政办公室。它包括党、政、工、团、青、妇等办公室以及会议室、学习室、值班室、计划调度室等。

④ 生产辅助用室。它包括工具室、材料库、计量室等。

17.2.4.2 生活间的布置

生活间的位置应便于职工上下班；避免生产中产生的有害物质及高温的影响；尽量减少对厂房天然采光和自然通风的影响；有利于地面、地下及高空各种管线的布置，不妨碍厂房的扩建；生活间的造型及色彩应与厂房协调统一。

生活间的布置方式有以下三种。

(1) 毗连式生活间

紧靠厂房外墙(山墙或纵墙)布置的生活间称为毗连式生活间，图 17-11(a)为生活间紧靠纵墙布置，图 17-11(b)为紧靠山墙布置。它至车间距离短、联系方便，与车间之间共享一道墙，所以节省材料，且寒冷地区对车间的保温有利，但它不同程度地影响着车间的采光和通风；车间内部有较大震动、噪声、灰尘、余热或较多有害气体时，会对生活间产生干扰，危害较大。毗连式生活间的基本要求是:职工上下班的路线应与服务设施的路线一致,避免迂回;工人在生产过程中使用的厕所、休息室、吸烟室、女工卫生室等的位置应相对集中,布置恰当。

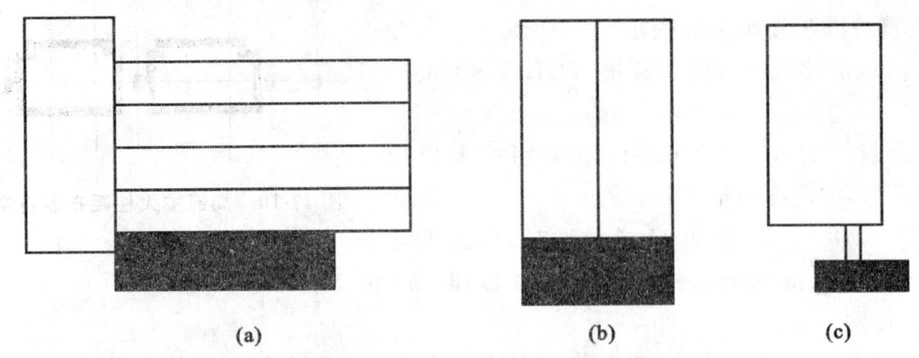

图 17-11　位于厂房外部不同位置的生活间

(a),(b) 毗连式生活间;(c) 独立式生活间

(2) 独立式生活间

距厂房一定距离、分开布置的生活间称为独立式生活间,如图 17-11(c)所示。其优点是:生活间和车间的采光、通风互不影响;生活间布置灵活;生活间和车间的结构方案互不影响,结构、构造容易处理。其缺点是:占地较多,生活间与车间的距离较远,不方便联系。独立式生活间适用于散发大量生产余热、有害气体及易燃易爆的车间。

(3) 厂房内部式生活间

在车间内部可以充分利用的空间内布置生活间,只要在生产工艺和卫生条件允许的情况下,均可采用这种布置方式。其优点是使用方便、经济合理、节省建筑面积和体积;其缺点是只能将生活间的部分房间布置在车间内,车间的通用性受到限制。内部式生活间有下列几种布置方式:在边角、空余地段布置生活间,如在柱子上空、柱与柱之间的空间;在车间上部设夹层,生活间布置在夹层内,夹层可支承在柱子上,也可以悬挂在屋架下;利用车间一角布置生活间;在地下室或半地下室布置生活间,这种方式需要设置机械通风、人工照明,且构造复杂、费用较高,故一般较少采用。

17.3　单层工业建筑剖面设计

厂房的剖面设计是厂房设计的一个组成部分,剖面设计是在平面设计的基础上进行的。平面设计主要从平面形式、柱网选择、平面组合等方面解决生产对厂房提出的各种要求,剖面设计则是从厂房的建筑空间处理上满足生产对厂房提出的各种要求。

厂房剖面设计的具体任务是:确定厂房高度;选择厂房承重结构及围护结构方案;处理车间的采光、通风及屋面排水等问题。因篇幅限制,这里只介绍厂房高度的确定和厂房采光通风的处理。

17.3.1　厂房高度的确定

厂房高度指室内地面(相对标高定为±0.000)至柱顶(或倾斜屋盖最低点,或下沉式屋架下弦底面)的距离。厂房的高度必须根据生产使用要求以及建筑统一化的要求来确定。同时,还应考虑到空间的合理利用。

17.3.1.1　柱顶标高的确定

柱顶(或倾斜屋盖最低点,或下沉式屋架下弦底面)标高的确定分以下几种。

① 无吊车厂房。在无吊车厂房中,柱顶标高通常是按最大生产设备及其使用、安装、检修时所需净空高度确定的;同时兼顾采光和通风,一般不低于 4 m。

② 有吊车厂房高度的确定。在有吊车的厂房中,不同的吊车对厂房高度的影响是不同的。采用梁式或桥式吊车的厂房高度的确定如图 17-12 所示。

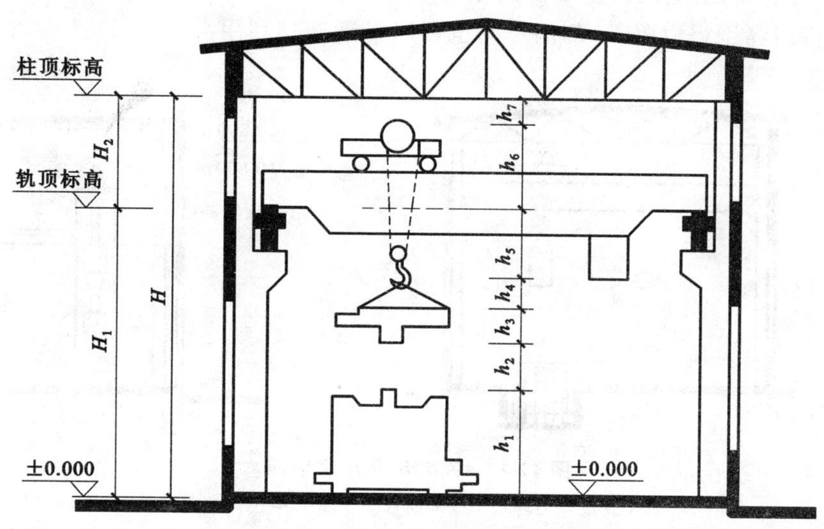

图 17-12　厂房高度的确定

柱顶标高为:

$$H = H_1 + H_2 \tag{17-1}$$

轨顶标高为:

$$H_1 = h_1 + h_2 + h_3 + h_4 + h_5 \tag{17-2}$$

轨顶至柱顶高度为:

$$H_2 = h_6 + h_7 \tag{17-3}$$

式中　h_1——需跨越的最大设备高度;

h_2——起吊物与跨越物间的安全距离,一般为 400～500 mm;

h_3——起吊的最大物件高度;

h_4——吊索最小高度,由起吊物件的大小和起吊方式决定,一般大于 1 m;

h_5——吊钩至轨顶面的距离,由吊车规格表中查得;

h_6——轨顶至吊车小车顶面的距离,由吊车规格表中查得;

h_7——小车顶面至屋架下弦底面之间的安全距离,应考虑到屋架的挠度、厂房可能不均匀沉陷等因素,最小尺寸为 220 mm,湿陷黄土地区一般不小于 300 mm。

如果屋架下弦悬挂有管线等其他设施时,还需另加必要的尺寸。根据《厂房建筑模数协调标准》(GB/T 50006—2010)的规定,柱顶标高 H 应为 300 mm 的倍数。轨顶的标高 H_1 常常取为 600 mm的倍数。

17.3.1.2 剖面空间的利用

厂房的高度对造价有直接影响,确定高度时应有效地利用和节约空间,降低建筑造价。当厂房内有个别高大设备或需高空间操作的工艺环节时,为了避免提高整个厂房的高度,致使提高造价,可采取降低局部地面标高的方法,如某厂房变压器修理工段[如图 17-13(a)所示]。有时也可利用利用两榀屋架间的空间来布置个别特殊高度的设备[如图 17-13(b)所示]。如果少数需要高空间的设备无法采用前述方法时,还可以局部提高个别设备处厂房的净空高度。此外,若能在确保生产和工人安全的前提下,利用车间内走道空间进行起重运输,则需跨越的设备高度 h_1 可不计入柱顶高度 H。这样,厂房高度得以降低,剖面空间也可以得到充分利用。

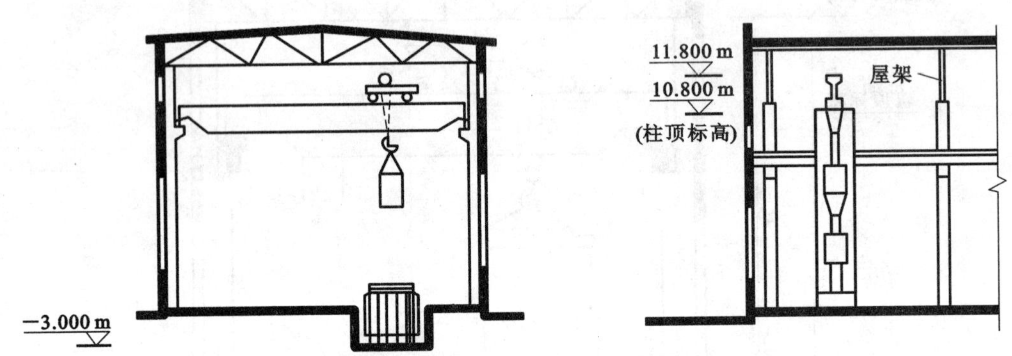

图 17-13 有效利用厂房空间

(a) 某厂房变压器修理工段剖面;(b) 利用屋架空间布置设备

17.3.1.3 室内地坪标高的确定

厂房室内地坪的绝对标高是在总平面设计时确定的。室内地坪的相对标高定为±0.000。一般单层厂房室内外都会设置一定的高差,目的是防水、防潮。同时,考虑到运输车辆出入方便,室内外相差也不宜过大,一般取 150~200 mm,常常用坡道连接。

在地形较平坦的地段上建厂房时,一般室内只取一个标高。当在山地上建厂时,应结合地形,因地制宜,尽量减少土石方工程量,以利于降低工程造价,加快施工进度,通常是将厂房平行于等高线布置。在工艺允许的条件下,可将车间各跨分别布置在不同标高的台阶上,工艺流程则可由高跨处流向低跨处,利用物体自重进行运输,这样,可以大大减少运输费和动力的必要消耗。当原始地形坡度较陡时,可采取厂房垂直于等高线布置,此时,在工艺允许的条件下,可使同一跨地坪分段布置在不同标高的台阶上。并且有时还可利用地形较低的部分设置地下室,作为成品库或辅助生产用房[如图 17-14 所示]。当厂房内地坪有两个以上不同高度的地平面时,将主要地坪面的标高定为±0.000。

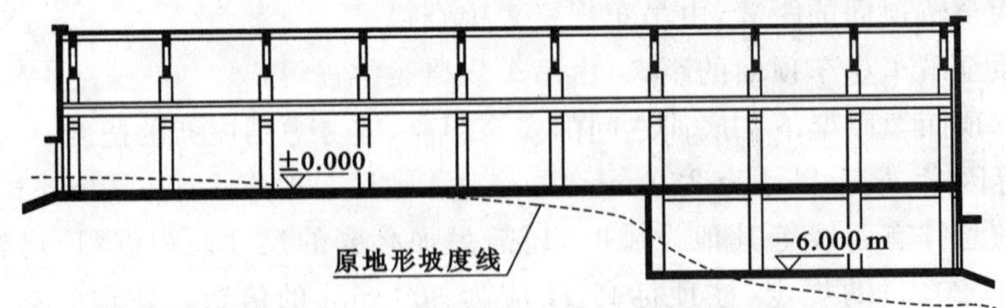

图 17-14 利用较低部分车间作为地下室

17.3.2 厂房采光设计

室内利用天然光线进行照明的叫做天然采光。单层厂房大多采用天然采光。当天然采光不能满足要求时，应辅以人工照明。窗口大小、形式及其布置方式都将直接影响室内光线。采光设计就是根据室内生产对采光的要求确定窗子大小、形式及其布置，保证室内采光的强度、均匀度及避免眩光。显然，窗面积过小，室内光线就很暗，会给工人生产操作、行走、运输造成困难，从而降低劳动生产率，影响产品质量，还容易造成工伤事故，也增加电能消耗。但也不能把窗面积开得过大，窗的面积过大不仅提高了厂房造价，而且冬夏季室外气象易影响厂房内部气温状况，增加能源消耗。因此，为使采光设计做到适用、经济，设计时应根据生产性质及其对采光的要求，按采光系数的标准值进行设计。

17.3.2.1 天然采光的基本要求

(1) 满足采光系数最低值的要求

室内的工作面上应有一定的光线，光线的强弱是用照度来衡量的。照度表示单位面积上所接受的光通量的多少，其单位用勒克斯(lx)表示。由于室外自然光线随时间变化，室内的照度值也随之变化。因此，这个变化不定的照度值不可能用来表示室内某点的采光情况，而是以室内工作面上某一点的照度与同时间露天场地上照度的百分比表示，这个比值称为室内某点的采光系数 C(如图 17-15 所示)。

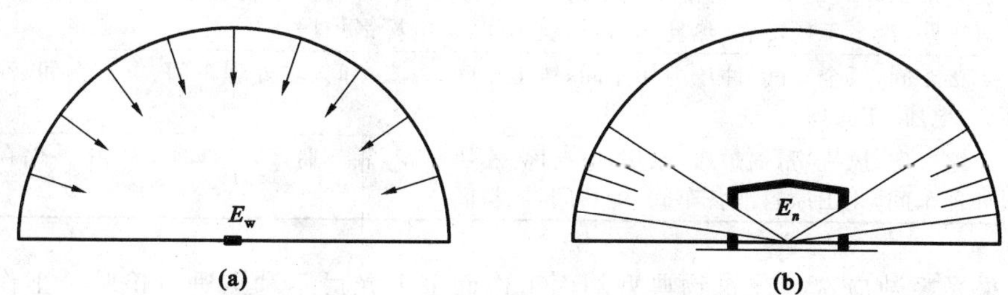

图 17-15 采光系数确定示意图

$$C=\frac{E_n}{E_w}\times 100\% \tag{17-4}$$

式中 C——室内某点的采光系数，%；

E_n——室内某点的照度，lx；

E_w——同一时间的室外照度，lx。

《建筑采光设计标准》(GB 50033—2013)中要求采光设计的光源以全阴天天空的扩散光作为标准，根据我国光气候特征和视觉试验，以及实际情况的调查等，将我国工业生产的视觉工作分为五级(见表 17-1)，提出了各级视觉工作要求的室内天然光照度最低值，规定了各级采光系数最低值。在采光设计中，生产车间工作面上的采光系数最低值不应低于表 17-1 所规定的数值，以保证车间内有良好的视觉条件。

表 17-1　　**作业场所工作面上的采光系数标准值**

采光等级	视觉工作分类		侧面采光		顶部采光	
	作业精确度	识别对象的最小尺寸 d/mm	室内天然光照度/lx	采光系数 C/%	室内天然光照度/lx	采光系数 C/%
Ⅰ	特别精细	$d \leqslant 0.15$	250	5	350	7
Ⅱ	很精细	$0.15 < d \leqslant 0.3$	150	3	250	5
Ⅲ	精细	$0.3 < d \leqslant 1.0$	100	2	150	3
Ⅳ	一般	$1.0 < d \leqslant 5.0$	50	1	100	2
Ⅴ	粗糙	$d > 5.0$	25	0.5	50	1

表 17-2 为生产车间和工作场所的采光等级举例。

表 17-2　　**生产车间和工作场所的采光等级举例**

采光等级	生产车间和工作场所名称
Ⅰ	精密机械和精密机电成品检验车间，精密仪表加工和装配车间，光学仪器精加工和装配车间，手表及照相机装配车间，工艺美术工厂绘画车间，毛纺厂选毛车间
Ⅱ	精密机械加工和装配车间，仪器检修车间，电子仪器装配车间，无线电元件制造车间，印刷厂排字及印刷车间，针织厂精纺、织造和检验车间，制药厂制剂车间
Ⅲ	机械加工和装配车间，机修车间，电修车间，木工车间，面粉厂制粉车间，造纸厂造纸车间，印刷厂装订车间，冶金工厂冷轧、热轧车间，拉丝车间，发电厂锅炉房
Ⅳ	焊接车间，钣金车间，冲压剪切车间，铸工车间、锻工车间、热处理车间、电镀车间、油漆车间，配电所，变电所，工具库
Ⅴ	压缩机房，风机房，锅炉房，泵房，电石库，乙炔瓶库，氧气瓶库，汽车库，大、中件储存库，造纸厂原料处理车间，化工原料准备车间，配料间，原料间

工作面上采光系数应选择建筑物典型剖面工作面上采光最不利点进行检验。工作面一般取距地面 1 m 高的水平面。在横剖面上进行验算，连接各点采光系数值则形成采光曲线，采光曲线反映剖面的采光情况(如图 17-16 所示)。

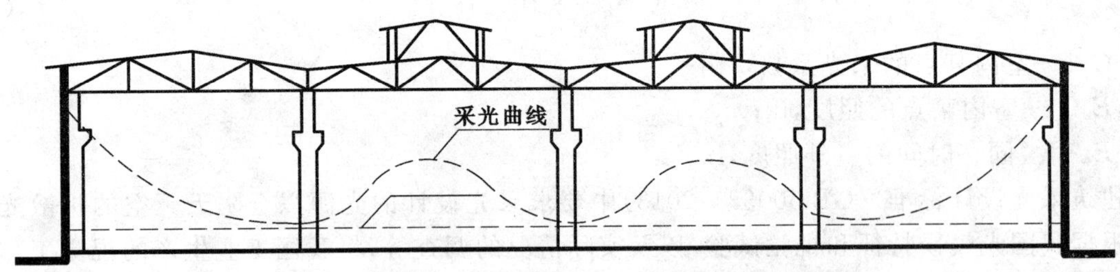

图 17-16　采光曲线示意图

(2) 满足采光均匀度的要求

采光均匀度指工作面上采光系数最低值与平均值之比。要求工作面上各部分照度比较接近，避免出现过于明亮或特别阴暗的地方，不要使工人反复适应明暗变化而导致视力疲劳，从而影响工人操作及降低劳动生产率。因此，采光标准中明确规定：当为顶部采光时，Ⅰ～Ⅳ级采光等级的采光均匀度不宜小于 0.7。

(3) 避免在工作区产生眩光

视野内出现比周围环境突出的明亮而刺眼的光称为眩光。应避免在工作区产生眩光。

17.3.2.2 采光方式

根据采光口的位置不同,采光方式有侧面采光、顶部采光、混合采光三种。侧面采光是利用开设在侧墙上的窗子进行采光;顶部采光是利用开设在屋顶上的窗子进行采光;混合采光是这两种方式组合起来同时采光。如图 17-17 所示。

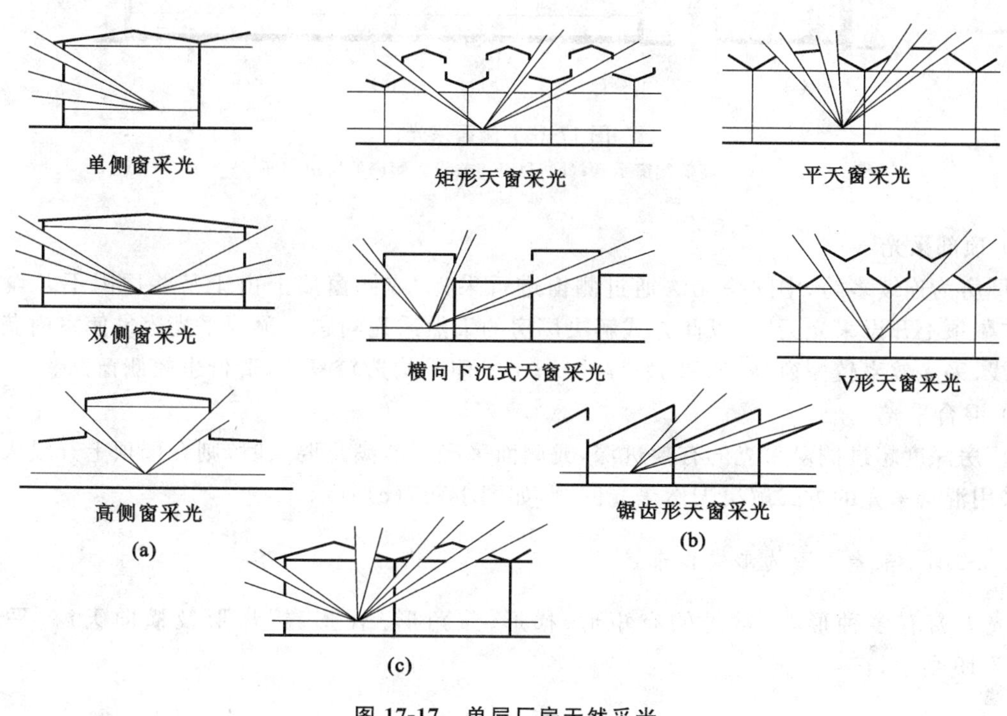

图 17-17 单层厂房天然采光

(a) 侧面采光;(b) 顶部采光;(c) 混合采光

(1) 侧面采光

侧面采光分单侧采光和双侧采光。采光侧窗分高侧窗和低侧窗。侧面采光经济适用、构造简单、施工方便,设计中应尽可能采用这种方式,如图 17-17(a)所示。

单向低侧窗光线方向性强、均匀度差、衰减幅度大。提高侧窗位置能使远窗点的采光系数提高、照度增加,使厂房采光的均匀度得到提高。一般中等照度要求的厂房,侧窗采光对水平工作面的有效进深为工作面至窗上缘高度的 2 倍。厂房应尽可能采用双侧采光。当侧面采光不能满足要求时,可采用混合采光方式或辅以人工照明。由于侧面采光的方向性强,故布置侧窗时要避免可能产生的遮挡:高侧窗窗台宜高出吊车梁面 600 mm,低侧窗窗台高度一般为工作面的高度,同时为便于开关,其标高通常取 1000 mm 左右,如图 17-18(a)所示。在设计多跨厂房时,应尽量利用厂房高低差处开设高侧窗解决厂房的采光问题,如图 17-18(b)所示。

厂房纵向光线均匀性与窗间墙的宽度有关。窗间墙不宜设得太宽,通常等于或小于窗宽,必要时可作成不设窗间墙的通长带形窗。

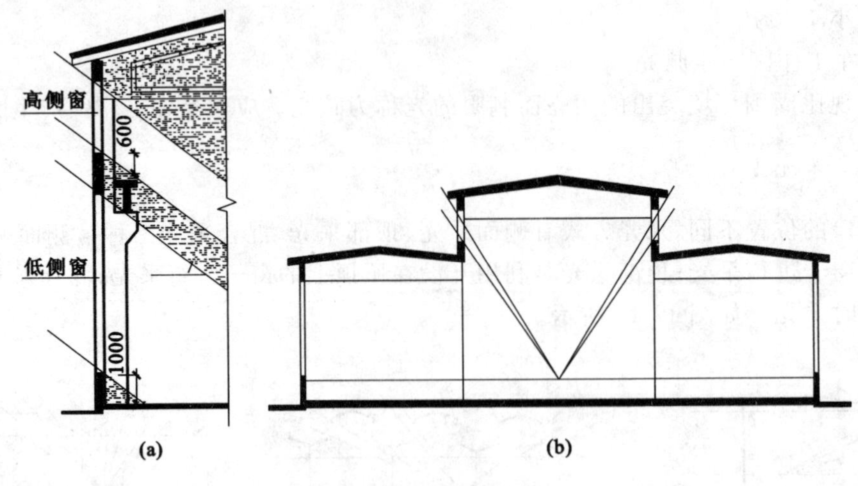

图 17-18　侧面采光

(a) 高低侧窗示意;(b) 利用高差设置侧窗的厂房剖面

(2) 顶部采光

当厂房为连续多跨,中间跨无法通过侧窗进行采光,或侧窗墙上由于某些原因不开设采光窗时,则在屋顶上开设采光天窗,以此方式解决厂房的天然采光问题。顶部采光容易使室内获得较均匀的光线,采光效率较侧窗高,如图 17-17(b)所示。但其构造较复杂,造价也较侧窗高。

(3) 混合采光

当厂房深度超过侧窗采光的有效进深,或侧面采光不能满足要求时,则在屋顶上开设天窗加以补充,采用混合采光的方式解决天然采光问题,如图 17-17(c)所示。

17.3.2.3　采光天窗的形式和布置

采光天窗有多种形式,常见的有矩形、梯形、三角形、M 形、锯齿形及横向天窗、平天窗等(如图 17-19 所示)。

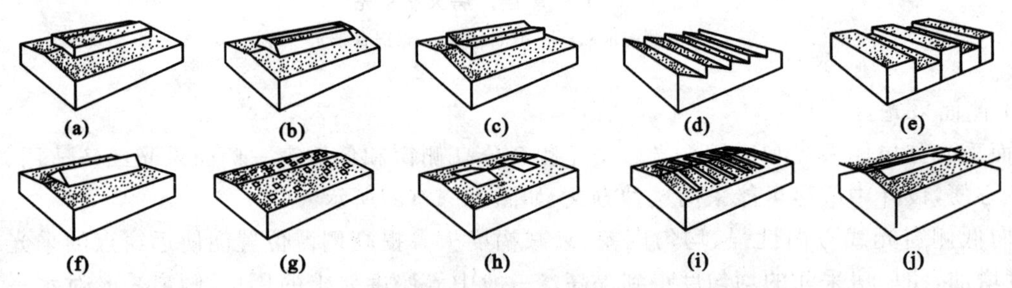

图 17-19　采光天窗形状及布置

(a) 矩形天窗;(b) 梯形天窗;(c) M 形天窗;(d) 锯齿形天窗;(e) 横向下沉式天窗;(f) 三角形天窗;(g) 平天窗(点状布置);(h) 平天窗(块状布置);(i) 平天窗(带状横向布置);(j) 平天窗(带状纵向布置)

(1) 矩形天窗

矩形天窗是沿跨间纵向升起局部屋面,在高低屋面的垂直面上开设采光窗形成的。其采光特点与侧窗采光类似,具有中等照度。厂房为南北向时,室内光线均匀。其优点是由于矩形天窗的窗面垂直,因此积灰少,易于防水,窗扇可开启,能兼起通风作用。其缺点是组成构件类型多,结构复杂，自重大，造价高，增加了厂房高度，抗震性能不好。为了取得良好的采光效果，矩形天窗的宽度 b 宜等于厂房跨度 L 的 1/3～1/2，天窗的高宽比 h/b 宜为 0.3 左右，不宜大于 0.45，这是由于天窗过高对提高工作面照度的作用较小，如图 17-20 所示。将矩形天窗的屋盖由两侧向内倾斜就形成了 M 形天窗，如图 17-21 所示。

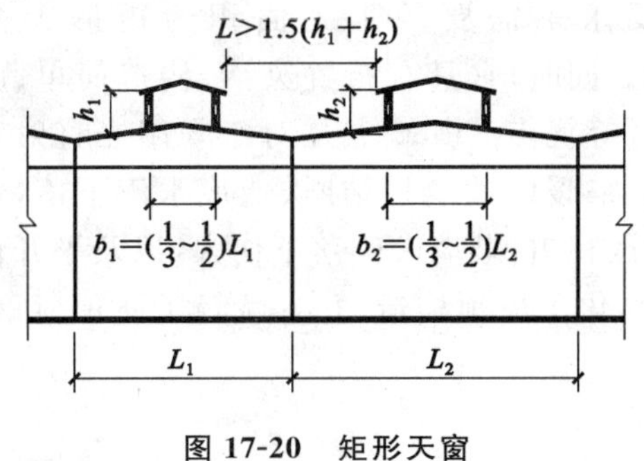

图 17-20　矩形天窗

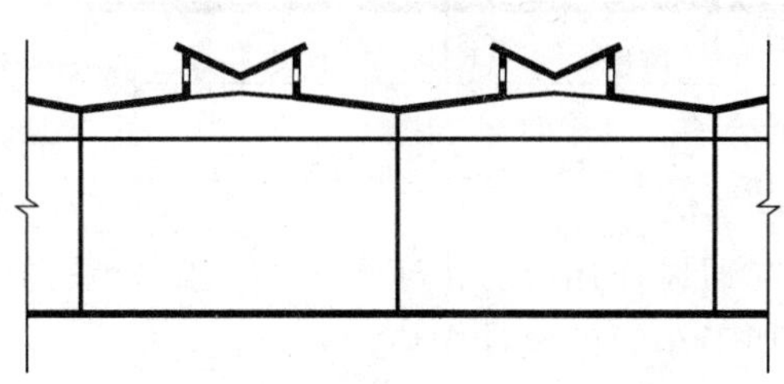

图 17-21　M 形天窗

(2) 锯齿形天窗

锯齿形天窗是将厂房屋盖做成锯齿形，窗设于垂直面上，如图 17-22 所示。这种天窗能利用天棚倾斜面反射光线，因此采光效率较矩形天窗高，在满足同样采光标准的前提下，该天窗可比矩形天窗节约玻璃面积 30%。窗扇可开启，能兼起通风作用。窗口一般朝北或接近北向，无直射阳光进入室内，或射入的阳光很少，室内光线稳定、均匀，可避免产生眩光，也不增加空调设备负荷。因此，对于要求光线稳定，需要调节温湿度的厂房等生产工艺有特殊要求的厂房（如纺织厂等）多采用这种天窗形式。

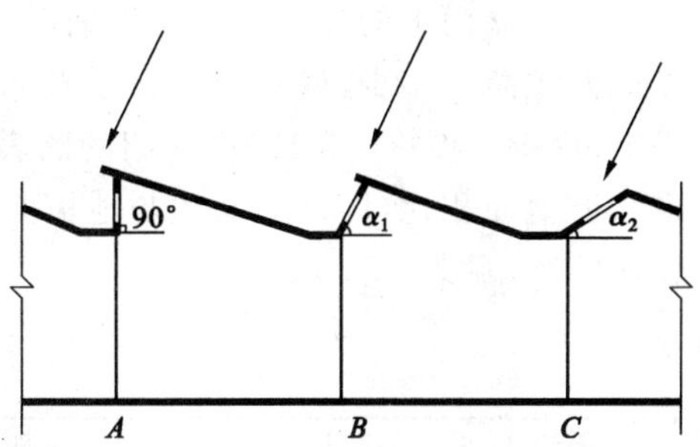

图 17-22　不同窗扇角度的锯齿形天窗

(3) 横向下沉式天窗

横向下沉式天窗是将相邻柱距的整跨屋面板上下交替布置在屋架的上、下弦上，利用屋面板位置的高差（即屋架上、下弦的高差）作采光口而形成的，如图 17-23 所示。它的优点是布置灵活，可根据使用要求每隔一个柱距或几个柱距布置，造价较矩形天窗低。当厂房为东西向时，横向下沉式天窗为南北向。因此，横向下沉式天窗多用于朝向为东西向的冷加工车间。同时，它还具有排气路线短捷，可开设较大面积的通风口，通风量大的优点。所以，它适用于对采光、通风都有要求的热加工车间。其缺点是窗扇形式受屋架限制，构造复杂，纵向刚度差。

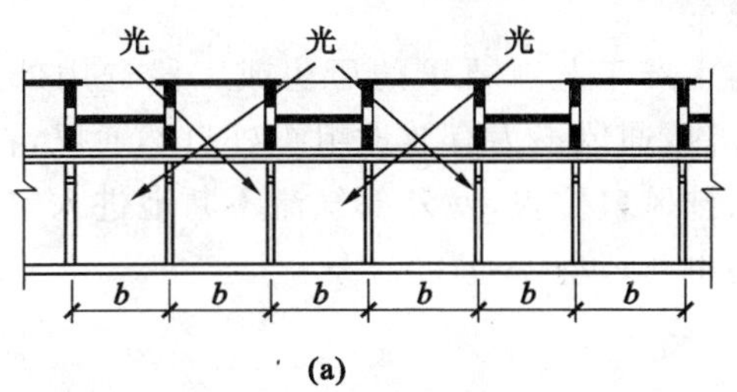

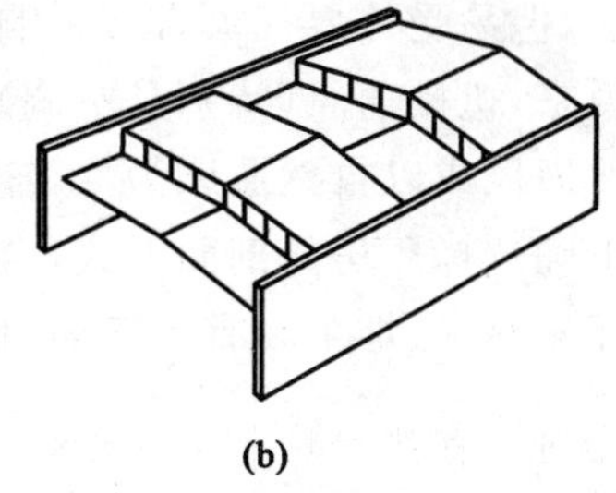

图 17-23　横向下沉式天窗纵剖面及局部轴测投影图

(a) 剖面图；(b) 透视图

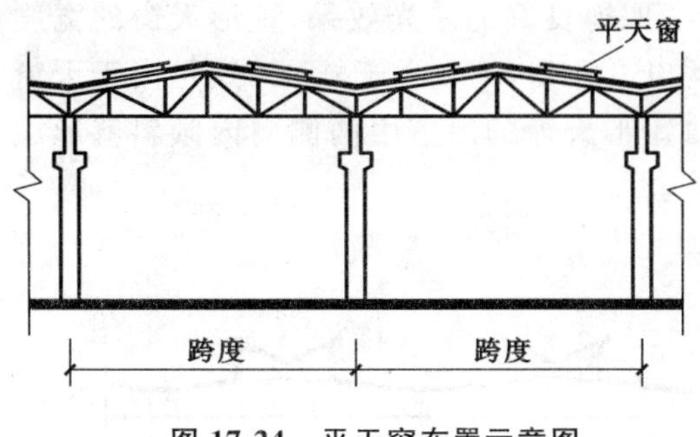

图 17-24 平天窗布置示意图

(4) 平天窗

平开窗是在屋盖上直接设置采光口而形成，如图 17-24 所示。它可以成点、成块、或成带布置。平天窗的采光效率高，为矩形天窗的 2～2.5 倍，即在同样采光标准要求下需要的采光面积为矩形天窗的 1/2.5～1/2。同时，它具有布置灵活、构造简单、施工方便、造价低等优点。其缺点是对于太阳光直射车间易产生眩光，采暖区玻璃易结露、造成水滴下落，玻璃表面易积尘或积雪，玻璃破碎落下伤人，以及平开窗一般不起通风作用等。由于平开窗主要为采光而设，不仅简化了屋顶构造，并且减轻了屋顶荷重，故在冷加工车间的设计中应用较广泛。

17.3.2.4 采光面积计算

厂房立面上的窗口一般是根据厂房的采光、通风以及立面处理等因素综合考虑的。某厂房采光口面积需要多少，或是否符合采光标准的要求，应通过采光估算或验算来确定。《建筑采光设计标准》(GB 50033—2013)中介绍的图表计算方法是我国目前最为简便的方法。在初步设计阶段可采用窗地面积比(即窗洞面积与地板面积的比值)是否符合采光要求的方法对厂房采光面积进行估算或验算(见表 17-3)。

表 17-3 窗地面积比

采光等级	采光系数最低值/%	单侧窗	双侧窗	矩形天窗	锯齿形天窗	平天窗
Ⅰ	5	1/2.5	1/2.0	1/3.5	1/3	1/5
Ⅱ	3	1/2.5	1/2.5	1/3.5	1/3.5	1/5
Ⅲ	2	1/3.5	1/3.5	1/4	1/5	1/8
Ⅳ	1	1/6	1/5	1/8	1/10	1/15
Ⅴ	0.5	1/10	1/7	1/15	1/15	1/25

注：当Ⅰ级采光等级的车间采用单侧窗或Ⅱ级采光等级的车间采用矩形天窗时，其采光不足部分应用照明补充。

17.3.3 厂房通风设计

厂房通风为分机械通风和自然通风两种。机械通风是依靠通风机的力量作为空气流动的动力来实现厂房通风换气的。它要耗费大量电能，设备投资及维修费也很高，但其通风稳定、可靠、有效。

自然通风是利用自然力作为空气流动的动力来实现厂房通风换气的。它是一种既简单又经济的通风方法，但易受外界气象直接影响，通风不稳定。

一般说来，机械通风(特别是空调)，除个别的生产工艺有要求的厂房或工段选用外，一般主要是采用自然通风或以自然通风为主，辅以简单的机械通风。为有效地组织好自然通风，在厂房剖面设计中要正确选择厂房的剖面形式，合理布置进、排风口位置，使外部气流不断地进入室内，迅速排除厂房内部的热量、烟尘和有害气体，创造良好的生产环境。

17.3.3.1 自然通风的基本原理

自然通风是利用室内外温差造成的热压和风吹向建筑物在不同表面上造成的压力差来实现通风换气的。

(1) 热压作用

由于厂房各种热源(工业炉子、热加工件、机械设备运转等)排出大量热量,使厂房内部的气温比室外高,空气体积膨胀、密度减小而自然上升;厂房外部空气湿度相对较低、密度较大,便由外围护结构下部的门窗洞口进入室内,加速了室内空气的流动。新鲜空气不断进入室内,污浊空气不断排出,如此循环,达到通风的目的。这种利用室内外冷热空气产生的压力差进行通风的方式,称为热压通风。图 17-25 为设矩形天窗的单层单跨厂房利用热压通风的示意图。

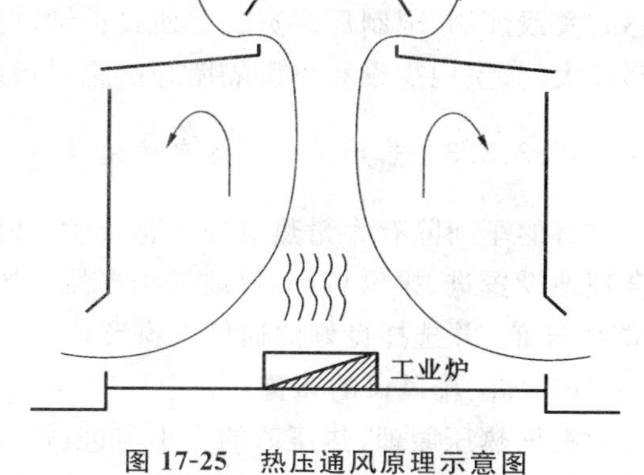

图 17-25 热压通风原理示意图

热压值按下列公式计算:

$$\Delta P = H(r_2 - r_1) \tag{17-5}$$

式中 ΔP——热压,取 10 Pa;

H——进风口中心线至排风口中心线的垂直距离,m;

r_1——室内空气密度,kg/m^3;

r_2——室外空气密度,kg/m^3。

该公式的物理意义是:热压值的大小与上下进、排风口中心线的垂直距离和室内外空气密度差成正比。所以,在无天窗的厂房中,应尽可能提高高侧窗的位置,降低低侧窗的位置,以增加进、排风口的高差。而中部侧窗可采用固定窗或便于开关的中悬窗。

(2) 风压作用

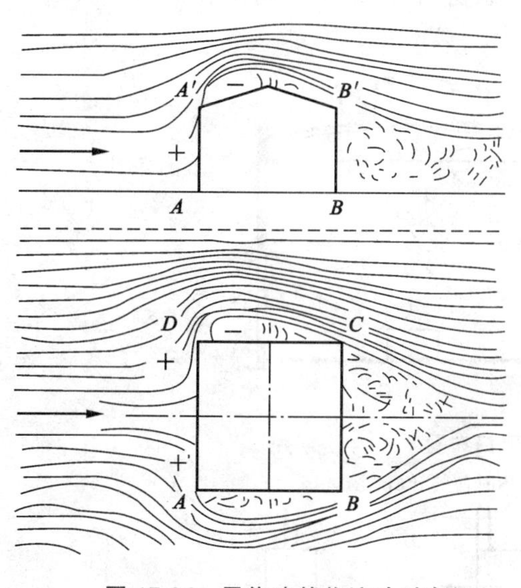

图 17-26 风绕建筑物流动时车间剖面及平面示意图

当风吹向建筑物时(如图 17-26 所示),建筑物迎风面 AA′(剖面)及 AD(平面)的空气压力增加,超过一个大气压,则迎风面 AA′D′D 区域为正压区,用符号"+"表示;当风越过建筑物迎风面时,根据单位时间流量相等的原理,则风速加大,使建筑物顶面、背面和侧面均形成小于一个大气压的负压区,用符号"−"表示。建筑物中,在正压区的洞口为进风口,在负压区的洞口为排风口,风从进风口进入室内,把室内的热空气或有害气体从排风口排至室外,这样,就会使室内外空气进行交换,达到通风换气的目的。这种利用风而产生的空气压力差进行通风的方式称为风压通风。

风可以从任何方向吹来,因此建筑设计应考虑各个风向都有进风口和排风口,合理组织气流,使通风换气顺畅。为了增大厂房内部的通风量,应着重考虑主导风向的影响,特别是夏季主导风向的影响。

17.3.3.2 冷加工车间的自然通风

夏季冷加工车间的热源主要来自人体散热、设备散热、围护结构(包括门窗)向室内散热,前两种较小,后一种较大。

因室内外温差较小,在剖面设计中,主要是合理布置进、出口风口的位置,选择通风有效的进、排风口形式及构造，合理设计气流路径，组织好穿堂风，使其较远地吹至操作区，增加工人的舒适感。实践证明，限制厂房宽度并使其长轴垂直夏季主导风向；在侧墙上设窗，在纵横贯通的通道端部设大门；室内少设和不设隔墙等措施对组织穿堂风都是有利的。

17.3.3.3　热加工车间的自然通风

有的车间除有大量热量外还有灰尘，甚至有害气体。因此，这些车间更加要求充分利用热压，合理地设置进、排风口，有效地组织自然通风。在厂房设计时，合理布置进、排风口的位置，尽可能增大 H 值，并选择良好的通风天窗形式。

(1) 进、排风口的布置

根据热压原理，热压值的大小与进、排风口的中心线距离成正比。所以，热加工车间进风口越低越好。由于我国南北气候差异较大，建造地区不同，热加工车间进、排风口布置和构造形式也不一样。南方炎热地区进风口低侧窗窗台标高可以低于 1m；北方寒冷地区热车间的低侧窗可分为上下两排，夏季将下排窗开启，上排窗关闭如图 17-27(a)所示。冬季上排窗开启，下排窗关闭如图 17-27(b)所示，避免冷风吹向人体。为了提高热加工车间的通风能力及便于窗扇启闭，低侧窗宜采用平开窗或立旋窗，因为其阻力系数小、流量大。尤其以立旋窗最佳，因为它的开启角度可随风向来调节，能得到最大的通风量，如图 17-28 所示。排风口的位置应尽可能高一些，一般设在柱顶处，如图 17-29(a)所示。当设有天窗时，天窗位置一般在屋脊处，如图 17-29(b)所示。另外，天窗宜设在散发热量较大的设备上方，如图 17-29(c)所示。这样可缩短通风距离，较快地排除热空气。外墙中间部分的侧窗，一般不按进、排风口设计，以免影响下部进风口的进气量和气流速度，但应按采光窗设计。为了开关方便，中侧窗常采用固定窗或中悬窗，很少采用上悬窗。

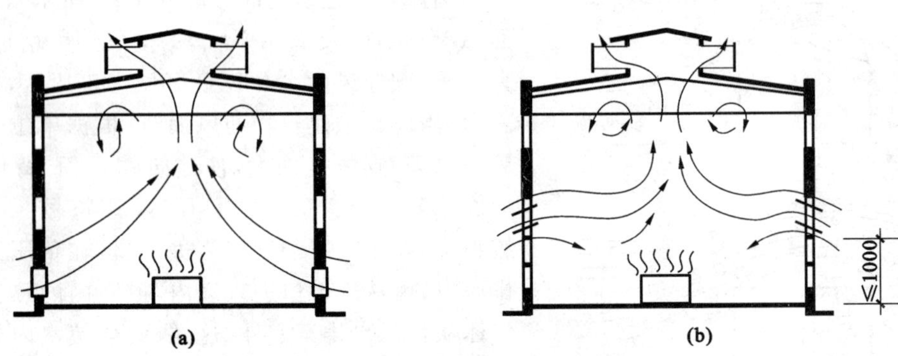

图 17-27　寒冷地区低侧窗进风口布置

(a) 夏季使用时窗的开启位置；(b) 冬季使用时窗的开启位置

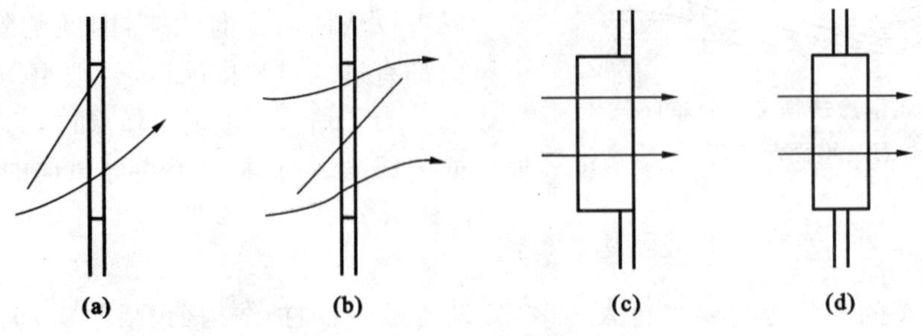

图 17-28　单层厂房常用侧窗开启方式

(a) 上悬；(b) 中悬；(c) 平开；(d) 立旋

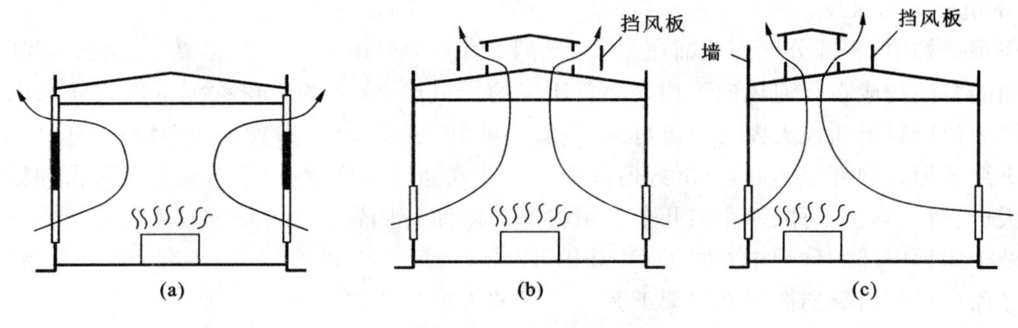

图 17-29 排风口布置

(a) 设高侧窗；(b) 设通风天窗；(c) 热源上方设天窗

(2) 通风天窗的类型

以通风为主的天窗称为通风天窗。

为组织好厂房的自然通风，天窗形式的选择占有重要地位。因此，根据不同生产性质的厂房及不同地区的气候条件，宜选择局部阻力系数小、排风量大、防雨好、结构简单、省材料、造价低、施工方便的通风天窗。综合考虑上述因素，目前，在我国的建筑实践中较常用的通风天窗有矩形通风天窗和下沉式通风天窗两种。天窗形式不同，厂房剖面形式也随之各异。

① 矩形通风天窗。

这种天窗形式能起到一定的通风作用，但很不稳定。除了风速为零的情况以外，热车间的自然通风是在风压和热压的共同作用下进行的。这时空气流动出现三种状态：当风压小于热压时，不仅背风面排风口可以排风，迎风面排风口也能排风。但由于迎风面受到风压的影响，排风口排风量减小，如图 17-30(a)所示；当风压等于热压时，迎风面排风口不能排风，但背风面排风口能排风，如图 17-30(b)所示；当风压大于热压时，迎风面的排风口出现风倒灌的现象，阻碍室内空气的热压排风，如图 17-30(c)所示，这时如果关闭迎风面的排风口，打开背风面的排风口，则背风面排风口也能排风。但是风向是随时变化的，要随着风向的变化不断的开启和关闭排风口是不现实的。因此最经济简单的方法就是在迎风面距离排风口一定距离的地方设置挡风板。矩形天窗的两侧均应设置挡风板，这样无论风从何处吹来，均可使排风口始终处于负压区。设有挡风板的矩形天窗称为矩形通风天窗或避风天窗。在无风时，车间内部靠热压通风；有风时，风速越大则负压区绝对值也越大，排风量也增大。挡风板至矩形天窗的距离以等于排风口高度的 1.1～1.5 倍为宜。当平行等高跨两矩形天窗排风口之间的水平距离不大于天窗高度的 5 倍时，由于两天窗互起挡风作用，该区域的风压始终为负压，则可不设挡风板。

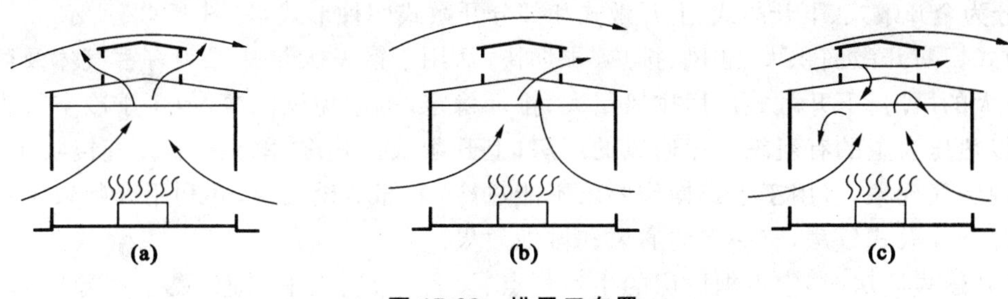

图 17-30 排风口布置

(a) 风压小于热压；(b) 风压等于热压；(c) 风压大于热压

② 下沉式通风天窗。

在屋顶结构中,一部分屋面板铺在屋架上弦上,另一部分屋面板铺在屋架下弦上。屋架上弦与下弦之间的空间构成在任何风向下均处于负压区的排风口,这样的天窗称为下沉式通风天窗。下沉式通风天窗较矩形通风天窗有经济可靠、抗震性能好、通风稳定、布置灵活等特点。

按下沉的形式和部位不同,下沉式通风天窗有井式通风天窗、纵向下沉式通风天窗和横向下沉式通风天窗三种形式。每隔一个或几个柱距将部分屋面板搁置在屋架下弦上,形成一个个的井式天窗。处于屋顶中部的称为中井式天窗[如图 17-31(a)所示],设在屋顶边部的称为边井式天窗。将部分屋面板沿厂房纵向搁置在屋架下弦上形成的天窗称为纵向下沉式通风天窗[如图 17-31(b)所示],它可布置在屋脊处或屋脊两侧。将一个柱距内的屋面板沿厂房横向全部搁置在屋架下弦上所形成的天窗称为横向下沉式通风天窗。这种天窗采光均匀,排气路线短,适用于对采光、通风都有要求的热车间。在东西朝向的车间中,采用横向下沉式天窗可减少直射阳光对厂房的影响。

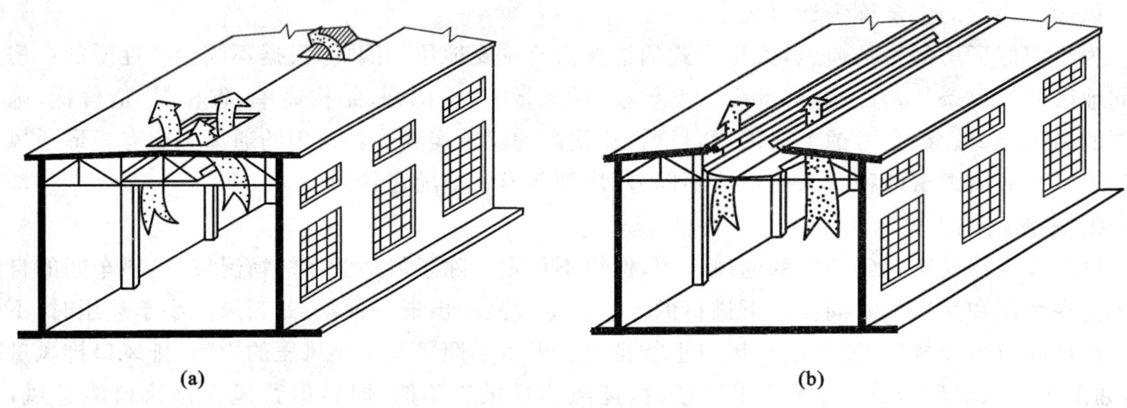

图 17-31　下沉式通风天窗

(a) 中井式通风天窗;(b) 纵向下沉式通风天窗

③ 开敞式厂房。

我国南方及长江流域一带夏季炎热,由于室内外温差不大,这些地区的热加工车间,除采用通风天窗外,外墙还可以采用开敞式,以充分利用穿堂风。所谓开敞式是指外墙不设窗扇而用挡雨板代替的形式。

开敞式厂房的优点是:进、排气口的气流阻力系数小,通风量大;室内外空气交换迅速、散热快、通风降温显著;构造简单,造价较低。其缺点是:防寒、防雨、防风沙能力差;风速很大时,室内烟尘弥漫,通风不稳定。开敞式厂房适用于防寒、防雨、防风沙要求不高的车间。开敞式厂房按照开敞部位和形式的不同,分为全开敞式、下开敞式、上开敞式和部分开敞式四种形式,如图 17-32 所示。

全开敞式厂房开敞面积大,通风、排热、排烟快,适用于散发大量热量和有害气体及微小飘雨对生产影响不大的厂房;下开敞式厂房排风量大、排烟稳定,可避免风倒灌,但冬季冷空气直接吹至人身,适用于以热压为主的有组织自然通风的厂房;上开敞式厂房冬季冷风不会直接吹至人身,但风大时,会出现倒灌现象,多用于下部操作要求不能过冷,上部不设天窗,并利用开敞口进行采光和通风的厂房;部分开敞式厂房,有一定的通风和排烟效果。

在设计开敞式厂房时,应根据厂房的生产特点、设备布置、当地风速、夏季主导风向、设计挡雨角等因素来确定采用哪种形式。挡雨板的出挑长度和垂直间距,应根据设计挡雨角度值来确定。挡雨板的尺寸则应根据所采用的建筑材料及构造方案来确定。

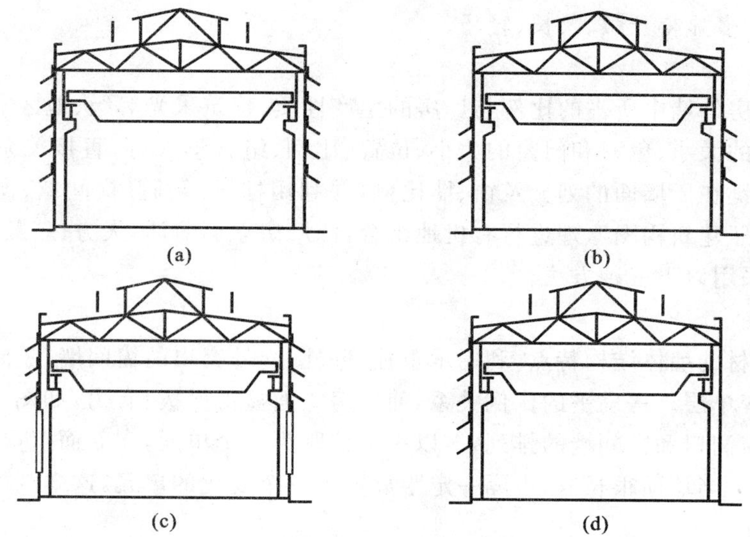

图 17-32 开敞式厂房剖面图

(a) 全开敞式;(b) 下开敞式;(c) 上开敞式;(d) 部分开敞式

17.4 单层工业建筑立面设计

单层厂房的体型与生产工艺、平面形式、剖面形式和结构类型有密切的关系,其立面设计处理是在建筑体型的基础上进行的。建筑平面、立面、剖面三者是一个有机体,设计时首先从平面入手,但是自始至终都要将三者统一起来考虑和处理。单层厂房的立面应根据功能要求、技术条件、经济等因素,运用前面所讲过的建筑构图原理进行设计,使建筑具有简洁、朴素、大方、新颖的外观形象。

17.4.1 立面设计

(1) 影响单层厂房立面设计的因素

① 使用功能的影响。

生产工艺流程、生产状况、运输设备等不仅对厂房平面、剖面设计有影响,而且也影响着立面的处理。建筑的形象应反映建筑的内容。

不同的生产工艺流程有着不同的平面布置和剖面处理,因此厂房体型也不同。如轧钢、造纸等工业,由于其生产工艺流程是直线的,多采用单跨或单跨并列体型。一般中小型机械工业多采用垂直式生产流程,厂房的体型多为方形或长方形的多跨组合,内部空间连通,厂房高差一般差距不大。但重型机械厂的金工车间,由于各跨加工的部件和所采用的设备大小相差很大,厂房体型起伏较多。

② 结构、材料的影响。

结构形式对厂房体型也有着直接影响。同样的生产工艺,可以采用不同的结构方案。因而厂房结构形式,特别是屋顶承重结构形式在很大程度上决定着厂房的体型。如某些厂房中的锯齿形屋顶、拱形和各种壳体结构屋顶及平屋顶等。材料对厂房体型的影响也很明显,如某厂房外围护结构采用大面积钢筋混凝土肋条镶嵌磨砂玻璃,就给人不一样的感官体验。

③ 环境、气候的影响。

不同的环境和气候条件对厂房的立面设计也有一定的影响。例如寒冷地区,由于防寒的要求,窗面积较小,厂房的体型一般显得稳重、集中、浑厚;而炎热地带,由于通风散热要求,窗数量较多,面积较大,厂房体型多显得开敞、狭长、轻巧。

(2) 墙面划分

墙面在单层厂房外墙中所占的比例与厂房的生产性质、建筑采光等级、地区室外照度和地区气候条件有关。墙面的大小、色彩和门窗的大小、位置、比例、组合形式等,直接关系到厂房的立面效果。墙面处理的关键在于墙面的划分及窗、墙比例,并利用柱子、勒脚、窗间墙、窗台线、窗眉线、挑檐线、遮阳板等,按照建筑构图原理进行有机地组合,使厂房立面简洁、大方、新颖、美观。在工程实践中,墙面划分常采用以下三种方法。

① 垂直划分。

根据砌块或板材的墙体结构特点,利用承重柱、壁柱、向外突出的窗间墙、竖向条形组合窗等构成竖向线条,可改变单层厂房扁平的比例关系,使厂房立面显得挺拔、有力,如图 17-33 所示。为使墙面整齐美观,门窗洞口和窗间墙的排列,多以一个柱距为一个单元,在立面上重复使用,使整个墙面产生统一的韵律。当墙面很长时,可隔一定距离插入一个变化的单元,这样既可避免立面单调又可增加节奏感。

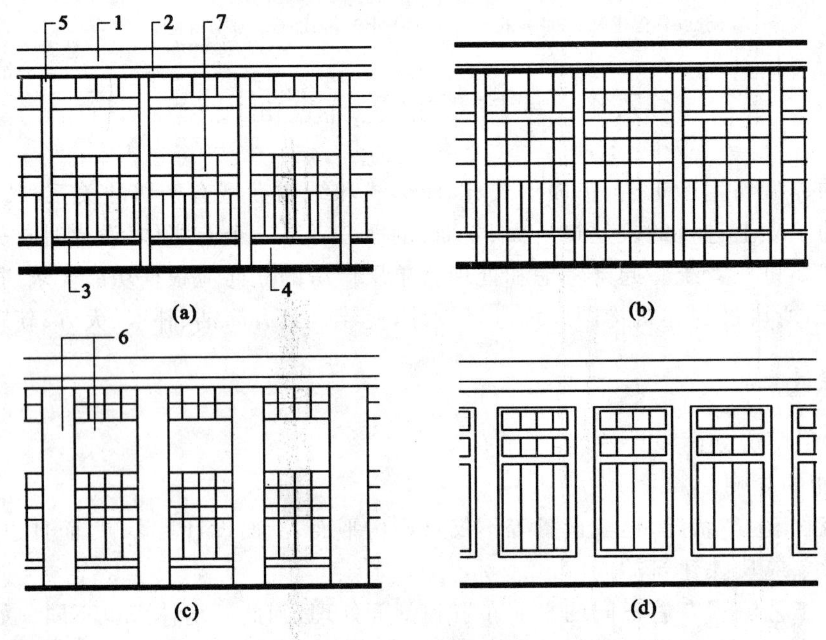

图 17-33 墙面垂直划分

1—女儿墙;2—窗眉线或遮阳板;3—窗台线;4—勒脚;5—柱;6—窗间墙;7—窗

② 水平划分。

墙面水平划分的处理方法主要是采用带形窗,使窗洞口上下的窗间墙构成水平横线条,如图 17-34 所示。若采用水平窗眉线、窗台线、遮阳板、勒脚线,则水平线条的效果更为显著。也可采用不同材料、不同色彩处理水平的窗间墙,使厂房立面显得明快、大方。

③ 混合划分。

在工程实践中,除单独采用垂直划分和水平划分外,常采用将两者结合起来的混合划分。这样,既能相互衬托,又有明显的主次关系。例如,图 17-35(a)以垂直划分为主,图 17-35(b)以水平划分为主,垂直划分和水平划分相互渗透,混而不乱,且主次分明,具有生动和谐的效果。

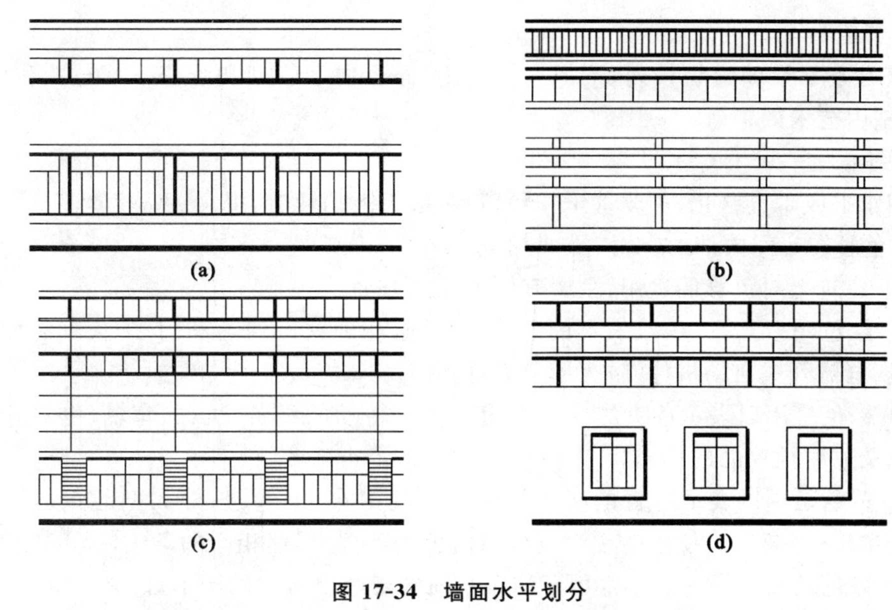

图 17-34 墙面水平划分

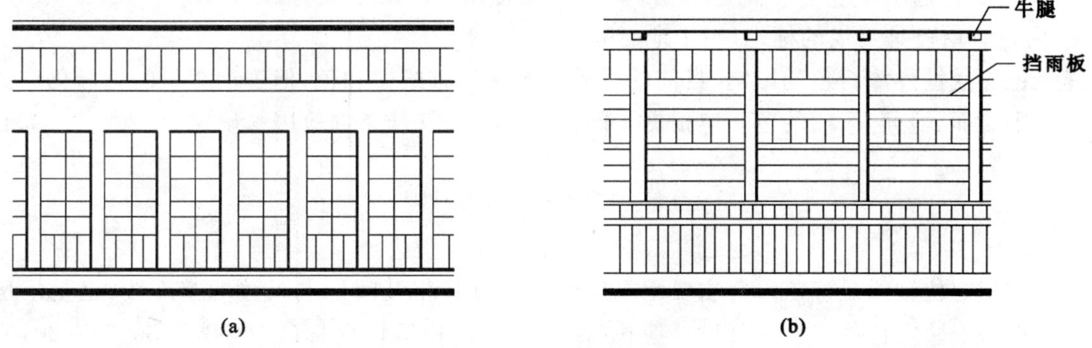

图 17-35 墙面混合划分

厂房立面中，窗洞面积的大小是根据采光和通风要求来确定的。窗与墙的比例关系有以下三种情况：

a. 窗面积大于墙面积，立面以虚为主，显得轻巧、明快；

b. 墙面积大于窗面积，立面以实为主，显得坚实、稳重；

c. 窗面积等于或接近于墙面积，立面虚实平衡，显得安静。

17.4.2 内部空间处理

影响内部空间处理的因素有以下几种。

(1) 使用功能

厂房内部空间应该满足使用要求，同时应该考虑空间的艺术处理。如纺织厂内部要求恒温恒湿，天窗可采用锯齿形，窗朝向北面，减少直射阳光进入室内。由于设备较矮小，厂房高度不大，而形成纺织厂体型小，锯齿形天窗又可丰富外形的特点。

(2) 空间利用

设置在车间内的生活间使用方便，可利用柱间、墙边、门边、平台下生产不便利用的空间来布置生活设施，这样可充分利用空间、降低造价。

(3) 设备管道

设备管道有条不紊的组织排列,不但方便使用,而且便于管理和维修。其布置和色彩处理得当,还会增加室内艺术效果。

(4) 室内绿化

室内采用水平或垂直绿化,可改善工作环境,缓解工人的疲劳,提高劳动生产率。

(5) 建筑色彩在车间内部的应用

目前,工业建筑上对色彩的运用,主要有以下几个方面。

① 红色。红色用以表示电器、火灾的危险标志;禁止通行的通道和门;防火消防设备、高压线的室内电裸线、电器开关启动机件、防火墙上的分隔门。

② 橙色。橙色是用以表示危险的标志。用于高速转动的设备、机械、车辆、电器开关柜门;也用于有意物品及放射性物品的标志。

③ 黄色。黄色是用以表示警告的标志。用于车间吊车、吊钩、户外大型起重运输设备、翻斗车、推土机、挖掘机、电瓶车。使用中常涂黄色与白色、黄色与黑色相间的条纹,提示人们避免碰撞。

④ 绿色。绿色是安全的标志。常用于洁净车间的安全出入口的指示灯。

⑤ 蓝色。蓝色多用于上下水道,冷藏库的门,也可用于压缩空气的管道。

⑥ 白色。白色是界线的标志,用于地面分界线。

建筑色彩受世界流行色的影响,目前的世界趋向是淡雅或中和色,但鲜艳夺目的色彩仍广泛应用。建筑中墙面、地面、天棚的色彩应根据车间性质、用途、气候条件等因素确定。

17.5 单层工业建筑的定位轴线

单层厂房定位轴线是确定厂房主要承重构件位置及其相互间标志尺寸的基准线,也是厂房施工放线和设备安装定位的依据。其设计应执行《厂房建筑模数协调标准》(GB/T 50006—2010)的有关规定。定位轴线的划分是在柱网布置的基础上进行的,如图17-36所示。通常,平行于厂房长度方向的定位轴线称为纵向定位轴线。在厂房建筑平面图中,由下向上顺次按A、B、C等进行编号,编号时不用I、O、Z三个字母,以免与阿拉伯数字1、0、2相混。相邻两条纵向定位轴线间的距离表示厂房跨度。垂直于厂房长度方向的定位轴线,称为横向定位轴线。在厂房平面图中,由左向右顺次按1、2、3等进行编号,相邻两条横向定位轴线间的距离代表厂房柱距,即吊车梁、连系梁、基础梁、屋面板及外墙板等一系列纵向构件的标志长度。

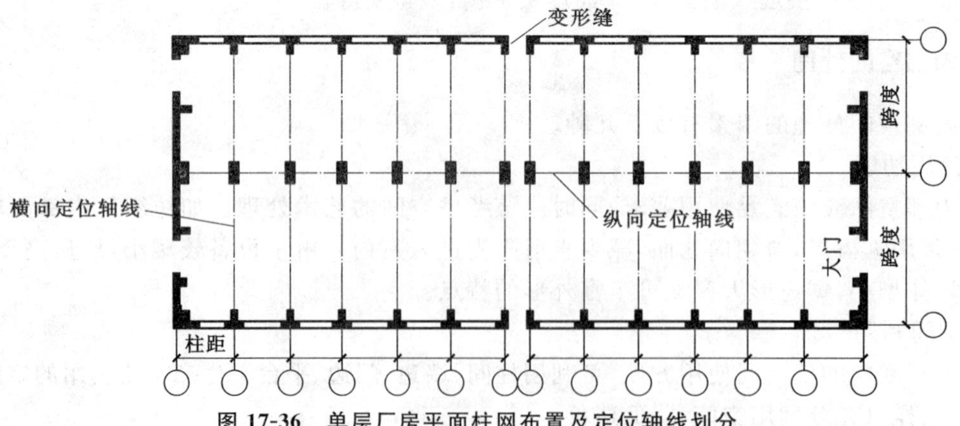

图17-36 单层厂房平面柱网布置及定位轴线划分

标志定位轴线时，应满足生产工艺的要求，并注意减少构件的类型和规格；扩大构件预制装配化程度及其通用互换性；提高厂房建筑的工业化水平。

17.5.1 横向定位轴线

单层厂房的横向定位轴线主要用来标注厂房纵向构件如屋面板、吊车梁长度的标志尺寸及其与屋架（或屋面梁）之间的相互关系，主要考虑构造的简便与合理性。

(1) 中间柱与横向定位轴线的联系

除横向变形缝处及端部排架柱外，中间柱的中心线应与横向定位轴线相重合，如图 17-37 所示。此时，屋架端部位于柱中心线通过处。连系梁、吊车梁、基础梁、屋面板及外墙板等构件的标志长度皆以柱中心线为基准，柱距相同时，这些构件的标志长度相同，连接构造方式也可统一。

(2) 横向伸缩缝、防震缝处柱与横向定位轴线的联系

在单层厂房中，横向伸缩缝、防震缝处一般是在一个基础上设双柱、双屋架。各柱有各自的基础杯口，这主要是考虑便于柱的吊装就位和固定。双柱间应有一定的间距，这是依据双杯口壁要有一定的厚度和构造处理的要求而定的。如其定位轴线的标定仍与中间柱的标定一样，则吊车梁间和屋面板间将出现较大的空隙使它们不能连接。为使吊车运行和屋面封闭，则需采用非标准的补充构件连接吊车梁和屋面板。但这样处理使构件类型增多，不利于建筑工业化。为了不增加构件类型，有利于建筑工业化，横向变形缝隙处定位轴线的标定采用双轴线处理。各轴线均由吊车梁和屋面板标志尺寸端部通过。考虑符合模数及施工要求，两柱的中心线应从定位轴线向内侧各移 600 mm。两条定位轴线间的插入距离 a_i 的值应等于伸缩缝或防震缝的缝宽 a_e 的值。该处两条横向定位轴线与相邻横向定位轴线之间的距离即与其他柱距保持一致，如图 17-38 所示。

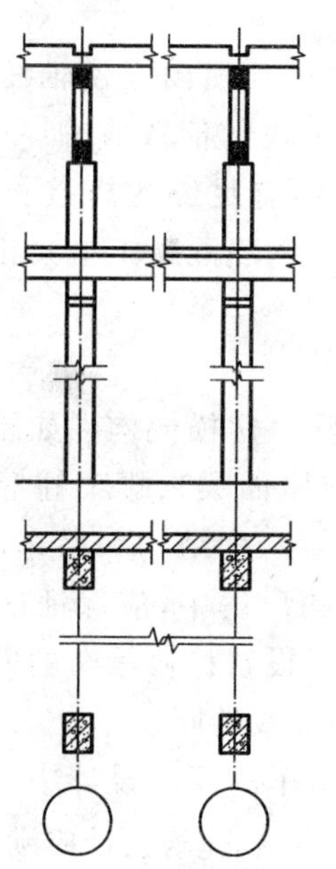

图 17-37 中间柱与横向定位轴线的关系

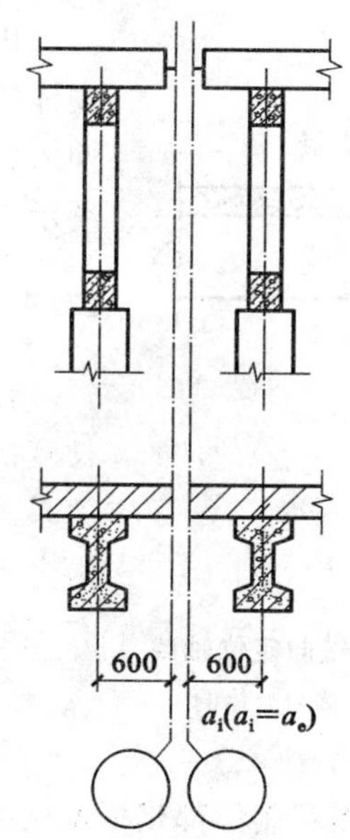

图 17-38 伸缩缝、防震缝处柱与横向定位轴线的关系

(3) 山墙与横向定位轴线的联系

山墙为非承重墙时，墙内缘和抗风柱外缘应与横向定位轴线重合。端部排架柱的中心线应自

横向定位轴线向内移 600 mm,端部实际柱距减少 600 mm,如图 17-39 所示。定位轴线与山墙内缘重合,可保证屋面板端部与山墙内缘之间不出现缘隙,避免采用补充构件。端柱中心线自定位轴线内移 600 mm,这是由于山墙设有抗风柱,该抗风柱须通至屋架上弦或屋面梁上翼缘处,其柱顶用板铰与屋架等相连接,以传递风荷载。因此,端部屋架或屋面梁与山墙间应留有一定空隙,以保证抗风柱得以通上。一般情况下,端柱内移 600 mm 后所形成的空隙已能满足抗风柱通上的要求,同时也与伸缩缝处定位轴线的处理相同,以便于构件定型和通用互换。

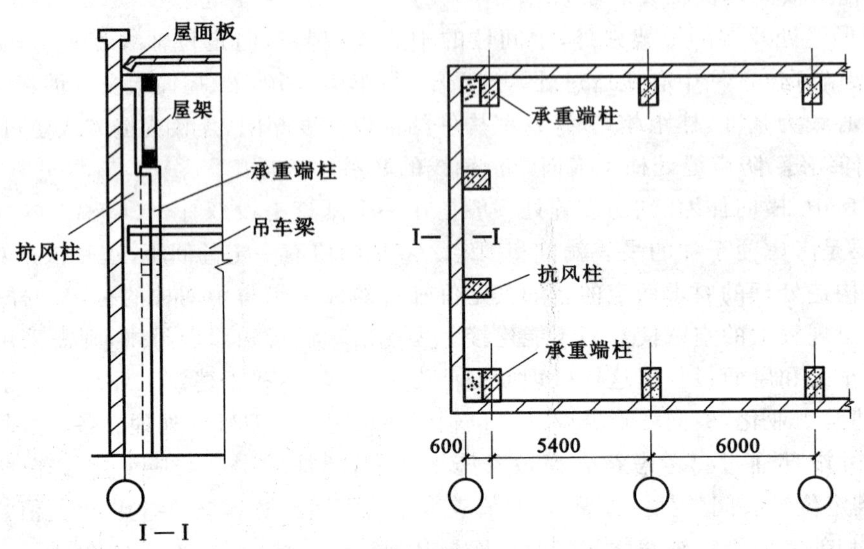

图 17-39　非承重墙与横向定位轴线的关系

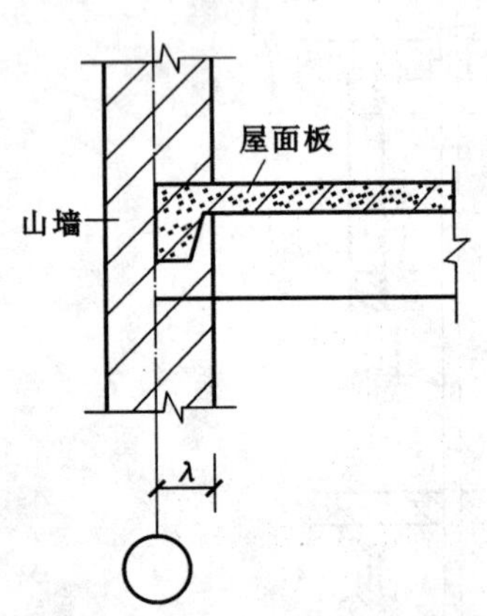

图 17-40　承重墙横向定位轴线

λ—墙厚的一半或墙材块体的半块长、半块长的倍数

山墙为砌体承重墙时,墙内缘与横向定位轴线间的距离应按砌体的块料类别分别为半块或半块的倍数或墙厚的一半,以保证伸入山墙内的屋面板与砌体之间有足够的搭接长度,如图 17-40 所示。屋面板与砌体或砌体内的钢筋混凝土垫梁相连接。

17.5.2　纵向定位轴线

纵向定位轴线主要用来标注厂房横向构件如屋架(或屋面梁)长度的标志尺寸和确定屋架(或屋面梁)、排架柱等构件间的相互关系。纵向定位轴线的位置应使厂房结构和吊车的规格协调,结构合理。在有桥式或梁式吊车的厂房中,应保证吊车与柱之间留有足够的安全距离以及根据需要设置检修吊车的安全走道板。

(1) 外墙、边柱与纵向定位轴线的联系

在支承式梁式吊车或桥式吊车的厂房设计中,由于屋架(或屋面梁)吊车的设计生产制作都是标准化的,为使吊车与结构规格相协调,建筑设计应满足下述关系式:

$$L = L_k + 2e \tag{17-6}$$

式中　L——屋架跨度,即相邻纵向定位轴线之间的距离;

L_k——吊车跨度,即同一跨内两条吊车轨道中心线的距离(也就是吊车的轮距),可查吊车规格资料。

纵向定位轴线至吊车轨道中心线的距离 e 一般为 750 mm，当吊车为重级工作制而需要设安全走道板，或者吊车起重量大于 50 t 或有构造要求时，e 可采用 1000 mm。根据图 17-41 可知：

$$e=h+K+B$$

则

$$K = e-(h+B) \tag{17-7}$$

式中 K——吊车端部外缘至上柱内缘的安全距离；

h——上柱截面高度；

B——轨道中心线至吊车端部外缘的距离，可查吊车规格资料。

(2) 边柱外缘与纵向定位轴线的联系

① 封闭式结合的纵向定位轴线。封闭式结合的纵向定位轴线与柱外缘和墙内缘重合，屋架和屋面板紧靠外墙内缘，如图 17-42(a)所示。封闭式结合适用于无吊车或只有悬挂式吊车及吊车起重量小于 20 t、柱距为 6 m 的厂房。

② 非封闭式结合的纵向定位轴线。非封闭式结合的纵向定位轴线与柱外缘有一定距离，并使屋面板与墙内缘也有一定的空隙，如图 17-42(b)所示。图 17-42(b)中距离 a_c 称为联系尺寸，应符合 3M 扩大模数，可以用来调整吊车安全空隙，保证吊车的安全运行。

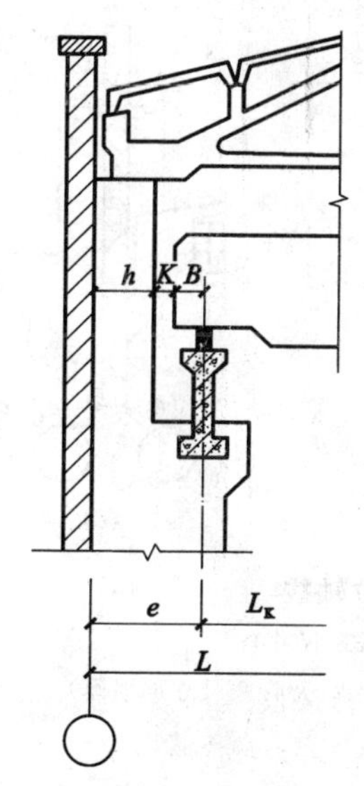

图 17-41　吊车与纵向边柱定位轴线关系

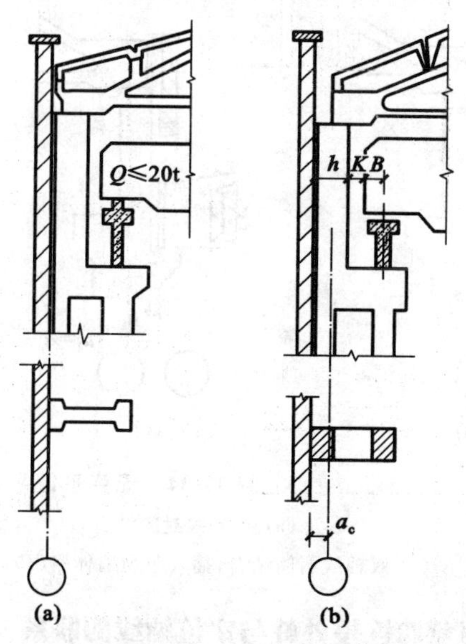

图 17-42　外墙边柱与纵向定位轴线的关系

(a) 封闭式结合；(b) 非封闭式结合

(3) 中柱与纵向定位轴线的联系

在多跨厂房中，中柱有平行等高跨和平行不等高跨两种形式，有设变形缝和不设变形缝两种情况。下面仅介绍不设变形缝的中柱纵向定位轴线。

① 厂房为平行等高跨时，通常设置单柱和一条定位轴线，柱的中心线与纵向定位轴线相重合[如图 17-43(a)所示]。上柱截面高度 h 一般为600 mm，以满足屋架支承长度的要求。若由于吊车起重量或构造等要求需设插入距时，纵向定位轴线需采用非封闭式结合，才能在满足吊车安全运行的要求时中柱仍然可以采用单柱，但得设两条定位轴线。两条定位轴线之间的距离称为插入距，用 a_i 表示，采用 3M 数列。此时，柱中线一般与插入距中心线相重合[如图 17-43(b)所示]。如果因插入

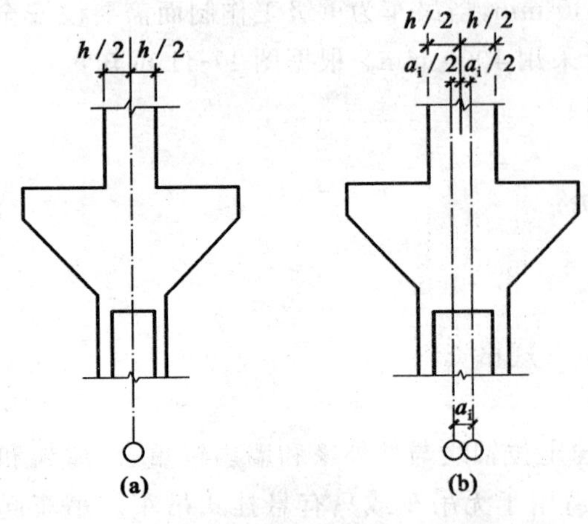

图 17-43 平行等高跨中柱与纵向定位轴线的联系

(a) 柱中心线与纵向定位轴线重合；

(b) 柱中心线与插入距中心线重合

距而使上柱不能满足屋架支撑长度要求时，上柱应设小牛腿。

② 厂房为平行不等高跨时，若吊车起重重量不大且采用单柱，纵向定位轴线应按封闭结合设计，即高跨上柱外缘或封墙内缘与纵向定位轴线重合[如图 17-44(a)所示]，此时，不需设联系尺寸，也无需设两条定位轴线。当吊车起重重量较大而上柱外缘与纵向定位轴线不能重合时(即纵向定位轴线为非封闭结合)，该轴线与上柱外缘之间设联系尺寸 a_c。低跨定位轴线与高跨定位轴线之间的插入距 a_i 等于联系尺寸 a_c[如图 17-44(b)所示]。当高跨和低跨均为封闭结合，而两条定位轴线之间设有封墙时，则插入距 a_i 应等于墙厚 t[如图 17-44(c)所示]。当高跨为非封闭结合，且高跨上柱外缘与低跨屋架端部之间设有封墙时，则两条定位轴线之间的插入距 a_i 等于墙厚 t 与联系尺寸 a_c 之和[如图 17-44(d)所示]。

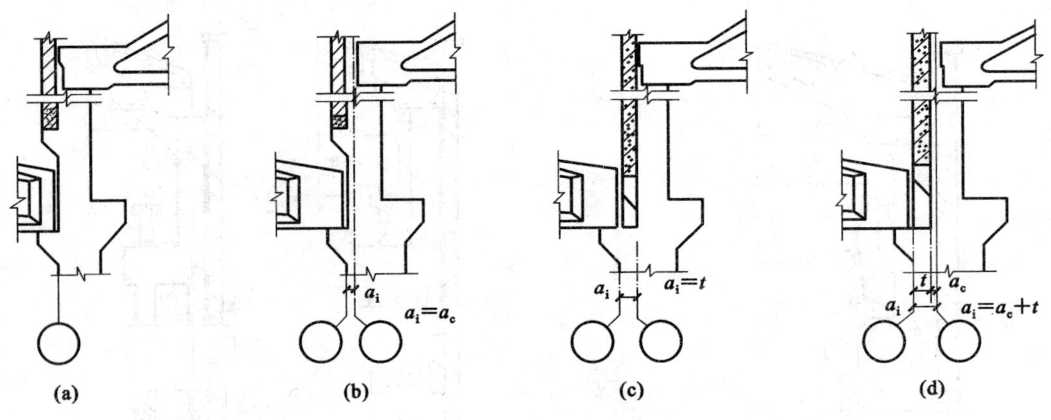

图 17-44 无变形缝平行不等高跨中柱纵向定位轴线

(a) 单轴线封闭结合；(b) 双轴线非封闭结合(插入距为联系尺寸)；

(c) 双轴线封闭结合(插入距为墙体厚度)；(d) 双轴线非封闭结合(插入距为联系尺寸加墙厚)

17.5.3 纵横跨连接处柱与定位轴线的联系

设计时常将纵跨和横跨的结构分开，在两者之间设置伸缩缝、防震缝、沉降缝。纵横跨连接处设双柱、双定位轴线。两定位轴线之间设插入距 a_i(如图 17-45 所示)。当纵跨的山墙比横跨的侧墙低，长度小于或等于侧墙，横跨又为封闭结合轴线时，则可采用双柱单墙处理[如图 17-45(a)所示]，插入距 a_i 为砌体墙厚度 t 与变形缝宽度 a_e 之和。当横跨为非封闭结合时，仍采用单墙处理[如图 17-45(b)所示]，插入距 a_i 为砌体墙厚度 t、变形缝宽度 a_e 与联系尺寸 a_c 之和。当墙体不是砌体而是墙板时，为满足吊装所需操作尺寸，可增大变形缝宽度 a_e 的值。

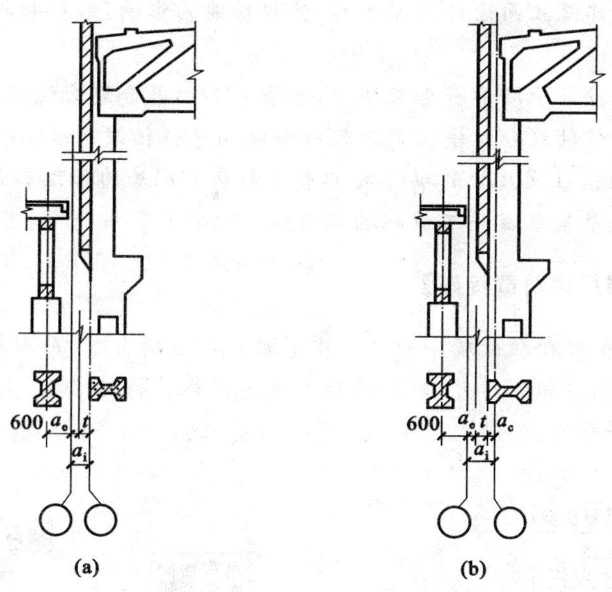

图 17-45 纵横跨相交处柱与定位轴线的联系

(a) 双柱单墙处理；(b) 单墙处理

(1) 单层厂房按承重结构的形式分为排架结构和刚架结构。排架结构是目前厂房中最基本普遍的结构形式。

(2) 单层厂房的平面形式与柱网的选择是以生产工艺要求为基础的，直接影响到厂房的建设投资和后期的技术改造。

(3) 单层工业厂房常用的平面形式有矩形、方形、L 形、Π 形、山形等。

(4) 确定单层厂房平面柱网时要遵循以下原则：满足生产工艺要求，平面利用和结构方案经济合理，符合《厂房建筑模数协调标准》(GB/T 50006—2010)的要求，扩大柱网。

(5) 生活间的布置方式有毗连式生活间、独立式生活间和厂房内部式生活间。

(6) 单层厂房剖面设计的基本任务是：确定厂房高度，选择厂房承重结构及围护结构方案，处理车间的采光通风及屋面排水等问题。

(7) 厂房的高度由内部起重运输设备、最大生产设备的高度及安装、检修设备时所需的高度确定，同时还应满足采光和通风等要求。

(8) 单层厂房一般以自然通风和自然采光为主，采光与通风方式直接影响厂房的剖面形式和构造。

(9) 厂房自然采光的基本要求是：满足采光系数最低值的要求，满足采光均匀度的要求，避免在工作区产生眩光。

(10) 采光天窗常见的形式有矩形天窗、梯形天窗、三角形天窗、M 形天窗、锯齿形天窗、横向天窗和平天窗等。

(11) 厂房通风分为机械通风和自然通风。

(12) 冷加工车间组织自然通风主要是合理布置进、出口风口的位置，选择通风有效的进、排风口形式及构造，合理设计气流路径，组织好穿堂风。热加工车间组织自然通风主要是充分利用热压，合理地设置进、排风口，有效地组织自然通风。

(13) 影响单层工业建筑立面设计的因素有:使用功能的影响,结构和材料的影响,环境和气候的影响。

(14) 单层厂房立面设计中墙面有垂直划分、水平划分和混合划分这三种划分形式。

(15) 单层厂房的定位轴线分为横向定位轴线和纵向定位轴线。纵、横向定位轴线在平面上形成有规律的网格称为柱网,柱网尺寸的确定实际上就是确定厂房的跨度和柱距,定位轴线的定位是以柱网布置为基础,是设备安装及施工放线的依据。

【知识拓展——单层厂房荷载传递】

单层厂房承受着静荷载和动荷载。静荷载主要包括厂房的自重、吊车的自重、雪荷载等。动荷载主要是吊车运行时启动力和制动力,此外还包括地震荷载、风荷载等。上述荷载的传递路线可以分为竖向荷载、横向水平荷载、纵向水平荷载。其传递路线如图17-46~图17-48所示。

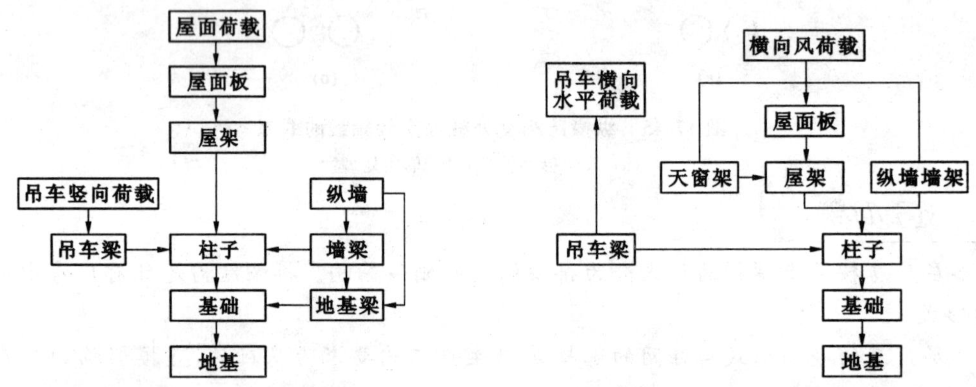

图17-46 竖向荷载传递路线 **图17-47 横向水平荷载传递路线**

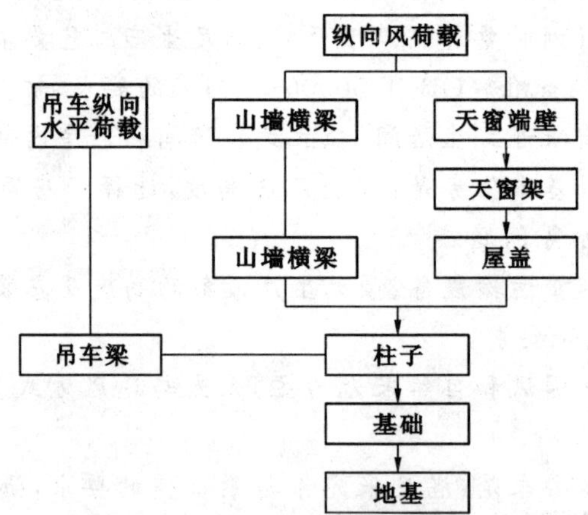

图17-48 纵向水平荷载传递路线

习题与思考题

17-1 在进行单层厂房平面设计的时候要遵循什么原则?

17-2 单层工业厂房的平面形式各有何特点?分别适合哪种生产工艺流程?

17-3 毗连式生活间与厂房间的沉降缝是如何设置的?

17-4 确定柱顶标高时分哪几种情况？

17-5 如何确定厂房高度？室内外高差宜取多少？为什么？

17-6 单层厂房的采光方式有几种？各有什么特点？

17-7 自然通风的基本原理是什么？

17-8 如何有效组织热加工车间的自然通风？

17-9 影响单层厂房内部空间处理的因素有几种？

17-10 厂房定位轴线的作用是什么？什么是横向和纵向定位轴线？两种定位轴线与哪些主要构件有关系？

习题与思考题答案

17-11 厂房的中间柱、端部柱以及横向变形缝处柱与横向定位轴线有何联系？

17-12 什么是纵向定位轴线的封闭结合与非封闭结合？两者在构造处理上各有什么特点？

参考文献

[1] 高远，张艳芳．建筑构造与识图．2版．北京：中国建筑工业出版社，2008.

[2] 董黎．房屋建筑学．北京：高等教育出版社，2006.

[3] 李必瑜，王雪松．房屋建筑学．3版．武汉：武汉理工大学出版社，2008.

[4] 钱坤，吴歌．房屋建筑学（下：工业建筑）．北京：北京大学出版社，2009.

[5] 林涛，彭朝晖．房屋建筑学．北京：中国建材工业出版社，2012.

[6] 房志勇，邱芃，杨金铎．简编房屋建筑学．北京：中国建筑工业出版社，2004.

[7] 叶雁冰，刘克难．房屋建筑学．北京：机械工业出版社，2012.

[8] 姬慧．房屋建筑学．北京：中国电力出版社，2007.

18 多层工业建筑设计

【内容提要】

本章主要内容包括多层工业建筑的特点和使用范围，生产工业流程和柱网选择及平面布置。

【能力要求】

通过本章的学习，学生应了解多层工业建筑的特点和使用范围，熟悉多层工业建筑常用的生产工艺流程，掌握多层工业建筑有哪些常用的平面形式及柱网形式。

重难点

随着科学技术的发展、工艺和设备的进步、工业用地的日趋紧张，多层厂房在机械、电子、电器、仪表、光学、轻工、纺织、化工和仓储等行业中日渐具有举足轻重的地位。随着工业自动化程度的提高，多层工业厂房在整个工业部门中所占的比重越来越大，且发展速度越来越快。

18.1 多层工业建筑概论

18.1.1 多层厂房的特点

① 多层厂房占地面积小，能节约建筑用地面积，减小屋面和基础工程量，缩短厂区内的工程管线、道路长度，降低投资和维护费用。

② 多层厂房的宽度较小，顶层房间可不设天窗，利用侧窗即可满足采光要求，屋顶构造简单。

③ 多层厂房能建立竖直方向的生产联系，满足不同的生产工艺要求，可在不同楼层组织生产。

④ 多层厂房不仅有水平方向运输，也有垂直方向的运输，因此交通运输面积较大。

⑤ 多层厂房柱网尺寸较小，通用性较差，不利于工艺改革和设备更新，当楼层上布置有振动较大的设备时，对结构及构造要求较高。

18.1.2 多层厂房的适应范围

① 生产中要求在不同层高上操作的企业，如化工企业的大型蒸馏塔，由于设备高度较大，生产又须在不同层高上进行。

② 生产工艺流程适于垂直布置的企业，如面粉厂、啤酒厂、造纸厂、乳品厂和化工的某些车间。

③ 生产工艺对环境有特殊要求的企业，如仪表、电子、医药及食品等类企业，往往对生产环境有恒温恒湿、净化洁净、无尘无菌等要求。由于多层厂房的层间和房间体积较小，能较容易地解决这类问题。

④ 设备、原料及产品重量较轻的企业。

⑤ 厂区基地受到限制或需满足城市规划要求的厂房。

18.2 生产工艺流程和柱网选择

18.2.1 生产工艺流程

按生产工艺流向的不同，多层厂房的生产工艺流程布置可归纳为以下三种类型，如图 18-1 所示。

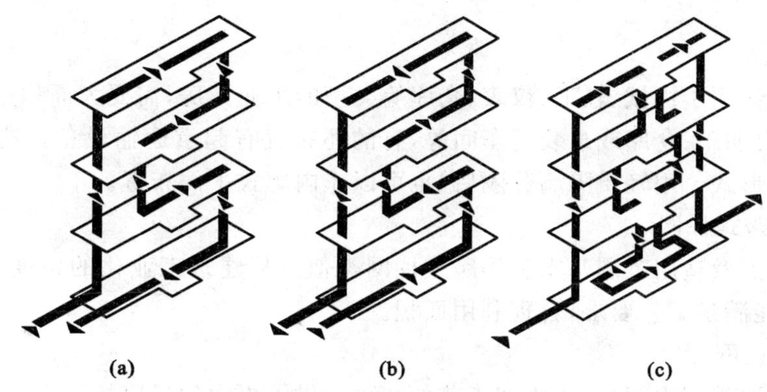

图 18-1 生产工艺流程的类型

(a) 自上而下式；(b) 自下而上式；(c) 上下往复式

(1) 自上而下式

该方式把原料送至最高层后，按照生产工艺流程的程序自上而下地逐步进行加工，最后的成品由底层运出。一些进行粒状或粉状材料加工的工厂，面粉加工厂和电池干法密闭调粉楼的生产流程都属于这一种类型。

(2) 自下而上式

该方式中原料自底层按生产流程逐层向上加工，最后在顶层加工成成品。轻工业类的手表厂、照相机厂或一些精密仪表厂的生产流程都属于这种形式。

(3) 上下往复式

该方式是有上有下的一种混合布置方式，能适应不同情况的要求，应用范围较广、适应性较强，是一种经常采用的布置方式。印刷厂的生产工艺流程就属于这种形式。

18.2.2 柱网选择

多层厂房在柱网选择时首先应满足生产工艺的需要，并应符合《厂房建筑模数协调标准》(GB/T 50006—2010)的要求。此外，还应考虑厂房的结构形式、采用的建筑材料、构造做法及在经济上是否合理等因素。现结合工程实践，将多层厂房的柱网概括为以下几种类型，如图 18-2 所示。

(1) 内廊式柱网

这种平面布置多采用对称式。在仪表、电子、电器等企业中应用较多，主要用于零件加工或装配车间。

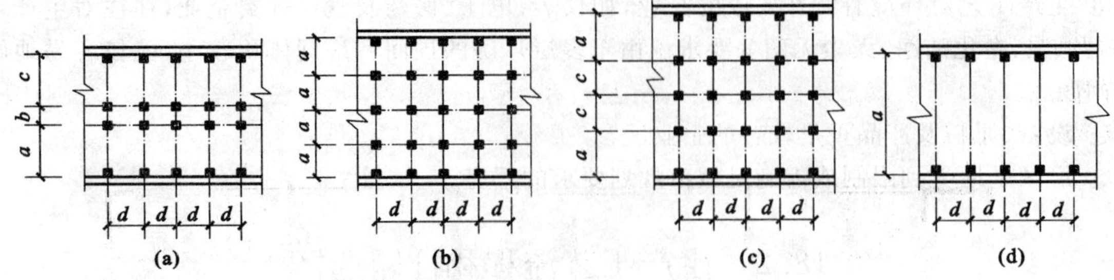

图 18-2 柱网布置的类型

(a) 内廊式;(b) 等跨式;(c) 对称不等跨式;(d) 大跨度式

这种柱网布置的特点是:用走道、隔墙将交通与生产区隔离,生产上互不干扰。同时可以将空调等管道设在走道的吊顶里,既充分利用了空间,又隐蔽了管道。这种柱网布置还有利于车间的自然采光和通风。

(2) 等跨式柱网

这种布置方式适用于机械、轻工、仪表、仓库等类型的工业厂房,需要大面积布置生产工艺的厂房,底层一般布置机加工、仓库或总装配车间等,有的还布置有起重运输设备。这类柱网可以是两个以上连续等跨的形式。用轻质隔墙分隔后,也可以作内廊式平面布置。

(3) 对称不等跨式柱网

这种柱网的特点及适用范围基本和等跨式柱网类似。从建筑工业化的角度来看,厂房构件类型比等跨式多,但能满足工艺要求,合理利用面积。

(4) 大跨度式柱网

这种柱网由于取消了中间柱,为生产工艺的变更提供了更大的适应性。因为扩大了跨度(大于12 m),楼层常采用桁架结构,这样楼层结构的空间(桁架空间)可以作为技术层,用以布置各种管道及生活辅助用房。

为了使厂房建筑构配件尺寸达到标准化和系列化,以利于工业化生产,在《厂房建筑模数协调标准》(GB/T 50006—2010)中对多层厂房跨度和柱距尺寸作了如下规定:

① 多层厂房的跨度应采用扩大模数15M数列,宜采用6.0 m、7.5 m、9.0 m、10.5 m和12.0 m。

② 厂房的柱距应采用扩大模数6M数列,宜采用6.0 m、6.6 m和7.2 m。

③ 内廊式厂房的跨度可采用扩大模数6M数列,宜采用6.0 m、6.6 m、7.2 m;走廊的跨度应采用扩大模数3M数列,宜采用2.4 m、2.7 m和3.0 m。

18.3 平面布置

由于各类企业的生产性质、生产特点、使用要求和建筑面积的不同,其平面布置形式也不相同,一般有以下几种平面布置形式。

(1) 内廊式

这种布置方式适用于各工段面积不大,生产上既需要相互紧密联系,但是又不希望相互干扰的工段。各工段可按照工艺生产的要求布置在各自的房间内,再用内廊(内走道)联系起来。对于一些有特殊要求的生产工段,如恒温恒湿、防尘、防震的工段可以分别集中布置,以减少空调等设备并降低建筑造价,如图18-3所示。

（2）统间式

当生产工艺联系紧密，不宜分隔成小间布置时，可以采用统间式平面布置，如图 18-4 所示。这种布置方式对自动化流水线的操作较为有利。在生产过程中若有少数特殊的工段需要单独布置时，可将它们加以集中，分别布置在车间的一端或一隅。

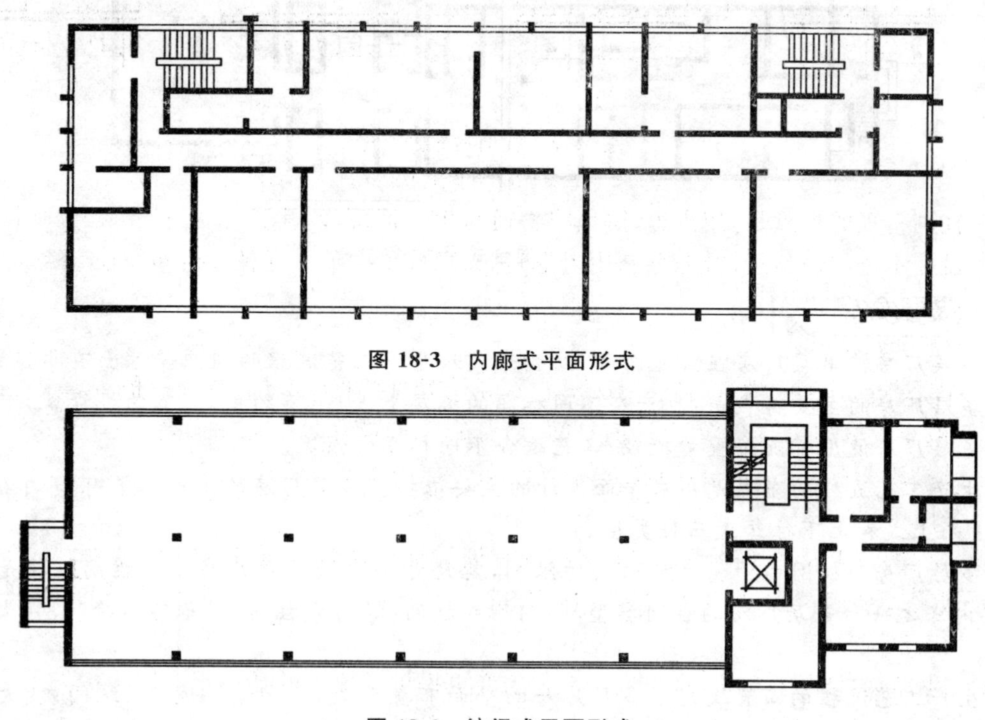

图 18-3　内廊式平面形式

图 18-4　统间式平面形式

（3）大宽度式

这种加大厂房宽度的布置方式能够适应生产工段所需大面积、大空间或高精度的要求。这时，可以把交通运输及生活辅助用房布置在房中部分采光较差的地方，以保证生产所需要的采光和通风要求。如图 18-5 所示。

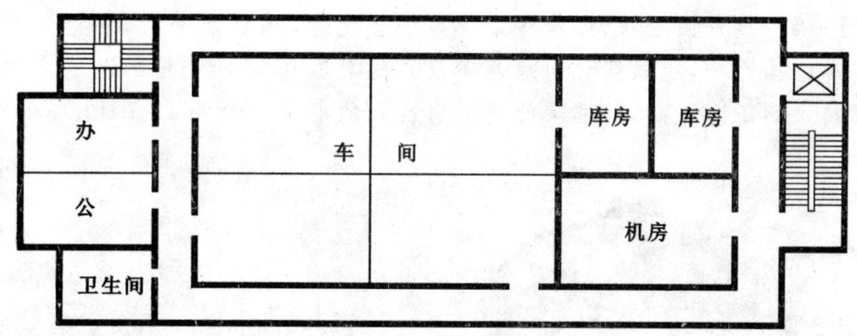

图 18-5　大宽度式平面形式

（4）混合式

这种布置方式根据生产工艺及使用面积的不同需要，采用多种平面形式的组合布置，形成一个有机的整体，使多层厂房能更好地满足生产工艺的要求，并具有较大的灵活性。但是这种布置易造成厂房平面复杂、结构类型增多、施工困难，并对防震不利。如图 18-6 所示。

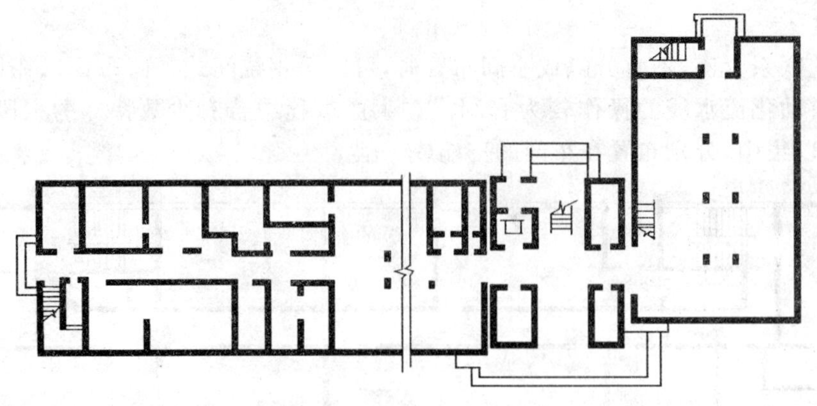

图 18-6　混合式平面形式

本章小结

(1) 多层厂房较单层厂房在占地面积、结构形式和生产工艺流程的组织等方面有明显的不同。

(2) 多层厂房的主要特点是:生产在不同标高的楼层上进行,节约用地,节约投资。

(3) 多层厂房使用范围是重量较轻、工艺适合不同标高的情况。

(4) 生产工艺流程的布置是厂房平面设计的主要依据。多层厂房的生产工艺可归纳为自上而下式、自下而上式和上下往复式三种类型。

(5) 多层厂房的柱网由于受楼层结构的限制,其尺寸一般较单层厂房小。柱网选择是平面设计的主要内容之一。多层厂房的柱网类型有:内廊式柱网、等跨式柱网、对称不等跨柱网、大跨度式柱网。

(6) 生产工艺流程的布置决定了多层厂房的平面布置形式,一般有内廊式、统间式、大宽度式和混合式四种布置形式。

【知识拓展——多层钢框架结构厂房】

多层钢框架结构是多层厂房最常用的结构,也是将来建筑产业发展的一个重点。框架结构体系横向刚度较好,横梁高度也较小,是比较经济的结构形式。钢结构体系具有自重轻、安装容易、施工周期短、抗震性能好、投资回收快、环境污染少等综合优势,从目前来看,钢结构建筑是对城市环境影响最小的一种结构之一,所以被称为绿色建筑。随着我国钢材产量的迅速增加,品种增多,钢结构设计和施工技术的不断提高,钢框架的运用有良好的前景。如图 18-7、图 18-8 所示。

图 18-7　钢框架厂房

图 18-8　钢框架厂房

钢框架结构体系是指沿房屋的纵向和横向将钢梁和钢柱组成的框架结构作为承重和抵抗侧力的结构体系。其优点是:能提供较大的内部空间,建筑平面布置灵活,适应多种类型的使用功能;一般是在工厂预制钢梁、钢柱,运送到施工现场再拼装连接成整体框架,其自重轻,抗震性能好,施工速度快,机械化程度高;结构简单,构件易于标准化和定型化,对层数不多的高层建筑而言,框架体系是一种比较经济合理、运用广泛的结构体系。但同时它也存在一定的缺点,如用钢量稍大,耐火性能差,后期维修费用高,造价略高于混凝土框架。

随着层数及高度的增加,框架结构除承受较大的竖向荷载外,抗侧力(风荷载、地震作用等)要求也成为多层框架的主要承载特点,其基本结构体系一般可分为三种:柱-支撑体系、纯框架体系、框架-支撑体系。其中以框架-支撑体系在实际工程中采用较多。这种体系形式是在厂房的横向用纯钢框架,厂房的纵向布置适当数量的竖向柱间支撑,用来加强厂房纵向的刚度,以减少框架的用钢量,并且由于横向纯框架无柱间支撑,便于生产、人流、物流等功能的安排。

习题与思考题

18-1 多层厂房的特点有哪些?

18-2 按生产工艺流向的不同,常用的多层厂房的生产工艺流程有哪几种?

18-3 多层厂房的柱网类型有哪些?

18-4 多层厂房的平面方式有哪几种?

习题与思考题答案

参考文献

[1] 董黎.房屋建筑学.北京:高等教育出版社,2006.

[2] 钱坤,吴歌.房屋建筑学(下:工业建筑).北京:北京大学出版社,2009.

[3] 林涛,彭朝晖.房屋建筑学.北京:中国建材工业出版社,2012.

[4] 叶雁冰,刘克难.房屋建筑学.北京:机械工业出版社,2012.